Netzsicherheit

Günter Schäfer studierte von 1989 bis 1994 Informatik an der Universität Karlsruhe (TH) und arbeitete im Anschluss als wissenschaftlicher Mitarbeiter am dortigen Institut für Telematik. Nach seiner Promotion im Oktober 1998 über das Thema »Effiziente Authentisierung und Schlüsselverwaltung in Hochleistungsnetzen« wechselte er im Februar 1999 an die Ecole National Supérieure des Télécommunications in Paris, wo er sich mit Fragen der Netzsicherheit und der Leistungsfähigkeit im Zugangsnetzbereich von Mobilkommunikationsnetzen der dritten Generation beschäftigte. Zwischen August 2000 und April 2005 arbeitete er als wissenschaftlicher Assistent am Fachgebiet Telekommunikationsnetze der Technischen Universität Berlin. Seit April ist er W3-Professor für Telematik/Rechnernetze an der Technischen Universität Ilmenau. Seine hauptsächlichen Arbeitsgebiete sind Netzwerkarchitekturen und -protokolle – oft mit einem Fokus auf Aspekte der Netzsicherheit. Günter Schäfer ist Mitglied der Association of Computing Machinery (ACM), des Institute of Electrical and Electronics Engineers (IEEE) und der Gesellschaft für Informatik (GI).

Michael Roßberg beschäftigt sich seit Beginn seines Informatikstudiums an der Technischen Universität Ilmenau im Jahr 2002 mit verschiedensten Themen der Netzsicherheit. Von 2007 bis 2013 hat er sich als wissenschaftlicher Mitarbeiter am Fachgebiet Telematik/Rechnernetze der TU Ilmenau vor allem mit Themen der VPN-Autokonfiguration beschäftigt und 2011 über ein besonders sabotageresistentes System promoviert. Seit Dezember 2013 fungiert Michael Roßberg als akademischer Rat - ebenfalls im Fachgebiet Telematik/Rechnernetze.

Günter Schäfer · Michael Roßberg

Netzsicherheit

- Grundlagen & Protokolle
- Mobile & drahtlose Kommunikation
- Schutz von Kommunikationsinfrastrukturen

2., aktualisierte und erweiterte Auflage

dpunkt.verlag

Prof. Dr.-Ing. Günter Schäfer
guenter.schaefer@tu-ilmenau.de

Dr.-Ing. Michael Roßberg
michael.rossberg@tu-ilmenau.de

Lektorat: Dr. Michael Barabas
Copy Editing: Ursula Zimpfer, Herrenberg
Satz: Dr.-Ing. Michael Roßberg, Illmenau
Herstellung: Frank Heidt
Umschlaggestaltung: Helmut Kraus, www.exclam.de
Druck und Bindung: M.P. Media-Print Informationstechnologie GmbH, 33100 Paderborn

Bibliografische Information der Deutschen Nationalbibliothek
Die Deutsche Nationalbibliothek verzeichnet diese Publikation in der Deutschen Nationalbibliografie; detaillierte bibliografische Daten sind im Internet über http://dnb.d-nb.de abrufbar.

ISBN 978-3-86490-115-7

2., aktualisierte und erweiterte Auflage

Wieblinger Weg 17
69123 Heidelberg

5 4 3 2 1 0

Vorwort zur zweiten Auflage

Seit dem Erscheinen der ersten Auflage dieses Buches sind elf Jahre vergangen, in denen sich ebenso zahlreiche wie vielfältige Entwicklungen auf dem Gebiet der Netzsicherheit vollzogen haben. Tatsächlich ist die Zahl der Neuerungen so umfangreich, dass wir uns entschieden haben, die zweite Auflage dieses Buches als Autorenteam vorzubereiten, sodass das Buch nun von Herrn Michael Roßberg und mir gemeinsam gepflegt wird.

Dabei ist zum einen eine gründliche Überarbeitung und Ergänzung der in den einzelnen Kapiteln vermittelten Inhalte erforderlich geworden, die in der vorliegenden zweiten Auflage umfassend aktualisiert wurden. So wurden zahlreiche Entwicklungen im Bereich der Kryptografie aufgenommen, wobei diese sowohl neue Angriffe auf bereits in der ersten Auflage enthaltene kryptografische Algorithmen und Protokolle als auch neue Verfahren betreffen. Hierbei wurden einige in der Vergangenheit sehr wichtige Verfahren, wie DES und MD5, die heute als nicht mehr ausreichend sicher und damit als obsolet gelten, nicht gestrichen, da man an ihrem Beispiel nach wie vor wichtige Sachverhalte gut erklären und nachvollziehen kann. Das Kapitel über asymmetrische Kryptografie wurde um eine elementare Einführung in die Kryptografie auf Grundlage elliptischer Kurven ergänzt, da diese aufgrund der mathematischen Fortschritte bei der Berechnung diskreter Logarithmen von Ganzzahlen in der Praxis eine immer wichtigere Rolle spielt. Das in der ersten Auflage enthaltene Kapitel über mobile Internetkommunikation, in dem die Mobilitätsunterstützung auf Netzwerkschicht mittels Mobile IP und unterstützenden Protokollen für Authentisierung, Autorisierung und Accounting beschrieben wurde, haben wir gestrichen, da Mobile IP in den vergangenen zehn Jahren außer in geschlossenen Umgebungen keine nennenswerte praktische Akzeptanz erfahren hat.

Zum anderen wurde das Buch um einen neuen Teil ergänzt, der den Schutz von Kommunikationsinfrastrukturen vor gezielten Angriffen auf ihre Integrität und Verfügbarkeit in den Mittelpunkt des Interesses rückt. In diesen Teil wurde aus naheliegenden Gründen auch das bereits in der ersten Auflage enthaltene Kapitel über Internet-Firewalls integriert.

In der resultierenden Form eignet sich das Buch gut als Grundlage für zwei oder drei aufeinander aufbauende beziehungsweise teilweise auch unabhängig voneinander zu belegende Vorlesungen. Eine dreistufige Aufteilung könnte beispielsweise die Grundlagen der Datensicherheitstechnik (Teil 1) in einer ersten Vorlesung, ihre Anwendung in Netzen (Teile 2 und 3) in einer zweiten Vorlesung und den Schutz von Kommunikationsinfrastrukturen in einer dritten Vorlesung behandeln, wobei letztere unter Rückgriff auf einige zentrale Grundlagen aus dem ersten Teil auch unabhängig von den anderen belegt werden kann. Eine zweistufige Aufteilung würde die essenziellen Abschnitte des ersten Teils gemeinsam mit ihrer Anwendung in Netzen des zweiten und dritten Teils zusammenfassen, wobei hierfür mindestens eine 4 Semesterwochenstunden umfassende Vorlesung geplant werden sollte. Der Schutz von Kommunikationsinfrastrukturen kann in einer zweiten eigenständigen Vorlesung gelehrt werden. Mit der letztgenannten Variante haben die Autoren an der TU Ilmenau in den vergangenen Jahren sehr gute Erfahrungen gesammelt. Auf weiterführende Kapitel und Abschnitte (im Buch mit einem Sternchen markiert) kann jeweils verzichtet werden ohne das weitere Verständnis zu beeinflussen.

An dieser Stelle möchten wir unseren Hörerinnen und Hörern sowie zahlreichen weiteren Personen herzlich danken, die uns durch ihre Fragen und Anregungen vielfältige Hinweise für die Darstellung des Lehrstoffes in unseren Vorlesungsfolien und diesem Buch gegeben haben. Ebenso gilt besonderer Dank einigen Mitarbeitern des Fachgebiets Telematik/Rechnernetze an der TU Ilmenau für ihre Beiträge zu Vorlesungsfolien, deren Inhalte Eingang in die neue Auflage gefunden haben. Namentlich hervorheben wollen wir an dieser Stelle Herrn Prof. Dr.-Ing. Thorsten Strufe und Herrn Dr.-Ing. Mathias Fischer. Herr Prof. Dr. Martin Dietzfelbinger vom Fachgebiet Komplexitätstheorie und Effiziente Algorithmen der TU Ilmenau hat wertvolle Kommentare zu der Darstellung der asymmetrischen Kryptografie gegeben, die wir zu großen Teilen aufgreifen konnten. Für sämtliche gegebenenfalls noch verbleibende Versäumnisse und Mängel tragen selbstverständlich wir die Verantwortung, und wir werden daher weiterhin für Hinweise und Anregungen dankbar sein.

Ilmenau, im Mai 2014
Günter Schäfer und Michael Roßberg

Vorwort zur ersten Auflage

Dieses Buch entstand während meiner Tätigkeit als wissenschaftlicher Assistent im Fachgebiet Telekommunikationsnetze der Technischen Universität Berlin und beruht auf der Vorlesung *Network Security*, die dort seit dem Wintersemester 2000/2001 von mir gehalten wird.

Ein besonderer Dank gilt daher dem Leiter dieses Fachgebiets, Herrn Prof. Dr.-Ing. Adam Wolisz, der mir an seinem Lehrstuhl hervorragende Arbeitsbedingungen geschaffen und mich darüber hinaus von Anfang an in meinem Bestreben unterstützt hat, ein Lehrbuch über Netzsicherheit zu schreiben.

Herr Dipl.-Ing. Andreas Hess hat die Mühe auf sich genommen, den gesamten Text einer ersten Korrekturlesung zu unterziehen. An dieser Stelle möchte ich mich für seine zügigen Reaktionszeiten und seine zahlreichen Anregungen herzlich bedanken.

Dank gilt ebenfalls dem Lektorat des dpunkt.verlages, das mir stets hilfreich zur Seite stand und die Zusammenarbeit sehr angenehm gestaltete, sowie den mir unbekannten Fachgutachtern für ihre vielfältigen Hinweise.

Schließlich möchte ich mich bei den Hörern meiner Vorlesung für ihre zahlreichen Fragen und Anregungen bedanken, die mir eine Vielzahl von Ideen für die inhaltliche Gestaltung dieses Buches gegeben haben.

Wenn trotz all dieser Hilfe noch Fehler in diesem Lehrbuch verblieben sind, so liegt die alleinige Verantwortung dafür natürlich bei mir. Für Hinweise und Anregungen zum Stoff dieses Buches werde ich daher auch weiterhin sehr dankbar sein.

Berlin, im Januar 2003
Günter Schäfer

Inhaltsverzeichnis

I Grundlagen der Datensicherheitstechnik 1

1 Einleitung . . . 3
1.1 Inhalt und Aufbau dieses Buches . . . 4
1.2 Bedrohungen und Sicherheitsziele . . . 6
1.3 Sicherheitsanalyse für Netze . . . 10
1.4 Maßnahmen der Informationssicherheit . . . 14
1.5 Zentrale Begriffe der Kommunikationssicherheit . . . 15

2 Grundbegriffe der Kryptologie . . . 19
2.1 Kryptologie, Kryptografie und Kryptanalyse . . . 19
2.2 Klassifizierung kryptografischer Algorithmen . . . 20
2.3 Kryptanalyse . . . 21
2.4 Einschätzung des Aufwandes kryptografischer Analysen . . . 24
2.5 Eigenschaften und Klassifizierung von Chiffrieralgorithmen . . 27
2.6 Schlüsselverwaltung . . . 29
2.7 Zusammenfassung . . . 31
2.8 Weiterführende Literatur . . . 33
2.9 Übungen . . . 33

3 Symmetrische Chiffrierverfahren . . . 35
3.1 Betriebsarten von Blockchiffren . . . 35
3.2 Der Data Encryption Standard . . . 42
3.3 Der Advanced Encryption Standard . . . 49
3.4 Der RC4-Algorithmus . . . 54
3.5 Der KASUMI-Algorithmus . . . 57
3.6 Zusammenfassung . . . 60
3.7 Weiterführende Literatur . . . 61
3.8 Übungen . . . 62

4 Asymmetrische kryptografische Verfahren . . . 63
4.1 Grundidee asymmetrischer kryptografischer Verfahren . . . 63
4.2 Mathematische Grundlagen . . . 67
4.3 Der RSA-Algorithmus . . . 76

4.4 Das Problem des diskreten Logarithmus ... 79
4.5 Das Diffie-Hellman-Schlüsselaustauschverfahren ... 83
4.6 Der ElGamal-Algorithmus ... 85
4.7 Sicherheit herkömmlicher asymmetrischer Kryptografie ... 88
4.8 Grundlagen der Kryptografie auf elliptischen Kurven ... 90
4.9 Zusammenfassung ... 102
4.10 Weiterführende Literatur ... 103
4.11 Übungen ... 105

5 Kryptografische Prüfwerte ... 107
5.1 Anforderungen und Klassifikation ... 107
5.2 Modifikationserkennungswerte ... 109
5.3 Nachrichtenauthentisierungswerte ... 125
5.4 Authentisierte Verschlüsselung ... 130
5.5 Zusammenfassung ... 135
5.6 Weiterführende Literatur ... 136
5.7 Übungen ... 136

6 Erzeugung sicherer Zufallszahlen ... 139
6.1 Zufallszahlen und Pseudozufallszahlen ... 139
6.2 Kryptografisch sichere Zufallszahlen ... 140
6.3 Statistische Tests für Zufallszahlen ... 142
6.4 Erzeugung von Zufallszahlen ... 143
6.5 Erzeugung kryptografisch sicherer Pseudozufallszahlen ... 145
6.6 Implementierungssicherheit ... 148
6.7 Zusammenfassung ... 149
6.8 Weiterführende Literatur ... 150
6.9 Übungen ... 151

7 Kryptografische Protokolle ... 153
7.1 Eigenschaften und Notation kryptografischer Protokolle ... 153
7.2 Nachrichten- und Instanzenauthentisierung ... 156
7.3 Das Needham-Schroeder-Protokoll ... 161
7.4 Kerberos ... 165
7.5 Der internationale Standard X.509 ... 175
7.6 Sicherheit ausgehandelter Sitzungsschlüssel ... 180
7.7 Fortgeschrittene Verfahren zur Passwortauthentisierung ... 182
7.8 Formale Betrachtung kryptografischer Protokolle ... 187
7.9 Zusammenfassung ... 198
7.10 Weiterführende Literatur ... 199
7.11 Übungen ... 200

8 Sichere Gruppenkommunikation 203
8.1 Spezifische Anforderungen sicherer Gruppenkommunikation . 203
8.2 Aushandlung von Gruppenschlüsseln 205
8.3 Quellenauthentisierung 214
8.4 Zusammenfassung 219
8.5 Weiterführende Literatur 220
8.6 Übungen 220

9 Zugriffskontrolle 223
9.1 Begriffsdefinitionen und Konzepte 223
9.2 Security Labels 225
9.3 Spezifikation von Zugriffskontrollrichtlinien 227
9.4 Kategorien von Zugriffskontrollmechanismen 228
9.5 Zusammenfassung 231
9.6 Weiterführende Literatur 231
9.7 Übungen 232

II Netzsicherheit 233

10 Integration von Sicherheitsdiensten 235
10.1 Motivation 235
10.2 Ein pragmatisches Modell 237
10.3 Überlegungen zur Platzierung von Sicherheitsdiensten 239
10.4 Integration in untere Protokollschichten vs. Anwendungen .. 243
10.5 Integration in End- oder Zwischensysteme 245
10.6 Zusammenfassung 246
10.7 Weiterführende Literatur 247
10.8 Übungen 247

11 Sicherheitsprotokolle der Datensicherungsschicht 249
11.1 Virtuelle Separation von Datenverkehr mit IEEE 802.1Q ... 250
11.2 Sicherung der lokalen Netzinfrastruktur mit IEEE 802.1X ... 252
11.3 Verschlüsselung des Datenverkehrs mit IEEE 802.1AE 255
11.4 Point-to-Point Protocol 256
11.5 Point-to-Point Tunneling Protocol 266
11.6 Virtuelle private Netze 272
11.7 Zusammenfassung 274
11.8 Weiterführende Literatur 276
11.9 Übungen 278

12 Die IPsec-Sicherheitsarchitektur 279
12.1 Kurze Einführung in die Internetprotokollfamilie 279
12.2 Überblick über die IPsec-Architektur 284
12.3 Einsatz des Transport- und des Tunnelmodus 293
12.4 IPsec-Protokollverarbeitung 297
12.5 Das ESP-Protokoll 300
12.6 Das AH-Protokoll 307
12.7 Das ISAKMP-Protokoll 313
12.8 Der Internet Key Exchange Version 1 321
12.9 Der Internet Key Exchange Version 2 329
12.10 Weitere Aspekte von IPsec 333
12.11 Zusammenfassung 336
12.12 Weiterführende Literatur 337
12.13 Übungen 339

13 Sicherheitsprotokolle der Transportschicht 341
13.1 Secure Socket Layer (SSL) 342
13.2 Transport Layer Security (TLS) 355
13.3 Datagram Transport Layer Security (DTLS) 363
13.4 Secure Shell (SSH) 364
13.5 Zusammenfassung 374
13.6 Weiterführende Literatur 375
13.7 Übungen 375

III Sichere drahtlose und mobile Kommunikation 377

14 Sicherheitsaspekte der Mobilkommunikation 379
14.1 Bedrohungen in Mobilkommunikationsnetzen 379
14.2 Wahrung der Vertraulichkeit des Aufenthaltsortes 381
14.3 Zusammenfassung 386
14.4 Weiterführende Literatur 386
14.5 Übungen 387

15 Sicherheit in drahtlosen lokalen Netzen 389
15.1 Der Standard IEEE 802.11 für drahtlose lokale Netze 389
15.2 Instanzenauthentisierung 392
15.3 Wired Equivalent Privacy 397
15.4 Robust Secure Networks 404
15.5 Sicherheit in öffentlichen WLANs 411
15.6 Zusammenfassung 413
15.7 Weiterführende Literatur 415
15.8 Übungen 415

16 Sicherheit in funkbasierten Weitverkehrsnetzen 417
16.1 Global System for Mobile Communication (GSM) 417
16.2 Universal Mobile Telecommunications System (UMTS) 425
16.3 Long Term Evolution (LTE) 433
16.4 Zusammenfassung 438
16.5 Weiterführende Literatur 439
16.6 Übungen 440

IV Schutz von Kommunikationsinfrastrukturen 441

17 Schutz von Kommunikation und Infrastruktur in offenen Netzen 443
17.1 Systematische Bedrohungsanalyse 444
17.2 Sicherheit von Endsystemen 448
17.3 Zusammenfassung 460
17.4 Weiterführende Literatur 461
17.5 Übungen 462

18 Verfügbarkeit des Datentransports 463
18.1 Sabotageangriffe 463
18.2 Verteilte Sabotageangriffe 471
18.3 Gegenmaßnahmen 473
18.4 Zusammenfassung 485
18.5 Weiterführende Literatur 486
18.6 Übungen 487

19 Routing-Sicherheit 489
19.1 Kryptografische Sicherung von BGP 493
19.2 Erkennung von Routing-Anomalien* 503
19.3 Zusammenfassung 508
19.4 Weiterführende Literatur 510
19.5 Übungen 511

20 Sichere Namensauflösung 513
20.1 Funktionsweise von DNS 513
20.2 Sicherheitsziele und Bedrohungen 515
20.3 Sicherer Einsatz von traditionellem DNS 522
20.4 Kryptografische Sicherung von DNS 524
20.5 Zusammenfassung 537
20.6 Weiterführende Literatur 538
20.7 Übungen 539

21 Internet-Firewalls . . . 541
21.1 Aufgaben und Grundprinzipien einer Firewall . . . 541
21.2 Firewall-relevante Internetdienste und Protokolle . . . 544
21.3 Terminologie und Grundbausteine . . . 546
21.4 Firewall-Architekturen . . . 548
21.5 Paketfilterung . . . 552
21.6 Bastion Hosts und Proxyserver . . . 557
21.7 Weitere Aspekte moderner Firewall-Systeme . . . 560
21.8 Zusammenfassung . . . 561
21.9 Weiterführende Literatur . . . 562
21.10 Übungen . . . 563

22 Automatisierte Angriffserkennung und -reaktion . . . 565
22.1 Arbeitsweise und Ziele von Intrusion-Detection-Systemen . . . 566
22.2 Aufbau und Funktionsweise netzwerkbasierter IDS . . . 570
22.3 Reaktion auf Angriffe und automatische Unterbindung . . . 581
22.4 Techniken zur Umgehung von NIDS . . . 583
22.5 Zusammenfassung . . . 586
22.6 Weiterführende Literatur . . . 587
22.7 Übungen . . . 588

23 Verwaltung komplexer Kommunikationsinfrastrukturen* 589
23.1 Automatisches Zertifikatsmanagement . . . 589
23.2 Automatische VPN-Konfiguration . . . 597
23.3 Zusammenfassung . . . 612
23.4 Weiterführende Literatur . . . 614
23.5 Übungen . . . 616

Literaturverzeichnis . . . 617

Abkürzungsverzeichnis . . . 647

Index . . . 656

Teil I

Grundlagen der Datensicherheitstechnik

1 Einleitung

Es ist eine mittlerweile wohlbekannte Tatsache, dass die digitale Revolution und die allgegenwärtige Vernetzung von Informationssystemen bei all ihren Vorteilen auch einige Risiken mit sich bringen. In diesem Buch sind eine bestimmte Kategorie von Risiken und insbesondere die Maßnahmen zu ihrer Bekämpfung von Interesse. Es die Kategorie der Risiken, die aus der Abhörbarkeit und Manipulierbarkeit der in Kommunikationsnetzen übertragenen Daten und der Verwundbarkeit der Kommunikationsinfrastruktur selbst erwachsen.

Schutz zu übertragender Daten

Die Schutzbedürftigkeit zu übertragender, aber auch zu speichernder Daten wurde von der Menschheit schon sehr früh erkannt, und so ist der Wunsch, Daten vor unberechtigtem Zugriff zu schützen, vermutlich so alt wie die Schrift selbst. Verlässliche, frühe Überlieferungen über entsprechende Schutzmaßnahmen berichten beispielsweise über eine von den Spartanern etwa 400 Jahre vor Christus eingesetzte Technik, Nachrichten auf ein Lederband zu schreiben, das um einen Stock eines bestimmten Durchmessers gewickelt war. Vor der Übermittlung der Nachricht wurde das Lederband von dem Stock entfernt, sodass ein potenzieller Angreifer, der nicht über einen Stock des gleichen Durchmessers verfügte (zum Beispiel weil er den Durchmesser oder auch diese Technik nicht kannte), die Nachricht nicht lesen konnte. In gewisser Weise wurde hierdurch eine erste »analoge« Verschlüsselung realisiert.

Erste Substitutionschiffren

Im vierten Jahrhundert vor Christus entwickelte der Grieche Polybius eine Tafel für bilaterale Substitution, die eine Abbildung von Zeichen auf Paare von Symbolen sowie die entsprechende Rückabbildung definierte und somit ein erstes »digitales« Verschlüsselungsverfahren spezifizierte. Von den Römern ist bekannt, dass sie ihre taktische Kommunikation oft mit einfachen, sogenannten monoalphabetischen Substitutionsverfahren schützten, von denen das bekannteste wohl die »Cäsar-Chiffre« sein dürfte. Bei diesem nach seinem Erfinder Julius Cäsar benannten Verschlüsselungsverfahren wird jedes Zeichen des Alphabets auf das um drei Zeichen folgende Zeichen ersetzt, also etwa »A« durch »D«, »B« durch »E« und so weiter.

Anfänge der Kryptanalyse

Die Araber entwickelten als Erste ein Grundverständnis der beiden fundamentalen Prinzipien *Substitution*, das heißt der Zeichenersetzung, und *Transposition*, welches die Änderung der Reihenfolge der Zeichen eines Textes ist. Sie betrachteten bei der Bewertung von Verfahren auch die Analyse eines Verfahrens durch einen potenziellen Angreifer. So war ihnen bereits die Bedeutung relativer Buchstabenhäufigkeiten einer Sprache für die Analyse von Substitutionschiffren bekannt, da diese Rückschlüsse auf die Substitutionsregeln zulassen. Zu Beginn des fünfzehnten Jahrhunderts nach Christus enthält die arabische Enzyklopädie »Subh al-a'sha« bereits eine beachtliche Abhandlung über kryptografische Verfahren und ihre Analyse.

Schutz der Infrastruktur

Ohne an dieser Stelle die gesamte Entwicklung der Kryptologie zu einer wissenschaftlichen Disziplin nachzuzeichnen, sollte aus den genannten Entwicklungen klarwerden, dass der Schutz zu übertragender Daten seit je her eine besondere Beachtung erfahren hat. Im Zeitalter allgegenwärtiger Kommunikationsnetze erweist sich jedoch zunehmend auch eine zweite Kategorie von Risiken von immer größerer Dringlichkeit, die nicht direkt die zu übertragenden Daten, sondern die Kommunikationsinfrastruktur an sich betrifft. Mit der Entwicklung und dem Ausbau immer komplexerer Netze sowie ihrer zunehmenden Bedeutung – nicht nur für die wirtschaftliche, sondern auch für die soziale Entwicklung einer modernen Informationsgesellschaft – steigen auch die Anforderungen an die Sicherheit der Kommunikationsinfrastruktur vor absichtlichen Manipulationen. So ist für einen wirtschaftlichen Betrieb beispielsweise sicherzustellen, dass die von Kommunikationsnetzen bereitgestellten Dienste zur Verfügung stehen und korrekt funktionieren sowie dass erfolgte Dienstnutzungen auch korrekt und nachvollziehbar abgerechnet werden können.

1.1 Inhalt und Aufbau dieses Buches

In diesem Buch werden die beiden bisher skizzierten Aufgabengebiete der Netzsicherheit, die *Sicherheit zu übertragender Daten* sowie die *Sicherheit der Kommunikationsinfrastruktur*, gleichermaßen behandelt. Hierzu werden in den folgenden Abschnitten zunächst zentrale Begriffe und Konzepte eingeführt und ein erster Überblick über Maßnahmen der Informationssicherheit gegeben.

Teil 1 des Buches behandelt Grundlagen.

In den verbleibenden Kapiteln des ersten Teils werden darauf aufbauend die *Grundlagen der Datensicherheitstechnik* behandelt. Kapitel 2 führt in Grundbegriffe der Kryptografie ein. Kapitel 3 behandelt die Verwendung und die Funktionsweise symmetrischer Chiffrierverfahren. Das sich anschließende Kapitel 4 ist den asymmetrischen kryptografischen Algorithmen gewidmet. Kapitel 5 führt in kryptografische Prüfwerte zur Erkennung von Nachrichtenmanipulationen ein. Die Erzeugung sicherer, nicht vorhersehbarer Zufallszahlen ist Gegenstand von Kapitel 6. Die Algorithmen dieser vier Kapitel stellen gewissermaßen die *Grundprimitive* der Datensicherheitstechnik dar, auf denen die kryptografischen Schutzmechanismen der Netzsicherheit beruhen. Kapitel 7 behandelt kryptografische Protokolle. Hier werden insbesondere die für die Netzwerksicherheit zentralen Authentisierungs- und Schlüsselaustauschprotokolle eingeführt, welche in Kapitel 8 im Kontext von Gruppenkommunikationsszenarien vertieft werden. Diese vertiefte Diskussion kann in einem einführenden Kurs über das Thema auch weggelassen werden, ohne dass das Verständnis der weiteren Teile des Buches davon beeinflusst würde. Das den ersten Teil beschließende Kapitel 9 gibt eine Einführung in Prinzipien der Zugriffskontrolle.

Teil 2 führt in Architekturen und Protokolle der Netzsicherheit ein.

Der zweite Teil des Buches behandelt Architekturen und Protokolle der *Netzsicherheit*. Kapitel 10 führt zunächst in die allgemeine Fragestellung der Integration von Sicherheitsdiensten in Kommunikationsarchitekturen ein. Kapitel 11 erläutert Sicherheitsprotokolle der Datensicherungsschicht, Kapitel 12 behandelt die Sicherheitsarchitektur für das Internetprotokoll *IPsec* und Kapitel 13 beschreibt Sicherheitsprotokolle der Transportschicht.

Teil 3 ist der drahtlosen und mobilen Kommunikation gewidmet.

Im dritten Teil dieses Buches wird das Gebiet der *sicheren drahtlosen beziehungsweise mobilen Kommunikation* vorgestellt. Kapitel 14 grenzt die bei mobiler Kommunikation zusätzlich auftretenden Sicherheitsaspekte von denen der Festnetze ab und stellt eher konzeptionelle Ansätze zur Wahrung der Vertraulichkeit des aktuellen Aufenthaltsortes mobiler Geräte vor. Die verbleibenden Kapitel dieses Buchteils untersuchen konkrete Systembeispiele. Kapitel 15 behandelt die Sicherheitsfunktionen des Standards *IEEE 802.11* für drahtlose lokale Netze einschließlich der Schwächen früher Versionen dieses Standards. Kapitel 16 führt in die Sicherheitsfunktionen der europäischen Standards für mobile Weitverkehrsnetze *GSM*, *UMTS* und *LTE* ein.

Während die vorhergehenden Teile des Buches sich hauptsächlich auf die Sicherheit von Kommunikationsvorgängen zwischen Endsystemen konzentrieren, geht der vierte und letzte Teil des

Teil 4 beschäftigt sich mit dem Schutz von Kommunikationsinfrastrukturen.

Buches auf die *Sicherung großer Netzwerke und der Kommunikationsinfrastrukur* ein. Kapitel 17 beschreibt dazu zunächst das grundlegende Problem des Schutzes von Systemen in offenen Netzen und gibt eine kurze Übersicht über die systematische Bedrohungsanalyse. Darüber hinaus wird das Problem der Sicherung der Endsysteme als Voraussetzung eines sicheren Netzbetriebs behandelt. Das folgende Kapitel 18 befasst sich mit *Sabotageangriffen*, die Endsysteme und Kommunikationsinfrastruktur gleichermaßen betreffen. Kapitel 19 und Kapitel 20 beschäftigen sich mit der Sicherheit grundlegender Dienste einer Kommunikationsinfrastruktur: dem *Routing* und der *Namensauflösung*. *Internet-Firewalls* als wichtigstes Mittel zur Realisierung einer subnetzbezogenen Zugriffskontrolle werden in Kapitel 21 eingeführt. Da Angriffe nicht immer nur durch die vorgestellten proaktiven Schutzmaßnahmen verhindert werden können, ist oft eine zusätzliche Kontrolle durch *Intrusion-Detection-Systeme* beziehungsweise *Intrusion-Prevention-Systeme* sinnvoll. Deren Grundlagen und existierende Verfahren werden in Kapitel 22 vorgestellt. Das abschließende Kapitel 23 beschäftigt sich mit dem Management großer Sicherheitsinfrastrukturen.

Das Gebiet der Netzsicherheit ist von großer Dynamik geprägt.

An dieser Stelle sei dem Leser vor der weiteren Lektüre des Buches mitgegeben, dass sich das Gebiet der Netzsicherheit in den letzten Jahren als ein sehr aktives Gebiet erwiesen hat, und dass aus diesem Grund ständig eine Vielzahl von Verbesserungen existierender Sicherheitsprotokolle sowie auch neue Protokolle entwickelt und eingeführt werden. Der Schnelligkeit dieser Entwicklung in einem Lehrbuch Rechnung zu tragen, ist daher ein ausgesprochen schwieriges, wenn nicht unmögliches Unterfangen. Aus diesem Grund möge der Leser verzeihen, wenn das eine oder andere Detail zum Zeitpunkt seiner Lektüre bereits auf andere Weise gelöst wird beziehungsweise sich vollständig neue Protokolle etabliert haben, ohne dass sie im vorliegenden Buch behandelt werden. Gerade aufgrund der rasanten Entwicklung des Gebietes wurde als vordringliches Ziel dieses Buches ins Auge gefasst, dem Leser ein grundlegendes Verständnis der jeweils zentralen Prinzipien zu vermitteln und diese anhand konkreter und praxisrelevanter Beispielprotokolle zu erläutern.

1.2 Bedrohungen und Sicherheitsziele

Eine zentrale Rolle bei der Einschätzung von Risiken in Kommunikationsnetzen spielen die Begriffe *Bedrohung* und *Sicherheitsziel*. Sie sollen daher im Folgenden zunächst generisch definiert werden.

Definition 1.1 *Eine* **Bedrohung** *in einem Kommunikationsnetz ist ein potenzielles Ereignis beziehungsweise eine Reihe von Ereignissen, die zur Gefährdung eines oder mehrerer Sicherheitsziele führt. Die tatsächliche Realisierung einer Bedrohung nennt man einen* **Angriff**.

Beispiele für konkrete Bedrohungen

Die oben gegebene Definition 1.1 ist recht abstrakt und greift zudem auf den erst im Folgenden zu definierenden Begriff des Sicherheitsziels zurück. Zur Verdeutlichung können die folgenden Beispiele für Bedrohungen herangezogen werden:

- Ein Angreifer (»Hacker«) dringt in einen Rechner eines Unternehmens ein.
- Mitlesen von übertragenen E-Mails
- Ändern sensibler Kontodaten in einem Abrechnungssystem
- Ein Angreifer legt einen Webserver zeitweise still.
- Jemand nutzt beziehungsweise bestellt Dienstleistungen und Güter im Namen eines anderen.

Beispiele für Sicherheitsziele

Auch der Begriff *Sicherheitsziel* kann zunächst besser anhand einiger Beispiele verstanden werden, da Sicherheitsziele in Abhängigkeit von dem betrachteten Anwendungsszenario auf den ersten Blick sehr unterschiedlich erscheinen:

- Banken:
  - Schutz vor vorsätzlicher oder unbeabsichtigter Modifikation von Transaktionen
  - Zuverlässige und nicht manipulierbare Identifizierung von Kunden
  - Schutz persönlicher Identifikationsnummern vor Offenlegung
  - Schutz persönlicher Kundendaten
- Verwaltung:
  - Schutz vor Offenlegung sensitiver Information
  - Realisierung elektronischer Signaturen für Verwaltungsdokumente
- Öffentliche Netzbetreiber:
  - Beschränkung des Zugriffs auf Managementfunktionen des Netzes nur für autorisierte Betriebskräfte
  - Schutz der Verfügbarkeit angebotener Dienste
  - Gewährleistung einer korrekten und manipulationssicheren Abrechnung von Dienstnutzungen
  - Schutz persönlicher Kundendaten

- Unternehmens- und private Netze:
  - Schutz der Vertraulichkeit von ausgetauschten Daten
  - Sicherstellung der Authentizität von Nachrichten (siehe unten)
- Alle Netze: Schutz vor externen Eindringlingen

Allgemeine Definition von Sicherheitszielen

Einige der oben aufgeführten Sicherheitsziele sind natürlich für mehrere Anwendungsszenarien relevant; wenngleich sie oben nicht mehrfach genannt sind. Sicherheitsziele können aber auch unabhängig von einem konkreten Anwendungsszenario aus rein technischer Sicht definiert werden.

Definition 1.2 *Im Allgemeinen können bei Kommunikationsnetzen die folgenden* **technischen Sicherheitsziele** *unterschieden werden:*

- **Vertraulichkeit (Confidentiality):** *Übertragene oder gespeicherte Daten und / oder spezifische Details eines Kommunikationsvorgangs (zum Beispiel die Identität des Absenders oder Empfängers einer Nachricht) sollen nur berechtigten Instanzen bekannt werden können.*
- **Datenintegrität (Data Integrity):** *Es muss möglich sein, unbeabsichtigte oder vorsätzliche Datenänderungen zu erkennen. Hierfür ist es erforderlich, den Urheber (Erzeuger) von Daten eindeutig und nicht manipulierbar zu identifizieren.*
- **Zurechenbarkeit (Accountability):** *Es muss möglich sein, die für ein bestimmtes Ereignis (zum Beispiel eine Dienstnutzung) verantwortliche Instanz zu identifizieren.*
- **Verfügbarkeit (Availability):** *Die in einem System realisierten Dienste sollen verfügbar sein und korrekt funktionieren.*
- **Kontrollierter Zugang (Controlled Access):** *Nur autorisierte Instanzen sollen auf bestimmte Dienste und Daten zugreifen können.*

Das letzte Ziel wird nicht von allen Sicherheitsexperten als eigenständig angesehen. In Kommunikationsnetzen ist es aber oft durchaus sinnvoll, den Zugang zum Netz zu beschränken, obwohl für das lokale Netz durch einen unautorisierten Zugang keine direkte Bedrohung erwächst.

Allgemeine technische Bedrohungen

Ebenso wie Sicherheitsziele können auch Bedrohungen aus primär technischer Sicht betrachtet werden und somit lassen sich die folgenden *technischen Bedrohungen* unterscheiden:

Technische Sicherheitsziele	Technische Bedrohungen: Maskerade	Abhören	Autorisierungsverletzung	Verlust oder Modifikation von Information	Fälschen von Information	Abstreiten von Ereignissen	Sabotage (z.B. durch Überlast)
Vertraulichkeit	x	x	x				
Datenintegrität	x		x	x	x		
Zurechenbarkeit	x		x	x		x	
Verfügbarkeit	x		x	x			x
Kontrollierter Zugriff	x		x		x		

Tabelle 1.1 *Technische Sicherheitsziele und Bedrohungen*

- *Maskerade:* Eine Instanz gibt vor, die Identität einer anderen Instanz zu haben.
- *Abhören:* Eine Instanz liest eine Information, die eigentlich nicht für sie bestimmt ist.
- *Autorisierungsverletzung:* Eine Instanz nutzt Dienste oder Ressourcen, die sie eigentlich nicht nutzen sollte.
- *Verlust oder Modifikation von Information:* Bestimmte Informationen werden zerstört oder modifiziert.
- *Fälschung von Information:* Eine Instanz erzeugt neue Information unter Benutzung der Identität einer anderen Instanz.
- *Abstreiten von Ereignissen:* Eine Instanz gibt fälschlicherweise vor, nicht an einem bestimmten Ereignis beteiligt gewesen zu sein.
- *Sabotage:* Jede Aktion, die zum Ziel hat, die Verfügbarkeit oder korrekte Funktion von Diensten oder Systemen zu reduzieren. Im englischsprachigen Raum werden diese Angriffe mit dem Begriff *Denial-of-Service (DoS)* bezeichnet.

Auf der Grundlage dieser Begriffe ist es möglich, eine allgemeine Zuordnung vorzunehmen, die verdeutlicht, welche Sicherheitsziele primär durch welche Bedrohungen gefährdet werden. Tabelle 1.1 zeigt diese Zuordnung im Überblick. Die Tabelle kann auf zwei Arten gelesen werden: Zum einen zeigt sie zum Beispiel, dass die Vertraulichkeit von Informationen durch die technischen Bedrohungen Maskerade, Abhören und Autorisierungsverletzung gefährdet ist. Zum anderen kann auch direkt abgelesen werden, dass zum Beispiel die Fälschung von Information primär die Sicherheitsziele Datenintegrität, Zurechenbarkeit und kontrollierter Zugang gefährdet.

Reale Angriffe kombinieren oft mehrere Bedrohungen.

In der Realität werden die oben genannten Bedrohungen oft kombiniert, um einen konkreten Angriff zu realisieren. So wird das Eindringen in ein System häufig dadurch realisiert, dass zunächst eine Zugangskennung und das dazugehörende Passwort abgehört werden und dann die Identität der abgehörten Kennung bei der Zugangsprüfung vorgegeben wird, wobei Letzteres eine Maskerade darstellt. Aus diesem Grund dient Tabelle 1.1 eher erläuternden Zwecken, als dass sie konkrete Fähigkeiten oder Möglichkeiten unterschiedlicher Angreifer definiert.

1.3 Sicherheitsanalyse für Netze

Szenarienbezogene Bewertung von Bedrohungen

Um geeignete Maßnahmen gegen die oben genannten Bedrohungen in einem konkreten Anwendungsszenario treffen zu können, müssen diese zunächst sorgfältig für die in dem Szenario verwendete Netzwerkkonfiguration bewertet werden. Dies erfordert eine detaillierte *Sicherheitsanalyse* der eingesetzten Netztechnologie, die das Risikopotenzial der technischen Bedrohungen für die in einem Netz kommunizierenden Instanzen evaluiert und hierbei auch den Aufwand im Sinne erforderlicher Ressourcen (Rechenkapazität, Speicher, Nachrichtenübermittlung) für die Ausführung bekannter Angriffstechniken bewertet.

Achtung: Es ist nicht möglich, unbekannte Angriffstechniken zu bewerten!

Eine solche detaillierte Sicherheitsanalyse für eine gegebene Netzkonfiguration beziehungsweise eine spezifische Protokollarchitektur kann unter Umständen auch nötig sein, um das finanzielle Controlling eines Unternehmens von der Notwendigkeit erforderlicher Sicherheitsmaßnahmen zu überzeugen. Da sowohl die Angriffstechniken als auch die Netzwerkkonfigurationen in der Regel einem ständigen Wandel unterworfen sind, muss das Risiko oft sogar fortlaufend bewertet werden. Bei großen Unternehmen bietet es sich hierzu an, ein Sicherheitsmanagement nach ISO 27001 [ISO13] umzusetzen, indem etwa eine Stelle für einen dedizierten Sicherheitsbeauftragten geschaffen wird.

Eine Schlüsselfrage in Bezug auf durchzuführende Sicherheitsanalysen ist in jedem Fall, wie die Komplexität des Gesamtsystems reduziert werden kann. Einige grundlegenden Techniken werden hierzu in Kapitel 17 vertiefend betrachtet werden, aber eine Sicherheitsanalyse für eine spezifische Protokollarchitektur kann etwa gemäß den folgenden, feingranularen *Angriffen auf Nachrichtenebene* strukturiert werden:

- Passive Angriffe: Abhören von Protokolldateneinheiten (Protocol Data Units, PDUs)
- Aktive Angriffe: Verzögern, Wiedereinspielen, Löschen, Modifizieren und Einfügen von PDUs

Kombination von Angriffen

Bei jeglicher Sicherheitsanalyse sollte in jedem Fall davon ausgegangen werden, dass ein realer Angreifer die oben genannten Angriffe miteinander kombinieren können muss, um komplexere Angriffe zusammensetzen zu können. Es handelt sich also um als Angriffsprimitive zu verstehende Grundbausteine. Von einem »erfolgreichen Angriff« auf Nachrichtenebene werden daher die folgenden Eigenschaften gefordert, da sonst gegebenenfalls keine komplexeren Angriffe ausgeführt werden können, weil der Angriff etwa entdeckt wird und Gegenmaßnahmen eingeleitet werden:

- Der Angriff erzeugt keine direkt erkennbaren Nebeneffekte für andere Kommunikationsvorgänge, zum Beispiel für andere Verbindungen oder verbindungslose Datenübertragungen.
- Der Angriff erzeugt kaum Nebeneffekte für andere PDUs der gleichen Verbindung beziehungsweise der verbindungslosen Datenübertragung zwischen den an der Kommunikation beteiligten Instanzen.

Bei der Sicherheitsanalyse einer Protokollarchitektur sind die oben genannten Angriffe für jede einzelne Schicht der Architektur zu untersuchen.

Gliederung von Protokollfunktionen in fünf Schichten

Abbildung 1.1 zeigt die heutzutage übliche Architektur geschichteter Kommunikationssysteme. In dieser kommunizieren Endsysteme über ein Netz von Zwischensystemen miteinander. Die hierfür erforderlichen Protokollfunktionen werden in fünf Schichten organisiert:

- Die unterste Schicht ist die *Bitübertragungsschicht*. Sie realisiert die Übertragung eines Bitstroms über ein physikalisches Medium (zum Beispiel eine Leitung oder eine Funkübertragungsstrecke).
- Die darüber liegende *Datensicherungsschicht* fasst mehrere Bits aus dem zu übertragenden Bitstrom zu Übertragungsrahmen zusammen und realisiert eine gegen Fehler gesicherte Übertragung zwischen zwei über ein physikalisches Medium verbundenen Systemen. In diesem Zusammenhang erfüllt sie zwei grundsätzliche Aufgaben: Im Fall eines Übertragungsmediums, welches mehreren Systemen gemeinsam zur Verfügung steht, steuert sie den Zugriff *(Medium Access Control,*

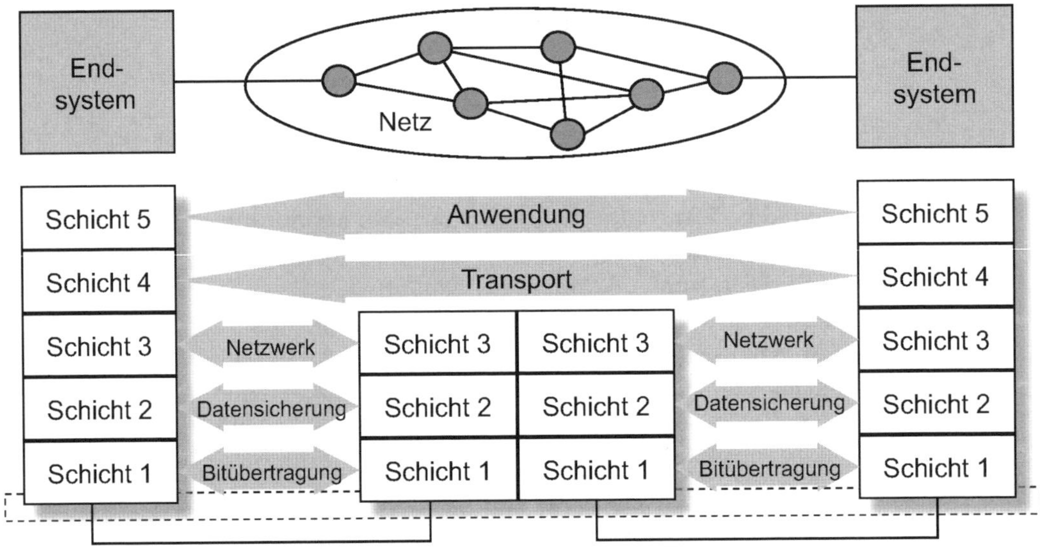

Abbildung 1.1 *Architektur geschichteter Kommunikationssysteme*

MAC). Darüber hinaus trifft sie Maßnahmen zur Erkennung von Übertragungsfehlern, sodass fehlerhaft empfangene Rahmen beim Empfänger erkannt und verworfen werden können.

- Die *Netzwerkschicht* realisiert die Kommunikation zwischen Endsystemen, die in der Regel über mehrere Zwischensysteme miteinander verbunden sind. Eine zentrale Aufgabe dieser Schicht ist somit die Wahl des Weges (Routing) durch das Vermittlungsnetz zwischen den beiden Endsystemen.
- Die *Transportschicht* ermöglicht den Austausch von Daten zwischen den Prozessen der Endsysteme. Die wesentlichen Aufgaben dieser Schicht sind die Adressierung von Anwendungsprozessen, die Fehlererkennung auf Ende-zu-Ende-Ebene und im Fall eines zuverlässigen Dienstes auch Maßnahmen zur Fehlerbehebung (zum Beispiel durch Übertragungswiederholung).
- Oberhalb der Transportschicht realisiert die *Anwendungsschicht* – wie ihr Name nahelegt – anwendungsspezifische Protokolle, die so vielfältig sind, wie die in den Endsystemen ablaufenden Anwendungen.

In den (Zwischen-)Systemen des Vermittlungsnetzes werden in der Regel lediglich die unteren drei Schichten bis zur Netzwerkschicht implementiert.

Gliederung der Sicherheitsanalyse

Die Sicherheitsanalyse geschichteter Protokollarchitekturen kann gemäß der oben gegebenen Beschreibung entlang zweier

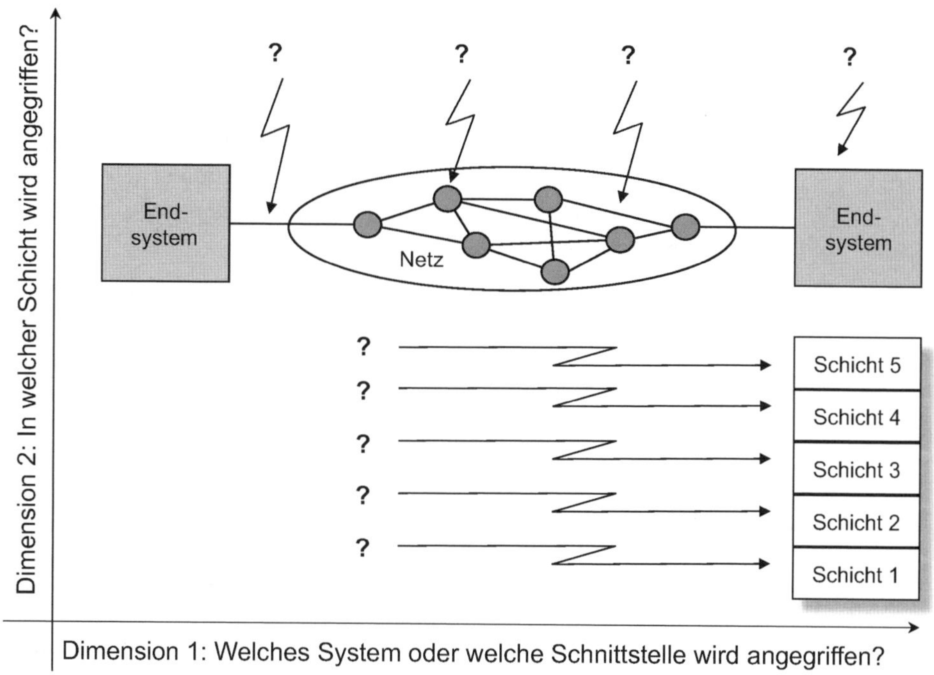

Abbildung 1.2
Dimensionen der Sicherheitsanalyse geschichteter Protokollarchitekturen

Dimensionen gegliedert werden (vergleiche hierzu auch Abbildung 1.2):

- Zunächst müssen innerhalb der zu untersuchende Netzkonfiguration *gefährdete Systeme und Schnittstellen* identifiziert werden. Besondere Gefährdungen ergeben sich beispielsweise aus öffentlich zugänglichen Endsystemen, an Übergängen zu öffentlichen Netzen, aber auch durch nicht gesicherte Übertragungsstrecken (insbesondere bei drahtloser Übertragung).
- Weiterhin wird die Sicherheitsanalyse danach gegliedert, *in welcher Schicht* ein Angriff erfolgen kann. Angriffe müssen nicht notwendigerweise in der Anwendungsschicht erfolgen, im Gegenteil, je nach Intention des Angreifers können sogar hauptsächlich die Schichten unterhalb der Transportschicht den Hauptangriffspunkt darstellen.

Eine detaillierte Sicherheitsanalyse ist bei der Identifizierung der in einer bestimmten Netzkonfiguration vorherrschenden Sicherheitsrisiken sehr nützlich. Auf ihrer Grundlage können im Anschluss geeignete Sicherheitsmaßnahmen zur Reduzierung der Risiken ausgewählt werden. Einen allgemeinen Überblick hierüber liefert der folgende Abschnitt.

1.4 Maßnahmen der Informationssicherheit

Es gibt eine Vielzahl unterschiedlicher Sicherheitsmaßnahmen, die jeweils bestimmte Aspekte eines informationsverarbeitenden Systems und seiner Einbettung in die durch das System zu unterstützenden Arbeitsabläufe aufgreifen:

- *Physikalische Sicherheitsmaßnahmen* umfassen Schließsysteme und physikalische Zugangskontrollen, die manipulationssichere Gestaltung (»Tamper-Proofing«) sicherheitssensitiver Geräte sowie umgebungsüberwachende Kontrollen, wie zum Beispiel Bewegungsmelder.
- *Personelle Sicherheitsmaßnahmen* beginnen mit der Einstufung der sicherheitsspezifischen Sensitivität einer Position und umfassen weiterhin Abläufe zur Überprüfung des Personals sowie Schulungs- und Sensibilisierungsmaßnahmen in Bezug auf sicherheitsrelevante Aspekte.
- *Administrative Sicherheitsmaßnahmen* umfassen Prozeduren für die kontrollierte Einbringung neuer Software und Hardware, die Erkennung sicherheitsrelevanter Vorkommnisse durch das Führen und regelmäßige Überprüfen von Ereignisprotokollen sowie die Untersuchung erkannter sicherheitsrelevanter Verstöße und Vorkommnisse.
- *Maßnahmen der Mediensicherheit* zielen auf die Sicherung der Speicherung von Informationen ab. Hierzu werden Abläufe und Kontrollmechanismen für die Kennzeichnung, Reproduktion und Zerstörung sensitiver Informationen und Datenträger implementiert.
- Vorkehrungen der *Abstrahlungssicherheit* verhindern beziehungsweise begrenzen elektromagnetische Emissionen von Rechensystemen und Peripheriegeräten (insbesondere Monitore), die von einem Angreifer sonst aufgezeichnet und zum Abhören von Informationen verwendet werden können.
- *Kontrollen des Entwicklungszyklus von Systemen* überwachen den Entwurf, die Implementierung und die Einführung informationsverarbeitender Systeme. Hierbei wird durch die Vorgabe und Kontrolle einzuhaltender Standards der Programmierung und der Dokumentation ein »vertrauenswürdiger« Entwicklungsprozess angestrebt.
- Maßnahmen der *Systemsicherheit* von Computern, Betriebssystemen und den auf den Computern ausgeführten Anwen-

dungen haben zum Ziel, die in Rechensystemen gespeicherten und verarbeiteten Informationen zu sichern.

- In Ergänzung zu der letztgenannten Kategorie zielen Maßnahmen der *Kommunikationssicherheit* darauf ab, Informationen während ihrer Übermittlung in einem Kommunikationsnetz zu schützen. Zusammen mit Vorkehrungen zum Schutz der Netzinfrastruktur selbst bilden sie die Maßnahmenkategorie der *Netzsicherheit*.

Die sichere Gestaltung eines Informationsverarbeitungsprozesses erfordert eine umfassende Anwendung des Maßnahmenkatalogs.

Den Hauptgegenstand des vorliegenden Buches bildet die letztgenannte Kategorie, die Netzsicherheit. An dieser Stelle sei jedoch ausdrücklich darauf hingewiesen, dass zur Gewährleistung sicherer Informationsverarbeitungsprozesse eine sorgfältige Anwendung des gesamten oben aufgeführten Maßnahmenkatalogs erforderlich ist. Das ist durch die Tatsache begründet, dass ein Sicherheitssystem nur so sicher ist wie seine schwächste Komponente. Der Einsatz eines technisch ausgereiften Passwortsystems, das die Verwendung leicht zu erratender Passwörter verhindert, ist beispielsweise von geringer Effektivität, wenn Benutzer ihre Passwörter auf nicht ausreichend geschützte Medien schreiben oder von einem Angreifer per Anruf dazu gebracht werden können, sie zu verraten (»Social Engineering«).

1.5 Zentrale Begriffe der Kommunikationssicherheit

In diesem Abschnitt werden die für die Netzsicherheit zentralen Begriffe *Sicherheitsdienst, kryptografischer Algorithmus* und *kryptografisches Protokoll* eingeführt und ihre Beziehungen untereinander erläutert.

Definition 1.3 *Ein* **Sicherheitsdienst** *ist ein abstrakter Dienst, der zur Erreichung eines bestimmten Sicherheitsziels realisiert wird.*

Realisierung von Sicherheitsdiensten

Ein Sicherheitsdienst kann sowohl mit kryptografischen als auch mit herkömmlichen Mitteln realisiert werden. So kann beispielsweise das unberechtigte Auslesen einer auf einem USB-Stick gespeicherten Datei zum einen dadurch verhindert werden, dass die Datei vor der Speicherung verschlüsselt wird. Zum anderen wird das gleiche Ziel aber auch durch das Wegschließen des USB-Sticks in einem sicheren Safe erreicht. In der Regel ist eine Kombination kryptografischer und herkömmlicher Methoden am effektivsten.

Fundamentale Sicherheitsdienste

Die oben gegebene Definition 1.3 legt in ihrer Allgemeinheit den Schluss nahe, dass eine Vielzahl unterschiedlicher Sicherheitsdienste existiert. Tatsächlich ist die Zahl der gemeinhin unterschiedenen Sicherheitsdienste aber erstaunlich gering; genau fünf fundamentale Sicherheitsdienste werden differenziert:

- Die *Authentisierung (Authentication)* stellt, wie sich im weiteren Verlauf dieses Buches noch zeigen wird, den wichtigsten Sicherheitsdienst dar, da sie die manipulationssichere Identifikation von Instanzen ermöglicht.
- Der Sicherheitsdienst *Datenintegrität (Data Integrity)* ist in gewisser Hinsicht »der kleine Bruder« des Authentisierungsdienstes, da er sicherstellt, dass von einer bestimmten Instanz erzeugte Daten nicht unbemerkt modifiziert werden können.
- Die *Vertraulichkeit (Confidentiality)* ist der wohl bekannteste Sicherheitsdienst, der verhindern soll, dass Informationen unautorisierten Instanzen bekannt werden.
- Der Sicherheitsdienst *Zugriffskontrolle (Access Control)* überwacht, dass lediglich jene Instanzen, die dazu berechtigt sind, in festgelegter Weise auf bestimmte Informationen und Dienste zugreifen können.
- Das Ziel des Dienstes *Urhebernachweis (Non-Repudiation)* ist es, die Urheber von bestimmten Aktionen, zum Beispiel dem Senden einer Nachricht, eindeutig identifizieren zu können, sodass diese getätigte Aktionen im Nachhinein nicht abstreiten können. Im Gegensatz zur Authentisierung ist dieser Nachweis gegenüber Dritten möglich.

Definition 1.4 *Ein* **kryptografischer Algorithmus** *ist eine mathematische Abbildung von Eingabedaten (zum Beispiel Daten und Schlüssel) auf Ausgabedaten.*

Kryptografische Algorithmen spielen eine wichtige Rolle bei der Realisierung von Sicherheitsdiensten. Die Verwendung eines kryptografischen Algorithmus alleine ist jedoch nicht ausreichend hierfür, da zusätzlich noch die Einbettung des Algorithmus in einen semantischen Kontext erforderlich ist. Diese erfolgt in der Regel im Rahmen der Definition eines *kryptografischen Protokolls*.

Definition 1.5 *Ein* **kryptografisches Protokoll** *ist eine Ablaufvorschrift für eine Reihe von Verarbeitungsschritten und zwischen mehreren Instanzen auszutauschenden Nachrichten, mit deren Ausführung ein bestimmtes Sicherheitsziel erreicht werden soll.*

Die beiden zuletzt definierten Begriffe der kryptografischen Algorithmen und Protokolle sind von so grundlegender Bedeutung für die Netzsicherheit, dass sie in diesem Buch in mehreren Kapiteln behandelt werden. Bevor jedoch konkrete Algorithmen und Protokolle vorgestellt werden sollen, werden im nächsten Kapitel zuvor allgemeine Grundlagen der Kryptologie eingeführt.

2 Grundbegriffe der Kryptologie

Dieses Kapitel führt in Grundbegriffe der Kryptologie [Sim94a, Riv90] ein. Nach der Definition der allgemeinen Begriffe Kryptologie, Kryptografie und Kryptanalyse im folgenden Abschnitt 2.1, wird in Abschnitt 2.2 eine grundsätzliche Klassifizierung kryptografischer Algorithmen vorgenommen, die im Rahmen der Netzsicherheit zum Einsatz kommen. Abschnitt 2.3 gibt eine Einführung in grundlegende Fragestellungen der Kryptanalyse. Im Anschluss werden in Abschnitt 2.4 Vergleichswerte für die Bewertung der Durchführbarkeit von Angriffen auf der Grundlage ihres geschätzten Berechnungs- und gegebenenfalls Speicheraufwandes eingeführt. Abschnitt 2.5 behandelt für die Kommunikation wichtige Eigenschaften von Verschlüsselungsverfahren und stellt eine Klassifizierung dieser Verfahren auf. Schließlich geht Abschnitt 2.6 noch auf die wichtigsten Aufgaben der Verwaltung kryptografischer Schlüssel ein, der eine zentrale Bedeutung bei dem Einsatz kryptografischer Verfahren zukommt.

2.1 Kryptologie, Kryptografie und Kryptanalyse

Der Begriff *Kryptologie* bezeichnet die Wissenschaft von der sicheren und in der Regel vertraulichen Kommunikation. Der Begriff ist abgeleitet von den beiden griechischen Wörtern *Kryptós* (versteckt) und *Lógos* (Wort). Die Kryptologie umfasst zwei Hauptgebiete:

- Die *Kryptografie* untersucht und entwickelt Verfahren, mit denen ungesicherte *Klartexte*, im Englischen als *Plaintext* bezeichnet, in für unautorisierte Instanzen nicht lesbare *Schlüsseltexte* (engl. *ciphertext*) transformiert werden können. Der Begriff setzt sich aus den beiden Wörtern Kryptós und *gráphein* (schreiben) zusammen. Im Laufe der Fortentwicklung des Gebiets in den beiden letzten Dekaden des 20. Jahrhunderts wurde der Hauptgegenstand der reinen *Verschlüsse-*

lungsverfahren um weitere Kategorien von Algorithmen erweitert, die im Allgemeinen auch zu den kryptografischen Algorithmen gezählt werden, obwohl sie keine Verschlüsselung im eigentlichen Sinne realisieren.

Die Kryptanalyse ist die komplementäre Disziplin der Kryptografie.

- Die *Kryptanalyse*, gelegentlich auch *Kryptoanalyse* oder *kryptologische Analyse* genannt, stellt in gewisser Hinsicht die Antagonistin der Kryptografie dar, da sie die Wissenschaft und teilweise auch Kunst der Rückgewinnung des Klartextes aus einem Schlüsseltext ohne initiale Kenntnis des verwendeten Schlüssels bezeichnet. Der Begriff setzt sich aus den beiden griechischen Wörtern Kryptós und *analýein* (lockern, losbinden) zusammen. Die Kryptanalyse stellt eine unentbehrliche Ergänzung der Kryptografie dar, sodass ein Kryptograf zugleich auch immer ein Kryptanalytiker sein muss, damit die von ihm entwickelten Verfahren auch wirklich das leisten können, was von ihnen erwartet wird.

2.2 Klassifizierung kryptografischer Algorithmen

Hauptanwendungen der Kryptografie

Im Zusammenhang mit Netzsicherheit sind insbesondere zwei Hauptanwendungen der Kryptografie von zentraler Bedeutung:

- die *Verschlüsselung* von Daten, das heißt die Transformation eines Klartextes in einen Schlüsseltext, sowie ihre inverse Operation, die *Entschlüsselung*, gelegentlich auch als *Chiffrierung* beziehungsweise *Dechiffrierung* bezeichnet, und
- die *Signierung* von Daten, das heißt die manipulationssichere Berechnung eines Prüfwertes, der es nachträglich erlaubt, per *Signaturprüfung* zu ermitteln, ob die Daten nach ihrer Erzeugung und Signierung bedingt durch Fehler oder vorsätzliche Manipulation verändert worden sind. Hierbei ist es wichtig, zwischen der *Signierung* in der hier definierten Weise und der Erstellung einer *digitalen Unterschrift* zu unterscheiden. Letztere erlaubt zusätzlich den Nachweis gegenüber Dritten und erbringt damit einen Urhebernachweis.

Einige kryptografische Algorithmen können für beide Anwendungen benutzt werden, wiederum andere sind nur für eine der Anwendungen sicher und / oder effizient einsetzbar.

Auf einer allgemeinen Ebene können kryptografische Algorithmen danach klassifiziert werden, wie viele verschiedene Schlüssel sie verwenden:

Klassifikation nach Anzahl verwendeter Schlüssel

- *Symmetrische kryptografische Algorithmen* verwenden *einen* Schlüssel, das heißt, eine Nachricht wird mit demselben Schlüssel entschlüsselt, mit dem sie auch verschlüsselt wurde, beziehungsweise eine Signatur wird mit dem gleichen Schlüssel überprüft, mit dem sie auch erstellt wurde.
- *Asymmetrische kryptografische Algorithmen* verwenden *zwei* verschiedene Schlüssel für die Chiffrierung und Dechiffrierung beziehungsweise Signierung und Signaturprüfung. Die beiden Schlüssel hierfür können nicht unabhängig voneinander gewählt werden, sondern müssen als Paar nach einer für den kryptografischen Algorithmus spezifischen Weise konstruiert werden.
- *Kryptografische Hashfunktionen* schließlich verwenden *keinen* Schlüssel, das heißt, sie realisieren eine Transformation von Eingabedaten, die lediglich durch den spezifischen Algorithmus, nicht aber durch einen zusätzlichen Schlüssel definiert wird. Diese Kategorie von Algorithmen wird hauptsächlich für die Erstellung von kryptografischen Prüfwerten (siehe hierzu Kapitel 5) und bei der Erzeugung sogenannter Pseudozufallszahlen (siehe hierzu Kapitel 6) eingesetzt.

Jeder dieser Kategorien ist im Folgenden ein eigenes Kapitel gewidmet. Bevor sie jedoch im Detail erläutert werden, sollen zuvor noch einige allgemeine Überlegungen zur Kryptanalyse und zu Eigenschaften und Klassifikation von Chiffrieralgorithmen angestellt werden.

2.3 Kryptanalyse

Die Kryptanalyse stellt im Wesentlichen den Prozess dar, aus Schlüsseltexten den zugehörigen Klartext oder den verwendeten Schlüssel zu gewinnen. Je nachdem, welche Voraussetzungen dem Kryptanalytiker hierfür zur Verfügung stehen, unterscheidet man die folgenden klassischen Arten der Kryptanalyse:

Brute-Force-Angriff

- *Erschöpfende Suche des Schlüsselraumes*: Diese im englischen Sprachgebrauch auch als *Brute-Force Attack* bezeichnete Angriffsform stellt die im Prinzip einfachste, zugleich in der Regel aber auch zeitaufwendigste Angriffsart dar. Sie trifft zunächst eine Annahme über den für die Chiffrierung eines Klartextes verwendeten Algorithmus und probiert dann sukzessive alle möglichen Schlüssel für die Dechiffrierung eines abgefangenen Schlüsseltextes aus. Kann mit einem ausprobierten Schlüssel der Schlüsseltext auf einen »sinnvollen« Klartext abgebildet werden, wird der gesuchte Schlüssel als ermittelt angenommen. Im statistischen Mittel muss hierfür der halbe Schlüsselraum durchsucht werden. Da diese Form des Angriffs prinzipiell für jedes kryptografische Verfahren anwendbar ist, liefert es eine obere Schranke für den Aufwand, ein beliebiges kryptografisches Verfahren zu brechen. Dieser Aufwand wächst exponentiell mit der Länge der eingesetzten Schlüssel.

Known-Ciphertext

- *Analyse lediglich auf Grundlage von Schlüsseltext (Known-Ciphertext)*: Diese Form der Kryptanalyse stützt sich auf die Grundannahme, dass bestimmte Eigenschaften des Klartextes auch bei der Verschlüsselung erhalten bleiben. So bewahren einfache Chiffren beispielsweise die relative Häufigkeit einzelner Buchstaben beziehungsweise Buchstabenkombinationen. Dem Kryptanalytiker stehen bei dieser Angriffsform verschiedene Schlüsseltexte $C_1, C_2, \ldots$ zur Verfügung, die alle mit dem gleichen Schlüssel K erzeugt worden sind, das heißt, es existieren Klartexte $P_1, P_2, \ldots$, sodass $C_1 = E(K, P_1), C_2 = E(K, P_2), \ldots$ gilt, wobei $E(K, P)$ die Chiffrierung (Encryption) des Klartextes P mit dem Schlüssel K bezeichnet. Das Ziel des Kryptanalytikers ist es hierbei, entweder möglichst viele der Klartexte $P_1, P_2, \ldots$ oder sogar den Schlüssel K zu bestimmen.

Known-Plaintext

- *Analyse auf Grundlage bekannter Klartext-Schlüsseltext-Paare (Known-Plaintext)*: Bei dieser Analyseform hat der Kryptanalytiker Zugang zu einer Menge von Klartext-Schlüsseltext-Paaren $(P_1, C_1), \ldots, (P_i, C_i)$, die alle mit dem gleichen Schlüssel K generiert worden sind. Sein Ziel ist es, hieraus den Schlüssel K oder zumindest einen Algorithmus zu bestimmen, mit dem die Klartexte weiterer Schlüsseltexte $C_{i+1}, \ldots$ gewonnen werden können.

Chosen-Plaintext

- *Analyse auf Grundlage gewählter Klartexte (Chosen-Plaintext)*: Dem Kryptanalytiker stehen bei dieser Analyseart nicht nur mit dem gleichen Schlüssel erzeugte Paare von Klartexten und Schlüsseltexten zur Verfügung, sondern er kann die Klartexte $P_1, P_2, \ldots$ selbst wählen und sich für diese die mit dem gleichen Schlüssel K chiffrierten Schlüsseltexte $C_1, C_2, \ldots$ beschaffen. Das Ziel der Analyse besteht darin, den unbekannten Schlüssel K oder zumindest einen Algorithmus zur Dechiffrierung weiterer Schlüsseltexte aus den Paaren (P_i, C_i) zu bestimmen.

- *Analyse auf Grundlage gewählter Schlüsseltexte (Chosen-Ciphertext)*: Diese Angriffsform ist der zuvor genannten sehr ähnlich, nur gibt der Kryptanalytiker hierbei die Schlüsseltexte $C_1, C_2, \ldots$ vor und beschafft sich die hierzu gehörigen Klartexte $P_1, P_2, \ldots$, die mit einem gleichen Schlüssel K dechiffriert werden. Auch hier besteht das Ziel der Analyse darin, den unbekannten Schlüssel K oder zumindest einen Algorithmus zur Dechiffrierung weiterer Schlüsseltexte aus den Paaren (P_i, C_i) zu bestimmen.

Chosen-Ciphertext

- *Analyse auf Grundlage von Schlüsselbeziehungen (Related-Key)*: Werden für einen Algorithmus nacheinander verschiedene Schlüssel verwendet, die zueinander in Beziehung stehen, kann der Kryptanalytiker sich diesen Umstand gegebenenfalls zunutze machen. Diese relativ junge Methode ist vor allem durch ihre Effektivität beim Angriff auf WLAN-Netze bekannt geworden.

Related-Key

Bei allen genannten Analyseformen ist eine wichtige Grundannahme, dass der Kryptanalytiker die Funktionsweise des kryptografischen Algorithmus kennt. Diese mittlerweile allgemein als sinnvoll anerkannte Annahme geht auf das nach dem flämischen Kryptografen Auguste Kerckhoff benannte Prinzip zurück, das besagt, dass die Stärke eines kryptografischen Verfahrens vollständig auf der Geheimhaltung des verwendeten Schlüssels und nicht auf der Geheimhaltung des Algorithmus beruhen muss [Ker83]. Dieses Prinzip liegt in der allgemeinen Einsicht darüber begründet, dass allenfalls umfangreiche kryptanalytische Untersuchungen durch eine größere Anzahl erfahrener Kryptanalytiker eine Aussage über die Sicherheit eines kryptografischen Algorithmus zulassen. Ein unter Kryptografen bekannter Aphorismus sagt hierzu, »dass jeder einen kryptografischen Algorithmus entwerfen kann, den er selbst nicht brechen kann«.

Nicht veröffentlichte kryptografische Verfahren bieten in der Regel keine ausreichende Sicherheit.

Neben den allgemeinen Formen der symmetrischen Kryptanalyse haben sich speziellere Techniken wie die *differenzielle Kryptanalyse* [BS90, BS93] und die *lineare Kryptanalyse* [Mat94] etabliert. Bei beiden Techniken handelt es sich um Spezialisierungen der oben genannten Grundarten: Die differenzielle Kryptanalyse realisiert eine spezielle Form der Chosen-Plaintext-Analyse und die lineare Kryptanalyse ist eine spezielle Form der Known-Plaintext-Analyse.

Kryptanalyse asymmetrischer Verfahren

Die Kryptanalyse asymmetrischer kryptografischer Verfahren lässt sich in die soeben beschriebene Klassifizierung nicht einordnen, da sie in der Regel an einer besonderen Stelle ansetzt: der Konstruktion eines zueinander passenden Schlüsselpaares. Wie noch in dem Kapitel über asymmetrische Kryptografie eingehend erklärt wird, werden diese Schlüsselpaare mit durch den konkreten kryptografischen Algorithmus vorgegebenen mathematischen Eigenschaften konstruiert. Diese Eigenschaften versucht der Kryptanalytiker auszunutzen, indem er aus dem öffentlichen der beiden Schlüssel den dazu passenden privaten Schlüssel zu errechnen versucht. Die Kryptanalyse asymmetrischer Verfahren repräsentiert daher eher eine eigene Disziplin der mathematischen Forschung, genauer gesagt ein Teilgebiet der Zahlentheorie, und arbeitet mit anderen Mitteln als die klassische Kryptanalyse symmetrischer Verfahren. Insgesamt ist sie auch vielmehr darauf ausgerichtet, einen kryptografischen Algorithmus vollständig zu brechen als lediglich einige Klartexte oder Schlüssel aus konkret vorliegenden Schlüsseltexten zu berechnen.

Asymmetrische Kryptanalyse zielt darauf ab, Verfahren vollständig zu brechen.

2.4 Einschätzung des Aufwandes kryptografischer Analysen

Unter welchen Umständen und mit welchen Mitteln kann eine bestimmte Kryptanalyse durchgeführt werden?

Wie im vorigen Abschnitt erwähnt, kann jedes kryptografische Verfahren auf die einfachste Weise dadurch angegriffen werden, dass systematisch alle potenziellen Schlüssel ausprobiert werden. Hierzu wird beispielsweise ein aufgezeichneter Schlüsseltext so lange systematisch mit möglichen Schlüsseln entschlüsselt, bis ein »sinnvoller« Klartext erhalten wird. Mit einer relativ hohen Wahrscheinlichkeit handelt es sich bei dem so ermittelten Schlüssel um den korrekten Schlüssel und spätestens nach der Entschlüsselung eines zweiten Schlüsseltextes mit demselben Schlüssel in einen sinnvollen Klartext erhält der Kryptanalytiker die annähernde Gewissheit, den richtigen Schlüssel gefunden zu haben. Da die Anzahl der möglichen Schlüssel bei allen heutzutage eingesetzten Verfahren endlich ist, muss dieses Verfahren zwangsläufig *irgendwann* zum Erfolg führen. In diesem Abschnitt soll der Frage nach diesem »wann?« und verwandten Fragestellungen nachgegangen werden.

In die Abschätzung des Aufwandes eines Angriffs auf ein kryptografisches Verfahren gehen üblicherweise ein:

- eine Abschätzung über die mittlere Anzahl notwendiger »Arbeitsschritte«, wobei ein Arbeitsschritt durchaus aus einer Abfolge komplexer Berechnungen bestehen kann,
- eine Annahme über die Anzahl der in einer Zeiteinheit ausführbaren Schritte, der in der Regel auch eine Technologieannahme zugrunde liegt, zum Beispiel eine Berechnung durch Halbleiterelemente gegebenenfalls hochgerechnet mit allgemein anerkannten Abschätzungen wie dem Moore'schen Gesetz, dass sich die erzielbare Verarbeitungsgeschwindigkeit alle 18 Monate verdoppeln kann, sowie gegebenenfalls noch
- eine Abschätzung über den für die Analyse benötigten Speicherplatz.

Ziel ist eine Abschätzung der Größenordnung des Aufwandes

Bei den hierbei vorzunehmenden Abschätzungen kommt es dabei nicht auf eine exakte Berechnung des tatsächlichen Aufwandes an. Vielmehr ist man an einer Einschätzung der Größenordnung dieses Aufwandes interessiert. Aus diesem Grund interessieren additive und multiplikative Konstanten nicht und man ist lediglich an dem die Größenordnung bestimmenden Term interessiert. Bei Algorithmen für kryptografische Angriffe ist dieser in der Regel exponentiell in der Länge des eingesetzten Schlüssels.

Für die eingangs beschriebene Brute-Force-Attacke besteht ein Arbeitsschritt beispielsweise aus der Festlegung des in diesem Schritt zu prüfenden Schlüssels, der Dechiffrierung des aufgezeichneten Schlüsseltextes mit diesem Schlüssel und der Überprüfung, ob es sich bei dem erhaltenen Klartext um einen sinnvollen Klartext handelt. Hierbei wird in der Regel weiter vereinfachend angenommen, dass lediglich die durchzuführende Entschlüsselung der dominierende Wert ist.

Tabelle 2.1 *Durchschnittlich benötigte Zeiten für die erschöpfende Suche nach einem Schlüssel*

Schlüssellänge [bit]	Anzahl Schlüssel	Zeitbedarf bei 1 Entschl. / μs	Zeitbedarf bei 10^6 Entschl. / μs
32	$4{,}3 \cdot 10^{9}$	35,8 Min.	$2,15\ ms$
56	$7{,}2 \cdot 10^{16}$	1142 Jahre	10,01 Jahre
128	$3{,}4 \cdot 10^{38}$	$5{,}4 \cdot 10^{24}$ Jahre	$5{,}4 \cdot 10^{18}$ Jahre
256	$1{,}2 \cdot 10^{77}$	$3{,}7 \cdot 10^{63}$ Jahre	$3{,}7 \cdot 10^{57}$ Jahre

Tabelle 2.1 führt die resultierenden Zeiten einer Brute-Force-Attacke für unterschiedliche Schlüssellängen und unterschiedliche Entschlüsselungsgeschwindigkeiten auf. Hierzu ist zu bemer-

Abschätzung der Entwicklung von Verarbeitungszeiten mithilfe des Moore'schen Gesetzes

ken, dass der Wert von 10^6 Entschlüsselungen pro Mikrosekunde (μs) realistisch für das DES-Verfahren und die in der Mitte der neunziger Jahre zur Verfügung stehende Technik war. Die weitere Entwicklung dieser Verarbeitungszeiten konnte bisher relativ gut durch das Moore'sche Gesetz abgeschätzt werden, da sich an der für den Angriff prinzipiell erforderlichen Schaltlogik keine Änderungen ergeben. Explizit auszunehmen von Abschätzungen dieser Art sind jedoch prinzipielle wissenschaftliche Neuerungen im Hinblick auf das zugrunde liegende Berechnungsmodell. Als hauptsächliches Beispiel in dieser Hinsicht seien die bisher praktisch noch nicht realisierbaren, aber theoretisch bereits vorgezeichneten Verfahren der *Quanteninformatik* genannt [CU98].

Bei der Bewertung solcher Ergebnisse ist es nützlich, einige Vergleichswerte zu kennen, welche den erhaltenen Wert in Bezug zu den Größenverhältnissen der uns umgebenden Welt setzen. Tabelle 2.2 zeigt hierzu einige Werte.

Tabelle 2.2 *Referenzwerte für die Einschätzung des Aufwands kryptanalytischer Methoden*

Referenz	Größenordnung
Sekunden pro Jahr	$3 \cdot 10^7$
Sek. seit Entstehung des Sonnensystems	$2 \cdot 10^{17}$
Taktzyklen pro Jahr bei 50 MHz	$1{,}6 \cdot 10^{15}$
Binärzahlen der Länge 64	$1{,}8 \cdot 10^{19}$
Binärzahlen der Länge 128	$3{,}4 \cdot 10^{38}$
Binärzahlen der Länge 256	$1{,}2 \cdot 10^{77}$
Anzahl 75-stelliger Primzahlen	$5{,}2 \cdot 10^{72}$
Anzahl Elektronen im Universum	$8{,}4 \cdot 10^{77}$

Die Praktikabilität kryptanalytischer Verfahren kann durch Vergleich des erforderlichen zeitlichen und materiellen Aufwands mit Referenzwerten der uns umgebenden Welt bewertet werden.

Aus den beiden Tabellen wird beispielsweise ersichtlich, dass der für die Brute-Force-Berechnung eines 128 bit langen Schlüssels erforderliche zeitliche Aufwand das Alter unseres Sonnensystems übersteigt. Daher ist die Annahme gerechtfertigt, dass ein solcher Angriff nicht praktikabel ist.

Einen weiteren nützlichen Vergleichswert stellt die geschätzte Anzahl der in unserem Universum vorhandenen Elektronen dar, da sie eine – wenn auch großzügig bemessene – obere Grenze für den einem Angreifer maximal zugänglichen Speicherplatz darstellt. Dies natürlich unter der Technologieannahme, dass zur Speicherung einer Informationseinheit mindestens ein Elektron benötigt wird.

Schließlich enthält die Tabelle noch einen weiteren wichtigen Wert, die Größenordnung der Anzahl 75-stelliger Primzahlen. Die Bedeutung der Primzahlen für die asymmetrische Kryptografie wird in Kapitel 4 deutlich werden. An dieser Stelle soll lediglich die Information gegeben werden, dass Primzahlen in ausreichender Anzahl zur Verfügung stehen und dass bei zufälliger Wahl großer Primzahlen die Wahrscheinlichkeit, dass zweimal die gleiche Primzahl gewählt wird, hinreichend gering ist.

2.5 Eigenschaften und Klassifizierung von Chiffrieralgorithmen

In diesem Abschnitt sollen zwei für die Nachrichtenübermittlung wichtige Eigenschaften von Verschlüsselungsverfahren eingeführt und eine erste Kategorisierung dieser Verfahren vorgenommen werden.

Angenommen ein Sender möchte eine Reihe von Klartexten $P_1, P_2, \ldots$ an einen Empfänger übermitteln. Da die Nachrichten vertraulich sind, verschlüsselt er sie zunächst in Schlüsseltexte $C_1, C_2, \ldots$ und sendet dann diese Schlüsseltexte an den Empfänger. Hierbei sind nun zwei Eigenschaften des eingesetzten Verschlüsselungsverfahrens von Bedeutung:

Fehleraufweitung

- Die *Fehleraufweitung (Error Propagation)* eines Chiffrierverfahrens bezeichnet den Effekt, den ein Bitfehler während der Übermittlung eines Schlüsseltextes auf die nach der Entschlüsselung wiedergewonnenen Klartexte $P_1', P_2', \ldots$ hat. Je nach eingesetztem kryptografischem Verfahren kann ein Bitfehler im Schlüsseltext wiederum in einem Bitfehler oder auch in einer größeren Anzahl fehlerhafter Bits im Klartext resultieren.

  Die Fehleraufweitung eines kryptografischen Verfahrens ist insbesondere in Zusammenhang mit *fehlerkorrigierenden Codes* zu beachten. Solche Codes erlauben durch Übertragung redundanter Information die automatische Korrektur bestimmter Fehler beim Empfänger, zum Beispiel Einzelbitfehler oder auch Bündelfehler bis zu einer gewissen Länge. Bei ihrem gleichzeitigen Einsatz mit einem Chiffrierverfahren, das Übertragungsfehler aufweitet, ist zu beachten, dass zuerst chiffriert wird, bevor die redundante Information des fehlerkorrigierenden Codes berechnet wird. Auf diese Weise werden die Fehlerkorrektureigenschaften des Codes sichergestellt und somit auch die Wahrscheinlichkeit für fehlerhaft rückgewonnene Klartexte reduziert.

Synchronisationseigenschaft

- Die *Synchronisationseigenschaft* eines Chiffrierverfahrens beschreibt demgegenüber die Auswirkung, die ein verloren gegangener Schlüsseltext C_i auf die aus den nachfolgenden, korrekt übertragenen Schlüsseltexten $C_{i+1}, C_{i+2}, \ldots$ gewonnenen Klartexte $P_{i+1}, P_{i+2}, \ldots$ hat. Je nach eingesetztem Verfahren kann es sein, dass ein solcher Verlust gar keine Auswirkungen auf nachfolgende Klartexte hat. Es ist aber auch möglich, dass einige oder gar alle nachfolgenden Schlüsseltexte falsch dechiffriert werden, sodass eine explizite Synchronisation zwischen Sender und Empfänger erforderlich wird.

Chiffrierverfahren können auf einer obersten Ebene gemäß den folgenden Dimensionen klassifiziert werden:

Art der Operationen

- Nach der Art der Operationen, die für die Abbildung von Klartext auf Schlüsseltext verwendet werden:
  - Die *Substitution* bildet Elemente des Klartextes, zum Beispiel Bits, Buchstaben oder Gruppen von Bits beziehungsweise Gruppen von Buchstaben, auf andere Elemente ab.
  - Die *Transposition* verändert die Reihenfolge der Elemente eines Klartextes.

  Die meisten heutigen Chiffrierverfahren verbinden beide Grundtechniken miteinander, da reine Substitutions- beziehungsweise Transpositionschiffren keine ausreichende Sicherheit bieten.

Anzahl verwendeter Schlüssel

- Nach der Anzahl der verwendeten Schlüssel:
  - *Symmetrische Chiffrierverfahren* verwenden den gleichen Schlüssel für die Entschlüsselung wie für die Verschlüsselung.
  - *Asymmetrische Chiffrierverfahren* benutzen zwei verschiedene, zueinander passende Schlüssel für die beiden komplementären Operationen.

Verarbeitungsweise

- Nach der Weise, in welcher der Klartext verarbeitet wird:
  - *Stromchiffren* operieren auf Bitströmen, das heißt, sie verschlüsseln einen Klartext Bit für Bit. Viele Stromchiffren basieren auf der Idee der linearen rückgekoppelten Schieberegister, die eine sehr effiziente Verschlüsselung realisieren. Es wurde jedoch bereits eine Vielzahl kryptografischer Schwächen dieser Verfahren entdeckt, da

eine ausgereifte mathematische Theorie für dieses Gebiet existiert. Von dem Einsatz von Stromchiffren, die auf rückgekoppelten Schieberegistern beruhen, wird daher oft abgeraten [Sch96, Kapitel 16 und 17]. Die meisten Stromchiffren implizieren keine Fehleraufweitung, reagieren dafür jedoch sehr empfindlich auf einen Verlust der Synchronisation und erfordern in solchen Fällen eine explizite Resynchronisation.

- *Blockchiffren* transformieren jeweils Blöcke der Länge b bit, wobei der Parameter b jeweils von dem konkret verwendeten Algorithmus abhängt.

2.6 Schlüsselverwaltung

Sollen in einem System Daten durch den Einsatz kryptografischer Maßnahmen geschützt werden, so stellt die Verwaltung der hierzu erforderlichen Schlüssel eine kritische Aufgabe dar. Das liegt darin begründet, dass bei Bekanntwerden der Schlüssel der kryptografische Schutz der mit ihnen verschlüsselten Daten aufgehoben wird. Im Folgenden sollen daher die Aufgaben einer Schlüsselverwaltung näher betrachtet werden:

Schlüsselgenerierung

- Mit *Schlüsselgenerierung* wird die Erzeugung der zu verwendenden Schlüssel bezeichnet. Dieser Vorgang muss *zufalls-* oder zumindest *pseudozufallsgesteuert* ablaufen, da sonst Angreifer den Prozess ebenso ausführen und somit in relativ kurzer Zeit die zur Sicherung eingesetzten Schlüssel bestimmen können. Von pseudozufallsgesteuerter Schlüsselgenerierung spricht man, wenn die Schlüssel nach einem deterministischen Verfahren erzeugt werden, aber jeder mögliche Schlüssel mit gleicher Wahrscheinlichkeit von dem Verfahren erzeugt wird. Pseudozufallsgeneratoren müssen mit einem wirklich zufälligen Wert initialisiert werden, damit sie nicht immer die gleichen Schlüssel produzieren. Ist der Prozess der Schlüsselerzeugung nicht reproduzierbar, so spricht man von »wirklich zufälliger« Schlüsselgenerierung. Die Erzeugung von Zufallszahlen wird in Kapitel 6 eingehend behandelt.

  Werden Schlüssel für ein symmetrisches kryptografisches Verfahren benötigt, so kann bereits die Ausgabe eines Zufalls- beziehungsweise Pseudozufallsgenerators als Schlüssel herangezogen werden. Die Erzeugung von Schlüsselpaaren für asymmetrische kryptografische Algorithmen, die auf den mathematischen Problemen der Faktorisierung oder der diskreten Logarithmierung beruhen, erfordert hingegen die Generierung zufälliger und großer Primzahlen [Bre89].

Schlüsselverteilung

- Die Aufgabe der *Schlüsselverteilung* besteht darin, die erzeugten Schlüssel an die Stellen eines Systems zu bringen, an denen sie benötigt werden. In einfachen Szenarien können die Schlüssel durch direkten (zum Beispiel persönlichen) Kontakt verteilt werden.

  Sind aber hierzu größere Distanzen zu überwinden, so muss bei Einsatz symmetrischer Chiffrieralgorithmen der verwendete Kommunikationskanal wiederum durch Verschlüsselung geschützt werden. Es ist somit ein Schlüssel für die Verteilung von Schlüsseln notwendig. Mit dieser Notwendigkeit wird die Einführung sogenannter *Schlüsselhierarchien* begründet. Als Beispiel hierfür kann die dreistufige Hierarchie des IBM-Schlüsselverwaltungsschemas [DP89, Seiten 143 ff.] herangezogen werden. In ihr werden auf oberster Ebene zwei *Master-Keys*, in der nächsten Ebene eine Reihe sogenannter *Terminal-Keys* und auf der dritten Ebene schließlich *Session-Keys* unterschieden. Öffentliche Schlüssel asymmetrischer kryptografischer Verfahren (vergleiche hierzu Kapitel 4) können allgemein bekannt gemacht werden. Bei ihnen ist lediglich die Authentizität, nicht aber die Vertraulichkeit zu sichern.

Speicherung von Schlüsseln

- Bei der *Speicherung von Schlüsseln* ist darauf zu achten, dass die Schlüssel nicht von Unberechtigten ausgelesen werden können. Das lässt sich zum Beispiel dadurch realisieren, dass der Schlüssel aus einem einfach zu merkenden, aber hinreichend langen Passwort (in der Regel ein kompletter Satz) vor jeder Benutzung erneut generiert wird und somit nur im Gedächtnis des Benutzers gespeichert wird. Alternativ ist die Speicherung in manipulationssicheren Kryptomodulen möglich, die beispielsweise in Form von universellen Smartcards und im sogenannten »neuen Personalausweis« [RE08] günstig am Markt erhältlich sind.

Wiederherstellung von Schlüsseln

- Die *Wiederherstellung von Schlüsseln* bezeichnet die Rekonstruktion verloren gegangener Schlüssel. Die einfachste Möglichkeit hierfür besteht darin, eine Kopie aller Schlüssel an einem sicheren Ort zu bewahren. Problematisch hieran ist das dadurch eingeführte Sicherheitsproblem, da unbedingt gewährleistet werden muss, dass die Kopien der Schlüssel nicht missbraucht werden [Sch96, Seiten 181 f.]. Alternativ ist eine verteilte Speicherung von Teilkopien an verschiedenen Orten möglich, wodurch das Risiko des Missbrauchs minimiert werden kann, wenn gewährleistet ist, dass alle oder zumindest mehrere Teile der Kopien zur Rekonstruktion der Schlüssel benötigt werden.

- Die *Invalidierung von Schlüsseln* ist insbesondere bei asymmetrischen kryptografischen Verfahren eine wichtige Aufgabe des Schlüsselmanagements. Wird ein privater Schlüssel bekannt, so ist der dazu gehörende öffentliche Schlüssel als ungültig zu kennzeichnen. Diese Aufgabe wird dadurch kompliziert, dass öffentliche Schlüssel unter Umständen weltweit in öffentlichen Verzeichnissen gespeichert werden und gegebenenfalls zahlreiche nicht zugängliche Kopien dieser Schlüssel existieren.

Invalidierung von Schlüsseln

- Mit der *Zerstörung nicht mehr benötigter Schlüssel* soll sichergestellt werden, dass die mit ihnen chiffrierten Nachrichten auch in Zukunft nicht von Unberechtigten entschlüsselt werden können. Hierzu ist dafür zu sorgen, dass wirklich alle Kopien der Schlüssel vernichtet werden. In modernen Betriebssystemen stellt das eine nicht triviale Aufgabe dar, da beispielsweise durch die automatische Speicherverwaltung regelmäßig Speicherinhalte auf Festplatte ausgelagert werden können und in diesem Fall durch die Löschung im Speicher nicht sichergestellt ist, dass wirklich keine Kopien der Schlüssel mehr existieren. Bei Magnetplattenspeichern, EEPROMs (Electrically Erasable Programmable Read-Only Memory) und Flash-basierten Speichermedien ist darüber hinaus darauf zu achten, dass diese mehrfach überschrieben beziehungsweise zerstört werden müssen, um zu gewährleisten, dass die auf ihnen gespeicherten Schlüssel auch mit aufwendigen technischen Methoden nicht mehr gelesen werden können.

Zerstörung nicht mehr benötigter Schlüssel

2.7 Zusammenfassung

Die *Kryptologie* ist die Wissenschaft der sicheren Kommunikation auf der Grundlage algorithmischer Transformation der zu kommunizierenden Daten. Sie besteht aus den beiden sich ergänzenden Teilgebieten der *Kryptografie* und der *Kryptanalyse*. Im Kontext der Netzsicherheit sind insbesondere zwei Hauptanwendungen kryptografischer Algorithmen von Interesse: die *Verschlüsselung* von Daten, um ihre Bedeutung zu verbergen, und die *Signierung* von Daten, dass heißt die Erzeugung kryptografisch sicherer Prüf-

Hauptanwendungen der Kryptografie für die Netzsicherheit sind Verschlüsselung und Signierung.

werte, auf deren Grundlage die Unverfälschtheit einer Nachricht überprüft werden kann.

Es existiert eine Reihe unterschiedlicher Verfahren der Kryptanalyse, die in der Regel danach klassifiziert werden, welche Informationen dem Kryptanalytiker bei seinem Angriff zur Verfügung stehen. Die einfachste Angriffsart besteht hierbei aus dem systematischen Ausprobieren aller möglichen Schlüssel. Da der hierfür erforderliche Aufwand exponentiell mit der Schlüssellänge wächst, stößt ein Angreifer jedoch bei ausreichend langen Schlüsseln an die physikalischen Grenzen unseres Universums.

In diesem Buch wird lediglich eine essenzielle Auswahl kryptografischer Algorithmen behandelt.

In den folgenden Kapiteln werden eine Reihe kryptografischer Algorithmen behandelt, die für die Netzsicherheit von zentraler Bedeutung sind. Die hierbei getroffene Auswahl ist bewusst klein gehalten, da es nicht das Ziel des vorliegenden Buches ist, eine umfassende Einführung in das Gebiet der Kryptologie zu geben, sondern vielmehr ein grundlegendes Verständnis für die Funktionsweise kryptografischer Verfahren vermittelt werden soll, auf dessen Grundlage ihr Einsatz in Protokollen und Architekturen der Netzsicherheit erklärt werden kann.

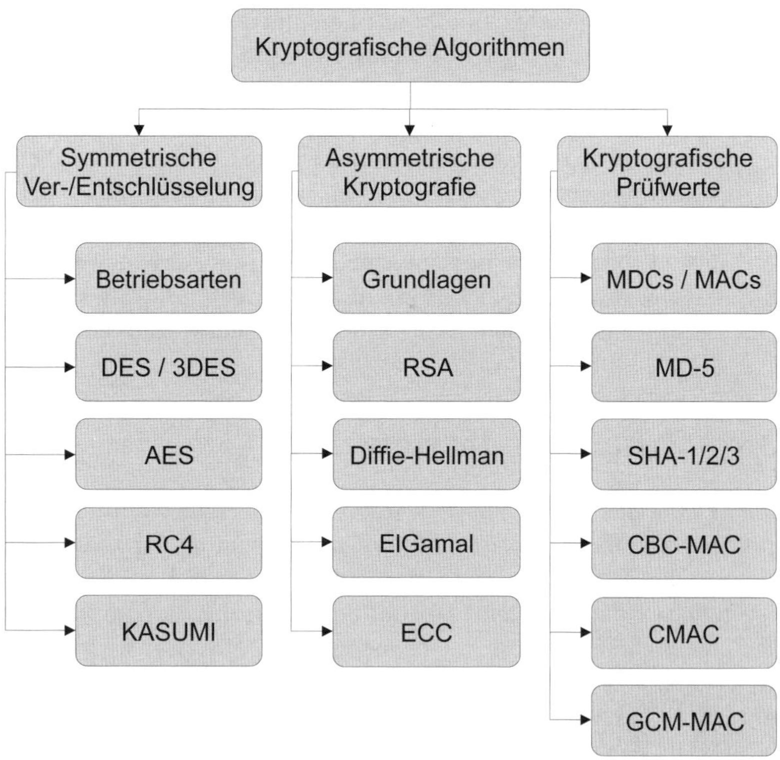

Abbildung 2.1 *Überblick über die in diesem Buch behandelten kryptografischen Algorithmen*

Abbildung 2.1 zeigt die in diesem Buch behandelten Algorithmen im Überblick. Das folgende Kapitel behandelt symmetrische Chiffrierverfahren und Kapitel 4 ist den asymmetrischen kryptografischen Algorithmen gewidmet. Kapitel 5 führt schließlich in das Gebiet der kryptografischen Prüfwerte ein.

Inhalt der Kapitel über kryptografische Algorithmen

2.8 Weiterführende Literatur

[Ker83] KERCKHOFF, A.: *La Cryptographie Militaire*. In: Journal des Sciences Militaires (1883), Januar 1883
In diesem historisch interessanten Artikel über den Stand der Technik auf dem Gebiet der Verschlüsselung im ausgehenden 19. Jahrhundert wird erstmals das wichtige Prinzip formuliert, dass ein kryptografischer Algorithmus auch dann noch Sicherheit bieten muss, wenn seine Funktionsweise einem möglichen Gegner bekannt geworden ist.

[Riv90] RIVEST, R.: Cryptography. In: VAN LEEUWEN, J. (Hrsg.): *Handbook of Theoretical Computer Science* Bd. 1, Elsevier, 1990, S. 717–755

[Sim94a] SIMMONS, G. J.: Cryptology. In: *Encyclopaedia Britannica*, Britannica, 1994

2.9 Übungen

1. Wie hoch ist der Berechnungsaufwand für einen Brute-Force-Angriff auf einen Ciphertext im besten, im mittleren und im schlechtesten Fall?
2. Kann es sinnvoll sein, eine fehlerkorrigierende Codierung in Schicht $n + 1$ eines Protokollturms und eine Chiffrierung in Schicht n vorzusehen? Wenn ja, welche Bedingungen müssen hierfür erfüllt sein?
3. Die nach Julius Cäsar benannte *Cäsar-Chiffre* ersetzt jeden Buchstaben durch den im Alphabet um drei Positionen verschobenen Buchstaben (»A« durch »D«, »B« durch »E« etc.). Wie viele mögliche Schlüssel verwendet sie? Wie viele Schlüssel sind theoretisch mit diesem Schema möglich?
4. Kann sich ein prinzipieller Vorteil daraus ergeben, wenn ein kryptografischer Algorithmus entworfen würde, der zwar einen endlich langen Schlüssel verwendet, jedoch auf einem theoretisch unentscheidbaren Problem der Informatik beruht?

3 Symmetrische Chiffrierverfahren

Symmetrische Chiffrierverfahren verwenden den gleichen Schlüssel zum Entschlüsseln wie zum Verschlüsseln. Dieser Schlüssel muss geheim gehalten werden und darf nur den Instanzen bekannt sein, die in der Lage sein sollen, die mit ihm chiffrierten Schlüsseltexte zu lesen. In diesem Kapitel werden die grundsätzlichen Betriebsarten symmetrischer Chiffieralgorithmen und die derzeit häufig eingesetzten Algorithmen DES, AES, RC4 und KASUMI erklärt.

3.1 Betriebsarten von Blockchiffren

Wie können Nachrichten verschlüsselt werden, die eine andere Länge als die Blockgröße der Chiffre aufweisen?

Es ist bereits in Abschnitt 2.5 eingeführt worden, dass Blockchiffren einen Bitstrom nicht bitweise, sondern in Blöcken der Länge b ver- beziehungsweise entschlüsseln, wobei die Blocklänge b durch den Chiffrieralgorithmus fest vorgegeben ist. Hieraus ergibt sich die Frage, auf welche Weise Nachrichten verschlüsselt werden, die eine andere Länge als b aufweisen. Der Einfachheit halber wird im Folgenden angenommen, dass die Länge der Nachricht ein Vielfaches der Blocklänge b beträgt. Diese Voraussetzung kann für beliebige Nachrichten mit bekannten Methoden der Nachrichtentechnik realisiert werden, zum Beispiel durch Anfügen eines »1«-Bit und einer variablen Anzahl von »0«-Bits bis zum Erreichen des nächsten Vielfachen von b.

Das reine Auffüllen auf vollständige Blöcke und blockweise Verarbeiten von Nachrichten reicht nicht aus.

An dieser Stelle liegt zunächst der Gedanke nahe, dass mit dem *Auffüllen* der Nachricht, im Englischen üblicherweise auch als *Padding* bezeichnet, die Frage der Verschlüsselung beliebig langer Nachrichten bereits vollständig beantwortet ist: Schließlich muss danach lediglich jeder Block der Länge b noch einzeln verschlüsselt werden. In der Tat ist damit bereits eine mögliche Verfahrensweise beschrieben. Wie im Folgenden aufgezeigt, hat diese jedoch einen gravierenden kryptografischen Nachteil, sodass noch weitere alternative Verfahrensweisen entwickelt worden sind. Diese Verfahrensweisen werden gemeinhin als *Betriebsarten* bezeichnet und sie sollen im Folgenden erklärt werden. Hierfür wird zunächst eine Notation vorgestellt, die auch in weiteren Kapiteln gültig sein wird.

Benutzte Notation

Da Schlüssel für symmetrische Verfahren geheim gehalten werden müssen, werden sie in der Regel zwischen je zwei Instanzen A und B vereinbart und es ist bei mehreren Schlüsseln nützlich, die beiden Instanzen als Index des Schlüssels zu notieren, sodass etwa der Schlüssel zwischen A und B als $K_{A,B}$ bezeichnet wird. Auf diese Indizierung wird jedoch auch oft verzichtet, wenn implizit klar beziehungsweise unerheblich ist, zwischen welchen Instanzen ein Schlüssel K vereinbart ist. Die Verschlüsselung eines Klartextes P in einen Schlüsseltext C wird oft durch die Funktion E für Encrypt als $C = E(K_{A,B}, P)$ notiert. Ihre komplementäre Operation wird durch die Funktion D für Decrypt ausgedrückt und es gilt: $D(E(K_{A,B}, P)) = P$. Aus Platzgründen finden sich für die Verschlüsselung einer Nachricht gelegentlich auch die Notationen $E_{K_{A,B}}(P)$ oder noch kürzer $\{P\}_{K_{A,B}}$.

Eine Klartextnachricht P wird in Blöcke $P_1, P_2, \ldots$ strukturiert, die von gleicher Länge j sind, wobei $j \leq b$ gilt und j in der Regel ein Teiler von b ist. Die entsprechenden Schlüsseltextblöcke sind von gleicher Länge und werden mit $C_1, C_2, \ldots$ notiert.

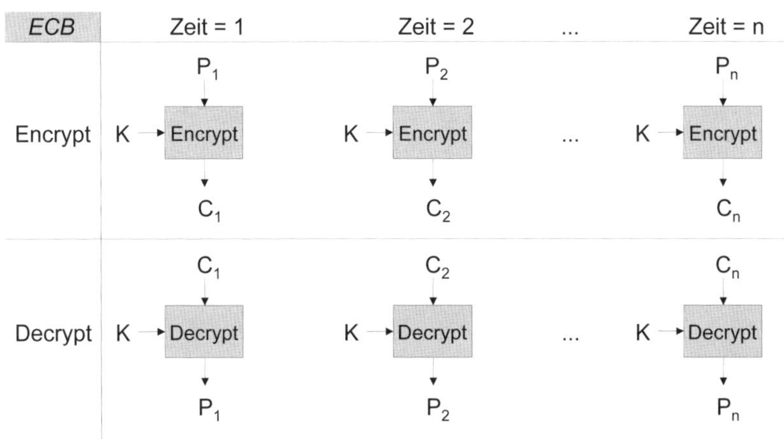

Abbildung 3.1
Der »Electronic Code Book«-Modus

Electronic Code Book Mode

Die bereits beschriebene Verfahrensweise, eine Nachricht P durch jeweils unabhängiges Chiffrieren der einzelnen Nachrichtenblöcke P_i zu verschlüsseln, wird als *Electronic Code Book Mode (ECB)* bezeichnet und ist in Abbildung 3.1 illustriert.

Im Fall eines Fehlers bei der Übertragung eines Schlüsseltextblocks C_i wird jeweils der gesamte entschlüsselte Klartextblock P'_i verfälscht. Nachfolgende Blöcke werden jedoch wieder korrekt

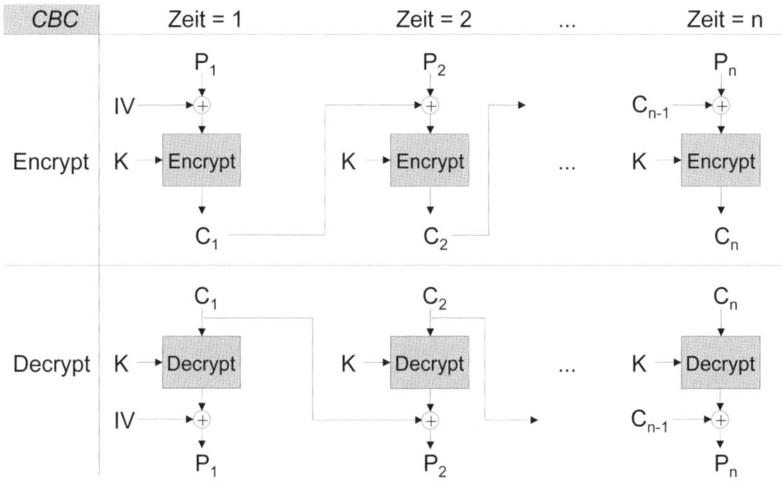

Abbildung 3.2 *Der »Cipher Block Chaining«-Modus*

entschlüsselt und auch bei Verlust eines oder mehrerer Schlüsseltextblöcke kommt es zu keinen Folgefehlern. Beträgt die Anzahl der »verlorenen« Bits jedoch einen anderen Wert als die Blockgröße b des Chiffrierverfahrens ist eine explizite Resynchronisation zwischen Sender und Empfänger erforderlich. Der Hauptnachteil dieses Verfahrens besteht darin, dass identische Klartextblöcke auf identische Schlüsseltextblöcke abgebildet werden. Diese Eigenschaft macht das Verfahren unsicher gegen eine Reihe kryptografischer Analyseverfahren, sodass es in der Regel nicht eingesetzt wird.

Cipher Block Chaining Mode

Um eine Abbildung gleicher Klartextblöcke auf identische Schlüsseltexte zu verhindern, werden die Klartextblöcke P_i bei dem *Cipher Block Chaining Mode (CBC)* vor der Chiffrierung mit dem vorigen Schlüsseltextblock C_{i-1} exklusiv-oder-verknüpft (XOR). Bei der Entschlüsselung muss dementsprechend der nach der Dechiffrierung des empfangenen Schlüsseltextes C_i erhaltene Wert noch mit dem vorigen Schlüsseltext C_{i-1} XOR-verknüpft werden, um den korrekten Klartext P_i zu erhalten. Für die Ver- beziehungsweise Entschlüsselung des ersten Nachrichtenblocks wird ein *Initialisierungsvektor (IV)* zwischen dem Sender und dem Empfänger als Wert C_0 vereinbart. Dieser Wert muss nicht vor Angreifern verborgen werden und kann beispielsweise vor der eigentlichen Nachricht im Klartext übertragen werden.Abbildung 3.2 zeigt diese Betriebsart im Überblick und die folgenden Gleichungen verdeutlichen noch einmal die beschriebenen Zusammenhänge:

$$\begin{aligned} C_i &= E_K(C_{i-1} \oplus P_i) \\ D_K(C_i) &= D_K(E_K(C_{i-1} \oplus P_i)) \\ D_K(C_i) &= C_{i-1} \oplus P_i \\ C_{i-1} \oplus D_K(C_i) &= C_{i-1} \oplus C_{i-1} \oplus P_i \\ C_{i-1} \oplus D_K(C_i) &= P_i \end{aligned}$$

Bei einem oder mehreren Bitfehlern in einem Schlüsseltextblock C_i wird der gesamte dechiffrierte Klartextblock P_i' verfälscht und außerdem werden auch die entsprechenden Bits des folgenden Blocks P_{i+1}' verfälscht. Der Verlust eines Schlüsseltextblocks C_i hat auch eine Verfälschung des nachfolgenden Blocks P_{i+1}' zur Folge. Das Verfahren resynchronisiert sich nach einem falsch dechiffrierten Block jedoch automatisch, sofern jeweils vollständige Blöcke verloren gehen.

Verarbeitung kürzerer Nachrichtenblöcke

In einigen Fällen besteht die Anforderung, auch kürzere Nachrichtenblöcke als solche mit einer Länge von b bit zu verschlüsseln. Beispielhaft sei hier die Realisierung einer vertraulichen interaktiven Terminalkommunikation genannt, bei der idealerweise einzelne Zeichen direkt nach der Eingabe durch den Benutzer verschlüsselt übertragen werden sollen.

Reines Auffüllen auf die Blockgröße verschwendet Bandbreite und führt zu kryptografischen Schwachstellen.

Eine naive Vorgehensweise hierfür wäre beispielsweise, jeden zu verschlüsselnden Nachrichtenblock der Länge j bis zur Länge b »aufzufüllen« und dann zu verschlüsseln und zu übertragen. Die Konsequenz einer solchen Vorgehensweise wäre jedoch eine unerwünschte Vergrößerung der zu übertragenden Datenmenge, da für jeden Block der Länge j (zum Beispiel ein Zeichen) in diesem Fall ein Block der Länge b übertragen werden müsste. Bei zeichenorientierten Anwendungen und einer Chiffre mit 128 bit Blocklänge entspräche das einer Versechzehnfachung der erforderlichen Übertragungsbandbreite. Eine solche Vorgehensweise kann darüber hinaus auch zu kryptografischen Schwächen führen, beispielsweise wenn die Blöcke immer mit vorhersehbaren Bitmustern aufgefüllt werden, da etwa beim Einsatz von ECB etwa nur 256 Ciphertexte auftreten und Angreifer auf Basis der Häufigkeit des Auftretens ein Wörterbuch erstellen könnten.

Ciphertext Feedback Mode

Eine solche Vergrößerung der erforderlichen Übertragungsbandbreite kann jedoch durch eine geeignete Betriebsart vermieden werden. Der *Ciphertext Feedback Mode (CFB)* realisiert eine Verschlüsselung von Nachrichtenblöcken der Länge j bit unter Nutzung einer Blockchiffre mit einer Blockgröße von b bit. In der folgenden Darstellung haben alle Nachrichtenblöcke P_i die Länge j bit.

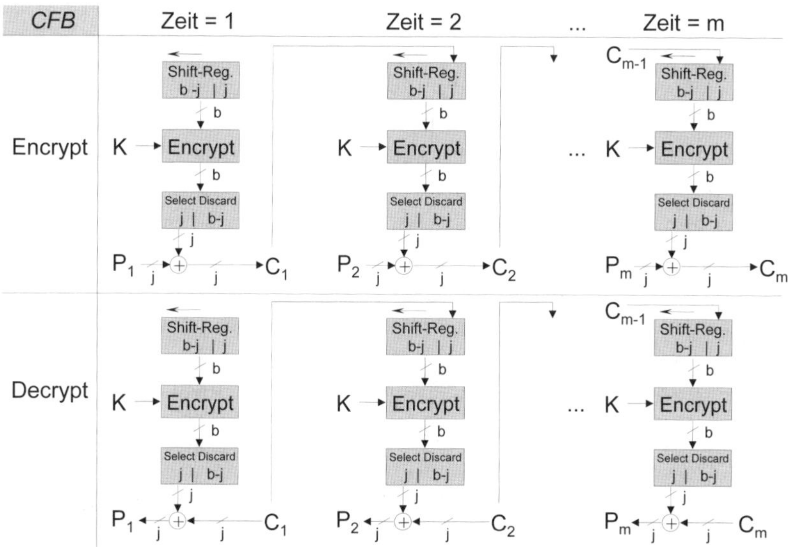

Abbildung 3.3
Der »Ciphertext Feedback«-Modus

Das Verfahren arbeitet mit einem Register. In das Register wird vor der Verarbeitung des ersten Nachrichtenblocks ein Initialisierungsvektor geschrieben. Für die Verschlüsselung eines jeden Nachrichtenblocks wird der Registerinhalt mit dem Schlüssel chiffriert. Von dem erhaltenen Wert werden dann die j höherwertigen Bits mit dem zu verschlüsselnden Klartext XOR-verknüpft. Der hieraus resultierende Schlüsseltext wird schließlich in die j niederwertigen Bits des Registers geschrieben, welches zuvor um j bit nach links verschoben wurde. Diese Rückführung des Schlüsseltextes begründet auch den Namen des Verfahrens. Die Entschlüsselung einer Nachricht erfolgt nach dem gleichen Verfahren. Insbesondere wird die Dechiffrierungsfunktion des Chiffrierverfahrens nicht benötigt, wie auch die folgenden Gleichungen begründen, in denen $S(j, X)$ die höherwertigen j Bits von X und R_i den Inhalt des Registers R bei der Ver- beziehungsweise Entschlüsselung des Klartextblocks P_i bezeichnen:

$$\begin{aligned} R_1 &= IV \\ R_i &= (R_{i-1} \cdot 2^j \mod 2^b) + C_{i-1} \\ C_i &= S(j, E_K(R_i)) \oplus P_i \\ S(j, E_K(R_i)) \oplus C_i &= S(j, E_K(R_i)) \oplus S(j, E_K(R_i)) \oplus P_i \\ S(j, E_K(R_i)) \oplus C_i &= P_i \end{aligned}$$

Abbildung 3.3 zeigt diese Betriebsart im Überblick, wobei für die Darstellung der Auswahl der j höherwertigen Bits nach der Chiffrierung des Registerinhalts ein weiteres Register abgebildet ist. Dieses Register speichert jedoch anders als das obere Register keinen Zustand des Verfahrens, und es kann bei einer tatsächlichen Implementierung ebenso weggelassen werden.

Kommt es bei der Übertragung eines Schlüsseltextblocks C_i zu einem Bitfehler, so resultiert dieser zunächst in einem Bitfehler an der gleichen Stelle des entsprechenden Klartextblocks P_i'. Außerdem gelangt er jedoch auch in das Register und führt damit so lange zu komplett fehlerhaften Klartextblöcken, bis er durch nachfolgende Schlüsseltextblöcke vollständig aus dem Register geschoben wurde. Ebenso führt der Verlust eines Schlüsseltextblocks so lange zu falsch entschlüsselten Blöcken, bis durch nachfolgende Schlüsseltextblöcke wieder eine Resynchronisation des Registerinhalts zwischen Sender und Empfänger erfolgt ist.

Output Feedback Mode

Die Idee der Verschlüsselung durch XOR-Verknüpfung mit einer Pseudozufallsfolge wird auch durch den *Output Feedback Mode (OFB)* realisiert. Im Unterschied zum Ciphertext-Feedback-Modus wird hierbei jedoch nicht der erhaltene Schlüsseltext C_i rückgeführt, sondern die j höherwertigen Bits des chiffrierten Registerinhalts. Die Blockchiffre wird in diesem Modus somit zur Erzeugung einer Pseudozufallsbitfolge verwendet, die komplett unabhängig von dem zu verschlüsselnden Klartext ist, und es ergeben sich somit die folgenden Beziehungen (siehe hierzu auch Abbildung 3.4):

$$\begin{aligned}
R_1 &= IV \\
R_i &= (R_{i-1} \cdot 2^j \mod 2^b) + S(j, E_K(R_{i-1})) \\
C_i &= S(j, E_K(R_i)) \oplus P_i \\
S(j, E_K(R_i)) \oplus C_i &= S(j, E_K(R_i)) \oplus S(j, E_K(R_i)) \oplus P_i \\
S(j, E_K(R_i)) \oplus C_i &= P_i
\end{aligned}$$

Kommt es zwischen der Ver- und der Entschlüsselung eines Blocks zu einem Bitfehler im Schlüsseltextblock, so resultiert dieser genau in einem Bitfehler an der entsprechenden Stelle im Klartextblock. Der Output-Feedback-Modus führt damit zu keiner Fehleraufweitung. Der Verlust eines oder mehrerer Nachrichtenblöcke wirkt sich allerdings störend auf alle nachfolgenden Blöcke aus und das Verfahren muss explizit resynchronisiert werden.

Eine Fehleraufweitung ist aus kryptografischer Sicht durchaus wünschenswert.

Die aus der Sicht der Nachrichtentechnik vorteilhafte Eigenschaft des OFB, zu keiner Fehleraufweitung zu führen, wird aus kryptografischer Sicht häufig als Nachteil gewertet, da ein Angreifer in diesem Fall kontrollierbare Änderungen an einem durch Verschlüsselung geschützten Text vornehmen kann. Das liegt darin begründet, dass jedes modifizierte Bit im Schlüsseltext zu genau ei-

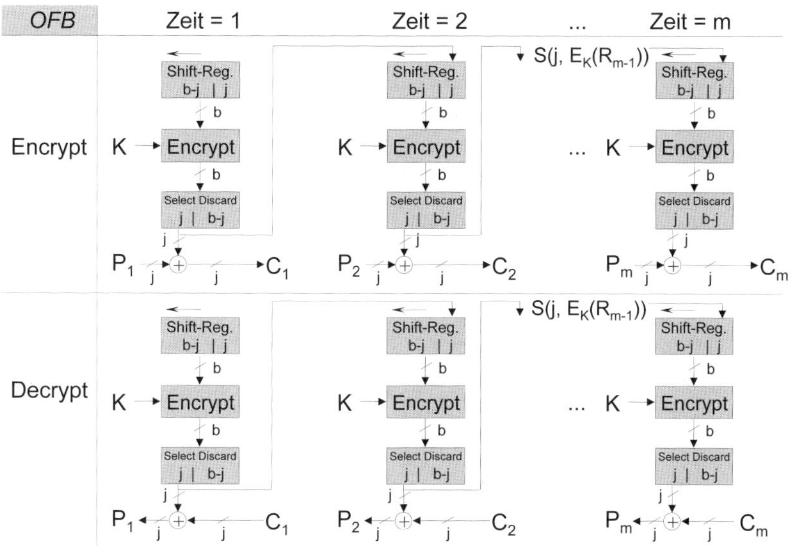

Abbildung 3.4 Der »Output Feedback«-Modus

nem modifizierten Bit im Klartext nach der Entschlüsselung führt. Wenngleich der Angreifer nicht wissen kann, welchen Wert das entsprechende Bit nach der Entschlüsselung annehmen wird, so kann er es doch gezielt invertieren. Dass ein solcher Angriff durchaus sinnvoll sein kann, wird sich noch in Kapitel 15 bei der Diskussion eines Sicherheitsprotokolls zum Schutz der Kommunikation in drahtlosen lokalen Netzen zeigen.

Eine mehrfache Verwendung der gleichen Pseudozufallssequenz beim OFB ist unsicher!

Weiterhin muss bei der Verschlüsselung im OFB-Modus beachtet werden, dass unter keinen Umständen zwei unterschiedliche Nachrichten mit der gleichen Pseudozufallssequenz chiffriert werden, da das Verfahren sonst komplett unsicher wird. In einem solchen Fall ergibt nämlich die XOR-Verknüpfung der beiden Schlüsseltexte die XOR-Verknüpfung der beiden entsprechenden Klartexte, sodass ein Angreifer, der einen der beiden Klartexte kennt, die Pseudozufallsfolge und den anderen Klartext durch einfache XOR-Verknüpfung berechnen kann. Neben den vorgestellten Blockmodi zur Verschlüsselung existieren weitere Modi, die neben einer Verschlüsselung auch gleichzeitig eine Authentisierung erlauben. Diese werden erst in Abschnitt 5.4 vorgestellt, da hierfür weitere kryptografische Primitive benötigt werden.

3.2 Der Data Encryption Standard

Der *Data Encryption Standard (DES)* wurde Mitte der siebziger Jahre des vorigen Jahrhunderts genormt. Zu diesem Zweck rief 1973 das amerikanische National Bureau of Standards, heute unter dem Namen *National Institute of Standards and Technology (NIST)* bekannt, dazu auf, Vorschläge für einen nationalen Verschlüsselungsstandard einzureichen, der die folgenden Anforderungen erfüllen sollte:

Anforderungen an den Algorithmus

- Der Algorithmus sollte ein hohes Maß an Sicherheit bieten,
- vollständig spezifiziert und leicht zu verstehen sein,
- Sicherheit lediglich aufgrund der Geheimhaltung seiner Schlüssel und nicht aufgrund der Geheimhaltung des Algorithmus selbst bieten,
- potenziell allen möglichen Nutzern zur Verfügung stehen,
- für die Anwendung in diversen Bereichen anpassbar sein,
- ökonomisch in elektronischen Schaltkreisen implementiert werden können,
- effizient verwendbar,
- validierbar und
- exportierbar sein.

IBMs Algorithmus »Lucifer« war die einzige aussichtsreiche Einreichung für den zweiten Aufruf.

Keine der Einreichungen auf diesen ersten Aufruf erfüllte diese Anforderungen, und erst nach einem zweiten Aufruf wurde von der Firma IBM der Algorithmus »Lucifer« eingereicht, der sich als hoffnungsträchtiger Kandidat erwies. Bei Lucifer handelte es sich um eine symmetrische Blockchiffre, die auf Blöcken der Länge 128 bit arbeitete und 128 bit lange Schlüssel verwendete.

Das National Bureau of Standards bat die *National Security Agency (NSA)* um Hilfe bei der Bewertung der Sicherheit des Algorithmus. Die NSA ist als größter Auslandsgeheimdienst der USA unter anderem auch in der kryptografischen Forschung tätig, und es gilt als allgemein anerkannt, dass dort eine große Anzahl sehr fähiger Kryptografen und Mathematiker arbeiten. Die Ergebnisse der NSA sind in der Regel als streng geheim klassifiziert und dringen daher nicht an die Öffentlichkeit, sodass eine genaue Einschätzung des »kryptografischen Vorsprungs« der NSA vor den anderen Kryptografen der Welt schwierig ist. Dass ein solcher zumindest lange Zeit bestanden hat, ist historisch erwiesen und auch die Entwicklungsgeschichte von DES lässt darauf schließen.

Die NSA reduzierte die Blockgröße des Algorithmus auf 64 bit und seine Schlüssellänge auf 56 bit. Weiterhin wurde die interne Struktur seiner Substitutionstabellen modifiziert. Diese Änderungen lösten vielfältige Diskussionen unter Kryptografen aus und erst in den neunziger Jahren konnten einige dieser Änderungen nachvollzogen werden.

Modifikationen der NSA an dem Algorithmus

Trotz aller Kritik wurde der Algorithmus 1977 standardisiert [NIS77, NIS88] und für die Sicherung als »nicht vertraulich« eingestufter Regierungsdaten freigegeben. Da der Algorithmus in Amerika frei verfügbar war, wurde er auch von privatwirtschaftlichen Unternehmen eingesetzt und entwickelte sich rasch zu dem Standardalgorithmus für Verschlüsselung schlechthin. Der Export von DES-Produkten aus den USA war bis in die Mitte der neunziger Jahre nur unter Auflagen erlaubt, da sie unter das amerikanische Waffengesetz fielen.

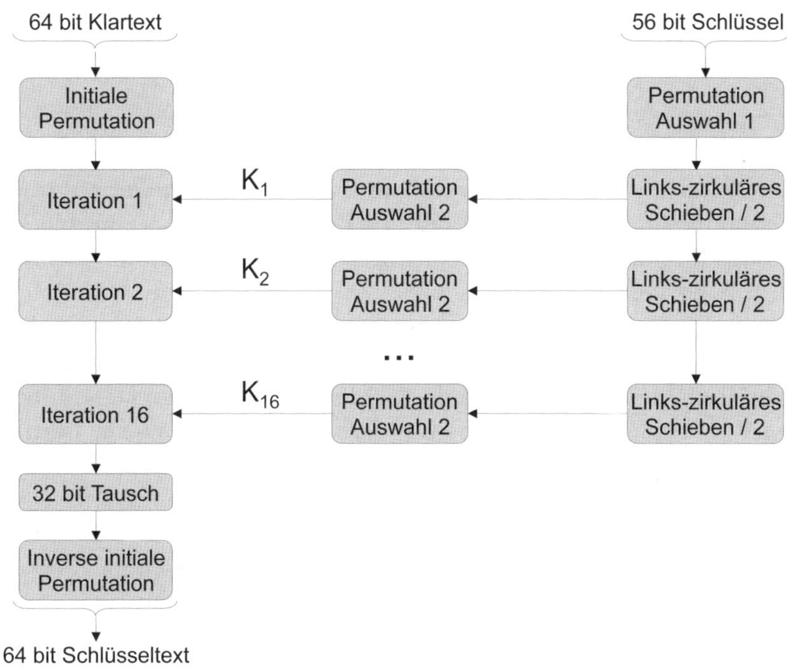

Abbildung 3.5 *Überblick über den DES-Algorithmus*

Abbildung 3.5 zeigt die Struktur des DES-Algorithmus. Ein 64 bit langer Datenblock wird zunächst einer *initialen Permutation* unterzogen und anschließend in 16 *Iterationen*, auch *Runden* genannt, bearbeitet. In jeder Runde wird ein anderer *Rundenschlüssel* berechnet und mit dem Datenblock verknüpft. Nach der letzten Iteration werden die beiden 32 bit langen Hälften des Datenblocks vertauscht und der resultierende Block einer erneuten Permutation

Funktionsweise von DES

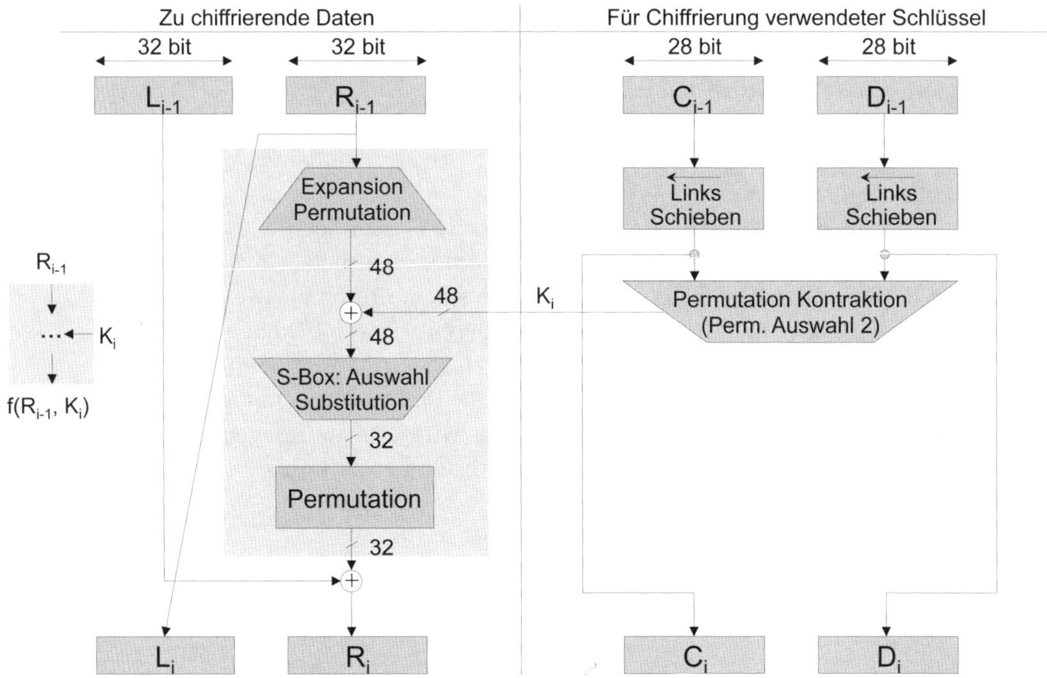

Abbildung 3.6
Eine Runde des DES-Algorithmus

unterzogen, welche die inverse Operation zur initialen Permutation darstellt. In der Abbildung sind die Bearbeitung des Datenblocks in der linken und die Bearbeitung des Schlüssels in der rechten Hälfte dargestellt.

Interne Struktur eines Iterationsschritts

Die interne Struktur eines Iterationsschritts zeigt Abbildung 3.6, wobei wiederum je eine Hälfte die Bearbeitung des Datenblocks beziehungsweise des Schlüssels zeigt. Der Datenblock wird in zwei Hälften bearbeitet, deren Resultat des i-ten Iterationsschritts im Folgenden mit L_i und R_i bezeichnet wird. Die linke Hälfte L_i erhält hierbei einfach den Inhalt der rechten Hälfte R_{i-1} aus dem vorigen Schritt. Für die Berechnung der rechten Hälfte wird zunächst auf den Inhalt der rechten Hälfte aus dem vorigen Schritt R_{i-1} und den Rundenschlüssel K_i eine Funktion $f(R_{i-1}, K_i)$ angewendet und der resultierende Wert mit dem Inhalt der linken Hälfte L_{i-1} des vorigen Schritts XOR-verknüpft. Die Funktion f expandiert und permutiert zunächst den Inhalt von R_{i-1}, wobei 16 der 32 bit dupliziert werden, sodass ein Wert der Länge 48 bit entsteht. Dieser wird mit dem 48 bit langen Rundenschlüssel XOR-verknüpft und das Ergebnis dieser Operation wird durch 8 *Substitutionsboxen (S-Boxen)* wiederum auf einen 32 bit langen Wert abgebildet. Bei der Abbildung durch die Substitutionsboxen wird in jeder Box ein 6 bit langer Wert auf einen 4 bit langen Wert nach einer für jede Box festen Vorschrift abgebildet. Der nach den Substitutionsboxen erhaltene Wert wird abschließend permutiert, um das Resultat der Funktion f zu erhalten.

Berechnung des Rundenschlüssels

Für die Berechnung des Rundenschlüssels K_i wird dieser auch in zwei Hälften eingeteilt. In jeder Iteration werden die beiden Hälften je um ein oder zwei Bits zirkular nach links verschoben, wobei es rundenabhängig ist, ob um eine oder zwei Positionen geschoben wird. Nach dieser Operation werden die 56 Bits des Schlüssels auf 48 bit abgebildet, um den Rundenschlüssel K_i zu erhalten.

DES-Entschlüsselung

Die Entschlüsselung mit DES erfolgt nach dem gleichen Verfahren, nur werden hierbei die Rundenschlüssel in umgekehrter Reihenfolge angewendet. Dass auf diese Weise die Verschlüsselungsfunktion von DES umgekehrt wird, kann anhand der folgenden Überlegungen nachvollzogen werden. In jedem Schritt i werden die beiden Hälften des zu bearbeitenden Datenblocks gemäß den beiden folgenden Gleichungen modifiziert:

$$\begin{aligned} L_i &= R_{i-1} \\ R_i &= L_{i-1} \oplus f(R_{i-1}, K_i) \end{aligned}$$

Registerinhalt vor dem ersten Schritt

Bei der Entschlüsselung gilt für den initialen Datenblock $L'_0||R'_0$ vor dem ersten Iterationsschritt:

$$L'_0 \mid\mid R'_0 = InitialPermutation(ciphertext)$$

Weiterhin gilt:

$$ciphertext = InitialPermutation^{-1}(R_{16} \mid\mid L_{16})$$

und somit insgesamt:

$$L'_0 \mid\mid R'_0 = R_{16} \mid\mid L_{16}$$

Nach einem Schritt

Nach dem ersten Iterationsschritt ergibt sich:

$$\begin{aligned} L'_1 &= R'_0 = L_{16} = R_{15} \\ R'_1 &= L'_0 \oplus f(R'_0, K_{16}) = R_{16} \oplus f(R_{15}, K_{16}) \\ &= [L_{15} \oplus f(R_{15}, K_{16})] \oplus f(R_{15}, K_{16}) = L_{15} \end{aligned}$$

Diese Beziehung setzt sich in allen Runden der Entschlüsselung fort, da ja gilt:

$$\begin{aligned} R_{i-1} &= L_i \\ L_{i-1} &= R_i \oplus f(R_{i-1}, K_i) = R_i \oplus f(L_i, K_i) \end{aligned}$$

Nach 16 Schritten

Somit ergibt sich nach der 16. Runde:

$$L'_{16} \mid\mid R'_{16} \quad = \quad R_0 \mid\mid L_0$$

Abschließend werden die beiden 32 bit langen Hälften des Datenblocks vertauscht und der resultierende Block der inversen initialen Permutation unterzogen, sodass sich aus der Entschlüsselung insgesamt ergibt:

$$InitialPermutation^{-1}(L_0 \mid\mid R_0) =$$
$$InitialPermutation^{-1}(InitialPermutation(plaintext)) = plaintext$$

Feistel-Netzwerk

Das dem DES-Algorithmus zugrunde liegende Konstruktionsschema, den zu verschlüsselnden Datenblock in zwei Hälften zu teilen und in mehreren Iterationen mit wechselnden Rundenschlüsseln gemäß den oben genannten Gleichungen zu verschlüsseln, wird nach seinem Erfinder H. Feistel auch *Feistel-Netzwerk* genannt. Aufgrund ihrer relativ gut erforschten kryptografischen Eigenschaften, die keine bisher bekannten inhärenten Schwächen aufweisen, wurde diese Struktur über DES hinaus auch zahlreichen anderen modernen Blockchiffren zugrunde gelegt, so zum Beispiel auch der später vorgestellten *KASUMI* Chiffre.

Sicherheit von DES

Die eingangs beschriebene von der NSA vorgenommene Reduktion der Blockgröße des Algorithmus auf 64 bit und seiner Schlüssellänge auf 56 bit wurde von unabhängigen Kryptografen als eine Schwächung des Algorithmus kritisiert, da sie den Algorithmus anfällig für Brute-Force-Attacken macht, wenngleich diese zu der damaligen Zeit nur für sehr mächtige Angreifer, wie beispielsweise den Geheimdienst einer Regierung, realisierbar gewesen wären. Weiterhin modifizierte die NSA noch die Struktur der internen Substitutionsboxen des Algorithmus. Die letztgenannten Modifikationen konnten zu der damaligen Zeit nicht von unabhängigen Kryptografen bewertet werden, und so bestand lange Zeit der Verdacht, dass dadurch der Algorithmus geschwächt worden war, sodass die NSA verschlüsselte Nachrichten jederzeit hätte dechiffrieren können, auch ohne in Besitz des Schlüssels zu sein.

Resistenz gegenüber differenzieller Kryptanalyse

Diese letztgenannte Vermutung hat sich bis heute nicht bestätigt, sondern es ist zu Beginn der neunziger Jahre im Gegenteil offenbar geworden, dass aufgrund der Struktur dieser Substitutionsboxen und der Anzahl der im Algorithmus vorgenommenen Iterationen DES nicht durch die im Jahr 1990 publizierte Angriffstechnik der differenziellen Kryptanalyse [BS90, BS93] gebrochen werden kann. Aus Kreisen der NSA verlautete daraufhin, dass diese Angriffstechnik der NSA schon in den siebziger Jahren bekannt war und DES in dieser Hinsicht gestärkt wurde.

Hauptschwäche Schlüssellänge

So hat sich als Hauptschwäche von DES schließlich bis heute lediglich seine zu geringe Schlüssellänge erwiesen. Seit Mitte der neunziger Jahre des letzten Jahrhunderts ist eine Brute-Force-Suche über den gesamten Schlüsselraum auch für »gewöhnliche« Angreifer realisierbar, sodass DES mittlerweile als unsicher gilt.

Mehrfach-verschlüsselung

Da dieses Versagen von DES bereits in den siebziger Jahren durch Abschätzung der technologischen Entwicklung in Bezug auf die Rechengeschwindigkeit vorhergesagt werden konnte, wurden frühzeitig Überlegungen zur Erhöhung der Sicherheit auf der Grundlage mehrfacher Verschlüsselung mit verschiedenen Schlüsseln angestellt.

Gewisse algebraische Eigenschaften können eine mehrfache Verschlüsselung unwirksam machen.

Hierbei ist jedoch zunächst zu bedenken, dass eine mehrfache Verschlüsselung nur dann eine größere effektive Schlüssellänge zur Folge hat, wenn der Chiffrieralgorithmus bestimmte algebraische Eigenschaften nicht aufweist. Wäre DES beispielsweise *geschlossen*, das heißt, gäbe es zu allen Schlüsseln K_1, K_2 einen dritten Schlüssel K_3, sodass $E(K_2, E(K_1, M)) = E(K_3, M)$ für alle Nachrichten M sei, dann würde eine zweifache Verschlüsselung mit unterschiedlichen Schlüsseln K_1, K_2 die effektive Schlüssellänge nicht erhöhen. Ein Angreifer würde in diesem Fall bei einer vollständigen Suche über den Schlüsselraum stets einen Schlüssel K_3 finden, der alle mit K_1 und K_2 zweifach verschlüsselten Nachrichten korrekt dechiffriert.

Ein ähnliches Versagen würde bei dreifacher Chiffrierung auftreten, wenn DES *rein* wäre, das heißt, wenn für alle K_1, K_2, K_3 ein K_4 existieren würde, sodass $E(K_3, E(K_2, E(K_1, M))) = E(K_4, M)$ für alle Nachrichten M sei. DES ist weder geschlossen noch rein, daher kommt eine mehrfache Verschlüsselung zum Zwecke einer Verlängerung der effektiven Schlüssellänge im Prinzip infrage.

Meet-in-the-Middle-Angriff bei doppelter Verschlüsselung

Die doppelte Verschlüsselung mit zwei unterschiedlichen Schlüsseln ist aber dennoch unsicher, da sie mit einem sogenannten *Meet-in-the-Middle*-Angriff gebrochen werden kann. Obwohl die Schlüssellänge in diesem Fall bei DES 112 bit beträgt, kann *Double-DES* mit einem Aufwand von 2^{56} gebrochen werden. Hierzu benötigt der Angreifer einige wenige Klartext-Schlüsseltext-Paare $C = E(K_2, E(K_1, P))$, die mit dem gleichen Schlüssel $K = K_1||K_2$ verschlüsselt worden sind. Der Angreifer »interessiert« sich hierbei für den Wert X, der sich jeweils »in der Mitte« zwischen den beiden Chiffrierschritten ergibt, denn für diesen gilt:

$$X = E(K_1, P) = D(K_2, C)$$

Der Angreifer nutzt diese Tatsache aus, um alle möglichen Kombinationen von Schlüsseln der Art $K_1||K_2$ zu konstruieren, wobei ihm

Konstruktion zweier Tabellen

K_1 und K_2 zunächst unbekannt sind. Hierfür erstellt er zunächst zwei Tabellen $T_1[0, 2^{56}]$ und $T_2[0, 2^{56}]$, von denen die erste die Werte von $X = E(K_1, P)$ für alle möglichen Werte von K_1 enthält und die zweite die Werte von $X = D(K_2, C)$ für alle möglichen Werte von K_2. Beide Tabellen werden nun nach den Werten von X sortiert und anschließend schrittweise miteinander verglichen. Für alle übereinstimmenden Werte von X wird ein möglicher Kandidat für das Tupel (K_1, K_2) gefunden.

Da ein Klartext von DES bedingt durch die Blockgröße von 64 bit stets auf einen von 2^{64} möglichen Schlüsseltexten abgebildet wird, ergeben sich bei 2^{112} möglichen Werten für (K_1, K_2) nach dem ersten Klartext-Schlüsseltext-Paar im mittleren Fall $2^{112}/2^{64} = 2^{48}$ »falsche Alarme«. Mit jedem weiteren Paar, für das beide Tabellen konstruiert werden, reduziert sich die Wahrscheinlichkeit für einen solchen fälschlicherweise als Schlüssel angenommenen Wert um einen Faktor von 2^{64}, sodass bereits nach dem zweiten Paar die Wahrscheinlichkeit für einen falschen Schlüssel lediglich 2^{-16} beträgt.

Insgesamt ergibt sich somit, dass der für die Kryptanalyse eines doppelten DES erforderliche mittlere Aufwand in der Größenordnung von 2^{56} liegt, was nur eine geringfügige Erhöhung der Sicherheit im Vergleich mit dem einfachen DES darstellt, dessen Kompromittierung einen mittleren Aufwand von 2^{55} erfordert. Diese Verbesserung liegt somit weit unter der erhofften Erhöhung des mittleren Aufwands auf 2^{111}, die man von einem kryptografischen Verfahren mit einer Schlüssellänge von 112 bit erwarten würde.

Triple-DES

Der beschriebenen Angriffsmethode kann dadurch begegnet werden, dass das folgende dreifache Verschlüsselungsschema verwendet wird, welches im Jahr 1979 von W. Tuchman vorgeschlagen wurde:

$$C = E(K_3, D(K_2, E(K_1, P)))$$

Die Verwendung der Dechiffrierfunktion D in der Mitte des Schemas ermöglicht es, Geräte, die eine dreifache Verschlüsselung realisieren, auch zusammen mit Geräten zu verwenden, die lediglich eine einfache Verschlüsselung durchführen, indem die drei Schlüssel auf den gleichen Wert gesetzt werden (wodurch die erreichte Sicherheit jedoch wieder der einer einfachen Verschlüsselung entspricht).

Die dreifache Verschlüsselung kann sowohl mit zwei ($K_1 = K_3$) als auch mit drei verschiedenen Schlüsseln verwendet werden, wobei drei unterschiedlichen Schlüsseln in der Regel der Vorzug gegeben wird. Ein Meet-in-the-Middle-Angriff ist zwar auch bei

Dreifachverschlüsselung theoretisch denkbar, jedoch müsste eine der beiden zu berechnenden Tabellen hierbei 2^{112} Einträge aufweisen, was gemäß den in Abschnitt 2.4 angestellten Überlegungen nicht praktikabel ist. Bisher wurden keine praktikablen Angriffe auf dieses Schema publiziert, sodass es als sicher gilt. Nachteilig ist jedoch die gegenüber einer einfachen Verschlüsselung auf ein Drittel verringerte Leistungsfähigkeit, sodass es vorteilhafter ist, direkt einen Chiffrieralgorithmus zu verwenden, der bereits bei einfacher Verschlüsselung eine größere Schlüssellänge bietet. Der folgende Abschnitt beschreibt die Standardisierungsbemühungen für ein solches Verfahren.

Hauptnachteil der mehrfachen Verschlüsselung ist die geringe Leistungsfähigkeit.

3.3 Der Advanced Encryption Standard

Im Januar 1997 gab das amerikanische National Institute of Standards and Technologie (NIST) einen offiziellen Aufruf zur Entwicklung eines *Advanced Encryption Standard (AES)* bekannt. Die prinzipielle Zielsetzung war hier wie auch schon zuvor bei DES die Entwicklung eines Verschlüsselungsstandards, mit dem sensitive Daten öffentlicher Behörden gesichert werden können. Ebenso wie bei DES wurde auch bei AES davon ausgegangen, dass der Standard auch im privatwirtschaftlichen Bereich eine umfangreiche Nutzung erfahren würde.

Weltweiter Aufruf zur Einreichung von Algorithmen

Im September 1997 wurde ein formaler Aufruf zur Einsendung von Algorithmen veröffentlicht, der von Kryptografen aus der ganzen Welt wahrgenommen werden konnte und wurde. Die an die einzusendenden Algorithmen gestellten Bedingungen forderten, dass ein AES-Vorschlag nicht von einer Regierung als vertraulich eingestuft sein durfte und er veröffentlicht sowie weltweit ohne Lizenzgebühren verfügbar sein musste. Weiterhin wurde von den Algorithmen gefordert, dass sie eine symmetrische Blockchiffre realisieren und mindestens die Blockgröße 128 bit sowie die Schlüssellängen 128, 192 und 256 bit unterstützen.

Im August 1998 wurde eine erste AES-Konferenz zur Identifizierung möglicher Kandidaten abgehalten, in deren Anschluss das NIST eine Auswahl von 15 Algorithmen als Kandidaten nominierte und um Kommentare zu diesen Algorithmen bat.

Auswahl von fünf Kandidaten nach der zweiten AES-Konferenz

Im März 1999 fand eine zweite AES-Konferenz statt, bei der die Resultate der zwischenzeitlich in der kryptografischen Fachwelt durchgeführten Analysen diskutiert wurden. Als Ergebnis dieser Konferenz wurde im April 1999 vom NIST eine reduzierte Auswahl von fünf Algorithmen als Kandidaten für die endgültige

Selektion des AES-Standards bekannt gegeben. Die Namen dieser Algorithmen sind *MARS, RC6, Rijndael, Serpent* und *Twofish*. Erneut wurde um intensive Analysen dieser Algorithmen gebeten, wobei neben rein kryptografischen Aspekten auch Implementierungsaspekte, Fragen von eventuell zu beachtenden Schutzrechten geistigen Eigentums und beliebige sonstige Empfehlungen Beachtung finden sollten.

Selektion des Algorithmus Rijndael als zukünftiger AES

Im Mai 2000 fand die dritte und letzte AES-Konferenz statt. Nach einer intensiven Würdigung ihrer Ergebnisse wurde im Oktober 2000 der Algorithmus Rijndael als der offizielle Vorschlag des NIST für AES veröffentlicht.

Diese Auswahl wurde hauptsächlich damit begründet, dass Rijndael die zentralen Forderungen nach einem sicheren, leistungsfähigen, einfach zu implementierenden und flexiblen Algorithmus in besonderem Maße erfüllt. Wenngleich alle der fünf in der letzten Runde noch betrachteten Kandidaten die Sicherheitsanforderungen dem bekannten Wissensstand nach etwa gleichwertig erfüllten, so konnte doch Rijndael in Bezug auf die anderen Eigenschaften in besonderem Maße überzeugen, da er sowohl in Hardware- als auch in Softwareimplementierungen eine gute Leistungsfähigkeit aufweist, nur einen geringen Aufwand bei der Aufbereitung der Schlüssel benötigt und somit schnelle Schlüsselwechsel unterstützt, einen relativ geringen Speicherbedarf erfordert und die von ihm verwendeten Operationen relativ einfach vor sogenannten Timing- und Power-Analysen geschützt werden können. Bei *Timing-Analysen* versucht ein Angreifer aus dem zeitlichen Verhalten eines kryptografischen Algorithmus Rückschlüsse auf den aktuell verwendeten Schlüssel zu ziehen, während bei *Power-Analysen* ähnliche Rückschlüsse aufgrund des Energiebedarfs gezogen werden.

Veröffentlichung des AES-Standards

Im Februar 2001 wurde eine erste Version des Standards veröffentlicht, die während einer drei Monate langen Periode kommentiert werden konnte. Nach einer erneuten Überarbeitung wurde der AES-Standard am 26. November 2001 offiziell verabschiedet [NIS01], wobei das Datum seines Inkrafttretens auf den 26. Mai 2002 festgesetzt wurde.

Parametrisierung von Rijndael

Der Algorithmus Rijndael kann mit unterschiedlichen Blockgrößen und Schlüssellängen verwendet werden. Im Rahmen der AES-Standardisierung wurde die Blockgröße auf 128 bit festgelegt, wenngleich die Algorithmenbeschreibung in [NIS01] immer noch die Flexibilität des Algorithmus widerspiegelt (vergleiche hierzu Abbildung 3.7), da sie die Blockgröße als Parameter Nb in 32-bit-Worten angibt ($Nb = 4$). Für die Schlüssellänge sind die Werte 128, 192 und 256 bit festgelegt. In Abhängigkeit der Schlüssellänge

```
// Algorithmus: Rijndael_Encrypt
// Eingabe:     in  = 16 Oktette Klartext (Nb = 4)
//               w  = der für Nr + 1 Runden
//                    aufbereitete Schlüssel
// Ausgabe:     out = 16 Oktette Schlüsseltext

void Rijndael_Encrypt(byte in[4*Nb], byte out[4*Nb],
                      word w[Nb*(Nr+1)])
{ byte state[4,Nb];

  state = in; // Kopieren des Klartextes
              // in die Zustandsmatrix

  AddRoundKey(state, w[0, Nb-1]);

  for (round = 1;  round <= Nr - 1; round++)
  { SubBytes(state);
    ShiftRows(state);
    MixColumns(state);
    AddRoundKey(state, w[round*Nb, (round+1)*Nb-1]);
  }

  SubBytes(state);
  ShiftRows(state);
  AddRoundKey(state, w[Nr*Nb, (Nr+1)*Nb-1]);

  out = state; // Kopieren der Zustandsmatrix
               // in die Ausgabe
}
```

Abbildung 3.7 *Überblick über die Rijndael-Verschlüsselung*

iteriert der Algorithmus intern in 10, 12 oder 14 Runden (Parameter Nr), wobei sich die letzte Runde jeweils geringfügig von den anderen unterscheidet.

Funktionsweise von Rijndael

Die Verschlüsselungsfunktion von Rijndael operiert auf einer Zustandsmatrix von vier mal vier Oktetten, in die initial der zu chiffrierende Klartext geschrieben wird, und beruht auf vier verschiedenen Operationen. In jeder Runde werden zunächst eine Oktett-Substitution auf der Grundlage einer S-Box durchgeführt *(SubBytes)* und anschließend die Spalten der Zustandsmatrix nach zeilenspezifischen Regeln vertauscht *(ShiftRow)*. Die danach durchgeführte *MixColumns-Operation* realisiert eine Matrizenmultiplikation mit einer fest vorgegebenen Matrix, wobei die Oktette hierbei nicht als Zahlen, sondern als Elemente des Körpers $GF(2^8)$ interpretiert werden. Der mathematische Hintergrund hierbei ist, dass dadurch eine Polynommultiplikation modulo $x^4 + 1$ mit der festen Matrix

$$\begin{pmatrix} 02 & 03 & 01 & 01 \\ 01 & 02 & 03 & 01 \\ 01 & 01 & 02 & 03 \\ 03 & 01 & 01 & 02 \end{pmatrix}$$

realisiert wird. Jeder Matrixeintrag repräsentiert hierbei die Koeffizienten eines Terms. Die 03 steht beispielsweise für den Term $x + 1$. Die Details zum Rechnen in dem $GF(2^8)$-Körper werden in Abschnitt 4.8.3 vorgestellt, da hierzu mehr algebraisches Hintergrundwissen benötigt wird. Die für die Entschlüsselungsfunktion benötigte inverse Matrix in Bezug auf den $GF(2^8)$-Körper (modulo $x^4 + 1$) ist:

$$\begin{pmatrix} 0e & 0b & 0d & 09 \\ 09 & 0e & 0b & 0d \\ 0d & 09 & 0e & 0b \\ 0b & 0d & 09 & 0e \end{pmatrix}$$

Im $GF(2^8)$ ergibt das Produkt der beiden Matrizen die Einheitsmatrix. Die MixColumn-Operation wird nicht in der letzten Runde durchgeführt, in dieser werden lediglich die ersten drei Operationen ausgeführt.

Die letzte Operation in jeder Runde ist eine XOR-Verknüpfung mit einem rundenspezifischen Schlüssel *(AddRoundKey)*, wobei die Rundenschlüssel in einer initialisierenden Operation vor der eigentlichen Verschlüsselung vorberechnet werden (hier nicht näher erläutert).

Dechiffrierfunktion von Rijndael

Die Entschlüsselungsfunktion von Rijndael kann auf zwei Arten realisiert werden. Die in Abbildung 3.8 dargestellte Variante verwendet den gleichen Key-Schedule für die Rundenschlüssel wie die Verschlüsselung, berechnet die zu den oben beschriebenen Operationen inversen Funktionen jedoch in anderer Reihenfolge.

Der Nachweis, dass die Ver- und Entschlüsselungsfunktion von Rijndael komplementär zueinander sind, gestaltet sich nicht so einfach wie bei dem DES-Algorithmus, da die verwendeten Operationen deutlich komplexer sind als bei DES und Rijndael nicht nur der Feistel-Struktur folgt. In diesem Buch soll daher darauf verzichtet werden und der interessierte Leser wird auf den AES-Standard [NIS01] oder das Lehrbuch [Mil03] verwiesen.

Sicherheit von AES heute

In den mehr als zehn Jahren, die seit der Standardisierung vergangen sind, sind keine prinzipiellen Schwächen von AES publiziert worden. Allerdings wurden von Kryptanalytikern einige

```
// Algorithmus: Rijndael_Decrypt
// Eingabe:     in  = 16 Oktette Schlüsseltext
//               w  = der für Nr + 1 Runden
//                    aufbereitete Schlüssel
// Ausgabe:     out = 16 Oktette Klartext

void Rijndael_Decrypt(byte in[4*Nb], byte out[4*Nb],
                      word w[Nb*(Nr+1)])
{ byte state[4,Nb];

  state = in; // Kopieren des Schlüsseltextes
              // in die Zustandsmatrix

  AddRoundKey(state, w[Nr*Nb, (Nr+1)*Nb-1]);

  for (round = Nr - 1;  round >= 1; round--)
  { InvShiftRows(state);
    InvSubBytes(state);
    AddRoundKey(state, w[round*Nb, (round+1)*Nb-1]);
    InvMixColumns(state);
  }

  InvShiftRows(state);
  InvSubBytes(state);
  AddRoundKey(state, w[0, Nb-1]);

  out = state; // Kopieren der Zustandsmatrix
               // in die Ausgabe
}
```

Abbildung 3.8 *Überblick über die Rijndael-Entschlüsselung*

Kritikpunkte hervorgehoben: Die *SubBytes*-Funktion ist die einzig nichtlineare Operation an AES. Durch die simple Struktur wurde es daher schnell möglich, den gesamten AES-Algorithmus als eine große Matrixoperation darzustellen, was bisher jedoch nicht zu praktikablen Angriffen geführt hat. Der erste Angriff, der tatsächlich den AES-Algorithmus ohne reduzierte Anzahl von Runden betrifft, wurde erst 2011 publiziert [BKR11]. Mit Aufwänden von $2^{126.1}$ für AES mit 128 bit Schlüssellänge und $2^{189.7}$ für die 192-bit-Version sowie $2^{254.4}$ Operationen für AES mit voller Schlüssellänge von 256 bit, ist dieser Angriff aber weit davon entfernt, jemals durchführbar zu sein. Dennoch handelt es sich um den ersten wirklich erwähnenswerten Fortschritt bei der Analyse von AES innerhalb von mehr als einer Dekade.

3.4 Der RC4-Algorithmus

Der RC4-Algorithmus realisiert eine immer noch weitverbreitete Stromchiffre und wurde 1987 von R. Rivest erfunden. Bis zum Jahre 1994 war die Funktionsweise des Algorithmus nicht publiziert, was sich durch eine anonyme Veröffentlichung auf einer Mailingliste änderte.

Verschlüsselung im OFB-Modus

RC4 operiert im Output-Feedback-Modus (OFB), das heißt, durch den Algorithmus wird eine nur von dem zu verwendenden Schlüssel K und einem Initialisierungsvektor IV abhängige Pseudozufallsbitfolge $RC4(IV, K)$ generiert, die mit dem zu chiffrierenden Klartext P XOR-verknüpft wird. Die Entschlüsselung erfolgt dementsprechend durch eine XOR-Verknüpfung des Schlüsseltextes mit der gleichen Pseudozufallsbitfolge:

$$C = P \oplus RC4(IV, K)$$
$$P = C \oplus RC4(IV, K)$$

Die Pseudozufallsbitfolge wird im englischen Sprachgebrauch oft auch als *Keystream* bezeichnet.

Initialisierungsvektoren dürfen nie wiederverwendet werden!

Es ist unverzichtbar für die Sicherheit des Algorithmus, dass ein einmal für die Chiffrierung eines Klartextes P_1 verwendeter Keystream nie für die Verschlüsselung eines anderen Klartextes $P_2 \neq P_1$ verwendet wird. Aus diesem Grund wird zusätzlich ein Initialisierungsvektor IV mit dem Schlüssel K kombiniert und es ist somit zu gewährleisten, dass nie zwei unterschiedliche Klartexte mit dem gleichen Initialisierungsvektor $IV_1 = IV_2$ chiffriert werden. Wird diese Bedingung verletzt, kann mit einer XOR-Verknüpfung der beiden Schlüsseltexte C_1 und C_2 die XOR-Verknüpfung der beiden Klartexte P_1 und P_2 berechnet werden. Falls $IV_1 = IV_2$, gilt:

$$\begin{aligned} C_1 \oplus C_2 &= P_1 \oplus RC4(IV_1, K) \oplus P_2 \oplus RC4(IV_2, K) \\ &= P_1 \oplus RC4(IV_1, K) \oplus RC4(IV_1, K) \oplus P_2 \\ &= P_1 \oplus P_2 \end{aligned}$$

Known-Plaintext-Angriff

Kennt ein Angreifer in diesem Fall einen der beiden Klartexte, zum Beispiel P_1, so kann er damit den anderen Klartext bestimmen (Known-Plaintext-Angriff). Diese Bedingung wurde beispielsweise bei der Standardisierung drahtloser lokaler Netze in dem Standard *IEEE 802.11* nicht beachtet, sodass das in dem Standard definierte Sicherheitsprotokoll erhebliche Sicherheitsmängel aufweist (vergleiche hierzu Kapitel 15).

Der RC4-Algorithmus kann mit unterschiedlich langen Schlüsseln und Initialisierungsvektoren betrieben werden, wobei die maximale Gesamtlänge 2048 bit beträgt. Der Algorithmus operiert auf

```
// Algorithmus: RC4_Init
// Eingabe:     key = der Schlüssel der Laenge
//                    KeyAndIvLen, der bereits mit
//                    einem einmalig zu verwendenden
//                    Initialisierungsvektor verknüpft
//                    wurde
// Ausgabe:    i, n = 2 Zustandsindizes modulo 256
//                s = Zustandsfeld mit 256 Einträgen

void RC4_Init(byte* key; int& i, n; byte s[256])
{ unsigned int keyIndex, stateIndex;
  byte a;

  // Fülle s[] mit 0 bis 255
  for (i = 0; i < 256; i++) S[i] = i;

  // Berechne das initiale Zustandsfeld s
  keyIndex = 0; stateIndex = 0;
  for (i=0; i<256; i++)
  { stateIndex = stateIndex + key[keyIndex] + a;
    stateIndex = stateIndex & 0xff; // modulo 256
    a = s[i];
    s[i] = s[stateIndex];
    s[stateIndex] = a;
    if (++keyIndex >= KeyAndIvLen) keyIndex = 0;
  }
  i = 0; n = 0; // Initialisiere Zustandsindizes
}
```

Abbildung 3.9 *Initialisierung des RC4-Algorithmus*

einem Zustandsfeld $s[\,]$ mit 256 Einträgen und zwei Indizes i und n für dieses Feld. Diese Variablen werden zunächst in einem vorbereitenden Schritt unter Verwendung des Initialisierungsvektors und des Schlüssels initialisiert (vergleiche hierzu Abbildung 3.9). Die Berechnung der Pseudozufallsbitfolge und die Ver- beziehungsweise Entschlüsselung mit RC4 ist in Abbildung 3.10 dargestellt.

Sicherheit von RC4

Zur Sicherheit von RC4 ist zunächst zu bemerken, dass der Algorithmus durch die variable Schlüssellänge von bis zu 2048 bit so betrieben werden kann, dass Brute-Force-Attacken nicht mit den in unserem Universum zu Verfügung stehenden Ressourcen auf der Grundlage der bisher etablierten Technologien realisiert werden können. Wird die Schlüssellänge jedoch zu sehr reduziert, zum Beispiel auf 40 bit, so kann der Algorithmus auch beliebig unsicher betrieben werden. So betrug beispielsweise die Standardvorgabe für Schlüssel im SSL-Protokoll 40 bit, wodurch de facto

Abbildung 3.10 Ver- beziehungsweise Entschlüsselung mit dem RC4-Algorithmus

```
// Algorithmus:  RC4_Process
// Eingabe:        in = der zu verarbeitende Klar-
//                      beziehungsweise Schlüsseltext
//                len = Länge der Eingabe
// Ein/Ausgabe: i, n = 2 Zustandsindizes modulo 256
//                  s = Zustandsfeld mit 256
//                      Einträgen
// Ausgabe:       out = der resultierende Schlüssel-
//                      beziehungsweise Klartext

void RC4_Process(byte* in, int len; int& i, n;
                 byte s[256], byte* out)
{ int  j;
  byte a, b;

  for(j = 0; j < len; j++)
  { i = (i+1) & 0xff; // Addition modulo 256
    a = s[i];
    n = (n+a) & 0xff; // Addition modulo 256
    b = s[n];
    s[i] = b;
    s[n] = a;
    out[j] = XOR(in[j], s[((a+b) & 0xff)]);
  }
}
```

Chiffrierung mit 40 bit langen Schlüsseln bietet keine Sicherheit!

keine Sicherheit erreicht wird (vergleiche hierzu auch Kapitel 11). RC4 mit 40 bit langen Schlüsseln hatte lange Zeit einen besonderen Exportstatus, was seine einstmals weite Verbreitung in diversen Softwareprodukten, insbesondere Webbrowsern, erklärt. Wie gesagt wird hierdurch jedoch keine Sicherheit vor Ausspähen von Information gewährleistet. Mit der Lockerung der Exportregeln in den USA hat sich diese Situation glücklicherweise geändert, sodass nun auch Produkte, die RC4 mit 128 bit langen Schlüsseln einsetzen, in die meisten Länder vertrieben werden dürfen.

Unsicherheit bei nicht sachgerechtem Key-Scheduling

Angriffe auf RC4 konzentrieren sich im Wesentlichen auf Schwächen bei der Überführung des Schlüssels in den initialen Zustand. Beispielsweise kann je nach der für die Kombination des Schlüssels und des Initialisierungsvektors verwendeten Methode der Schlüssel mit bekannten Klartext-Schlüsseltext-Paaren durch einen Related-Key-Angriff in Erfahrung gebracht werden. Hierfür ist es ausreichend, dass der Angreifer nur die ersten beiden Oktette der verschlüsselten Klartexte kennt. Der Angriff benötigt hierfür je nach Methode zur Generierung von Initialisierungsvektoren und der verwendeten Schlüssellänge zwischen einer viertel und zwei Millionen solcher Paare (P_i, C_i), die mit dem gleichen Schlüssel K und unterschiedlichen Initialisierungsvektoren IV_i verschlüsselt wurden. Werden der Initialisierungsvektor und der Schlüssel lediglich konkateniert, bevor die in Abbildung 3.9 gezeigte Initialisierungsroutine aufgerufen wird, dann ist es möglich, aus den ersten beiden Oktetten des Klartextes und des Schlüsseltextes mit einer gewissen Wahrscheinlichkeit auf gewisse Bits des Schlüssels zu schließen. Diese Angriffstechnik wurde im August 2001 auf einer Konferenz vorgestellt und in [FMS01] publiziert. Die entwickelte Methode, Abhängigkeiten zwischen Schlüsseln auszunutzen, wurde über die Jahre stark verfeinert.

Potenzielle Gegenmaßnahmen

Ein Kommentar von R. Rivest, wie diese Schwäche durch vorherige Verwendung einer kryptografischen Hashfunktion oder durch Verwerfen der ersten 256 Ausgabebytes verhindert werden kann, wurde in [Riv01] publiziert. Die Autoren verschiedener Angriffe [Mir02, Kle08] empfehlen, einen größeren Teil des Schlüsselstroms zu verwerfen. Aktuell sind dies zumindest die ersten 3072 Bytes. Dass es sich bei der Schwäche um eine Bedrohung von nicht nur theoretischem Interesse handelt, wird sich noch in Kapitel 15 zeigen. Aufgrund dieser jüngsten Fortschritte in der Kryptanalyse ist davon auszugehen, dass RC4 weitere Sicherheitsprobleme besitzt. Von einem Einsatz ist daher nach Möglichkeit abzusehen.

3.5 Der KASUMI-Algorithmus

Chiffren für Mobilfunknetze

Neben den vorgestellten Algorithmen existieren im Bereich Mobilkommunikation noch eine Reihe weiterer Verfahren zur Verschlüsselung und Authentisierung. Zu begründen ist dies vor allem mit den geringen Energie- und Leistungsressourcen der Endgeräte und den Platzbeschränkungen auf den eingesetzten Smartcards. Dies hat in der Vergangenheit dazu geführt, dass speziell angepasste Chiffren entwickelt wurden, die oft an der Grenze der (Un)Sicherheit lagen. So können beispielsweise die Algorithmen A5/1 und A5/2, die in GSM und frühen Versionen von UMTS eingesetzt wurden, mittlerweile in Echtzeit gebrochen werden [BBK08].

Aktuell wird in Mobilfunknetzen vor allem KASUMI [ETS12a] eingesetzt, der je nach Standard auch als A5/3 bei 64 bit Schlüssellänge und A5/4 oder UEA1 bei 128 bit Schlüssellänge bezeichnet wird. Hierbei handelt es sich um eine Blockchiffre, die zum einen auf hohe Geschwindigkeiten in Hardware ausgelegt ist und zum anderen auch mit weniger als 10.000 Gattern auf einem Chip zu

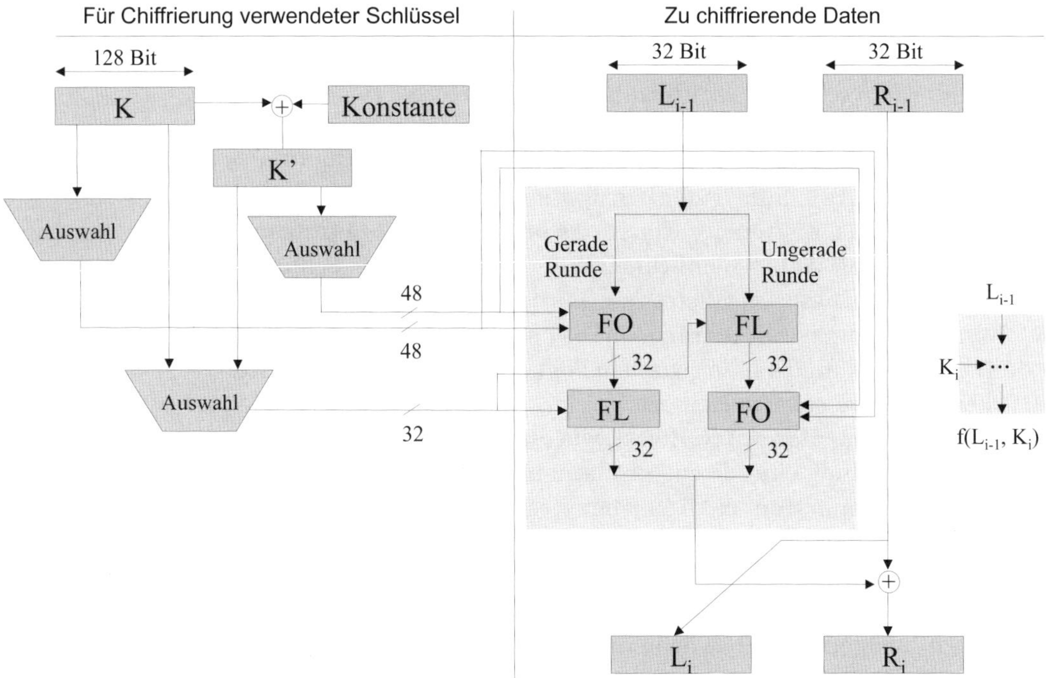

Abbildung 3.11 Eine Runde des KASUMI-Algorithmus

realisieren ist. Wie auch bei RC4 und DES geht die Entstehung von KASUMI auf eine Firmenentwicklung zurück. Es handelt sich um eine modifizierte Version des MISTY1-Algorithmus der Mitsubishi Electric.

Ablauf von KASUMI

KASUMI verwendet einen 128 bit langen Schlüssel und arbeitet auf einer Blockgröße von 64 bit. Zur Realisierung der Verschlüsselung werden 8 Runden eines Feistel-Netzwerks durchlaufen. In den Runden werden die Daten in zwei Blöcke zerlegt und der linke Block wird, wie in Abbildung 3.11 schematisch dargestellt, durch zwei nichtlineare Funktionen `FL` und `FO` modifiziert. Die Reihenfolge, in der `FL` und `FO` angewendet werden, wechselt mit jeder Runde. Wie auch schon bei DES werden die veränderten Daten mit dem unveränderten Teilblock per XOR verknüpft und die Reihenfolge der Teilblöcke getauscht. Zur Entschlüsselung müssen die Schritte nur in umgekehrter Reihenfolge durchlaufen werden.

Die Funktionen `FL` und `FO`

Die Sicherheit von KASUMI hängt durch die niedrige Rundenzahl maßgeblich davon ab, wie es den Funktionen `FL` und `FO` gelingt, Eingabe und Schlüssel schnell miteinander zu kombinieren. Die Funktion `FL` trägt dazu nur bedingt bei, sie teilt den Eingabewert in zwei 16-bit-Werte, die anschließend durch zwei einfache logische Operationen verändert werden. `FO` ist wesentlich komplexer: Hierbei handelt es sich selbst um ein kleines Feistel-Netzwerk, welches in 3 Runden jeweils einen 16 bit großen Datenblock verändert. Die Funktion, die innerhalb von `FO` die Daten verändert, wird im Standard `FI` genannt und ist ihrerseits wieder ein Feistel-Netzwerk mit vier Runden. Da die 16 bit Eingabedaten in 7 und 9 bit breite Teile zerlegt werden, spricht man an dieser Stelle auch von einem *irregulären Feistel-Netzwerk*.

Sicherheit von KASUMI

Durch das mehrfache, rekursive Verwenden einer Feistel-Struktur sollen somit die Sicherheitseigenschaften von KASUMI trotz einer vergleichsweise niedrigen Rundenzahl gewährleistet werden. Allerdings besteht durch die niedrige Blocklänge dennoch die Gefahr, dass in nicht allzu ferner Zukunft beispielsweise Wörterbücher angelegt werden könnten. Darüber hinaus ist eine Reihe kryptografischer Angriffe bekannt. Beispielsweise wurde im Jahr 2001 bereits ein sogenannter *unmöglicher differenzieller Angriff* auf ein auf sechs Runden reduziertes KASUMI veröffentlicht [Küh01]. Hierbei können bestimmte interne Zustände des Algorithmus ausgeschlossen werden und die Komplexität eines Angriffs verringert sich auf $\mathcal{O}(2^{100})$. Weiterhin sind auf KASUMI Angriffe bekannt, die davon ausgehen, dass der Angreifer von Relationen zwischen Schlüsseln ausgehen kann. Solche verwandten Schlüssel existieren etwa, wenn ein Schlüssel für jedes Paket leicht verändert wird, indem der Initialisierungsvektor in die Blockchiffre mit eingeht. In diesem Fall reduziert sich die Zeitkomplexität auf Werte zwischen $\mathcal{O}(2^{76.1})$ [BDK05] und $\mathcal{O}(2^{32})$ [DKS10]. Zumindest in Mobilfunknetzen sollten solche Angriffe jedoch nicht auftreten, da beispielsweise keine Initialisierungsvektoren in Schlüsselmaterial einfließen. Dennoch sind sich die Standardisierungsgremien der Gefahr bewusst, dass KASUMI in naher Zukunft empfindlich geschwächt werden könnte. Für diesen Fall haben sie einen weiteren Verschlüsselungsalgorithmus namens SNOW 3G (oder auch UEA2 und UIA2) spezifiziert [ETS12b]. SNOW 3G ist eine Stromchiffre, die auf einem linear rückgekoppelten Schieberegister basiert und in weniger als 7.500 Gattern implementiert werden kann. Allerdings sind auch gegen SNOW 3G erste Angriffe bekannt, die auf verwandte Schlüssel aufbauen [KY11]. Für LTE-Netze ist daher neben SNOW auch AES als Chiffre standardisiert.

Alternativer Algorithmus SNOW 3G

3.6 Zusammenfassung

Symmetrische Chiffrierverfahren können auf einer ersten Ebene in *Blockchiffren*, die auf Blöcken einer festen Länge operieren, und in *Stromchiffren*, die im Prinzip jedes Bit einzeln verschlüsseln, eingeteilt werden.

Betriebsarten

Es existieren eine Reihe unterschiedlicher Betriebsarten für Blockchiffren, deren Hauptziel es ist, sicherzustellen, dass identische Klartextblöcke nicht fortwährend auf identische Schlüsseltextblöcke abgebildet werden. Die am häufigsten eingesetzten beiden Betriebsarten sind der *»Cipher Block Chaining«-Modus (CBC)* und der *»Output Feedback«-Modus (OFB)*.

DES

Der in den siebziger Jahren des letzten Jahrhunderts standardisierte DES-Algorithmus realisiert eine symmetrische Blockchiffre mit einer Blocklänge von 64 bit und einer Schlüssellänge von 56 bit. Wenngleich in den mehr als 35 Jahren seit seiner Einführung keine Angriffsmethode gefunden wurde, die wesentlich effizienter als eine Brute-Force-Attacke ist, so gilt der Algorithmus aufgrund seiner geringen Schlüssellänge seit Mitte der neunziger Jahre als unsicher. Die zwischenzeitlich häufig eingesetzte Variante der dreifachen DES-Verschlüsselung *Triple-DES (3DES)* mit wahlweise 112 oder 168 bit Schlüssellänge weist aufgrund der zu berechnenden drei Iterationen mit je 16 Runden ein relativ schlechtes Leistungsverhalten auf.

AES

Aus diesem Grund wurde in der zweiten Hälfte der neunziger Jahre mit der Entwicklung eines Nachfolgestandards begonnen, dem *Advanced Encryption Standard (AES)*. Für diesen Standard wurde aus zahlreichen internationalen Einreichungen nach einem international öffentlichen Bewertungsprozess der Algorithmus *Rijndael* ausgewählt. Der neue AES-Algorithmus realisiert eine symmetrische Blockchiffre mit einer Blocklänge von 128 bit und einer variablen Schlüssellänge von 128, 192 oder 256 bit.

RC4

Die symmetrische Stromchiffre *RC4* wird durch einen Pseudozufallsbitgenerator realisiert, dessen Ausgabe mit dem zu verarbeitenden Klar- beziehungsweise Schlüsseltext XOR-verknüpft wird (OFB-Modus). RC4 kann mit variablen Schlüssellängen von bis zu 2048 bit operieren, wobei zu beachten ist, dass für jeden zu chiffrierenden Klartext der Schlüssel vor der Verwendung mit einem Initialisierungsvektor verknüpft werden muss, um zu verhindern, dass zwei verschiedene Klartexte mit dem gleichen Ausgabestrom chiffriert werden. Je nachdem, wie diese Aufbereitung des Schlüssels realisiert wird, kann das Verfahren jedoch unsicher werden, da bei »ungeschickter« Aufbereitung des Schlüssels dieser aus etwa einer viertel Million Klartext-Schlüsseltext-Paaren berechnet werden kann. Aufgrund der kryptanalytischen Fortschritte sollte RC4 nicht weiter verwendet werden.

KASUMI

Mobilfunknetze werden in der Regel durch speziell auf die Anforderungen abgestimmte kryptografische Algorithmen abgesichert. Die Standardisierungsgremien versuchen Effizienz und Sicherheit möglichst gut gegeneinander abzuwägen. Aktuell erfolgt dies in der Regel durch die KASUMI-Blockchiffre, die durch das mehrfache rekursive Einsetzen einer Feistel-Struktur eine Blockchiffre realisiert.

3.7 Weiterführende Literatur

[ETS12a] ETSI/SAGE: *Specification of the 3GPP confidentiality and integrity algorithms; Document 2: Kasumi specification.* 3GPP Release 11., 2012

[FMS01] Fluhrer, S.; Mantin, I.; Shamir, A.: Weaknesses in the Key Scheduling Algorithm of RC4. In: *Selected Areas in Cryptography, Lecture Notes in Computer Science* Bd. 2259, Springer-Verlag, 2001, S. 1–24

[Mil03] Miller, Michael: *Symmetrische Verschlüsselungsverfahren: Design, Entwicklung und Kryptoanalyse klassischer und moderner Chiffren.* Teubner, 2003

[NIS77] NIST (National Institute of Standards and Technology). *FIPS (Federal Information Processing Standard) Publication 46: Data Encryption Standard.* 1977

[NIS01] NIST (National Institute of Standards and Technology). *FIPS (Federal Information Processing Standard) Publication 197: Specification for the Advanced Encryption Standard (AES).* 2001

[Riv01] Rivest, R.: *RSA Security Response to Weaknesses in Key Scheduling Algorithm of RC4.* 2001. – `http://www.rsa.com/rsalabs/node.asp?id=2009`

3.8 Übungen

1. Ist die Erstellung eines Codewörterbuchs bei einem Verschlüsselungsalgorithmus möglich, der im ECB-Modus betrieben wird und eine Blocklänge von 128 bit aufweist?
2. Ergibt sich ein kryptografisch erheblicher Vorteil, wenn der Initialisierungsvektor (sofern verwendet) geheim gehalten wird?
3. Was ist der Unterschied zwischen dem Ciphertext-Feedback-Modus und dem Output-Feedback-Modus? Welche Unterschiede ergeben sich hieraus für die Eigenschaften Fehleraufweitung und Synchronisationsfähigkeit?
4. Angenommen eine Blockchiffre weist eine Schlüssellänge von 56 bit und eine Blocklänge von 128 bit auf. Kann eine »Verlängerung« der effektiven Schlüssellänge durch doppelte Verschlüsselung in diesem Fall auch durch einen Meet-in-the-Middle-Angriff mit noch »vertretbarem« Ressourcenaufwand gebrochen werden? Wie ist in diesem Fall die Wahrscheinlichkeit für ein fälschlicherweise als Schlüssel angenommenes Tupel (K_1, K_2) nach dem n-ten Klartext-Schlüsseltext-Paar?
5. Was ist die Hauptschwäche des DES-Algorithmus?
6. Warum führt eine zweifache Verschlüsselung mit zwei unterschiedlichen Schlüsseln nicht zu einem exponentiellen Anwachsen des Suchraums bei der Kryptanalyse?
7. Wie kann eine Feistel-Struktur dazu verwendet werden, die Blocklänge von DES zu erhöhen?
8. Warum ist der AES-Algorithmus schneller als 3DES?
9. Warum kann die effektive Schlüssellänge bei RC4 einfach eingestellt werden?
10. Wie kann es beim Einsatz von RC4 zur Wiederverwendung eines Keystream kommen?

4 Asymmetrische kryptografische Verfahren

Dieses Kapitel führt in die Grundlagen asymmetrischer kryptografischer Verfahren ein. Hierzu wird nach einer kurzen Motivation der Grundidee und der beiden Hauptanwendungen dieser Verfahren zunächst das für das Verständnis der Algorithmen erforderliche mathematische Vorwissen behandelt. Im weiteren Verlauf des Kapitels werden dann die drei zentralen Algorithmen von Rivest, Shamir und Adleman (RSA), Diffie und Hellman sowie ElGamal erklärt. Ein abschließender Abschnitt gibt noch einen kurzen Überblick über die Verwendung dieser Algorithmen mit bestimmten mathematischen Körpern, den elliptischen Kurven, die eine effizientere Berechnung dieser Algorithmen mit kürzeren Schlüsseln bei vergleichbarer Sicherheit bieten.

4.1 Grundidee asymmetrischer kryptografischer Verfahren

Verwendung von Schlüsselpaaren

Die zentrale Idee asymmetrischer kryptografischer Verfahren besteht darin, für die Entschlüsselung einen anderen Schlüssel zu verwenden als für die Verschlüsselung, beziehungsweise für die Prüfung einer Signatur einen anderen Schlüssel als für die Erzeugung dieser Signatur zu benutzen. Hierbei soll es weiterhin möglich sein, einen dieser beiden Schlüssel, im Folgenden mit $+K$ bezeichnet, öffentlich bekannt geben zu können, ohne dass aus diesem der zugehörige private Schlüssel $-K$ berechnet oder eine mit dem Schlüssel $+K$ chiffrierte Nachricht entschlüsselt werden kann. Etwas formaler gefasst soll es also nicht möglich sein, aus einem beliebigen Ciphertext $c = E(+K, m)$ und dem Schlüssel $+K$ mit vertretbarem Aufwand die Klartextnachricht $m = D(-K, c) = D(-K, E(+K, m))$ zu berechnen. Dies impliziert insbesondere, dass es nicht möglich sein darf, mit vertretbarem Aufwand den Schlüssel $-K$ aus dem Schlüssel $+K$ zu berechnen.

Einer der Schlüssel eines Paares kann öffentlich bekannt gegeben werden.

Die Trennung von öffentlichem und privaten Schlüssel besitzt Vorteile bei der Schlüsselverwaltung.

Der Schlüssel $-K$ wird in der Regel als *privater Schlüssel (private key)* und $+K$ als *öffentlicher Schlüssel (public key)* bezeichnet. Im Unterschied zur symmetrischen Kryptografie, bei der Schlüssel grundsätzlich zwischen zwei (oder mehr) Instanzen A und B vereinbart und folglich mit $K_{A,B}$ bezeichnet werden, erlaubt es die asymmetrische Kryptografie, jeder Instanz A genau ein Schlüsselpaar $(-K_A, +K_A)$ zuzuordnen. Hieraus ergeben sich erhebliche Vorteile für die Schlüsselverwaltung, da für die sichere paarweise Kommunikation zwischen beliebigen Instanzen aus einer Menge von n Instanzen nun nicht mehr $n \cdot (n-1)/2$, sondern lediglich n Schlüsselpaare benötigt werden. Weiterhin müssen diese Schlüssel nicht mehr über vertrauliche Kanäle verteilt werden, sondern es können die Schlüssel $+K_x$ beliebiger Instanzen x öffentlich bekannt gemacht werden.

Die beiden Hauptanwendungen der asymmetrischen Kryptografie sind:

- *Verschlüsselung:* Wenn eine Instanz B eine Nachricht mit dem öffentlichen Schlüssel $+K_A$ chiffriert, kann sie sicher sein, dass nur A diese mit ihrem privaten Schlüssel $-K_A$ entschlüsseln kann.
- *Signieren:* Verschlüsselt eine Instanz A eine Nachricht mit ihrem privaten Schlüssel $-K_A$, so kann diese von allen Instanzen mithilfe des Schlüssels $+K_A$ dechiffriert werden. Da jedoch nur A in Besitz des privaten Schlüssels $-K_A$ ist, kann diese Nachricht nur von ihr verschlüsselt worden sein, sodass der Schlüsseltext de facto als *Signatur* der Nachricht dient.

Authentizität von Schlüsseln ist unverzichtbar.

Hierbei ist es jedoch unerlässlich, dass alle Instanzen sicher sein können, wirklich den richtigen öffentlichen Schlüssel $+K_A$ von A zu kennen. Das heißt also, dass die öffentlichen Schlüssel authentisch sein müssen. Im Vergleich zur symmetrischen Kryptografie, bei der Schlüssel $K_{A,B}$ authentisch und vertraulich verteilt werden müssen, genügt bei der asymmetrischen Kryptografie die Eigenschaft der Authentizität.

Asymmetrische Verfahren ermöglichen elektronische Unterschriften.

Ein weiterer wichtiger Unterschied zur symmetrischen Kryptografie ist, dass mithilfe asymmetrischer Verfahren erzeugte Signaturen auch von unabhängigen Dritten geprüft werden können. Ein unabhängiger Dritter kann bei einer mithilfe eines symmetrischen Schlüssels $K_{A,B}$ erzeugten Signatur prinzipbedingt nicht unterscheiden, welche der beiden Instanzen A oder B die Signatur erzeugt hat, da ja beide den Schlüssel $K_{A,B}$ kennen. Demgegenüber erlauben asymmetrische Verfahren eine eindeutige Zuordnung einer Signatur zu dem Besitzer A des Schlüssels $-K_A$, mit dem die Signatur erzeugt wurde. Auf dieser Grundlage können somit elektronische Unterschriften realisiert werden.

Erste Publikation über asymmetrische Kryptografie

Die bisher beschriebene Grundidee asymmetrischer Verfahren und ihre Anwendungsmöglichkeiten wurden 1976 von W. Diffie und M. Hellman erstmalig in dem als wissenschaftlichen Meilenstein geltenden Artikel »*New Directions in Cryptography*« [DH76] publiziert. Dieser Artikel beschrieb außer der grundlegenden Idee asymmetrischer kryptografischer Verfahren einen mathematischen Algorithmus, mit dem zwei Instanzen über einen nicht abhörsicheren Kanal ein gemeinsames Geheimnis aushandeln können und der nach seinen Erfindern als *Diffie-Hellman-Schlüsselaustausch* benannt ist. Dieser Algorithmus realisiert jedoch lediglich einen Schlüsselaustausch und kein asymmetrisches kryptografisches Verfahren, das die eingangs aufgeführten Eigenschaften aufweist und für die Ver- und Entschlüsselung beziehungsweise die Signierung und Signaturprüfung herangezogen werden kann. Der Artikel hat somit die asymmetrische Kryptografie zwar angekündigt und in ihren Eigenschaften beschrieben, ohne jedoch einen konkreten Algorithmus, der ihre Anforderungen erfüllt, angeben zu können.

Anforderungen an asymmetrische kryptografische Verfahren

Die Schwierigkeit in der Entwicklung eines solchen Verfahrens liegt genau darin, einen Algorithmus für die Ver- und Entschlüsselung sowie eine Methode für die Konstruktion zusammengehörender Schlüsselpaare $(+K, -K)$ zu finden, sodass es nicht möglich ist, eine verschlüsselte Nachricht $E(+K, m)$ zu entschlüsseln, wenn $+K$ bekannt ist. Zudem sollten von dem Verfahren noch eine Reihe praxisrelevanter Anforderungen erfüllt werden:

- Die Schlüssellänge sollte handhabbar sein.
- Verschlüsselte Nachrichten sollten nicht beliebig länger sein als unverschlüsselte, wenngleich man hier einen kleinen konstanten Faktor akzeptieren kann.
- Die Ver- und Entschlüsselung sollte nicht zu viele Ressourcen (Zeit, Speicher) beanspruchen.

Konstruktion konkreter Algorithmen

Nach der Publikation des Artikels [DH76] arbeiteten eine Reihe von Wissenschaftlern an der Konstruktion eines praktikablen Verfahrens, das die oben beschriebenen Anforderungen erfüllt. Die Grundidee dabei war, ein aus der Informatik oder Mathematik bekanntes Problem dafür zu verwenden, das »schwer« – also am besten nur mit exponentiellem Aufwand – zu lösen ist, wenn man lediglich $+K$ kennt, und das »einfach« (mit polynomiellen Aufwand) zu lösen ist, wenn man $-K$ kennt. Hierbei sind insbesondere die folgenden drei Probleme zu nennen:

Rucksack-Problem

- Das in der Informatik bekannte *Rucksack-Problem*, das darin besteht, einen Rucksack eines bestimmten Fassungsvermögens ideal, das heißt maximal gefüllt, mit Gegenständen einer vorgegebenen Menge zu packen. Auf diesem Problem beruhende asymmetrische Verfahren wurden insbesondere von R. Merkle untersucht, in der Folge jedoch alle gebrochen, sodass ihnen keine praktische Bedeutung zuzumessen ist.

Faktorisierungsproblem

- Das *Problem der Primfaktorzerlegung*, das darin besteht, eine große natürliche Zahl in ihre Primfaktoren zu zerlegen. Dieses Problem bildet die Grundlage des nach seinen Erfindern Rivest, Shamir und Adleman benannten *RSA-Algorithmus*, der nicht nur der erste sichere asymmetrische Algorithmus war, sondern auch eine große praktische Bedeutung erlangt hat.

Problem des diskreten Logarithmus

- Das *Problem des diskreten Logarithmus*, in endlichen Körpern den Logarithmus einer Zahl zu einer gegebenen Basis zu finden, ist die Grundlage sowohl des *Schlüsselaustauschverfahrens von Diffie-Hellman* als auch des asymmetrischen kryptografischen *Verfahrens nach ElGamal*, welche beide ebenfalls eine große praktische Bedeutung haben.

Gitterbasierte Kryptosysteme

- Neuere Forschungen konzentrieren sich auf die Konstruktion asymmetrischer Kryptosysteme mithilfe von Gittern. Hierbei handelt es sich um eine Menge von Punkten oder Vektoren im $\mathbb{R}^n$, die von einer Basis aufgespannt werden. Die Schwierigkeit für einen Angreifer besteht darin, mathematische Probleme im Gitter ohne Kenntnis der Basisvektoren zu berechnen. Gitterbasierte Verfahren haben aktuell noch keine praktische Bedeutung, allerdings wird davon ausgegangen, dass sie sicher gegen Angriffe mit Quantencomputern sind und ihnen somit in Zukunft eine größere Rolle zufallen könnte. Ein Nachteil der Verfahren ist der im Vergleich zum Klartext erheblich längere Ciphertext.

In den folgenden Abschnitten sollen die praxisrelevanten Verfahren in ihrer Funktionsweise erklärt werden. Hierzu ist es jedoch zunächst erforderlich, einige für das Verständnis benötigte mathematische Voraussetzungen zu erarbeiten.

4.2 Mathematische Grundlagen

In diesem Abschnitt werden die mathematischen Grundlagen asymmetrischer kryptografischer Verfahren eingeführt. Hierbei werden die meisten Zusammenhänge aufeinander aufbauend bewiesen, sodass keine über den üblichen Schulstoff hinausgehenden mathematischen Vorkenntnisse vorausgesetzt werden. Lesern mit einer fundierten mathematischen Ausbildung mag die hier gegebene Darstellung ein wenig ausführlich erscheinen. Sie seien an dieser Stelle um Geduld gebeten.

Teilbarkeit

Im Folgenden sei $\mathbb{N}$ die Menge der natürlichen Zahlen und $a, b, k \in \mathbb{N}$. Die Zahl a ***teilt*** b (Notation: »$a|b$«), wenn eine Zahl k existiert, sodass $a \cdot k = b$ gilt. Eine natürliche Zahl $a \geq 2$ heißt ***prim***, wenn ihre einzigen Teiler 1 und a sind.

Rest bei Division

Weiterhin heißt r ***der Rest von*** a ***geteilt durch*** n, wenn $r = a - \lfloor a/n \rfloor \cdot n$ ist, wobei der Term $\lfloor x \rfloor$ die ganze Zahl bezeichnet, die kleiner oder gleich x ist. Für diese und folgende Definitionen wird n als natürliche Zahl echt größer null angenommen. So ist zum Beispiel 4 der Rest von 11 dividiert durch 7, da $4 = 11 - \lfloor 11/7 \rfloor \cdot 7$. Der Rest r, der bei der Division von a durch n entsteht, wird mit $a \bmod n$ notiert. Im allgemeinen Fall kann a dabei auch ein Element der Menge der ganzen Zahlen und insbesondere negativ sein. Bei den folgenden Betrachtungen wird dies jedoch nur eine untergeordnete Rolle spielen und nur dazu führen, dass die Definitionen über $\mathbb{Z}$ erfolgen.

Kongruenz modulo einer Zahl

Wir sagen b ist ***kongruent*** a ***modulo*** n, wenn b den gleichen Rest bei Division durch n hat wie a. Es teilt somit n die Differenz $a - b$ und wir schreiben $b \equiv a \pmod{n}$. In diesem Zusammenhang sei insbesondere auf den Unterschied in der Schreibweise von $x \bmod y$ und $x \pmod{y}$ hingewiesen: Während durch $x \bmod y$ eine konkrete Zahl, nämlich der Rest, der entsteht, wenn man x durch y teilt, bezeichnet wird, dient die Schreibweise $x \pmod{y}$ der näheren Spezifikation einer Kongruenz und stellt gewissermaßen eine Vervollständigung des Zeichens $\equiv$ dar, da ohne diese Angabe nicht klar wäre, in Bezug auf welche Zahl die beiden anderen Zahlen kongruent sind.

Beispiele:

$$4 \equiv 11 \pmod{7}, \quad 25 \equiv 11 \pmod{7}, \quad 11 \equiv 25 \pmod{7},$$
$$11 \equiv 4 \pmod{7}, \quad -10 \equiv 4 \pmod{7}$$

Restklasse

Da der Rest r bei Division durch n immer kleiner ist als n, repräsentieren wir oft die Menge $\{x \bmod n \mid x \in \mathbb{Z}\}$ durch ihre

Eigenschaft	Ausdruck
Kommutativgesetze	$(a+b) \bmod n = (b+a) \bmod n$
	$(a \cdot b) \bmod n = (b \cdot a) \bmod n$
Assoziativgesetze	$[(a+b)+c] \bmod n = [a+(b+c)] \bmod n$
	$[(a \cdot b) \cdot c] \bmod n = [a \cdot (b \cdot c)] \bmod n$
Distributivgesetz	$[a \cdot (b+c)] \bmod n = [(a \cdot b)+(a \cdot c)] \bmod n$
Identitäten	$(0+a) \bmod n = a \bmod n$
	$(1 \cdot a) \bmod n = a \bmod n$
Inverse	$\forall\, a \in \mathbb{Z}_n : \exists(-a) \in \mathbb{Z}_n : a+(-a) \equiv 0 \pmod{n}$
	p ist prim $\Rightarrow \forall\, a \in \mathbb{Z}_p : \exists(a^{-1}) \in \mathbb{Z}_p : a \cdot (a^{-1}) \equiv 1 \pmod{p}$

Tabelle 4.1 *Eigenschaften der modularen Arithmetik*

Stellvertreter $\{0, 1, \ldots, n-1\}$. Jedes Element a dieser Menge steht dabei jeweils für eine ganze Menge von Zahlen, die alle den gleichen Rest a bei Division durch n ergeben. Diese Mengen bezeichnet man auch als *Restklassen*. In der Regel notiert man sie mit $[a]_n := \{x \mid x \in \mathbb{Z} : x \equiv a \pmod{n}\}$ und die Menge aller Restklassen als $\mathbb{Z}_n := \{[a]_n \mid a \in \mathbb{Z}\}$.

Durch die Betrachtung der Reste bei Division durch eine Zahl ergibt sich die *modulare Arithmetik*; einige ihrer Eigenschaften beziehungsweise Rechenregeln sind in Tabelle 4.1 zusammengefasst.

Definition 4.1 *Eine natürliche Zahl c heißt der* **größte gemeinsame Teiler (ggT)** *zweier natürlicher Zahlen a und b genau dann, wenn c beide Zahlen a und b teilt und weiterhin c die größte Zahl mit dieser Eigenschaft ist. Somit ist jeder andere gemeinsame Teiler d von a und b auch ein Teiler von c. Formal gilt:*

$$c = ggt(a, b) :\Leftrightarrow (c \mid a) \wedge (c \mid b) \wedge [\forall\, d : (d \mid a) \wedge (d \mid b) \Rightarrow d \leq c]$$

Der größte gemeinsame Teiler von a und b wird in der Regel mit $\mathrm{ggt}(a, b)$ notiert. Die effiziente Berechnung des größten gemeinsamen Teilers zweier Zahlen kann auf der Grundlage des folgenden Satzes realisiert werden:

Satz 4.2 *Für alle positiven ganzen Zahlen a und b ist der größte gemeinsame Teiler von a und b gleich dem größten gemeinsamen Teiler von b und $a \bmod b$:*

$$\forall a, b \in \mathbb{Z}^+ : \ \mathrm{ggt}(a,\ b) = \mathrm{ggt}(b,\ a \bmod b)$$

Der Beweis dieses Satzes wird in zwei Argumenten geführt:

- Da der ggT von a und b sowohl a als auch b teilt, teilt er auch jede Linearkombination von ihnen, insbesondere auch die Linearkombination $a - \lfloor a/b \rfloor \cdot b = a \bmod b$. Somit gilt $\mathrm{ggt}(a,\ b) \mid \mathrm{ggt}(b,\ a \bmod b)$.
- Da der ggT von b und $a \bmod b$ sowohl b als auch $a \bmod b$ teilt, teilt er auch jede Linearkombination von ihnen, insbesondere auch die Linearkombination $\lfloor a/b \rfloor \cdot b + (a \bmod b) = a$. Somit gilt $\mathrm{ggt}(b,\ a \bmod b) \mid ggt(a,\ b)$. $\square$

Rekursive Berechnung des ggT

Unmittelbar aus Satz 4.2 folgt die Korrektheit des *euklidischen Algorithmus* zur Berechnung des ggT zweier Zahlen, der in Abbildung 4.1 in einer an die Programmiersprachen *C* angelehnten Notation formuliert ist.

```
// Algorithmus: Euklid
// Eingabe:     zwei natürliche Zahlen a, b
// Ausgabe      der größte gemeinsame Teiler von a, b

uint Euklid(uint a, b) {
  if(b == 0) return a;
  else       return Euclid(b, a mod b));
}
```

Abbildung 4.1 *Der euklidische Algorithmus*

Oft ist es nützlich, mit einer erweiterten Form des euklidischen Algorithmus zusätzlich zu dem größten gemeinsamen Teiler c noch zwei Koeffizienten m und n zu berechnen, mit denen c als Linearkombination aus a und b dargestellt werden kann, sodass $c = \mathrm{ggt}(a, b) = m \cdot a + n \cdot b$. Dieser Algorithmus ist in Abbildung 4.2 dargestellt.

Beweis per vollständiger Induktion

Der Korrektheitsbeweis für den erweiterten euklidischen Algorithmus wird per vollständiger Induktion geführt:

- Basisfall $(a, 0)$: $\mathrm{ggt}(a, 0) = a = 1 \cdot a + 0 \cdot 0$
- Induktionshypothese: Der erweiterte euklidische Algorithmus berechnet c', m', n' korrekt.
- Induktion von $(b, a \bmod b)$ auf (a, b):

$$\begin{aligned} c = c' &= m' \cdot b + n' \cdot (a \bmod b) \\ &= m' \cdot b + n' \cdot (a - \lfloor a/b \rfloor \cdot b) \\ &= n' \cdot a + (m' - \lfloor a/b \rfloor \cdot n') \cdot b \quad \square \end{aligned}$$

Laufzeit der euklidischen Algorithmen

Weiterhin kann gezeigt werden, dass die Laufzeit der beiden euklidischen Algorithmen in der Größenordnung $O(\log b)$ liegt, wenn die

Abbildung 4.2
Der erweiterte euklidische Algorithmus

```
// Algorithmus:  ErweiterterEuklid
// Eingabe:      zwei natürliche Zahlen a, b
// Ausgabe       Zahlen c, m, n, sodass:
//               c = ggt(a, b) = m * a + n * b
// Anmerkung:    Floor(x) berechnet die größte
//               ganze Zahl <= x

struct{uint c, m, n} ErweiterterEuklid(uint a, b) {
  uint c', m', n';

  if(b == 0)
    return {a, 1, 0};

  (c', m', n') = ErweiterterEuklid(b, a mod b);
  (c, m, n)    = (c', n', m' - Floor(a / b) * n');
  return {c, m, n};
}
```

Laufzeit der elementaren arithmetischen Operationen als konstant angenommen werden kann. Der Beweis dieser Abschätzung, auf den an dieser Stelle verzichtet werden soll, kann beispielsweise in [CLR01, Abschnitt 33.2] nachgelesen werden. Wachsen die Operationen mit der Größe der Zahlen, ergibt sich eine Komplexität von $O(\log^2 b)$, wobei b als die größere der beiden Zahlen angenommen wird. Zusammenfassend ergibt sich aus der Diskussion der beiden euklidischen Algorithmen das folgende Lemma:

Lemma 4.3 *Seien $a, b \in \mathbb{Z}$ und $c = \mathrm{ggt}(a, b)$. Dann existieren Zahlen $m, n \in \mathbb{Z}$, sodass: $c = m \cdot a + n \cdot b$.*

Mithilfe dieses Lemmas kann der folgenden Satz bewiesen werden:

Satz 4.4 *(Euklid) Wenn eine Primzahl p das Produkt zweier ganzer Zahlen a, b teilt, dann teilt sie mindestens eine der beiden Zahlen:*

$$p \mid (a \cdot b) \Rightarrow (p \mid a) \vee (p \mid b)$$

Der Beweis dieses Satzes wird in zwei Argumenten geführt:

- Falls $p \mid a$, dann wäre der Beweis geführt.
- Falls nicht, dann gilt $\mathrm{ggt}(p, a) = 1$

$$\Rightarrow \exists m, n \in \mathbb{Z}: 1 = m \cdot p + n \cdot a$$
$$\Leftrightarrow b = m \cdot p \cdot b + n \cdot a \cdot b$$

Da p jedoch das Produkt $(a \cdot b)$ teilt, teilt p beide Summanden der Gleichung und damit teilt es auch die Summe, die gleich b ist. $\square$

Der soeben bewiesene Satz 4.4 ist wiederum für den Beweis des *Fundamentalsatzes der Arithmetik* nützlich:

Fundamentalsatz der Arithmetik

Satz 4.5 *Die Faktorisierung einer natürlichen Zahl ist eindeutig bis auf die Reihenfolge ihrer Primfaktoren.*

Beweis durch Widerspruch

Für den Beweis dieses Satzes wird gezeigt, dass jede natürliche Zahl mit einer nicht eindeutigen Faktorisierung einen echten Divisor mit einer nicht eindeutigen Faktorisierung hätte. Hierdurch ergibt sich ein Widerspruch, wenn durch fortgesetztes Anwenden dieses Arguments die Zahl auf eine Primzahl reduziert wurde. Da durch korrektes Schließen aus einer wahren Annahme keine falsche Aussage hergeleitet werden kann, muss also die Annahme falsch sein (Grundprinzip beim Beweis durch Widerspruch), womit der Beweis geführt ist. Nehmen wir daher an, dass n eine Zahl mit einer nicht eindeutigen Faktorisierung ist, das heißt

$$\begin{aligned} n &= p_1 \cdot p_2 \cdot \dots \cdot p_r \\ &= q_1 \cdot q_2 \cdot \dots \cdot q_s \end{aligned}$$

Die Primfaktoren sind nicht notwendigerweise alle verschieden, aber die zweite Faktorisierung ist nicht lediglich eine Umordnung der ersten.

Da p_1 die Zahl n teilt, teilt sie auch das Produkt $q_1 \cdot q_2 \cdot \dots \cdot q_s$. Durch wiederholte Anwendung von Satz 4.4 ergibt sich, dass es mindestens ein q_i gibt, das durch p_1 teilbar ist. Da q_i aber eine Primzahl ist, müssen p_1 und q_i gleich sein, sodass wir durch p_1 teilen können und somit n/p_1 erhalten, die eine Zahl mit einer nicht eindeutigen Faktorisierung sein muss. □

Division durch Faktoren bei Kongruenzen

Mithilfe des Satzes 4.5 können wir das folgende Korollar beweisen, das angibt, unter welcher Voraussetzung man einen Faktor auf beiden Seiten einer Kongruenz dividieren kann:

Korollar 4.6 *Seien* $a, b, c, m \in \mathbb{Z}\backslash\{0\}$, $ggt(c, m) = 1$ *und weiterhin* $(a \cdot c) \equiv (b \cdot c) \pmod{m}$. *Dann folgt hieraus* $a \equiv b \pmod{m}$.

Zum Beweis: Da $(a \cdot c) \equiv (b \cdot c) \pmod{m}$ ist, folgt, dass die Differenz von $(a \cdot c)$ und $(b \cdot c)$ ohne Rest durch m teilbar sein muss, das heißt $\exists n \in \mathbb{Z}$: $(a \cdot c) - (b \cdot c) = n \cdot m$

$$\begin{aligned} &\Leftrightarrow (a - b) \cdot c = n \cdot m \\ &\Leftrightarrow \overbrace{p_1 \cdot \dots \cdot p_i} \cdot \overbrace{q_1 \cdot \dots \cdot q_j} = \overbrace{r_1 \cdot \dots \cdot r_k} \cdot \overbrace{s_1 \cdot \dots \cdot s_l} \end{aligned}$$

In der zweiten Zeile dieser Äquivalenz sind die einzelnen Komponenten der darüber stehenden Zeile in ihre nach Satz 4.5 eindeutigen Primfaktoren zerlegt worden. Auf beiden Seiten der Gleichung müssen jedoch insgesamt die gleichen Primfaktoren stehen (wiederum aufgrund von Satz 4.5). Weiterhin sind die Primfaktoren von c alle verschieden von den Primfaktoren von m, da c und m nach Voraussetzung teilerfremd sind ($ggt(c, m) = 1$). Somit kann nun sukzessive durch alle $q_1, \dots, q_j$ geteilt werden, ohne dass hierdurch einer der Primfaktoren $s_1, \dots, s_l$ wegfällt. Übrig bleibt schließlich eine Gleichung der Form $a - b = n' \cdot m$. Das wiederum bedeutet, dass $(a - b)$ ohne Rest durch m geteilt werden kann, was gleichbedeutend ist mit $a \equiv b \pmod{m}$. □

Euler'sche Φ-Funktion

Definition 4.7 *(Euler'sche Φ-Funktion) Sei $\Phi(n)$ die Anzahl der positiven ganzen Zahlen $a_1, \dots, a_t$, die kleiner als n und teilerfremd zu n sind, das heißt $\forall\, i \in \{1, \dots, t\}$: $(a_i < n) \wedge \mathrm{ggt}(a_i, n) = 1$.*

Zur Verdeutlichung dieser Funktion führt man sich am besten einige Beispiele vor Augen: $\Phi(4) = 2$ (da $\{1, 3\}$ teilerfremd zu 4), $\Phi(6) = 2$ (da $\{1, 5\}$ teilerfremd zu 6), $\Phi(7) = 6$ (da $\{1, 2, 3, 4, 5, 6\}$ teilerfremd zu 7), $\Phi(15) = 8$ (da $\{1, 2, 4, 7, 8, 11, 13, 14\}$ teilerfremd zu 15). Grundsätzlich gilt für alle Primzahlen p, dass $\Phi(p) = p - 1$ ist, da Primzahlen nur durch 1 und sich selbst teilbar sind.

Mathematische Grundlage des RSA-Algorithmus

Wenngleich die Betrachtung der Anzahl der Zahlen, die kleiner als eine Zahl und teilerfremd – häufig wird auch von relativ prim gesprochen – zu dieser Zahl sind, auf den ersten Blick nicht unbedingt nutzbringend erscheinen mag, so liegt hierin dennoch der Ausgangspunkt für eines der wichtigsten asymmetrischen kryptografischen Verfahren, den RSA-Algorithmus. Sein »Fundament« ist der folgende zentrale Satz:

Satz von Euler

Satz 4.8 *(Euler) Seien n und b natürliche Zahlen ≥ 1 und relativ prim zueinander, also $\mathrm{ggt}(b, n) = 1$. Dann ist $b^{\Phi(n)} \equiv 1 \pmod{n}$.*

Zum Beweis dieses Satzes betrachten wir $t = \Phi(n)$ und $\{a_1, \dots, a_t\}$, die Menge der Zahlen, die teilerfremd zu n sind. Weiterhin definieren wir die Menge $\{r_1, \dots, r_t\}$ als die Reste $b \cdot a_i \bmod n$, sodass also jeweils $b \cdot a_i \equiv r_i \pmod{n}$:

- Man beachte, dass $i \neq j \Rightarrow r_i \neq r_j$. Der Grund hierfür liegt darin, dass man sonst ein Paar (i, j) von Indizes finden könnte, sodass $b \cdot a_i \equiv b \cdot a_j \pmod{n}$. Da jedoch nach Voraussetzung $\mathrm{ggt}(b, n) = 1$ ist, folgte hieraus mit Korollar 4.6, dass $a_i \equiv a_j \pmod{n}$ ist, was nicht sein kann, da alle a_i per Definition unterschiedliche natürliche Zahlen zwischen 0 und n sind.
- Weiterhin können wir folgern, dass alle r_i relativ prim zu n sind, da jeder gemeinsame Teiler k von r_i und n, das heißt mit $n = k \cdot m$ und $r_i = p_i \cdot k$ für geeignete m und p_i, auch ein

Teiler von a_i wäre:

$$\begin{aligned} b \cdot a_i &\equiv (p_i \cdot k) \pmod{k \cdot m} \\ \Rightarrow \exists s \in \mathbb{Z}&: (b \cdot a_i) - (p_i \cdot k) = s \cdot k \cdot m \\ &\Leftrightarrow (b \cdot a_i) = s \cdot k \cdot m + (p_i \cdot k) \end{aligned}$$

Da k jeden der beiden Summanden auf der rechten Seite teilt, muss es auch die linke Seite teilen. Da b laut Voraussetzung relativ prim zu n ist, müsste es demnach a_i teilen, was jedoch einen Widerspruch zu der Definition von a_i darstellen würde, da a_i per Definition relativ prim zu n ist.

- Somit ist $\{r_1, \ldots, r_t\}$ eine Menge von $\Phi(n)$ verschiedenen ganzen Zahlen, die alle relativ prim zu n sind. Das bedeutet, dass es sich hierbei um genau die gleichen Zahlen wie in der Menge $\{a_1, \ldots, a_t\}$ handelt, in der Regel jedoch in einer anderen Reihenfolge. Insbesondere wissen wir somit, dass $r_1 \cdot \ldots \cdot r_t = a_1 \cdot \ldots \cdot a_t$ ist.
- Wir betrachten nun die Kongruenz:

$$\begin{aligned} r_1 \cdot \ldots \cdot r_t &\equiv b \cdot a_1 \cdot \ldots \cdot b \cdot a_t && \pmod{n} \\ \Leftrightarrow r_1 \cdot \ldots \cdot r_t &\equiv b^t \cdot a_1 \cdot \ldots \cdot a_t && \pmod{n} \\ \Leftrightarrow r_1 \cdot \ldots \cdot r_t &\equiv b^t \cdot r_1 \cdot \ldots \cdot r_t && \pmod{n} \end{aligned}$$

Da alle r_i relativ prim zu n sind, können wir Korollar 4.6 anwenden und durch das Produkt $r_1 \cdot \ldots \cdot r_t$ teilen und erhalten somit $1 \equiv b^t \pmod{n} \Leftrightarrow 1 \equiv b^{\Phi(n)} \pmod{n}$. □

Wenngleich wir mit Satz 4.8 bereits die Grundlage des RSA-Algorithmus bewiesen haben, so benötigen wir dennoch ein zusätzliches Resultat, das uns bei der Berechnung der Euler'schen Φ-Funktion für das Produkt zweier Zahlen hilft. Um dieses beweisen zu können, werden wir jedoch zunächst ein sehr viel mächtigeres Resultat herleiten, den *chinesischen Restsatz*:

Chinesischer Restsatz

Satz 4.9 *(Chinesischer Restsatz) Seien $m_1, \ldots, m_r$ positive ganze Zahlen, die paarweise relativ prim zueinander sind, das heißt $\forall\, i \neq j\colon \mathrm{ggt}(m_i, m_j) = 1$. Seien $a_1, \ldots, a_r$ weiterhin beliebige ganze Zahlen. Dann gibt es eine ganze Zahl a, sodass a alle der folgenden Kongruenzen erfüllt:*

$$\begin{aligned} a &\equiv a_1 \pmod{m_1} \\ a &\equiv a_2 \pmod{m_2} \\ &\ldots \\ a &\equiv a_r \pmod{m_r} \end{aligned}$$

Weiterhin ist a *eindeutig modulo* $M := m_1 \cdot \ldots \cdot m_r$.

Für den Beweis dieses Satzes definieren wir zunächst für alle $i \in \{1, \ldots, r\}$ die Zahl $M_i := (M/m_i)^{\Phi(m_i)}$.

- Da M_i per Definition relativ prim zu m_i ist, können wir Satz 4.8 anwenden und wissen, dass $M_i \equiv 1 \pmod{m_i}$ ist.
- Da M_i für alle $j \neq i$ durch m_j teilbar ist, wissen wir weiterhin, dass $\forall\, j \neq i : M_i \equiv 0 \pmod{m_j}$ ist.

Konstruktion der Lösung der simultanen Kongruenzen

- Wir können damit die Lösung der simultanen Kongruenzen angeben mit:

$$a := a_1 \cdot M_1 + a_2 \cdot M_2 + \ldots + a_r \cdot M_r$$

  Aufgrund der beiden oben angeführten Argumente über die von den M_i erfüllten Kongruenzen ergibt sich, dass a in der Tat alle geforderten Kongruenzen der Form $a \equiv a_i \pmod{m_i}$ erfüllt.

Eindeutigkeit der Lösung modulo M

- Um die Eindeutigkeit dieser Lösung modulo M zu zeigen, betrachten wir eine beliebige andere ganze Zahl b, welche die r geforderten Kongruenzen erfüllt. Da $a \equiv c \pmod{n}$ und $b \equiv c \pmod{n}$ impliziert, dass auch $a \equiv b \pmod{n}$ ist, erhalten wir:

$$\begin{aligned} & \forall\, i \in \{1, \ldots, r\} : a \equiv b \pmod{m_i} \\ \Rightarrow\ & \forall\, i \in \{1, \ldots, r\} : m_i \mid (a - b) \\ \Rightarrow\ & M \mid (a - b) \text{ da alle } m_i \text{ paarweise teilerfremd sind} \\ \Leftrightarrow\ & a \equiv b \pmod{M} \quad \square \end{aligned}$$

Berechnung der Φ-Funktion für das Produkt teilerfremder Zahlen

Satz 4.9 wird nun dazu herangezogen, das folgende Lemma zu beweisen, das uns bei der Berechnung der Euler'schen Φ-Funktion für das Produkt zweier teilerfremder Zahlen hilft:

Lemma 4.10 *Seien* $m, n \in \mathbb{Z}^+$ *und* $\mathrm{ggt}(m, n) = 1$. *Dann gilt:*

$$\Phi(m \cdot n) = \Phi(m) \cdot \Phi(n)$$

Für den Beweis des Lemmas betrachten wir eine beliebige positive ganze Zahl a, die kleiner ist als $(m \cdot n)$ und teilerfremd zu $(m \cdot n)$. Mit anderen Worten ist a eine der Zahlen, die durch $\Phi(m \cdot n)$ gezählt wird:

- Wir betrachten nun die Abbildung $a \rightarrow (a \bmod m, a \bmod n)$. Die Zahl a ist sowohl relativ prim zu m als auch zu n, da sie sonst das Produkt $(m \cdot n)$ teilen würde.

  Somit ist $(a \bmod m)$ relativ prim zu m und $(a \bmod n)$ relativ prim zu n, da beispielsweise $a = \lfloor a/m \rfloor \cdot m + (a \bmod m)$, sodass, falls ein gemeinsamer Teiler von m und $(a \bmod m)$ existierte, dieser auch a teilen müsste.

Somit korrespondiert zu jeder Zahl a, die durch $\Phi(m \cdot n)$ gezählt wird, ein Zahlenpaar $(a \bmod m, a \bmod n)$, wobei $(a \bmod m)$ durch $\Phi(m)$ und $(a \bmod n)$ durch $\Phi(n)$ gezählt wird.

- Aufgrund des zweiten Resultats von Satz 4.9, der Eindeutigkeit einer Lösung a modulo $(m \cdot n)$ für die simultanen Kongruenzen:

$$\begin{aligned} a &\equiv a \bmod m \pmod{m} \\ a &\equiv a \bmod n \pmod{n} \end{aligned}$$

können wir schließen, dass unterschiedliche durch $\Phi(m \cdot n)$ gezählte ganze Zahlen zu unterschiedlichen Paaren $(a \bmod m, a \bmod n)$ korrespondieren.

Diesen Umstand kann man sich dadurch vergegenwärtigen, dass man annimmt, dass zwei durch $\Phi(m \cdot n)$ gezählte Zahlen $a \neq b$ zu dem gleichen Paar $(a \bmod m, a \bmod n)$ korrespondieren. Diese Annahme führt jedoch zu einem Widerspruch, da b somit auch die beiden Kongruenzen erfüllen müsste:

$$\begin{aligned} b &\equiv a \bmod m \pmod{m} \\ b &\equiv a \bmod n \pmod{n} \end{aligned}$$

Die $\Phi(m \cdot n)$ Lösung dieser Kongruenzen ist jedoch nach dem zweiten Teil von Satz 4.9 eindeutig modulo $(m \cdot n)$. Daher müssen alle korrespondierenden Paare verschieden sein. Somit kann höchstens so viele ganze Zahlen zählen, wie man unterschiedliche Paare von Zahlen angeben kann, die durch $\Phi(m)$ und $\Phi(n)$ gezählt werden:

$\Phi(m \cdot n)$ zählt höchstens $\Phi(m) \cdot \Phi(n)$ Zahlen.

$$\Phi(m \cdot n) \leq \Phi(m) \cdot \Phi(n)$$

- Betrachten wir nun ein Zahlenpaar (b, c), bei dem b durch $\Phi(m)$ und c durch $\Phi(n)$ gezählt wird. Mithilfe des ersten Teils von Satz 4.9 können wir eine eindeutige positive ganze Zahl konstruieren, die kleiner als und relativ prim zu $(m \cdot n)$ ist und die beiden folgenden Kongruenzen erfüllt:

$$\begin{aligned} a &\equiv b \pmod{m} \\ a &\equiv c \pmod{n} \end{aligned}$$

$\Phi(m) \cdot \Phi(n)$ kann höchstens $\Phi(m \cdot n)$ betragen.

Da jedoch per Definition der Euler'schen Φ-Funktion maximal $\Phi(m \cdot n)$ verschiedene Zahlen existieren können, die kleiner als und relativ prim zu $(m \cdot n)$ sind, kann die Anzahl von Paaren der Gestalt $(a \bmod m, a \bmod n)$ höchstens $\Phi(m \cdot n)$ betragen:

$$\Phi(m \cdot n) \geq \Phi(m) \cdot \Phi(n) \quad \square$$

Mit Lemma 4.10 haben wir nun alle mathematischen Voraussetzungen für das Verständnis der Funktionsweise des RSA-Algorithmus bewiesen. Der eigentliche Algorithmus kann auf dieser Grundlage relativ übersichtlich im folgenden Abschnitt erklärt werden.

4.3 Der RSA-Algorithmus

Der RSA-Algorithmus wurde 1977 von R. Rivest, A. Shamir und L. Adleman erfunden und basiert auf Satz 4.8. Seine grundlegende Funktionsweise ist relativ schnell erklärt.

Voraussetzungen des RSA-Algorithmus

Seien p und q große und voneinander verschiedene Primzahlen und $n = p \cdot q$. Weiterhin nehmen wir an, zwei natürliche Zahlen $e, d \in \mathbb{N}$ zu kennen, sodass $d \cdot e \equiv 1 \pmod{\Phi)(n)}$ (die Bestimmung solcher Zahlen wird weiter unten erklärt).

Codierung von Nachrichten als Zahlen

Sei M nun eine natürliche Zahl, die eine zu verschlüsselnde Nachricht repräsentiert und die kleiner als und relativ prim zu n ist. Soll M beispielsweise eine Textnachricht codieren, so kann man etwa festlegen, dass die Buchstaben {A, B, ..., Z} durch die Zahlen $\{10, 11, \ldots, 35\}$ und das Leerzeichen durch die Zahl 99 codiert werden. Die Zeichenkette »HELLO« würde demnach durch die Zahl 1714212124 repräsentiert. Falls nötig, kann die Zahl auch in mehrere kleinere Zahlen zerteilt werden: 17142 12124.

Verschlüsselung

Um M zu verschlüsseln, berechnet man:

$$E = M^e \bmod n$$

Diese Berechnung kann beispielsweise effizient mit dem sogenannten *»Square and Multiply«-Algorithmus*, gelegentlich auch als *»Repeated Squaring«-Algorithmus* bezeichnet, ausgeführt werden [CLR01, Abschnitt 33.6].

Entschlüsselung

Um die verschlüsselte Nachricht E wieder zu entschlüsseln, berechnet man:

$$M' = E^d \bmod n$$

Korrektheit

Sofern M relativ prim zu n ist, kann man die Korrektheit des RSA-Algorithmus anhand der beiden folgenden Gedanken verdeutlichen:

- Da $d \cdot e \equiv 1 \pmod{\Phi(n)} \Rightarrow$

$$\exists k \in \mathbb{N} \colon (d \cdot e) - 1 = k \cdot \Phi(n)$$
$$\Leftrightarrow (d \cdot e) = k \cdot \Phi(n) + 1$$

- Somit ergibt sich insgesamt:

$$M' \equiv E^d \equiv M^{(e \cdot d)} \equiv M^{(k \cdot \Phi(n) + 1)} \equiv 1^k \cdot M \equiv M \pmod{n} \quad \square$$

Mit RSA können Schlüssel in beiden Richtungen verwendet werden.

Da $(d \cdot e) = (e \cdot d)$ ist, funktioniert diese Operation auch in der entgegengesetzten Richtung, das heißt, man kann mit der Zahl d verschlüsseln und mit dem dazugehörigen e wieder entschlüsseln. Diese Eigenschaft des RSA-Algorithmus erlaubt es, das gleiche Schlüsselpaar für die beiden folgenden Operationen zu verwenden:

- Empfang von Nachrichten, die mit dem eigenen öffentlichen Schlüssel chiffriert wurden, und
- Senden von Nachrichten, die per Chiffrierung mit dem eigenen privaten Schlüssel signiert wurden.

Erzeugung von RSA-Schlüsseln

Um ein Schlüsselpaar für die Verwendung mit RSA zu erzeugen, sind die folgenden Schritte auszuführen:

1. Wähle zufällig zwei große Primzahlen p und q (mit jeweils etwa 200 bis 300 Dezimalstellen).
2. Berechne $n = p \cdot q$ und $\Phi(n) = (p-1) \cdot (q-1)$ (Lemma 4.10).
3. Wähle ein e und berechne mit dem erweiterten euklidischen Algorithmus c, d sowie den $\text{ggt}(e, \Phi(n))$, sodass $e \cdot d + \Phi(n) \cdot c = \text{ggt}(e, \Phi(n))$. Der Wert e kann dabei zufällig gewählt werden. In vielen Implementierungen wird jedoch $e = 65537$ vorgesehen, da dieser Wert ausreichend groß ist, aber nur 2 bit gesetzt hat und der »Square and Multiply«-Algorithmus so sehr schnell erfolgt.

   Falls $\text{ggt}(e, \Phi(n)) \neq 1$ ist, dann wähle so lange ein neues e, p oder q, bis ein e gefunden wurde, das relativ prim zu $\Phi(n)$ ist. Man beachte, dass durch diese Konstruktion sichergestellt ist, dass $e \cdot d \equiv 1 \pmod{\Phi)(n}$ ist.
4. Der öffentliche Schlüssel ist das Paar (e, n).
5. Der private Schlüssel ist das Paar (d, n).

Sicherheit von RSA

Die Sicherheit dieses Verfahrens beruht auf der Schwierigkeit, die große natürliche Zahl n in ihre Primfaktoren $p \cdot q$ zu faktorisieren, da es einfach ist, $\Phi(n)$ und damit d zu berechnen, wenn p und q bekannt sind.

In diesem Buch soll nicht behandelt werden, warum es »schwer« ist, das heißt zu berechnungsintensiv, mit den bisher bekannten

Verfahren, große natürliche Zahlen zu faktorisieren, da hierfür eine umfangreiche Behandlung der in diesem Kontext relevanten mathematischen Zusammenhänge erforderlich wäre. An dieser Stelle soll uns die relativ ungenaue Aussage genügen, dass wenn p und q bestimmte Voraussetzungen erfüllen, die besten bekannten Algorithmen eine Laufzeit aufweisen, die superpolynomiell in der Anzahl der Binärstellen von n ist.

Potenzielle »Fallstricke« bei der Implementierung

Es sei jedoch noch kurz auf einige »Fallstricke« bei der Implementierung von RSA hingewiesen, um bei dem Leser ein gewisses Grundbewusstsein für die Gefahren eines allzu »unbedarften« Umgangs mit den hier relevanten mathematischen Zusammenhängen zu wecken:

- Werden beispielsweise p und q auf eine »unglückliche« Weise gewählt, so können gegebenenfalls Algorithmen existieren, die n vergleichsweise effizient faktorisieren. Somit ist die RSA-Verschlüsselung mit derart konstruierten Schlüsseln unsicher.
- Daher sollten beispielsweise p und q in etwa die gleiche Bitlänge aufweisen und hinreichend groß sein. Ebenso sollte die Differenz $(p - q)$ nicht zu klein sein.
- Falls ein kleiner Verschlüsselungsexponent für den öffentlichen Schlüssel gewählt werden soll (wodurch Operationen mit dem öffentlichen Schlüssel deutlich schneller ausgeführt werden können), so sind auch noch weitere Bedingungen zu beachten, beispielsweise:

$$\mathrm{ggt}(p-1, 3) = 1 \text{ und } \mathrm{ggt}(q-1, 3) = 1$$

- Die Sicherheit von RSA hängt auch stark davon ab, dass die Primzahlen p und q wirklich zufällig erzeugt werden, da sonst ein Angreifer, diesen Prozess einfach nachbilden und somit relativ schnell die Faktorisierung von n raten könnte. Auf einen »ausreichend zufälligen« Schlüsselerzeugungsprozess ist selbstverständlich bei allen kryptografischen Verfahren zu achten.

RSA-Implementierungen sollten von Kryptografen überprüft werden.

Als abschließende Bemerkung in Bezug auf die Sicherheit einer RSA-Implementierung kann an dieser Stelle nur empfohlen werden, entweder auf eine existierende und weitverbreitete Implementierung zurückzugreifen, oder im Fall einer Eigenimplementierung diese von einem einschlägig erfahrenen Mathematiker oder besser noch Kryptografen prüfen zu lassen.

4.4 Das Problem des diskreten Logarithmus

Es ist bereits in Abschnitt 4.1 erwähnt worden, dass außer dem Problem der Faktorisierung großer natürlicher Zahlen auch noch das *Problem des diskreten Logarithmus* als Grundlage für die Implementierung asymmetrischer kryptografischer Verfahren herangezogen werden kann. In diesem Abschnitt sollen die hierfür benötigten mathematischen Grundlagen behandelt werden.

Endliche Gruppe

Definition 4.11 *(Endliche Gruppe) Eine* **Gruppe** $(S, \oplus)$ *ist eine Menge* S *zusammen mit einer binären Operation* $\oplus$*, welche die folgenden Eigenschaften erfüllt:*

- **Abgeschlossenheit**: $\forall\, a, b \in S\colon\ a \oplus b \in S$
- **Neutrales Element**: $\exists e \in S\colon\ \forall\, a \in S\colon\ e \oplus a = a \oplus e = a$
- **Assoziativität**: $\forall\, a, b, c, \in S\colon\ (a \oplus b) \oplus c = a \oplus (b \oplus c)$
- **Inverses Element**: $\forall\, a \in S\colon \exists b \in S\colon\ a \oplus b = b \oplus a = e$

Erfüllt eine Gruppe $(S, \oplus)$ *zusätzlich noch das Kommutativgesetz* $\forall\ a, b \in S:\ a \oplus b = b \oplus a$*, so wird sie auch* **abelsche Gruppe** *genannt. Besitzt eine Gruppe* $(S, \oplus)$ *nur eine endliche Menge von Elementen, das heißt* $|S| < \infty$*, so wird sie auch als* **endliche Gruppe** *bezeichnet.*

Beispiele

Zur Veranschaulichung sollen hier die folgenden Beispiele genannt werden:

$(\mathbb{Z}_n, +_n)$

- Die Gruppe $(\mathbb{Z}_n, +_n)$ der Restklassen modulo n mit der Operation Addition modulo n, die wie folgt definiert ist:
  - $\mathbb{Z}_n := \{[0]_n, [1]_n, \ldots, [n-1]_n\}$
  - $[a]_n := \{b \in \mathbb{Z} \mid b \equiv a \pmod{n}\}$
  - $+_n$ ist so definiert, dass $[a]_n +_n [b]_n = [a+b]_n$

  ist eine endliche abelsche Gruppe. Der Beweis hierfür kann direkt mit den Rechenregeln der modularen Arithmetik (vergleiche hierzu auch Tabelle 4.1) nachvollzogen werden.

$(\mathbb{Z}_n^*, \cdot_n)$

- Die Gruppe $(\mathbb{Z}_n^*, \cdot_n)$ von Restklassen modulo n mit der Operation Multiplikation modulo n, die wie folgt definiert ist:
  - $\mathbb{Z}_n^* := \{[a]_n \in \mathbb{Z}_n \mid \mathrm{ggt}(a, n) = 1\}$
  - $\cdot_n$ ist so definiert, dass $[a]_n \cdot_n [b]_n = [a \cdot b]_n$

  ist eine endliche abelsche Gruppe. Der Beweis hierfür kann ebenfalls unmittelbar mit den Rechenregeln der modularen Arithmetik nachvollzogen werden.

Man beachte, dass in $\mathbb{Z}_n^*$ nur die Elemente aus $\mathbb{Z}_n$ enthalten sind, für die inverse Elemente modulo n existieren. Als anschauliches Zahlenbeispiel sei hier einmal explizit Z_{15}^* angegeben:

$$\mathbb{Z}_{15}^* = \{[1]_{15}, [2]_{15}, [4]_{15}, [7]_{15}, [8]_{15}, [11]_{15}, [13]_{15}, [14]_{15}\}, \text{ da}$$

$$\begin{aligned} 1 \cdot 1 &\equiv 1 \pmod{15}, & 2 \cdot 8 &\equiv 1 \pmod{15}, \\ 4 \cdot 4 &\equiv 1 \pmod{15}, & 7 \cdot 13 &\equiv 1 \pmod{15}, \\ 11 \cdot 11 &\equiv 1 \pmod{15}, & 14 \cdot 14 &\equiv 1 \pmod{15} \end{aligned}$$

Repräsentation von Äquivalenzklassen durch Stellvertreter

Wenn aus dem Zusammenhang klar ist, dass die Gruppe $(\mathbb{Z}_n, +_n)$ oder $(\mathbb{Z}_n^*, \cdot_n)$ gemeint ist, repräsentiert man die Äquivalenzklassen $[a]_n$ oft durch ihre Stellvertreter a und notiert die Operationen »$+_n$« und »$\cdot_n$« mit »$+$« beziehungsweise »$\cdot$«.

Endlicher Körper

Definition 4.12 *(Endlicher Körper) Ein* **Körper** $(S, \oplus, \odot)$ *ist eine Menge S zusammen mit zwei binären Operationen $\oplus$ und $\odot$, sodass gilt:*

- $(S, \oplus)$ *und* $(S \backslash \{e_\oplus\}, \odot)$ *sind abelsche Gruppen, das heißt, lediglich das neutrale Element bezüglich der Addition braucht kein inverses Element bezüglich $\odot$ in S zu haben, und*
- $\forall\, a, b, c, \in S\colon\ a \odot (b \oplus c) = (a \odot b) \oplus (a \odot c)$, *die beiden Operationen müssen also das* **Distributivgesetz** *erfüllen.*

Besitzt ein Körper $(S, \oplus, \odot)$ nur eine endliche Menge von Elementen, das heißt, $|S| < \infty$, so wird er auch **endlicher Körper** *genannt.*

So ist beispielsweise $(\mathbb{Z}_p, +_p, \cdot_p)$ für alle Primzahlen p ein endlicher Körper, wovon man sich mit den Rechenregeln der modularen Arithmetik (siehe Tabelle 4.1) überzeugen kann.

Erzeugende Elemente beziehungsweise Generatoren

Definition 4.13 *(Erzeugendes Element, Generator) Sei $(S, \circ)$ eine Gruppe, $g \in S$ und $g^a := g \circ g \circ \ldots \circ g$, das heißt, g wird a-fach mit sich selbst verknüpft, $a \in \mathbb{Z}^+$. Dann wird g genau dann ein* **erzeugendes Element** *beziehungsweise ein* **Generator** *von $(S, \circ)$ genannt, wenn:*

$$\{g^a \mid 1 \leq a \leq |S|\} = S$$

So ist beispielsweise 1 ein Generator für $(\mathbb{Z}_n, +_n)$ und 3 ein Generator für $(\mathbb{Z}_7^*, \cdot_7)$. Nicht alle Gruppen besitzen Generatoren und die Gruppen, für die ein Generator existiert, werden auch *zyklische Gruppen* genannt.

Für die additiven Gruppen der Restklassen modulo n kann immer das neutrale Element bezüglich der Multiplikation 1 als

Generator angegeben werden. Bei multiplikativen Gruppen $(\mathbb{Z}_n^*, \cdot_n)$ existiert nicht immer ein Generator. Das wirft die Frage auf, unter welchen Umständen eine multiplikative Gruppe $(\mathbb{Z}_n^*, \cdot_n)$ zyklisch ist.

Diese Frage beantwortet der folgende Satz. Da sein Beweis, wie auch die Beweise der folgenden in diesem Abschnitt noch zu behandelnden Resultate jedoch nicht mehr so unmittelbar zugänglich beziehungsweise kurz abzuhandeln ist wie in den vergangenen Abschnitten, werden von nun ab nicht mehr alle Beweise vollständig erklärt, sondern es wird lediglich auf entsprechende Literaturstellen verwiesen.

Unter welchen Umständen ist eine multiplikative Gruppe $(\mathbb{Z}_n^*, \cdot_n)$ zyklisch?

Satz 4.14 *Die Gruppe $(\mathbb{Z}_n^*, \cdot_n)$ besitzt genau dann einen Generator, wenn $n \in \{2, 4, p, 2 \cdot p^e\}$, wobei p eine ungerade Primzahl und $e \in \mathbb{Z}^+$ ist.*

Existenz von Generatoren

Dieses Resultat, dessen Beweis in [NZ80] nachgelesen werden kann, gibt ein sowohl notwendiges wie auch hinreichendes Kriterium für die Existenz eines Generators einer Gruppe $(\mathbb{Z}_n^*, \cdot_n)$. Es verbleibt jedoch die Frage, wie ein solcher Generator effizienter als durch Ausprobieren aller Möglichkeiten gefunden werden kann.

Eine allgemeine Antwort auf diese Frage kann nicht gegeben werden. Es ist aber möglich, eine Gruppe $(\mathbb{Z}_n^*, \cdot_n)$ durch geeignete Wahl von n so zu konstruieren, dass auch gleichzeitig ein Generator bestimmt werden kann. Bevor hierfür ein Verfahren angegeben werden kann, müssen wir jedoch zunächst noch einige Hintergründe beleuchten und weitere Resultate kennenlernen.

Wie können Generatoren effizient gefunden werden?

Satz 4.15 *Ist $(S, \circ)$ eine Gruppe und $b \in S$, dann ist $(S', \circ)$ mit $S' := \{b^a \mid a \in \mathbb{Z}^+\}$ auch eine Gruppe.*

Der Beweis dieses Satzes kann in [CLR01, Abschnitt 33.3] nachgelesen werden. Da $S' \subseteq S$ ist, wird $(S', \circ)$ auch eine *Untergruppe* von $(S, \circ)$ genannt. Ist b ein Generator für $(S, \circ)$, dann gilt $S' = S$.

Definition 4.16 *(Ordnung einer Gruppe und eines Elements) Sei $(S, \circ)$ eine Gruppe, e das neutrale Element dieser Gruppe und $b \in S$ ein beliebiges Element der Gruppe. Sei weiterhin $c \in \mathbb{Z}^+$ die kleinste Zahl, sodass $b^c = e$, sofern ein solches c existiert, falls nicht sei $c := \infty$. Dann heißt $|S|$ die* **Ordnung der Gruppe** *$(S, \circ)$ und c die* **Ordnung des Elements** *b.*

Ordnung einer Gruppe und eines Elements

Zwischen der Ordnung einer Gruppe und der einer ihrer Untergruppen existiert eine Beziehung, die in dem folgenden Satz festgehalten ist:

Satz 4.17 *(Lagrange) Ist $(G, \circ)$ eine endliche Gruppe und $(H, \circ)$ eine Untergruppe von $(G, \circ)$, dann teilt die Ordnung von H die Ordnung von G.*

Insbesondere gilt somit für alle Elemente $b \in G$, dass die Ordnung von b die Ordnung von G teilt. In Bezug auf endliche zyklische Gruppen lässt sich sogar noch eine weitere Aussage hinsichtlich der Anzahl der Elemente einer gewissen Ordnung treffen, die in dem folgenden Satz festgehalten ist.

Satz 4.18 *Ist $(G, \circ)$ eine endliche zyklische Gruppe der Ordnung n und d ein Teiler von n, dann besitzt G genau $\Phi(d)$ Elemente der Ordnung d. Insbesondere hat G somit $\Phi(n)$ Elemente der Ordnung n (Generatoren).*

Konstruktion zyklischer Gruppen und Wahl eines Generators

Die Sätze 4.14, 4.17 und 4.18 bilden die Grundlage für den folgenden Algorithmus, mit dem eine zyklische Gruppe und ein Generator dieser Gruppe konstruiert werden kann:

- Wähle eine große Primzahl q, sodass $p := 2 \cdot q + 1$ ebenfalls eine Primzahl ist.
- Da p eine Primzahl ist, folgt mit Satz 4.14, dass $(\mathbb{Z}_p^*, \cdot_p)$ eine zyklische Gruppe ist.
- Die Ordnung von $\mathbb{Z}_p^*$ ist $2 \cdot q$ und es ist $\Phi(2 \cdot q) = \Phi(2) \cdot \Phi(q) = q - 1$, da q eine Primzahl ist.
- Somit beträgt nach Satz 4.18 die Wahrscheinlichkeit dafür, per zufälliger Auswahl eines Elements von $\mathbb{Z}_p^*$ einen Generator zu wählen: $(q-1)/(2 \cdot q) \approx 1/2$.
- Der Test, ob ein zufällig gewähltes g ein Generator ist, kann mithilfe von Satz 4.17 effizient durchgeführt werden, denn hierfür ist lediglich zu prüfen, ob $g^2 \equiv 1 \pmod{p}$ oder $g^q \equiv 1 \pmod{p}$ ist. Falls nicht, dann muss die Ordnung von $g = |\mathbb{Z}_p^*|$ sein, da die Ordnung von g gemäß Satz 4.17 ein Teiler der Ordnung von $\mathbb{Z}_p^*$ sein muss.

Mit diesem Resultat haben wir die mathematischen Grundlagen kennengelernt, die eine Beschäftigung mit dem Problem des diskreten Logarithmus und seinen kryptografischen Anwendungen ermöglichen.

Diskreter Logarithmus

Definition 4.19 *(Diskreter Logarithmus) Sei p eine Primzahl, g ein Generator für $(\mathbb{Z}_p^*, \cdot_p)$ und $c \in \mathbb{Z}_p^*$ beliebig. Dann existiert eine Zahl $z \in \mathbb{Z}^+$, sodass $g^z \equiv c \pmod{p}$. Die Zahl z heißt der* **diskrete Logarithmus von c modulo p zur Basis g**.

So ist beispielsweise 6 der diskrete Logarithmus von 1 modulo 7 zur Basis 3, da $3^6 \equiv 1 \pmod{7}$.

Die Bestimmung des diskreten Logarithmus z zu gegebenen Zahlen g, c und p ist ein berechnungsintensives Problem und die asymptotische Laufzeit der besten bekannten Algorithmen ist exponentiell in der Bitlänge der Primzahl p.

Die Berechnung diskreter Logarithmen erfordert exponentielle Laufzeit.

Aus diesem Grund stellt das Problem einen vielversprechenden Kandidaten für den Entwurf asymmetrischer kryptografischer Verfahren dar. In der Tat wurden bereits eine Reihe solcher Algorithmen vorgeschlagen, von denen die beiden bekanntesten in den folgenden Abschnitten behandelt werden sollen.

4.5 Das Diffie-Hellman-Schlüsselaustauschverfahren

Der Diffie-Hellman-Schlüsselaustausch wurde zum ersten Mal 1976 in dem Artikel [DH76] veröffentlicht, der auch die allgemeinen Grundprinzipien der asymmetrischen Kryptografie einführte und somit für die Entwicklung dieser Disziplin fundamentale Bedeutung erlangte. Wenngleich der Algorithmus kein asymmetrisches kryptografisches Verfahren im eigentlichen Sinne ist, so stellt er dennoch ein wichtiges Verfahren dar, das in zahlreichen aktuellen kryptografischen Protokollen eingesetzt wird, nicht zuletzt auch deshalb, da es das einzige sichere Verfahren seiner spezifischen Art ist.

In seiner ursprünglichen Form ermöglicht der Algorithmus zwei Instanzen A (»Alice«) und B (»Bob«) die Aushandlung eines gemeinsamen Geheimnisses über einen öffentlichen Kanal. Mit einem öffentlichen Kanal ist hier ein Kommunikationsmedium gemeint, das nicht abhörsicher ist, sodass ein Angreifer E (»Eve«, in Anlehnung an den englischen Begriff »Eavesdrop« für Abhören) alle zwischen A und B ausgetauschten Nachrichten mithören kann.

Aushandlung eines Geheimnisses über einen zwar nicht vertraulichen, aber authentischen Kanal

Hierbei ist es wichtig, dass A und B sicher sein können, dass Nachrichten auf ihrem Weg durch den Kommunikationskanal nicht modifiziert werden können, da sonst Man-in-the-Middle-Angriffe möglich sind (mehr hierzu später).

Die mathematische Grundlage für den Algorithmus ist das im letzten Abschnitt eingeführte Problem des diskreten Logarithmus in endlichen zyklischen Gruppen. Wollen A und B sich auf ein gemeinsames Geheimnis einigen und ist das einzige ihnen zu Verfügung stehende Kommunikationsmedium ein öffentlicher Kanal, so können sie wie folgt vorgehen:

Funktionsweise des Diffie-Hellman-Verfahrens

- A wählt eine Primzahl, einen Generator g für $\mathbb{Z}_p^*$ und eine Zufallszahl $q \in \mathbb{Z}_p^*$. A und B können sich entweder vor dem ersten Protokollablauf auf Werte für p und g einigen oder A kann diese Werte mit ihrer ersten Nachricht an B schicken.
  A berechnet nun $v = g^q \bmod p$ und schickt an B: (p, g, v)
- B wählt auch eine Zufallszahl r, berechnet $w = g^r \bmod p$ und schickt w an A.
- A berechnet $s = w^q \bmod p$.
- B berechnet $s' = v^r \bmod p$.

Da $g^{(q \cdot r)} \bmod p = g^{(r \cdot q)} \bmod p$ ist, ist auch $s = s'$ und somit haben sich A und B auf die gleiche Zahl geeinigt. Ein Angreifer E, der den öffentlichen Kanal abhört, kann die von A und B berechnete Zahl s jedoch nicht einfach berechnen. Man spricht vom sogenannten Diffie-Hellman-Problem. Es wird aber angenommen, dass er s nur dann in Erfahrung bringen kann, wenn er den diskreten Logarithmus modulo p zur Basis g von einer der beiden Zahlen v oder w bestimmen kann. A und B müssen die Primzahl p somit nur groß genug wählen, damit ein Angreifer ihr gemeinsames Geheimnis – bedingt durch die in der Bitlänge von p exponentielle Laufzeit der Berechnung des diskreten Logarithmus – nicht aufdecken kann.

In der Praxis ist es übrigens nicht zwingend notwendig, dass g ein Generator für $(\mathbb{Z}_p^*, \cdot_p)$ ist, sondern es reicht aus, dass g eine hinreichend große Untergruppe von $(\mathbb{Z}_p^*, \cdot_p)$ erzeugt.

Man-in-the-Middle-Angriff

Ist ein potenzieller Angreifer E in der Lage, Nachrichten auf dem Weg von A nach B zu verändern, so kann er einen sogenannten *Man-in-the-Middle-Angriff* durchführen:

- E wählt hierzu zufällig zwei Zahlen q', r' und berechnet:

$$v' = g^{q'} \bmod p \quad \text{und} \quad w' = g^{r'} \bmod p$$

- Die von A gesendete Nachricht (p, g, v) fängt E ab und leitet stattdessen die Nachricht (p, g, v') an B weiter.
- Ebenso fängt E die von B gesendete Nachricht (w) ab und leitet stattdessen (w') an A weiter.
- Bei der Berechnung des vermeintlichen gemeinsamen Geheimnisses ergibt sich nun die folgende Situation:
  - A berechnet $s_1 = w'^q \bmod p = v^{r'} \bmod p$, wobei die letztgenannte Berechnung von E durchgeführt wird, und
  - B berechnet $s_2 = v'^r \bmod p = w^{q'} \bmod p$, wobei die letztgenannte Berechnung wiederum von E durchgeführt wird.

Insgesamt haben sich somit A und E auf ein gemeinsames Geheimnis s_1 geeinigt und E und B auf ein anderes Geheimnis s_2.

Verwenden A und B ihr jeweiliges vermeintliches Geheimnis für die Verschlüsselung von Nachrichten, die sie über den öffentlichen Kanal austauschen, so kann E diese Nachrichten abfangen, entschlüsseln und anschließend neu verschlüsselt an den tatsächlichen Empfänger weiterleiten. Tatsächlich muss E von nun an den gesamten über das »gemeinsame Geheimnis« gesicherten Nachrichtenverkehr zwischen A und B manipulieren, wenn er unentdeckt bleiben möchte.

Der Angreifer kann anschließend die Kommunikation kontrollieren.

Dieses Beispiel demonstriert, wie wichtig es ist, dass man stets »sicher« sein kann, mit wem man einen Schlüssel ausgehandelt hat, das heißt, die Authentizität von Schlüsselaustauschnachrichten ist unverzichtbar. Diesen Aspekt werden wir in Kapitel 7 noch einmal aufgreifen.

Die Authentizität von Schlüsselaustauschnachrichten ist unverzichtbar!

4.6 Der ElGamal-Algorithmus

Der ElGamal-Algorithmus wurde 1985 von T. ElGamal in [ElG85] publiziert. Er kann sowohl für digitale Signaturen als auch für die Verschlüsselung von Daten verwendet werden, wobei sich jedoch im Gegensatz zu RSA beide Berechnungsvarianten voneinander unterscheiden. Wie auch der Diffie-Hellman-Schlüsselaustausch basiert er auf der Schwierigkeit, den diskreten Logarithmus zu lösen. Da er jedoch neben einer multiplikativen auch eine additive Operation verwendet, wird er im Unterschied zu Diffie-Hellman nicht in endlichen Gruppen, sondern in endlichen Körpern berechnet (wenngleich die in der Regel für Diffie-Hellman verwendete Gruppe $(\mathbb{Z}_p^*, \cdot_p)$ mit Hinzufügen der 0 und der Operation $+_p$ die Voraussetzungen eines Körpers erfüllt, sodass in der Praxis eigentlich kein Unterschied besteht).

Um ein Schlüsselpaar für den ElGamal-Algorithmus zu bestimmen, sind die folgenden Schritte erforderlich:

Erzeugung eines Schlüsselpaars

- Wähle eine große Primzahl p, einen Generator g für die multiplikative Gruppe $(\mathbb{Z}_p^*, \cdot_p)$ und eine Zufallszahl v, sodass $1 \leq v \leq p-2$.
- Berechne: $y = g^v \bmod p$
- Der öffentliche Schlüssel ist: (y, g, p)
- Der private Schlüssel ist: (v, g, p)

ElGamal-Signaturen

Die Signierung einer Nachricht $m < p$ läuft nach dem folgenden Schema ab:

- Wähle eine große Zufallszahl k, sodass k relativ prim zu $p - 1$ ist.
- Berechne: $r = g^k \bmod p$
- Bestimme mithilfe des erweiterten euklidischen Algorithmus k^{-1}, das inverse Element zu $k \pmod{p-1}$.
- Berechne: $s = k^{-1} \cdot (m - v \cdot r) \bmod (p-1)$
- Die Signatur der Nachricht m ist (r, s).

Signaturprüfung

Um eine Signatur zu verifizieren, ist lediglich zu überprüfen, ob $y^r \cdot r^s \equiv g^m \pmod p$. Für den Korrektheitsbeweis dieses Verfahrens ist das folgende Lemma nützlich:

Lemma 4.20 *Sei p eine Primzahl und g ein Generator von $(\mathbb{Z}_p^*, \cdot_p)$, dann gilt:*

$$i \equiv j \pmod{p-1} \Rightarrow g^i \equiv g^j \pmod p$$

Für den Beweis dieses Lemmas mache man sich klar, dass

- $i \equiv j \pmod{p-1} \Rightarrow \exists k \in \mathbb{Z}^+\colon (i-j) = (p-1) \cdot k$
- Somit gilt aufgrund von Satz 4.8 (Euler):

$$\begin{aligned} & g^{(i-j)} \equiv g^{(p-1)\cdot k} \equiv 1^k \equiv 1 \pmod p \\ \Rightarrow\ & g^i \equiv g^j \pmod p \quad \square \end{aligned}$$

Korrektheit der ElGamal-Signaturprüfung

Die Korrektheit der ElGamal-Signaturprüfung beweist man damit durch folgende Überlegung:

$$\begin{aligned} & s \equiv k^{-1} \cdot (m - v \cdot r) && \pmod{p-1} \\ \Leftrightarrow\ & k \cdot s \equiv m - v \cdot r && \pmod{p-1} \\ \Leftrightarrow\ & m \equiv v \cdot r + k \cdot s && \pmod{p-1} \\ \Rightarrow\ & g^m \equiv g^{(v\cdot r + k\cdot s)} && \pmod p \qquad \text{(Lemma 4.20)} \\ \Leftrightarrow\ & g^m \equiv g^{(v\cdot r)} \cdot g^{(k\cdot s)} && \pmod p \\ \Leftrightarrow\ & g^m \equiv y^r \cdot r^s && \pmod p \quad \square \end{aligned}$$

Sicherheit von ElGamal-Signaturen

Die Sicherheit von ElGamal-Signaturen beruht auf der Tatsache, dass ein Angreifer für die Berechnung des Wertes s den privaten Schlüssel v benötigt. Somit muss ein Angreifer den diskreten Logarithmus von y modulo p zur Basis g berechnen, um Signaturen fälschen zu können.

Es ist jedoch unverzichtbar für die Sicherheit von ElGamal-Signaturen, dass für jede Signatur eine neue Zufallszahl k gewählt wird, da ein Angreifer sonst v aus zwei unterschiedlichen Nachrichten und ihren Signaturen, die unter Verwendung des gleichen k gebildet wurden, berechnen kann [MOV97, Notiz 11.66.ii].

Weiterhin sollten mit dem ElGamal-Algorithmus Nachrichten nicht unmittelbar signiert werden, sondern es sollte zunächst ein *kryptografischer Hashwert* (vergleiche hierzu Kapitel 5) berechnet werden, der dann mittels ElGamal-Verfahren signiert wird. Im Fall einer unmittelbaren Signierung per ElGamal-Verfahren besteht die Möglichkeit, dass ein Angreifer unter bestimmten Umständen eine Nachricht mit gültiger Signatur konstruieren kann [MOV97, Notiz 11.66.iii]. Eine sichere Variante von ElGamal, die ebenfalls zunächst einen kryptografischen Hashwert berechnet, ist unter dem Namen *Digital Signature Algorithm* (DSA) von der NIST standardisiert worden [NIS13].

ElGamal-Verschlüsselung

Die Verschlüsselung einer Nachricht m mit $m < p$ wird mit dem ElGamal-Verfahren wie folgt realisiert:

- Wähle eine Zufallszahl $k \in \mathbb{Z}^+$ mit $k \leq p - 1$
- Berechne: $r = g^k \bmod p$
- Berechne: $s = m \cdot y^k \bmod p$
- Der Schlüsseltext ist (r, s). Man beachte, das der Schlüsseltext doppelt so lang ist wie die ursprüngliche Nachricht m.

ElGamal-Entschlüsselung

Um eine verschlüsselte Nachricht wieder zu entschlüsseln, werden die folgenden beiden Schritte durchgeführt:

- Mithilfe des privaten Schlüssels v wird unter Nutzung von Satz 4.8 zunächst $r^{(p-1-v)} \bmod p = r^{-v} \bmod p$ berechnet.
- Anschließend kann mit r^{-v} die Nachricht m bestimmt werden, da:
$$m = r^{-v} \cdot s \bmod p$$

Korrektheit der ElGamal-Entschlüsselung

Für den Korrektheitsbeweis der ElGamal-Entschlüsselung betrachten wir die folgende Kongruenz:

$$\begin{aligned} r^{-v} \cdot s &\equiv r^{-v} \cdot m \cdot y^k \\ &\equiv g^{(-v \cdot k)} \cdot m \cdot y^k \\ &\equiv g^{(-v \cdot k)} \cdot m \cdot g^{(v \cdot k)} \\ &\equiv m \qquad\qquad (\bmod p) \quad \square \end{aligned}$$

Sicherheit der ElGamal-Verschlüsselung

Die Sicherheit der ElGamal-Verschlüsselung beruht auf der Tatsache, dass ein Angreifer zur Dechiffrierung einer verschlüsselten Nachricht den diskreten Logarithmus v der Zahl y modulo p zur Basis g kennen muss.

Wie auch schon bei den ElGamal-Signaturen ist es jedoch unerlässlich für die Sicherheit der ElGamal-Verschlüsselung, dass für jede Nachricht eine neue Zufallszahl k gewählt wird, da ein Angreifer sonst v berechnen könnte [MOV97, Notiz 8.23.ii]. Alternativ kann für k auch ein kryptografischer Hashwert aus der Nachricht und dem verwendeten privaten Schlüssel genutzt werden. Auf diese Weise kann eine Signatur erfolgen, ohne dass sichere Zufallszahlen benötigt werden und ohne dass die Chance besteht, k für unterschiedliche Nachrichten oder Schlüssel wiederzuverwenden.

4.7 Sicherheit herkömmlicher asymmetrischer Kryptografie

Verallgemeinerung auf andere mathematische Gruppen und Körper

Die in diesem Kapitel vorgestellten Algorithmen wurden für die multiplikative Gruppe $(\mathbb{Z}_p^*, \cdot_p)$ und den Körper $(\mathbb{Z}_p, +_p, \cdot_p)$ erfunden. Im Laufe der achtziger Jahre des letzten Jahrhunderts hat sich gezeigt, dass sie verallgemeinert und auch mit anderen Gruppen beziehungsweise Körpern verwendet werden können.

Die hauptsächliche Motivation für diese Verallgemeinerung liegt in der für diese Verfahren angestrebten Sicherheit, die bislang unmittelbar mit der verwendeten Schlüssellänge zusammenhängt.

Erfolge auf den Gebieten der Faktorisierung

So sind seit der Erfindung des RSA-Algorithmus beachtliche Erfolge in der mathematischen Forschung auf den Gebieten der Faktorisierung [CP05] und der Berechnung des diskreten Logarithmus erzielt worden, was nicht zuletzt auf die Bedeutung dieser Ergebnisse für die Sicherheit der auf diesen Problemen beruhenden Algorithmen zurückzuführen ist:

- Als 1977 die sogenannte *RSA-129-Aufgabe*, die Faktorisierung einer 129 Dezimalstellen (≈ 428 bit) langen Zahl, veröffentlicht wurde, schätzte man, dass für die Lösung dieser Aufgabe etwa 40 Quadrillionen Jahre benötigt würden. Tatsächlich dauerte es weniger als zwanzig Jahre, bis diese Aufgabe 1994 in acht Monaten durch einen Verbund von über das Internet kommunizierenden Rechnern gelöst wurde, wobei etwa 5000 MIPS-Jahre[1] Rechenzeit aufgewendet wurden.

  Der Grund für die Widerlegung der ursprünglichen Schätzung lag jedoch nicht etwa darin, dass man 1977 falsch ge-

1 Ein MIPS-Jahr entspricht dabei der Rechenleistung, die ein Rechner, der pro Sekunde eine Million Instruktionen ausführen kann (*Million Instructions Per Second, MIPS*), in einem Jahr erbringt. Ein Intel i7-Prozessor erzielt etwa eine Rechenleistung von 80.000 MIPS.

rechnet hatte, sondern dass man bei der Abschätzung von anderen Voraussetzungen ausgegangen war. In Bezug auf die 1977 bekannten Algorithmen zur Faktorisierung mag die Abschätzung durchaus richtig gewesen sein, nur hatte die Mathematik in den 17 Jahren danach einige Fortschritte erzielt, die es ihr erlaubten, die gleichen Aufgaben mit deutlich geringerem Rechenaufwand zu erledigen.

- Lediglich zwei Jahre später gelang es 1996, eine 130 Dezimalstellen (≈ 431 bit) lange Zahl mit einem Rechenaufwand von etwa 500 MIPS-Jahren zu faktorisieren, wobei ein neuerer Algorithmus verwendet wurde. Somit wurde ein etwa achtmal so großes Problem in einem Zehntel der Rechenzeit gelöst.
- Im Jahr 2009 gelang es, eine Zahl mit 232 Stellen (768 bit) in etwa 1500 AMD64-Jahren zu zerlegen [KAF+10]. Somit ist damit zu rechnen, dass zumindest einzelne 1024 bit lange Schlüssel in den nächsten Jahren faktorisiert werden können.

Gefahr durch mathematischen Fortschritt

Diese Beispiele verdeutlichen die Gefahr, die der mathematische Fortschritt für die Sicherheit der asymmetrischen kryptografischen Algorithmen darstellt. In Konsequenz müssen die Mindestanforderungen an die Schlüssellänge in regelmäßigen Abständen nach oben korrigiert werden. Derzeit liegen sie etwa bei 2048 bit.

Leistungseinbußen mit steigender Schlüssellänge

Mit dem durch die Verlängerung der Schlüssel gewonnenen größeren Maß an Sicherheit geht aber auch eine Reduktion der Verarbeitungsgeschwindigkeit einher, da bei der Ausführung der Algorithmen mit einzelnen Schlüsselwerten potenziert werden muss und diese Operation mit derartig langen Schlüsseln relativ aufwendig ist. Die Geschwindigkeitsgewinne durch modernere Prozessoren kommen an dieser Stelle im gleichen Maße auch den Angreifern zugute, sodass tatsächlich mit einer längeren Bearbeitungsdauer für RSA-basierte Verfahren zu rechnen ist.

Da die effizientesten Faktorisierungsalgorithmen auf spezifischen Eigenschaften von $(\mathbb{Z}_p^*, \cdot_p)$ und $(\mathbb{Z}_p, +_p, \cdot_p)$ beruhen, haben eine Reihe von Mathematikern versucht, die Algorithmen auf andere mathematische Strukturen zu verallgemeinern, welche nicht so zugänglich für optimierte Faktorisierungsalgorithmen beziehungsweise Algorithmen zur Berechnung des diskreten Logarithmus sind.

Abbildung 4.3
Zwei elliptische Kurven über $\mathbb{R}$

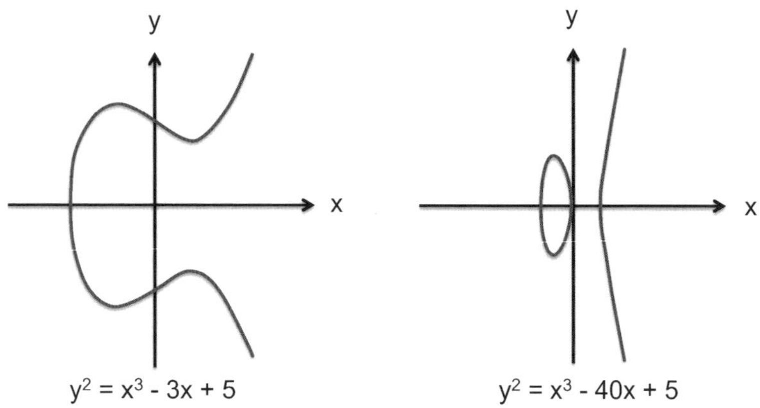

4.8 Grundlagen der Kryptografie auf elliptischen Kurven

Komplexer konstruierte Körper sollen kürzere Schlüssellängen ermöglichen

Die Grundidee der Verwendung anderer Gruppen zur Realisierung asymmetrischer Kryptografie ist es, aufwendigere Grundoperationen auf den Elementen der Gruppe in Kauf zu nehmen, wenn dafür gewährleistet ist, dass eine kürzere Schlüssellänge ein vergleichbares Maß an Sicherheit bringt. Hierdurch kann insgesamt der Berechnungsaufwand der Algorithmen bei ähnlicher Sicherheit reduziert werden. Als eine vielversprechende mathematische Struktur hat sich hierbei die *Gruppe von Punkten auf einer elliptischen Kurve über einem endlichen Körper* erwiesen. Im Englischen wird dieser Ansatz als *Elliptic Curve Cryptography* (ECC) bezeichnet.

Die Elemente dieser Körper bestehen zum einen aus den Punkten (x, y), deren Koordinaten die sogenannte Weierstrass-Gleichung $y^2 = x^3 + ax + b$ für zwei feste Parameter a und b erfüllen, und zum anderen aus einem speziellen Punkt $\mathcal{O}$, der auch als Punkt im Unendlichen bezeichnet wird. Die Koordinaten der Punkte sind selbst Elemente eines zugrunde liegenden Körpers, wie $\mathbb{R}$, $\mathbb{Z}_p$ oder bei ähnlichen Gleichungen auch $GF(2^n)$. Koordinaten mit reellen Zahlen finden zwar keine kryptografische Anwendung, die grundlegenden Gruppenoperationen lassen sich jedoch an elliptischen Kurven über $\mathbb{R}$ noch vergleichsweise verständlich darstellen, sodass zunächst auf diese eingegangen wird.

4.8.1 Elliptische Kurven über $\mathbb{R}$

Bereits wenn reellwertige Koordinaten zugrunde gelegt werden, beeinflussen die Parameter a und b das Aussehen einer elliptischen

Kurve stark. Abbildung 4.3 zeigt den Verlauf von zwei elliptischen Kurven mit leicht unterschiedlichen Parametern. Durch die Struktur der Weierstrass-Gleichung sind beide Kurven symmetrisch zur x-Achse, und trotz ihres unterschiedlichen Aussehens haben sie eine weitere gemeinsame Charakteristik: Zu nahezu jedem Paar von Punkten auf der Kurve findet man einen weiteren Punkt, welcher auf der durch die Punkte bestimmten Geraden liegt. Genau dieser Eigenschaft wird für die Definition der Gruppenarithmetik benötigt.

Geometrische Addition von Punkten auf elliptischen Kurven über $\mathbb{R}$

Die Gruppenoperation auf elliptischen Kurven verknüpft zwei Punkte der Kurve beziehungsweise den Punkt $\mathcal{O}$ miteinander zu einem dritten Punkt auf der Kurve. Diese Verknüpfung wird als Punktaddition bezeichnet. Bei elliptischen Kurven über $\mathbb{R}$ existiert dazu folgende geometrische Interpretation: Wie in Abbildung 4.4 gezeigt, entspricht das Ergebnis der Punktaddition von zwei Punkten P und Q in allgemeiner Lage der Spiegelung des dritten Punktes, der durch die Gerade durch P und Q bestimmt wird. Darüber hinaus existiert eine Reihe von Sonderfällen:

- Wenn P und Q identisch sind, wird der dritte Punkt durch den Schnittpunkt der Tangente bestimmt, welche die elliptische Kurve am Punkt P berührt.
- Wenn $P = (x, y)$ und $Q = (x, -y)$, sie also an der x-Achse gespiegelt sind, schneidet sich die Gerade kein drittes Mal mit der Kurve. In diesem Fall ist das Ergebnis der Addition der spezielle Punkt $\mathcal{O}$, welcher nicht auf der Kurve liegt und auch als Punkt im Unendlichen bezeichnet wird. Er stellt das neutrale Element bezüglich der Punktaddition dar, sodass in diesem Fall P und Q invers zueinander sind.
- Wird ein Punkt P mit $\mathcal{O}$ addiert, ist das Ergebnis per Definition P. Insbesondere gilt auch $\mathcal{O} + \mathcal{O} = \mathcal{O}$, sodass $\mathcal{O}$ zu sich selbst invers ist.

Durch diese Definition sind auch wesentliche Eigenschaften einer abelschen Gruppe konstruktiv sichergestellt. Es existiert beispielsweise mit $\mathcal{O}$ ein neutrales Element, jedes Element besitzt ein inverses Element und bei mehreren konsekutiven Additionen hängt das Ergebnis nicht von der Reihenfolge ab. Die Punktaddition ist darüber hinaus kommutativ.

Algebraische Punktaddition auf elliptischen Kurven über $\mathbb{R}$

Zur rechnergestützten Realisierung der Punktaddition werden die elliptischen Kurven natürlich nicht gezeichnet, sondern es erfolgt eine Berechnung der Punkte. Sollte einer der Punkte $\mathcal{O}$ sein, ist das Ergebnis der jeweils andere Punkt. Für den Fall, dass die

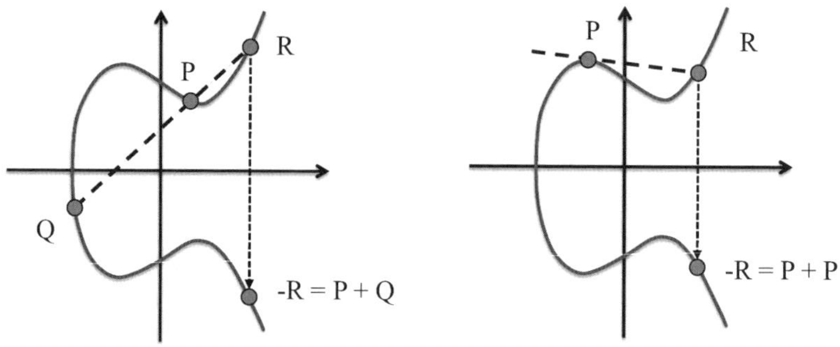

Abbildung 4.4 *Addition zweier Punkte in allgemeiner Position (links) und Addition identischer Punkte (rechts)*

Punkte invers zueinander sind, kann als Ergebnis $\mathcal{O}$ ausgegeben werden. Bei allgemeiner Lage oder falls die Punkte P und Q identisch sind, kann zunächst die Steigung α der Geraden bestimmt werden. Für den allgemeinen Fall ist dies der Differenzenquotient der Punktkoordinaten und im Fall der Tangentenkonstruktion kann die Steigung aus der Ableitung der Gleichung der elliptischen Kurve bestimmt werden, sodass gilt:

$$\alpha = \begin{cases} \frac{y_Q - y_P}{x_Q - x_P} & \text{wenn } P \neq Q \wedge P \neq -Q \\ \frac{3x_P^2 + a}{2y_P} & \text{wenn } P = Q \wedge y_P \neq 0 \end{cases}$$

Die Steigung der Geraden kann anschließend verwendet werden, um die Summe aus P und Q zu bestimmen:

$$x_{Q+P} = \alpha^2 - x_P - x_Q$$
$$y_{Q+P} = \alpha(x_P - x_{Q+P}) - y_P$$

Multiplikation zwischen natürlicher Zahl und Punkt

Durch die allgemein definierte Addition zweier beliebiger Punkte sind natürlich auch Summen wie $P + P + P$ oder $P + P + P + P$ erklärt, also die mehrfache Summe desselben Punktes. Genau dieses Verfahren entspricht der skalaren Multiplikation zwischen einer natürlichen Zahl x und einem Punkt einer Kurve P. Um das Produkt schnell zu berechnen, bietet es sich an, einen Algorithmus ähnlich dem »Square and Multiply«-Algorithmus zu verwenden. Der Unterschied zwischen g^x und xP resultiert im Wesentlichen nur aus verschiedenen Schreibweisen für die Operatoren. Das bedeutet, es wird zunächst $P + P = 2P$ dann $2P + 2P = 4P$ und so weiter berechnet, bis der Punkt xP durch Addition der Teilergebnisse gebildet werden kann. Der skizzierte Algorithmus hat eine logarithmische Laufzeit und kann nur angewendet werden, wenn x bekannt ist. Ein x zu bestimmen, sodass für ein festes P und Q die Gleichung $xP = Q$ gilt, ist zwar bei elliptischen Kurven über $\mathbb{R}$ noch möglich, bei anderen Gruppen ist dies jedoch sehr aufwendig. Dieses Problem wird die Lösung des *diskreten Logarithmus für elliptische Kurven* genannt und entspricht dem diskreten Logarithmus in herkömmlichen Verfahren der asymmetrischen Kryptografie. Trotz des gleichen Namens bezieht sich der Logarithmus somit auf die mehrfache Addition eines Punktes mit sich selbst. Die mehrfache Multiplikation eines Punktes mit sich selbst wird nicht benötigt, und es ist im Allgemeinen auch nicht definiert, wie zwei Punkte miteinander multipliziert werden. Die Multiplikation für elliptische Kurven wird sich auch im Folgenden immer auf die Skalarmultiplikation zwischen einer natürlichen Zahl und einem Punkt beziehen.

Der diskrete Logarithmus für elliptische Kurven

4.8.2 Elliptische Kurven über $\mathbb{Z}_p$

Werden die Koordinaten auf einer elliptischen Kurve nun bezüglich $\mathbb{Z}_p$ gewählt, wird die elliptische Kurve zu einer endlichen Menge von Punkten. Das Beispiel in Abbildung 4.5 zeigt die Punkte der Kurve $y^2 \equiv x^3 - 3x + 5 \pmod{19}$. Ähnlich wie bei den Kurven über $\mathbb{R}$ ist auch hier jedem Punkt (x, y) ein inverser Punkt $(x, p - y)$ zuzuordnen. Die Charakteristik, dass im allgemeinen Fall immer drei Punkte auf einer Geraden liegen, ist jedoch nicht mehr so leicht ersichtlich. Insbesondere da nicht zu jedem x-Wert Punkte existieren.

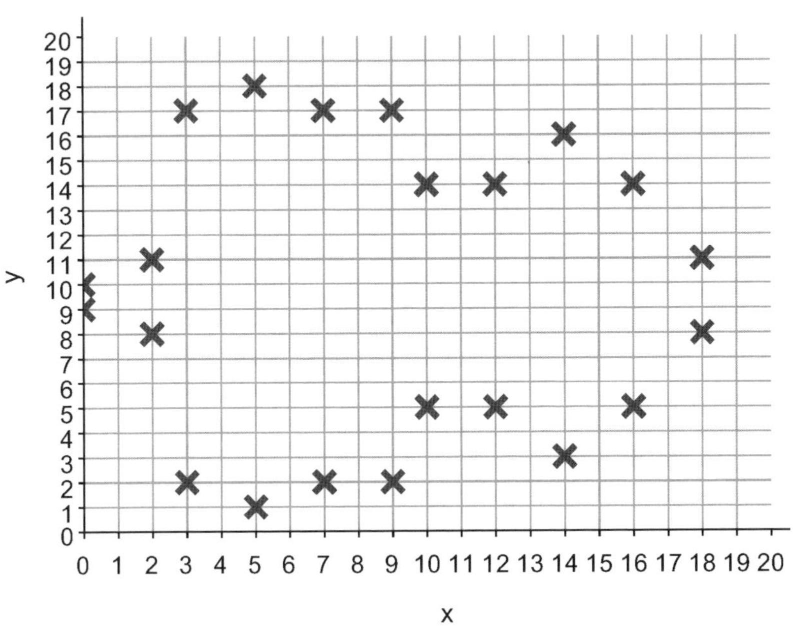

Abbildung 4.5
Punkte der elliptischen Kurve $y^2 \equiv x^3 - 3x + 5 \pmod{19}$

Berechnung eines Punktes für ein gegebenes x

Ebenfalls als etwas komplexer als bei Kurven über $\mathbb{R}$ erweist sich die Berechnung einer y-Koordinate eines Punktes für ein gegebenes x. Aufgrund der Rechnung in $\mathbb{Z}_p$ kann nicht einfach die Quadratwurzel aus $x^3 + ax + b$ bestimmt werden kann. Daher bedient man sich oft eines mathematischen Kniffs, der möglich wird, wenn die Primzahl $p \equiv 3 \pmod 4$ gewählt wird. In diesem Fall ergibt sich für die beiden möglichen Werte $y_{1,2} = \pm(x^3 + ax + b)^{\frac{p+1}{4}}$. Die Herleitung dieses Zusammenhangs gestaltet sich vergleichsweise einfach: Laut dem Euler-Kriterium [MOV97, 4.14] gilt $f(x)^{\frac{p-1}{2}} \equiv 1 \pmod p$, wenn $y^2 = f(x) \pmod p$ eine Lösung y hat. Da $p + 1$ nach Voraussetzung durch 4 teilbar ist, wird folgende Umformung zulässig:

$$
\begin{aligned}
f(x)^{\frac{p-1}{2}} &\equiv 1 \pmod p & &| \cdot f(x) \\
f(x)^{\frac{p+1}{2}} &\equiv f(x) \equiv y^2 \pmod p & &|\sqrt{} \\
\pm f(x)^{\frac{p+1}{4}} &\equiv y \pmod p \quad \square
\end{aligned}
$$

Man beachte, dass die Formel auch für x-Werte berechenbar ist, die das Euler-Kriterium nicht erfüllen. Die berechneten Punkte wären aber nicht Elemente der Gruppe, sodass das Euler-Kriterium bei der Punktkonstruktion jeweils zusätzlich zu überprüfen ist.

Algebraische Punktarithmetik auf elliptischen Kurven über $\mathbb{Z}_p$

Die algebraischen Operationen auf einer elliptischen Kurve über $\mathbb{Z}_p$ erfolgen völlig analog zu Kurven über $\mathbb{R}$. Sind die zwei zu addierenden Punkte invers zueinander, wird der Punkt $\mathcal{O}$ zurückgegeben. Ist einer der zu addierenden Punkte $\mathcal{O}$, ergibt sich für das Ergebnis der Addition der jeweils andere Punkt. In den beiden anderen Fälle werden x- und y-Koordinaten der Summe jeweils modulo p bestimmt. Um die »Steigung« der Geraden mithilfe der bereits für elliptische Kurven über $\mathbb{R}$ eingeführten Formeln zu bestimmen, wird zwar eine Division benötigt. Diese kann jedoch durch eine Multiplikation mit dem inversen Element in $\mathbb{Z}_p$ erfolgen. Zur Bestimmung des inversen Elementes kann, wie bereits in Abschnitt 4.6 bei der herkömmlichen asymmetrischen Kryptografie angewandt, der erweiterte euklidische Algorithmus verwendet werden. Die Skalarmultiplikation kann auch bei Kurven über $\mathbb{Z}_p$ durch wiederholtes Addieren realisiert werden. Die Schwierigkeit des Problems, den diskreten Logarithmus zu berechnen, besteht darin, eine Zahl x für zwei bekannte Punkte P und Q zu bestimmen, sodass $xP = Q$ gilt.

Anzahl der Punkte auf einer elliptischen Kurve über $\mathbb{Z}_p$

Da die Sicherheit der kryptografischen Algorithmen im Wesentlichen auf der Schwierigkeit des Lösens des diskreten Logarithmus beruht, ist es notwendig, möglichst viele Elemente durch das mehrfache Addieren eines Punktes erzeugen zu können. Im Vergleich zu herkömmlicher Kryptografie über $\mathbb{Z}_p$ ist die Ordnung dieser Untergruppen allerdings nicht mehr $p-1$. So enthält die Beispielkurve $y^2 \equiv x^3 - 3x + 5 \pmod{19}$ – neben dem Punkt $\mathcal{O}$ – 22 Punkte. Eine Abschätzung für die Größe der erzeugten Gruppe n gibt der Satz von Hasse über elliptische Kurven. Danach liegt die Ordnung n zwischen:

$$p + 1 - 2\sqrt{p} \leq n \leq p + 1 + 2\sqrt{p}$$

Muss die Anzahl der Elemente exakt bestimmt werden, so kann dies in logarithmischer Laufzeit mithilfe von Schoofs Algorithmus [Sch85] erfolgen. Die mathematischen Details würden allerdings deutlich den in diesem Buch für mathematische Grundlagen bemessenen Rahmen sprengen, daher wird auf eine weitere Beschreibung an dieser Stelle verzichtet. In jedem Fall sollte die Gruppe jedoch möglichst groß sein, um dem Angreifer das Ausprobieren aller möglichen Punkte zu erschweren.

4.8.3 Elliptische Kurven über $GF(2^n)$

Neben den Operationen über $\mathbb{Z}_p$ können elliptische Kurven auch über den nach Évariste Galois benannten Galois-Körpern für kryptografische Zwecke verwendet werden. Hierbei handelt es sich eigentlich um eine Erweiterung des $\mathbb{Z}_p$, da in einem $GF(x^n)$ die Additions- und Multiplikationsoperationen über Polynomen des Grades $n-1$ definiert sind. Die Koeffizienten der Polynome sind jeweils Elemente aus $\mathbb{Z}_x$. Der Körper $GF(p)$ entspricht somit genau dem Sonderfall $\mathbb{Z}_p$. Für kryptografische Zwecke wird jedoch auch häufig der $GF(2^n)$ eingesetzt. Dabei existieren für die n Koeffizienten a_0 bis a_{n-1} jeweils nur zwei Werte (0 und 1). Da die Koeffizienten somit durch n bit ausgedrückt werden können, ist es in diesem Fall gebräuchlich, lediglich die korrespondierenden Zahlen in hexadezimaler Schreibweise anzugeben. So ergibt sich beispielsweise für $x^4 + x^2 + x^1 \hat{=} 2^4 + 2^2 + 2^1 = 16h$.

Addition von zwei $GF(2^n)$-Elementen

Die Addition in einem Körper $GF(2^n)$ entspricht der Addition der Einzelkoeffizienten der Terme. Eine Besonderheit ergibt sich bei der Addition zweier 1-Werte, in diesem Fall ist das Resultat per Definition 0. So ist beispielsweise $x^3 + x + 1 \oplus x^2 + x = x^3 + x^2 + 1$. Die Addition entspricht somit einer einfachen XOR-Verknüpfung der Koeffizienten und ist sowohl in Hard- als auch Software extrem schnell zu realisieren.

$GF(2^n)$-Multiplikation

Die Multiplikation im $GF(2^n)$ entspricht einer Polynommultiplikation mit einer anschließenden Modulo-Division durch ein irreduzibles Polynom des Grades n. Irreduzible Polynome ähneln den Primzahlen der natürlichen Zahlen. Sie sind lediglich durch sich selbst und 1 ohne Rest teilbar. Auch die Multiplikation kann in Hardware durch Shift und XOR-Verknüpfungen sehr schnell berechnet werden. Neuere Intel-Prozessoren besitzen mit `CLMUL` einen gesonderten Befehl zur $GF(2^n)$-Multiplikation, sodass die Multiplikation auch durch Software schnell zu bewerkstelligen ist.

Generatoren und inverse Elemente im $GF(2^n)$

Ähnlich wie bereits beim $\mathbb{Z}_p$ existieren auch bezüglich der Multiplikation im Körper $GF(2^n)$ Generatoren. Beispielsweise ergibt sich für den Term x in Bezug auf das irreduzible Polynom $x^4 + x + 1$ die folgende Aufzählung mit allen Elementen des Körpers: x, x^2, x^3, $x + 1$, $x^2 + x$, $x^3 + x^2$, $x^3 + x + 1$, $x^2 + 1$, $x^3 + x$, $x^2 + x + 1$, $x^3 + x^2 + x$, $x^3 + x^2 + x + 1$, $x^3 + x^2 + 1$, $x^3 + 1$, 1, x, ... Auch die anderen Konzepte endlicher Körper sind anwendbar: Bezüglich der Addition und der Multiplikation besitzt jeder Term, im $GF(2^n)$ einen korrespondierenden Term mit dem er gemeinsam 1 ergibt. Im Beispiel sind $x^3 + 1$ zu x bezüglich der Multiplikation mit Reduktion durch das irreduzible Polynom $x^4 + x + 1$ invers, da $x^3 + 1 \odot x = 1$. Das multiplikative Inverse zu einem gegebenen Element kann durch eine angepasste Version des erweiterten euklidischen Algorithmus bestimmt werden.

Eigenschaften elliptischer Kurven über $GF(2^n)$

Neben den bereits eingeführten elliptische Kurven über $\mathbb{Z}_p$ können diese auch über $GF(2^n)$ definiert werden. Auch in diesem Fall besteht die »Kurve« aus einer Menge von Punkten. Allerdings können zur Definition der Punkte nicht mehr Funktionen der Form $y^2 = x^3 + ax + b$ verwendet werden. Wie bereits in Abschnitt 4.8.1 beschrieben, entspräche die formale Ableitung α der Kurve an einem Punkt $P(x, y)$ in diesem Fall

$$\alpha = \frac{3x^2 + a}{2y}.$$

Im $GF(2^n)$ ist $2y$ allerdings immer 0, da jedes Element des Körpers bezüglich der Addition zu sich selbst invers ist. Wie in $\mathbb{R}$ ist ein Teilen durch 0 allerdings auch im $GF(2^n)$ nicht möglich. Aus diesem Grund wird im Allgemeinen auf Kurven der Form $y^2 + xy = x^3 + ax^2 + b$ ausgewichen.

Die Punktoperationen verlaufen durch die veränderte Definition der Kurve leicht anders. Zwar existiert weiterhin der Punkt $\mathcal{O}$ und auch die betreffenden Additionsoperationen stimmen noch überein, allerdings ist im allgemeinen Fall die Summe $P + Q$ wie folgt definiert:

$$x_{Q+P} = \alpha^2 + \alpha + x_P + x_Q + a$$
$$y_{Q+P} = \alpha(x_{Q+P} + x_P) + x_{Q+P} + y_P$$

Der bezüglich der Punktaddition inverse Punkt $-P$ ergibt sich aufgrund der Definitionsänderung durch $(x, x + y)$.

Die im Vergleich zu elliptischen Kurven über $\mathbb{Z}_p$ weiteren konzeptionellen Unterschiede sind jedoch gering, sodass auf weitere Ausführungen zu Kurven über $GF(2^n)$ an dieser Stelle verzichtet wird. Der interessierte Leser kann beispielsweise in [IEE00] weiterführende Hinweise zur Implementierung der Rechenoperationen in diesen Gruppen finden.

4.8.4 Kryptografische Protokolle auf der Grundlage elliptischer Kurven

Zur Realisierung von Verschlüsselungs- und Signaturverfahren können die beschriebenen elliptischen Kurven über $\mathbb{Z}_p$ oder auch über $GF(2^n)$ zum Einsatz kommen. Letztere bieten wie bei anderen kryptografischen Funktionen Geschwindigkeitsvorteile, wenn die Verfahren in Hardware realisiert werden. Die Sicherheitseigenschaften sind nach heutigem Erkenntnisstand vergleichbar. Eine geeignete Kurve vorausgesetzt, können sowohl der *Diffie-Hellman-Schlüsselaustausch* als auch der *ElGamal-Algorithmus* sicher bei kürzeren Schlüssellängen implementiert werden.

Diffie-Hellman-Schlüsselaustausch auf elliptischen Kurven

Die Idee des Diffie-Hellman-Schlüsselaustausches lässt sich dabei besonders einfach auf elliptische Kurven übertragen. Das Verfahren wird im Englischen in der Regel als *Elliptic-Curve-Diffie-Hellman (ECDH)* bezeichnet und läuft wie folgt ab: Die zwei beteiligten Instanzen A (»Alice«) und B (»Bob«) einigen sich zunächst auf eine elliptische Kurve und einen Punkt P auf dieser Kurve. P muss dabei verschieden von $\mathcal{O}$ sein, da der Punkt als Generator fungiert. A wählt sich anschließend eine Zufallszahl q, berechnet $Q = qP$ und übermittelt Q an B. Die Partei B verfährt analog, indem sie sich eine Zufallszahl r generiert, $R = rP$ berechnet und R an A übermittelt. Beide Parteien können anschließend ein gemeinsames Geheimnis berechnen. A generiert den Punkt $S = qR$ und B den Punkt $S' = rQ$. Da $qR = qrP = rqP = rQ$, müssen die ermittelten Punkte S und S' identisch sein. Ein passiver Angreifer, der die Kommunikation beobachtet, kann auf das Geheimnis nicht rückschließen, ohne das Diffie-Hellman-Problem für elliptische Kurven zu lösen, von dem angenommen wird, dass es so schwer ist, wie durch Lösen des diskreten Logarithmus r oder q zu bestimmen. Die kommunizierenden Parteien können den Punkt S somit verwenden, um die weitere Kommunikation beispielsweise durch ein symmetrisches Verfahren zu schützen. Zur Ableitung des Schlüssels kann zum Beispiel ein *kryptografischer Hashwert* (vergleiche hierzu Kapitel 5) der Koordinaten des Punktes S verwendet werden.

ElGamal-Verschlüsselung auf elliptischen Kurven

Wie bereits erwähnt, kann auch der ElGamal-Algorithmus auf elliptischen Kurven verwendet werden. Dazu muss zunächst ein Schlüsselpaar für eine festzulegende elliptische Kurve E mit einem ebenfalls festzulegenden Punkt G generiert werden. Der private Schlüssel ist dann eine Zufallszahl $v \in \mathbb{N}$, wobei $1 < v < n$ mit der Menge der Punkte auf der Kurve n gelten sollte. Der öffentliche Schlüssel besteht aus dem Tripel (Y, G, E). Neben dem Punkt G und der Kurve E wird zusätzlich der Punkt $Y = vG$ veröffentlicht. Die Sicherheit des Verfahrens beruht erneut darauf, dass aufgrund der Schwierigkeit, den diskreten Logarithmus auf elliptischen Kurven zu berechnen, keine Rückschlüsse vom öffentlichen auf den privaten Schlüssel möglich sind.

Um eine Nachricht mit dem öffentlichen Schlüssel zu verschlüsseln, wird zunächst eine weitere Zufallszahl $k \in \mathbb{N}$ mit $1 < k < n$ generiert und mit ihr ein Punkt $R = kG$ berechnet. Anschließend muss auch die Nachricht in einen Punkt M umgewandelt werden, um einen weiteren Punkt $S = M + kY$ zu bestimmen. Die Punkte R und S bilden den verschlüsselten Text und können sicher übertragen werden. Die Länge der Nachricht entspricht dabei in etwa der doppelten Schlüssellänge, da die Punkte in der sogenannten *komprimierten Form* übermittelt werden können. Diese umfasst je Punkt nur den x-Wert und ein weiteres Bit, welches angibt, ob die größere oder kleiner korrespondierende y-Koordinate gewählt werden soll.

Codierung von Nachrichtentexten in Punkten

Eine Herausforderung bei der Verschlüsselung ist es, die Nachricht in einen gültigen Punkt der Kurve E zu codieren. Ein naiver Ansatz wäre es, den Nachrichtentext als x-Koordinate zu interpretieren und eine gültige y-Koordinate zu berechnen. Allerdings kann, wie in Abschnitt 4.8.2 angesprochen, nicht jeder x-Koordinate ein Punkt zugeordnet werden und somit könnte nicht jede Nachricht verschlüsselt werden. Um diese Beschränkung zu umgehen, muss ein geeignetes Codierungsverfahren eingesetzt werden, wie es beispielsweise bereits in [Kob87b] vorgeschlagen wurde. In Abhängigkeit von der Kurve wird hier zunächst eine ausreichend große Konstante c gewählt. Anschließend wird für die Nachricht m geprüft, ob $c \cdot m$ einen möglichen x-Wert für einen Punkt M auf der Kurve darstellt. Sollte dies nicht der Fall sein, werden weitere Werte $cm + 1$, $cm + 2$, ... geprüft, bis eine geeignete Koordinate gefunden wird. Wurde c zu klein gewählt, kann unter Umständen kein solcher Punkt gefunden werden, da die Werte ab $cm + c$ für den nächsten Nachrichtentext reserviert sind. Der Empfänger kann die Codierung rückgängig machen, indem er die x-Koordinate eines Punktes per ganzzahliger Division durch c teilt.

Entschlüsselung beim ECC-ElGamal-Verfahren

Zur Entschlüsselung der Nachricht kann der Empfänger den der Nachricht m entsprechenden Punkt M durch $S - vR$ berechnen. Die Subtraktion bezieht sich hierbei auf die Addition des inversen Punktes. Die Herleitung des Zusammenhangs kann durch einfaches Einsetzen der Formeln für die Bildung von S und R erfolgen:

$$\begin{aligned} S - vR &= \\ M + kY - vR &= \\ M + (kvG - vkG) &= \\ M + \mathcal{O} &= M \end{aligned}$$

Signaturen mithilfe elliptischer Kurven

Sehr viel ähnlicher zum herkömmlichen ElGamal-Verfahren verläuft das Signieren. Hierzu wählt sich der Sender zunächst wieder eine zufällige Zahl $k \in \mathbb{N} < n - 1$ und berechnet den Punkt $R = kG$. Anschließend berechnet er mit der x-Koordinate des Punktes R, im Folgenden als r bezeichnet, den Wert $s = k^{-1}(m + rv) \pmod n$. Dabei handelt es sich bei n wieder um die Größe der Gruppe über der elliptischen Kurve, und k^{-1} ist der zu k inverse Wert bezüglich $\mathbb{Z}_n$. Die Signatur besteht analog zum herkömmlichen Verfahren aus (r, s) und hat ebenfalls etwa die doppelte Länge des eingesetzten Schlüsselmaterials. Wie beim herkömmlichen ElGamal-Verfahren erfordern Sicherheitsüberlegungen auch hier, dass ein k nie mehrfach für unterschiedliche Nachrichten eingesetzt wird.

Verifikation von ECC-Signaturen

Zur Verifikation einer Signatur muss der Empfänger einer Nachricht lediglich prüfen, ob der Punkt $ms^{-1}G + rs^{-1}Y$ die x-Koordinate r besitzt. Auch an dieser Stelle ist eine vergleichsweise einfache Herleitung durch Einsetzen der Werte möglich:

$$\begin{aligned} ms^{-1}G + rs^{-1}Y &= \\ ms^{-1}G + rs^{-1}vG &= \\ (m + rv)(s^{-1})G &= \\ (ks)(s^{-1})G &= \\ kG &= R \end{aligned}$$

In einer Implementierung müssen darüber hinaus allerdings noch weitere Rahmenbedingungen geprüft werden, um die Sicherheit zu gewährleisten. Beispielsweise muss verhindert werden, dass ein Angreifer den Punkt $\mathcal{O}$ als Generator G angeben kann. Eine vollständige Aufzählung der zu prüfenden Kriterien findet sich beispielsweise in [NIS13].

4.8.5 Sicherheit kryptografischer Verfahren über elliptischen Kurven

Die mathematischen Operationen auf den vorgestellten Körpern können sowohl in Hardware als auch in Software effizient implementiert werden, und die besten bisher bekannten Algorithmen zur Berechnung des diskreten Logarithmus sind weitaus weniger effizient als die für den Körper $(\mathbb{Z}_p, +_p, \cdot_p)$. Wie lang Schlüssel nach aktuellem Forschungsstand gewählt werden müssen, veröffentlicht etwa die NIST regelmäßig [NIS12]. Tabelle 4.2 fasst vergleichbare Schlüssellängen der einzelnen Verfahren zusammen. Auch wenn diese Zahlen mit Vorsicht zu betrachten sind, so zeigt sich doch eindrucksvoll, dass ein herkömmliches RSA-Verfahren aufgrund der extrem langen Schlüssel nicht sinnvoll mit AES und 256-bit-Schlüsseln zu vereinen ist.

Tabelle 4.2 *Schlüssellängen unterschiedlicher Verfahren bei vergleichbarem Sicherheitsniveau*

Symmetrische Algorithmen	RSA	ECC-basierte Algorithmen
112 bit	2048 bit	224-255 bit
128 bit	3072 bit	256-383 bit
192 bit	7680 bit	384-511 bit
256 bit	15360 bit	$\geq$ 512 bit

Sicherheit bestimmter elliptischer Kurven

Die Sicherheit kryptografischer Verfahren über elliptischen Kurven hängt jedoch nicht nur von der Schlüssellänge ab. Bisher öffentlich gemachte Schwachstellen betreffen fast ausschließlich die Implementierungen beziehungsweise bestimmte Untergruppen elliptischer Kurven. So wurden beispielsweise von A. Menezes subexponentielle Algorithmen für die Berechnung des diskreten Logarithmus für den Spezialfall der sogenannten *super-singularen elliptischen Kurven* gefunden, diese Lösungen lassen sich jedoch nicht auf den allgemeinen Fall übertragen [Men93]. Eine tiefer gehende Einführung in die Kryptanalyse mit elliptischen Kurven würde deutlich den mathematischen Rahmen dieses Buches sprengen. Daher soll an dieser Stelle lediglich auf weiterführende Literatur zu diesem Thema [Kob87a, Men93] verwiesen werden.

Verwendung anerkannter Standards

Außer für hauptberufliche Kryptografen ist es daher sinnvoll, auf vordefinierte Kurven, wie [LM10, BSI12] oder [NIS13], und anerkannte Standards wie ECDSA oder ECGDSA zurückzugreifen. Einige Publikationen weisen auch nach, dass Parameter wie a und

b bei Erstellung des Standards zufällig gewählt wurden. Dazu wird in der Regel für jede Konstante k ein Wert x publiziert, sodass für eine anerkannte, nicht einfach zu invertierende Funktion h gilt $h(x) = k$. Für x muss ferner nachvollziehbar sein, dass es nicht durch Ausprobieren bestimmt wurde. Nachvollziehbar bedeutet in diesem Kontext etwa das Wählen der ersten Nachkommastellen der Kreiszahl π. Dieser Prozess ist ein ernst zu nehmendes Indiz dafür, dass in den definierten Kurven keine *kryptografische Falltür* vorhanden ist, also eine Sicherheitslücke, die nur die Autoren kennen.

Implementierungssicherheit

Neben potenziellen Problemen bei der Auswahl der verwendeten elliptischen Kurven ist – wie bereits angedeutet – auch die eigentliche Implementierung oft anfällig für Angriffe. Durch die vielen Fallunterscheidungen bei ECC-Operationen, wie der besonderen Behandlung des Punktes $\mathcal{O}$, besteht die Gefahr, dass Angreifer diese außerhalb einer vertrauenswürdigen Umgebung etwa durch unterschiedliches Zeitverhalten oder variierenden Stromverbrauch messen können. Diese sogenannten Seitenkanalangriffe können dann Rückschlüsse auf den Schlüsselraum zulassen. So existierte beispielsweise in der weitverbreiteten Bibliothek OpenSSL 0.9.8o ein Problem, das bei der Berechnung von kP Rückschlüsse auf die Größe von k zuließ [BT11]. Die Ursache war sehr einfach: Die Schleife zur Durchführung der Multiplikation wurde abgebrochen, sobald alle Bits von k bearbeitet wurden. Je nach Größe von k sind hierbei mehr oder weniger Punktverdoppelungen vorgenommen worden. Bereits diese messbare Größe kann den Suchraum für einen Angreifer signifikant einschränken. Die gleiche Softwarebibliothek enthielt auch einen weiteren Fehler [BBP$^+$12], der es erlaubte, mit wenigen Anfragen den gesamten privaten Schlüssel zu ermitteln. Ursache war hier, dass Punkte nicht korrekt geprüft wurden und dem Angreifer so die Möglichkeit gegeben wurde, den Suchraum immer weiter einzuschränken. Aufgrund der Vielzahl an Möglichkeiten, bei der Implementierung eines ECC-Systems subtile sicherheitskritische Fehler zu begehen, sollten in der Regel möglichst aktuelle Standardlösungen verwendet werden.

4.8.6 Aktuelle Entwicklungen der EC-Kryptografie

Im Vergleich zu herkömmlicher asymmetrischer Kryptografie ist die EC-Kryptografie noch ein sehr aktives Forschungsfeld, sodass auch in den nächsten Jahren noch interessante Entwicklungen mit Auswirkungen auf praktisch eingesetzte Systeme zu erwarten sind. Aufgrund des vergleichsweise jungen Gebietes sollte vor dem Einsatz in kommerziellen Produkten auch auf jeden Fall die Patentlage überprüft werden. Von einigen Verfahren und Implementierungsvarianten ist bekannt, dass ihr Patentschutz noch nicht ausgelaufen ist.

Nutzung bilinearer Abbildungen

An weiteren Entwicklungen sind an dieser Stelle besonders die sogenannten *bilinearen Abbildungen* (engl. *bilinear pairings*) hervorzuheben. Diese erlauben es, zwei additive Gruppen G_1 und G_2 auf eine multiplikative Gruppe G_3 abzubilden, sodass bestimmte Eigenschaften erreicht werden. Beispielsweise gilt für eine bilineare Abbildung $e : G_1 \times G_2 \rightarrow G_3 : e(aP, bQ) = e(P, Q)^{ab}$. Mit diesem Rechenschema lassen sich kryptografische Protokolle mit neuartigen Eigenschaften entwickeln, wie etwa:

- *Secret Handshakes* [SM09] erlauben einen Austausch von Schlüsseln zwischen Parteien, wenn diese bestimmte Eigenschaften haben, also beispielsweise zur gleichen Organisation gehören. Stimmen die Eigenschaften nicht überein, so schlägt der Schlüsselaustausch fehl und keine der Parteien kennt die Identität des Gegenübers.
- Mithilfe von *Identity-based Encryption* müssen öffentliche Schlüssel keine bestimmte Form haben. So kann beispielsweise eine E-Mail-Adresse gleichzeitig als öffentlicher Schlüssel verwendet werden. Weitere Details zu Identity-based Encryption finden sich beispielsweise in [BF03].

Neben weiteren Anwendungsfeldern findet auch Forschung in Bezug auf geeignete Gruppen für kryptografische Anwendungen statt. In diesem Zusammenhang sind zum Beispiel die sogenannten *Edwards Kurven* genannt worden [BLR08], da sie robuster gegen Seitenangriffe sein könnten.

4.9 Zusammenfassung

Grundidee asymmetrischer kryptografischer Verfahren

Asymmetrische kryptografische Verfahren ermöglichen es, zwei zueinander passende, aber unterschiedliche Schlüssel für die Verschlüsselung und Entschlüsselung beziehungsweise die Signierung und Signaturprüfung zu verwenden.

Die heute immer noch als sicher geltenden Algorithmen, die sich auch in der Praxis bewährt haben, sind:

- der *RSA-Algorithmus*, der auf der Schwierigkeit beruht, große natürliche Zahlen zu faktorisieren,

- der *Diffie-Hellman-Schlüsselaustausch* (kein asymmetrisches Verfahren im eigentlichen Sinne), der auf der Schwierigkeit beruht, in endlichen Körpern den diskreten Logarithmus einer Zahl y modulo einer Primzahl p zu einer gegebenen Basis g zu bestimmen, und
- der *ElGamal-Algorithmus*, der ebenfalls auf dem Problem des diskreten Logarithmus basiert.

Sicherheit asymmetrischer Verfahren

Da die Sicherheit dieser Verfahren auf der Komplexität der genannten mathematischen Probleme beruht, stellen Fortschritte auf dem Gebiet der mathematischen Algorithmen die größte Bedrohung dieser Verfahren dar. Hierbei sollte man stets vor Augen haben, dass algorithmischer Fortschritt im Gegensatz zu technologischem Fortschritt auf dem Gebiet der Rechnerkonstruktion nur sehr schlecht beziehungsweise eigentlich gar nicht abgeschätzt werden kann.

Praktische Überlegungen

Bei dem Einsatz asymmetrischer kryptografischer Algorithmen sind insbesondere die folgenden praktischen Überlegungen zu beachten:

- Asymmetrische kryptografische Operationen sind um Größenordnungen (etwa einen Faktor 100 bis 1000) langsamer als symmetrische Verfahren.
- Aus diesem Grund werden sie selten für die Verschlüsselung beziehungsweise Signierung von Massendaten eingesetzt. Viel eher wird hierfür ein symmetrisches Verschlüsselungsverfahren beziehungsweise eine kryptografische Hashfunktion (vergleiche hierzu Kapitel 5) eingesetzt und das asymmetrische Verfahren wird nur zur Verschlüsselung des sogenannten Sitzungsschlüssels beziehungsweise zur Signierung des kryptografischen Hashwertes verwendet.

4.10 Weiterführende Literatur

Eine gute Einführung in die mathematischen Hintergründe der Primzahltests und Faktorisierung gibt [Bre89] und eine allgemeine Einführung in die Zahlentheorie enthalten [NZ80, Kob87a], wobei das zweitgenannte Buch auch ihre kryptografischen Anwendungen hervorhebt. Die Kryptografie mit elliptischen Kurven wird in [Men93] ausführlich diskutiert. Eine verständliche Einführung in die Thematik mit Betonung auf Implementierung und Rechenzeit der Algorithmen findet sich auch in [CLR01, Kapitel 33]. Sehr detailliert wird das Thema auch in [MOV97] abgehandelt.

Schließlich ist auch ein Studium der drei zentralen Originalartikel [DH76, RSA78, ElG85] sehr zu empfehlen.

[Bre89] BRESSOUD, D. M.: *Factorization and Primality Testing*. Springer-Verlag, 1989

[CLR01] CORMEN, T. H.; LEISERSON, C. E.; RIVEST, R. L.: *Introduction to Algorithms*. B&T, 2001
Ein anerkanntes Standardwerk für Algorithmen, welches allerdings für mathematische Operationen annimmt, dass diese in $\mathcal{O}(1)$ *erfolgen. Bei Operationen mit großen Zahlen trifft dies jedoch nicht länger zu.*

[CP05] CRANDALL, R.; POMERANCE, C.: *Prime numbers: A computational perspective*. Springer-Verlag, 2005

[DH76] DIFFIE, W.; HELLMAN, M. E.: New Directions in Cryptography. In: *Trans. IEEE Inform. Theory, IT-22*, 1976, S. 644–654

[ElG85] ELGAMAL, T.: A Public Key Cryptosystem and a Signature Scheme based on Discrete Logarithms. In: *IEEE Transactions on Information Theory* 31, Juli 1985, Nr. 4, S. 469–472

[Kob87a] KOBLITZ, N.: *A Course in Number Theory and Cryptography*. Springer-Verlag, 1987

[Men93] MENEZES, A. J.: *Elliptic Curve Public Key Cryptosystems*. Kluwer Academic Publishers, 1993

[MOV97] MENEZES, A.; OORSCHOT, P. van; VANSTONE, S.: *Handbook of Applied Cryptography*. CRC Press LLC, 1997

[NIS13] NIST (NATIONAL INSTITUTE OF STANDARDS AND TECHNOLOGY): *Digital Signature Standard (DSS)*. 2013. – FIPS PUB 186-4 - Federal Information Processing Standards Publication

[NZ80] NIVEN, I.; ZUCKERMAN, H.: *An Introduction to the Theory of Numbers*. 4th edition, John Wiley & Sons, 1980

[RSA78] RIVEST, R.; SHAMIR, A.; ADLEMAN, L.: A Method for Obtaining Digital Signatures and Public Key Cryptosystems. In: *Communications of the ACM*, Februar 1978

4.11 Übungen

1. Welche Eigenschaften muss ein praktisch einsetzbares asymmetrisches kryptografische Verfahren haben?
2. Warum ist es wichtig, dass der Sender einer asymmetrisch zu verschlüsselnden Nachricht die Authentizität des öffentlichen Schlüssels des Empfängers überprüft hat?
3. Berechnen Sie mithilfe des erweiterten euklidischen Algorithmus den größten gemeinsamen Teiler von 210 und 126 sowie die beiden Koeffizienten der entsprechenden Linearkombination.
4. Zeigen Sie mithilfe von Satz 4.4, dass $\sqrt{2}$ keine rationale Zahl ist.
5. Berechnen Sie $\Phi(21)$.
6. Erklären Sie die Funktionsweise des RSA-Algorithmus.
7. In der Fassung von 1988 des internationalen Standards X.509 wird die folgende Forderung an RSA-Schlüssel gestellt: *»Es muss gewährleistet werden, dass $e > log_2(n)$ ist, um Angriffen vorzubeugen, die versuchen, die e-te Wurzel modulo n zu berechnen, um einen Klartext zu ermitteln.«*

   Obwohl die geforderte Bedingung korrekt ist, ist die angegebene Begründung hierfür nicht richtig. Erklären Sie den Fehler in der Begründung und geben Sie die richtige Begründung für diese Forderung an.
8. Warum ist auch das RSA-Verfahren nicht mehr sicher, wenn ein Algorithmus zur schnellen Berechnung des diskreten Logarithmus gefunden werden sollte?
9. Finden Sie einen Generator für $(\mathbb{Z}_{11}^*, \cdot_{11})$.
10. Berechnen Sie den diskreten Logarithmus von 1 modulo 5 zur Basis 3 und von 1 modulo 11 zur Basis 3.
11. Wie funktioniert ein Man-in-the-Middle-Angriff auf den Diffie-Hellman-Schlüsselaustausch und wie kann er verhindert beziehungsweise erkannt werden?
12. Wird bei dem ElGamal-Algorithmus tatsächlich ein Generator für die Gruppe $(\mathbb{Z}_p^*, \cdot_p)$ benötigt oder ist es ausreichend, wenn g eine hinreichend große Untergruppe von $(\mathbb{Z}_p^*, \cdot_p)$ erzeugt?
13. Welcher praktische Nachteil ergibt sich bei der Übermittlung von Nachrichten, die mit dem ElGamal-Algorithmus verschlüsselt wurden, im Vergleich zu RSA-verschlüsselten Nachrichten?
14. Der RSA-Algorithmus kann auf eine ECC-Variante über $\mathbb{Z}_p$ übertragen werden (beispielsweise [Dem93]). Dazu wird die Nachricht in einen Punkt M konvertiert. Der Ciphertext C

ergibt sich aus $e \cdot M$ und kann durch $d \cdot C = d \cdot e \cdot M = M$ wieder in die Originalnachricht umgewandelt werden. Die verwendete elliptische Kurve wird so konstruiert, dass d nur durch Zerlegung einer großen Zahl in zwei Primfaktoren bestimmt werden kann. Argumentieren Sie, warum durch die Verwendung elliptischer Kurven kein Sicherheitsgewinn entsteht und daher die Schlüssellänge nicht kleiner als beim herkömmlichen RSA-Algorithmus gewählt werden kann.

5 Kryptografische Prüfwerte

In diesem Kapitel wird der Frage nachgegangen, wie Daten um einen Prüfwert ergänzt werden können, sodass man zu einem späteren Zeitpunkt nachprüfen kann, ob diese Daten zufällig oder absichtlich verändert wurden. Die für diesen Zweck entwickelten *kryptografischen Prüfwerte* werden hierfür im nächsten Abschnitt von den aus der Nachrichtentechnik bekannten *Fehlerprüfwerten* abgegrenzt, und es werden die von ihnen zu erfüllenden Anforderungen motiviert sowie die beiden prinzipiellen Kategorien kryptografischer Prüfwerte, die *Modifikationserkennungswerte* und die *Nachrichtenauthentisierungswerte*, eingeführt. Die beiden sich anschließenden Abschnitte behandeln diese beiden Kategorien im Detail und der abschließende Abschnitt 5.4 geht auf Verfahren ein, die bei einer Verschlüsselung gleichzeitig Authentisierungswerte berechnen.

5.1 Anforderungen und Klassifikation

Fehlerprüfwerte

Es ist in der Nachrichtentechnik üblich, für zu übertragende Dateneinheiten einen Fehlerprüfwert zu berechnen, der es dem Empfänger einer Nachricht ermöglicht, zu überprüfen, ob die Nachricht während der Übertragung verfälscht wurde. Bekannte Verfahren für diese Aufgabe sind die Berechnung von *Paritätsbits*, auch in der Variante der *Bit-Interleaved Parity*, sowie der *Cyclic Redundancy Check (CRC)* [PD00, Abschnitt 2.4].

Die Nützlichkeit dieser Verfahren motiviert den Wunsch, einen vergleichbaren Prüfwert berechnen zu können, der es erlaubt, zu prüfen, ob Daten während der Übertragung (oder Speicherung etc.) verändert worden sind. Hierbei ist jedoch zu bedenken, dass es ein großer Unterschied ist, ob Daten durch einen *zufälligen Fehler* oder durch eine *absichtliche Modifikation* verfälscht worden sind.

CRC eignet sich nicht als kryptografischer Prüfwert.

Will ein Angreifer beispielsweise eine Protokolldateneinheit verändern, die durch einen CRC-Prüfwert vor Fehlern geschützt ist, so muss er lediglich darauf achten, dass die verfälschte Dateneinheit wiederum einen gültigen CRC-Prüfwert aufweist. Da der Angreifer einfach einen neuen CRC-Prüfwert für die modifizierte Dateneinheit berechnen kann, schützt dieser ebenso wenig wie alle anderen Fehlererkennungswerte vor absichtlichen Veränderungen.

Nun könnte man natürlich auf die naive Idee kommen, den CRC-Wert der originalen Nachricht vor der Übertragung mit einem zuvor ausgehandelten Sitzungsschlüssel zu chiffrieren, sodass ein Angreifer nicht einfach einen neuen chiffrierten CRC berechnen kann, und in der Tat hat man diesen Ansatz bei der Standardisierung des drahtlosen Funkstandards *IEEE 802.11* verfolgt. Er bietet leider keinen ausreichenden Schutz vor absichtlichen Modifikationen, wie wir in Kapitel 15 noch sehen werden.

Das liegt daran, dass ein kryptografischer Prüfwert eine Reihe von Eigenschaften erfüllen muss, die es einem Angreifer unmöglich machen, einen solchen Prüfwert zu fälschen, und die von keinem der üblichen Fehlerprüfwerte erfüllt werden.

Prinzipielle Kategorien

Auf einer obersten Betrachtungsebene können zwei prinzipielle Kategorien kryptografischer Prüfwerte unterschieden werden:

- *Modifikationserkennungswerte (Modification Detection Code, MDC)*, die in gewisser Weise »kryptografische Fingerabdrücke« von Nachrichten realisieren, und
- *Nachrichtenauthentisierungswerte (Message Authentication Code, MAC)*, die zusätzlich ein zuvor ausgehandeltes »Geheimnis«, das heißt einen Sitzungsschlüssel, in die Berechnung mit einbeziehen, und somit unmittelbar die Verifikation der Authentizität einer Nachricht ermöglichen.

Hauptanwendung und Entwurfsziele

Die hauptsächliche Anwendung dieser Verfahren ist die Überprüfung der Unverfälschtheit einer Nachricht, wobei sich die konkreten Entwurfsziele der Verfahren im Detail für beide Kategorien unterscheiden:

- Ein MDC repräsentiert einen digitalen Fingerabdruck einer Nachricht, der mit einem asymmetrischen kryptografischen Verfahren wie RSA oder ElGamal signiert werden kann. Da lediglich der »Fingerabdruck« signiert wird, darf es einem Angreifer nicht mit vertretbarem Aufwand möglich sein, zwei Nachrichten zu konstruieren, die auf einen gleichen MDC abgebildet werden, sodass ein Angreifer einen signierten MDC für eine andere Nachricht verwenden könnte.

- Im Gegensatz dazu bescheinigt ein MAC direkt, dass der Erzeuger einer Nachricht den geheimen Schlüssel K kennt, der in die Berechnung des MAC dieser Nachricht eingegangen ist, und dass die Nachricht nicht ohne Kenntnis des MAC modifiziert werden kann.

Weitere Anwendungen

Über die bereits erklärte Hauptanwendung hinaus können noch weitere Anwendungen kryptografischer Prüfwerte genannt werden, die jedoch mit einer gewissen Vorsicht zu betrachten sind, da sie die Verfahren für Zwecke verwenden, deren konkrete Anforderungen nicht in dem Entwurfsprozess berücksichtigt wurden:

- Bestätigung des Wissens eines bestimmten Datenwertes,
- Ableitung von Sitzungsschlüsseln und
- Erzeugung von Pseudozufallszahlen (vergleiche hierzu auch Kapitel 6).

Abhängig von der Anwendung müssen somit gegebenenfalls noch weitere Anforderungen von einem kryptografischen Prüfwert erfüllt werden. Im Folgenden werden die beiden Kategorien kryptografischer Prüfwerte detailliert behandelt, wobei das Hauptaugenmerk auf ihrer Funktionsweise und der Anwendung für die Erkennung von Modifikationen liegen wird.

5.2 Modifikationserkennungswerte

Modifikationserkennungswerte werden durch *kryptografische Hashfunktionen* berechnet. Diese sollen im Folgenden zunächst von herkömmlichen Hashfunktionen abgegrenzt werden:

Hashfunktion

Definition 5.1 *Eine* **Hashfunktion** *ist eine Funktion h, welche die beiden folgenden Eigenschaften aufweist:*

- **Kompression**: *Die Funktion h bildet Eingabewerte einer beliebigen endlichen Bitlänge auf einen Ausgabewert einer für h festen Bitlänge ab.*
- **Einfachheit der Berechnung**: *Sind h und ein Eingabewert x gegeben, so kann $h(x)$ mit geringem Aufwand berechnet werden.*

Im Vergleich hierzu müssen kryptografische Hashfunktionen noch weitere Anforderungen erfüllen:

Kryptografische Hashfunktion

Definition 5.2 *Eine* **kryptografische Hashfunktion** *ist eine Hashfunktion h, die zusätzlich die folgenden Eigenschaften aufweist:*

- **Unbestimmbarkeit von Urbildern**: *Im Englischen mit »Pre-Image Resistance« bezeichnet, fordert diese Eigenschaft, dass es nicht mit vertretbarem Aufwand möglich sein darf, zu einem gegebenen Wert y ein Urbild x mit Funktionswert $h(x) = y$ zu bestimmen.*
- **Unbestimmbarkeit eines zweiten Urbildes**: *Im Englischen als »2nd Pre-Image Resistance« bezeichnet, fordert diese Eigenschaft, dass es nicht möglich sein darf, zu einem gegebenen Wert x mit vertretbarem Aufwand einen zweiten Wert x' zu finden, der auf den gleichen Funktionswert $h(x) = h(x')$ abgebildet wird.*
- **Kollisionsfreiheit**: *Im Englischen als »Collision Resistance« bezeichnet, fordert diese Eigenschaft, dass es nicht möglich sein darf, mit vertretbarem Aufwand zwei Urbilder $x_1 \neq x_2$ zu bestimmen, die auf den gleichen Funktionswert $h(x_1) = h(x_2)$ abgebildet werden.*

Potenzielle weitere Anforderungen

Abhängig von der intendierten Anwendung, werden gegebenenfalls noch weitere Anforderungen an eine kryptografische Hashfunktion gestellt, so zum Beispiel die sogenannte *partielle Unbestimmbarkeit von Urbildern* (»Partial Pre-Image Resistance«), die besagt, dass, falls nur t bit des Urbildes unbekannt sind, im Mittel 2^{t-1} Rechenschritte benötigt werden, um die verbleibenden t bit zu bestimmen.

Im Folgenden sollen zunächst potenzielle Angriffe auf Modifikationserkennungswerte diskutiert werden, welche auch die Begründung für die oben geforderten Eigenschaften liefern. Anschließend werden die allgemeine Struktur gebräuchlicher kryptografischer Hashfunktionen sowie einige wichtige Vertreter dieser Klasse von Funktionen erläutert.

5.2.1 Angriffe auf Modifikationserkennungswerte

Ein Modifikationserkennungswert soll einen fälschungssicheren »digitalen Fingerabdruck« einer Nachricht darstellen, der mit einem asymmetrischen kryptografischen Verfahren signiert werden kann, um die Authentizität der Nachricht zu bestätigen. Hierfür ist es unerlässlich, dass es nicht mit vertretbarem Aufwand möglich ist, zwei Nachrichten $x_1 \neq x_2$ mit gleichem Modifikationserkennungswert $MDC(x_1) = MDC(x_2)$ zu erstellen. Andernfalls könnte ein Angreifer E versuchen, von einer Instanz A eine digitale Signatur für eine »harmlose« Nachricht x_1 zu erhalten und diese für eine »nicht so harmlose« Nachricht x_2 (beispielsweise eine elektronische Bestellung) zu verwenden.

Der Kollisionsfreiheit der für digitale Signaturen verwendeten kryptografischen Hashfunktion kommt somit eine besondere Bedeutung zu. In diesem Abschnitt soll dieser Aspekt näher untersucht werden.

Geburtstagsphänomen

Zu diesem Zweck betrachten wir zunächst das sogenannte *Geburtstagsphänomen (Birthday Phenomenon)*, welches die unmittelbare Begründung für die geforderte Mindestlänge der Ausgabe kryptografischer Hashfunktionen liefert.

In seiner Grundform liefert das Geburtstagsphänomen die Antwort auf die Frage, »wie viele Personen sich in einem Raum aufhalten müssen, damit die Wahrscheinlichkeit, dass zwei Personen am gleichen Tag Geburtstag haben, mindestens 50% beträgt«. Aus Gründen der einfacheren Berechnung lassen wir Schaltjahre außerhalb unserer Betrachtung und gehen davon aus, dass jeder Geburtstag gleich wahrscheinlich ist.

$P(n,k) \approx$ mindestens ein Duplikat

Wir definieren zunächst $P(n,k)$ als die Wahrscheinlichkeit, dass mindestens ein Duplikat bei k zufällig gewählten Variablen auftritt, von denen jede einen gleich wahrscheinlichen Wert zwischen 1 und n annehmen kann. Dies entspricht beispielsweise dem Zufallsexperiment, aus einer Urne mit n verschiedenen Bällen k-mal einen Ball zu ziehen, wobei der gezogene Ball jedes Mal wieder zurück in die Urne gelegt wird.

$Q(n,k) \approx$ kein Duplikat

Weiterhin definieren wir $Q(n,k)$ als die Wahrscheinlichkeit, dass bei dem beschriebenen Experiment kein Duplikat auftritt. Soll kein Ball häufiger als einmal gezogen werden, können wir somit den ersten Ball aus n möglichen Bällen wählen, den zweiten Ball aus $n-1$ möglichen und so weiter. Somit ist die Anzahl unterschiedlicher Möglichkeiten, aus n verschiedenen Bällen k Bälle ohne Duplikat zu ziehen:

$$N = n \cdot (n-1) \cdot \ldots \cdot (n-k+1) = \frac{n!}{(n-k)!}$$

Die Anzahl unterschiedlicher Möglichkeiten, k Bälle aus n möglichen Bällen mit Zurücklegen zu ziehen, ist n^k. Somit ergibt sich:

$$Q(n,k) = \frac{N}{n^k} = \frac{n!}{(n-k)! \cdot n^k}$$

Es ist damit:

$$\begin{aligned}P(n,k) &= 1 - Q(n,k)\\ &= 1 - \frac{n!}{(n-k)! \cdot n^k}\\ &= 1 - \frac{n \cdot (n-1) \cdot \ldots \cdot (n-k+1)}{n^k}\\ &= 1 - \left[\frac{n-1}{n} \cdot \frac{n-2}{n} \cdot \ldots \cdot \frac{n-k+1}{n}\right]\\ &= 1 - \left[\left(1 - \frac{1}{n}\right) \cdot \left(1 - \frac{2}{n}\right) \cdot \ldots \cdot \left(1 - \frac{k-1}{n}\right)\right]\end{aligned}$$

Mit Verwendung der Ungleichung $\forall\ x \geq 0:\ (1-x) \leq e^{-x}$ ergibt sich:

$$\begin{aligned}P(n,k) &> 1 - \left[\left(e^{\frac{-1}{n}}\right) \cdot \left(e^{\frac{-2}{n}}\right) \cdot \ldots \cdot \left(e^{\frac{-(k-1)}{n}}\right)\right]\\ &= 1 - e^{-\left[\frac{1}{n} + \frac{2}{n} + \ldots + \frac{k-1}{n}\right]}\\ &= 1 - e^{-\frac{k \cdot (k-1)}{2 \cdot n}}\end{aligned}$$

Hierbei wurde im letzten Schritt die folgende Gleichung verwendet:

$$1 + 2 + \ldots + (k-1) = \frac{(k^2 - k)}{2}$$

Zu unserer Ausgangsfrage zurückkehrend, wie viele Personen sich in einem Raum aufhalten müssen, damit die Wahrscheinlichkeit dafür größer oder gleich $0{,}5$ ist, dass mindestens zwei dieser Personen an einem gleichen Tag Geburtstag haben, müssen wir demnach die folgende Gleichung lösen:

$$\begin{aligned}\frac{1}{2} &= 1 - e^{\frac{-k \cdot (k-1)}{2 \cdot n}}\\ \Leftrightarrow \qquad 2 &= e^{\frac{k \cdot (k-1)}{2 \cdot n}}\\ \Leftrightarrow \qquad ln(2) &= \frac{k \cdot (k-1)}{2 \cdot n}\end{aligned}$$

Abschätzung für große k

Für große k können wir $k \cdot (k-1)$ durch k^2 abschätzen und wir erhalten:

$$k \approx \sqrt{2 \cdot ln(2) \cdot n} \approx 1{,}18 \cdot \sqrt{n}$$

Für $n = 365$ ergibt sich mit $k \approx 22{,}54$ ein Ergebnis, das ziemlich nahe am tatsächlichen Wert $k = 23$ liegt.

Wir haben somit gezeigt, dass die Anzahl k der Werte, die man aus n möglichen Werten auswählen muss, um mit einer Wahrscheinlichkeit größer oder gleich $0{,}5$ mindestens zwei identische Werte zu erhalten, in der Größenordnung von $\sqrt{n}$ liegt.

Diese Tatsache kann für Angriffe auf Modifikationserkennungswerte ausgenutzt werden [Yuv79]:

Anwendung für Angriffe

- Angenommen, E möchte A dazu bringen, eine Nachricht m_1 zu signieren, die A normalerweise nicht signieren würde (zum Beispiel eine elektronische Bestellung). E weiß, dass A ihre Nachrichten dadurch signiert, dass sie zunächst einen Modifikationserkennungswert $MDC(m)$ der Länge r bit berechnet und diesen anschließend mit ihrem privaten Schlüssel signiert.
- Da E auch weiß, dass A die Nachricht m_1 nicht signieren würde, wird sie ihr diese Nachricht nicht direkt zur Signierung vorlegen. Wenn sie nun versuchte, eine zweite harmlose Nachricht m_2 zu konstruieren, die auf den gleichen Modifikationserkennungswert $MDC(m_2) = MDC(m_1)$ abgebildet wird, läge der mittlere Berechnungsaufwand hierfür in der Größenordnung von 2^{r-1}, da sie im Durchschnitt den halben Suchraum durchsuchen müsste.
- Stattdessen macht sich E das Geburtstagsphänomen zunutze und beginnt ausgehend von den beiden Nachrichten m_1 und m_2 Variationen dieser Nachrichten m_1' und m_2' zu konstruieren, bis sie eine Kombination gefunden hat, die auf einen gleichen Modifikationserkennungswert $MDC(m_1') = MDC(m_2')$ abgebildet wird. Zur Erzeugung semantisch gleichbedeutender, in der Codierung jedoch verschiedener Nachrichten kann E beispielsweise Zeichenkombinationen der Form »<Leerzeichen>, <Löschen>« verwenden oder auch einzelne Wörter durch Synonyme ersetzen.
- Wie uns das Geburtstagsphänomen lehrt, benötigt E im mittleren Fall $\sqrt{2^r} = 2^{r/2}$ Variationen beider Nachrichten, damit die Wahrscheinlichkeit einer erfolgreichen Kollision mit $MDC(m_1') = MDC(m_2')$ größer oder gleich $0{,}5$ ist.
- Da E die Variationen der Nachrichten erzeugen und speichern muss, liegen der Speicher- und der Berechnungsaufwand in der Größenordnung von $2^{r/2}$.
- Nachdem E zwei geeignete Nachrichten m_1' und m_2' gefunden hat, legt sie A die Nachricht m_2' zur Signierung vor. Die von Alice erzeugte Signatur stellt ebenso eine gültige Signatur der Nachricht m_1' dar, sodass E im Anschluss behaupten kann, A habe die Nachricht m_1' signiert.

Angriffe, die diesem Muster folgen, werden im englischen Sprachgebrauch auch als *Birthday-Attacks* bezeichnet. Damit eine krypto-

Birthday-Attacke

grafische Hashfunktion vor dieser Angriffstechnik sicher ist, sollte ihr Ausgabewert nach heutiger Abschätzung eine Mindestlänge von 160 bit aufweisen, da ein mittlerer Aufwand von 2^{80} als nicht realisierbar bewertet wird.

Kombination von Hashfunktionen und Signaturen

Angenommen, A verwendet eine kryptografische Hashfunktion, die eine Ausgabe von 96 bit Länge produziert, und signiert diese dann mit einem 2048 bit langen RSA-Schlüssel. Da das Brechen eines 2048 bit langen RSA-Schlüssels mit den bisher bekannten Algorithmen nicht mit vertretbarem Aufwand möglich ist, sollte man annehmen, dass eine Signatur mit einem solchen Schlüssel eine nicht zu kompromittierende Sicherheit bietet. Aufgrund der Möglichkeit einer Birthday-Attacke, deren mittlerer Aufwand in diesem Fall in der Größenordnung von 2^{48} liegt, wird jedoch keine ausreichende Sicherheit erreicht. Dieses Beispiel zeigt, wie wichtig es bei der Einschätzung der Sicherheit einer kryptografischen Lösung ist, alle bekannten Angriffstechniken sowohl auf die einzelnen eingesetzten kryptografischen Algorithmen wie auch auf die aufgabenspezifische Kombination zu bewerten. Dies ist in Analogie zu einer Kette zu sehen, die bekanntlich auch nur so stark ist wie ihr schwächstes Glied.

Bei kryptografischen »Lösungen« muss stets die konkrete Kombination einzelner Verfahren bewertet werden.

5.2.2 Allgemeine Struktur kryptografischer Hashfunktionen

Vergleichbar mit der Entwicklung bei symmetrischen Chiffrieralgorithmen, auf gewisse etablierte Strukturen wie zum Beispiel das Feistel-Netzwerk zurückzugreifen, wurde dem Entwurf der heute meistverwendeten kryptografischen Hashfunktionen eine allgemeine Struktur zugrunde gelegt: die in Abbildung 5.1 gezeigte Merkle-Dåmgard-Struktur.

Abbildung 5.1 *Merkle-Dåmgard-Struktur kryptografischer Hashfunktionen*

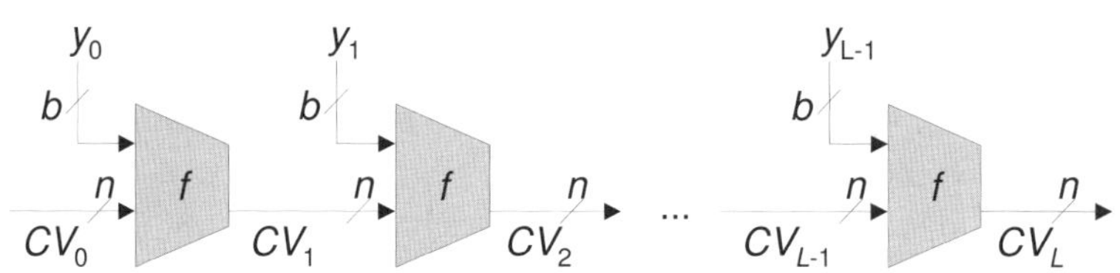

Auffüllen und Anfügen eines Längenfeldes

Hierbei wird einer beliebigen Nachricht y zunächst ein Längenfeld angefügt und die Nachricht auf ein ganzzahliges Vielfaches der Blockgröße b der kryptografischen Hashfunktion aufgefüllt. Sei $(y_0 \,||\, y_1 \,||\, \ldots \,||\, y_{L-1})$ die resultierende Nachricht, die nun in L Blöcke der Blockgröße b strukturiert ist. Hierbei und auch im restlichen

Teil des Buches bezeichnet der $||$-Operator das Aneinanderfügen (Konkatenation) von Blöcken.

Bei der Berechnung des Hashwertes $h(y_0 \,||\, y_1 \,||\, \ldots \,||\, y_{L-1})$ wird nun in jedem Schritt aus einem sogenannten *Chaining Value* CV_i der Länge n bit und dem aktuell zu verarbeitenden Nachrichtenblock y_i der neue Chaining Value CV_{i+1} für den nächsten Iterationsschritt durch Anwendung einer *Kompressionsfunktion* f berechnet, die $(n + b)$ bit auf n bit abbildet: $CV_{i+1} := f(CV_i, y_i)$.

Verkettung mit Chaining Value

Für den ersten Chaining Value CV_0 wird hierbei ein Initialisierungsvektor IV benötigt, der in der Regel fest durch die kryptografische Hashfunktion vorgegeben ist. Der kryptografische Hashwert der Nachricht ist dann der Wert des Chaining Value nach dem letzten Iterationsschritt: $h(y_0 \,||\, y_1 \,||\, \ldots \,||\, y_{L-1}) := CV_L$.

Initialisierungsvektor

Die Funktionsweise einer solchen kryptografischen Hashfunktion kann damit folgendermaßen zusammengefasst werden:

$$\begin{aligned} CV_0 &:= IV \\ CV_i &:= f(CV_{i-1}, y_{i-1}) \qquad 1 \leq i \leq L \\ H(y) &:= CV_L \end{aligned}$$

Für diese Struktur wurde bewiesen, dass aus der Kollisionsfreiheit der Kompressionsfunktion f auch die Kollisionsfreiheit der resultierenden kryptografischen Hashfunktion h folgt [Mer89].

Dementsprechend konzentriert sich die Analyse kryptografischer Hashfunktionen in der Regel auf die interne Struktur der Kompressionsfunktion f und versucht, effiziente Techniken für die Erzeugung von Kollisionen für eine einzelne Ausführung der Funktion f zu finden.

Die Kryptanalyse kryptografischer Hashfunktionen konzentriert sich auf die Kompressionsfunktion.

Für die Bitlänge des Hashwertes $h(x)$ wird heutzutage üblicherweise eine Mindestlänge von 160 bit gefordert. Diese Forderung liegt in den bereits vorgestellten Angriffen, die auf dem *Geburtstagsphänomen* beruhen, begründet. Solche Angriffe erfordern bei einer Blocklänge von 160 bit einen mittleren Aufwand in der Größenordnung von 2^{80}, der nach heutigem Wissen als nicht realisierbar bewertet wird.

In den folgenden drei Abschnitten werden die heutzutage am häufigsten eingesetzten kryptografischen Hashfunktionen *MD5*, *SHA-1* und *SHA-2* erklärt, die alle der oben beschriebenen allgemeinen Struktur folgen. Anschließend wird mit *SHA-3* ein neuartiges Verfahren vorgestellt, welches auf einem anderen Prinzip beruht: den sogenannten *kryptografischen Schwammfunktionen*.

5.2.3 MD5

Die kryptografische Hashfunktion *Message Digest 5 (MD5)* [Riv92] wurde von R. Rivest als Nachfolgerin zu der unsicheren Funktion *Message Digest 4 (MD4)* [Riv91] entworfen.

Auffüllen und Anfügen eines Längenfeldes

MD5 ist gemäß der im vorigen Abschnitt beschriebenen Struktur aufgebaut. An eine Nachricht y werden zunächst ein »1«-Bit und so viele »0«-Bits angefügt, dass die Länge der resultierenden Nachricht kongruent zu 448 modulo 512 ist. Danach wird die Länge der ursprünglichen Nachricht als 64 bit langes Längenfeld angefügt, sodass die Länge der resultierenden Nachricht ein ganzzahliges Vielfaches von 512 beträgt. Diese Nachricht wird nun in Blöcke y_i der Länge $b = 512$ bit eingeteilt.

Chaining Value und Initialisierungsvektor

Die Länge des Chaining Value beträgt $n = 128$ bit und der Wert ist in vier 32 bit lange Register A, B, C, D strukturiert. Zur Initialisierung wird der folgende fest vorgegebene Initialisierungsvektor in die Register geschrieben:

$$A := 0x\ 01\ 23\ 45\ 67 \qquad B := 0x\ 89\ AB\ CD\ EF$$
$$C := 0x\ FE\ DC\ BA\ 98 \qquad D := 0x\ 76\ 54\ 32\ 10$$

Dieser Initialisierungsvektor ist im sogenannten Little-Endian-Format angegeben, das heißt mit den niederwertigen Bytes am Anfang notiert.

Kompressionsfunktion

Jeder Block y_i der Nachricht wird nun mit dem Chaining Value CV_i durch die Funktion f verknüpft, welche intern durch vier Runden mit je sechzehn Schritten realisiert ist. Jede Runde beruht auf einer ähnlichen Struktur und verwendet eine Tabelle, die 64 konstante Werte von je 32 bit Länge enthält. Weiterhin wird in jeder Runde eine rundenspezifische logische Funktion g verwendet. Abbildung 5.2 zeigt das Blockschaltbild eines einzelnen Schritts.

Ablauf eines Iterationsschrittes

In jedem Schritt werden zunächst die Inhalte der Register B, C und D mit der rundenspezifischen Funktion g verknüpft und der Funktionswert zu dem Inhalt des Registers A addiert (modulo 2^{32}, dargestellt durch das Zeichen $\boxplus$). Der resultierende Wert wird dann zu $y_i[k]$, dem k-ten 32-bit-Wort des i-ten Nachrichtenblocks, addiert und dann noch einmal mit $T[j]$, dem j-ten Tabelleneintrag, wobei j mit jedem Schritt modulo 64 inkrementiert wird. Der sich hieraus ergebende Wert wird noch um s Bit zyklisch nach links verschoben (Cyclical Left Shift, CLS), bevor er in das Register B für den nächsten Schritt geschrieben wird. Die Anzahl s, um die hierbei jeweils geschoben wird, ist für jede Runde festgelegt (die genaue Festlegung soll hier nicht vertieft werden). Weiterhin wird der Inhalt des Registers D in A, der des Registers B in C und der des Registers C in D geschrieben.

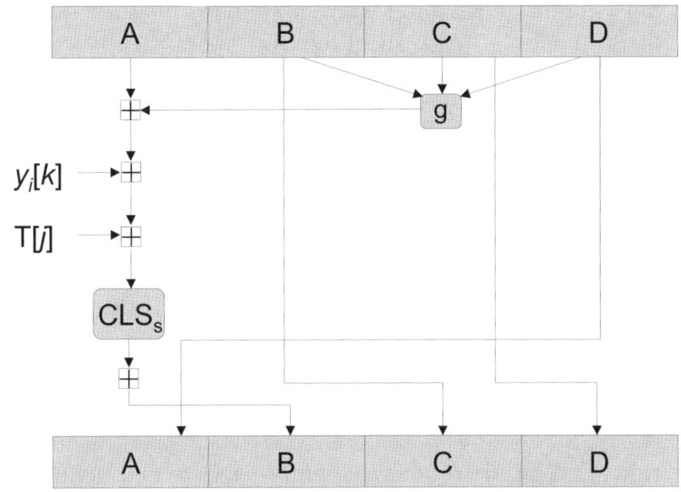

Abbildung 5.2
Eine Iteration der MD5-Funktion

Der MD5-Wert einer Nachricht y ist dann der Inhalt der Register nach Verarbeitung des letzten Datenblocks y_i.

Sicherheit von MD5

Zur Sicherheit ist zu bemerken, dass jedes Bit der 128 bit langen Ausgabe von jedem Bit der Eingabenachricht y abhängt. Bereits die Länge der Ausgabe mit 128 bit wird allgemein jedoch als zu kurz bewertet (vergleiche hierzu Abschnitt 5.2.1).

Kryptanalyse von MD5

Weiterhin wurden bereits zwischen 1992 und 1996 deutliche Fortschritte in der Analyse von MD5 gemacht. So publizierte H. Dobbertin im Jahr 1996 einen Angriff, der eine Kollision für die Funktion f von MD5 hervorruft. Wenngleich dieser Angriff nicht auf eine Kollision für die vollständige MD5-Funktion erweitert wurde, so erzeugte er bereits damals erhebliches Unbehagen in Bezug auf die Sicherheit von MD5. Dennoch benötigten die Kryptanalytiker noch bis 2004, um eine echte MD5-Kollision zu publizieren [WFL$^+$04]. Die Fortschritte sind inzwischen so weit, dass Kollisionen innerhalb von Sekunden auf handelsüblichen PCs berechnet werden können [Kli06]. MD5 darf demzufolge nicht eingesetzt werden, wenn Kollisionsresistenz in irgendeiner Form erforderlich ist. Leider ist die Notwendigkeit dieser Eigenschaft häufig nicht direkt ersichtlich. Es existieren aber eine Reihe von Beispielen, die ein Gefühl vermitteln können:

- So ist in [LD05] eine Möglichkeit publiziert worden, die auf Basis einer einzigen bekannten Kollision zwei PostScript-

Dokumente mit freigewähltem unterschiedlichem Inhalt und gleichem MD5-Prüfwert generieren kann.

- In [LWW05] beschreiben die Autoren, wie Zertifikate mit gleicher Prüfsumme erzeugt werden können, die unterschiedliche Rechte besitzen. Aufgrund der Kollision gilt die von einem privaten Schlüssel erzeugte Unterschrift weiterhin.
- Der sogenannte *Nostradamus*-Angriff [KK06] beschreibt beliebige textuelle Verlängerungen von Nachrichten auf Basis von Kollisionen.

Wird tatsächlich nur eine Unbestimmbarkeit von Urbildern benötigt, kann MD5 immer noch als relativ sicher angesehen werden: Der beste publizierte Angriff benötigt etwa $\mathcal{O}(2^{123,4})$ Berechnungen [SA09].

5.2.4 SHA-1

Die Funktion *Secure Hash Algorithm 1 (SHA-1)* wurde von der National Security Agency (NSA) entwickelt, wobei sich die NSA an der Struktur der Funktion MD4 orientierte, sodass auch SHA-1 dem allgemeinen Aufbau einer Merkle-Dåmgard-Struktur folgt.

Auffüllen und Anfügen eines Längenfeldes

SHA-1 arbeitet auf Blöcken der Länge 512 bit und produziert einen Ausgabewert der Länge 160 bit. Die Vorbereitung einer Nachricht y und Einteilung in Blöcke y_i ist identisch mit der Vorgehensweise bei MD5.

Chaining Value und Initialisierungsvektor

Der Chaining Value von SHA-1 ist der um 32 bit längeren Ausgabe entsprechend in fünf Register der Länge 32 bit eingeteilt. Zur Initialisierung werden diese Register mit den folgenden Konstanten gefüllt:

$$A := 0x\,67\,45\,23\,01 \qquad B := 0x\,EF\,CD\,AB\,89$$
$$C := 0x\,98\,BA\,DC\,FE \qquad D := 0x\,10\,32\,54\,76$$
$$E := 0x\,C3\,D2\,E1\,F0$$

Dieser Wert entspricht für die ersten vier Register dem von MD5, im Gegensatz zu MD5 ist die Definition von SHA-1 jedoch für eine Big-Endian-Architektur gegeben, bei der die höherwertigen Oktette vor den niederwertigen gespeichert werden, sodass sich die Darstellung auf den ersten Blick unterscheidet.

Kompressionsfunktion

Jeder Nachrichtenblock y_i wird mit dem Inhalt des Chaining Value CV_i durch Anwendung der Funktion f zu dem neuen Chaining Value CV_{i+1} verknüpft. Die Funktion f wird hierbei in vier Runden mit je zwanzig Schritten realisiert. Die Runden weisen alle die gleiche Struktur auf, jedoch wird pro Runde eine spezifische

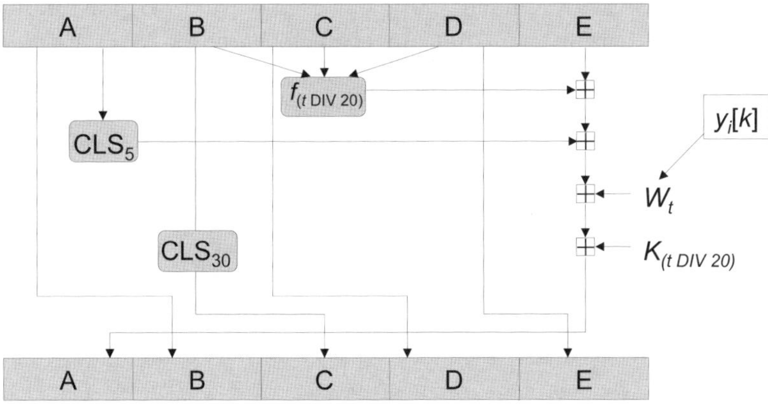

Abbildung 5.3 Eine Iteration der SHA-1-Funktion

logische Funktion f_1, f_2, f_3 beziehungsweise f_4 verwendet. Jeder Schritt macht weiterhin von einer festen additiven Konstante K_t Gebrauch, die jedoch während einer Runde unverändert bleibt.

Abbildung 5.3 zeigt ein Blockschaltbild der internen Struktur eines Schrittes. Der aktuelle Nachrichtenblock y_i geht hierbei logisch über den Wert W_t in die Verarbeitung ein, der gemäß der folgenden Rekursion definiert ist:

$$t \in \{0, \ldots, 15\} \quad \Rightarrow W_t := y_i[t]$$
$$t \in \{16, \ldots, 79\} \quad \Rightarrow W_t := CLS_1(W_{t-16} \oplus W_{t-14} \oplus W_{t-8} \oplus W_{t-3})$$

Nach dem 79sten Schritt wird jedes der Register A, B, C, D, E mit dem Inhalt des korrespondierenden Registers vor dem 0ten Schritt modulo 2^{32} addiert, und das Resultat in das betreffende Register für die Bearbeitung des nächsten Nachrichtenblocks geschrieben.

Der SHA-1-Wert einer Nachricht y ist wie bei MD5 der Inhalt der Register nach Verarbeitung des letzten Datenblocks y_i.

Vergleich mit MD5

Zur Sicherheit von SHA-1 ist zu bemerken, dass SHA-1 bedingt durch den längeren Ausgabewert einen besseren Schutz vor Brute-Force- und Birthday-Angriffen als MD5 bietet. Zum weiteren Vergleich mit MD5 ist zu bemerken, dass SHA-1 etwa 25% langsamer in der Bearbeitung als MD5 ist, was sich unmittelbar aus dem Verarbeitungsaufwand für den um 25% längeren Chaining Value ergibt. Beide Algorithmen sind einfach zu beschreiben sowie zu implementieren und benötigen keine umfangreichen Programme oder Substitutionstabellen. Aufgrund der jeweils gewählten Little-Endian- beziehungsweise Big-Endian-Architektur scheint sich kein Vorteil für eine der beiden Funktionen zu ergeben, und es wird vermutet, dass die Wahl eher durch die den jeweiligen Entwicklern zur Verfügung stehende Rechnerplattform vorgegeben war, als dass sie

Sicherheit von SHA-1

eine echte Entwurfsentscheidung gewesen wäre. In Bezug auf die Kollisionsresistenz ist SHA-1 nur etwas sicherer als MD5. Es sind noch keine praktischen Kollisionen bekannt, allerdings wurde 2005 ein theoretischer Angriff mit einer Komplexität von 2^{69} publiziert, der später auf 2^{63} verbessert wurde [WYY05]. Aktuell werden weitere Fortschritte publiziert [Man11], sodass davon auszugehen ist, dass die Kollisionsfreiheit von SHA-1 in den nächsten Jahren gebrochen werden könnte. Des Weiteren existieren auch in SHA-1 die bereits bei MD5 angesprochenen Schwächen der Merkle-Dåmgard-Struktur, die bei Bekanntwerden von Kollisionen beispielsweise Nostradamus-Angriffe [KK06] erlauben würden.

5.2.5 Die SHA-2-Familie

Die Bedenken der Kryptografen in Bezug auf die Sicherheit von SHA-1 haben zu einer Überarbeitung des SHA-Standards durch die NSA geführt. Die daraufhin 2001 erstmalig publizierte Version des FIPS PUB 180-2 Dokuments [NIS02] definiert gleich eine Reihe sehr ähnlicher Hashfunktionen: die sogenannte SHA-2-Familie. Die Vertreter SHA-224, SHA-256, SHA-384 und SHA-512 unterscheiden sich vor allem durch ihre Ausgabelänge, die zwischen 224 und 512 bit liegt. Bei allen Funktionen handelt es sich wie bereits bei den vorherigen Standards um Merkle-Dåmgard-Konstruktionen, wobei SHA-224 und SHA-384 nur verkürzte Ausgaben von SHA-256- beziehungsweise SHA-512-Funktionen mit anderen Initialisierungskonstanten sind. Die intern verarbeitete Blockgröße beträgt bei SHA-256 512 bit und 1024 bit bei SHA-512. Hierzu werden die Blöcke jeweils in 8 Register unterteilt. Die Größe der einzelnen Register beträgt demzufolge 32 bit bei SHA-256 und 64 bit bei SHA-512. Durch den größeren Zustand ist für die längere Variante der Hashfunktion für eine gute »Durchmischung« auch eine erhöhte Rundenzahl nötig, sodass 80 anstelle von 64 Runden wie bei SHA-256 durchgeführt werden.

Wie in Abbildung 5.4 gezeigt, werden in den einzelnen Runden von SHA-2 jeweils mehrere nichtlineare, logische Funktionen zur Kompression der Eingabe y_i ausgeführt. Der Wert W_t entspricht dabei in den ersten 16 Runden den Eingabeblöcken. Anschließend bestimmt er sich durch folgende Funktion $W_t := W_{t-16} \boxplus \sigma_0(W_{t-15}) \boxplus W_{t-7} \boxplus \sigma_1(W_{t-2})$. Wobei $\boxplus$ wieder die Addition modulo der Blockgröße darstellt und die σ-Funktionen XOR-Kombinationen verschobener Werte der Eingabe darstellen. Die Konstanten K_t sollen vermutlich für ein ausgewogenes Verhältnis zwischen gesetzten und nicht gesetzten Bits sorgen, wenn sehr lan-

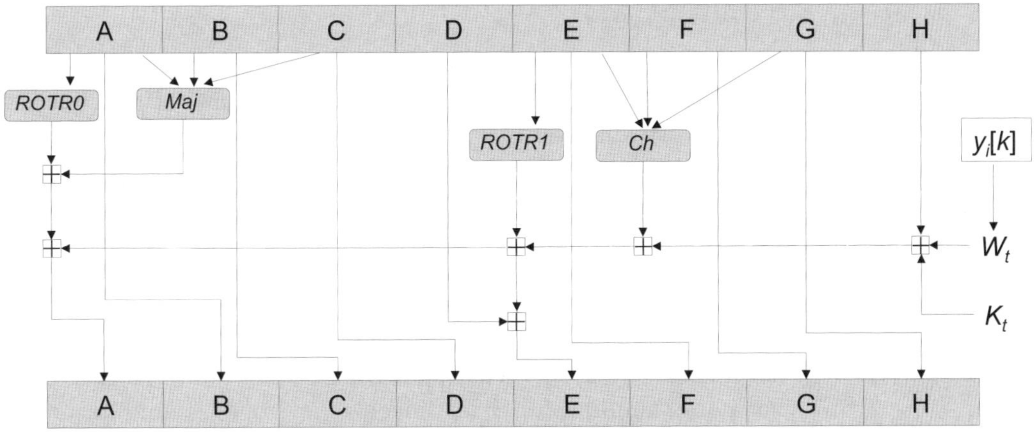

Abbildung 5.4 Aufbau der Rundenfunktion in SHA-2

ge 0- oder 1-Folgen Teil der Eingabe sind. Die eigentlichen Werte von K_t sind dabei nachvollziehbar gewählt und stellen die Kubikwurzel der t-ten Primzahl dar, sodass keine kryptografische Hintertür an dieser Stelle zu vermuten ist. Die Funktionen Maj und Ch entsprechen genau den in SHA-1 verwendeten nichtlinearen Funktionen f_1 und f_3.

Sicherheit von SHA-2

Insgesamt ist das Design der SHA-2-Funktionen damit relativ ähnlich zu SHA-1. Durch die höhere Blockgröße und aufwendigeren Rundenfunktionen ist das Verfahren allerdings etwa 30-50% langsamer. Dabei ist zu beachten, dass durch die Verwendung von 64-bit-Operationen SHA-512 und SHA-384 auf 64-bit-Prozessoren teilweise schneller sind als die kürzeren SHA-2-Varianten. Die höheren Blockgrößen und der komplexere Aufbau der SHA-2-Funktionen erschweren Angriffe im Vergleich zu SHA-1 und MD5 erheblich. Dennoch existieren einige theoretische Probleme. So wurde bereits 2004 gezeigt, dass eine veränderte Rundenfunktion, die XOR-Operationen anstelle der Additionen und symmetrische Konstanten verwendet, hochgradig korrelierte Ausgaben erzeugt [GH04]. Darüber hinaus existieren für SHA-2-Varianten mit reduzierter Rundenzahl Angriffe, die zwar ebenfalls nicht praktisch durchführbar sind, aber effizienter als eine Brute-Force-Suche sind (zum Beispiel [AGM+09]). SHA-2 kann damit aktuell zwar als praktisch sicher angesehen werden, einige prinzipielle Vorbehalte gegenüber der Merkle-Dåmgard-Struktur können allerdings nicht ausgeräumt werden.

5.2.6 SHA-3

Die Sicherheitsbedenken in Bezug auf SHA-2 haben zu einem neuen Standardisierungsverfahren geführt.

Die prinzipiellen Sicherheitsbedenken gegenüber SHA-1 und SHA-2 haben 2007 dazu geführt, dass die NIST erneut einen offenen Wettbewerb ausgeschrieben hat. Ziel war es diesmal, eine sichere Hashfunktion anhand von offengelegten Designkriterien zum SHA-3-Standard zu machen. 2011 wurden 5 Finalisten bekannt gegeben, die keine signifikanten Schwächen im Prozess gezeigt haben. Im Oktober 2012 wurde von der NIST die Einreichung von vier Europäern namens *Keccak* [BDP+11b] zum offiziellen Gewinner gekürt. Interessanterweise ist einer der Erfinder von Keccak Joan Daemen, der auch AES mitentwickelt hat. Die NIST hat zwar Anfang 2013 noch angekündigt, für SHA-3 noch substanzielle Veränderungen am Algorithmus vornehmen zu wollen, um die Geschwindigkeit zu erhöhen, ist jedoch nach Protesten namenhafter Kryptografen von der Position wieder abgewichen. In diesem Buch werden daher SHA-3 und Keccak synonym verwendet. Aber auch ohne die Veränderungen der NIST zeichnet sich der Algorithmus durch eine hohe Ausführungsgeschwindigkeit aus. Dies gilt insbesondere für Hardwareimplementierungen. Das Verfahren ist extrem gut dokumentiert und orientiert sich an klar definierten Designkriterien.

Kryptografische Schwammfunktionen

Da sich bezüglich der Sicherheit der Merkle-Dåmgard-Struktur doch erhebliche Zweifel aufgetan haben, setzt SHA-3 auf ein alternatives Konstrukt: die sogenannte *kryptografische Schwammfunktion* oder Englisch *cryptographic sponge function*. Mithilfe dieser Funktionen können nahezu alle symmetrischen kryptografischen Verfahren realisiert werden. Allerdings ist nur die Nutzung als Hashfunktion Teil des SHA-3-Standards. Die Schwammfunktionen arbeiten hierbei in zwei Phasen. Zunächst werden die Eingabedaten in einen internen Zustand »aufgesaugt«. Anschließend werden aus dem internen Zustand Ausgaben beliebiger Länge generiert. Bildlich gesprochen wird der Zustand der Schwammfunktion »ausgepresst«. Im SHA-3-Standard sind nur Ausgabelängen von 224, 256, 384 und 512 bit erlaubt.

Der schematische Ablauf der zwei Phasen ist in Abbildung 5.5 gezeigt. Dabei wird der interne Zustand in zwei Register aufgeteilt, die beide mit 0 initialisiert werden. Ein Register der Größe r wird dabei als öffentlich betrachtet und die Eingabedaten werden mit dem Inhalt XOR-verknüpft. Das zweite Register der Größe c bleibt privat, das heißt, es wird nie von außerhalb der Hashfunktion gelesen oder verändert. Die Größen der Register werden im Fall von SHA-3 so gewählt, dass sie gemeinsam 1600 bit umfassen. Während des Aufsaugens wird das öffentliche Register immer

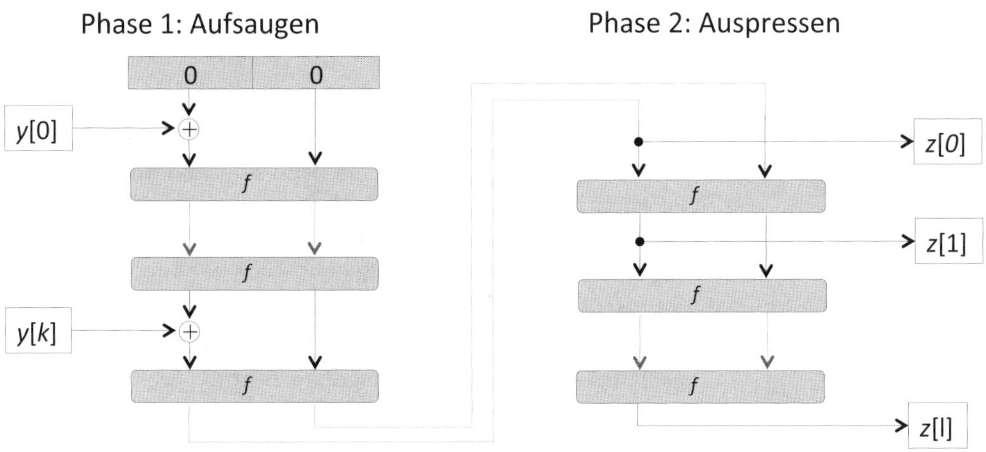

Abbildung 5.5 *Hashing mit kryptografischen Schwammfunktionen*

mit r bit der Eingabe XOR-verknüpft. Anschließend werden beide Register durch eine Funktion f neu berechnet. Im Unterschied zu den Merkle-Dåmgard-Strukturen handelt es sich hierbei um eine relativ komplexe Funktion mit mehreren Runden. Sie ist am ehesten mit einer Art Blockchiffre mit extrem großer Blockgröße zu vergleichen. Wenn alle Eingabeblöcke auf diese Weise zum internen Zustand hinzugefügt wurden, beginnt die Phase des Auspressens. Hierbei wird das öffentliche Register rundenweise ausgegeben, bis die gewünschte Ausgabelänge erreicht wird. Zwischen zwei Runden wird der Inhalt der Register jeweils durch f verändert, sodass Informationen aus dem privaten Register langsam in die Ausgabe wandern. Käme es zu einer Kollision im privaten Register, das heißt, gäbe es zwei Eingaben, die einen gleichen Wert erzeugen, würde dies auch eine gleiche Ausgabe bewirken. Die Größe c des privaten Registers beträgt bei SHA-3 daher immer das Doppelte der Ausgabelänge der Hashfunktion. Der Aufwand, eine interne Kollision zu erzeugen, entspricht damit etwa dem Aufwand eines Urbild-Angriffs.

Die Funktion f in SHA-3

Die Sicherheit einer Schwammfunktion hängt maßgeblich von der Sicherheit der Funktion f ab. Insbesondere muss sie die Inhalte der beiden Register kryptografisch sicher vermischen. SHA-3 nutzt dazu fünf Unterfunktionen (θ, ρ, π, χ, ι), die in 24 Runden hintereinander ausgeführt werden. Alle Funktionen operieren dazu auf einer dreidimensionalen Bitmatrix der Größe $5 \times 5 \times w$, wobei w in Abhängigkeit von der Größe der beiden Register gewählt wird. Im Fall der standardisierten Variante von Keccak ist $w = 64$, sodass sich eine Gesamtgröße von 1600 bit ergibt. Die Unterfunktionen verändern dabei Bits teilweise einzeln, spalten- oder blockweise, wobei die durchgeführten Operationen oft durch $GF(2)$-Operationen dargestellt werden. Jede einzelne Unterfunktion hat dabei eine klar definierte Aufgabe:

- Die Funktionen θ und ρ sorgen dafür, dass die Werte einzelner Bits sich schnell auf den gesamten Zustand auswirken. Dies ist wichtig für eine gute Durchmischung des öffentlichen und privaten Registers, daher werden diese Funktionen immer vor allen anderen ausgeführt.
- π lässt Werte langfristig durch den Zustand streuen. Ohne diese Funktion würden Änderungen unter Umständen zu periodisch korrelierten Ausgaben führen.
- Die Funktion χ nutzt blockweise Multiplikationen im Galois-Körper, um zu verhindern, dass f linear – und somit leicht zu analysieren – wird.
- Um zu verhindern, dass Datenblöcke mit langen 0- oder 1-Folgen in sehr ähnlichen Ausgaben resultieren, führt ι eine XOR-Operation mit gleichmäßig mit 0- und 1-Bits versehenen Konstanten durch.

Sicherheit von SHA-3

Das sehr klare Design von SHA-3 und der lange öffentliche Auswahlprozess sind ein gutes Indiz für dessen Sicherheit. Aktuell sind keine ernst zu nehmenden Schwächen für SHA-3 bekannt: So funktioniert der beste veröffentlichte Angriff zur Erzeugung von Urbildern nur mit einer auf 8 Runden reduzierten Version der Funktion f. Die Autoren von SHA-3 gehen davon aus, dass bereits eine Version mit 11 Runden ausreichend gegen Kollisionsangriffe schützen würde. Im Vergleich zu den anderen bisher behandelten Hashfunktionen ergibt sich ein weiterer Vorteil: Der innere Zustand ist wesentlich größer als die Blockgröße. Dadurch kann eine weitere Sicherheitseigenschaft von Hashfunktionen besser erfüllt werden, nämlich die Resistenz gegen das Anhängen zusätzlicher Informationen. Diese im Englischen als *Chosen Target Forced Prefix (CTFP) Preimage Resistance* [KK06] bezeichnete Eigenschaft gibt an, dass es nicht möglich sein soll, eine Nachricht $m = P||S$ und $H(m) = y$ für eine feste Zeichenkette P und eine variable Zeichenkette S zu konstruieren. Für Merkle-Dåmgard-Konstruktionen ist dies lediglich so schwer, wie eine Kollision zu finden. Im Fall kryptografischer Schwammfunktionen ist dies in Bezug auf die Länge des internen Registers exponentiell schwieriger. Darüber hinaus bietet SHA-3 keinen bekannten Weg, schnell Multikollisionen zu erzeugen, wie dies ebenfalls bei Merkle-Dåmgard-Konstruktionen möglich ist [Jou06].

5.3 Nachrichtenauthentisierungswerte

Definition 5.3 *Ein* **Algorithmus zur Berechnung von Nachrichtenauthentisierungswerten** *ist eine Familie von Funktionen h_K, die durch einen geheimen Schlüssel K parametrisiert wird und die folgenden Eigenschaften aufweist:*

- **Kompression**: *Die Funktionen h_K bilden Eingabewerte einer beliebigen endlichen Bitlänge auf einen Ausgabewert einer für h_K festen Bitlänge ab, der im Englischen auch als* **Message Authentication Code (MAC)** *bezeichnet wird.*
- **Einfachheit der Berechnung**: *Sind eine Familie von Funktionen h_K, der Schlüssel K und ein Eingabewert x gegeben, so kann $h_K(x)$ mit geringem Aufwand berechnet werden.*
- **Nichtübertragbarkeit von MACs auf neue Nachrichten**: *Diese Eigenschaft, im Englischen als »Computation Resistance« bezeichnet, fordert, dass es nicht möglich ist, aus einer Reihe von bekannten Paaren $(x_i, h_K(x_i))$ einen gültigen MAC $h_K(x)$ für eine neue Nachricht $x \neq x_i \; \forall i$ zu berechnen, wenn der Schlüssel K nicht bekannt ist.*

Ein Angreifer muss nicht unbedingt den Schlüssel K ermitteln, um einen MAC zu fälschen.

An dieser Stelle sei darauf hingewiesen, dass die letztgenannte Eigenschaft, die Nichtübertragbarkeit von Nachrichtenauthentisierungswerten, impliziert, dass es nicht möglich sein darf, den Schlüssel K aus einer Reihe von Paaren $(x_i, h_K(x_i))$ zu bestimmen (»Key Non-Recovery«). Der Umkehrschluss kann jedoch nicht gezogen werden, da der Schlüssel K je nach Aufbau eines MAC-Algorithmus nicht unbedingt bekannt sein muss, um aus einer Reihe bekannter Paare von Nachrichten und den zugehörigen MACs einen gültigen MAC für eine neue Nachricht zu fälschen.

Beispiel eines unsicheren MAC

Als einfaches Lehrbeispiel wollen wir hierfür die folgende Definition eines unsicheren Nachrichtenauthentisierungsverfahrens betrachten:

- Eingabe: Nachricht $m = (x_1 \,||\, x_2 \,||\, \dots \,||\, x_n)$, bei der jedes x_i einen 64 bit langen Nachrichtenblock repräsentiert, und ein Schlüssel K
- Berechne: $\Delta(m) := x_1 \oplus x_2 \oplus \dots \oplus x_n$, wobei der $\oplus$-Operator wieder die bitweise XOR-Verknüpfung bezeichne
- Ausgabe: MAC $C_K(m) := E(K, \Delta(m))$, wobei $E(K, x)$ die Verschlüsselung mit dem DES-Algorithmus bezeichne

Erwartete Sicherheit des Verfahrens

Da die Schlüssellänge des DES-Algorithmus 56 bit und seine Blockgröße 64 bit beträgt, würde man annehmen, dass ein Angreifer einen mittleren Aufwand in der Größenordnung von etwa 2^{55} aufwenden müsste, um den Schlüssel K zu finden und somit den MAC zu brechen, das heißt in der Lage wäre, für neue Nachrichten gültige MACs zu berechnen.

Tatsächlich ist das Verfahren unsicher!

Unglücklicherweise ist das Verfahren unsicher, da ein Angreifer Nachrichten konstruieren kann, für die er gültige MACs berechnen kann, ohne den Schlüssel K zu kennen. Angenommen eine Angreiferin Eve hat eine Nachricht $(m, C_K(m))$ von Alice an Bob aufgezeichnet, die mit dem geheimen Schlüssel K »gesichert« ist, der nur Alice und Bob bekannt ist. Eve kann mithilfe dieser Nachricht eine neue Nachricht m' konstruieren, die auf den gleichen MAC abgebildet wird:

- Seien $y_1 \,||\, y_2 \,||\, \ldots \,||\, y_{n-1}$ $n-1$ beliebige 64-bit-Blöcke
- Eve berechnet zu diesen Werten $y_n := y_1 \oplus y_2 \oplus \ldots \oplus y_{n-1} \oplus \Delta(m)$
- Die neue Nachricht m' ist: $m' := (y_1 \,||\, y_2 \,||\, \ldots \,||\, y_n)$
- Wenn Bob nun das Paar $(m', C_K(m))$ erhält, so ergibt seine Prüfung, dass der enthaltene MAC korrekt ist, und er akzeptiert die Nachricht als authentische Nachricht von Alice.

5.3.1 Berechnung von Nachrichtenauthentisierungswerten

Die am häufigsten eingesetzten Verfahren zur Berechnung von Nachrichtenauthentisierungswerten fallen in eine der beiden folgenden Kategorien:

- *»Cipher Block Chaining«-MACs (CBC-MACs)* verwenden eine Blockchiffre im CBC-Modus und nehmen den letzten Schlüsseltextblock als Nachrichtenauthentisierungswert.
- *Nachrichtenauthentisierungswerte auf der Grundlage von MDCs* werden aufgrund ihrer Effizienz häufig verwendet.

Abbildung 5.6
Struktur eines CBC-MAC

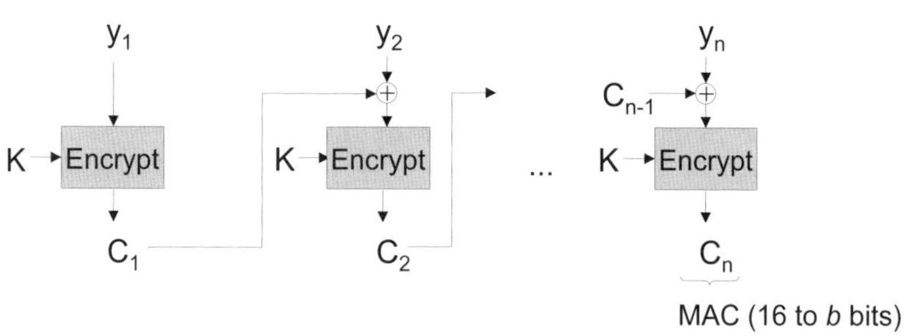

Abbildung 5.6 zeigt die allgemeine Struktur eines CBC-MAC. Er unterscheidet sich wenig von der Verschlüsselung im CBC, jedoch wird lediglich der letzte Block des Schlüsseltexts benötigt, der gegebenenfalls auch nicht komplett verwendet wird. Da bereits ein geheimer Schlüssel K in die Berechnung des MAC eingegangen ist, braucht er nicht mehr zusätzlich chiffriert zu werden und kann unmittelbar für den Nachweis der Authentizität einer Nachricht herangezogen werden.

Die Berechnung eines CBC-MAC unterscheidet sich wenig von der CBC-Verschlüsselung.

Der gleiche Schlüssel K muss jedoch auch der prüfenden Instanz bekannt sein. Somit kann ein MAC prinzipbedingt nicht ohne ein zusätzliches asymmetrisches kryptografisches Verfahren für die Realisierung digitaler Unterschriften verwendet werden, die von unabhängigen Dritten überprüfbar sein müssen.

MACs alleine können keine digitale Signaturen realisieren.

5.3.2 Angriffe auf CBC-basierte Verfahren

Zur Sicherheit von Nachrichtenauthentisierungswerten auf der Grundlage von Blockchiffren im CBC-Modus ist zu bemerken, dass ein Angreifer Kenntnis von Paaren der Form $(m_i, MAC(x_i))$ erhalten muss, da er ohne Kenntnis des Schlüssels K nicht in der Lage ist, ein gültiges Paar $(m, h_K(m))$ zu berechnen. Dieser Umstand gestattet es, kürzere MACs als MDCs zu verwenden, ohne dass hierdurch die Sicherheit herabgesetzt wird.

Weiterhin kann ein CBC-MAC dadurch sicherer gestaltet werden, dass lediglich der letzte Schlüsseltextblock einer dreifachen Verschlüsselung (zum Beispiel 3DES) mit unterschiedlichen Schlüsseln unterzogen wird. Hierdurch kann mit nur zwei zusätzlichen Verschlüsselungsoperationen, also lediglich einer additiven konstanten Erhöhung des Berechnungsaufwandes, die effektive Schlüssellänge verdreifacht werden.

Effiziente Erhöhung der Sicherheit durch Mehrfachverschlüsselung

Auch diese Stärkung des Verfahrens kann allerdings einige »unschöne« Eigenschaften nicht beseitigen. So bildet das Verfahren beispielsweise die Nachrichtenblöcke `0xFF` und `0xFF00` auf den gleichen Authentisierungswert ab, wenn die beiden Blöcke sich am Ende einer Nachricht befinden und Blöcke durch Nullen aufgefüllt werden.

Eine Birthday-Attacke auf einen MAC ohne Kenntnis des Schlüssels K durchzuführen kann nicht einfach erfolgen. Wie bereits erwähnt kann ohne den korrekten Schlüssel mit hoher Wahrscheinlichkeit keine gültige Kombination der Form $(m, h_K(m))$ erzeugt werden. Im Fall des einfachen CBC-MAC ist es dem Angreifer dennoch möglich, sich das Geburtstagsparadoxon zunutze zu

Birthday-Attacken bei MACs

machen [PO95]. Beim Authentisieren von Nachrichten, die aus mehreren Blöcken bestehen, wird bei jedem Block jeweils ein interner Zustand berechnet. Werden nun über der Lebensdauer eines Schlüssels sehr viele Daten verarbeitet, kann es zu einer Kollision dieser internen Zustände kommen. Ein Angreifer könnte nun – sofern er so einen Fall feststellen kann – die Anfänge der Nachrichten, die bis zu dieser Kollision geführt haben, tauschen und so zwei neue, gültige Pakete erzeugen.

Weitere Angriffe auf CBC-MACs bei variabler Nachrichtenlänge

Die beschriebene Birthday-Attacke mag zunächst sehr theoretisch erscheinen, sie hat aber unter Umständen reale Auswirkungen. Können Nachrichten verschiedener Längen mit CBC-MACs gesichert werden, kann ein Angreifer leicht neue Pakete aus legitimen Paketen zusammensetzen. Dazu zeichnet der Angreifer zwei Pakete aus den Blöcken $y_0, \ldots, y_{n-1}$ und $y'_0, \ldots, y'_{m-1}$ mit den MACs t und t' auf. Anschließend kann er beispielsweise das Paket $y_0, \ldots, y_{n-1}, t \oplus y'_0, \ldots, y'_{m-1}$ mit dem gültigen MAC t' versenden. Diesem Angriff muss auf Protokollebene begegnet werden, beispielsweise indem auch die Länge des Gesamtpakets authentisiert wird.

5.3.3 Das CMAC-Verfahren

Die Schwächen des CBC-MAC-Verfahrens haben Anfang des letzten Jahrzehnts zur Entwicklung einer Reihe von Alternativen geführt. Der *Cipher-based MAC* (CMAC) ist ein von der NIST empfohlenes Verfahren [Dwo05], welches ähnliche Eigenschaften wie der CBC-MAC aufweist, aber nicht dessen Schwachstellen besitzt.

Berechnung temporärer Schlüssel

Bei diesem Verfahren werden aus dem Schlüssel K zunächst zwei temporäre Schlüssel K_1 und K_2 berechnet, indem $E_K(0^b)$ mit den Polynomen x und x^2 im $GF(2^b)$ multipliziert wird. Das irreduzible Polynom des Galois-Körpers hängt von der Blockgröße b ab und ist im Standard definiert. Die temporären Schlüssel können für mehrere Nachrichten verwendet werden und sind so nur einmal pro Schlüssel K zu generieren.

Funktionsweise des CMAC

Ein Nachrichtauthentisierungswert wird nun zunächst wie beim CBC-MAC-Verfahren gebildet. Lediglich der letzte Klartextblock wird vor der Verschlüsselung mit einem der temporären Schlüssel XOR-verknüpft. Dieses Verknüpfen verhindert, dass zwei legitime Nachrichten konkateniert werden können, da die temporären Schlüssel dem Angreifer nicht bekannt sind.

Auffüllen des letzten Blocks

Welcher Schlüssel jeweils gewählt wird, hängt von der Länge des Blocks ab: Ist der Block vollständig, wird K_1, andernfalls K_2 verwendet. Um im letzteren Fall Verlängerungen innerhalb des letzten Blocks zu unterbinden, werden unvollständige Blöcke, denen j bit fehlen, durch die Folge 10^{j-1} aufgefüllt. Das Verwenden der unterschiedlichen Schlüssel verhindert, dass bei einem unvollständigen Block vom Angreifer genau dieses Füllmuster als legitime Verlängerung verwendet werden kann.

Der CMAC verhindert somit die bekannten Angriffe auf den CBC-MAC, sodass letztlich nur der vergleichsweise hohe Berechnungsaufwand des CBC-Verfahrens einen Nachteil darstellt. Wird zusätzlich eine Chiffre mit einer Blockgröße von mindestens 128 bit verwendet, ist auch die Wahrscheinlichkeit für interne Kollisionen bei der Berechnung des MAC ausreichend gering.

5.3.4 Nachrichtenauthentisierungswerte auf der Grundlage von MDCs

Die Bestrebung, auf der Grundlage einer kryptografischen Hashfunktion einen Nachrichtenauthentisierungswert zu berechnen, erhält ihre Hauptmotivation gerade aus dem Vorteil des geringeren Berechnungsaufwandes kryptografischer Hashfunktionen. Außerdem waren Produkte, welche lediglich kryptografische Hashfunktionen und keine echten Verschlüsselungsalgorithmen enthalten, in der Regel von Exportbeschränkungen ausgenommen, sodass sich ein weiterer Vorteil ergab.

Grundidee

Die grundlegende Idee bei der Konstruktion eines MAC auf der Basis eines MDC liegt darin, ein gemeinsames Geheimnis so mit der Nachricht zu »vermischen«, dass ein Angreifer nicht in der Lage ist, aus abgehörten »MDC-MACs« $h(m_i)$ zu einer Reihe von Nachrichten m_i einen entsprechenden »MDC-MAC« zu einer neuen Nachricht m' zu konstruieren.

Sicherheitsbedenken bei Merkle-Dåmgard-Konstukten

Die Annahme, dass ein Angreifer Kenntnis von dem Geheimnis K haben muss, um einen gültigen »MDC-MAC« zu einer neuen Nachricht m' zu konstruieren, ruft bei naiven Verfahren und dem Einsatz von Merkle-Dåmgard-Strukturen dennoch einige kryptografische Bedenken hervor:

- So hat sich beispielsweise gezeigt, dass die Konstruktion $h(K \mid\mid m)$ bei Merkle-Dåmgard-Funktionen unsicher ist, da ein Angreifer abgehörte Nachrichten verlängern und die so modifizierten Nachrichten wiederum mit einem gültigen »MDC-MAC« versehen kann, ohne Kenntnis von dem Schlüssel K zu haben [MOV97, Notiz 9.64].
- Die Konstruktion $h(m \mid\mid K)$ zu brechen, hat lediglich einen erwarteten Aufwand von $2^{\frac{n}{2}}$, da möglicherweise nur eine Kol-

lision mittels einer Birthday-Attacke erzeugt werden muss [MOV97, Notiz 9.65].

- Auch die Konstruktion $h(K \mid\mid m \mid\mid K)$, gelegentlich auch als *Präfix-Suffix-Modus* bezeichnet, bietet ebenfalls keine ausreichende Sicherheit [MOV97, Notiz 9.66].

Bei kryptografischen Schwammfunktionen existieren die genannten Schwachstellen im Übrigen nicht, da der Angreifer keine Kenntnis über das interne Register erhält.

HMAC

Als gebräuchlichstes Verfahren hat sich die folgende Konstruktion durchgesetzt:

$$MDC\text{-}MAC(K, m) := h\big(K \oplus p_1 \mid\mid h(K \oplus p_2 \mid\mid m)\big)$$

Der Schlüssel wird hier zunächst auf eine Blocklänge von h mit »0«-Bits aufgefüllt. Anschließend wird der verlängerte Schlüssel mit zwei unterschiedlichen Konstanten p_1 und p_2 XOR-verknüpft, um den Schlüssel bei den zwei Aufrufen der kryptografischen Hashfunktion zu verändern. Bisher sind auch bei der Nutzung von Merkle-Dåmgard-Funktionen noch keine effektiven Angriffe auf dieses Schema bekannt, sodass es bei Nutzung einer geeigneten Hashfunktion derzeit als sicher angesehen wird [MOV97, Notiz 9.67]. Lediglich von der Nutzung der MD5-Funktion wird wegen der bekannten Schwächen von MD5 abgeraten. Das Verfahren wurde von der *Internet Engineering Task Force (IETF)* im sogenannten RFC 2104 (»Request for Comments«) standardisiert [KBC97] und wird allgemein als *Hashed Message Authentication Code (HMAC)* bezeichnet.

5.4 Authentisierte Verschlüsselung

Getrennte Verarbeitung zu langsam

Die Nutzung unabhängiger Verfahren zur Verschlüsselung und Authentisierung von Nachrichtenblöcken führt zu einer langsamen Verarbeitung, insbesondere wenn zweimal der CBC-Modus zum Einsatz kommt. Daher gab es verschiedene Überlegungen, wie diese Mechanismen kombiniert werden können, um einen effizienteren Schutz zu gewährleisten. Dies hat in den letzten 10 Jahren zur Entwicklung einer Vielzahl von Algorithmen zur *authentisierten Verschlüsselung* geführt. Im Englischen werden diese unter dem Begriff *Authenticated Encryption with Associated Data (AEAD)* geführt, da neben den eigentlichen verschlüsselten Daten auch weitere Daten authentisiert werden können. So ist es beispielsweise möglich, zusätzlich die Paketköpfe und Initialisierungsvektoren

AEAD-Verfahren kombinieren Verschlüsselung und Nachrichtenauthentisierung

zu authentisieren, auch wenn diese nicht verschlüsselt werden können.

Zu den bekanntesten AEAD-Verfahren gehören:

- der Galois/Counter Mode (GCM)
- der Counter with CBC-MAC (CCM) Mode
- der Offset Codebook Mode (OCM)

In diesem Lehrbuch werden wir im Folgenden nur den sehr weit verbreiteten Galois/Counter Mode näher erklären. Darüber hinaus zeigen wir eine interessante Konstruktion, welche aus kryptografischen Schwammfunktionen wie SHA-3 ein AEAD-Verfahren konstruiert. Der CCM-Modus wird nahezu ausschließlich in WLANs verwendet und wird daher in diesem Kontext in Abschnitt 15.4.2 kurz vorgestellt.

5.4.1 Der Galois/Counter Mode (GCM)

Der Galois/Counter Mode (GCM) ist wohl der bekannteste AEAD-Modus und hat in eine ganze Reihe von Netzsicherheitsprotokollen Eingang gefunden. So wird er beispielsweise in den Sicherheitsprotokollen IEEE 802.1AE, IPsec, TLS und SSH verwendet, die in den folgenden Kapiteln beschriebenen werden. Diese Wichtigkeit hat sicher etwas damit zu tun, dass GCM einer der ersten bekannten AEAD-Modi war und eine NIST-Empfehlung existiert [Dwo07]. Des Weiteren ist er frei von Patenten und durch die Verwendung von Galois-Körper-Arithmetik insbesondere in Hardware effizient zu berechnen. In neueren x86-Prozessoren sind sogar spezielle Befehle zu Realisierung der benötigten Operationen vorgesehen. Die rechenintensiven Schritte können ferner vorberechnet und parallelisiert werden. Wie bei dem OFB- und dem CFB-Modus muss der Ciphertext auch nicht auf Blockgröße verlängert werden, sodass die Nachrichtengröße nicht unnötig wächst.

Ablauf einer GCM-Operation

Abbildung 5.7 zeigt den Ablauf einer Verschlüsselung mit einem Initialisierungsvektor von 96 bit Länge. Sollen andere Längen für die Initialisierungsvektoren verwendet werden, müssen zusätzliche Berechnungen durchgeführt werden, auf deren Erläuterung an dieser Stelle verzichtet wird. GCM nutzt zur Authentisierung und Verschlüsselung eine einzige Chiffre mit 128 bit Blockgröße, wie etwa AES. Bei der Authentisierung der Blöcke $A_0, \ldots, A_m$ und der zusätzlichen Verschlüsselung der Blöcke $P_0, \ldots, P_n$ werden bei GCM insgesamt lediglich $n+1$ Aufrufe der Blockchiffre für jedes Paket nötig. Die Eingabe für die Chiffre ist in GCM ein 128-bit-Zähler I_0, der zunächst auf einen 96 bit langen Initialisierungsvektor und

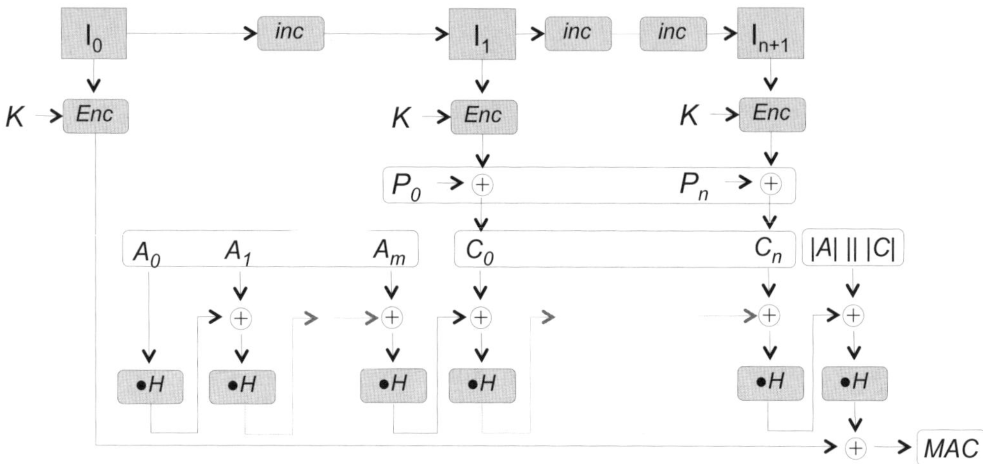

Abbildung 5.7 *Vereinfachter Ablauf des Galois/Counter Mode*

32 bits mit dem Wert 0 gesetzt wird. Durch die Unabhängigkeit vom Klartext können diese Verschlüsselungen effizient vorberechnet beziehungsweise parallelisiert werden. Der erste verschlüsselte Wert wird für die Sicherung des MAC verwendet, alle anderen Ausgaben der Chiffre dienen der Verschlüsselung der Blöcke $P_0, \ldots, P_n$ durch einfache XOR-Verknüpfung. Um den MAC zu berechnen, werden alle übertragenen Daten, also $A_0, \ldots, A_m$ und der Ciphertext $C_0, \ldots, C_n$, sowie deren Länge durch abwechselnde Multiplikationen und Additionen über einem $GF(2^{128})$ gestreut. Die Eingabeblöcke werden jeweils im $GF(2^{128})$ über dem irreduziblen Polynom $x^{128} + x^7 + x^2 + x + 1$ mit einem Wert H multipliziert und mit dem nächsten Eingabeblock XOR-verknüpft. H entspricht $E_K(0^{128})$, also einem mit dem Schlüssel K chiffrierten Block von 0-Bits. Da er nicht vom Initialisierungsvektor abhängt, muss der Wert H nicht für jedes Paket neu berechnet werden. Jedoch ist es für die Sicherheit des GCM notwendig, dass H in jedem Fall geheim bleibt.

Sicherheit von GCM

Der GCM ist insbesondere im Vergleich zum zweimaligen Durchführen einer CBC-Operation sehr schnell zu berechnen. Um einen sicheren Einsatz zu gewährleisten, müssen allerdings einige Rahmenbedingungen erfüllt werden. Denn obwohl die Sicherheit des Verfahrens unter einigen Voraussetzungen bewiesen ist, wie etwa dass die Blockchiffre nicht von Zufallsbitfolgen zu unterscheiden ist, so scheint die Konstruktion dennoch fragil. Initialisierungsvektoren dürfen beispielsweise unter keinen Umständen zweimal verwendet werden. Andernfalls können nicht nur die XOR-verknüpften Klartexte berechnet werden, sondern auch der Wert H. Anschließend könnte ein Angreifer Pakete unerkannt modifizieren.

Probleme bei kurzen MAC-Längen

Eine weitere Methode, auf H Rückschlüsse zu ziehen, besteht für den Angreifer darin, Pakete zu generieren und zu prüfen, ob sie als authentisch angesehen werden [Dwo07]. Das Problem tritt ein, wenn ein Administrator beispielsweise eine MAC-Länge von 32 bit für ausreichend hält, weil etwa ein Videostrom übertragen wird, bei dem einzelne gefälschte Pakete für den Nutzer kaum Auswirkungen haben. Besteht in diesem Fall zusätzlich die Chance für den Angreifer, festzustellen, ob sein Versuch erfolgreich war, kann er den Suchraum für H nach und nach einschränken. Die Chance für einen Angreifer, positives Feedback zu bekommen, ist bei normalen MAC-Längen ab etwa 96 bit allerdings ausreichend klein.

H kann kleine Untergruppen erzeugen

Ein weiteres mögliches Problem stellen schwache Werte für H dar. Offensichtlich wird dieses Problem, falls der Schlüssel K einen Wert H erzeugt, der nur aus 0-Bits besteht. In diesem Fall würde der MAC immer gleich sein. Das Problem besteht in abgeschwächter Form auch für andere H, da im vorgeschlagenen $GF(2^{128})$ beispielsweise auch Untergruppen der Ordnung 3 existieren [Saa11]. Falls die Wahrscheinlichkeit, dass ein solcher schwacher Schlüssel gewählt wird, nicht akzeptabel ist, könnte eine Implementierung aber auf solche schwachen Schlüssel testen und sie zurückweisen.

Erreichte Fälschungssicherheit

Aufgrund der Art und Weise, wie beim GCM MACs gekürzt werden, benötigt ein Angreifer zum Fälschen einer Nachricht aus 2^k Blöcken mit MAC-Länge t nicht $\mathcal{O}(2^t)$ Operationen, sondern lediglich $\mathcal{O}(2^{t-k})$ [Fer05]. Jedoch sollte auch diese potenzielle Schwachstelle bei ausreichender MAC-Länge kein praktisches Problem darstellen.

5.4.2 Das SpongeWrap-Verfahren

Eine weitere zurzeit diskutierte Möglichkeit, ein AEAD-Verfahren zu implementieren, bieten kryptografische Schwammfunktionen. Die Autoren von Keccak haben dazu ein sehr einfaches und gut verständliches Konstrukt namens SpongeWrap vorgeschlagen, für das sie auch grundlegende Sicherheitseigenschaften bewiesen haben [BDP+11a]. Dazu wird die Schwammfunktion nicht erst mit Eingaben befüllt, um anschließend Ausgaben zu erzeugen, sondern es werden abwechselnd Daten in die Struktur gegeben und ausgelesen. Dieser sogenannte *Duplexmodus* ist bewiesenermaßen von der Sicherheit äquivalent zum »normalen« Betriebsmodus.

Funktionsweise von SpongeWrap

Die Abbildung 5.8 zeigt einen vereinfachten Ablauf einer kryptografischen Sicherung mit SpongeWrap. Für dieses Lehrbuch haben wir angenommen, dass Schlüssellänge und MAC-Länge echt kleiner

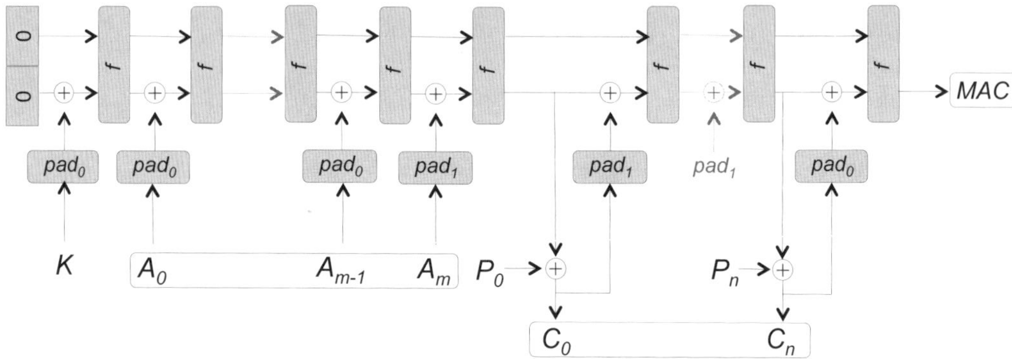

Abbildung 5.8 *Vereinfachter Ablauf des SpongeWrap-Verfahrens*

sind als die verarbeitete Blockgröße, also die Größe des öffentlichen Registers. Wie bei dem standardisierten SHA-3-Verfahren werden bei SpongeWrap zunächst nur Daten in die Schwammstruktur geschrieben. Das sind neben dem Schlüssel alle zu authentisierenden Daten. Um eine klare Trennung der Typen von Eingabeblöcken zu erreichen, werden alle Daten mit mindestens einem Bit aufgefüllt, welches immer beim letzten Block eines Typs zwischen 0 oder 1 wechselt. Beim letzten Schlüsselblock ist dieses Bit 0 und beim letzten Block der authentisierten Daten wechselt es auf 1. Anschließend erfolgt die Verschlüsselung der weiteren Daten im Duplexmodus. Dazu wird immer ein Block aus dem öffentlichen Register gelesen und mit dem Klartext XOR-verknüpft. Der Ciphertext wird ausgegeben und gleichzeitig mit Füllbits wieder in das öffentliche Register geschrieben. Der MAC wird durch abschließendes Auslesen der Schwammfunktion gebildet.

Eigenschaften von SpongeWrap

Die Struktur von SpongeWrap erlaubt es zwar, Ciphertexte zu erstellen, welche die Länge der Klartexte haben, allerdings werden einige andere funktionale Eigenschaften nicht erfüllt, die bei den meisten anderen AEAD-Modi Entwurfskriterien waren. So kann die Berechnung beispielsweise nicht parallelisiert oder vorberechnet werden. Zur Sicherheit des Verfahrens ist aufgrund der Aktualität noch keine tragfähige Aussage zu treffen. Allerdings sind einige Sicherheitsaspekte des Verfahrens bewiesen, solange SHA-3 nicht gebrochen wird. Eine interessante Eigenschaft spricht allerdings für die Robustheit des Verfahrens: Selbst wenn kein Initialisierungsvektor in den authentisierten Daten vorhanden ist oder ein Initialisierungsvektor doppelt verwendet würde, kann ein Angreifer nur einen neuen Datenblock wiederherstellen.

5.5 Zusammenfassung

Abgrenzung von Fehlerprüfwerten

Kryptografische Prüfwerte ermöglichen es, zu überprüfen, ob eine Nachricht nach der Erstellung des Prüfwertes vorsätzlich modifiziert wurde. Im Unterschied zu Fehlerprüfwerten, wie dem Cyclic Redundancy Check (CRC), beruht ihre Effektivität nicht auf der für ihren Anwendungszweck unzutreffenden Annahme, dass Veränderungen an der Nachricht lediglich auf der Grundlage zufälliger Ereignisse zustande kommen können.

Kategorien

Es gibt zwei grundsätzliche Kategorien kryptografischer Prüfwerte: *Modifikationserkennungswerte (MDC)*, die nur die zu schützende Nachricht als Eingabe erhalten und lediglich einen »digitalen Fingerabdruck« der Nachricht berechnen, und *Nachrichtenauthentisierungswerte (MAC)*, die zusätzlich mit einem geheimen Schlüssel parametrisiert werden und deren Ausgabewert direkt die Authentizität der Nachricht belegt.

MDCs

Modifikationserkennungswerte werden mit *kryptografischen Hashfunktionen* berechnet und die gebräuchlichsten Algorithmen hierfür sind *SHA-1* und *SHA-2*. Aufgrund des nicht ausreichend langen Ausgabewertes von MD5 (128 bit) und einer Schwäche der intern verwendeten Kompressionsfunktion sollte MD5 nicht für Anwendungen eingesetzt werden, welche die Anforderung der *Kollisionsfreiheit* erfordern, die besagt, dass es nicht möglich sein darf, zwei beliebige Nachrichten zu finden, welche auf den gleichen Modifikationserkennungswert abgebildet werden. Diese Forderung begründet auch zusammen mit einer Abwandlung des sogenannten *Geburtstagsphänomens* (lediglich 23 Personen müssen in einem Raum sein, damit die Wahrscheinlichkeit dafür 50% beträgt, dass mindestens zwei Personen am gleichen Tag Geburtstag haben) die Mindestlänge für den Ausgabewert kryptografischer Hashfunktionen, der derzeit mit 160 bit veranschlagt wird.

MACs

Für die Berechnung von Nachrichtenauthentisierungswerten hat sich vor allem die *HMAC-Konstruktion* etabliert, die effizient berechnet werden kann und bisher als eines von wenigen Verfahren als sicher gilt.

AEAD-Verfahren

Neben den Verfahren zur reinen Sicherung von Integrität und Authentisierung haben sich in den letzten Jahren auch Verfahren zur authentischen Verschlüsselung etabliert, die sogenannten AEAD-Verfahren. Der bekannteste Mechanismus ist hierbei der Galois/Counter-Modus (GCM), der Galois-Körper-Multiplikationen nutzt, um Authentisierungswerte zu bilden. Beim Einsatz dieses Verfahrens ist allerdings stark auf sicherheitskritische Randbedingungen zu achten, wie eine ausreichende MAC-Länge und die einmalige Verwendung von Initialisierungsvektoren.

5.6 Weiterführende Literatur

[KBC97] Krawczyk, H.; Bellare, M.; Canetti, R.: *HMAC: Keyed-Hashing for Message Authentication.* February 1997. – RFC 2104, IETF, Status: Informational https://tools.ietf.org/html/rfc2104

[MOV97] Menezes, A.; Oorschot, P. van; Vanstone, S.: *Handbook of Applied Cryptography.* CRC Press LLC, 1997

[Riv92] Rivest, R. L.: *The MD5 Message Digest Algorithm*, April 1992. RFC 1321

[NIS02] NIST (National Institute of Standards and Technology): *Secure Hash Standard.* FIPS (Federal Information Processing Standard) Publication 180-2, 2002

[BDP+11a] Bertoni, G.; Daemen, J.; Peeters, M.; Assche, G. V.: *Cryptographic sponge functions.* Research report. Version 0.1, 2011

[BDP+11b] Bertoni, G.; Daemen, J.; Peeters, M.; Assche, G. V.: *The Keccak reference.* Research report. Version 3.0, 2011

[Dwo07] Dworkin, M.: *Recommendation for Block Cipher Modes of Operation: Galois / Counter Mode (GCM) and GMAC.* NIST Special Publication 800-38D, 2007

[Yuv79] Yuval, G.: How to Swindle Rabin. In: *Cryptologia* Juli 1979

5.7 Übungen

1. Grenzen Sie kryptografische Prüfwerte von Fehlererkennungswerten ab. Können kryptografische Prüfwerte als Fehlererkennungswerte eingesetzt werden?
2. Erklären Sie den Unterschied zwischen Modifikationserkennungswerten und Nachrichtenauthentisierungswerten.
3. Erklären Sie die generische Struktur der beiden Funktionen MD5 und SHA-1.
4. Erklären Sie den Zusammenhang zwischen dem Geburtstagsphänomen und kryptografischen Hashfunktionen.

5. Geben Sie für SHA-1 den Wert von W_{19} bei Bearbeitung des ersten Nachrichtenblocks an.
6. Formulieren Sie den MD5-Algorithmus in programmiersprachlichem Pseudocode.
7. Warum sind Nachrichtenauthentisierungswerte nicht anfällig für Angriffe, die auf dem Geburtstagsphänomen beruhen?
8. Warum ist die Nutzung des HMAC-Verfahrens beim Einsatz von SHA-3 oft nicht notwendig?
9. Nennen Sie Nachteile des SpongeWrap-Verfahrens.

6 Erzeugung sicherer Zufallszahlen

Es ist bereits in den vergangenen Kapiteln häufiger die Rede davon gewesen, dass für einen kryptografischen Algorithmus eine oder mehrere Zufallszahlen erzeugt werden müssen (vergleiche beispielsweise Abschnitte 4.3, 4.5 und 4.6). In diesem Kapitel soll der Frage nachgegangen werden, wie eine solche »zufällige« Bestimmung einer Zahl mit prinzipiell deterministischen Algorithmen realisiert werden kann.

6.1 Zufallszahlen und Pseudozufallszahlen

Wenngleich Rechner sich hervorragend für Berechnungen aller Art in vielfältigen Anwendungsszenarien eignen, so sind sie doch prinzipbedingt nicht darauf ausgelegt, wirklich »zufällige« Resultate zu erzeugen. Aus diesem Grund gestaltet sich in einem Rechner die in der realen Welt trivial anmutende Aufgabe, zufällige Zahlen zu erzeugen, schwieriger, als man zunächst annehmen würde.

Hardware und Software arbeiten im Prinzip deterministisch.

Das liegt daran, dass Algorithmen und die Hardware, auf denen sie ausgeführt werden, grundsätzlich deterministisch arbeiten, und es ist in der Tat nicht möglich, mit vollständig deterministischen Mitteln zufällige Resultate zu erzeugen.

Aus diesem Grund behilft man sich in der Regel damit, dass man aus einer relativ geringen Menge »echt zufälliger« Information eine größere Menge »pseudozufälliger« Information generiert. Bevor jedoch konkrete Methoden hierfür behandelt werden, soll der Unterschied zwischen »zufällig« und »pseudozufällig« zunächst durch konkrete Definitionen exakter gefasst werden.

Zufallsbitgenerator

Definition 6.1 *Ein* **Zufallsbitgenerator** *(Random Bit Generator, RBG) ist ein Gerät oder ein Verfahren, das eine Sequenz statistisch unabhängiger und gleich verteilter Bits ausgibt.*

Ein Zufallsbitgenerator kann dazu verwendet werden, gleich verteilte Zufallszahlen in einem vorgegebenen Intervall $[0, n]$ zu erzeugen. Hierfür wird zunächst eine Zufallsbitfolge der Länge

$\lfloor lg_2(n) \rfloor + 1$ erzeugt und in eine nichtnegative ganze Zahl umgewandelt. Ist die erhaltene Zahl größer als n, so wird sie verworfen und der Prozess so lange wiederholt, bis eine Zufallszahl $\leq n$ erzeugt wurde.

Pseudozufallsbitgenerator

Definition 6.2 *Ein* **Pseudozufallsbitgenerator** *(Pseudo Random Bit Generator, PRBG) oder Pseudozufallszahlengenerator (Pseudo Random Number Generator, PRNG) ist ein deterministischer Algorithmus, der als Eingabe eine echt zufällige Bitfolge der Länge k erhält und als Ausgabe eine Bitfolge der Länge m produziert, die den Eindruck der Zufälligkeit erweckt und deutlich länger ist als die eingegebene Bitfolge. Die Eingabe in den Algorithmus wird im Englischen auch als* **Seed** *bezeichnet und für die Ausgabe hat sich die Bezeichnung* **Pseudozufallsbitfolge** *etabliert.*

Die Ausgabe eines Pseudozufallsbitgenerators ist nicht wirklich zufällig und tatsächlich wird mit 2^k verschiedenen Ausgaben nur eine kleine Anzahl der insgesamt 2^m möglichen Bitfolgen erzeugt, da der Generator für jede feste Eingabefolge stets die gleiche Ausgabe produziert.

»Echter« Zufall ist nur aufwendig zu produzieren.

Die Motivation für den Einsatz von Pseudozufallsbitgeneratoren liegt darin, dass es gegebenenfalls zu aufwendig ist, echte Zufallszahlen der Länge m zu produzieren, da hierfür teilweise nur manuelle Methoden, wie nichtdeterministische Mausbewegungen oder Keyboard-Eingaben, zur Verfügung stehen und darüber hinaus in manchen Systemen (zum Beispiel Webserver, die mit TLS gesicherte Verbindungen unterstützen sollen, vergleiche hierzu Kapitel 13) eine große Anzahl von Zufallszahlen benötigt werden. Aus diesem Grund dient ein Pseudozufallsbitgenerator gewissermaßen der »Verlängerung« der »kostbaren« echten Zufallszahlen, mit denen er initialisiert wird.

Beispiel eines PRBG

Als ein einfaches Beispiel für einen PRBG soll der folgende Generator dienen, der eine Zufallsbitfolge $y_1, y_2, \ldots$ nach der folgenden linearen Rekursionsgleichung erzeugt, die mit drei Werten a, b, q parametrisiert und mit einem Startwert y_0 initialisiert wird:

$$y_i = a \cdot y_{i-1} + b \bmod q$$

6.2 Kryptografisch sichere Zufallszahlen

Der im letzten Abschnitt angegebene PRBG weist einen Nachteil auf, der ihn für kryptografische Anwendungen unbrauchbar macht, da es einem Angreifer möglich ist, selbst ohne Kenntnis der Werte von a, b, q und y_0 aus einer Reihe von beobachteten Werten

$\{y_i, y_{i+1}, \ldots, y_{i+j}\}$ die weiteren von dem Generator erzeugten Werte $\{y_{i+j+1}, y_{i+j+2}, \ldots\}$ vorherzusagen.

In diesem Abschnitt sollen daher Kriterien beschrieben werden, mittels derer eine solche unerwünschte Vorhersagbarkeit ausgeschlossen werden kann und die eine Voraussetzung für die Beurteilung kryptografisch sicherer Zufallszahlen darstellen.

Anforderungen für kryptografische Anwendungen

An einen Pseudozufallsbitgenerator für den Einsatz in kryptografischen Anwendungen stellt man üblicherweise die folgenden Anforderungen:

- Die Länge k des Startwertes für einen PRBG sollte groß genug sein, sodass eine vollständige Suche über alle möglichen Startwerte nicht praktikabel für einen Angreifer mit den in unserem Universum zur Verfügung stehenden Ressourcen ist.
- Die Ausgabe eines PRBG sollte statistisch nicht von »echt zufälligen« Bitfolgen unterschieden werden können (vergleiche hierzu Abschnitt 6.3).
- Die Ausgabebits des PRBG sollten für einen Angreifer mit limitierten Ressourcen nicht vorhersagbar sein, sofern er den Startwert nicht kennt.

Die zuletzt angeführte Forderung, der Nichtvorhersagbarkeit einer Pseudozufallsbitfolge, soll in der folgenden Definition ein wenig formaler gefasst werden:

»All Polynomial Tests«-Kriterium

Definition 6.3 *Einem PRBG wird bescheinigt, dass er alle statistischen Tests mit polynomiellen Zeitaufwand besteht, wenn kein Algorithmus mit polynomiellen Zeitaufwand existiert, der mit einer Wahrscheinlichkeit größer als* $0{,}5$ *zwischen einer Ausgabe des PRBG und einer »echt zufälligen« Bitfolge der gleichen Länge unterscheiden kann.*

Mit polynomiellen Zeitaufwand ist hierbei gemeint, dass die Laufzeit des Algorithmus in einem deterministischen Rechenmodell durch ein Polynom in der Länge m der zu erzeugenden Bitfolge beschränkt ist.

Es ist offensichtlich, dass ein Algorithmus, für den die oben genannte Eigenschaft nachgewiesen werden kann, den zuvor eingeführten Sicherheitsanforderungen genügt. In der Praxis gestaltet sich der Nachweis dieses Kriteriums jedoch als schwierig, da die Menge der zu betrachtenden Algorithmen zu weit gefasst ist, um einen Beweis der Nichtexistenz eines solchen Algorithmus zu führen.

Als deutlich handhabbarer hat sich jedoch das folgende Kriterium erwiesen:

Next-Bit-Test

Definition 6.4 *Einem PRBG wird bescheinigt, dass er den Next-Bit-Test (»Nächstes Bit«-Test) besteht, wenn kein Algorithmus mit polynomiellen Zeitaufwand existiert, der mit der Eingabe der ersten* m *von dem PRBG erzeugten Bits als Ausgabe das* $(m+1)$*ste Bit mit einer Wahrscheinlichkeit größer als* $0{,}5$ *vorhersagen kann.*

Obwohl diese Definition die Menge der auszuschließenden Algorithmen deutlich einschränkt gegenüber der erstgenannten, so kann doch gezeigt werden, dass beide Definitionen die gleichen PRBG beschreiben (für den Beweis wird auf [Sti06, Abschnitt 8.2] verwiesen):

Satz 6.5 *(Universalität des Next-Bit-Tests) Ein PRBG besteht den Next-Bit-Test genau dann, wenn er alle statistischen Tests mit polynomiellen Zeitaufwand besteht.*

Mit diesem Hintergrund können wir nun eindeutig formulieren, unter welchen Umständen ein PRBG für kryptografische Anwendungen als sicher gilt:

CSPRBG

Definition 6.6 *Ein PRBG, der den Next-Bit-Test – möglicherweise unter einer plausiblen, jedoch noch unbewiesenen mathematischen Annahme wie dem superpolynomiellen Aufwand bei der Faktorisierung großer Zahlen – besteht, wird* **kryptografisch sicherer Pseudozufallsbitgenerator** *(Cryptographically Secure Pseudo Random Bit Generator, CSPRBG) oder* **kryptografisch sicherer Pseudozufallszahlengenerator** *(Cryptographically Secure Pseudo Random Number Generator, CSPRNG) genannt.*

6.3 Statistische Tests für Zufallszahlen

Es empfiehlt sich, die Ausgabe eines Zufallsbitgenerators zunächst einigen statistischen Tests zu unterziehen, um ein gewisses Vertrauen in die Zufälligkeit der erzeugten Bitfolgen zu gewinnen, bevor der Generator zum Einsatz kommen soll. Hierfür existieren eine Reihe unterschiedlicher Tests, die im Folgenden kurz mit ihrer prinzipiellen Idee beschrieben werden sollen:

Monobit-Test

- Der *Monobit-Test* überprüft, ob eine Bitfolge gleich viele »1«-Bits wie »0«-Bits enthält.

Serial-Test

- Der *Serial-Test*, gelegentlich auch als *Two-Bit-Test* bezeichnet, erweitert die Idee des Monobit-Tests auf Paare von Bits und überprüft, ob eine Bitfolge je gleich viele »00«-, »01«-, »10«- und »11«-Paare enthält.

- Der *Poker-Test* untersucht die Anzahl der Sequenzen n_i einer Länge q, die den gleichen Wert enthalten, wobei der Parameter q dieses Tests in Abhängigkeit der Länge m der zu untersuchenden Bitfolge gewählt wird, sodass $\lfloor m/q \rfloor \geq 5 \cdot 2^q$ ist. Auch hier sollten sich bei zufälligen Bitfolgen jeweils gleiche Werte ergeben. *Poker-Test*
- Der *Lauflängen-Test* (Runs-Test) überprüft, ob Sequenzen, die entweder nur »1«-Bits oder nur »0«-Bits enthalten und die für eine Reihe unterschiedlicher vorgegebener Sequenzlängen untersucht werden, in der für »echt zufällige« Bitfolgen üblichen Anzahl vorkommen. *Lauflängen-Test*
- Mit dem *Autokorrelationstest* wird eine Bitfolge daraufhin untersucht, ob Korrelationen zwischen der Bitfolge und versetzten (um eine gewisse Anzahl von Bits) und nicht zyklisch verschobenen Varianten der Bitfolge existieren. *Autokorrelationstest*
- Der *universelle Test von Maurer* prüft, ob die von einem Zufallsbitgenerator erzeugten Bitfolgen komprimiert werden können, da eine Kompression bei »echt zufälligen« Bitfolgen im mittleren Fall nicht möglich ist. *Maurers universeller Test*

Die hier gegebenen Beschreibungen der Tests deuten jeweils nur ihre Grundideen an. Für eine detaillierte und mathematisch gründliche Definition der Tests wird auf [MOV97, Abschnitte 5.4.4 und 5.4.5] verwiesen.

6.4 Erzeugung von Zufallszahlen

Für die Einbringung »echten Zufalls« in den Prozess der Schlüsselerzeugung werden sowohl hardware- als auch softwarebasierte Verfahren vorgeschlagen, von denen einige im Folgenden kurz skizziert werden sollen.

Hardwarebasierte Zufallsbitgeneratoren

Hardwarebasierte Zufallsbitgeneratoren beruhen in der Regel auf der nicht exakten Reproduzierbarkeit gewisser physikalischer Phänomene. Als Beispiele können genannt werden:

- die Beobachtung der Zeit zwischen der Emission von Partikeln bei radioaktivem Zerfall [Gud85, Gud87],
- die Messung thermischen Rauschens [Ric92],
- die Messung der Ladungsdifferenz zweier eng benachbarter Halbleiter [Agn88],
- die Beobachtung von Frequenzschwankungen aufgrund der Instabilität eines frei laufenden Oszillators [AT&86],

- die Messung des Betrags, um den ein Halbleiter während einer festen Zeitspanne geladen werden kann,
- die Messung des Zustands einer ungeraden Anzahl von kreisförmig geschalteten Nicht-Gattern.
- die Beobachtung der Schwankung von Zugriffszeiten, die sich in abgeschlossenen Festplatten aufgrund der durch die eingeschlossene Luft hervorgerufenen Turbulenzen ergibt, sowie
- die Aufzeichnung von Klang mit einem Mikrofon oder von Bildern mit einer Videokamera, zum Beispiel an einer belebten Straßenkreuzung.

Für die Erzeugung sogenannter *Master-Keys* in Schlüsselhierarchien wurde auch manuelles Würfeln als sichere Methode empfohlen [MM78]. Diese Methode kann aber heutzutage aufgrund der gestiegenen Anzahl zu erzeugender Zufallszahlen als zu aufwendig und damit als nicht mehr zeitgemäß betrachtet werden.

Ein hardwarebasierter Zufallsbitgenerator sollte weiterhin idealerweise in einem manipulationssicheren Modul realisiert werden, damit er vor potenziellen Angreifern geschützt ist.

Softwarebasierte Zufallsbitgeneratoren

Softwarebasierte Zufallsbitgeneratoren können beispielsweise auf den folgenden Ideen beruhen:

- Bestimmung der aktuellen Systemzeit,
- Messen der Zeit zwischen Anschlägen auf der Tastatur oder Mausbewegungen,
- Auslesen des Inhalts von Ein- und Ausgabepuffern,
- Verwenden von Benutzereingaben und
- Bestimmen aktueller Werte des Betriebssystems, wie zum Beispiel die Systemlast oder Statistiken der Festplattenzugriffe.

Kombination mehrerer Zufallsquellen

Idealerweise sollten hierbei mehrere »Zufallsquellen« miteinander vermischt werden, indem beispielsweise die Werte aneinandergefügt und ein kryptografischer Hashwert berechnet wird, um zu vermeiden, dass ein Angreifer den Zufallswert raten kann. Wird etwa lediglich die aktuelle Systemzeit als einzige Zufallsquelle verwendet, dann kann ein Angreifer die Pseudozufallsbitfolgen bestimmen, die auf der Grundlage dieses Startwertes berechnet wurden, wenn er ungefähr weiß, wann der Pseudozufallsbitgenerator initialisiert wurde.

Beseitigung von Ungleichverteilungen

An dieser Stelle soll abschließend noch ein Verfahren beschrieben werden, mit dem man eine gegebenenfalls vorhandene Neigung eines Zufallsbitgenerators, mit größerer Häufigkeit bestimmte Bits zu erzeugen, ausgleichen kann. Angenommen, ein Zufallsbitgenerator produziert eine nicht gleich verteilte, aber unkorrelierte Bitfolge, das heißt, er produziert »1«-Bits mit einer Wahrscheinlichkeit $p \neq 0{,}5$ und »0«-Bits mit der Wahrscheinlichkeit $1 - p$, wobei p ein nicht notwendigerweise bekannter, jedoch fester Parameter ist.

Dann kann mittels des folgenden Verfahrens die Ungleichverteilung der »0«- und »1«-Bits beseitigt werden:

- Die Bitfolge wird in Paare eingeteilt.
- Alle »00«- und »11«-Paare werden verworfen.
- Für jedes »10«-Paar wird eine »1« und für jedes »01«-Paar wird eine »0« ausgegeben.

Unter der Voraussetzung, dass die ursprüngliche Bitfolge keine Korrelationen aufweist, produziert dieses Verfahren eine unkorrelierte Bitfolge, in der »0«- und »1«-Bits gleich häufig vorkommen. Allerdings werden mindestens 75% der Zufallsbits verworfen.

Beseitigung von Ungleichverteilungen auf Grundlage kryptografischer Hashfunktionen

Ein alternatives praktisches Verfahren für die Beseitigung von Ungleichverteilungen oder auch Korrelationen ist die Anwendung einer kryptografischen Hashfunktion auf die Ausgabe des Zufallsbitgenerators. Wenngleich die Korrektheit dieses Verfahrens nicht bewiesen werden kann, so hat es sich doch in der Praxis bewährt und es sind bisher keine Sicherheitsmängel bekannt.

6.5 Erzeugung kryptografisch sicherer Pseudozufallszahlen

Für die Erzeugung kryptografisch sicherer Pseudozufallszahlen sind eine Reihe von Verfahren auf der Grundlage kryptografischer Hashfunktionen oder Verschlüsselungsalgorithmen vorgeschlagen worden. Obwohl die Sicherheit dieser Verfahren nicht bewiesen werden kann, scheinen sie doch für die meisten praktischen Anwendungen ausreichende Sicherheit zu bieten, und es sind bisher keine Sicherheitsmängel aufgedeckt worden.

Stellvertretend für die Klasse dieser Verfahren soll an dieser Stelle der vom nationalen amerikanischen Standardisierungsinstitut (ANSI) genormte Generator *ANSI X9.17* vorgestellt werden (siehe Abbildung 6.1).

Der ANSI-X9.17-Generator wurde zur pseudozufälligen Erzeugung von Schlüsseln und Initialisierungsvektoren für die Benutzung mit DES zugelassen und als »U.S. Federal Information Processing Standard« (FIPS) genormt. Weitere Pseudozufallsgenera-

Abbildung 6.1
Der Zufallsbitgenerator ANSI X9.17

```
// Algorithmus: RandomX917
// Eingabe:     ein 64 bit langer Startwert s,
//              eine natürliche Zahl m,
//              ein  3DES-Schlüssel k
// Ausgabe      eine m Blöcke lange Zufallsbitfolge

uint64* RandomX917(unit64 s, uint m, DES3_Key k) {
  uint64* x = malloc(m * sizeof(uint64));
  uint64  q = DES3(k, DateTime());
  for(int i = 0; i < m; i++) {
    x[i] = DES3(k, q xor s);
    s = DES3(k, x[i] xor q);
  }
  return x;
}
```

toren auf der Grundlage kryptografischer Hashfunktionen oder Verschlüsselungsalgorithmen, die mit ähnlichen Prinzipien arbeiten, finden sich etwa in [BK12].

Wie bereits erwähnt kann für diese Klasse von Pseudozufallsgeneratoren nicht nachgewiesen werden, dass sie sicher im Sinne von Definition 6.6 sind. Im Folgenden werden daher noch zwei Verfahren vorgestellt, bei denen dieser Nachweis geführt werden kann unter der Annahme, dass die Faktorisierung großer Zahlen und dass die Berechnung des diskreten Logarithmus aufwendig sind.

RSA-Generator

Das erste dieser beiden Verfahren ist der *RSA-Generator*, der, wie sein Name vermuten lässt, auf dem RSA-Algorithmus basiert und dessen Sicherheit auf der Schwierigkeit des Faktorisierungsproblems beruht.

- Ausgabe: eine Pseudozufallsbitfolge $z_1, z_2, \ldots, z_k$ der Länge k
- Initialisierung:
  - Erzeuge zwei geheim zu haltende Primzahlen p und q, die sich für den RSA-Algorithmus eignen
  - Berechne $n = p \cdot q$ und $\Phi = (p-1) \cdot (q-1)$
  - Wähle eine Zahl e, sodass $1 < e < \Phi$ und $\text{ggt}(e, \Phi) = 1$
  - Wähle eine zufällige natürliche Zahl y_0, sodass $y_0 \in [1, n]$ ist
- Erzeugung einer Zahl:

```
for(i = 1; i <= k; i++)
  y_i = (y_{i-1})^e mod n
  z_i = y_i & 1
```

Effizienzsteigerung

Die Effizienz dieses Generators kann noch dadurch leicht verbessert werden, dass die j niederwertigsten Bits jeder Zahl y_i gewählt werden, wobei $j = c \cdot lg(lg(n))$ für eine bestimmte Konstante c, die von der Bitlänge m der Zahl n abhängt, gewährleistet sein muss. Der Wert dieser Konstante konnte allerdings bisher noch nicht allgemein für beliebige m so bestimmt werden, dass die Voraussetzung in Definition 6.6 noch nachgewiesen werden kann (für $j = 1$ ist die Voraussetzung erfüllt).

Der Berechnungsaufwand, der von dem Generator für die Bestimmung eines beziehungsweise j Pseudozufallsbits aufgebracht werden muss, ist beträchtlich, da jeweils eine Potenzierung mit der Zahl e modulo n ausgeführt werden muss.

Blum-Blum-Shub-Generator

Eine leichte Verbesserung in dieser Hinsicht stellt der nach seinen Erfindern benannte *Blum-Blum-Shub-Generator* dar, der die Potenzierung mit e durch ein Quadrieren ersetzt und dessen Sicherheit ebenfalls auf der Schwierigkeit des Faktorisierungsproblems beruht.

- Ausgabe: eine Pseudozufallsbitfolge $z_1, z_2, \ldots, z_k$ der Länge k
- Initialisierung:
  - Erzeuge zwei geheim zu haltende Primzahlen p und q, sodass sowohl p als auch q jeweils kongruent zu 3 modulo 4 sind
  - Berechne $n = p \cdot q$
  - Wähle eine Zahl $s \in [1, n-1]$, sodass $\text{ggt}(s, n) = 1$
  - Berechne $y_0 = s^2 \bmod n$
- Erzeugung einer Zahl:

```
for(i = 1; i <= k; i++)
  y_i = (y_{i-1})^2 mod n
  z_i = y_i & 1
```

Effizienzsteigerung

Die Effizienz des Blum-Blum-Shub-Generators kann auf ähnliche Weise wie die des RSA-Generators noch dadurch leicht gesteigert werden, dass in jedem Schritt nicht nur ein, sondern j Bits gewählt werden, wobei ähnliche Bedingungen für die maximale Anzahl der Bits bestehen wie bei dem RSA-Generator.

Der Dual Elliptic Curve Deterministic Random Bit Generator

Als Alternative zu den bereits vorgestellten sehr langsamen Verfahren hat das NIST im Jahr 2007 den Dual Elliptic Curve Deterministic Random Bit Generator – kurz Dual EC DRBG – vorgestellt [BK12]. Dieser basiert auf dem Problem, den diskreten Logarithmus auf elliptischen Kurven zu berechnen. Abbildung 6.2 zeigt den allgemeinen Ablauf. Der Generator besitzt einen internen

Zustand t, welcher am Anfang mit einem Startwert initialisiert werden muss. Um Zufallsbits zu erzeugen, wird t mit einem Punkt P multipliziert. Die x-Koordinate des Ergebnispunktes wird dann der neue interne Zustand. Gleichzeitig wird die x-Koordinate mit einem weiteren Punkt Q multipliziert. Vom Ergebnis dieser zweiten Multiplikation werden r Bits als Pseudozufallszahl zurückgegeben. Die Anzahl der Bits hängt von der verwendeten Kurve ab und variiert zwischen 240 und 504.

Abbildung 6.2 *Ablauf des Dual Elliptic Curve Deterministic Random Bit Generator*

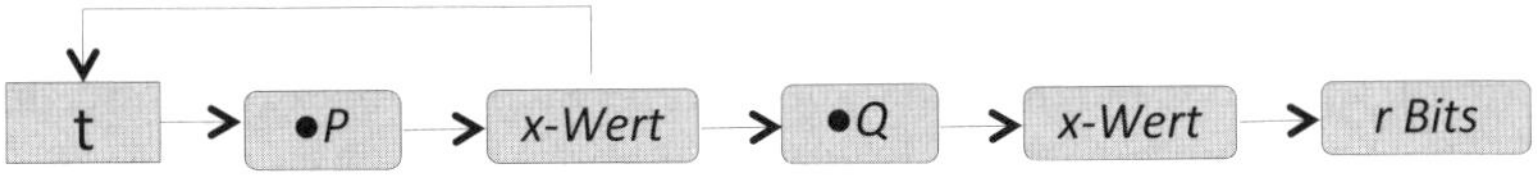

Kryptografische Hintertür

In Bezug auf die Sicherheit erregte das »Dual EC DRBG«-Verfahren einige Aufmerksamkeit [SF07]. Das hauptsächliche Problem ist, dass im Standard die Punkte P und Q definiert sind, es aber nicht gezeigt wurde, auf welche Art und Weise sie von der NIST erzeugt wurden. Wenn P so gewählt wäre, dass $P = eQ$ für eine Konstante e ist, dann wären die Autoren des Standards in der Lage, e^{-1} zu bestimmen, und so aus den Zufallsbits Rückschlüsse auf den internen Zustand zu ziehen. Damit wäre der Pseudozufallszahlengenerator für einen bestimmten Personenkreis vorhersagbar. Falls das Verfahren eingesetzt werden soll, so sollten in jedem Fall gleichzeitig eigene Werte für P und Q gewählt werden. Darüber hinaus sollte bedacht werden, dass für Dual EC DRBG kein Sicherheitsnachweis existiert und die Anzahl an ausgegebenen Bits pro Runde möglicherweise konservativer gewählt werden sollte. Neuere Versionen des NIST-Standards werden Dual EC DRBG nicht mehr enthalten [BK14].

6.6 Implementierungssicherheit

In den letzten Jahren hat sich gezeigt, dass die Sicherheit kryptografischer Protokolle häufig nicht durch das Angreifen des Prinzips von Pseudozufallszahlengeneratoren geschwächt wurde. Stattdessen scheinen Implementierungsfehler immer wieder für Sicherheitsprobleme zu sorgen.

Schwäche des CSPRBG in Debian

Der wohl bekannteste Fehler dieser Art wurde im Mai 2008 entdeckt. Es hatte sich herausgestellt, dass ein Maintainer der Debian-Linux-Distribution im September 2006 eine subtile Änderung an der OpenSSL-Implementierung vorgenommen hat. Um durch ein Werkzeug zur Erkennung von Speicherfehlern ausgegebene Warnungen zu beheben, hatte er eine wenig intuitive Zeile Code auskommentiert. Dadurch hing der Startwert des OpenSSL CSPRBG ausschließlich von der Prozessidentifikationsnummer ab, sodass in einer ganzen Reihe kryptografischer Anwendungen nur 32.768 verschiedene Pseudozufallsdatenströme erzeugt werden konnten. Dieses Ereignis ist primär aus zwei Gründen erwähnenswert: Zum einen scheint diese eklatante Schwäche mehr als 1,5 Jahre nicht aufgefallen zu sein. Zum anderen erzeugt die wahrscheinlich weitestverbreitete kryptografische Bibliothek in der normalen Konfiguration vermeintliche Speicherfehler, die zwar an dieser Stelle harmlos sind, aber die Fehlerfindung in sicherheitskritischen Anwendungen stark erschweren.

Untersuchung zur Auswirkung von Schwächen in CSPRBG

Im Jahr 2012 wurde eine interessante Untersuchung zur Sicherheit asymmetrischer Schlüssel veröffentlicht [HDW+12]. Die Autoren der Veröffentlichung haben dazu kryptografische Verbindungen zu 23 Millionen Computern aufgebaut und die verwendeten öffentlichen Schlüssel nach Auffälligkeiten untersucht. Dabei fanden sie heraus, dass 0,34% der Geräte gleiche Schlüssel verwendeten. Die Autoren führen dies auf zu wenig Entropie in den Pseudozufallszahlengeneratoren zurück. Darüber hinaus konnten etwa 1,0% der DSA- und 0,5% der RSA-Schlüssel durch die Autoren aufgrund von fehlendem Zufall kompromittiert werden. Eines der identifizierten Probleme ist die niedrige Entropie von Pseudozufallszahlengeneratoren nach dem erstmaligen Systemstart. Werden zu diesem Zeitpunkt asymmetrische Schlüsselpaare generiert, so sind sie möglicherweise nicht sicher.

Spätestens als Konsequenz aus den bekannt gewordenen Problemen sollten CSPRBG kontinuierlich auf ihre korrekte Funktionsweise überprüft werden. Bei der Verwendung von Pseudozufallsgeneratoren ist in jedem Fall darauf zu achten, dass ausreichend Entropie vorliegt und Seeds regelmäßig erneuert werden. Sollte nicht ausreichend Entropie vorhanden sein, dürfen keine weiteren kryptografischen Operationen durchgeführt werden. So blockiert unter Linux ein Lesen von `/dev/random`, während ein Lesen von `/dev/urandom` trotz Entropiemangels weiterhin möglich ist, und so zu möglichen Problemen führt.

6.7 Zusammenfassung

Die Erzeugung von Zufallszahlen ist Bestandteil vieler kryptografischer Protokolle und stellt somit einen wichtigen Bestandteil des kryptografischen Basiswissens dar. Da die Einbringung »echter Zufallsbits« in diesen Prozess oft nur in geringer Anzahl möglich ist, werden in der Regel *Pseudozufallsbitgeneratoren* eingesetzt, welche aus einem »echt zufälligen« Startwert eine längere Pseudozufallsbitfolge erzeugen, die sich nicht von einer echt zufälligen Bitfolge unterscheiden lassen soll.

Anforderungen für kryptografische Zwecke

Hierbei ist zu beachten, dass sich nicht jeder Pseudozufallsbitgenerator für kryptografische Zwecke einsetzen lässt, da für kryptografische Anwendungen zusätzlich noch die Anforderung der *Nichtvorhersagbarkeit* erfüllt sein muss. Die Erfüllung dieser Anforderung kann beispielsweise dadurch nachgewiesen werden, dass gezeigt wird, dass sich kein Algorithmus mit polynomiellem Zeitaufwand konstruieren lässt, der bei Eingabe der ersten m Ausgabebits des Generators mit einer Wahrscheinlichkeit größer als $0{,}5$ das »$m + 1$«-te Ausgabebit vorhersagen kann *(Next-Bit-Test)*.

Zufallsbitgeneratoren

Für die Erzeugung »echter« Zufallsbits sind verschiedene sowohl hardware- als auch softwarebasierte Verfahren vorgeschlagen worden. Ihre Ausgabe sollte jedoch vor der Verwendung einer Reihe statistischer Tests unterzogen werden, um ein gewisses Vertrauen in die Zufälligkeit ihrer Ausgabe zu erhalten.

Pseudozufallsbitgeneratoren

Die Erzeugung von Pseudozufallsbitfolgen wird in der Praxis häufig effizient durch Verfahren realisiert, die auf kryptografischen Hashfunktionen oder Chiffrieralgorithmen beruhen. Wenngleich die Sicherheit dieser Verfahren nicht theoretisch nachgewiesen werden kann, so sind doch bis zum heutigen Tag keine gravierenden Sicherheitsmängel bekannt geworden. Eine nachweisbar sichere, jedoch relativ ineffiziente Erzeugung von Pseudozufallsbitfolgen kann mit dem *RSA-Generator*, dem *Blum-Blum-Shub-Generator* oder dem *Dual EC DRBG* realisiert werden.

Eine lesenswerte Zusammenfassung praktischer Überlegungen und Regeln zur sicheren Nutzung von Zufallszahlen für Programmierer und Administratoren findet sich etwa in [ESC05].

6.8 Weiterführende Literatur

[BK12] Barker, E.; Kelsey, J.: *Recommendation for Random Number Generation Using Deterministic Random Bit Generators*. NIST Special Publication 800-90A, 2012

[ESC05] Eastlake 3rd, D.; Schiller, J.; Crocker, S.: *Randomness Requirements for Security*. 2005. – RFC 4086, IETF, Status: Best Current Practice, `https://tools.ietf.org/html/rfc4086`

[MOV97] MENEZES, A.; OORSCHOT, P. van; VANSTONE, S.: *Handbook of Applied Cryptography*. CRC Press LLC, 1997
Kapitel 5 behandelt die Erzeugung kryptografisch sicherer Zufallszahlen.

[Sti06] STINSON, D. R.: *Cryptography: Theory and Practice (Discrete Mathematics and Its Applications)*. CRC Press, 2006
Abschnitt 8.2 enthält den Beweis der Universalität des Next-Bit-Tests (Satz 6.5).

6.9 Übungen

1. Erklären Sie die Unterschiede zwischen Zufallszahlen, Pseudozufallszahlen und kryptografisch sicheren Pseudozufallszahlen.
2. Warum ist die Initialisierung eines Pseudozufallsbitgenerators mit lediglich der aktuellen Systemzeit aus Sicherheitssicht bedenklich, wenn damit Zufallszahlen für die Verwendung in (interaktiven) kryptografischen Protokollen erzeugt werden?
3. Nehmen Sie an, Sie sollen die Ausgabe eines Pseudozufallsbitgenerators mit dem Monobit-Test und dem Serial-Test überprüfen. Schreiben Sie Pseudocode für die beiden entsprechenden Funktionen, wobei Sie davon ausgehen können, dass die zuvor erzeugte Zufallsbitfolge in einem Feld $r[1, n]$ vom Datentyp »Bit« abgespeichert ist. Wie müssen Sie Ihre Prozeduren ändern, wenn das Feld vom Datentyp »Octet« ist?
4. Schreiben Sie Pseudocode für eine Prozedur, die Ungleichverteilungen von »0«- und »1«-Bits von einer in dem Array $r[1, n]$ gespeicherten Pseudozufallsbitfolge entfernt. Auf welche Länge schrumpft die erzeugte Pseudozufallsbitfolge hierbei im schlechtesten Fall?
5. Macht es Sinn, das beschriebene Verfahren zur Reduktion von Ungleichverteilungen von »0«- und »1«-Bits mehrmalig rekursiv anzuwenden?
6. Nehmen Sie an, dass Sie grundsätzlich jede erzeugte Zufallsbitfolge mit der Prozedur zur Reduktion von Ungleichverteilungen bearbeiten. Um welchen Anteil schrumpft eine erzeugte Zufallsbitfolge im mittleren Fall, wenn der eingesetzte Zufallsbitgenerator »echt zufällige« Bits liefert?

7 Kryptografische Protokolle

Wie bereits in Abschnitt 2.1 kurz angesprochen wurde, stellen kryptografische Protokolle die Anwendungen kryptografischer Algorithmen dar. In diesem Kapitel werden zunächst grundlegende Eigenschaften kryptografischer Protokolle eingeführt und im weiteren Verlauf insbesondere zwei Hauptanwendungsgebiete im Hinblick auf Netzwerksicherheit näher untersucht: die Authentisierung und die Schlüsselverwaltung.

7.1 Eigenschaften und Notation kryptografischer Protokolle

Definition 7.1 *Ein* **kryptografisches Protokoll** *ist definiert als eine Reihe von Verarbeitungsschritten und Nachrichten, die zwischen mehreren Instanzen ausgetauscht werden, um ein bestimmtes Sicherheitsziel zu erreichen.*

Grundlegende Eigenschaften von Protokollen

Wie allgemeine Kommunikationsprotokolle müssen kryptografische Protokolle eine Reihe von Eigenschaften aufweisen, um als Protokoll gelten zu können:

- Jede in den Ablauf eines Protokolls eingebundene Instanz muss das Protokoll sowie alle hierfür erforderlichen Schritte und Nachrichtenformate im Voraus kennen.
- Jede in einen Protokollablauf eingebundene Instanz muss der definitionsgemäßen Ausführung des Protokolls zustimmen.
- Das Protokoll darf nicht mehrdeutig sein, das heißt, alle Schritte müssen wohldefiniert sein und es darf keine Möglichkeit existieren, den Protokollablauf misszuverstehen.
- Das Protokoll muss vollständig sein, insbesondere muss für jede mögliche Situation eine in diesem Fall auszuführende Aktion spezifiziert sein.

Zusätzliche Anforderung

Weiterhin müssen kryptografische Protokolle eine zusätzliche Eigenschaft erfüllen, um ihrem Anwendungszweck gerecht zu werden:

- Es darf nicht möglich sein, etwas anderes zu tun oder in Erfahrung zu bringen, als in dem Protokoll spezifiziert ist.

Anwendungen

Es gibt eine Vielzahl verschiedener kryptografischer Protokolle, die ganz unterschiedliche Anwendungen realisieren können:

- *Schlüsselaustausch:* Das in Abschnitt 4.5 vorgestellte Diffie-Hellman-Verfahren für den Schlüsselaustausch ist ein Beispiel für ein reines Schlüsselaustauschprotokoll, das keinen zusätzlichen Rückschluss über die Authentizität der an dem Austausch beteiligten Partner ermöglicht.
- *Authentisierung:* Sie dient dem Nachweis der Identität des Senders einer Nachricht *(Data Origin Authentication / Data Integrity)* oder eines Kommunikationspartners *(Entity Authentication)*. Zur Realisierung des letztgenannten Sicherheitsdienstes ist es zusätzlich erforderlich, die Aktualität ausgetauschter Nachrichten zu gewährleisten (siehe unten).
- *Kombinierte Authentisierung und Schlüsselaustausch:* Viele Authentisierungsprotokolle integrieren einen gegebenenfalls optionalen Schlüsselaustausch in den Authentisierungsvorgang.
- *Aufteilen von Geheimnissen:* Soll eine Information so auf mehrere Instanzen verteilt werden, dass nur alle Instanzen gemeinsam die Information rekonstruieren und lesen können, kann die Information mittels eines Protokolls dieser Klasse aufgeteilt werden. Der englische Fachbegriff für Protokolle dieser Kategorie ist *Secret Splitting*. Eine denkbare Anwendung hierfür ist die Aufteilung einer Codesequenz zum Öffnen eines Safes.

  Des Weiteren ist es im allgemeinen Fall sogar möglich, eine Information so auf n Instanzen aufzuteilen, dass mindestens $m \leq n$ Instanzen erforderlich sind, um die Information zu lesen. Bei kryptografischen Protokollen, die das leisten, spricht man auch von *Secret Sharing*.
- *Anbringen von Zeitstempeln:* Oft ist es wichtig, nachweisen zu können, dass eine bestimmte Nachricht zu einem bestimmten Zeitpunkt erstellt oder gesendet wurde. Diese Aufgabe kann mittels Anbringung eines Zeitstempels durch eine anerkannt vertrauenswürdige Instanz (zum Beispiel einen Notar) erfüllt werden. Die Nachricht wird der vertrauenswürdigen Instanz

hierfür im Klartext vorgelegt und von dieser mit einem Zeitstempel versehen und signiert.

- *Blinde Signaturen:* Unter Umständen ist es nicht erwünscht, den Inhalt einer Nachricht einer dritten Instanz mitzuteilen, dennoch soll der Erstellungszeitpunkt der Nachricht sicher bestätigt werden. Hierfür können Protokolle zur Erstellung sogenannter *blinder Signaturen* verwendet werden.
- *Schlüsselaufdeckung für Dritte:* Protokolle dieser Kategorie, üblicherweise mit dem englischen Begriff *Key Escrow* bezeichnet, sollen es ermöglichen, dass neben den Nutzern bestimmte autorisierte Instanzen (zum Beispiel Strafverfolgungsbehörden), die für die Sicherung von Kommunikationsvorgängen verwendeten Schlüssel in Erfahrung bringen können. Hierzu ist zu bemerken, dass die Forderung nach dem Zugriff auf Schlüssel gesellschaftlich umstritten ist und auch die Sicherheit solcher Protokolle aus technischer Sicht starken Zweifeln ausgesetzt ist.
- *Wissensnachweis ohne Aufdeckung einer Information:* Möchte eine Instanz A gegenüber einer anderen Instanz B nachweisen, dass sie über eine gewisse Information verfügt, ohne die Information selbst preiszugeben, so kann sie hierfür mit B ein Protokoll zur Erbringung eines sogenannten *Zero Knowledge Proof* ausführen. Dabei wird durch das Protokoll auch gewährleistet, dass A das Protokoll nur dann korrekt ausführen kann, wenn sie wirklich über die betreffende Information verfügt.
- *Sichere digitale Wahlen:* Sie ermöglichen die Durchführung elektronischer Wahlen, wobei gewährleistet wird, dass Betrugsversuche nicht unerkannt bleiben.
- *Elektronische Zahlungen:* Sie stellen schließlich ein besonders interessantes Anwendungsgebiet kryptografischer Protokolle dar, da sie einerseits eine wichtige Grundlage für zukünftige *E-Commerce*-Anwendungen bilden und andererseits gerade in diesem Anwendungsbereich ein besonders hohes Missbrauchspotenzial besteht.

Für die Netzsicherheit sind insbesondere Authentisierung und Schlüsselverteilung relevant.

Die oben stehende Aufzählung zeigt, dass die Varianten und Anwendungen kryptografischer Protokolle ebenso vielfältig sind wie die in der realen Welt auftretenden Sicherheitsbedürfnisse. Im Kontext der Netzwerksicherheit sind insbesondere zwei der genannten Kategorien von besonderer Relevanz: die *Authentisierung* und die *Schlüsselverteilung*. Diese beiden werden im weiteren Verlauf dieses Kapitels ausführlich behandelt. Für spezifische

Protokolle zu den anderen genannten Kategorien wird der interessierte Leser auf die umfangreiche Spezialliteratur verwiesen [MOV97, BSW10, CJR$^+$10].

7.2 Nachrichten- und Instanzenauthentisierung

Nachrichtenauthentisierung und Datenintegrität

Definition 7.2 *Mit* **Nachrichtenauthentisierung (Data Origin Authentication)** *wird der Sicherheitsdienst bezeichnet, der eine Überprüfung des Erzeugers einer Nachricht sowie ihrer Unversehrtheit ermöglicht. Somit kann zu einem späteren Zeitpunkt überprüft werden, ob eine Nachricht beziehungsweise allgemeiner eine Menge von Daten noch genau den Inhalt hat, den ihr Erzeuger ursprünglich vorgegeben hat. Ein synonymer Begriff hierfür ist* **Nachrichtenintegrität (Data Integrity)**.

Wenngleich gelegentlich Nachrichtenauthentisierung und Datenintegrität als zwei verschiedene Sicherheitsdienste eingeführt werden, von denen der erste die sichere Identifikation des Erzeugers einer Nachricht und der zweite die Unversehrtheit der Nachricht sicherstellt, so macht diese künstliche Aufspaltung dennoch wenig Sinn. Datenintegrität ist ohne die Identität des Urhebers der Nachrichten ohne Bedeutung im Sinne sicherheitsrelevanter Betrachtungen, da ja jedes nicht inhärent fehlerhafte Datum (also alle nicht unsinnigen Daten wie beispielsweise 30. Februar, eine PDU mit fehlerhaftem CRC-Prüfwert etc.) für sich betrachtet »integer« sind; von Interesse ist doch viel eher, ob das Datum in seiner zu prüfenden Form von einem Angreifer oder dem erwarteten Urheber stammt. Mit einem einfachen Gedankenexperiment kann man sich diesen Umstand auch plastisch vor Augen führen: Angenommen, man erhielte eine Nachricht, die zwar »authentisch« (also vom richtigen Absender), aber leider nicht mehr »integer« (und damit von einem Angreifer verändert worden) ist. Welches Vertrauen sollte man einer solchen Nachricht noch entgegenbringen? Natürlich keines, da die Nachricht ja nicht mehr in ihrem ursprünglichen Zustand ist. Erhielte man andererseits eine Nachricht, die zwar »integer« (also nicht nachträglich modifiziert worden), aber leider nicht authentisch (und damit von einem Angreifer erzeugt worden) ist, sollte man dieser Nachricht ebenso wenig Vertrauen entgegenbringen und sie verwerfen.

Die Beziehung des Datenintegritätsdienstes zu kryptografischen Protokollen ist von zweierlei Natur:

- Es existieren kryptografische Protokolle, welche den Datenintegritätsdienst realisieren. In der Regel bestehen sie aus einem Protokollschritt und sind daher nicht besonders »interessant« aus protokolltechnischer Sicht.

  So könnte beispielsweise Alice die Integrität ihrer Nachrichten dadurch nachweisen, dass sie die Nachrichten mit ihrem privaten Schlüssel chiffriert. Jede andere Instanz, die Alices öffentlichen Schlüssel kennt und sicher sein kann, dass es sich dabei wirklich um Alices öffentlichen Schlüssel handelt, kann die Integrität von Alices Nachrichten dadurch nachprüfen, dass sie die verschlüsselte Nachricht mit dem öffentlichen Schlüssel von Alice dechiffriert und die erhaltene Nachricht auf Plausibilität prüft. Existieren signifikant viele Nachrichten, die nicht plausibel sind, kann aus dem Erhalt einer verschlüsselten plausiblen Nachricht auf deren Integrität geschlossen werden. Hierbei sind allerdings ein paar Dinge zu beachten; Details hierzu finden sich etwa in Abschnitt 13.1.5.

  Eine bessere Möglichkeit ist die Berechnung eines Modifikationserkennungswertes durch Alice (vergleiche hierzu auch Kapitel 5) über ihre Nachrichten und die Signatur dieses Wertes mit ihrem privaten Schlüssel.
- Datenintegrität der in kryptografischen Protokollen ausgetauschten Nachrichten ist oft eine wichtige Eigenschaft, sodass Datenintegrität in gewisser Weise einen Grundbaustein kryptografischer Protokolle darstellt.

Instanzenauthentisierung

Definition 7.3 *Mit* **Instanzenauthentisierung (Entity Authentication)** *wird der Sicherheitsdienst bezeichnet, der Kommunikationspartnern die fälschungssichere Überprüfung der Identität ihrer Partnerinstanzen ermöglicht.*

Die Instanzenauthentisierung stellt den wichtigsten grundlegenden Sicherheitsdienst überhaupt dar, da alle anderen Sicherheitsdienste auf der fälschungssicheren Identifizierung der Instanzen in einem System beruhen und somit auf diesem Sicherheitsdienst aufbauen.

Realisierungsmöglichkeiten

Im Allgemeinen kann die Instanzenauthentisierung mit unterschiedlichen Mitteln realisiert werden:

- *Wissen*, wie Passwörter oder Wischgesten
- *Besitz*, beispielsweise physikalischer Schlüssel oder Zugangskarten

- *Unfälschbare Eigenschaften*, also etwa biometrische Eigenschaften wie Fingerabdrücke, Physical Unclonable Functions (PUFs), etc.
- *Aufenthaltsort* einer Instanz, so wird beispielsweise die Authentizität von Kassierern in Bankzweigstellen selten von Kunden überprüft
- *Delegierung der Authentisierungsprüfung*, bei der die verifizierende Instanz akzeptiert, dass eine andere Instanz ihres Vertrauens bereits eine Authentizitätsprüfung durchgeführt hat.

Da in Kommunikationsnetzen eine direkte Überprüfung mit den hier angeführten Mitteln schwierig zu realisieren beziehungsweise unsicher ist, werden kryptografische Protokolle benötigt, die im weiteren Verlauf dieses Kapitels detailliert behandelt werden sollen.

Unterschied zwischen Nachrichten- und Instanzenauthentisierung

Zuvor soll jedoch noch auf den generellen Unterschied zwischen Nachrichten- und Instanzenauthentisierung eingegangen werden, da Letztere mehr als den Austausch authentischer Nachrichten erfordert.

Der Grund hierfür ist, dass eine Instanz B, wenn sie authentische Nachrichten einer anderen Instanz A empfängt, nicht sicher sein kann, ob A die Nachrichten wirklich in diesem Augenblick gesendet hat oder ob ein Angreifer E alte, aufgezeichnete Nachrichten von A wiedereinspielt. Der Aktualität von Nachrichten kommt in kryptografischen Protokollen somit eine besondere Bedeutung zu, und das ist insbesondere in Anwendungen wichtig, in denen die Authentisierungsprüfung nur einmal zu Beginn einer Kommunikationsbeziehung durchgeführt wird, beispielsweise durch Übertragen einer persönlichen Identifikationsnummer bei dem Aufbau der Beziehung.

Aktualitätsprüfung

Für die Überprüfung der Aktualität von Nachrichten existieren zwei prinzipielle Mittel:

- *Zeitstempel*, welche mit einer vorzugebenden Genauigkeit synchronisierte Uhren beziehungsweise Seriennummern erfordern, und
- einmalig verwendete *Zufallszahlen*, sogenannte *Nonces*, die in Frage-Antwort-Dialogen (engl. *challenge response*) ausgetauscht werden. Nonce steht dabei für »*n*umber used only *once*«.

Die meisten der in diesem Kapitel noch zu behandelnden Authentisierungsprotokolle tauschen gleichzeitig auch noch einen Sitzungsschlüssel für die Sicherung der nach der Authentisierung folgenden Kommunikationsbeziehung aus, und bei einigen dieser Verfahren wird erst durch das Verwenden dieses Sitzungsschlüssels der Nachweis der Authentizität tatsächlich erbracht.

Hauptkategorien der Instanzen-authentisierung

Im Sinne einer generellen Betrachtungsweise können zwei Hauptkategorien von Protokollen für die Instanzenauthentisierung unterschieden werden:

1. Bei der *Authentisierung mit vertrauenswürdiger Authentisierungsinstanz (Arbitrated Authentication)* wird der Authentisierungsdialog über einen vertrauenswürdigen Dritten (*Trusted Third Party*, TTP) abgewickelt. Dieser wird insbesondere dann benötigt, wenn zu einem späteren Zeitpunkt nachweisbar sein soll, dass ein Authentisierungsvorgang tatsächlich stattgefunden hat. Ein weiterer Grund für die Einbeziehung eines vertrauenswürdigen Dritten in die Authentisierung ist die Möglichkeit, auch auf der Grundlage von symmetrischer Kryptografie einen Dienst realisieren zu können, der die Authentisierung zwischen Instanzen erlaubt, die noch keinen gemeinsamen Schlüssel miteinander vereinbart haben. Beispiele für Verfahren dieser Art sind die Verfahren von *Needham-Schroeder* [NS78] beziehungsweise als sicherere Variante hiervon das *Otway-Rees-Verfahren* [OR87] sowie das Authentisierungs- und Autorisierungsprotokoll *Kerberos* für vernetzte Arbeitsplatzrechner [Bry88, NYH+05].
2. Die *direkte Authentisierung* zweier Partner erfolgt ohne Einbeziehung einer unabhängigen Instanz und erbringt daher keinen Nachweis gegenüber Dritten, dass ein Authentisierungsvorgang tatsächlich stattgefunden hat. Dennoch kann jeder der beiden an der Kommunikation beteiligten Instanzen mit extrem hoher Wahrscheinlichkeit erkennen, dass die jeweilige Partnerinstanz authentisch ist. Ein Beispiel hierfür sind die drei aufeinander aufbauenden Authentisierungsprotokolle des internationalen Standards X.509 [IT93].

Vorteile einer Authentisierungsinstanz

Aus dem Einsatz der vertrauenswürdigen Authentisierungsinstanz können die folgenden Vorteile resultieren:

1. Nur eine unabhängige Instanz kann bei nachträglichen Konflikten gegenüber Dritten nachweisen, dass eine Authentisierung tatsächlich stattgefunden hat.
2. Eine Authentisierungsinstanz kann bei Einsatz symmetrischer kryptografischer Verfahren dazu verwendet werden, die Anzahl der in einem Netzwerk benötigten Schlüssel zu

reduzieren. Sollen sich mit einem symmetrischen Chiffrierverfahren n mögliche Kommunikationspartner in beliebigen Paarkombinationen einander authentisieren können, so werden hierfür $n(n-1)/2$ geheime Schlüssel benötigt, da jedes mögliche Paar einen geheimen Schlüssel miteinander teilen muss. Bei Einführung einer Authentisierungsinstanz reicht es aus, n geheime Schlüssel, jeweils zwischen den Kommunikationspartnern und der Authentisierungsinstanz, zu vereinbaren.

3. Auch bei dem Einsatz eines auf asymmetrischer Kryptografie beruhenden Authentisierungsverfahrens kann es bei einer großen Anzahl zu authentisierender Instanzen erforderlich werden, unabhängige Instanzen in den Prozess der Authentisierung mit einzubeziehen. Problematisch ist in solchen Fällen die Authentizität der öffentlichen Schlüssel. So muss verhindert werden, dass ein Angreifer M einen eigenen öffentlichen Schlüssel als Schlüssel einer anderen Instanz A ausgeben kann. Hierfür empfiehlt sich der Einsatz einer vertrauenswürdigen Zertifizierungsinstanz, welche die Echtheit von Schlüsseln durch eine Signatur mit dem eigenen privaten Schlüssel bestätigen kann.

   Vorteilhaft hierbei ist, dass die Zertifizierungsinstanz für jede Instanz nur einmal die Authentizität des zugehörigen öffentlichen Schlüssels durch Signierung eines Zertifikats bestätigen muss und somit nicht aktiv an jedem Authentisierungsvorgang beteiligt sein muss. Aus diesem Grund werden Authentisierungsprotokolle dieser Art auch oft der Kategorie der direkten Authentisierung zugeordnet.

Authentisierung auf Grundlage symmetrischer Kryptografie ist ungeeignet für sehr große Populationen.

Die auf symmetrischen kryptografischen Algorithmen beruhenden direkten Verfahren erweisen sich bei sehr großen Mengen zu authentisierender Instanzen als ungeeignet, da die sichere Verteilung der benötigten Schlüssel aufgrund der Anzahl erforderlicher, geheim zu haltender Schlüssel nicht mehr praktikabel ist, wenn Authentisierungsbeziehungen zwischen beliebigen Paaren von Instanzen etabliert werden sollen. Bei den auf symmetrischer Kryptografie basierenden Verfahren mit vertrauenswürdigen Instanzen stellen diese bei wachsender Anzahl zu authentisierender Instanzen zunehmend einen Leistungsengpass dar, da sie aktiv an jedem Authentisierungsvorgang beteiligt sind. Weiterhin kann die vertrauenswürdige Instanz alle Authentisierungsaktivitäten überwachen, was unter Umständen unerwünscht sein kann.

Notation	Bedeutung
A	Name von A, analog für B, TTP und CA
CA_A	Zertifizierungsinstanz von A
r_A	Zufallszahl von A
t_A	Zeitstempel von A
$(m_1, \ldots, m_n)$	Konkatenation der Nachrichten m_1 bis m_n
$A \rightarrow B: m$	A sendet Nachricht m an B
$K_{A,B}$	Symmetrischer Schlüssel von A und B
$+K_A$	Öffentlicher Schlüssel von A
$-K_A$	Privater Schlüssel von A
$\{m\}_K$	Nachricht m chiffriert mit Schlüssel K
$H(m)$	Hashwert der Nachricht m
$A[m]$	Abkürzung für $(m, \{H(m)\}_{-K_A})$
$Certificate_{-K_{CA}}(+K_A)$	Zertifikat für $+K_A$ ausgestellt von CA
$CA \ll A \gg$	Abkürzung für $Certificate_{-K_{CA}}(+K_A)$

Tabelle 7.1
Notation kryptografischer Protokolle

Erfordernis der Schlüsselzertifizierung

Auch die auf asymmetrischer Verschlüsselung beruhenden Verfahren zur Authentisierung bedürfen bei einer großen Anzahl zu authentisierender Instanzen der ergänzenden Zertifizierung der öffentlichen Schlüssel durch eine vertrauenswürdige Instanz. Nur auf diese Weise kann die Authentisierung und Schlüsselverwaltung praktikabel realisiert werden.

In den folgenden Abschnitten werden die wichtigsten Vertreter der beiden Kategorien, das Needham-Schroeder-Protokoll, das Otway-Rees-Protokoll, Kerberos und der internationale Standard X.509, erklärt. Die hierbei verwendete Notation ist in Tabelle 7.1 zusammengefasst.

7.3 Das Needham-Schroeder-Protokoll

Das Needham-Schroeder-Protokoll [NS78] ermöglicht es zwei Instanzen Alice (A) und Bob (B), sich einander mit der Hilfe einer vertrauenswürdigen Instanz TTP zu authentisieren und gleichzeitig einen Sitzungsschlüssel auszuhandeln.

Das Protokoll verwendet hierfür einen symmetrischen Verschlüsselungsalgorithmus als grundlegendes kryptografisches Primitiv. Die vertrauenswürdige Instanz verfügt über eine Datenbank mit allen Benutzern U (»User«), die den von der Instanz angebotenen Authentisierungsdienst in Anspruch nehmen wollen, sowie einen geheimen Schlüssel $K_{U,TTP}$ für jeden Benutzer.

Protokollziele

Das Ziel eines Protokollablaufs ist es, dass zwei Benutzer, A und B, die Identität des jeweils anderen sicher verifizieren und dabei gleichzeitig einen Sitzungsschlüssel für die Sicherung einer sich anschließenden Kommunikationsbeziehung aushandeln. Das Protokoll besteht aus den folgenden Schritten:

1. Alice wählt eine Zufallszahl r_A, erzeugt eine Nachricht, die ihren Namen A, Bobs Namen B sowie die Zufallszahl enthält, und sendet diese Nachricht an die vertrauenswürdige Instanz TTP:

$$A \rightarrow TTP: \quad (A, B, r_A)$$

2. Die vertrauenswürdige Instanz TTP erzeugt einen Sitzungsschlüssel $K_{A,B}$ für die Sicherung der Kommunikation zwischen A und B, chiffriert diesen Schlüssel zusammen mit dem Namen von A mit dem Schlüssel $K_{B,TTP}$, der mit B vereinbart ist, und sendet die folgende Nachricht chiffriert mit dem Schlüssel $K_{A,TTP}$ an Alice:

$$TTP \rightarrow A: \quad \{r_A, B, K_{A,B}, \{K_{A,B}, A\}_{K_{B,TTP}}\}_{K_{A,TTP}}$$

3. Alice dechiffriert diese Nachricht, überprüft, ob die enthaltene Zufallszahl r_A die gleiche ist wie in ihrer ersten Nachricht, und sendet dann die folgende Nachricht an Bob:

$$A \rightarrow B: \quad \{K_{A,B}, A\}_{K_{B,TTP}}$$

4. Nach Empfang und Entschlüsselung dieser Nachricht, erzeugt Bob eine Zufallszahl r_B, chiffriert diese mit $K_{A,B}$ und sendet sie an Alice:

$$B \rightarrow A: \quad \{r_B\}_{K_{A,B}}$$

5. Alice entschlüsselt die Nachricht mit $K_{A,B}$, berechnet $r_B - 1$, chiffriert das Ergebnis mit $K_{A,B}$ und sendet es zurück an Bob:

$$A \rightarrow B: \quad \{r_B - 1\}_{K_{A,B}}$$

6. Bob entschlüsselt die empfangene Nachricht und prüft, ob sie $r_B - 1$ enthält. Ist das der Fall, so geht Bob davon aus, wirklich mit Alice zu kommunizieren.

Argumentation über die Funktionsweise des Protokolls

Die letzten beiden Nachrichten sollen dem Zweck dienen, dass Alice gegenüber Bob nachweist, wirklich in Besitz des Schlüssels $K_{A,B}$ zu sein. Ohne Kenntnis dieses Schlüssels könnte sie nicht die Antwort $\{r_B - 1\}_{K_{A,B}}$ berechnen (inhärent wird hier von den Sicherheitseigenschaften einer Blockchiffre ausgegangen). Da Bob weiß, dass TTP in seiner Nachricht den Sitzungsschlüssel $K_{A,B}$ auch mit Alices Schlüssel $K_{A,TTP}$ chiffriert hatte, schließt er daraus, dass Alice den Schlüssel $K_{A,TTP}$ kennt und sie somit seine authentische Kommunikationspartnerin ist.

Schwachstelle des Protokolls

Diese Argumentation enthält jedoch einen Fehler, der von einer Angreiferin Eve (E) ausgenutzt werden kann, wenn sie einen gültigen Sitzungsschlüssel $K_{A,B}$ in Erfahrung bringen kann [DS81]. Da es in dem Protokoll keine Möglichkeit gibt, einen alten Sitzungsschlüssel aus einer früheren Sitzung wiederzuerkennen, kann eine Angreiferin Eve sich gegenüber Bob als Alice ausgeben, wenn sie Kenntnis von einem alten Sitzungsschlüssel $K_{A,B}$ und der dritten Nachricht des hierzu gehörenden Protokollablaufs hat:

1. Eve sendet die aufgezeichnete Nachricht:

$$E \rightarrow B\colon \ \{K_{A,B}, A\}_{K_{B,TTP}}$$

2. Nach Empfang und Entschlüsselung dieser Nachricht erzeugt Bob eine Zufallszahl r_B, chiffriert diese mit $K_{A,B}$ und sendet sie an Alice:

$$B \rightarrow A\colon \ \{r_B\}_{K_{A,B}}$$

3. Diese Nachricht wird von Eve abgefangen und mit $K_{A,B}$ dechiffriert. Danach berechnet Eve $r_B - 1$, chiffriert das Ergebnis mit $K_{A,B}$ und sendet es an Bob:

$$E \rightarrow B\colon \ \{r_B - 1\}_{K_{A,B}}$$

4. Bob entschlüsselt die empfangene Nachricht und prüft, ob sie $r_B - 1$ enthält. Ist das der Fall, geht Bob davon aus, wirklich mit Alice zu kommunizieren, sodass Eve sich erfolgreich für Alice ausgeben kann.

Beabsichtigte vs. erreichte Protokollziele

An dieser Stelle soll darauf hingewiesen werden, dass das Protokoll eigentlich sicherstellen soll, dass nur eine Instanz, die Kenntnis von dem Schlüssel $K_{A,TTP}$ hat, sich als Alice ausgeben kann. Aufgrund des beschriebenen Protokollfehlers ist es jedoch ausreichend, Kenntnis von einem Sitzungsschlüssel $K_{A,B}$ und der dritten Nachricht des dazugehörenden Protokollablaufs zu haben, um sich gegenüber dem Benutzer B als Alice auszugeben. Da der Schlüssel $K_{A,B}$ gegebenenfalls für die Verschlüsselung größerer Datenmengen nach einem erfolgten Protokollablauf verwendet wird, ist er einer Kryptanalyse potenziell zugänglicher als der Schlüssel $K_{A,TTP}$. Zusammenfassend gewährleistet das Needham-Schroeder-Protokoll somit eine geringere Sicherheit als ursprünglich beabsichtigt.

Aus diesem Grund wurden von einer Reihe von Kryptografen Verbesserungsvorschläge unterbreitet, wie das Protokoll die ursprüngliche Zielsetzung erfüllen kann.

Otway-Rees-Protokoll

Die von Needham und Schroeder selbst erarbeitete Lösung [NS87] entspricht im Prinzip dem in der gleichen Zeitschrift publizierten *Otway-Rees-Protokoll* [OR87]:

1. Alice erzeugt eine Nachricht mit einer Seriennummer i_A, ihrem Namen A, Bobs Namen B und der gleichen Information plus einer Zufallszahl r_A, chiffriert mit dem Schlüssel $K_{A,TTP}$, den sie mit der vertrauenswürdigen Instanz TTP vereinbart hat, und sendet diese Nachricht an Bob:

$$A \to B: \quad (i_A, A, B, \{r_A, i_A, A, B\}_{K_{A,TTP}})$$

2. Bob erzeugt eine Zufallszahl r_B, chiffriert sie und i_A, A sowie B mit dem Schlüssel $K_{B,TTP}$, den er mit TTP vereinbart hat, und sendet die folgende Nachricht an TTP:

$$B \to TTP: \quad (i_A, A, B, \{r_A, i_A, A, B\}_{K_{A,TTP}}, \\ \{r_B, i_A, A, B\}_{K_{B,TTP}})$$

3. Nach dem Empfang dieser Nachricht dechiffriert TTP die zwei enthaltenen Teilnachrichten, erzeugt einen neuen Sitzungsschlüssel $K_{A,B}$ und zwei chiffrierte Nachrichten, eine davon für Alice und eine für Bob, die er dann beide zusammen an Bob sendet:

$$TTP \to B: \quad (i_A, \{r_A, K_{A,B}\}_{K_{A,TTP}}, \{r_B, K_{A,B}\}_{K_{B,TTP}})$$

4. Bob dechiffriert seinen Teil dieser Nachricht mit dem Schlüssel $K_{B,TTP}$, überprüft, ob die enthaltene Zufallszahl r_B mit seiner in der zuvor gesendeten Nachricht übereinstimmt, und sendet dann an Alice ihre Teilnachricht:

$$B \to A: \quad (i_A, \{r_A, K_{A,B}\}_{K_{A,TTP}})$$

5. Alice dechiffriert diese Nachricht mit dem Schlüssel $K_{A,TTP}$ und überprüft die Übereinstimmung der enthaltenen Zufallszahl r_A mit der im ersten Protokollschritt erzeugten Zahl.

Wenn sie nun den Sitzungsschlüssel $K_{A,B}$ für eine verschlüsselte Kommunikation mit Bob verwendet, dann kann sie sicher sein, mit Bob zu kommunizieren, da nur *TTP* die Teilnachricht $\{r_A, K_{A,B}\}_{K_{A,TTP}}$ erzeugt haben kann und eine potenzielle Angreiferin Eve nicht in der Lage ist, die im ersten Protokollschritt erzeugte Teilnachricht $\{r_A, i_A, A, B\}_{K_{A,TTP}}$ zu modifizieren.

Mit der gleichen Argumentation kann Bob daraus schließen, mit Alice zu kommunizieren, wenn er interpretierbare und mit dem Sitzungsschlüssel $K_{A,B}$ chiffrierte Nachrichten von ihr erhält.

Hierbei ist natürlich zu beachten, dass sich sowohl Alice als auch Bob vollständig auf die korrekte Funktion und Ehrlichkeit der vertrauenswürdigen Instanz *TTP* verlassen können müssen.

7.4 Kerberos

Kerberos ist ein verbreitetes Authentisierungsprotokoll.

Das Authentisierungsprotokoll *Kerberos* wurde im Rahmen des Projekts *Athena* in den späten achtziger Jahren des letzten Jahrhunderts am *Massachusetts Institute of Technology (MIT)* in Boston entworfen. Es wird allerdings aktiv weiterentwickelt und im Jahr 2005 wurde mit Kerberos 5 eine größere Revision veröffentlicht [NYH+05]. Kerberos realisiert einen Authentisierungs- und Zugriffskontrolldienst für vernetzte Arbeitsstationen. Die Hauptziele bei dem Entwurf von Kerberos waren:

Hauptziele von Kerberos

- *Sicherheit:* Weder passiven noch aktiven Angreifern soll es möglich sein, sich bei dem Zugriff auf einen Dienst für einen anderen Benutzer ausgeben zu können oder die hierfür benötigte Information abhören zu können.
- *Zuverlässigkeit:* Da jeder Dienstnutzung eine Authentisierung vorausgehen soll, muss der Kerberos-Dienst selbst in besonderem Maße zuverlässig arbeiten und stets verfügbar sein.
- *Transparenz:* Bis auf die Erfordernis, bei Beginn einer Sitzung ein Passwort einzugeben, soll der Authentisierungsvorgang für den Benutzer weitgehend transparent sein.
- *Skalierbarkeit:* Kerberos muss in der Lage sein, eine große Anzahl an Benutzern, Arbeitsstationen, Diensten und Servern zu unterstützen.

Einsatzszenario und abgedeckte Sicherheitsaspekte

Das grundlegende Einsatzszenario von Kerberos ist eine Benutzerin Alice, die einen oder mehrere Dienste nutzen möchte, die von unterschiedlichen und über ein unsicheres Netzwerk verbundenen Servern $S1$, $S2$, ... erbracht werden. Kerberos deckt hierbei die folgenden Sicherheitsaspekte des Szenarios ab:

- *Authentisierung:* Alice authentisiert sich zunächst gegenüber einem Authentisierungsserver (AS), der ihr eine zeitlich limitierte Erlaubnis ausstellt, mit der sie den Zugriff auf Dienste erfragen kann. Diese Erlaubnis wird als *Ticket-Granting-Ticket (TGT)* bezeichnet und ist mit einem zeitlich begrenzten Ausweis vergleichbar.
- *Zugriffskontrolle:* Mit dem TGT kann Alice bei einem sogenannten *Ticket-Granting-Server (TGS)* in einem zweiten Schritt dienstspezifische Zugriffsberechtigungen erhalten, beispielsweise für den Zugriff auf einen Server $S1$, der einen Druckdienst, Dateidienst und so weiter anbietet. Der TGS prüft, ob Alice berechtigt ist, auf den gewünschten Dienst zuzugreifen, und antwortet im positiven Fall mit einem sogenannten *Service-Granting-Ticket (SGT)* für den Server $S1$.
- *Schlüsselaushandlung:* Der Authentisierungsserver erzeugt einen Sitzungsschlüssel für die Kommunikation zwischen Alice und TGS und der Ticket-Granting-Server erzeugt entsprechende Sitzungsschlüssel für die Kommunikation zwischen Alice und den dienstspezifischen Servern. Die Verwendung dieser Schlüssel dient wie auch schon im Needham-Schroeder- und Otway-Rees-Protokoll zusätzlich noch der Authentisierung.

Protokollablauf

Abbildung 7.1 zeigt die bei den weitverbreiteten Kerberos-Versionen 4 und 5 involvierten Instanzen und den Protokollablauf im Überblick. Im folgenden Abschnitt werden wir uns aber zunächst auf die Kerberos-Version 4 konzentrieren.

Initiierung

1. Die Benutzerin Alice meldet sich bei ihrer Arbeitsstation an und fordert einen Zugriff auf einen bestimmten Dienst an. Von nun an wird Alice durch die Arbeitsstation im Kerberos-Protokoll vertreten, welche die erste Nachricht mit Alices Namen A, dem Namen eines geeigneten Ticket-Granting-Servers TGS und einem Zeitstempel t_A an den Authentisierungsserver schickt:

$$A \rightarrow AS: \quad (A, TGS, t_A)$$

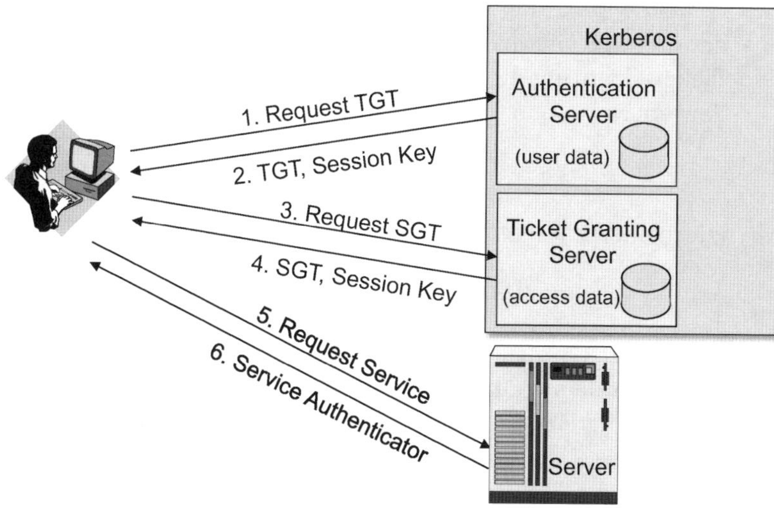

Abbildung 7.1 *Überblick über das Kerberos-Protokoll*

Ausgabe des TGT

2. Der Authentisierungsserver AS prüft in seiner Benutzerdatenbank, ob ihm Alice bekannt ist, und erzeugt aus Alices Passwort, das ebenfalls in der Benutzerdatenbank gespeichert ist, den Schlüssel K_A. Danach ermittelt er aus der von Alice erhaltenen Protokolldateneinheit die Netzwerkadresse der Arbeitsstation von Alice $Addr_A$, erzeugt ein Ticket-Granting-Ticket $Ticket_{TGS}$ sowie einen Sitzungsschlüssel $K_{A,TGS}$ und sendet die folgende Nachricht an Alice:

$$AS \to A\colon \; \{K_{A,TGS}, TGS, t_{AS}, LifetimeTicket_{TGS}, \\ Ticket_{TGS}\}_{K_A}$$

Hierbei bezeichnet $LifetimeTicket_{TGS}$ die maximale Gültigkeitsdauer des Tickets und das $Ticket_{TGS}$ ist wie folgt definiert:

$$Ticket_{TGS} = \{K_{A,TGS}, A, Addr_A, TGS, t_{AS}, \\ LifetimeTicket_{TGS}\}_{K_{AS,TGS}}$$

Benutzerauthentisierung und Anforderung eines SGT

3. Nach Erhalt dieser Nachricht fordert die Arbeitsstation Alice auf, ihr Kerberos-Passwort einzugeben, und berechnet daraus den Schlüssel K_A. Mit diesem Schlüssel kann die Arbeitsstation die Nachricht dechiffrieren. Wenn Alice nicht das korrekte (authentische) Passwort eingibt, wird nicht der korrekte Schlüssel K_A berechnet, und in Folge ergibt die dechiffrierte Nachricht keinen sinnvoll zu interpretierenden Klartext. Die verbleibenden Schritte des Kerberos-Protokolls scheitern in diesem Fall.

Alice (also die Arbeitsstation) erzeugt nun einen sogenannten *Authenticator* und sendet ihn zusammen mit ihrem Ticket-Granting-Ticket und dem Namen des gewünschten Servers $S1$ an den Ticket-Granting-Server TGS:

$$A \rightarrow TGS\colon \quad \big(S1, Ticket_{TGS}, Authenticator_{A,TGS}\big)$$

Hierbei ist $Authenticator_{A,TGS}$ wie folgt definiert:

$$Authenticator_{A,TGS} = \{A, Addr_A, t'_A\}_{K_{A,TGS}}$$

Autorisierungsprüfung und Ausgabe des SGT

4. Der Ticket-Granting-Server TGS dechiffriert das $Ticket_{TGS}$, entnimmt dem resultierenden Klartext den Schlüssel $K_{A,TGS}$ und dechiffriert damit den $Authenticator_{A,TGS}$. Wenn Name und Adresse des Authenticator und des Tickets übereinstimmen und der Zeitstempel noch hinreichend aktuell ist, überprüft er, ob Alice auf den Server $S1$ zugreifen darf, erzeugt einen Zeitstempel t_{TGS}, einen Sitzungsschlüssel $K_{A,S1}$, ein Ticket $Ticket_{S1}$ für den Zugriff auf den Server $S1$ und sendet die folgende Nachricht an Alice:

$$TGS \rightarrow A\colon \quad \big\{K_{A,S1}, S1, t_{TGS}, Ticket_{S1}\big\}_{K_{A,TGS}}$$

bei der das $Ticket_{S1}$ wie folgt definiert ist:

$$Ticket_{S1} = \{K_{A,S1}, A, Addr_A, S1, t_{AS}, LifetimeTicket_{S1}\}_{K_{TGS,S1}}$$

Authentisierung gegenüber dem Server

5. Alice entschlüsselt diese Nachricht und verfügt damit über einen Sitzungsschlüssel für die sichere Kommunikation mit dem Server $S1$. Sie erzeugt einen neuen Authenticator und sendet ihn zusammen mit ihrem Ticket an $S1$:

$$A \rightarrow S1\colon \quad \big(Ticket_{S1}, Authenticator_{A,S1}\big)$$

wobei der $Authenticator_{A,S1}$ wiederum definiert ist als:

$$Authenticator_{A,S1} = \{A, Addr_A, t'_A\}_{K_{A,S1}}$$

Authentisierungsprüfung durch den Server

6. Der Server $S1$ dechiffriert das erhaltene Ticket mit dem Schlüssel $K_{TGS,S1}$, der zwischen ihm und dem Ticket-Granting-Server vereinbart ist, und erhält somit den Sitzungsschlüssel $K_{A,S1}$. Mit diesem Schlüssel überprüft er den Authenticator und antwortet dann Alice:

$$S1 \rightarrow A\colon \quad \big\{t'_A + 1\big\}_{K_{A,S1}}$$

7. Alice dechiffriert diese Nachricht und überprüft den darin enthaltenen, um eins inkrementierten Zeitstempel. Verläuft diese Prüfung erfolgreich, so geht Alice davon aus, mit dem Server $S1$ zu kommunizieren, da außer TGS nur $S1$ den Schlüssel $K_{TGS,S1}$ kennt und damit das $Ticket_{S1}$ dechiffrieren kann, das den Sitzungsschlüssel $K_{A,S1}$ enthält. Somit ist nur $S1$ in der Lage, den $Authenticator_{A,S1}$ zu entschlüsseln und mit dem inkrementierten Zeitstempel $t'_A + 1$ wiederum chiffriert mit dem Schlüssel $K_{A,S1}$ zu antworten.

Prüfung der Serverauthentizität

Domänenübergreifende Authentisierung

Dieser grundlegende Authentisierungsdialog kann zu einem Protokoll für die *domänenübergreifende Authentisierung* erweitert werden. Betrachten wir hierfür eine Organisation, die vernetzte Arbeitsplatzrechner an zwei verschiedenen Standorten betreibt. Angenommen, ein Benutzer A des ersten Standortes möchte auf den Dienst eines Servers am zweiten Standort zugreifen. In dem Fall, dass an beiden Standorten eigenständige Kerberos-Server und Benutzerdatenbanken betrieben werden, existieren tatsächlich zwei unterschiedliche Domänen, in Kerberos-Terminologie auch als *Realms* bezeichnet. Um zu vermeiden, dass der Benutzer A in beiden Domänen registriert sein muss, ermöglicht Kerberos auch eine sogenannte domänenübergreifende Authentisierung. Abbildung 7.2 zeigt die hieran beteiligten Instanzen und den Protokollablauf im Überblick.

Gemeinsame Schlüssel zwischen Domänen

Die domänenübergreifende Authentisierung erfordert, dass die beiden Ticket-Granting-Server beider Domänen einen geheim zu haltenden Schlüssel $K_{TGS1,TGS2}$ miteinander vereinbart haben. Die grundlegende Idee hierbei ist, dass der entfernte Ticket-Granting-Server der anderen Domäne als ein »normaler« Server aufgefasst wird, für den der lokale Ticket-Granting-Server ein Ticket ausstellen kann. Nachdem sie ein Ticket-Granting-Ticket (TGT_{rem}) für die entfernte Domäne erhalten hat, sendet Alice eine Anfrage an den entfernten Ticket-Granting-Server, ihr ein Service-Granting-Ticket für den gewünschten Server $S2$ auszustellen. Bei der domänenübergreifenden Kerberos-Authentisierung ist es jedoch unerlässlich, dass die entfernte Domäne dem Authentisierungsserver der lokalen Domäne vertraut, da sie keine eigene Authentisierungsprüfung von »besuchenden« Benutzern mehr vornimmt.

Mängel von Kerberos-Version 4

Die bisherigen Erklärungen beschreiben die Version 4 des Kerberos-Protokolls. An dieser Version wurde eine Reihe von Defiziten bemängelt, die in zwei Kategorien eingeteilt werden können:

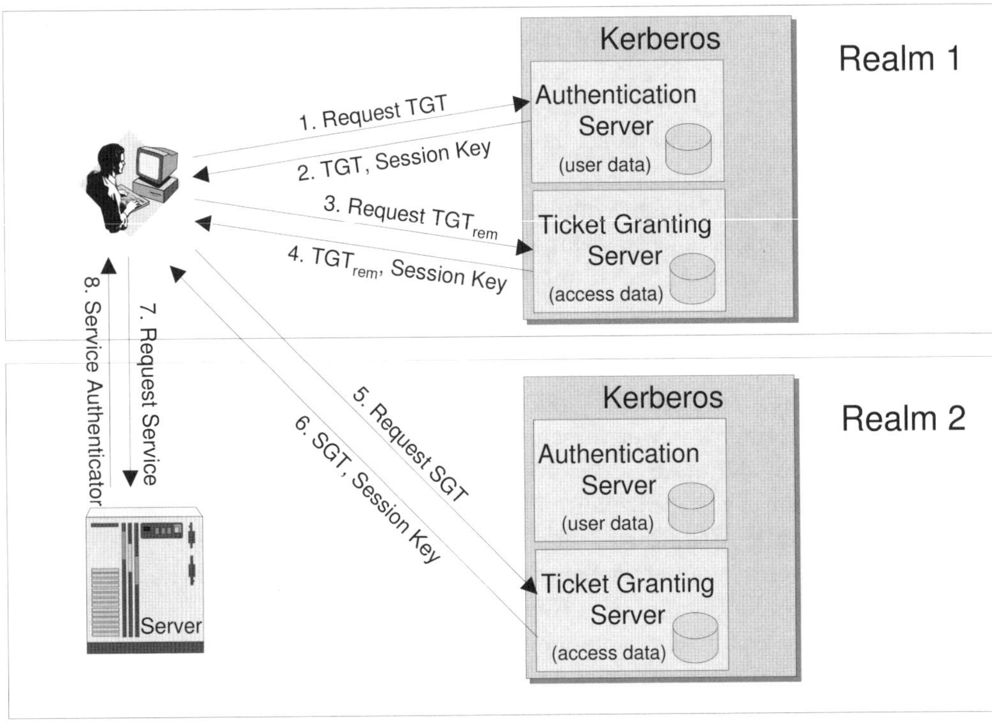

Abbildung 7.2 *Das domänenübergreifende Kerberos-Protokoll*

- *Technische Defizite*: Da Kerberos Version 4 im Rahmen des Projekts Athena und im Hinblick auf die speziellen Anforderungen dieses Projekts entwickelt wurde, ist es nicht auf einen allgemeinen Einsatz ausgerichtet. Aus diesem Grund weist es die folgenden Defizite auf:
  - *DES* Abhängigkeit von einem konkreten Verschlüsselungsalgorithmus: Die Version 4 des Kerberos-Protokolls schreibt die Verwendung des DES-Algorithmus vor.
  - *Nur IPv4-basiert* Abhängigkeit von einem konkreten Kommunikationsprotokoll: Das Format des Adressfeldes $Addr_A$ ist so definiert, dass es lediglich eine IPv4-Adresse aufnehmen kann.
  - *Nachrichtencodierung* Codierung in Nachrichten: Das Protokoll verwendet keine generische, erweiterbare Methode für die Codierung der ausgetauschten Nachrichten.
  - *Gültigkeit von Tickets* Gültigkeitsdauer von Tickets: Da die Gültigkeitsdauer von Tickets in einem Oktett in Einheiten von fünf Minuten spezifiziert wird, beträgt die maximale Gültigkeitsdauer eines Tickets etwas mehr als 21 Stunden. Für eine Reihe von Anwendungen, wie etwa umfangreiche Simu-

lationen, die für die Dauer ihrer Berechnung ein gültiges Ticket benötigen, ist diese Zeitspanne nicht ausreichend.

- Delegierung der Authentisierung / Autorisierung: Kerberos Version 4 unterstützt nicht die Weitergabe einer Autorisierung, die sich in vielen Fällen als sehr nützlich erweist. So kann damit beispielsweise ein Druckdienst mit dem Recht ausgestattet werden, für seinen Benutzer auf eine bestimmte Datei zuzugreifen.

Fehlende Delegierung

- Domänenübergreifende Authentisierung: Die Methode der domänenübergreifenden Authentisierung skaliert nicht sehr gut für eine größere Anzahl N zu verbindender Domänen, da hierfür prinzipiell $N(N-1)/2$ jeweils geheim zu haltende Schlüssel erzeugt und verteilt werden müssen, wenn Benutzer aus allen Domänen in der Lage sein sollen, auf Server beliebiger Domänen zugreifen zu können.

Skalierbarkeit

- *Sicherheitsmängel*: Über die beschriebenen technischen Defizite hinaus weist das Kerberos-Protokoll der Version 4 auch einige kryptografische Mängel auf:

Sicherheitsmängel

  - Verschlüsselung im PCBC-Modus: Für die Verschlüsselung mit DES wurde der nicht standardisierte Betriebsmodus *Propagating Cipher Block Chaining (PCBC)* vorgeschrieben. Die Intention hierbei war es, Vertraulichkeit und Datenintegrität in einem Schritt ohne zusätzliche Berechnung eines Modifikationserkennungswertes zu realisieren. Unglücklicherweise wurden für den PCBC-Modus Angriffstechniken entdeckt, die den Austausch von Schlüsseltextblöcken ermöglichen, sodass er keinen adäquaten Schutz der Datenintegrität bietet [Koh89].

PCBC-Modus

  - Sitzungsschlüssel: Jedes Ticket enthält einen Sitzungsschlüssel, der von dem Benutzer für die Verschlüsselung eines Authenticator verwendet wird. Der gleiche Schlüssel wird jedoch auch für die Sicherung der sich anschließenden Kommunikation zwischen Arbeitsstation und Server benutzt. Dadurch, dass ein Ticket jedoch von einem Benutzer für mehrere, voneinander unabhängige Dienstnutzungen verwendet werden kann, werden die gegebenenfalls aufeinander folgenden Kommunikationsbeziehungen anfällig für Replay-Attacken. Ein besserer Ansatz in dieser Hinsicht wäre es, streng zwischen Schlüsseln, die für die Authentisierung verwendet werden, und Sitzungsschlüsseln für den Schutz ausgetauschter Da-

Anfälligkeit für Replay-Attacken

teneinheiten zu trennen und für den zweitgenannten Zweck jeweils neue Schlüssel auszuhandeln.

Anfälligkeit für Passwort-Attacken

- Angriffe auf Passwörter: Dadurch, dass der eigentliche Authentisierungsschlüssel K_A eines Benutzers A direkt aus dem Passwort des Benutzers generiert wird, ist Kerberos anfällig für sogenannte »Password Guessing Attacks«, die systematisch Passwörter ausprobieren. Hinzu kommt, dass bei Kerberos Version 4 der Authentisierungsserver auf die erste ungeschützte Nachricht eines Benutzers mit einer Nachricht antwortet, die mit dem Schlüssel K_A chiffriert ist. Da der generelle Aufbau dieser Nachricht bekannt ist und ihr Inhalt von dem Benutzer zudem mitbestimmt wird, kann sich ein Angreifer leicht eine chiffrierte Nachricht beschaffen, deren Inhalt er in Teilen kennt und die er für eine systematische Suche nach dem Schlüssel mittels Ausprobieren häufig gewählter Passwörter verwenden kann. Dieses Problem und mögliche Lösungen werden in Abschnitt 7.7 noch einmal vertieft werden.

Doppelte Verschlüsselung

- Doppelte Verschlüsselung: Die doppelte Verschlüsselung der Tickets im zweiten und vierten Protokollschritt resultiert in keiner erhöhten Sicherheit und stellt somit eine Vergeudung von Berechnungsressourcen dar.

Kerberos Version 5

In Reaktion auf die entdeckten Defizite wurde eine neue Version des Kerberos-Protokolls spezifiziert, welche die oben beschriebenen Kritikpunkte ausräumt [KNT94, NYH$^+$05]. Der grundlegende Ablauf und die beteiligten Instanzen wurden dabei beibehalten und lediglich das Format der ausgetauschten Nachrichten angepasst. Dabei wurde auf ein einheitlicheres Format und ASN.1-Codierung umgestellt, um zum einen die Gefahr sicherheitsrelevanter Fehler zu minimieren und zum anderen Protokoll und Implementierungen erweiterbar zu machen. Daneben können alle kryptografischen Verfahren flexibel ausgetauscht werden.

Die Version 5 des Kerberos-Protokolls standardisiert neben dem einfachen Dialog auch eine Reihe fortschrittlicher Verfahren, wie etwa Client-Client-Authentisierung, Vorauthentisierung und Reauthentisierung von Tickets oder domänenübergreifende Authentisierung. Im einfachsten Fall läuft ein Dialog jedoch wie folgt ab:

1. Die Benutzerin Alice meldet sich, wie in der Version 4, zunächst beim Authentisierungsserver an: *Initiierung*

$$A \rightarrow AS: \quad (A, TGS, t_{start}, t_{end}, n, Addr_A, \ldots)$$

Allerdings können jetzt explizite Zeiten angegeben werden, für die das auszustellende Ticket gelten soll (von t_{start} bis t_{end}) und durch die explizite Übertragung der Adressen von Alice ($Addr_A$) können auch mehrere Adressen gleichzeitig authentisiert werden. Im Unterschied zur vorherigen Kerberos-Version wird mit n eine Nonce versendet, die ein Wiedereinspielen von Nachrichten verhindert, selbst wenn die Uhrensynchronisation einmal nicht wie vorgesehen funktioniert.

2. Die Antwort an Alice enthält neben dem Ticket, welches als Berechtigungsnachweis gegenüber anderen Servern dient, verschlüsselte Informationen für Alice. Diese sind mit dem Passwort oder einem vergleichbaren Geheimnis von Alice verschlüsselt. Unter anderem sind der Schlüssel zum Ticket-Granting-Server, das Datum des letzten Authentisierungsvorganges, die Nonce n, verschiedene Zeitstempel, welche die Lebensdauer des Tickets betreffen, sowie die von Alice gesendeten Werte zur Erstellung des Tickets enthalten: *Ausgabe des TGT*

$$AS \rightarrow A: \quad (A, Ticket_{TGS}, \{K_{A,TGS}, t_{lastRequest}, n, t_{expire}, t_{AS}, t_{start}, t_{end}, t_{renew}, TGS, Addr_A\}_{K_A})$$

Alice überprüft die Nonce n und die angegebenen Adressen auf Korrektheit und kann sich anschließend sicher sein, ein gültiges Ticket erhalten zu haben. Dieses Ticket wird in Kerberos-Version 5 immer im Klartext übertragen, da es nur mit einem aktuellen Authenticator gilt. Der Aufbau des TGT ist wie folgt:

$$Ticket_{TGS} = (TGS, \{K_{A,TGS}, A, transited, t_{AS}, t_{start}, t_{end}, t_{renew}, Addr_A, restrictions\}_{K_{AS,TGS}})$$

Es besteht größtenteils aus verschlüsselten Informationen für den TGS, wobei im Vergleich zu Kerberos-Version 4 nur Zusatzinformationen hinzugekommen sind. So enthält das Feld $transited$ Informationen zur Authentisierungskette in Umgebungen mit mehreren Domänen. Die Lebensdauerinformationen sind komplexer geworden, um Tickets im Voraus ausstellen zu können, und es können zusätzliche Einschränkungen an die Server weitergeben werden ($restrictions$-Feld).

Anforderung des SGT

3. Um ein SGT zu beziehen, initiiert Alice ein analoges Verfahren wie im Schritt 1. Es wird nur zusätzlich das TGT und ein Authenticator übertragen:

$$A \to TGS: \quad (A, S1, t_{start}, t_{end}, n', Addr_A, \\ Authenticator_{A,TGS}, Tickets, \dots)$$

Der Authenticator dient dabei als Nachweis, dass Alice aktuell tatsächlich berechtigt ist, das TGT zu verwenden. Er enthält neben einem aktuellen Zeitstempel eine explizite kryptografische Prüfsumme, sodass das Verändern von Nachrichten nicht länger eine ernst zu nehmende Bedrohung darstellt. Darüber hinaus ist es möglich, eine explizite Sequenznummer zum Verhindern von Replay-Angriffen einzufügen:

$$Authenticator_{A,TGS} = \{A, CheckSum, t'_A, K'_{A,TGS}, \\ Seq\#, \dots\}_{K_{A,TGS}}$$

Eine weitere Besonderheit stellt die Möglichkeit dar, den Schlüssel $K_{A,TGS}$ durch einen temporären Schlüssel $K'_{A,TGS}$ zu ersetzen.

Erteilen des SGT

4. Das Erteilen des SGT erfolgt völlig analog zu Schritt 2:

$$TGS \to A: \quad (A, Ticket_{S1}, \{K_{A,S1}, t_{lastRequest}, n', t_{expire}, t_{TGS}, \\ t_{start}, t_{end}, t_{renew}, S1, Addr_A\}_{K_{A,TGS}})$$

Schlüsselaushandlung mit dem Server S1

5. Mithilfe des SGT kann Alice nun mit dem eigentlichen Server $S1$ eine Authentisierung initiieren:

$$A \to S1: \quad (Ticket_{S1}, Authenticator_{A,S1})$$

Der Authenticator ist auch hierbei analog zum vorherigen Dialog gebildet:

$$Authenticator_{A,S1} = \{A, CheckSum, t'_A, K'_{A,S1}, \\ Seq\#, \dots\}_{K_{A,S1}}$$

Insbesondere kann auch hier der Schlüssel gewechselt werden.

6. Nach Überprüfen der angegebenen Werte kann S1 den Austausch bestätigen:

$$S1 \to A: \quad \{t_{S1}, K'_{A,S1}, Seq\#, \dots\}_{K_{A,S1}}$$

Einschätzung der Verbesserungen durch Kerberos Version 5

Das Kerberos-Protokoll der Version 5 stellt in Bezug auf technische Schwachstellen und Sicherheitseigenschaften eine wesentliche Verbesserung dar. Trotzdem verbleiben einige potenzielle Probleme:

- Vor allem zwischen den Servern ist eine vergleichsweise gute Uhrensynchronisation notwendig, auch wenn die Anforderungen an ihre Genauigkeit durch die Einführung der Sequenznummern verringert wurde.
- Die Verfügbarkeit der Authentisierungs- und Ticket-Granting-Server bleibt kritisch.
- Die angesprochenen »Password Guessing Attacks« sind im Prinzip weiterhin möglich, auch wenn der Angriff durch eine extrem aufwendig zu berechnende Hashfunktionen stark verlangsamt werden kann [Rae05].

7.5 Der internationale Standard X.509

Im Jahr 1988 wurde als Teil der X.500-Empfehlungen für die Realisierung von Verzeichnisdiensten die Empfehlung X.509 [IT93] von der *International Telecommunications Union (ITU)* verabschiedet. In dieser Empfehlung wird die Nutzung des X.500-Verzeichnisdienstes für die Realisierung von Authentisierungsdiensten beschrieben und die hierfür erforderlichen Prozeduren und Datenformate werden festgelegt. Inhaltlich können in der Empfehlung zwei voneinander unabhängig zu betrachtende Teile unterschieden werden:

Schlüsselzertifizierung

1. Als wichtige Voraussetzung für den praktischen Einsatz asymmetrischer kryptografischer Algorithmen bei der Realisierung von Sicherheitsdiensten beschreibt die Empfehlung Verfahren für eine weltweite und sichere Verteilung öffentlicher Schlüssel. Hierzu werden sogenannte *Zertifikate* über öffentliche Schlüssel, welche die Authentizität der Schlüssel nachweisen, sowie Verfahren für die hierarchische Zertifizierung definiert. Für Netzwerkprotokolle wird dieser Teil des X.509-Standards in [Sch05] aktualisiert und normativ fortgeführt.

Authentisierungsprotokolle

2. Des Weiteren enthält die Empfehlung auch unterschiedliche Verfahren für die Realisierung der Authentisierung von Instanzen. Neben einer als »einfach« bezeichneten Authentisierung auf der Grundlage von Passwörtern werden auch sogenannte »starke« *Authentisierungsprotokolle* definiert.

Im Folgenden werden zunächst die Konzepte der Zertifikate nach X.509 kurz eingeführt. Der sich hieran anschließende Abschnitt beschreibt die Authentisierungsprotokolle der Empfehlung.

7.5.1 X.509-Schlüsselzertifikate

Zertifikate werden von einer *Zertifizierungsinstanz* – in ihrer Funktion vergleichbar mit einer Ausweisbehörde – ausgestellt und enthalten im Wesentlichen den eindeutigen Namen des »Inhabers«, seinen öffentlichen Schlüssel, eine Angabe über die Gültigkeitsdauer des Zertifikats und eine digitale Signatur. Abbildung 7.3 zeigt die Struktur eines X.509-Zertifikats.

Abbildung 7.3 Struktur von X.509-Zertifikaten

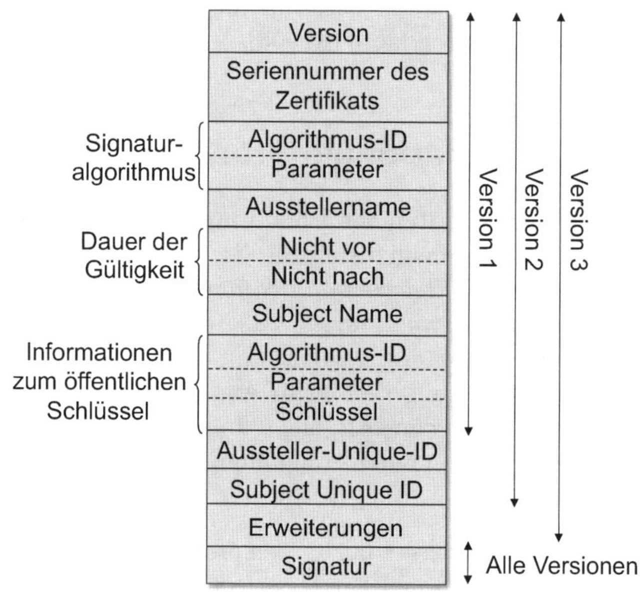

In den weiteren Erläuterungen wird aus Gründen der Übersichtlichkeit die folgende Notation verwendet:

$$A[I] := (I, \{H(I)\}_{-K_A})$$

Hierbei bezeichnet $-K_A$ den privaten Schlüssel der Instanz A, I eine beliebige zu signierende Information, H eine kryptografische Hashfunktion und $\{x\}_{-K_A}$ den mit As privatem Schlüssel chiffrierten Wert von x. Ein Zertifikat der Zertifizierungsinstanz CA (Certification Authority) über den öffentlichen Schlüssel der Instanz A wird in der Notation von X.509 wie folgt dargestellt:

$$CA << A >> := CA[V, SN, AI, CA, T_A, A, +K_A]$$

Bestandteile von X.509-Zertifikaten

Es enthält die Versionsnummer V des X.509 Standards, eine pro Zertifizierungsinstanz eindeutige Seriennummer SN, den Namen und die Parameter des verwendeten Signaturverfahrens AI, den

Namen der Zertifizierungsinstanz CA, die Gültigkeitsdauer des Zertifikats T_A, den Namen der zu zertifizierenden Instanz A sowie ihren öffentlichen Schlüssel $+K_A$ (siehe auch Abbildung 7.3). Diese Information signiert die CA mit ihrem privaten Schlüssel $-K_{CA}$.

Kennen die Instanzen, die einander authentisieren möchten, den öffentlichen Schlüssel $+K_{CA}$ der Zertifizierungsinstanz, so können sie ihre öffentlichen Schlüssel gegenseitig mithilfe der Zertifikate überprüfen.

Zertifizierungshierarchie

Ist die zu authentisierende Benutzerzahl sehr groß oder durch große geografische Entfernungen getrennt, so erweist sich die authentische Übermittlung des öffentlichen Schlüssels einer zentralen Zertifizierungsinstanz als nicht mehr praktikabel. Aus diesem Grund sieht X.509 die Errichtung einer *Zertifizierungshierarchie* vor. In einer solchen Hierarchie werden mehrere Zertifizierungsinstanzen durch zusätzliche Zertifikate miteinander verknüpft. In der Regel werden die Zertifizierungshierarchien mit allen zugehörigen Systemen auch als *Public Key Infrastructure* (PKI) bezeichnet. Abbildung 7.4 zeigt eine hypothetische X.509-Zertifizierungshierarchie (in dieser Abbildung sind lediglich Zertifizierungsinstanzen, jedoch keine Nutzer dargestellt).

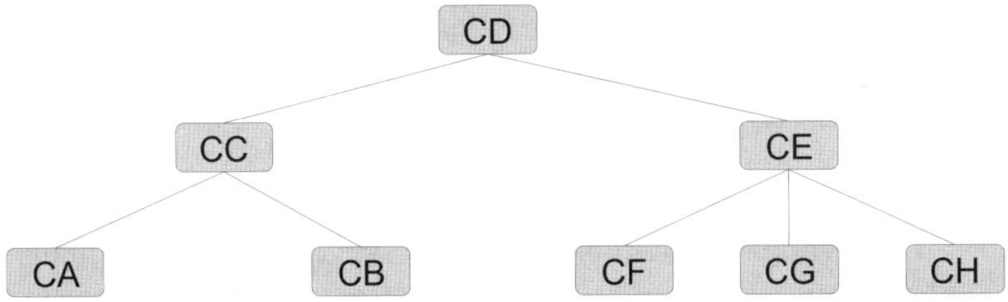

Abbildung 7.4
Beispiel einer X.509-Zertifizierungshierarchie

In diesem Beispiel kann eine Instanz A, die der Zertifizierungsinstanz CA vertraut, den öffentlichen Schlüssel der Instanz H, deren Schlüssel von der Zertifizierungsinstanz CH zertifiziert wird, durch eine *Kette von Zertifikaten* prüfen. In der Notation von X.509 wird eine solche Zertifikatkette wie folgt dargestellt:

$$X_1 << X_2 >> X_2 << B >>$$

In dieser Kette zertifiziert die Zertifizierungsinstanz X_2 die Instanz B. X_2 wird wiederum von der Zertifizierungsinstanz X_1 zertifiziert. Damit die Kette auch in der umgekehrten Richtung gebildet werden kann, muss X_2 auch X_1 zertifizieren. Die Länge von Zertifikatketten wird in X.509 nicht beschränkt. Möchte Instanz A in dem in Abbildung 7.4 dargestellten Beispiel den öffentlichen Schlüssel von

Instanz H prüfen, so benötigt sie hierfür die folgende Zertifikatkette:

$$CA \ll CC \gg CC \ll CD \gg CD \ll CE \gg CE \ll CH \gg CH \ll H \gg$$

Nachteilig an diesem Vorgehen ist die Abhängigkeit der Sicherheit von der Integrität aller Zertifikate der Kette. Wird ein einziger privater Schlüssel kompromittiert, können keine Sicherheitseigenschaften mehr gewährleistet werden. In einigen Systemen ist man daher dazu übergegangen, Cross-Zertifizierungen einzuführen, die eine Verifikation über mehrere Wege erlauben oder zumindest die Anzahl der Zwischenschritte reduzieren können.

Speicherung in öffentlichen Verzeichnissen

Da die Zertifikate nicht gefälscht werden können, wenn die Zertifizierungsinstanzen sicher betrieben werden, können sie in einem öffentlichen Verzeichnis gespeichert werden. X.509 sieht hierfür den Verzeichnisdienst X.500 vor und enthält entsprechende ASN.1-Definitionen der erforderlichen Datenformate.

Gründe für vorzeitige Invalidierung

In der Regel wird ein neues Zertifikat rechtzeitig vor dem Ablauf des bis dahin gültigen Zertifikats ausgestellt. Unter den folgenden Umständen kann es aber auch vor diesem Ablauf erforderlich werden, ein Zertifikat zu invalidieren:

- Es besteht der Verdacht, dass der private Schlüssel einer Instanz bekannt geworden ist.
- Die ausstellende Zertifizierungsinstanz zertifiziert eine bestimmte Instanz nicht mehr.
- Es besteht der Verdacht, dass der private Schlüssel einer Zertifizierungsinstanz bekannt geworden ist. In einem solchen Fall müssen alle mit diesem Schlüssel signierten Zertifikate invalidiert werden.

Certificate Revocation List

Daher werden in dem X.500-Verzeichnis zusätzlich zu den Zertifikaten sogenannte *Certificate Revocation Lists* (CRLs) gespeichert, die alle invalidierten Zertifikate enthalten. Bei der Prüfung eines Zertifikats muss deshalb auch ermittelt werden, ob es nicht bereits invalidiert wurde. Hierzu ist in der Regel der Verzeichnisdienst zu befragen.

7.5.2 Direkte Authentisierungsprotokolle nach X.509

Die X.509-Empfehlung definiert außer einer passwortbasierten, sogenannten »einfachen« Authentisierung drei als »stark« bezeichnete kryptografische Authentisierungsprotokolle, die aufeinander aufbauen und im Folgenden beschrieben werden.

1. Soll lediglich Instanz A gegenüber Instanz B authentisiert werden, so sendet A die folgende Nachricht an B *(One-Way-Authentication)*:

   One-Way-Authentication

   $$A \rightarrow B\colon\ (A[t_A, r_A, B, sgnData, \{K_{A,B}\}_{+K_B}], CA{<<}A{>>})$$

   Diese enthält eine von A signierte Nachricht und das Zertifikat $CA{<<}A{>>}$. Die signierte Nachricht wiederum enthält einen Zeitstempel t_A, einen innerhalb der Gültigkeit des Zeitstempels eindeutigen und zufälligen Wert r_A, den Namen von B, optionale Nutzinformation $sgnData$ und einen ebenfalls optionalen Sitzungsschlüssel $K_{A,B}$, der mit dem öffentlichen Schlüssel $+K_B$ von B chiffriert ist.
2. Nach Empfang dieser Nachricht prüft B mit $+K_{CA}$ das erhaltene Zertifikat und entnimmt diesem den öffentlichen Schlüssel $+K_A$ von A. Um die Authentizität des Schlüssels zu überprüfen, muss B gegebenenfalls weitere Zertifikate aus einem öffentlichen Verzeichnis beschaffen und eine Zertifikatkette von der eigenen Zertifizierungsinstanz bis hin zu dem öffentlichen Schlüssel von A überprüfen. Anschließend prüft B mit dem Schlüssel $+K_A$ die von A berechnete Signatur über die erhaltene Nachricht. Basierend auf den Werten t_A, r_A und B akzeptiert B dann die Authentisierung oder lehnt diese ab. Das Verfahren erfordert bei allen Teilnehmern synchronisierte Uhren. Um den zu tolerierenden Uhrenversatz nicht zu klein wählen zu müssen, wird der Wert r_A von B bis zum Ablauf der Gültigkeit des Zeitstempels t_A gespeichert. Innerhalb dieser Zeitspanne akzeptiert B keine Authentisierungsnachrichten von A mit dem gleichen r_A.
3. Wird eine beidseitige Authentisierung gewünscht, so sendet B eine ähnliche Nachricht an A *(Two-Way-Authentication)*:

   Two-Way-Authentication

   $$B \rightarrow A\colon\ (B[t_B, r_B, A, r_A, sgnData, \{K_{B,A}\}_{+K_A}], CA{<<}B{>>})$$

   Der in der Nachricht enthaltene Zeitstempel wird nicht unbedingt benötigt, da A prüfen kann, ob der Wert r_A mit dem von ihr zuvor gesendeten und für den aktuellen Dialog erzeugten Wert übereinstimmt.
4. Stehen keine synchronisierten Uhren zur Verfügung, so kann die sogenannte *Three-Way-Authentication* abgewickelt werden. Hierzu sendet A zusätzlich die folgende Nachricht an B:

   Three-Way-Authentication

   $$A \rightarrow B\colon\ \{A[r_B]\}$$

In diesem Fall authentisiert sich A gegenüber B dadurch, dass sie in der Lage ist, die von B in dem aktuellen Dialog erzeugte Zufallszahl r_B zu signieren.

Die Protokolle sind auch mit symmetrischer Kryptografie zu verwenden.

Die X.509-Empfehlung sieht für die digitalen Signaturen der Nachrichten die Verwendung asymmetrischer Verschlüsselungsverfahren vor. Die oben beschriebenen Authentisierungsprotokolle können aber ebenso mit einem auf symmetrischer Kryptografie beruhenden Signierverfahren ausgeführt werden. In diesem Fall müssen sich A und B zuvor auf einen gemeinsamen Authentisierungsschlüssel $AK_{A,B}$ einigen und die Übermittlung und Überprüfung von Zertifikaten kann entfallen.

7.6 Sicherheit ausgehandelter Sitzungsschlüssel

Die bisher in diesem Kapitel diskutierten kryptografischen Protokolle realisieren eine Instanzenauthentisierung und handeln dabei gleichzeitig einen Sitzungsschlüssel für die sich anschließende Kommunikationsbeziehung aus. Genauer betrachtet besteht die »Aushandlung« des Schlüssels jeweils daraus, dass eine Instanz den Schlüssel vorgibt und an die andere(n) Instanz(en) verteilt.

Fehlende Authentisierung bei Diffie-Hellman

In Abschnitt 4.5 wurde das Diffie-Hellman-Verfahren für die Schlüsselaushandlung vorgestellt und bereits darauf hingewiesen, dass es für sich alleine keine Authentisierung der ausgetauschten Nachrichten realisiert, sodass beide Instanzen ohne zusätzliche kryptografische Maßnahmen nicht sicher sein können, mit welcher Instanz sie einen Sitzungsschlüssel ausgetauscht haben. Dieser Umstand legt die Idee nahe, den Diffie-Hellman-Schlüsselaustausch mit einer zusätzlichen Nachrichtenauthentisierung zu verknüpfen, beispielsweise dadurch, dass nach oder während der Schlüsselaushandlung jede Instanz eine Signatur über alle von ihr gesendeten Nachrichtenelemente berechnet und an die Partnerinstanz schickt.

Hierfür muss jedoch auf einen bereits bei beiden Seiten vorhandenen Authentisierungsschlüssel beziehungsweise auf zertifizierte öffentliche Schlüssel zurückgegriffen werden. Es stellt sich somit die Frage, welcher zusätzliche Nutzen aus der Verwendung des Diffie-Hellman-Verfahrens erwachsen kann, wenn sich seine Absicherung auf andere Schlüssel abstützen muss? Schließlich können doch diese Authentisierungsschlüssel ebenso gut direkt zur Verteilung des Sitzungsschlüssels herangezogen werden.

Vorteile der Schlüsselaushandlung mit Diffie-Hellman

Dennoch ist je nach den an die Schlüsselverteilung gestellten Sicherheitsanforderungen die Verwendung des Diffie-Hellman-Verfahrens gewinnbringend beziehungsweise notwendig, weil mit diesem Verfahren eine Sicherheitseigenschaft gewährleistet werden kann, die eine unmittelbare Verteilung der Sitzungsschlüssel nicht erbringen kann und die im englischen Sprachgebrauch als *Perfect Forward Secrecy* bezeichnet wird.

Perfect Forward Secrecy

Definition 7.4 *Ein kryptografisches Protokoll zur Schlüsselaushandlung gewährleistet die Eigenschaft der* **Perfect Forward Secrecy** *genau dann, wenn eine eventuell in der Zukunft erfolgende Kompromittierung eines Schlüssels keine Auswirkung auf die Sicherheit ausgetauschter oder gespeicherter Daten haben wird, die mit einem Sitzungsschlüssel geschützt sind, der mithilfe des erst zu einem späteren Zeitpunkt kompromittierten Schlüssels ausgehandelt wurde.*

Die in diesem Kapitel vorgestellten kryptografischen Protokolle können keine Perfect Forward Secrecy gewährleisten. Wird beispielsweise bei der Authentisierung und Schlüsselverteilung mit Kerberos zu einem späteren Zeitpunkt der Authentisierungsschlüssel K_A bekannt, so kann ein Angreifer nachträglich alle aufgezeichneten Nachrichten dechiffrieren, indem er zunächst den Sitzungsschlüssel $K_{A,TGS}$ aus der Antwortnachricht des Authentisierungsservers an A berechnet und anschließend mit diesem Schlüssel den Sitzungsschlüssel $K_{A,S1}$ aus der Antwortnachricht des Ticket-Granting-Servers an A in Erfahrung bringt.

Mit dem Diffie-Hellman-Verfahren kann Perfect Forward Secrecy gewährleistet werden.

Handeln zwei Instanzen A und B einen Sitzungsschlüssel $SK_{A,B}$ jedoch mithilfe des Diffie-Hellman-Verfahrens aus und authentisieren ihre Nachrichten mit einem gemeinsamen Authentisierungsschlüssel $AK_{A,B}$, so kann ein Angreifer nachträglich nicht mithilfe des Authentisierungsschlüssels den Sitzungsschlüssel in Erfahrung bringen. Er müsste hierfür immer noch das Diffie-Hellman-Problem lösen und von diesem wird angenommen, wie bereits erwähnt, dass dazu der diskrete Logarithmus berechnet werden muss. Im Nachhinein ist es dem Angreifer auch nicht mehr möglich, das Diffie-Hellman-Verfahren aktiv nach dem Man-in-the-Middle-Schema anzugreifen, da der Dialog bereits stattgefunden hat und somit von ihm nicht mehr manipuliert werden kann. Aus diesem Grund wird das Diffie-Hellman-Verfahren in einigen Netzsicherheitsprotokollen zur Schlüsselaushandlung eingesetzt. Diese Protokolle werden im zweiten Teil dieses Buches noch eingehend erläutert.

7.7 Fortgeschrittene Verfahren zur Passwortauthentisierung

Das systematische Durchprobieren von Passwörtern ist ein signifikantes Problem verbreiteter Authentisierungsprotokolle.

Alle bisher in diesem Kapitel vorgestellten Verfahren, die eine Authentisierung auf Basis von Passwörtern bieten, etwa Kerberos und das Otway-Rees-Protokoll, haben eine gemeinsame Schwäche: Passive Angreifer können die ausgetauschten Nachrichten mitlesen und anschließend systematisch Passwörter ausprobieren. Beim Otway-Rees-Protokoll gelingt dieser Ansatz beispielsweise bereits mit der ersten Nachricht. Der Angreifer kann versuchen, den Term $\{r_A, i_A, A, B\}_{K_{A,TTP}}$ zu entschlüsseln, und weiß, dass er $K_{A,TTP}$ ermittelt hat, wenn sich gültige Werte für A, B und i_a ergeben. Selbst wenn die Passwortauthentisierung durch einen Diffie-Hellman-Austausch gesichert wird, kann ein Angreifer durch einen Man-in-the-Middle-Angriff an kryptografische Werte gelangen, die es ihm ermöglichen, Passwörter zu probieren, ohne dass er dazu Nachrichten austauschen müsste. Durch die hohe Rechengeschwindigkeit heutiger Systeme (insbesondere GPUs und Cloud-Ressourcen) können solche systematischen Überprüfungen schnell Passwörter einer so hohen Komplexität erfordern, dass sie für Menschen nicht mehr handhabbar werden.

Key Derivation Functions können den Aufwand des Angreifers linear erhöhen.

Einen ersten Ausweg bieten sogenannte *Key Derivation Functions (KDF)*, die sich dadurch auszeichnen, dass Passwörter durch aufwendige Rechenoperationen in den eigentlichen Schlüssel umgewandelt werden. Somit muss auch der Angreifer mehr Rechenleistung investieren, um die Passwörter durchzuprobieren. Dabei ist allerdings festzuhalten, dass dies nur einen begrenzten Vorteil bietet, da Angreifer häufig auf viel leistungsfähigere Systeme Zugriff besitzen, und durch eine längere Berechnungszeit für die KDF sich nur ein linearer Vorteil ergibt. Dahingegen wächst der Aufwand für den Angreifer mit der Passwortlänge exponentiell.

PAKE-Schemata nutzen asymmetrische Kryptografie, um Offlineangriffe stark zu erschweren.

Eine bessere Möglichkeit bieten sogenannte PAKE-Protokolle (*Password-Authenticated Key Exchange*). Kernidee ist es hierbei, asymmetrische Kryptografie zu verwenden, um einen Schlüsselaustausch zu realisieren, der mit dem Passwort authentisiert wird. Im Unterschied zur einfachen Diffie-Hellman-basierten Authentisierung soll es bei einem falschen Passwort keiner der beiden Parteien bei akzeptablem Rechenaufwand möglich sein, irgendetwas zu schlussfolgern, außer dass dieses eine Passwort offensichtlich falsch war. Die Verfahren gehören damit zu den sogenannten *Zero-Knowledge-Protokollen*.

Ein erstes PAKE-Schema

Ein erstes, sehr einfaches Protokoll, welches zur Kategorie der PAKE-Schemata gehört, ist *Encrypted Key Exchange (EKE)* [BM92]. Hierin wollen zwei Parteien A und B einen gemeinsamen symmetrischen Schlüssel K_r aushandeln und diesen auf Basis des gemeinsamen Passworts $K_{A,B}$ authentisieren.

1. Im ersten Schritt wählt A dazu einen temporären öffentlichen Schlüssel $+K_{ar}$ und sendet ihn verschlüsselt mit dem gemeinsamen Geheimnis an B:

$$A \rightarrow B\colon\ A, \{+K_{ar}\}_{K_{A,B}}$$

2. Nach Empfang der Nachricht kann B den öffentlichen Schlüssel $+K_{ar}$ dechiffrieren und generiert einen zufälligen gemeinsamen Sitzungsschlüssel K_r mit hoher Entropie. Dieser wird sowohl durch $+K_{ar}$ als auch durch $K_{A,B}$ verschlüsselt und an A zurückgesendet:

$$B \rightarrow A\colon\ \{\{K_r\}_{+K_{ar}}\}_{K_{A,B}}$$

3. Anschließend besitzen A und B das gemeinsame Geheimnis K_r und können sich durch das Austauschen der Nonces r_A und r_B davon überzeugen, dass beide im Besitz desselben Sitzungsschlüssels sind:

$$A \rightarrow B\colon\ \{r_A\}_{K_r}$$
$$B \rightarrow A\colon\ \{r_A, r_B\}_{K_r}$$
$$A \rightarrow B\colon\ \{r_B\}_{K_r}$$

An dieser Stelle ist implizit klar, dass beide $K_{A,B}$ kannten und kein Man-in-the-Middle-Angriff stattgefunden hat.

Voraussetzungen für die Sicherheit von EKE

Eine Voraussetzung für die Sicherheit von EKE ist, dass der Wert $+K_{ar}$ nicht von einer Zufallszahl zu unterscheiden ist. Andernfalls kann der Angreifer anhand der ersten Nachricht auf $K_{A,B}$ Rückschlüsse ziehen. Implementierungen müssen diesen Umstand berücksichtigen, daher schlugen die Autoren von EKE vor, beim Einsatz von RSA nur e nicht aber n zu verschlüsseln, da n sich dadurch auszeichnet, dass es keine kleinen Primfaktoren hat. Auch in der zweiten Nachricht darf der von $K_{A,B}$ verschlüsselte Term nicht von einer Zufallsfolge zu unterscheiden sein, damit ein Angreifer keine Werte für $K_{A,B}$ durchprobieren kann. Durch die doppelte Verschlüsselung von K_r im zweiten Schritt kann K_r später von einem Angreifer auch nicht direkt mit $K_{A,B}$ in Zusammenhang gebracht werden.

EKE in Verbindung mit RSA ist unsicher.

Das hier vorgestellte EKE ist in Verbindung mit RSA jedoch unsicher, wie folgende Überlegung zeigen wird [Pat97]. Ein aktiver Angreifer kann im ersten Schritt des Verfahrens einfach $n = pq$ so wählen, dass $(p-1)$ und $(q-1)$ jeweils durch 3 teilbar sind. Dieses n sendet er zusammen mit einer Zahl X an B, sodass B glaubt, bei X handle es sich um den verschlüsselten öffentlichen Schlüssel. B »entschlüsselt« X und erhält eine zufällige Zahl e', die mit einer Wahrscheinlichkeit von $1/3$ ihrerseits durch 3 teilbar ist. B sendet jetzt im zweiten Schritt $\{K_r^{3k} \bmod n\}_{K_{A,B}} = Y$ an den Angreifer. Dieser kann nun für verschiedene Passwörter P' testen, ob $D(P',Y)^{\frac{p-1}{3}} \bmod p = D(P',Y)^{\frac{q-1}{3}} \bmod q = 1$. Beide Terme müssen für das echte Passwort 1 sein, da:

$$\begin{aligned}(K_r^{3k} \bmod n)^{\frac{p-1}{3}} \bmod p &\equiv \\ (K_r^{3k})^{\frac{p-1}{3}} \bmod p &= \\ (K_r^{k})^{p-1} \bmod p &= \\ (K_r^{k})^{\Phi(p)} \bmod p &= 1 \qquad \text{(nach Satz 4.8)}\end{aligned}$$

Für q gilt die analoge Herleitung. Das Erfüllen der Gleichung lässt nicht zwangsläufig auf ein korrektes Passwort schließen, da in $1/9$ der Fälle sich zufällig bei beiden Termen 1 ergeben kann. Durch mehrfaches Durchführen des Verfahrens mit zufälligen X-Werten lässt sich das echte Passwort aber extrem schnell eingrenzen.

DH-EKE bietet Perfect Forward Secrecy.

Zusätzlich zu diesem Sicherheitsproblem besitzt das erste EKE-Protokoll ein weiteres Problem: Es bietet keine Perfect Forward Secrecy. Neben diesem Protokoll haben die Autoren jedoch ein zweites vorgestellt, welches im Folgenden zur besseren Differenzierung *DH-EKE* genannt wird. Dessen Ablauf ist im Wesentlichen ein geschickt authentisierter Diffie-Hellman-Austausch:

1. $A \to B\colon\ A, \{g^{r_a} \bmod p\}_{K_{A,B}}$
2. $B \to A\colon\ B, \{g^{r_b} \bmod p\}_{K_{A,B}}, \{c_b\}_{K_s}$
3. $A \to B\colon\ B, \{c_a \mid\mid c_b\}_{K_s}$
4. $B \to A\colon\ B, \{c_a\}_{K_s}$

Der Sitzungsschlüssel K_s entspricht dem Diffie-Hellman-Geheimnis $g^{r_a r_b} \bmod p$, wodurch die Stärke des Verfahrens nicht mehr unabhängig vom asymmetrischen Kryptosystem ist. Implizit wird davon ausgegangen, dass die Diffie-Hellman-Vermutung zutrifft. Wie auch beim vorher vorgestellten EKE-Verfahren dürfen mit $K_{A,B}$ gesicherte Werte nicht von zufälligen zu unterscheiden sein. Dazu muss p so gewählt werden, dass es möglichst wenige unzulässige Werte für die Blockgröße der symmetrischen Chiffre gibt.

Würde etwa ein p mit einer Länge von 1023 bit gewählt und die Blockgrenze bei 1024 bit liegen, könnten verschiedene Wert für $K_{A,B}$ durchprobiert werden. Immer wenn dabei eine Zahl größer p entsteht, kann der Wert ausgeschlossen werden.

Patentrechtliche Probleme führten zur Entwicklung alternativer PAKE-Schemata.

Beide EKE-Verfahren haben jedoch zwei grundlegende Probleme: Sie waren lange Zeit durch ein sehr allgemein gehaltenes Patent geschützt [BM93] und der Server muss Passwörter im Klartext speichern. Vor allem aus dem erstgenannten Grund ist eine ganze Reihe von alternativen Verfahren entwickelt worden, deren vollständige Diskussion jedoch nicht im Rahmen dieses Buches erfolgen kann. Das sogenannte *Dragonfly*-Protokoll wird jedoch im Kontext der WLAN-Sicherheit in Abschnitt 15.2.2 diskutiert werden. Im Folgenden wird noch auf das *Secure Remote Password (SRP)* eingegangen, welches sich bisher am weitesten durchgesetzt hat.

Das SRP-Protokoll (Secure Remote Password)

Das SRP-Protokoll existiert in einer Reihe von leichten Variationen in unterschiedlichen Veröffentlichungen und Standards. So ist beispielsweise das SRP-3-Protokoll im Jahr 2000 in einem RFC publiziert worden [Wu00]. Die aktuellste Version ist das nun vorgestellte SRP-6a [Wu02].

Initialisierung des Verfahrens

Der Server B bestimmt zunächst einen Zufallswert $s_{A,B}$, der gemeinsam mit Namen und Passwort des Nutzers durch eine kryptografische Hashfunktion gesichert wird. Bei $s_{A,B}$ spricht man von einem *Salt-Wert*, welcher Wörterbuchangriffe erschweren soll, da für jeden Nutzer einzeln Hashwerte berechnet werden müssen. Es ergibt sich $x = H(s_{A,B} \mid\mid \mathit{username} \mid\mid \mathit{password})$ und ein sogenannter Verifier $v = g^x \bmod p$. Letzterer wird zusammen mit Nutzernamen und Salt im Server gespeichert.

Ablauf des Austausches

Das eigentliche Authentisierungsprotokoll arbeitet mit vier Nachrichten:

1. Im ersten Schritt des Protokolls sendet A nur seinen Nutzernamen, da der Salt-Wert noch nicht bekannt ist, und demzufolge das Passwort nicht verarbeitet werden kann:

$$A \rightarrow B\colon\ A$$

2. Der Server B antwortet mit den Werten p, g und $s_{A,B}$ im Klartext. Die Primzahl und der Generator sind bereits in die Berechnung des Verifiers eingegangen und müssen daher vom Server vorgegeben werden. Außerdem enthält die Nachricht den ersten Teil eines Diffie-Hellman-Austausches, in dem zu g^{r_b} ein Vielfaches des Verifiers v addiert wurde:

$$B \to A\colon\ p, g, s_{A,B}, \overbrace{\big(\underbrace{H(g \,||\, p)}_{k} \cdot v + g^{r_b}\big) \bmod p}^{Y_B}$$

3. A berechnet nun seinen Teil des Diffie-Hellman-Austausches $Y_A = g^{r_a} \bmod p$, einen kryptografischen Prüfwert über die Diffie-Hellman-Werte $u = H(Y_A, Y_B) \bmod p$ und das gemeinsame Geheimnis $S = (Y_B - k \cdot g^x)^{r_a + ux} \bmod p$. Der Prüfwert u sichert dabei zu, dass das Geheimnis nur korrekt berechnet werden kann, wenn kein Man-in-the-Middle-Angriff erfolgt ist. Die Antwort enthält neben Y_A auch den Nachweis, dass A das Geheimnis S berechnen konnte:

$$A \to B\colon\ \overbrace{g^{r_a} \bmod p}^{Y_A}, H(Y_A, Y_B, S)$$

4. Auch B berechnet das Geheimnis $S' = (Y_A v^u)^b \bmod p$, welches ohne Man-in-the-Middle-Angriff S entspricht, und weist die Kenntnis A nach:

$$B \to A\colon\ H(Y_A, H(Y_A, Y_B, S), S)$$

Nach erfolgreichem Abschluss des Austausches können beide Parteien einen Sitzungsschlüssel $K_s = H(S)$ ableiten.

Sicherheit von SRP

In Bezug auf die Sicherheit ist SRP ein sogenanntes *Augmented PAKE-Schema*, das heißt, selbst wenn ein Angreifer einen Server übernimmt, hat er nicht sofort Zugriff auf die Passwörter. Stattdessen muss er jedes Passwort einzeln durch »Ausprobieren« finden, den Verifier v kann er außerdem nicht benutzen, um sich als Client gegenüber anderen Servern zu authentisieren. Dies gilt selbst wenn diese den gleichen Salt-Wert benutzen sollten, weil sie etwa die gleiche Passwortdatenbank verwenden, da bei der Berechnung aufseiten des Clients der Wert x benötigt wird. Eine Grundannahme von SRP war allerdings, dass auch Passwörter mit niedriger Entropie verwendet werden können, sodass der Sicherheitsgewinn durch das Salt-Verfahren häufig vergleichsweise gering sein dürfte. Die Berechnung des Verifiers schützt insbesondere nicht davor, dass ein Angreifer sich nach dem Kompromittieren einer Authentisierungsdatenbank nicht als ein Server mit gleichem Passwort ausgeben kann. SRP nutzt außerdem Berechnungen auf einem Zahlenkörper und nicht auf Basis einer Gruppe, sodass es nicht mit Kryptografie auf Basis elliptischer Kurven funktioniert. SRP ist wie EKE patentrechtlich geschützt, allerdings wird jedem eine freie Nutzung des Verfahrens garantiert.

7.8 Formale Betrachtung kryptografischer Protokolle

In der Literatur sind eine Reihe von Beispielen bekannt, in denen ein kryptografisches Protokoll Schwächen beinhaltete, sodass ein Angreifer das Protokoll beeinflussen konnte, ohne dass hierfür der Besitz eines entsprechenden Schlüssels erforderlich war oder der von dem Protokoll verwendete kryptografische Algorithmus gebrochen werden musste [Mea95]. Beispiele hierfür sind das *Needham-Schroeder-Protokoll* [NS78], das es einem Angreifer ermöglichte, einen alten und gegebenenfalls kompromittierten Schlüssel als neuen Sitzungsschlüssel vorzugeben (vergleiche hierzu auch Abschnitt 7.3) [DS81], das Authentisierungsprotokoll einer Draft-Version des internationalen Standards *X.509* [IT87], das eine ähnliche Lücke beinhaltete [BAN90], sowie das *Lizenzierungssystem für Software von Purdy, Simmons und Studier* [PSS82], das ein Angreifer durch Kombinieren aufgezeichneter Nachrichten umgehen konnte [Sim85].

Diese Beispiele zeigen, dass eine formale Betrachtung kryptografischer Protokolle erforderlich ist, da Sicherheitslücken in den Protokollen mit informalen Methoden nicht in ausreichendem Maße analysiert werden können. Im Folgenden wird daher zunächst ein Überblick über gängige Ansätze auf diesem Gebiet gegeben und im Anschluss ein gut handhabbarer, sehr erfolgreicher Ansatz, die *GNY-Logik*, näher beschrieben.

7.8.1 Klassifikation von Ansätzen zur formalen Untersuchung

Für die formale Untersuchung kryptografischer Protokolle wurden eine Reihe von Ansätzen entwickelt, die in die folgenden vier Kategorien eingeteilt werden können [Mea92]:

Allgemeine Ansätze

1. *Allgemeine Ansätze zum Nachweis bestimmter Programmeigenschaften:* Verfahren dieser Kategorie betrachten kryptografische Protokolle als herkömmliche Programme und untersuchen sie mit üblichen Methoden der Softwareverifikation, wie automatenbasierten Ansätzen [Sid86, Var89] oder Prädikatenlogik [Kem89], beziehungsweise verwenden besondere

Spezifikationssprachen für die Beschreibung und Untersuchung von Protokollen [Var90]. Der Nachweis der Sicherheit eines kryptografischen Protokolls unterscheidet sich in seinen Anforderungen jedoch erheblich von dem Nachweis der Korrektheit eines Protokolls, da für den Nachweis der Korrektheit in der Regel keine böswilligen Manipulationen betrachtet werden müssen. Die Ansätze dieser Kategorie eignen sich daher nicht in ausreichendem Maße für die Analyse von Angriffen auf kryptografische Protokolle.

Expertensystem-basierte Ansätze

2. *Expertensystembasierte Ansätze:* Ansätze dieser Art verwenden das in Schlussregeln formalisierte Wissen menschlicher Experten und ermöglichen hiermit eine automatisierte und gegebenenfalls interaktive Analyse von kryptografischen Protokollen [LR92, MCF87]. Während dieses Vorgehen gut dafür verwendet werden kann, ein Protokoll auf bekannte Angriffsmuster hin zu untersuchen, eignet es sich weniger zum Aufspüren von Lücken, die auf unbekannten Angriffsmustern beruhen.

Algebraische Ansätze

3. *Algebraische Ansätze:* Ansätze dieser Kategorie modellieren kryptografische Protokolle als algebraische Systeme. Zusätzlich zu den Protokollschritten werden auch das Wissen und die Überzeugungen der Partner eines Authentisierungsdialogs durch das Modell erfasst und das resultierende Modell auf der Grundlage algebraischer Operationen analysiert. Beispiele für Ansätze dieser Kategorie liefern [Mer83, Tou91, Tou92a, Tou92b, WL93].

Logikbasierte Ansätze

4. *Spezielle logikbasierte Ansätze:* Diese Kategorie wurde durch die nach ihren Erfindern Burrows, Abadi und Needham benannte *BAN-Logik* [BAN90] begründet und hat sich seit ihrer Einführung als die erfolgreichste Strategie zur formalen Analyse kryptografischer Protokolle bewährt. Ansätze dieser Art definieren eine Reihe von Prädikaten sowie eine Abbildungsvorschrift für die Überführung von ausgetauschten Nachrichten in Formeln und ermöglichen es hiermit, das *Wissen (Knowledge)* und die *Überzeugungen (Belief)*, welche die Partner eines Authentisierungsdialogs im Rahmen eines Protokollablaufs erzielen, zu untersuchen. Es wurden zahlreiche Verbesserungen der BAN-Logik und auf der gleichen Idee basierende erweiterte Ansätze vorgeschlagen [GS91, GNY90, KW94, MB93, Oor93, Sne91]. Weitere logikbasierte Ansätze sind [BKY93, Bie90, Mos89, Ran88, Syv90, Syv91, Syv93a, Syv93b, SO94].

Einer dieser ist die *GNY-Logik* [GNY90], die aufgrund ihrer vergleichsweise weiten Verbreitung und einfachen Nutzung im Folgenden exemplarisch vorgestellt werden soll. Dieser weiterführende Abschnitt kann jedoch auch übersprungen werden, ohne das weitere Verständnis des Buches zu gefährden.

7.8.2 Die GNY-Logik*

Die GNY-Logik wurde nach ihren Erfindern *Li Gong, Roger Needham* und *Raphael Yahalom* benannt und 1990 in [GNY90] erstmals veröffentlicht. Der Schwerpunkt einer Analyse mithilfe dieser Logik liegt darin, das *Wissen* und die *Überzeugungen*, welche die Partner eines kryptografischen Protokolls im Laufe eines Dialogs gewinnen können, systematisch aus den zuvor spezifizierten Voraussetzungen und den ausgetauschten Nachrichten herzuleiten.

Wissen und Überzeugungen

Wissen bezeichnet hierbei die Kenntnis gewisser Datenwerte, die im Laufe des Dialogs ausgetauscht beziehungsweise ausgehandelt werden (zum Beispiel Schlüssel), während *Überzeugungen* die ausgetauschten Daten bewerten. Beispiele für Überzeugungen sind die Annahmen, dass eine Nachricht von einem bestimmten Kommunikationspartner (und damit nicht von einem Angreifer) gesendet wurde, dass ein mitgeteilter Wert geeignet ist, als Sitzungsschlüssel verwendet zu werden, oder dass eine bestimmte Nachricht keine Wiederholung einer früher gesendeten Nachricht ist.

Protokollmodell der GNY-Logik

Ein kryptografisches Protokoll wird hierbei als verteilter Algorithmus angenommen, der durch kommunizierende Zustandsautomaten realisiert wird. Nachrichten, die zwischen den Automaten ausgetauscht werden, können während der Übertragung von einem Angreifer beliebig verzögert, wiedereingespielt, gelöscht, modifiziert sowie vom Angreifer erfunden und eingefügt werden. Es wird weiterhin angenommen, dass die zur Sicherung der ausgetauschten Nachrichten eingesetzten kryptografischen Algorithmen von Angreifern nicht gebrochen werden können. Jeder Partner eines kryptografischen Protokolls verwaltet zwei disjunkte Mengen:

1. *Knowledge*, die Menge der Datenwerte, die er besitzt beziehungsweise im Laufe des Dialogs erhält, und *(Knowledge)*
2. *Belief*, die Menge der Überzeugungen über diese Datenwerte. *(Belief)*

Diese Mengen erhalten vor einem Protokollablauf initiale Elemente, die aus den Voraussetzungen des Authentisierungsprotokolls gewonnen werden. Im Laufe der Protokollbearbeitung können aus den erhaltenen Nachrichten neue Elemente für diese Mengen gewonnen werden. Für die Notation dieser Elemente lassen sich die folgenden Ausdrucksmittel verwenden:

Formeln

- *Formeln* dienen als Namen für Variablen, die beliebige Bitmuster enthalten können. In der Notation der GNY-Logik bezeichnen X und Y beliebige Datenwerte, während K und S für Schlüssel und gemeinsame Geheimnisse verwendet werden. Mit X und Y ist auch die Vereinigung dieser Werte (X, Y) eine Formel, wobei die Vereinigung in der Logik als Menge mit den Eigenschaften Assoziativität und Kommutativität behandelt wird.

  Des Weiteren bezeichnet $\{X\}_K$ den mit dem Schlüssel K symmetrisch verschlüsselten Wert X und $\{X\}_K^{-1}$ den zu X und dem Schlüssel K gehörenden Klartext nach Entschlüsselung mit einem symmetrischen Verfahren. Es gilt somit $\{\{X\}_K\}_K^{-1} = X$.

  Für die Notation asymmetrischer Verfahren wird entsprechend $\{X\}_{+K}$ und $\{X\}_{-K}$ verwendet und es gilt $\{\{X\}_{+K}\}_{-K} = X$.

  $H(X)$ bezeichnet den Wert, der aus der Anwendung einer kryptografischen Hashfunktion auf den Wert X resultiert. $F(X)$ bezeichnet schließlich eine mit vertretbarem Aufwand umkehrbare Funktion, wie etwa die XOR-Operation.

Aussagen

- *Aussagen C* beschreiben das Wissen und die Überzeugungen der Partnerinstanzen eines Protokolls über bestimmte Formeln. Seien P und Q mögliche Partnerinstanzen eines Protokolls und X, S und $+K$ Formeln, dann können die folgenden Aussagen gebildet werden:

  Erhalt einer Nachricht

  - $P \triangleleft X$: Instanz P erhält die Nachricht X. Die Nachricht X kann hierbei der erhaltenen Nachricht entweder direkt oder durch Anwenden einer den Partnern bekannten Berechnungsvorschrift entnommen werden.

  Besitz einer Formel

  - $P \ni X$: Instanz P besitzt die Formel X. Eine Instanz besitzt alle initialen Elemente der Menge Knowledge sowie alle Formeln, die sie im Laufe eines Protokollablaufs erhält. Darüber hinaus besitzt sie alle Formeln, die sie aus den bereits vorhandenen Formeln berechnen kann.

  Übertragen einer Formel

  - $P \mid\!\sim X$: Instanz P hat X übertragen. Die Formel X kann wiederum direkt in einer Nachricht übermittelt worden sein oder aus einer von P übermittelten Nachricht berechnet werden.

- $P \mid\equiv \#(X)$: Instanz P ist der Überzeugung, dass die Formel X *neu* ist, das heißt, dass diese Formel auch in früheren Protokolldialogen noch nicht verwendet wurde. Diese Eigenschaft kann beispielsweise dadurch gewährleistet werden, dass die Formel X mit einem Zufallsgenerator erzeugt wurde. *Aktualität einer Formel*
- $P \mid\equiv \phi(X)$: Instanz P ist der Überzeugung, dass sie die Formel X erkennen kann. Hierzu kann P beispielsweise ein bestimmtes Wissen über die Struktur der Formel X haben, bevor sie die Formel erhält. Weiterhin ist es möglich, dass P in der Formel einen bestimmten Wert wiedererkennen kann oder die Formel eine gewisse Redundanz enthält. Diese Eigenschaft wird dann benötigt, wenn verhindert werden soll, dass eine Instanz einen zufällig erzeugten Wert als Formel akzeptiert. *Erkennbarkeit einer Formel*
- $P \mid\equiv P \overset{S}{\longleftrightarrow} Q$: Instanz P ist der Überzeugung, dass der Wert S ein geeignetes Geheimnis zur Sicherung der zwischen P und Q ausgetauschten Nachrichten ist. Bei diesem Geheimnis kann es sich beispielsweise um einen symmetrischen Chiffrierschlüssel oder einen Wert für die Signatur mittels kryptografischer Hashfunktionen handeln. Diese Notation ist symmetrisch, das heißt, $P \overset{S}{\longleftrightarrow} Q$ und $Q \overset{S}{\longleftrightarrow} P$ können synonym verwendet werden. *Vertraulichkeit einer Formel*
- $P \mid\equiv \overset{+K}{\longrightarrow} Q$: Instanz P ist der Überzeugung, dass der Wert $+K$ der öffentliche Schlüssel von Q ist und dass der zugehörige private Schlüssel $-K$ nur Q bekannt ist. *Authentizität öffentlicher Schlüssel*

Des Weiteren können aus Aussagen C_1 und C_2 weitere Aussagen gebildet werden:

- C_1, C_2: Die Vereinigung von Aussagen wird in der GNY-Logik als Vereinigung von Mengen mit den Eigenschaften Assoziativität und Kommutativität behandelt. *Vereinigung von Aussagen*
- $P \mid\equiv C_1$: Instanz P ist der Überzeugung, dass die Aussage C_1 wahr ist. *Überzeugungen über Aussagen*
- $P \mid\Longrightarrow C1$: Instanz P ist kompetent, die Aussage $C1$ zu beurteilen. *Kompetenz*

Eine Formel X kann darüber hinaus noch mit dem »$\star$«-Präfix versehen werden. In diesem Fall weiß die Instanz P, die diese Formel besitzt, dass sie die Formel X in dem aktuellen Protokolldialog nicht selbst erzeugt und übermittelt hat. Ein Beispiel für die Verwendung dieses Präfixes ist die Aussage $P \lhd \star X$. Es wird dafür benötigt, bei der Untersuchung von kryptografischen Protokollen sicherzustellen, dass bestimmte Formeln nicht von einem Angreifer *reflektiert*, das heißt an den eigentlichen Sender einer Nachricht zurückgesendet wurden.

Das Symbol $\star$ wird in der GNY-Logik auch noch in einem anderen Zusammenhang verwendet. Die Aussage $P \mid\Longrightarrow P \mid\equiv \star$ besagt, dass P kompetent ist, alle seine Überzeugungen zu beurteilen.

Schließlich ist es möglich, eine Bedingung C an eine Formel X zu knüpfen, um auszudrücken, dass eine Instanz die Formel X nur dann an eine Partnerinstanz übermitteln soll, wenn die Aussage C wahr ist. Dieser Sachverhalt wird in der GNY-Logik durch das Anhängen des Symbols $\leadsto$ gefolgt von der Aussage C an die Formel X ausgedrückt: $(X \leadsto C)$.

Überführung eines Protokolls in Aussagen

Ein kryptografisches Protokoll wird bei der Untersuchung mit der GNY-Logik zunächst durch eine syntaktische Analyse in Aussagen der oben beschriebenen Form überführt:

- Für jede Zeile der Form $P \to Q: X$ werden zwei Zeilen $P \mid\sim X$ gefolgt von $Q \lhd X$ erzeugt. Es wird hierbei davon ausgegangen, dass der verwendete Übertragungsdienst zuverlässig ist, also keine Fehler auftreten, die nicht auf eine absichtliche Manipulation zurückgeführt werden können.
- Nachdem alle Nachrichten des Protokolls verarbeitet wurden, werden für jeden Partner P des Protokolls sämtliche Zeilen der Form $P \mid\sim X$ und $P \lhd Z$ in der Reihenfolge ihres Auftretens analysiert. Hierbei wird für jede Teilformel Y einer Formel Z in einer Aussage $P \lhd Z$ geprüft, ob sie nicht zuvor in einer Formel X einer Aussage $P \mid\sim X$ vorkommt. Ist das der Fall, so hat P die Nachricht zuvor nicht selbst übertragen und es wird ein »$\star$«-Präfix vor die Teilformel Y gesetzt. Nach diesem Verarbeitungsschritt kann somit auf syntaktischer Ebene erkannt werden, ob eine bestimmte Formel Y möglicherweise von einem Angreifer reflektiert worden sein kann. Ist dieser Verarbeitungsschritt erfolgt, werden alle Zeilen der Form $P \mid\sim X$ gelöscht.
- In einem letzten Schritt werden Formeln der Form $\{\{X\}_K\}_K^{-1}$ zu X reduziert. Eine entsprechende Reduktion wird für asymmetrisch chiffrierte Werte durchgeführt.

Nach diesen vorbereitenden Schritten wird die eigentlich Analyse des Protokolls durchgeführt. Hierbei wird versucht, aus den vorausgesetzten und den im Laufe des Dialogs erhaltenen Formeln durch Anwendung der Schlussregeln der GNY-Logik neue Formeln herzuleiten, bis die Ziele des kryptografischen Protokolls hergeleitet werden konnten.

Protokollziele

Übliche Ziele eines kryptografischen Protokolls sind beispielsweise, dass alle Partner (zum Beispiel P und Q) nach der Abwicklung eines Dialogs einen bestimmten Schlüssel K besitzen und von der Eignung dieses Schlüssel überzeugt sind: $P \ni K$, $Q \ni K$, $P \mid\equiv P \overset{K}{\longleftrightarrow} Q$ und $Q \mid\equiv P \overset{K}{\longleftrightarrow} Q$. Weiterhin kann beispielsweise gefordert sein, dass alle Partner anschließend davon überzeugt sind, dass auch die jeweils anderen Partner von der Eignung des Schlüssels überzeugt sind: $P \mid\equiv Q \mid\equiv P \overset{K}{\longleftrightarrow} Q$ und $Q \mid\equiv P \mid\equiv P \overset{K}{\longleftrightarrow} Q$.

Schlussregeln der GNY-Logik

Für die Herleitung dieser Ziele aus den initialen Voraussetzungen und den im Laufe eines Protokollablaufs hinzukommenden Formeln stellt die GNY-Logik eine Reihe von Schlussregeln bereit, von denen einige an dieser Stelle exemplarisch vorgestellt werden sollen, wobei in Klammern jeweils die von den Erfindern der GNY-Logik gewählten Bezeichner der Regeln angegeben werden:

- *(T1)* Aus dem Erhalt einer Formel $\star X$, die nicht von P selbst generiert wurde, kann insbesondere der Erhalt der Formel X gefolgert werden (Regel T1, »T« kennzeichnet hierbei sogenannte »Being-Told«-Regeln über den Erhalt von Formeln):

$$\frac{P \lhd \star X}{P \lhd X}$$

- *(T2)* Aus dem Erhalt einer zusammengesetzten Formel kann der Erhalt jeder ihrer Teilformeln gefolgert werden (T2):

$$\frac{P \lhd (X, Y)}{P \lhd X}$$

- *(T3)* Erhält P eine mit dem Schlüssel K chiffrierte Formel $\{X\}_K$ und ist P in Besitz des Schlüssels K, so kann hieraus der Erhalt der Formel X gefolgert werden (T3):

$$\frac{P \lhd \{X\}_K,\ P \ni K}{P \lhd X}$$

- *(P1)* Erhält P eine Formel X, so kann hieraus abgeleitet werden, dass P in Besitz der Formel X ist (P1, »P« kennzeichnet generell »Possession«-Formeln über den Besitz von Formeln):

$$\frac{P \lhd X}{P \ni X}$$

(F1) ■ Wenn P von der Aktualität einer Formel X überzeugt ist, dann ist P auch der Ansicht, dass jede Formel, von der X eine Teilformel ist, aktuell ist und dass jeder mit vertretbarem Aufwand berechenbare Funktionswert $F(X)$ aktuell ist (F1, »F« kennzeichnet sogenannte »Freshness«-Regeln über die Aktualität von Formeln):

$$\frac{P \mid\equiv \#(X)}{P \mid\equiv \#(X,Y),\ P \mid\equiv \#(F(X))}$$

(R1) ■ Wenn P von der Erkennbarkeit einer Formel X überzeugt ist, dann folgt hieraus, dass P auch von der Erkennbarkeit jeder zusammengesetzten Formel überzeugt ist, die X als Teilformel enthält, und dass P von der Erkennbarkeit einer mit vertretbarem Aufwand berechenbaren Funktion $F(X)$ überzeugt ist (R1, »R« kennzeichnet »Recognizability«-Regeln über die Erkennbarkeit von Formeln):

$$\frac{P \mid\equiv \phi(X)}{P \mid\equiv \phi(X,Y),\ P \mid\equiv \phi(F(X))}$$

(I1) ■ Erhält P eine mit Schlüssel K chiffrierte Formel $\{X\}_K$, die nicht von ihm selbst erzeugt wurde, und besitzt P den Schlüssel K und hält ihn für einen geeigneten Schlüssel zur Sicherung der Kommunikation mit Q, und ist P der Überzeugung, dass die Nachricht X erkennbar sowie X oder K aktuell ist, dann kann hieraus gefolgert werden, dass P der Überzeugung ist, dass Q die Nachrichten X sowie $\{X\}_K$ gesendet hat und dass Q den Schlüssel K besitzt (I1, »I« kennzeichnet Regeln über die »Interpretation« von Formeln):

$$\frac{P \lhd \star\{X\}_K,\ P \ni K,\ P \mid\equiv P \stackrel{K}{\longleftrightarrow} Q,\ P \mid\equiv \phi(X),\ P \mid\equiv \#(X,K)}{P \mid\equiv Q \mid\sim X,\ P \mid\equiv Q \mid\sim \{X\}_K,\ P \mid\equiv Q \ni K}$$

(J1) ■ Ist P der Überzeugung, dass Q eine Aussage C beurteilen kann, und ist P der Ansicht, dass Q von der Richtigkeit der Aussage C überzeugt ist, so folgt, dass auch P von der Richtigkeit der Aussage C überzeugt ist (J1, »J« kennzeichnet sogenannte »Jurisdiction«-Regeln über die Urteilsfähigkeit von Instanzen):

$$\frac{P \mid\equiv Q \mid\Longrightarrow C,\ P \mid\equiv Q \mid\equiv C}{P \mid\equiv C}$$

(J2) ■ Ist P der Ansicht, dass Q ehrlich und kompetent bezüglich aller seiner Überzeugungen ist ($P \mid\equiv Q \mid\Longrightarrow Q \mid\equiv \star$), und ist

P der Ansicht, dass Q die Nachricht X unter der Bedingung C gesendet hat und dass die Nachricht X aktuell ist, so folgt, dass P der Ansicht ist, dass Q von der Richtigkeit der Aussage C überzeugt ist (J2):

$$\frac{P \mid\equiv Q \mid\Longrightarrow Q \mid\equiv \star,\ P \mid\equiv Q \mid\sim (X \rightsquigarrow C),\ P \mid\equiv \#(X)}{P \mid\equiv Q \mid\equiv C}$$

Für eine umfassende Einführung in die GNY-Logik und eine vollständige Auflistung aller ihrer Regeln wird auf [GNY90] verwiesen. Im Folgenden wird der Einsatz der Logik anhand einer Analyse des Needham-Schroeder-Protokolls verdeutlicht.

7.8.3 Ein Anwendungsbeispiel für die GNY-Logik*

Das in Abschnitt 7.3 eingeführte Needham-Schroeder-Protokoll soll an dieser Stelle noch einmal vertieft betrachtet werden, um die Analyse auf Grundlage der GNY-Logik zu illustrieren. Zusammenfassend besteht es aus den folgenden Nachrichten:

Protokolldefinition

1. $A \rightarrow TTP$: (A, B, r_A)
2. $TTP \rightarrow A$: $\{r_A, B, K_{A,B}, \{K_{A,B}, A\}_{K_{B,TTP}}\}_{K_{A,TTP}}$
3. $A \rightarrow B$: $\{K_{A,B}, A\}_{K_{B,TTP}}$
4. $B \rightarrow A$: $\{r_B\}_{K_{A,B}}$
5. $A \rightarrow B$: $\{r_B - 1\}_{K_{A,B}}$

Bei der folgenden syntaktische Analyse des Protokolls sind für jede Instanz jeweils nur die Nachrichtenteile aufgeführt, die für sie von Interesse sind. So ist beispielsweise für A nicht die mit $K_{B,TTP}$ verschlüsselte Teilnachricht im zweiten Schritt angegeben, da A sie nicht entschlüsseln und somit auch keine weiteren Schlüsse aus ihr ziehen kann. Es ergeben sich die folgenden Formeln:

Syntaktische Analyse

1. $TTP \lhd \star A, \star B, \star r_A$
2. $A \lhd \star\{r_A, B, \star K_{A,B} \rightsquigarrow TTP \mid\equiv A \overset{K_{A,B}}{\longleftrightarrow} B\}_{K_{A,TTP}}$
   $\rightsquigarrow TTP \mid\equiv A \overset{K_{A,B}}{\longleftrightarrow} B$
3. $B \lhd \star\{\star K_{A,B}, \star A\}_{K_{B,TTP}} \rightsquigarrow TTP \mid\equiv A \overset{K_{A,B}}{\longleftrightarrow} B$
4. $A \lhd \star\{\star r_B\}_{K_{A,B}}$
5. $B \lhd \star\{\star F(r_B)\}_{K_{A,B}} \rightsquigarrow A \mid\equiv A \overset{K_{A,B}}{\longleftrightarrow} B$

Voraussetzungen

Die Formalisierung der initialen Voraussetzungen des Protokolls ergibt die folgenden Formeln:

- Die beiden Instanzen A und B besitzen ihren Authentisierungsschlüssel $K_{A,TTP}$ beziehungsweise $K_{B,TTP}$ und sind von der Eignung dieses Schlüssels überzeugt:

$$A \ni K_{A,TTP}; \qquad A \mid\equiv A \overset{K_{A,TTP}}{\longleftrightarrow} TTP$$
$$B \ni K_{B,TTP}; \qquad B \mid\equiv B \overset{K_{B,TTP}}{\longleftrightarrow} TTP$$

  Weiterhin verfügen A und B über Zufallszahlen, von deren Aktualität sie überzeugt sind. A ist davon überzeugt, dass der Name von B erkennbar ist, und B ist davon überzeugt, dass die Zufallszahl r_B erkennbar ist:

$$A \ni r_A; \qquad A \mid\equiv \#(r_A); \qquad A \mid\equiv \phi(B)$$
$$B \ni r_B; \qquad B \mid\equiv \#(r_B); \qquad B \mid\equiv \phi(r_B)$$

  Schließlich sind sowohl A als auch B von der Ehrlichkeit der vertrauenswürdigen Instanz TTP überzeugt sowie auch davon, dass TTP geeignete Sitzungsschlüssel für die sichere Kommunikation zwischen A und B generieren kann:

$$A \mid\equiv TTP \mid\Longrightarrow TTP \mid\equiv \star; \qquad A \mid\equiv TTP \mid\Longrightarrow (A \overset{K_{A,B}}{\longleftrightarrow} B)$$
$$B \mid\equiv TTP \mid\Longrightarrow TTP \mid\equiv \star; \qquad B \mid\equiv TTP \mid\Longrightarrow (A \overset{K_{A,B}}{\longleftrightarrow} B)$$

- Die vertrauenswürdige Instanz besitzt die benötigten Schlüssel $K_{A,TTP}$, $K_{B,TTP}$ sowie $K_{A,B}$ und ist von ihrer jeweiligen Eignung überzeugt:

$$TTP \ni K_{A,TTP}; \qquad TTP \mid\equiv A \overset{K_{A,TTP}}{\longleftrightarrow} TTP$$
$$TTP \ni K_{B,TTP}; \qquad TTP \mid\equiv B \overset{K_{B,TTP}}{\longleftrightarrow} TTP$$
$$TTP \ni K_{A,B}; \qquad TTP \mid\equiv A \overset{K_{A,B}}{\longleftrightarrow} B$$

Für jeden Protokollablauf können mit den Regeln der GNY-Logik die folgenden Schlussfolgerungen gezogen werden [GNY90]:

TTP besitzt die Formeln A, B und r_A.

1. Aus *Nachricht 1* kann mit den Regeln T1 und P1 gefolgert werden, dass die vertrauenswürdige Instanz die Formeln A, B und r_A kennt: $TTP \ni A, B, r_A$.

2. Zu *Nachricht 2* ist zunächst zu bemerken, dass die Erweiterung $\leadsto TTP \mid\equiv A \overset{K_{A,B}}{\longleftrightarrow} B$ der Formeln korrekt ist, da sie unmittelbar aus den initialen Voraussetzungen folgt. Weiterhin

kann auch davon ausgegangen werden, dass der Empfänger A dieser Nachricht den Schlüssel $K_{A,B}$ nicht irrtümlicherweise für einen anderen Kommunikationspartner als B verwenden kann, da der Name der Instanz B in der Nachricht enthalten ist.

Durch Anwenden der Regeln T1, T3 und P1 kann nun gefolgert werden, dass A den Inhalt der Nachricht kennt: $A \ni (r_A, B, K_{A,B}, \{K_{A,B}, A\}_{K_{B,TTP}})$. Insbesondere kennt mithilfe von Regel T2 A somit den Sitzungsschlüssel: $A \ni K_{A,B}$.

A besitzt den Sitzungsschlüssel und ist von seiner Eignung überzeugt.

Mithilfe der Regel F1 kann weiterhin gefolgert werden, dass A von der Aktualität dieser Nachricht überzeugt ist, das heißt $A \mid\equiv \#(r_A, B, K_{A,B}, \{K_{A,B}, A\}_{K_{B,TTP}})$.

Ebenso wird durch Anwendung der Regel R1 geschlossen, dass A von der Erkennbarkeit dieser Nachricht überzeugt ist, das heißt $A \mid\equiv \phi(r_A, B, K_{A,B}, \{K_{A,B}, A\}_{K_{B,TTP}})$.

Hieraus kann durch Anwenden der Regel I1 nun gefolgert werden, dass A der Überzeugung ist, dass die vertrauenswürdige Instanz TTP die Nachricht erzeugt hat, also $A \mid\equiv TTP \mid\sim (r_A, B, K_{A,B}, \{K_{A,B}, A\}_{K_{B,TTP}})$.

Mithilfe der Regel J2 erhalten wir, dass A davon überzeugt ist, dass TTP den Sitzungsschlüssel für geeignet hält: $A \mid\equiv TTP \mid\equiv B \overset{K_{B,TTP}}{\longleftrightarrow} TTP$.

Insgesamt kann somit durch Anwenden der Regel J1 gefolgert werden, dass auch A den Sitzungsschlüssel für geeignet hält: $A \mid\equiv B \overset{K_{B,TTP}}{\longleftrightarrow} TTP$.

3. Zu *Nachricht 3* ist zunächst zu bemerken, dass die Erweiterung $\leadsto TTP \mid\equiv A \overset{K_{A,B}}{\longleftrightarrow} B$ aus den Voraussetzungen folgt und somit korrekt ist. Mithilfe der Regeln T1, T3 und P1 kann gefolgert werden, dass B den Sitzungsschlüssel besitzt, das heißt $B \ni K_{A,B}$.

   B besitzt den Sitzungsschlüssel.

   An dieser Stelle können keine weiteren nützlichen Schlüsse mehr durch Anwenden der Regeln der GNY-Logik gezogen werden. Das liegt darin begründet, dass es nicht möglich ist, herzuleiten, dass B von der Aktualität der von A erhaltenen Nachricht überzeugt ist. Und tatsächlich kann es sich bei dieser Nachricht auch um eine Wiedereinspielung einer zuvor aufgezeichneten Nachricht handeln.

4. Aus *Nachricht 4* kann mithilfe der Regeln T1, T3 und P1 darauf geschlossen werden, dass A die Zufallszahl r_B kennt, also $A \ni r_B$. Weitere Schlüsse können jedoch nicht gezogen werden. Der Grund hierfür ist, dass A den Inhalt der Nachricht 4

   A besitzt r_B.

nicht erkennen kann, da ein Angreifer auch ohne Kenntnis des Schlüssels $K_{A,B}$ einen Schlüsseltext senden kann, der dechiffriert ein Bitmuster ergibt, das von A als Zufallszahl interpretiert werden kann. Der Angreifer würde in diesem Fall die von A angenommene Zufallszahl zwar nicht kennen, aber das wird an dieser Stelle des Protokolls auch nicht verlangt.

B ist weder von der Aktualität noch von der Eignung des Sitzungsschlüssels überzeugt.

5. Aus *Nachricht 5* können keine weiteren für das Erlangen der Ziele des Protokolls nützlichen Schlüsse mehr gezogen werden. Das liegt daran, dass B bisher zu keinen Überzeugungen über den Sitzungsschlüssel $K_{A,B}$ gelangen konnte.

Insgesamt werden somit nach der dritten Nachricht keine nutzbringenden neuen Überzeugungen mehr durch das Protokoll erzielt, sodass auf die Nachrichten 4 und 5 ebenso gut verzichtet werden kann, ohne das Resultat eines Protokollablaufs zu verändern: A besitzt den Sitzungsschlüssel und ist von seiner Eignung überzeugt, B hingegen besitzt den Sitzungsschlüssel lediglich, verbindet jedoch keine weiteren Überzeugungen damit.

In der bereits genannten Einführung in die GNY-Logik [GNY90] wird weiterhin ausgeführt, wie mit ihrer Hilfe das Erreichen der intendierten Protokollziele für eine modifizierte Version des Needham-Schroeder-Protokolls nachgewiesen werden kann. Aus Platzgründen werden diese Ausführungen hier nicht mehr dargestellt, da das primäre Ziel dieses Abschnitts ist, eine erste Einführung in die formale Untersuchung kryptografischer Protokolle zu geben. Dem interessierten Leser ist das Studium des zitierten Artikels jedoch sehr zu empfehlen, da die formale Auseinandersetzung mit solchen Protokollen ihr Verständnis erheblich fördert.

7.9 Zusammenfassung

Definition kryptografischer Protokolle

Kryptografische Protokolle werden durch eine Reihe von Verarbeitungsschritten und zwischen mehreren Instanzen ausgetauschten Nachrichten mit dem Zweck definiert, ein bestimmtes Sicherheitsziel zu erreichen. Es gibt eine Vielzahl unterschiedlicher kryptografischer Protokolle, die ganz unterschiedliche Anwendungen realisieren können, wobei die für die Netzsicherheit zentralen Anwendungen die Authentisierung und Schlüsselverwaltung sind.

Kategorien

Die kryptografischen Protokolle zur Instanzenauthentisierung können in die beiden prinzipiellen Kategorien der *Protokolle mit vertrauenswürdiger Instanz* und der *direkten Authentisierungsprotokolle* eingeteilt werden.

Vertreter der ersten Kategorie sind das (unsichere) *Needham-Schroeder-Protokoll* und das (sichere) *Otway-Rees-Protokoll* sowie das Authentisierungs- und Autorisierungssystem *Kerberos* für vernetzte Arbeitsplatzrechner.

Needham-Schroeder, Kerberos

Der internationale Standard *X.509* definiert Datenformate und Verfahren für die Zertifizierung öffentlicher Schlüssel und drei aufeinander aufbauende direkte Authentisierungsprotokolle, die sowohl mit asymmetrischen als auch mit symmetrischen kryptografischen Algorithmen realisiert werden können.

X.509

Ein häufiges Problem von Sicherheitsprotokollen ist die niedrige Entropie von Passwörtern. Dadurch können zum einen Passwörter aus kompromittierten Passwortdatenbanken leicht wiederhergestellt werden, zum anderen können Passwörter durchprobiert werden. Abhilfe verschaffen PAKE-Schemata, die durch asymmetrische Verfahren Sitzungsschlüssel austauschen und diese mithilfe eines Zero-Knowledge-Beweises authentisieren. Patentrechtliche Probleme haben dazu geführt, dass sehr viele solcher Protokolle existieren. Vorgestellt wurden konkret das EKE- und das SRP-Verfahren.

Die geringe Passwort-Entropie ist ein signifikantes Problem.

Da sich die Definition sicherer kryptografischer Protokolle in der Vergangenheit als ein sehr fehlerträchtiger Prozess erwiesen hat, ist eine formale Validierung neuer kryptografischer Protokolle dringend angeraten. Hierfür existieren eine Reihe unterschiedlicher Ansätze, von denen sich logikbasierte Ansätze wie die GNY-Logik als eine einfache Art bei der Aufspürung von Sicherheitslücken bewährt haben.

Formale Validierung

7.10 Weiterführende Literatur

[BM92] BELLOVIN, S.; MERRITT, M.: Encrypted Key Exchange: Password-Based Protocols Secure Against Dictionary Attacks. In: *IEEE Computer Society Symposium on Research in Security and Privacy*, 1992, S. 72–84

[Bry88] BRYANT, R.: *Designing an Authentication System: A Dialogue in Four Scenes*. 1988. – Project Athena, Massachusetts Institute of Technology, Cambridge, USA

[GNY90] GONG, L.; NEEDHAM, R. M.; YAHALOM, R.: Reasoning about Belief in Cryptographic Protocols. In: *Symposium on Research in Security and Privacy* IEEE Computer Society, IEEE Computer Society Press, May 1990, S. 234–248

[KNT94] KOHL, J.; NEUMAN, B.; TS'O, T.: The Evolution of the Kerberos Authentication Service. In: BRAZIER, F.; JOHANSEN, D. (Hrsg.): *Distributed Open Systems*, IEEE Computer Society Press, 1994

[NS78] NEEDHAM, R. M.; SCHROEDER, M. D.: Using Encryption for Authentication in Large Networks of Computers. In: *Communications of the ACM* 21, Dezember 1978, Nr. 12, S. 993–999

[NS87] NEEDHAM, R.; SCHROEDER, M.: Authentication Revisited. In: *Operating Systems Review* 21, 1987, Nr. 1

[OR87] OTWAY, D.; REES, O.: Efficient and Timely Mutual Authentication. In: *Operating Systems Review* 21, 1987, Nr. 1

[Pat97] PATEL, S.: Number Theoretic Attacks On Secure Password Schemes. In: *IEEE Symposium on Security and Privacy*, 1997, S. 236–247
Sehr schöne kryptoanalytische Betrachtungen zum EKE-Protokoll.

[Sti06] STINSON, D. R.: *Cryptography: Theory and Practice (Discrete Mathematics and Its Applications).* CRC Press, 2006
Abschnitte 9 bis 12 enthalten umfangreiche Erläuterungen zu verschiedensten kryptografischen Protokollen.

7.11 Übungen

1. Ist es sinnvoll, von Nachrichtenintegrität zu sprechen, ohne damit gleichzeitig Nachrichtenauthentisierung zu meinen? Wie verhält es sich im umgekehrten Fall?
2. Warum reicht es zur Realisierung einer Instanzenauthentisierung nicht aus, lediglich authentische Nachrichten auszutauschen?
3. Muss eine vertrauenswürdige Instanz immer unmittelbar in ein kryptografisches Protokoll eingebunden sein?
4. Nennen Sie übliche Aufgaben einer vertrauenswürdigen Instanz und zählen Sie möglichst viele Beispielprotokolle auf, bei denen eine vertrauenswürdige Instanz direkt oder indirekt beteiligt ist.

5. Welche Probleme sind beim Einsatz von RC4 im Needham-Schroeder-Protokoll zu erwarten? Gehen Sie insbesondere auf die Integrität der letzten Nachricht ein.
6. Erklären Sie, warum bei Kerberos zwischen Ticket-Granting- und Service-Granting-Tickets unterschieden wird.
7. Wieso wird trotz der Einführung von Sequenznummern in Kerberos Version 5 weiterhin eine Uhrensynchronisation benötigt?
8. Wie komplex sollten die von Nutzern verwendeten Passwörter in einer Kerberos-Domäne sein?
9. Warum sind Zertifikate nur eine begrenzte Dauer gültig?
10. Können Sie auf Grundlage zertifizierter Schlüssel eine Authentisierungsprüfung komplett »offline« durchführen?
11. Warum kann man ohne synchronisierte Uhren eine gegenseitige Authentisierung nicht mit lediglich zwei ausgetauschten Nachrichten vornehmen?
12. Können Sie bei Austausch von Sitzungsschlüsseln auf der Grundlage von RSA-Verschlüsselung die Eigenschaft der Perfect Forward Secrecy gewährleisten? Würde das mit ElGamal-Verschlüsselung gehen?
13. Nennen Sie übliche Ziele eines Authentisierungsprotokolls mit integrierter Schlüsselaushandlung.
14. Warum sind Wörterbuchangriffe ein ernst zu nehmendes Problem?
15. Aus welchen drei Gründen ist $p = 193$ eine ungeschickte Wahl für den Einsatz in DH-EKE?
16. Diskutieren Sie, warum DH-EKE nicht einfach für elliptische Kurven eingesetzt werden kann.
17. Durch die Berechnung welches Terms eignet sich SRP nicht für den Einsatz mit elliptischen Kurven?

8 Sichere Gruppenkommunikation*

Die im vorherigen Kapitel betrachteten Protokolle und Verfahren sichern jeweils die Kommunikation zwischen zwei Endpunkten. Daneben existiert jedoch auch häufig die Anforderung, Daten an mehrere Empfänger gleichzeitig zu senden. Diese Kommunikationsform bringt jedoch gewisse Herausforderungen mit sich, die sich fast alle auf zwei Faktoren herunterbrechen lassen:

- Durch potenziell große Gruppen ist bereits das Einigen auf einen Schlüssel mit hohem Aufwand verbunden, sodass *Skalierbarkeitsprobleme* die Folge sind.
- *Symmetrische Nachrichtenauthentisierungswerte haben nur noch einen beschränkten Nutzen*, da der Schlüssel einer größeren Gruppe bekannt sein muss und so zwischen »Erzeuger« und »Prüfern« von Nachrichtenauthentisierungswerten nicht mehr ohne zusätzliche Maßnahmen unterschieden werden kann.

In dem komplexen Themenfeld wurde eine ganze Reihe von Protokollen zur Sicherung von Gruppenkommunikationsvorgängen entwickelt [HD03, RH03, ZRM05]. In diesem Kapitel werden zunächst einige spezifischere Anforderungen an solche Vorgänge beleuchtet, bevor auf spezielle Verfahren zur Sicherung der Vertraulichkeit und Quellenauthentisierung eingegangen wird.

8.1 Spezifische Anforderungen sicherer Gruppenkommunikation

Einzel- und Mehrquellenszenarien

Je nach Anzahl der Quellen kann bei Broad- oder Multicast-Systemen in *Einzel-* und *Mehrquellenszenarien* unterschieden werden. Während erstere beispielsweise bei Video- und Audio-Streaming-Diensten die Regel sind, treten bei Videokonferenzen und File-Sharing-Diensten oft mehrere Akteure als Sender auf. Dieser Umstand hat starke Auswirkungen auf die Architektur von Systemen für die *Gruppenschlüsselverwaltung (Group Key Management, GKM)*. Während es bei Einzelquellen akzeptabel sein kann, das GKM zentral zu organisieren, ist eine solche Einschränkung bei verteilten Sendern aus Verfügbarkeitsgründen oft nicht akzeptabel.

Nichtfunktionale Anforderungen

In jedem Fall sollte ein Verfahren zur Sicherung von Gruppenkommunikation Daten für obere Netzwerkschichten transparent weiterleiten können, nur wenig zusätzliche Latenz einführen und wenig Rechen-, Speicher- sowie Netzwerkressourcen für die Verwaltung verwenden.

Sicherheitsziele in der Gruppenkommunikation

In Bezug auf die eingeführten fünf Sicherheitsziele kann bei der Gruppenkommunikation teilweise in weitere Unterziele unterschieden werden:

- **Vertraulichkeit:** Kein beitretendes Mitglied einer Gruppe sollte vorher ausgetauschte Nachrichten entschlüsseln können (*Backward Secrecy*). Gleichzeitig sollte kein Mitglied, welches die Gruppe verlassen hat, Verkehr entschlüsseln können, der später innerhalb der Gruppe ausgetauscht wird (*Forward Secrecy*). In diesem Zusammenhang stehen teilweise auch die Forderungen nach Schlüsselunabhängigkeit und die bereits im Abschnitt 7.6 eingeführte Perfect Forward Secrecy. Ist Schlüsselunabhängigkeit gewährleistet, so bauen die verwendeten Schlüssel nicht aufeinander auf, sodass nicht nur ehemalige Gruppenmitglieder, sondern auch externe Angreifer, die einzelne Schlüssel kompromittiert haben, wieder aus dem System ausgeschlossen werden. Zusätzlich kann gefordert werden, dass für jedes einzelne Gruppenmitglied nachvollziehbar ist, einen Teil zum verwendeten Schlüsselmaterial beigesteuert zu haben.
- **Zurechenbarkeit:** Je nach angestrebtem Sicherheitsniveau genügt es, bei Nachrichten zu verifizieren, dass diese von irgendeinem Gruppenmitglied gesendet wurden. Bei Einzelquellenszenarien oder wenn von einzelnen kompromittierten Geräten ausgegangen werden muss, ist es jedoch sinnvoll, eine *Quellenauthentisierung* durchzuführen.
- **Kontrollierter Zugang:** Sowohl das Senden als auch der Empfang von Paketen einer Gruppe sollte nur einem legitimierten Nutzerkreis möglich sein. Andernfalls drohen vor allem Verfügbarkeitsprobleme, da durch das Gruppenkommunikationsschema mit dem Senden einzelner Nachrichten sehr viele Empfänger erreicht werden.

- **Verfügbarkeit:** Durch die Sicherung der Gruppenkommunikation sollten keine zusätzlichen exponierten Ausfallpunkte wie Schlüsselserver entstehen. Darüber hinaus besteht oft die Forderung nach *Graceful Degradation*, das heißt, durch den Ausfall einer oder mehrerer Komponenten sollte das Sicherungsverfahren in abgeschwächter Form weiter funktionieren.

8.2 Aushandlung von Gruppenschlüsseln

Ein einfaches Verschlüsselungsschema mit hohem Aufwand

Im einfachsten Fall kann eine vertrauliche Kommunikation in einer Gruppe mittels asymmetrischer Kryptografie gewährleistet werden. Dazu veröffentlichen die n Mitglieder einer Gruppe ihre öffentlichen Schlüssel $+K_1, \ldots, +K_n$ und ein Mitglied m_i der Gruppe versendet eine Nachricht m an die Mitglieder wie folgt:

$$m_i \rightarrow *: \ (\{K\}_{+K_1}, \ldots \{K\}_{+K_{i-1}}, \{K\}_{+K_{i+1}}, \ldots \{K\}_{+K_n}, \{m\}_K)$$

Das heißt, der Inhalt jeder Nachricht wird durch einen temporären symmetrischen Schlüssel gesichert, der wiederum durch die einzelnen öffentlichen Schlüssel gesichert übertragen wird. Das Verfahren ist sicher, erfordert aber selbst bei sehr kleinen Gruppen und wenig übertragenen Daten einen sehr großen Aufwand, sowohl in Bezug auf Rechen- als auch Netzwerkressourcen.

Ausweg: die Nutzung symmetrischer Gruppenschlüssel

Aus diesem Grund werden durch GKM-Verfahren zur Sicherung der Vertraulichkeit in der Regel symmetrische Gruppenschlüssel ausgehandelt. Dabei werden oft zwei verschiedene Schlüssel unterschieden: Der sogenannte *Traffic Encryption Key* (TEK) dient der Verschlüsselung der Nutzdaten und der sogenannte *Key Encryption Key* (KEK) dient der Sicherung des GKM.

Zentralisierte, dezentrale und verteilte GKM

Zur Verteilung der Schlüssel können im einfachsten Fall zentralisierte Verfahren verwendet werden. Aus Skalierbarkeits- und Verfügbarkeitsgründen können auch mehrere Server zum Einsatz kommen, das heißt, die Schlüsselverwaltung ist dezentral organisiert. Gerade bei Konferenzanwendungen kann durch die in der Regel stark beschränkte Teilnehmerzahl auch eine verteilte Verwaltung erfolgen, bei der jeder Teilnehmer zu der Einigung auf einen Gruppenschlüssel beiträgt. Nachfolgend werden für jede dieser Strategien repräsentative Verfahren vorgestellt.

8.2.1 Zentralisierte Schlüsselverwaltung

Im einfachsten Fall werden Gruppenschlüssel über paarweise Kommunikationsbeziehungen zwischen den Gruppenmitgliedern und

Paarweise Schlüssel mit einem Group Controller

einem einzelnen zentralen Schlüsselserver verteilt, dem sogenannten *Group Controller* (GC). Ein Beispiel für ein solches Protokoll ist das von der IETF standardisierte Group Key Management Protocol (GKMP) [HM97b, HM97a], in welchem sendende und empfangende Gruppenmitglieder sich bei einem zentralen GC registrieren. Dieser gibt an alle berechtigten Teilnehmer einer Gruppe jeweils einen gemeinsamen Schlüssel aus und initiiert zusätzlich einen regelmäßigen Schlüsselwechsel. Nachteilig an diesem einfachen Verfahren ist die schlechte Skalierbarkeit, insbesondere falls Forward und Backward Secrecy erforderlich werden. Zwar können Schlüssel bei hinzukommenden Gruppenmitgliedern über eine einzelne Gruppennachricht gewechselt werden, verlassen einzelne Mitglieder die Gruppe, muss den verbleibenden allerdings zur Sicherung der Forward Secrecy ein neuer Schlüssel einzeln zugestellt werden. Jede Verkleinerung eine Gruppe mit n Teilnehmern ist also mit $\mathcal{O}(n)$ Verschlüsselungen und Nachrichten verbunden.

Nutzung von Secure Locks

Eine Möglichkeit, den Kommunikationsaufwand zu reduzieren, wurde bereits in [CC89] vorgeschlagen. Hierbei bedient sich der zentrale GC des chinesischen Restsatzes (siehe Abschnitt 4.2), um die Neuverteilung von Schlüsseln durch ein einzelnes Paket zu ermöglichen. Vorbereitend weist er jedem Gruppenmitglied m_i beim Beitritt eine Zahl N_i zu. Diese Zahlen sind jeweils relativ prim zueinander, das heißt $ggT(N_i, N_j) = 1 \Leftrightarrow i \neq j$. Soll ein neuer Schlüssel K verteilt werden, verschlüsselt der GC diesen zunächst mit den Schlüsseln der Teilnehmer. Er erhält das Tupel $(\{K\}_{K_1}, \ldots, \{K\}_{K_n})$ und kann unter Nutzung des chinesischen Restsatzes das folgende Gleichungssystem lösen:

$$
\begin{aligned}
L &\equiv \{K\}_{K_1} \pmod{N_1} \\
L &\equiv \{K\}_{K_2} \pmod{N_2} \\
&\cdots \\
L &\equiv \{K\}_{K_n} \pmod{N_n}
\end{aligned}
$$

Der Wert L wird vom GC an alle Gruppenmitglieder in einer Nachricht versendet, die jeweils durch Berechnung von $D\left(K_i, L \bmod N_i\right)$ den gemeinsamen Schlüssel K erhalten. Das Skalierbarkeitsproblem behebt dieser Ansatz jedoch trotz der Codierung nicht. So sind weiterhin $\mathcal{O}(n)$ Verschlüsselungen notwendig, die Berechnung mithilfe des chinesischen Restsatzes wird mit steigender Gruppengröße aufwendiger und die Größe von L wächst ebenfalls an.

Logical Key Hierarchy

Um das Verteilen neuer Schlüssel zum Ausschluss von Gruppenmitgliedern effizienter zu gestalten, sind Ende der neunziger Jahre eine Reihe von baumbasierten Verfahren entwickelt worden. Bekanntester Vertreter ist ein unter dem Namen *Logical Key Hierarchy* (LKH) bekannt gewordenes Verfahren [HH99, WHA99]. Kernidee von LKH ist es, den n Gruppenmitgliedern nicht ein oder zwei Schlüssel zuzuteilen, sondern $\log_2 n$ Schlüssel, die in hierarchischer Ordnung zueinander stehen. Häufig wird ein balancierter Binärbaum angenommen, wobei das Verfahren mit angepassten Aufwänden weder auf eine strikte Balancierung noch auf eine Begrenzung auf zwei Kindknoten angewiesen ist. Mithilfe dieser Hierarchie werden dann bei Verlassen oder Hinzufügen eines Gruppenmitgliedes diese logarithmisch vielen Schlüssel mit im mittleren Fall lediglich logarithmischem Aufwand gewechselt.

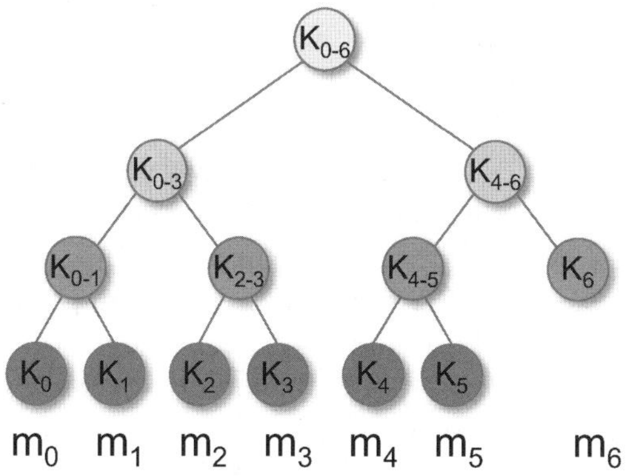

Abbildung 8.1
Beispiel einer Logical Key Hierarchy für 7 Gruppenmitglieder

Funktionsweise von LKH anhand eines Beispiels

Abbildung 8.1 zeigt eine Beispielhierarchie für 7 Gruppenmitglieder $m_0, \ldots, m_6$. Die einzelnen Mitglieder besitzen individuelle Schlüssel mit dem GC, welche die Blattknoten $K_0, \ldots, K_6$ darstellen. Darüber hinaus kennen sie jeweils alle Schlüssel auf dem Pfad zwischen ihrem individuellen Schlüssel und dem Wurzelknoten, der allen Gruppenmitgliedern bekannt ist. Würde nun beispielsweise ein neues Mitglied m_7 der Gruppe beitreten, so wird anstelle von K_6 ein neuer Teilbaum mit den Schlüsseln K_{6-7}, K_6 und K_7 eingefügt. Zusätzlich wird der Schlüssel K_{4-6} mit einem neuen Schlüssel K_{4-7} ersetzt, und analog K_{0-6} durch K_{0-7}. Um die Gruppenmitglieder zu unterrichten, müssen dazu nur drei verschiedene Untergruppen $((m_0, \ldots, m_3), (m_4, m_5), (m_6))$ mit unterschiedlichem Schlüsselmaterial versorgt werden. Einen funktionierenden Netzwerk-Multicast und realistische Gruppengrößen vorausgesetzt, kann dies durchaus auch mit einer einzigen Gruppennachricht erfolgen, indem beispielsweise

$$GC \rightarrow *: \big(m_7 \text{ added}, Seq\#, \{K_{0-7}\}_{K_{0-6}}, \\ \{K_{4-7}\}_{K_{4-6}}, \{K_{6-7}\}_{K_6}, \{K_{6-7}\}_{K_7}, Sig\big)$$

mit einer digitalen Signatur Sig und Sequenznummer $Seq\#$ übertragen würde. Analog können auch Gruppenmitglieder ausgeschlossen werden.

Nachteile zentraler GKM-Verfahren

Aber auch wenn LKH und ähnliche Verfahren die Skalierbarkeitsprobleme sicherer Gruppenkommunikationsverfahren spürbar verbessern, verbleiben einige prinzipielle Probleme zentraler Verfahren:

- Sollen Forward Secrecy und Backward Secrecy zugesichert werden, müssen zwangsläufig alle anderen Gruppenmitglieder innerhalb kurzer Zeit einen neuen symmetrischen Gruppenschlüssel erhalten. Bei großen Gruppen führt dies zu einem nicht unerheblichen Aufwand, der nur durch periodische Schlüsselwechsel, also eine abgeschwächte Form der Forward und Backward Secrecy, zu bewältigen ist.
- Der GC stellt immer einen exponierten Punkt für Angreifer dar, sodass die Verfügbarkeit nur schwer zu gewährleisten ist. Einige Systeme lösen dieses Problem durch redundante GC, wobei in diesem Fall das Problem der sicheren Synchronisation zwischen den GC besteht.
- Dem GC gegenüber muss absolutes Vertrauen bestehen. Es ist nicht möglich, zur Gewährleistung der Graceful-Degradation-Eigenschaft die sichere Gruppenkommunikation nach einer Kompromittierung des GC ohne externen manuellen Eingriff wiederherzustellen.

8.2.2 Dezentrale Schlüsselverwaltung

Die angesprochenen Nachteile können lediglich ausgeräumt werden, wenn mehrere physisch getrennte Instanzen ein unabhängiges GKM für unterschiedliche Teilgruppen durchführen. In diesem Fall spricht man von dezentralen Verfahren, da kein einzelner zentraler Punkt mehr existieren muss und die Teilgruppen den Ausfall einer anderen Teilgruppe tolerieren können.

Iolus als Beispiel für dezentrales GKM

Das bekannteste Verfahren mit solchen Eigenschaften ist *Iolus* [Mit97]. Hier werden sogenannte *Group Security Intermediaries* (GSI) eingeführt, die jeweils für ihre Teilgruppe die Aufgabe des zentralen GC übernehmen und sich an physischen Netzübergangspunkten befinden. Idealerweise würden diese GSI-Prozesse also

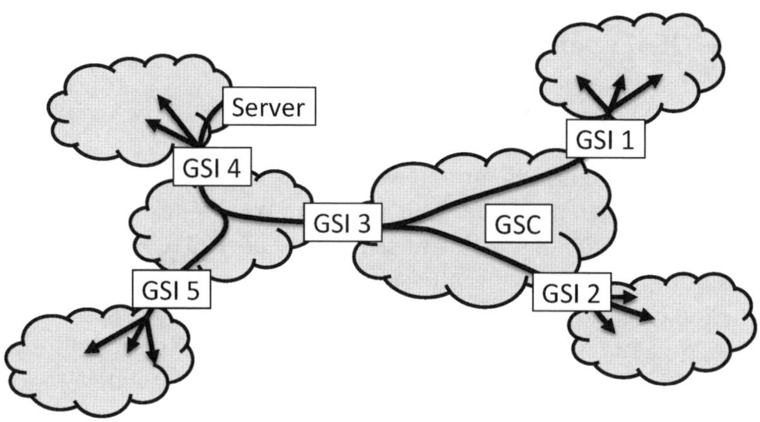

Abbildung 8.2
Iolus-Szenario mit GSI auf zwei Hierarchiestufen

auf den Gateways der Netze arbeiten, die sie mit Multicast versorgen. Iolus sieht vor, dass die GSI eine Baumstruktur bilden, wobei ein besonderer Wurzelknoten existiert. Dieser sogenannte *Group Security Controller* (GSC) fungiert als GC für die GSI der ersten Ebene und sorgt dafür, dass alle GSI dieser Ebene einen gemeinsamen Gruppenschlüssel besitzen. Ein Beispielszenario für eine Iolus-Infrastruktur ist in Abbildung 8.2 gezeigt. Hier verteilt ein Server Daten, die im »GSA-Assisted Multicasting« zunächst an den zugehörigen GSI 4 gesendet werden. GSA steht hierbei für *Group Security Agent* und ist ein Oberbegriff für GSI und GSC. GSI 4 übermittelt die Daten dann verschlüsselt an die direkt benachbarten GSI 3 und GSI 5, mit denen er einen von GSI 3 vorgegebenen Gruppenschlüssel besitzt. GSI 3 leitet die empfangenen Daten an die verbleibenden GSI 1 und GSI 2, wobei der vom GSC verteilte Gruppenschlüssel verwendet wird. Es findet also eine Umverschlüsselung statt. Damit diese nicht zu rechenaufwendig wird, schlagen die Entwickler von Iolus vor, jedes Paket mit einem neuen symmetrischen Schlüssel zu sichern und diesen mit dem jeweiligen Gruppenschlüssel gesichert mit zu übertragen. Der Aufwand beschränkt sich somit auf das Umverschlüsseln des Schlüssels.

Umverschlüsselung der Datenpakete

Durch die dezentrale Architektur sind die Auswirkungen des Ausfalls eines GSI bei Iolus auf die entsprechenden Teilnetze beschränkt. Das Beitreten und Entfernen einzelner Teilnehmer verursacht ebenfalls nur Schlüsselwechsel innerhalb der von den GSI verwalteten Teilgruppen. Die GSI selbst sollten vergleichsweise statisch sein, sodass die Last im GSC gering sein sollte. Allerdings stellt dieser natürlich weiterhin einen exponierten Punkt dar. Diesen könnte man beispielsweise vermeiden, indem die GSI unterein-

Vorteile gegenüber zentralistischen Ansätzen

ander ein anderes GKM betreiben, welches ohne Server auskommt. Solche GKM werden im folgenden Abschnitt näher betrachtet.

8.2.3 Verteilte Schlüsselverwaltung

Im einfachsten Fall erfolgt eine verteilte Schlüsselaushandlung, indem die Gruppenmitglieder sich durch die Wahl eines Koordinators auf ein Mitglied einigen, das anschließend als GC fungiert und die Verteilung von Gruppenschlüsseln übernimmt.

Eine elegantere und auch potenziell robustere Variante besteht darin, den aus Abschnitt 4.5 bekannten Diffie-Hellman-Schlüsselaustausch für Gruppen zu erweitern. Neben der Gewährleistung der Perfect Forward Secrecy hat dies den sicherheitstechnischen Vorteil, dass jedes Gruppenmitglied verifizieren kann, dass es zum gemeinsamen Schlüssel einen Teil beigetragen hat. Man spricht daher von einem »beitragenden« Schlüsselaustausch (engl. *contributory key exchanges*).

Group Diffie-Hellman (GDH)

Diffie-Hellman für Gruppenschlüssel kann verschieden umgesetzt werden.

Zur gruppenbasierten Umsetzung des Diffie-Hellman-Austausches existieren eine ganze Reihe von Möglichkeiten. Ein vergleichsweise verständliches und – relativ gesehen – auch effizientes Verfahren wird in [STW00] unter dem Namen IKA.2 beschrieben. Das Ziel des Protokolls ist es, dass die Gruppenmitglieder $m_0, \ldots, m_n$ ein gemeinsames Geheimnis $g^{s_0 s_1 \ldots s_n} \bmod p$ berechnen, wobei $s_0, \ldots, s_n$ die jeweils geheimen Werte der Gruppenmitglieder sind.

Beispiel für ein Diffie-Hellman-Protokoll für Gruppen

Das Protokoll nimmt eine totale Ordnung unter den Gruppenmitgliedern an und verläuft in vier Phasen. In der ersten *Upflow* genannten Phase initiiert Teilnehmer m_0 das Verfahren und die Teilnehmer $m_0, \ldots, m_{n-1}$ akkumulieren $g^{s_0 s_1 \ldots s_{n-1}} \bmod p$:

$$
\begin{aligned}
m_0 \rightarrow m_1 &: \; (g^{s_0} \bmod p) \\
m_1 \rightarrow m_2 &: \; (g^{s_0 s_1} \bmod p) \\
&\;\;\vdots \\
m_{n-2} \rightarrow m_{n-1} &: \; (g^{s_0 s_1 \ldots s_{n-2}} \bmod p)
\end{aligned}
$$

Das Ergebnis wird anschließend in einer *Broadcast*-Phase von m_{n-1} allen anderen Mitgliedern bekannt gegeben:

$$m_{n-1} \rightarrow m_* : \; (g^{s_0 s_1 \ldots s_{n-1}} \bmod p)$$

In der dritten sogenannten *Response*-Phase übermitteln die einzelnen Mitglieder dem Mitglied m_n das vorherige Ergebnis, aus welchem sie aber das eigene Geheimnis durch Nutzung des Inversen, welches einfach mithilfe des erweiterten euklidischen Algorithmus gefunden werden kann, wieder herausgerechnet haben:

$$\begin{aligned} m_0 \rightarrow m_n\colon & \left(g^{s_1 s_2 \dots s_{n-1}} \bmod p\right) \\ m_1 \rightarrow m_n\colon & \left(g^{s_0 s_2 \dots s_{n-1}} \bmod p\right) \\ & \vdots \\ m_{n-1} \rightarrow m_n\colon & \left(g^{s_0 s_1 \dots s_{n-2}} \bmod p\right) \end{aligned}$$

Der Teilnehmer m_n fügt nun sein eigenes Geheimnis s_n den Einzelergebnissen wieder zu und antwortet jedem Teilnehmer einer letzten *Broadcast*-Phase:

$$\begin{aligned} m_n \rightarrow m_0\colon & \left(g^{s_1 s_2 \dots s_{n-1} s_n} \bmod p\right) \\ m_n \rightarrow m_1\colon & \left(g^{s_0 s_2 \dots s_{n-1} s_n} \bmod p\right) \\ & \vdots \\ m_n \rightarrow m_{n-1}\colon & \left(g^{s_0 s_1 \dots s_{n-2} s_n} \bmod p\right) \end{aligned}$$

Anschließend kann jeder Teilnehmer den gemeinsamen Schlüssel $g^{s_0 s_1 \dots s_n} \bmod p$ berechnen, ohne dass dieser einmal direkt übertragen wurde.

Beitritt neuer Mitglieder

Interessant an dem Protokoll ist ein Kniff, der das schnelle Hinzufügen eines neuen Mitglieds m_{n+1} erlaubt. Hierzu initiiert das Mitglied m_n eine Neuaushandlung, die direkt in der zweiten Phase startet. Allerdings darf an dieser Stelle nicht der alte Wert $g^{s_0 s_1 \dots s_n} \bmod p$ übermittelt werden, da er bereits als Schlüssel verwendet wurde. Daher wählt m_n ein zusätzliches neues Geheimnis s'_n und beginnt die zweite Phase durch das Senden von:

$$m_n \rightarrow m_*\colon \left(g^{s_0 s_1 \dots s_{n-1} s_n s'_n} \bmod p\right)$$

Ausschließen von Mitgliedern

Verlässt ein Mitglied die Gruppe, so kann mit dem gleichen Trick gearbeitet werden. Es existieren allerdings zwei Fälle: Soll das Mitglied mit dem höchsten Index m_n ausgeschlossen werden, so beginnt das Protokoll durch das Mitglied m_{n-1} initiiert erneut in Phase 2. Auch hier muss der übermittelte Wert durch ein zusätzliches Geheimnis s'_{n-1} verändert werden, sodass folgende Nachricht versendet wird:

$$m_{n-1} \rightarrow m_*\colon \left(g^{s_0 s_1 \dots s_{n-1} s'_{n-1}} \bmod p\right)$$

Soll ein anderes Mitglied m_d mit $d \neq n$ ausgeschlossen werden, so wird m_n aktiv und fügt den in Phase 3 erhaltenen Nachrichten ein weiteres Geheimnis s'_n hinzu. Diese sendet es an alle Gruppenmitglieder mit Ausnahme von m_d. Da m_d den Wert ohne sein Geheimnis nicht erhält, kann das Mitglied den neuen Schlüssel $g^{s_0 s_1 \dots s_{n-1} s_n s'_n} \bmod p$ nicht berechnen. Dabei spielt es auch keine Rolle, dass der Wert s_d auch Teil des neuen Schlüssels ist.

Eigenschaften des Gruppen-Diffie-Hellman

Werden die verwendeten Werte g, p und $s_0, \dots, s_n$ groß genug gewählt, kann davon ausgegangen werden, dass das vorgestellte gruppenbasierte Diffie-Hellman-Verfahren – ähnlich wie das Originalverfahren – sicher bezüglich passiver Angriffe ist, solange der diskrete Logarithmus nicht effizient berechnet werden kann. Die ausgetauschten Nachrichten müssen allerdings authentisiert werden, um aktive Angriffe zu verhindern. Ein großer Nachteil ist der enorme Kommunikations- und Berechnungsaufwand der linear mit der Gruppengröße steigt.

Tree-Based Group Diffie-Hellman (TGDH)

TGDH baut zur Steigerung der Effizienz eine Schlüsselhierarchie auf.

Um die Effizienz der Berechnung zu erhöhen, wurde in [KPT04] ein Verfahren namens *Tree-Based Group Diffie-Hellman (TGDH)* publiziert, bei dem die Teilnehmer eine Baumstruktur über die Schlüssel aufbauen. Wie bei dem bereits eingeführten LKH repräsentiert auch hier die Wurzel den gemeinsamen Gruppenschlüssel und jedes Gruppenmitglied kennt die Schlüssel auf dem Pfad vom korrespondierenden Blattknoten bis zum Wurzelknoten. Im Unterschied zu LKH verwendet TGDH allerdings ausschließlich Binärbäume. Die Schlüssel der einzelnen Ebenen sind ferner nicht unabhängig voneinander, sondern berechnen sich aus denen der jeweiligen beiden Kindknoten. Für den Schlüssel K eines inneren Knotens gilt $K = g^{K_l K_r} \bmod p$, wobei K_l und K_r die Schlüssel des linken und rechten Kindknotens sind. Die Schlüssel der Blattknoten sind die jeweiligen Geheimnisse s_i der einzelnen Mitglieder. Abbildung 8.3 zeigt eine Beispielhierarchie für die Schlüssel eines Szenarios mit sieben Gruppenmitgliedern.

Verteiltes Vorhalten der Schlüsselhierachie

Im Gegensatz zu LKH ist TGDH ein verteiltes Verfahren, das heißt, es gibt keinen zentralen GC. Stattdessen kennt bei TGDH jeder Teilnehmer die Baumstruktur, alle Schlüssel vom eigenen Blattknoten bis zur Wurzel und für alle Schlüssel die korrespondierenden sogenannten *blinded keys*. Bei dieser Verschleierung handelt es sich um eine Potenzierung zur Basis g, das heißt, der verschleierte Schlüssel BK, der zu dem Schlüssel K korrespondiert, ist $g^K \bmod p$. Durch die Vermutung, dass der diskrete Logarithmus

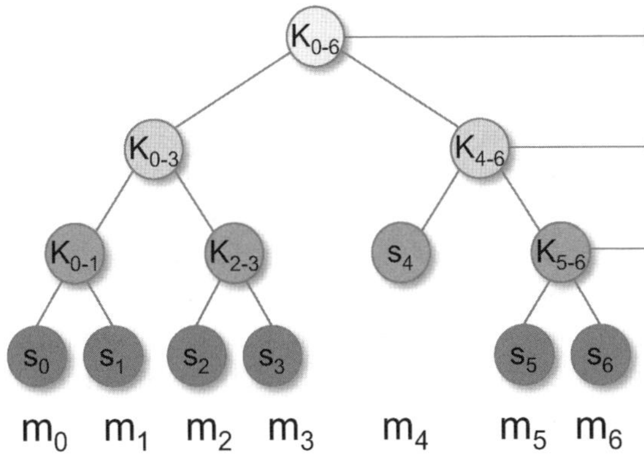

$$K_{0-6} = g^{K_{0-3}K_{4-6}} \bmod p$$
$$= g^{g^{g^{s_0 s_1} g^{s_2 s_3}} g^{s_4 g^{s_5 s_6}}} \bmod p$$
$$K_{4-6} = g^{s_4 K_{5-6}} \bmod p$$
$$= g^{s_4 g^{s_5 s_6}} \bmod p$$
$$K_{5-6} = g^{s_5 s_6} \bmod p$$

Abbildung 8.3
Beispiel einer TGDH-Schlüsselhierarchie

schwer zu berechnen ist, können die verschleierten Schlüssel allen Teilnehmern bekannt sein.

Die Hierarchie wird iterativ aufgebaut, indem die Teilnehmer sich nach und nach einfügen. Dazu sendet der beitretende Knoten m_{n+1} zunächst an alle Teilnehmer eine Nachricht, die seinen verschleierten Schlüssel BK_{n+1} enthält:

$$m_{n+1} \rightarrow m_*: \ \left(g^{s_{n+1}} \bmod p\right)$$

Beitritt von Knoten

Alle anderen Teilnehmer können nun die optimale Einfügeposition berechnen, um den Schlüsselbaum möglichst balanciert zu halten. Durch die Konstruktionsvorschrift muss dabei immer ein existierender Teilnehmer seine Position aufgeben und mit dem neuen Teilnehmer einen neuen inneren Knoten bilden. Dieser existierende Teilnehmer übernimmt zusätzliche Aufgaben und wird daher in der Literatur als *Sponsor* bezeichnet. In der Beispielhierarchie wäre dieser Sponsor m_4, da so ein vollständig balancierter Baum entstünde. Der Sponsor m_i kann mithilfe des BK_{n+1} und seines eigenen Schlüssels s_i nun den neu entstandenen inneren Schlüssel $g^{s_{n+1}s_i} \bmod p$ berechnen. Auf die gleiche Weise kann er jeweils aus einem Schlüssel und einem verschleierten Schlüssel die neuen Schlüssel der höheren Ebenen berechnen. Das Ergebnis dieser Berechnungen speichert er zum einen und verschleiert zum anderen die jeweiligen Schlüssel durch eine zusätzliche Potenzierung. Diese neuen verschleierten Schlüssel gibt er nun der Gruppe bekannt, um das Einfügen abzuschließen:

$$m_i \rightarrow m_*: \ \left(g^{g^{s_{n+1}s_0}} \bmod p \ldots\right)$$

Im einfachsten Fall – bei zwei Teilnehmern – entspricht dieses Vorgehen genau der Berechnung des Diffie-Hellman-Geheimnisses für zwei Parteien.

Ausschließen von Gruppenmitgliedern

Der Ausschluss von Gruppenmitgliedern geschieht auf ähnliche Weise. Es gilt allerdings zwei Fälle zu unterscheiden: Im einfacheren Fall ist der Geschwisterknoten des zu entfernenden Blattes ebenfalls ein Blattknoten. In diesem Fall wird der die Knoten verbindende innere Knoten gelöscht und das verbleibende Blatt steigt um eine Ebene auf. Das korrespondierende Gruppenmitglied wird zum Sponsor, berechnet alle neuen Schlüssel bis zur Wurzel und informiert die anderen Knoten. Befindet sich unter dem Geschwisterknoten ein ganzer Teilbaum, so wird der Teilnehmer zum Sponsor, dessen Blattknoten am weitesten rechts steht. Er entfernt neben dem zu entfernenden Blattknoten auch den direkt verbundenen inneren Knoten, sodass der ganze Teilbaum aufsteigt. Würde im Beispiel aus Abbildung 8.3 das Mitglied m_4 die Gruppe verlassen, so würde m_6 zum Sponsor und die Knoten s_4 und K_{4-6} entfernen.

Eigenschaften von TGDH

Insgesamt ist TGDH bei Weitem effizienter als das bereits vorgestellte GDH. Insbesondere sind bei einem Beitritt und Verlassen von Gruppenmitgliedern lediglich logarithmisch viele Potenzierungen durchzuführen. Für eine Implementierung bei großen Gruppen eignet es sich dennoch nicht, da zum einen der Kommunikationsaufwand zu groß ist. Zum anderen ist zumindest das vorgestellte Protokoll wenig robust gegen gleichzeitige Ausfälle und transiente Fehler. Für robustere Varianten sei beispielsweise auf [BBM09] verwiesen. Dennoch hat sich gezeigt, dass sich Diffie-Hellman-basierte Protokolle eignen, um in kleinen Gruppen oder relativ statischen Gruppen Schlüssel auszuhandeln, ohne dafür exponierte GC zu verwenden.

8.3 Quellenauthentisierung

Verwendung symmetrischer Gruppenschlüssel zur Authentisierung

Während die vorherigen Abschnitte auf die Sicherung der Vertraulichkeit bei der Gruppenkommunikation fokussiert haben, müssen für eine sichere Kommunikation zusätzlich Schlüssel für die Authentisierung bereitgestellt werden. Im einfachsten Fall erfolgt dies über einen symmetrischen Gruppenschlüssel, der auf ähnliche Art und Weise wie der Schlüssel für die Sicherung der Vertraulichkeit gewonnen wird. Allerdings ist in diesem Fall anhand eines Nachrichtenauthentisierungswertes nur nachvollziehbar, dass eine Nachricht von einem Gruppenmitglied gesendet wurde. Im Unterschied zu paarweisen Schlüsseln ist es nicht mehr möglich, einzelne Instanzen zu unterscheiden. Beispielsweise ist es beim Senden eines Medienstroms des Fernsehprogramms durchaus sinnvoll, zwischen legitimen Sendern und Empfängern zu differenzieren. Man spricht in diesem Fall von einer *Quellenauthentisierung*.

Ein naives Verfahren

Im einfachsten Fall ist Quellenauthentisierung durch die Verwendung asymmetrischer Kryptografie zu realisieren, wenn jede Nachricht durch den Sender digital signiert wird. Diese Signatur wird anschließend von den Empfängern überprüft. Dieses naive Verfahren erzeugt jedoch einen enormen Aufwand sowohl in Bezug auf die Berechnungen als auch auf die benötigte Bandbreite. Beide Aufwände lassen sich zwar durch die Verwendung von elliptischer Kurvenkryptografie begrenzen, es bleibt jedoch Raum für Verbesserungen. In den folgenden Abschnitten sollen daher exemplarisch Verfahren vorgestellt werden, die den Aufwand asymmetrischer Kryptografie begrenzen oder ganz auf asymmetrische Kryptografie verzichten und Sender auf andere Art von Empfängern unterscheiden.

8.3.1 Blockweise Authentisierung

Eine naive blockweise Authentisierung

Ein mögliches Vorgehen, um Rechenzeit und Bandbreite für die asymmetrische Kryptografie zu sparen, besteht darin, mehrere Nachrichten zu einem Block zusammenzufassen und gleichzeitig zu unterschreiben. Die Authentisierung erfolgt analog, sobald alle Nachrichten und die Signatur empfangen sind. In paketorientierten Netzen, wie dem Internet, hat dies jedoch einen entscheidenden Nachteil: Wenn einzelne Nachrichten verloren gehen, kann jeweils der gesamte Block nicht wiederhergestellt werden. Je nach verwendetem Transport- oder Anwendungsprotokoll kann dies zu schwerwiegenden Problemen führen.

Blockauthentisierung mit Erasure Codes

Daher wird in [PM03] ein komplexeres Verfahren vorgeschlagen, welches zur Wiederherstellung verloren gegangener Pakete sogenannte *Erasure Codes* verwendet. Die genaue Funktionsweise von Erasure Codes ist an dieser Stelle nicht von Belang, es genügt zu wissen, dass die übertragenen Daten durch die Codierung ein wenig größer werden, dafür aber die Gesamtinformation auch bei Übertragungsverlusten wiederhergestellt werden kann.
Abbildung 8.4 zeigt schematisch den Ablauf des Verfahrens im Sender: Zunächst werden die Nachrichtenblöcke $P_0, \ldots, P_b$ jeweils durch eine kryptografische Hashfunktion H komprimiert und jede vorhandene Strukturinformation zerstört. Die erhaltenen Werte $h_0, \ldots, h_b$ werden anschließend konkateniert und durch einen Erasure Code geschützt, wobei zwei Werte X und X' berechnet werden. Ersterer ist bei dem verwendeten Erasure Code identisch mit der Eingabe. Der zweite Wert X' enthält die eigentlichen Redundanz-

Abbildung 8.4 Blockdarstellung der blockweisen Authentisierung nach [PM03]

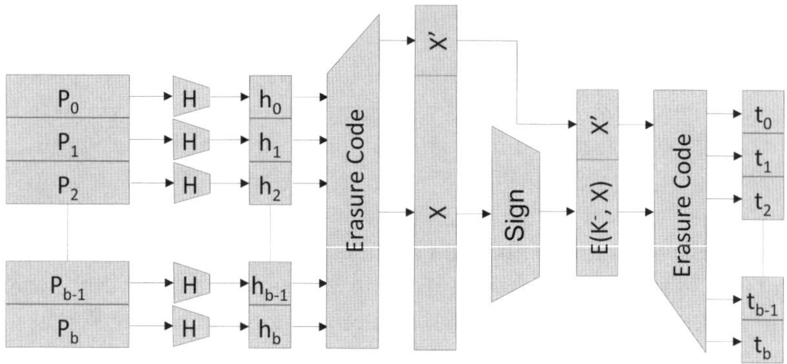

informationen. Da der Wert X somit die Hashwerte der Klartexte repräsentiert, genügt es, diesen durch $E(K^-, X)$ zu signieren, um die Klartexte sicher zu authentisieren. Neben der Signatur muss zusätzlich der Wert X' zu den Empfängern übertragen werden, damit eine Authentisierung auch dann erfolgen kann, wenn einige Klartexte verloren gegangen sind und X auf Empfängerseite nicht vollständig ist. Die zusätzlichen Daten können allerdings nicht durch neue Pakete übertragen werden, da diese wieder verloren gehen könnten, und in diesem Fall der vollständige Block verworfen werden müsste. Daher werden die Zusatzinformationen in b kleine Teile, sogenannte *Tags*, aufgeteilt, die an die Pakete jeweils angehängt werden. Um auch bei Paketverlust die Signatur und X' wiederherstellen zu können, wird auch diese Zusatzinformation durch einen Erasure Code geschützt.

Im Empfänger verläuft das Verfahren in nahezu umgekehrter Reihenfolge: Aus den empfangenen Tags wird die Signatur und die Redundanzinformation X' berechnet. Gleichzeitig können die Hashwerte der empfangenen Klartexte ermittelt werden und mithilfe von X' die Hashwerte gegebenenfalls verloren gegangener Nachrichten rekonstruiert werden. Anschließend wird die Signatur überprüft und die Nachrichten können an höhere Schichten ausgeliefert werden.

Das effizientere Verfahren erfordert eine Pufferung der Daten.

Das Verfahren beschränkt somit sowohl den Rechen- als auch den Übertragungsaufwand gegenüber von Einzelsignaturen. Gleichzeitig können zumindest einige Nachrichten verloren gehen, ohne dass der komplette Block verworfen werden muss. Zwei Probleme der blockweisen Authentisierung verbleiben jedoch: Zum einen müssen Daten sowohl im Sender als auch im Empfänger gepuffert werden, sodass eine möglicherweise signifikante Verzögerung entsteht. Zum anderen können Angreifer das Verfahren durch gefälschte Pakete möglicherweise empfindlich stören, da einzelne falsche Tags zu einem Verwerfen des gesamten Blocks führen.

8.3.2 Kombinatorische Auswahl symmetrischer MAC

Wie bereits angedeutet können alternativ auch symmetrische MAC verwendet werden, um Quellenauthentisierung durchzuführen. Allerdings muss in diesem Fall das asymmetrische Wissen auf eine andere Weise hergestellt werden, beispielsweise indem jeder Gruppenteilnehmer nur einen Teil des Nachrichtenauthentisierungswertes überprüfen kann.

Konstruktion eines MAC aus vielen herkömmlichen Nachrichtenauthentisierungswerten

In [CGI⁺99] wurde dazu vorgeschlagen, über jeder Nachricht eine Reihe herkömmlicher, symmetrischer Nachrichtenauthentisierungswerte mit jeweils unabhängigen Schlüsseln zu berechnen, als Beispiel wird 760 genannt. Von diesen Nachrichtenauthentisierungswerten wird je das erste Bit an die Nachricht angehängt, sodass die Länge des resultierenden MAC 760 bit beträgt. Jeder Gruppenteilnehmer prüft nun den Teil des MAC, für den er Schlüssel besitzt. Wobei in der Originalbeschreibung davon ausgegangen wird, dass jeder Teilnehmer etwa $1/10$ des Schlüsselraums kennt, und damit ein hinreichender Schutz vor einfachem Raten einer gültigen Kombination besteht (mittlerer Aufwand 2^{75}). Kontrolliert ein Angreifer ein oder mehrere Gruppenmitglieder, so lernt er mehr über den Schlüsselraum und kann den mittleren Aufwand für das Raten entsprechend senken. Der Aufwand des Angreifers und der Aufwand der legitimen Nutzer können über die MAC-Länge und den Anteil der Schlüssel, die jedem Knoten bekannt sind, gesteuert werden. Darüber hinaus ist es möglich, die Aufteilung des Schlüsselraums so zu gestalten, dass mindestens eine bestimmte Anzahl Gruppenmitglieder kompromittiert werden muss, um erfolgreich einem bestimmten Teilnehmer falsche Nachrichten zu schicken [CPS03].

Im Vergleich zur blockweisen Authentisierung erzeugt dieses Verfahren keine starke Verzögerung und kann auch von einem Angreifer nicht zum Verwerfen legitimer Nachrichten verwendet werden. Im Vergleich zur Einzelsignierung mit herkömmlicher asymmetrischer Kryptografie (RSA und ElGamal) erzeugt es kürzere Signaturen und spart Rechenressourcen in der Quelle. Die Verifikation von RSA-Signaturen kann allerdings bei vergleichbarer Sicherheit in den Gruppenmitgliedern schneller erfolgen, wenn der öffentliche Exponent gut gewählt wurde (beispielsweise 65.537). Im Vergleich zur Kryptografie mit elliptischen Kurven fällt der Vorteil noch geringer aus, sodass es wahrscheinlich nur bei kleinen

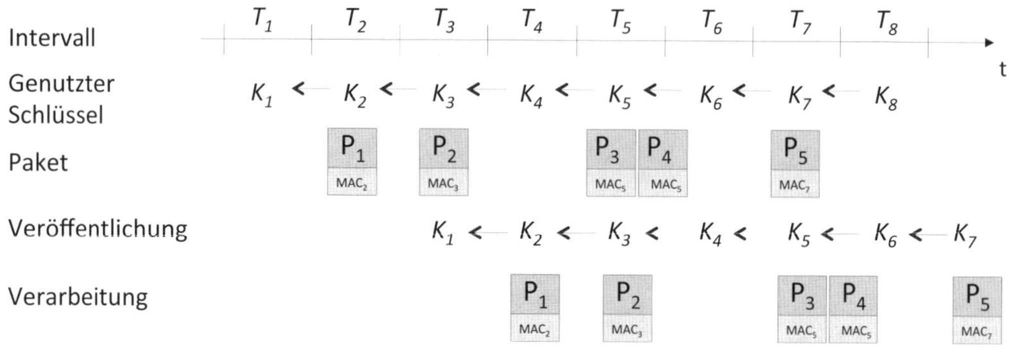

Abbildung 8.5 *Zeitliche Abfolge bei der Authentisierung mit TESLA*

Gruppen sinnvoll einzusetzen ist. Zumal interne Angreifer durch das Kompromittieren einiger Knoten ihre Chance auf erfolgreiches Überzeugen eines Gruppenteilnehmers signifikant erhöhen können.

8.3.3 TESLA

Prinzip: Wissensasymmetrie durch spätere Offenlegung des Schlüssels

Eine weitere Möglichkeit, eine Wissensasymmetrie zu realisieren, nutzt das Protokoll für Timed Efficient Stream Loss-tolerant Authentication (TESLA) [PSC$^+$05]. Hierbei werden Nachrichten von der Quelle mit einem herkömmlichen, symmetrischen MAC versehen, die hierfür verwendeten Schlüssel werden jedoch erst später – zu einem Zeitpunkt, zu dem sie nicht mehr verwendet werden dürfen – offengelegt. Abbildung 8.5 zeigt das prinzipielle Vorgehen: Die Zeit wird in Perioden gleicher Länge eingeteilt, und die Quelle verwendet innerhalb einer Periode jeweils einen Schlüssel zur Berechnung von symmetrischen Nachrichtenauthentisierungswerten. Der verwendete Schlüssel wird nach δ Zeitschritten von der Quelle offengelegt, und zwischengespeicherte Nachrichten werden anschließend in den Empfängern authentisiert.

Nutzung von Hashketten

Im Detail ist das Vorgehen etwas komplexer, um eine Authentisierung der veröffentlichten Schlüssel selbst zu ermöglichen. Der Sender wählt sich dazu initial eine natürliche Zahl n und einen zufälligen Schlüssel K_n. In realen Systemen könnte n beispielsweise 10^6 sein. Anschließend berechnet er mithilfe einer kryptografischen Hashfunktion H den Schlüssel K_0 durch n-maliges rekursives Einsetzen in $K_{i-1} = H(K_i)$. Den Schlüssel K_0 gibt er allen Empfängern auf authentische Art und Weise bekannt, beispielsweise indem er eine herkömmliche digitale Signatur einsetzt, der Wert fest in die Geräte eingespeichert wird oder durch paarweise Schlüssel geschützt übertragen wird (μTESLA, [PST$^+$02]). Das Verfahren beginnt beim Zeitschritt T_1, zu dem der Sender den Schlüssel K_1 verwendet. Wenn δ beispielsweise 2 ist, so wird zum Zeitpunkt T_3 der Schlüssel K_1 durch einen Broadcast ohne weiteren Schutz veröffentlicht. Die Empfänger prüfen nun, ob der gesendete Schlüssel authentisch ist, indem sie $H(K_1) = K_0$ prüfen. Anschließend werden die zwischengespeicherten Datenpakete geprüft und gegebenenfalls ausgeliefert. Erreicht die Nachricht über die Offenlegung nicht alle Empfänger, so müssen diese bei der nächsten Veröffentlichung die Hashfunktion lediglich zweimal anwenden, um sich wieder zu synchronisieren.

Der Einsatz von TESLA ist durch den niedrigen Rechen- und Übertragungsaufwand vor allem für Szenarien interessant, bei denen viele Daten kontinuierlich versendet werden. Allerdings führt auch dieses Verfahren eine nicht zu vernachlässigende prinzipbedingte Verarbeitungsverzögerung ein. Darüber hinaus wird eine mehr oder weniger lose Zeitsynchronisation benötigt. Je nach Einsatzszenario kann diese relativ schwer zu erreichen sein, wenn Angreifer selektiv Nachrichten verzögern können.

8.4 Zusammenfassung

Herausforderungen der sicheren Gruppenkommunikation

In diesem Kapitel wurden einige Aspekte der Gruppensicherheit angesprochen, und damit eine kurze Einführung in diese recht komplexe Thematik gegeben. Dies liegt zum einen an den Gruppengrößen, die eine Schlüsselverwaltung bereits aus Skalierbarkeits- und Effizienzgründen schwierig machen. Zum anderen sind die damit verbundenen häufigen Fluktuationen problematisch, wenn *Backward* und *Forward Secrecy* gefordert werden.

Aushandlung symmetrischer Gruppenschlüssel

Die schwierig zu erfüllenden Anforderungen haben zu einer Vielzahl von Lösungen zum Aushandeln symmetrischer Gruppenschlüssel geführt. Hervorzuheben ist hier das zentralisierte, einfache *Group Key Management Protocol* (GKMP) und die ebenfalls zentral organisierte *Logical Key Hierarchy* (LKH), welche aber wesentlich besser skaliert. Da zentrale *Group Controller* immer potenzielle Ausfallpunkte sind, können für große Gruppen dezentrale Verfahren, wie Iolus, besser geeignet sein. Vollständig verteilte Verfahren, wie das vorgestellte *GDH* oder *TGDH*, besitzen auch keine exponierten Instanzen; sie sind jedoch aufgrund ihres Berechnungs- und Kommunikationsaufwands nur bedingt für große Gruppen oder Szenarien mit hoher Teilnehmerdynamik geeignet.

Effiziente Quellenauthentisierung

Neben der Vertraulichkeit wurde auch die Sicherung der Nachrichtenauthentizität für einzelne Quellen diskutiert. Da das einfache Signieren jeder Nachricht mit asymmetrischen Verfahren in der Regel zu aufwendig ist, sind eine Reihe möglicher Alternativen entwickelt worden. Diese haben jedoch verschiedene Nachteile und führen wie bei der *blockweisen Authentisierung* sowie bei *TESLA* zu erheblichen Verzögerungszeiten. Die selektive Überprüfung bei kombinatorischen Nachrichtenauthentisierungswerten (vergleiche Abschnitt 8.3.2) hingegen bietet kaum Vorteile, führt aber zu einer schlechteren Sicherheit, wenn der Angreifer mehrere Teilnehmer kontrolliert.

Insgesamt gesehen existiert für die sichere Gruppenkommunikation keine zufriedenstellende, allgemein anwendbare Lösung. Der Einsatz von Einzelverfahren muss jeweils an das genaue Einsatzszenario und die Sicherheitsbedürfnisse angepasst werden.

8.5 Weiterführende Literatur

[HD03] HARDJONO, T.; DONDETI, L. R.: *Multicast and Group Security*. Artech House, 2003

[RH03] RAFAELI, S.; HUTCHISON, D.: A Survey of Key Management for Secure Group Communication. In: *ACM Computing Surveys* 35 (2003), Nr. 3, S. 309–329

[ZRM05] ZOU, X.; RAMAMURTHY, B.; MAGLIVERAS, S.: *Secure Group Communications Over Data Networks*. Springer-Verlag, 2005

8.6 Übungen

1. Welche Unterschiede bestehen zwischen Gruppen- und Individualkommunikation in Bezug auf die Sicherheit?
2. Welche Vor- und welche Nachteile hat das Verwenden eines Binärbaumes anstelle eines Baumes mit beliebiger Anzahl von Kindknoten pro innerem Knoten bei LKH?
3. Welche Probleme besitzt Iolus in Bezug auf die Skalierbarkeit.
4. Kann es bei dem vorgestellten TGDH-Protokoll passieren, dass die Schlüsselbäume nicht balanciert sind? Wenn ja wie?
5. Wie hoch ist der Rechenaufwand beim Einfügen in eine TGDH-Gruppe für den Sponsor und wie hoch für alle anderen Teilnehmer?
6. Welche Auswirkung hat eine einfache Blockauthentisierung auf der Netzwerkschicht, die jeweils 100 IP-Pakete auf einmal signiert und authentisiert, auf die Effektivität des darüber in

der Transportschicht agierenden TCP, wenn Unicast-Pakete mit Gruppenschlüsseln gesichert werden sollen?

7. Es soll ein kombinatorischer MAC gebildet werden und für jeden Teilnehmer ein garantiertes Sicherheitsniveau von 96 bit selbst bei einer beliebigen Menge kompromittierter anderer Knoten geboten werden. Bis zu welcher Teilnehmeranzahl bietet dieses symmetrische Verfahren im Vergleich zu 2048 bit langen RSA-Signaturen einen Vorteil in Bezug auf die Bandbreite?
8. Warum ist eine hohe Schwankung der Verzögerungszeiten im Netzwerk bei TESLA problematisch?

9 Zugriffskontrolle

In den bisherigen Kapiteln wurden bereits eine Reihe von Algorithmen und Verfahren behandelt, welche alle einen spezifischen Teil zu dem Ziel beitragen können, in informationsverarbeitenden Systemen zu gewährleisten, dass Daten und Ressourcen gegen unberechtigte Ausspähung und Modifikation geschützt werden und für die legitimen Benutzer des Systems verfügbar sind. Wichtige Grundvoraussetzungen hierfür sind, dass man Instanzen eines Systems eindeutig und sicher identifizieren kann, dass Daten durch kryptografische Verfahren vor Ausspähen und Modifikation geschützt und dass stattgefundene Ereignisse nachträglich gegenüber Dritten nachgewiesen werden können.

In diesem Kapitel soll ergänzend dazu der Frage nachgegangen werden, wie in einem System die Entscheidungen darüber getroffen und durchgesetzt werden können, welche Instanzen berechtigt sind, auf bestimmte Dienste und Daten zuzugreifen. Hierzu werden zunächst einige zentrale Begriffe und Konzepte eingeführt. Im Anschluss daran werden die in einigen klassischen Mehrbenutzer-Betriebssystemen integrierten, sogenannten »Security Labels« erklärt und in dem hierauf folgenden Abschnitt die Spezifikation von Zugriffskontrollrichtlinien thematisiert. Abschnitt 9.4 gibt schließlich einen allgemeinen Überblick über die grundlegenden Kategorien von Zugriffskontrollmechanismen.

9.1 Begriffsdefinitionen und Konzepte

Zugriffskontrolle

Definition 9.1 *Der Begriff der* **Zugriffskontrolle (Access Control)** *bezeichnet den Prozess der Vermittlung zwischen den Anfragen von* **Subjekten** *eines Systems auf bestimmte* **Objekte** *in einer spezifischen Art und Weise, das heißt mit einer spezifischen* **Aktion**, *zuzugreifen. Hierbei besteht die Hauptaufgabe der Zugriffskontrolle darin, auf der Grundlage einer definierten* **Sicherheitsrichtlinie (Security Policy)** *jeweils zu entscheiden, ob ein bestimmter Zugriff gestattet werden kann, und diese Entscheidung durchzusetzen.*

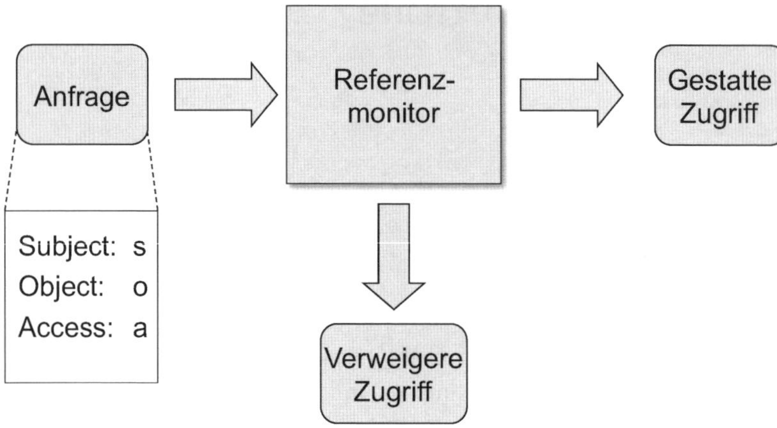

Abbildung 9.1 Das Konzept des Referenzmonitors

Der Referenzmonitor ist lediglich eine konzeptionelle Einheit.

Ein zentrales Modell der Zugriffskontrolle ist das Konzept des sogenannten *Referenzmonitors*, das in Abbildung 9.1 illustriert ist. Ein Referenzmonitor ist hierbei eine gedachte Instanz innerhalb eines Systems, die alle Zugriffsanfragen zur Prüfung vorgelegt bekommt und anhand der im System definierten Sicherheitsrichtlinie entscheidet, ob der Zugriff gestattet wird oder nicht. In realen Systemen wird dieses Konzept in der Regel jedoch nicht als eine ausgezeichnete Systeminstanz implementiert, sodass die Funktionalität des Referenzmonitors durch eine ganze Reihe von Systemfunktionen verteilt erbracht wird und somit häufig eher eine konzeptionelle als eine tatsächliche Instanz darstellt.

Sicherheitsrichtlinie

Definition 9.2 *Die* **Sicherheitsrichtlinie (Security Policy)** *eines Systems definiert die Bedingungen, unter denen Zugriffsanfragen von Subjekten, die mit spezifischen Aktionen auf bestimmte Objekte zugreifen möchten, durch die Referenzmonitor-Funktionalität des Systems entschieden und durchgesetzt werden.*

Eindeutigerer Begriff: Zugriffskontrollrichtlinie

Der Begriff der Sicherheitsrichtlinie wird oft auch in einem weiteren Sinne verstanden, der alle Sicherheitsaspekte eines Systems einschließlich der Bedrohungen, Risiken, Sicherheitsziele, möglicher Gegenmaßnahmen etc. umfasst. In diesem Buch wird daher gelegentlich auch der Begriff *Zugriffskontrollrichtlinie* verwendet, wenn deutlich gemacht werden soll, dass sich eine Sicherheitsrichtlinie primär auf die Definition der Zugriffsrechte bezieht.

Die bisher eingeführten Definitionen werden in der Regel im Kontext der Sicherheit von Rechnern und Betriebssystemen gegeben. In diesem Zusammenhang werden Subjekte und Objekte auch wie folgt definiert.

Subjekt, Objekt

Definition 9.3 *Ein* **Subjekt** *ist eine aktive Instanz, die Anfragen initiieren kann, um auf bestimmte Ressourcen zuzugreifen, und die diese Ressourcen für die Erledigung einer bestimmten Aufgabe in Anspruch nimmt. Ein* **Objekt** *ist ein passiver Datenspeicher.*

Beispiele für Objekte im Sinne dieser Definition sind Dateien, Verzeichnisse etc., während Subjekte durch Prozesse im Sinne eines Betriebssystems realisiert sind.

Bezug zu Kommunikationssystemen

Im Kontext von Kommunikationssystemen ist es jedoch nicht immer so einfach, Subjekte und Objekte sauber voneinander zu trennen. So ist es beispielsweise bei einer Instanz, die eine Nachricht an eine andere Instanz sendet, nicht unbedingt eindeutig, ob die empfangende Instanz als Objekt oder als Subjekt betrachtet werden soll.

Zugriffsart

Weiterhin wird in diesem Zusammenhang auch ein Verständnis darüber benötigt, was denn ein »Zugriff« in einem Kommunikationssystem ist und welche Zugriffsarten hierbei zu unterscheiden sind. In der klassischen Betriebssystemlehre werden beispielsweise die Zugriffsarten »Lesen«, »Schreiben« und »Ausführen« unterschieden, während im Sinne der objektorientierten Programmierung jede von einer Objektschnittstelle angebotene Methode eine eigene Zugriffsart definiert.

In einer ersten naiven Betrachtungsweise könnte man beispielsweise für Kommunikationssysteme die beiden Zugriffsarten »Senden« und »Empfangen« definieren. Wie sich in Kapitel 21 noch zeigen wird, erweist sich diese Unterscheidung in Zwischensystemen, welche lediglich Datenströme vermitteln, als wenig hilfreich bei der Durchsetzung einer Zugriffskontrollrichtlinie. Vielmehr sind Kommunikationsflüsse in Netzwerken in der Regel symmetrisch.

9.2 Security Labels

Wenngleich sich bereits gezeigt hat, dass eine direkte Übertragung der Zugriffskontrollkonzepte aus dem Bereich der Betriebssysteme auf Kommunikationssysteme nicht immer offensichtlich ist, so sollen sie dennoch in diesem Kapitel weiterhin vorgestellt werden, da einige von ihnen in der einen oder anderen Form Eingang in die Realisierung der Zugriffskontrolle in Kommunikationsnetzen gefunden haben. In diesem Abschnitt wird daher das Konzept der sogenannten *Security Labels* eingeführt. Da sich bisher deutsche Bezeichnungen nicht für alle der in diesem Zusammenhang verwendeten Fachbegriffe etabliert haben, werden im Folgenden teilweise nur die englischen Begriffe angegeben.

Security Level

Definition 9.4 *Ein* **Security Level** *ist als ein hierarchisches Attribut definiert, das den Grad der Sensitivität der Subjekte und Objekte eines Systems angibt.*

Mit der Bezeichnung »hierarchisches Attribut« wird hierbei ausgedrückt, dass sich die Level jeweils in eine vollständige Ordnung (»$<$«) bringen lassen. Ein Beispiel für Security Level aus dem militärischen Bereich ist die Einstufung von Information als »unclassified« $<$ »confidential« $<$ »secret« $<$ »top secret«. Im kommerziellen Bereich werden hierfür eher die Bezeichnungen »public« $<$ »sensitive« $<$ »proprietary« $<$ »restricted« verwendet. Ein wesentlicher Unterschied ergibt sich hierdurch jedoch nicht, da das Wesentliche an beiden Klassifizierungen die vollständige Ordnung ist, die ungeachtet der jeweiligen Bezeichnungsweise vorliegt.

Sicherheitskategorie

Definition 9.5 *Der Begriff* **Sicherheitskategorie (Security Category)** *bezeichnet eine nicht hierarchische Gruppierung von Subjekten beziehungsweise Objekten, um die Angabe des Grades ihrer Sensitivität zu vereinfachen.*

»Need to know«-Prinzip

Sicherheitskategorien fassen Subjekte beziehungsweise Objekte zusammen, für die gleiche Zugriffsberechtigungen vergeben werden sollen. Hierdurch kann das sogenannte »Need to know«-Prinzip umgesetzt werden, welches fordert, dass eine Instanz nur auf diejenigen Informationen zugreifen können soll, die sie zur Erledigung ihrer Aufgaben benötigt. So wird im militärischen Bereich beispielsweise ein General des Heeres nicht unbedingt auf vertrauliche Informationen der Luftwaffe zugreifen können, selbst wenn er berechtigt ist, auf als »top secret« eingestufte Informationen für die Landstreitkräfte zuzugreifen. Ein Beispiel aus dem kommerziellen Bereich ist die Einteilung der für ein Unternehmen wichtigen Informationen in diverse Produktsparten und Verwaltung.

Sicherheitslabel

Definition 9.6 *Ein* **Sicherheitslabel (Security Label)** *ist ein Attribut, das mit den in einem System vorhandenen Einheiten (Subjekte, Objekte) assoziiert wird, um ihren hierarchischen Sensitivitätsgrad und ihre Sicherheitskategorie anzugeben. Formal ausgedrückt ist also:*

$$Labels = Levels \times \mathcal{P}(Categories)$$

Hierbei wird durch $\mathcal{P}(S)$ die *Potenzmenge* der Menge S bezeichnet, das heißt die Menge aller Teilmengen von S.

Ein wichtiges Konzept für die Spezifikation von Sicherheitsrichtlinien auf der Grundlage von Sicherheitslabels sind *binäre Relationen* auf der Menge der Sicherheitslabels. Eine binäre Relation auf einer Menge S bezeichnet hierbei eine Teilmenge des

Kreuzproduktes $S \times S$. Ein Beispiel in diesem Zusammenhang ist die sogenannte *Dominates-Relation*, die den Vergleich zweier Sicherheitslabels ermöglicht:

Dominates-Relation

$$
\begin{aligned}
\mathit{Dominates}\colon & \mathit{Labels} \times \mathit{Labels} \\
\mathit{Dominates} = & \{(b_1, b_2) \mid b_1, b_2 \in \mathit{Labels} \land \\
& \mathit{level}(b_1) \geq \mathit{level}(b_2) \land \\
& \mathit{categories}(b_2) \subseteq \mathit{categories}(b_1)\}
\end{aligned}
$$

Diese Relation besagt, dass ein Sicherheitslabel b_1 ein anderes Label b_2 dominiert, wenn sein Sensitivitätsgrad größer oder gleich dem des dominierten Labels ist und wenn die Menge der Sicherheitskategorien des dominierten Labels b_2 eine Teilmenge der Menge des dominierenden Labels b_1 ist. Die Relation kann verallgemeinert werden, sodass beliebige *Halbordnungen* zugrunde gelegt werden können [Den76].

9.3 Spezifikation von Zugriffskontrollrichtlinien

Bei der Spezifikation von Zugriffskontrollrichtlinien bedient man sich häufig einer formalen Notation, die im Folgenden kurz eingeführt werden soll. Betrachten wir hierzu die folgenden Abbildungen:

$$
\begin{aligned}
\mathit{allow}\colon & \mathit{Subjects} \times \mathit{Accesses} \times \mathit{Objects} \to \mathit{Boolean} \\
\mathit{own}\colon & \mathit{Subjects} \times \mathit{Objects} \to \mathit{Boolean} \\
\mathit{admin}\colon & \mathit{Subjects} \to \mathit{Boolean} \\
\mathit{dominates}\colon & \mathit{Labels} \times \mathit{Labels} \to \mathit{Boolean}
\end{aligned}
$$

Diese Abbildungen liefern jeweils einen booleschen Ausgabewert, das heißt »wahr« oder »falsch«, je nachdem, ob der durch den Namen der Abbildung suggerierte Tatbestand erfüllt ist oder nicht. So liefert die »allow«-Abbildung beispielsweise für genau die Tripel (s, a, o) den Wert »wahr«, bei denen das Subjekt s die Berechtigung hat, mit der Aktion a auf das Objekt o zuzugreifen. Mit »own« kann der Besitz von einem Objekt durch ein Subjekt ausgedrückt werden und »admin« gibt an, ob ein Subjekt Mitglied der Menge der Systemverwalter ist. Die Abbildung »dominates« liefert genau für die Tupel (b_1, b_2) den Wert »wahr«, für die $(b_1, b_2) \in \mathit{Dominates}$ gilt.

Übliche Zugriffskontrollrichtlinien

Auf der Grundlage dieser Abbildungen können einige übliche Zugriffskontrollrichtlinien definiert werden:

$$ownership\colon \forall\ s \in Subjects, o \in Objects, a \in Accesses\colon$$
$$allow(s,o,a) \Leftrightarrow own(s,o)$$

$$own\_admin\colon \forall\ s \in Subjects, o \in Objects, a \in Accesses\colon$$
$$allow(s,o,a) \Leftrightarrow own(s,o) \vee admin(s)$$

$$dom\colon \forall s \in Subjects, o \in Objects, a \in Accesses\colon$$
$$allow(s,o,a) \Leftrightarrow dominates(label(s), label(o))$$

Die zuletzt aufgeführte *»dom«-Richtlinie* erfordert, dass ein System Sicherheitslabel für die in dem System vorhandenen Einheiten (Subjekte, Objekte) speichert und verarbeitet, weist aber dafür gegenüber den anderen Richtlinien den Vorteil auf, dass sie die Realisierung komplexerer Zugriffskontrollrichtlinien ermöglicht.

9.4 Kategorien von Zugriffskontrollmechanismen

Für die Implementierung der bisher in diesem Kapitel beschriebenen Konzepte in realen Systemen werden konkrete Mechanismen benötigt. In diesem Abschnitt soll daher eine generelle Klassifikation der bisher vorgeschlagenen Mechanismen vorgestellt werden.

Zugriffskontrollmechanismus

Definition 9.7 *Das Konzept des Referenzmonitors wird in realen Systemen durch einen* **Zugriffskontrollmechanismus (Access Control Mechanism)** *implementiert.*

Die bisher in der Literatur vorgeschlagenen Zugriffskontrollmechanismen werden in der Regel in die folgenden Kategorien eingeteilt [SC01]:

Discretionary Access Control

- *Discretionary Access Control* umfasst die Prozeduren und Mechanismen, welche die Vermittlung von Zugriffsanfragen gemäß den Festlegungen individueller Benutzer realisiert. Eine deutsche Übersetzung dieses Begriffs ist *Zugriffskontrolle im Ermessen der Benutzer*. Meistens wird jedoch der englische Begriff verwendet. Als ein Beispiel für diese Kategorie von Zugriffskontrollmechanismen kann die Standardrechteverwaltung für Dateien in Unix- und Windows-Betriebssystemen herangezogen werden, die es Benutzern erlaubt, frei über die Zugriffsrechte für die von ihnen erzeugten Dateien zu entscheiden.

- *Mandatory Access Control* bezeichnet die Prozeduren und Mechanismen, die eine Vermittlung von Zugriffsanfragen im Sinne einer von einer zentralen Instanz festgelegten einheitlichen Regelmenge durchsetzt. Eine deutsche Übersetzung des Begriffs ist *verbindliche Zugriffskontrolle*, aber auch hierfür wird meistens der englische Begriff verwendet.

Mandatory Access Control

- *Role Based Access Control* bezeichnet eine jüngere Entwicklung, die insbesondere im Laufe der neunziger Jahre eine erhebliche Beachtung und Weiterentwicklung erfahren hat und die die beiden zuvor genannten klassischen Ansätze konzeptionell ergänzt. Die wesentliche Neuerung gegenüber den klassischen Ansätzen ist hierbei, dass die Entscheidung, ob ein Subjekt mit einer spezifischen Methode auf ein bestimmtes Objekt zugreifen darf, nicht von der Identität des Subjektes oder einer generellen Richtlinie abhängen soll, sondern durch die konkrete Rolle, in der das Subjekt seine Aufgabe wahrnimmt, bestimmt werden soll. Hierdurch wird eine Vereinfachung der Rechteverwaltung erreicht [SCF+96].

Role Based Access Control

Weiterhin gilt, dass die beiden klassischen Ansätze auch miteinander kombiniert werden können, wobei in der Regel die verbindlichen Zugriffskontrollentscheidungen die Festlegungen im Ermessen des Benutzers überschreiben. Ein Beispiel hierfür ist etwa die Verwendung der Discretionary Access Control auf individuellen Rechnern kombiniert mit einer Mandatory Access Control in dedizierten Zwischensystemen des Kommunikationsnetzwerkes (vergleiche hierzu auch Kapitel 21 über Internet-Firewalls).

Zugriffsmatrix

Als ein nützliches Konzept bei der Beschreibung von Zugriffskontrollmechanismen hat sich die sogenannte *Zugriffsmatrix* erwiesen, in der die Zeilen die in einem System vorhandenen Subjekte und die Spalten die Objekte repräsentieren [Amo94]. Jede Zelle dieser Matrix enthält die Zugriffsrechte, die das durch die Zeile adressierte Subjekt auf das durch die Spalte adressierte Objekt hat (siehe hierzu auch Abbildung 9.2).

Implementierung der Zugriffsmatrix

Da in realen Systemen die meisten Einträge dieser konzeptionellen Matrix leer sein werden, ist eine direkte Implementierung dieser Matrix wenig speichereffizient. Aus diesem Grund haben sich diverse andere Implementierungsarten etabliert:

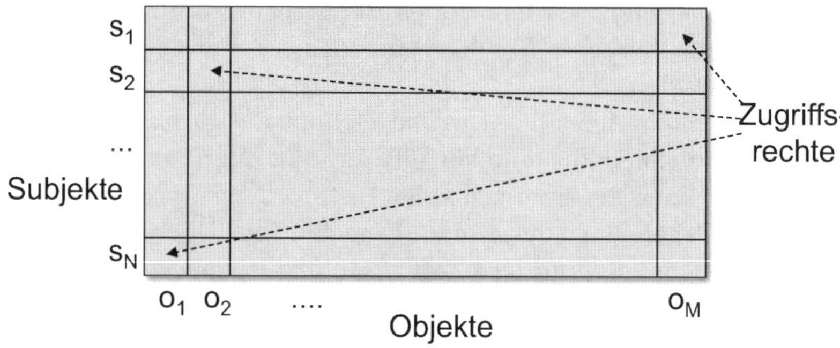

Abbildung 9.2
Die konzeptionelle Zugriffskontrollmatrix

Zugriffskontrolllisten

- *Zugriffskontrolllisten (Access Control Lists, ACLs)* speichern für jedes Objekt eines Systems eine Liste der Subjekte, die auf dieses Objekt zugreifen können, gegebenenfalls zusammen mit den jeweiligen spezifischen Zugriffsrechten der einzelnen Subjekte. Zugriffskontrolllisten werden üblicherweise zusammen mit einer Discretionary Access Control verwendet.

Berechtigungen

- *Berechtigungen (Capabilities)* stellen in gewisser Weise das zu ACLs komplementäre Konzept dar, da hierbei für jedes Subjekt eine Liste mit den Objekten und den spezifischen Zugriffsarten gespeichert wird, mit denen das Subjekt auf ein bestimmtes Objekt zugreifen darf. Der Vorteil und gegebenenfalls auch die Gefahr von Berechtigungen liegen darin, dass sie häufig eine praktikable Delegation von Rechten zwischen Subjekten ermöglichen.

Security Labels

- *Security Labels* werden zumeist mit Mandatory Access Control kombiniert, da die Erzeugung und Verwaltung der Security Labels gut durch zentral vorgegebene Sicherheitsrichtlinien modelliert werden können.

Die Integrität der Zugriffsdatenstrukturen ist unverzichtbar!

Allen oben genannten Implementierungsalternativen für die Rechteverwaltung ist gemein, dass die Integrität der hierfür eingesetzten Datenstrukturen eine unverzichtbare Voraussetzung für die mit den Verfahren erzielbare Sicherheit ist. Können diese Datenstrukturen nicht wirkungsvoll vor unberechtigten Manipulationen durch einzelne Subjekte geschützt werden, so werden die weiteren Zugriffskontrollprozeduren hinfällig.

9.5 Zusammenfassung

Aufgaben der Zugriffskontrolle

Die Zugriffskontrolle umfasst die Verwaltung und Durchsetzung von Zugriffsrechten, die reglementieren, unter welchen Umständen und mit welchen Aktionen die Subjekte eines Systems auf die Objekte des Systems zugreifen können.

Rechtevergabe

Die Vergabe dieser Rechte kann je nach den eingesetzten Zugriffskontrollmechanismen entweder im Ermessen des Benutzers (Discretionary Access Control) oder durch eine zentral vorgegebene Sicherheitsrichtlinie (Mandatory Access Control) erfolgen. Eine einfachere Verwaltung der Zugriffsrechte kann auch durch die Definition sogenannter Rollen erreicht werden, für die im zweiten Schritt spezifische Zugriffsrechte vergeben werden. Auf der Grundlage einer gegebenenfalls dynamischen Zuordnung von Subjekten zu bestimmten Rollen können somit die Rechte für spezifische Subjekte definiert werden (Role Based Access Control). In der Praxis werden die grundlegenden Ansätze oft miteinander kombiniert.

Bezug zu Internet-Firewalls und IEEE 802.1Q

Wenngleich eine Übertragung der in diesem Kapitel vermittelten Grundlagen auf die in Kommunikationsnetzen vorliegenden Situationen nicht immer offensichtlich ist, so stellen sie dennoch zentrale Konzepte für das Verständnis von Zugriffskontrollfragen in Netzen dar. Im Rahmen dieses Buches wird dieses Thema vor allem noch einmal intensiv in Kapitel 21 über Internet-Firewalls sowie auch in Abschnitt 11.1 bei der Erläuterung des Standards IEEE 802.1Q aufgegriffen.

9.6 Weiterführende Literatur

[Amo94] AMOROSO, E. G.: *Fundamentals of Computer Security Technology*. Prentice Hall, 1994
Kapitel 22 behandelt Zugriffskontrollmechanismen, weitere Grundkonzepte der Zugriffskontrolle werden in den Kapiteln 6 bis 13 eingeführt.

[SC01] SAMARATI, P; CAPITANI DI VIMERCATI, S. de: Access Control: Policies, Models, and Mechanisms. In: FOCARDI, R. (Hrsg.); GORRIERI, R. (Hrsg.): *Foundations of Security Analysis and Design; Lecture Notes in Computer Science* Bd. 2171, Springer-Verlag, 2001, S. 137–196

[SCF+96] SANDHU, R.; COYNE, E.; FEINSTEIN, H.; YOUMAN, C.: Role-Based Access Control Models. In: *IEEE Computer* 29 (1996), Februar, Nr. 2, S. 38–47

9.7 Übungen

1. Was bezeichnet der Begriff »Referenzmonitor«?
2. Wie hängen die Begriffe Security Level, Security Category und Security Label zusammen?
3. Welche der Zugriffskontrollrichtlinien *ownership, own_admin* oder *dom* wird üblicherweise für das Dateisystem des Betriebssystems Unix verwendet?
4. Welcher der drei Kategorien von Zugriffskontrollmechanismen Discretionary, Mandatory oder Role Based würden Sie die in Unix übliche Rechtevergabe auf Dateien zuordnen?
5. Unterstützen Zugriffskontrolllisten eine Rechteweitergabe zwischen Subjekten?
6. Die *Dominates*-Relation ist transitiv, das heißt, ein Subjekt welches in der Halbordnung »größer« als ein anderes ist, hat zumindest äquivalente Rechte. Kann das Recht auf Kommunikation in Rechnernetzen ebenfalls transitiv sein? Erläutern Sie die Konsequenzen, wenn Sie davon ausgehen müssen, dass Kommunikationsbeziehungen in der Regel bidirektional sein müssen.

Teil II

Netzsicherheit

10 Integration von Sicherheitsdiensten in Kommunikationsarchitekturen

Die im ersten Teil dieses Buches eingeführten Grundlagen der Datensicherheitstechnik werden in den folgenden Kapiteln in ihrer Anwendung in Architekturen und Protokollen der Netzsicherheit erläutert. Hierfür werden im vorliegenden Kapitel zunächst grundsätzliche Fragestellungen motiviert und diskutiert, bevor in den drei folgenden Kapiteln jeweils Sicherheitsprotokolle der Schichten 2, 3 und 4 eingeführt und erläutert werden.

Der folgende Abschnitt dieses Kapitels motiviert zunächst die grundsätzlichen bei der Integration von Sicherheitsdiensten in Kommunikationsarchitekturen auftretenden Entwurfsfragen. Abschnitt 10.2 stellt ein pragmatisches Modell für sichere vernetzte Systeme vor. Auf der Basis dieses Modells werden in den verbleibenden drei Abschnitten dieses Kapitels allgemeine sowie spezifische Überlegungen zur Platzierung von Sicherheitsdiensten in geschichteten Kommunikationsarchitekturen angestellt.

10.1 Motivation

Gliederung der Entwurfsentscheidungen entlang zweier Dimensionen

Analog zur strukturierten Vorgehensweise bei der Durchführung einer Sicherheitsanalyse für eine gegebene Kommunikationsarchitektur (vergleiche hierzu auch Abschnitt 1.3) können auch die bei der Integration von Sicherheitsdiensten in Kommunikationssysteme auftretenden Fragestellungen prinzipiell entlang zweier Dimensionen gegliedert werden.

So stellt sich zum einen in horizontaler Orientierung die Frage, welche Sicherheitsdienste *in welchen Systemen* eines Kommunikationsnetzes realisiert werden sollen (vergleiche Abbildung 10.1). So ist es grundsätzlich denkbar, einzelne Sicherheitsdienste lediglich in Endsystemen oder auch in Zwischensystemen zu erbringen.

Abbildung 10.1 Grundsätzliche Entwurfsentscheidungen der Netzsicherheit (1)

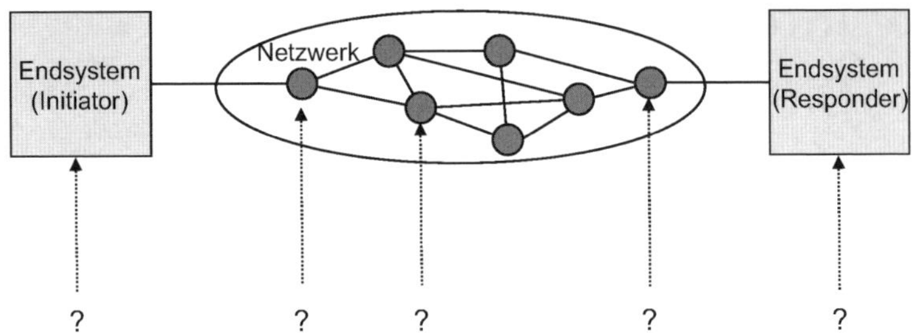

Dimension 1:
Welcher Sicherheitsdienst soll in welchem Knoten realisiert werden?

Bezüglich einer Integration in Zwischensysteme kann noch weiter differenziert werden, in welchen Zwischensystemen bestimmte Sicherheitsdienste angesiedelt werden sollten, also beispielsweise lediglich an den »Randknoten« eines Netzes oder allgemein auch im Netzinneren.

Integration in End- oder Zwischensysteme?

Während man einerseits argumentieren kann, dass Sicherheitsdienste grundsätzlich in Endsystemen erbracht werden sollten, da nur dort der Benutzer über eine völlige Kontrolle darüber verfügt und sicher sein kann, dass seine Daten tatsächlich den gewünschten Schutz erfahren, so kann man in entgegengesetzter Richtung auch genau dahingehend argumentieren, dass gerade die Kontrolle des Benutzers über anzuwendende Sicherheitsdienste eine nicht zu tolerierende Quelle der Unsicherheit darstellt (vergleiche hierzu auch die Prinzipien der »Discretionary« und der »Mandatory Access Control« in Kapitel 9). Die hierbei zutage tretenden Anforderungen und zu beachtenden Nebenbedingungen sind jedoch weit vielfältigerer Natur, wie sich im weiteren Verlauf dieses Kapitels noch zeigen wird.

Integration in welche Protokollschicht?

Zum anderen müssen auch in vertikaler Orientierung Entwurfsentscheidungen darüber getroffen werden, *in welchen Schichten* spezifische Sicherheitsdienste integriert werden sollen (siehe auch Abbildung 10.2). Auch hier ist es wieder möglich, die eine oder andere extreme Position einzunehmen, indem beispielsweise gefordert wird, Sicherheitsdienste grundsätzlich in der Anwendungsschicht zu erbringen, weil nur die Anwendungen über ein vollständiges Wissen der Semantik und damit der Sensitivität potenziell zu schützender Daten verfügen. Genauso gut kann argumentiert werden, dass grundsätzlich alle Daten, einschließlich der Protokollinformationen tieferer Schichten, gleichermaßen geschützt werden müssen,

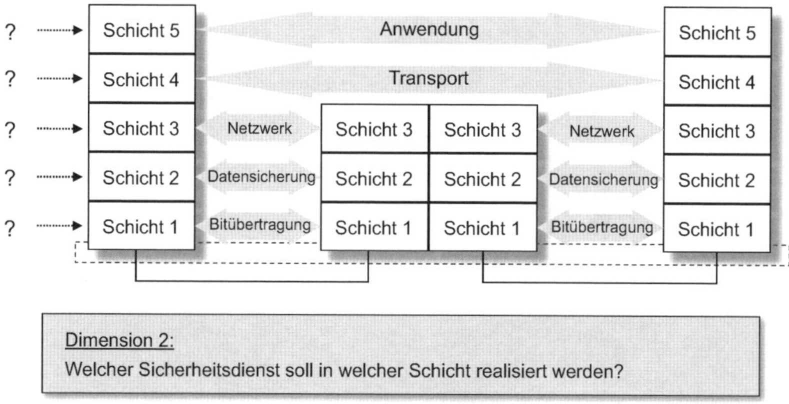

Abbildung 10.2 *Grundsätzliche Entwurfsentscheidungen der Netzsicherheit (2)*

um eine bestmögliche Sicherheit zu erreichen, und daher Sicherheitsdienste grundsätzlich in der tiefst möglichen Protokollschicht erbracht werden sollten. Wenngleich beiden Argumenten eine gewisse Gültigkeit nicht abgesprochen werden kann, so stellen sich die in realen Netzen auftretenden Aspekte jedoch um einiges vielschichtiger dar, als dass sie mit so einfachen Pauschallösungen zufriedenstellend gelöst werden könnten.

Pauschallösungen reichen nicht aus.

In den weiteren Abschnitten dieses Kapitels werden wir diese Aspekte aus einer zunächst noch allgemeinen Perspektive näher betrachten. Hierbei wird sich das im folgenden Abschnitt vorgestellte, einfache und pragmatische Modell sicherer vernetzter Systeme als eine nützliche Orientierung erweisen.

10.2 Ein pragmatisches Modell

Die grundsätzliche Zielsetzung bei der Errichtung von Kommunikationsnetzen und verteilten Systemen besteht letztendlich darin, den Benutzern dieser Systeme bestimmte Anwendungen zur Verfügung zu stellen. Ausgehend von dieser Grundüberlegung zeigt Abbildung 10.3 ein pragmatisches Modell für sichere vernetzte Systeme [For94].

In diesem Modell werden vier prinzipielle *Ebenen* unterschieden, in denen spezifische Sicherheitsanforderungen und Maßnahmen angesiedelt werden können:

Anwendungsebene

- Die *Anwendungsebene* bezieht sich auf Anforderungen, die für bestimmte Anwendungen zu erfüllen sind, und Maßnahmen hierfür, die direkt in den Anwendungen erbracht werden. Anwendungen bezeichnen dabei Softwaresysteme, die bestimmte

Abbildung 10.3 Ein pragmatisches Modell für sichere vernetzte Systeme

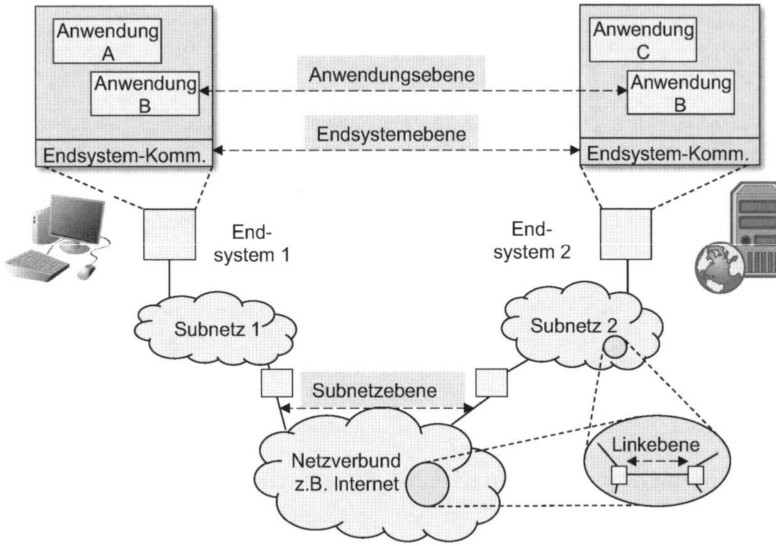

Aufgaben erfüllen, wie etwa E-Mail, Webdienste, Textverarbeitung, Datenspeicherung, Prozessregelung oder -steuerung etc.

Endsystemebene

- Die *Endsystemebene* bezieht sich auf Anforderungen und Maßnahmen, die einheitlich zwischen Endsystemen zu erfüllen beziehungsweise zu ergreifen sind. Endsysteme bezeichnen hierbei Geräte wie Personal Computer über Server bis hin zu Großrechnern, aber beispielsweise auch Mobilfunkgeräte. Die Sicherheitsrichtlinie eines Endsystems wird in der Regel mehr oder weniger einheitlich durch eine Instanz, im Englischen auch als *Policy Authority* bezeichnet, für das gesamte Endsystem vorgegeben.

Subnetzebene

- Auf *Subnetzebene* sollen Anforderungen und Maßnahmen für die Kommunikationseinrichtungen, die unter der Kontrolle einer administrativen Organisation (zum Beispiel Abteilung, Unternehmen) stehen, einheitlich erfüllt beziehungsweise implementiert werden. Der zentrale Gedanke hierbei ist es, dass die Kommunikation zwischen bestimmten Subnetzen über Netzbereiche hinweg, die als weniger vertrauenswürdig gelten (zum Beispiel das Internet), einheitlich gesichert wird. Die Sicherheitsrichtlinien für die Subnetze werden in der Regel wiederum einheitlich vorgegeben.

Linkebene

- Die *Linkebene* bezieht sich auf die Sicherung zwischen einzelnen direkt über ein physikalisches Medium (»Link«) verbundenen Knoten eines Kommunikationsnetzes.

Abgrenzung der Begriffe Netzverbund und Subnetz

Der in Abbildung 10.3 außerdem enthaltene Begriff *Netzverbund* bezeichnet eine Menge miteinander verbundener Subnetze. Verglichen mit Subnetzen, die ihrerseits tatsächlich auch wiederum aus einer Reihe miteinander verbundener Netze (zum Beispiel LANs) bestehen können und deren Sicherheitsrichtlinie jeweils durch eine Policy Authority vergeben wird, zeichnet es ein Netzverbund aus, dass es keine einheitliche Sicherheitsrichtlinie gibt. Aus diesem Grund wird ein Netzverbund normalerweise als nicht vertrauenswürdiges Netz eingestuft.

Zusammenhang zwischen Anforderungsebenen und Protokollschichten

Im Vergleich mit dem heute üblichen Schichtenmodell für Kommunikationssysteme zeigt sich, dass die in Abbildung 10.3 gezeigten Ebenen den Protokollschichten nicht eins zu eins zugeordnet werden können. Wie Abbildung 10.4 illustriert, ist eine direkte Zuordnung allenfalls bei der Anwendungsebene zur Anwendungsschicht gegeben, da die in dieser Ebene zu erbringenden Sicherheitsdienste in der Anwendungsschicht oder unmittelbar in der Anwendung implementiert werden.

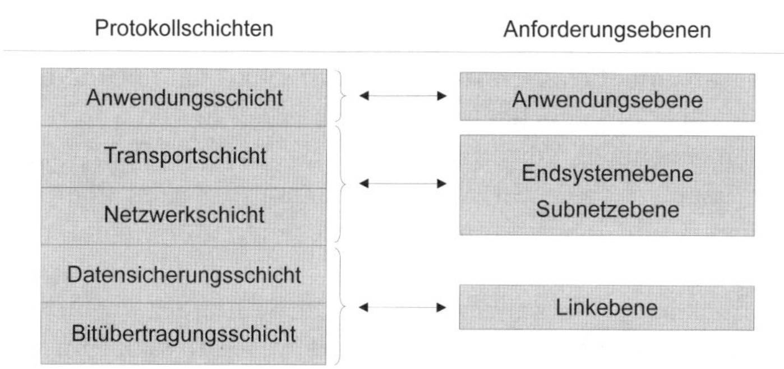

Abbildung 10.4 *Die Abbildung zwischen Protokollschichten und Anforderungsebenen ist nicht eins zu eins.*

Sicherheitsmaßnahmen zur Erfüllung der Anforderungen der Endsystemebene und der Subnetzebene können jedoch sowohl in der Transportschicht als auch in der Netzwerkschicht implementiert werden. Und auch für die auf der Linkebene auftretenden Anforderungen gilt, dass sie gleichermaßen in der Datensicherungsschicht und der Bitübertragungsschicht realisiert werden können.

10.3 Überlegungen zur Platzierung von Sicherheitsdiensten

Im Folgenden soll zunächst eine Reihe allgemeiner Überlegungen angestellt werden, die bei Entscheidungen darüber, an welchen Stellen bestimmte Sicherheitsdienste realisiert werden sollten, mit in Betracht gezogen werden können.

Mischen von Datenströmen

- *Mischen unterschiedlicher Datenströme:* Infolge des in Kommunikationssystemen durchzuführenden Multiplexens besteht in den unteren Ebenen beziehungsweise Schichten eine größere Tendenz dafür, dass Datenströme unterschiedlicher Quellen und Ziele sowie von unterschiedlichen Anwendungen als ein gemischter Datenstrom vorliegen. Da in der Regel ein für eine bestimmte Ebene beziehungsweise Schicht realisierter Sicherheitsdienst den in dieser Ebene beziehungsweise Schicht zu verarbeitenden Datenverkehr in einer homogenen Weise behandeln wird, kann dies zu einer inadäquaten Kontrolle über die auf bestimmte Daten anzuwendenden Sicherheitsmechanismen führen. Verlangt eine Sicherheitsrichtlinie beispielsweise eine anwendungs- oder benutzerspezifische Behandlung des Verkehrs, so sollte diese besser auf einer höheren Ebene realisiert werden.

Wissen über Datenpfade

- *Wissen über Datenpfade:* In den unteren Ebenen besteht zumeist mehr Wissen über die Sicherheitseigenschaften unterschiedlicher Pfade und Verbindungsstrecken (zum Beispiel Links). In Umgebungen, in denen diese Eigenschaften sehr unterschiedlicher Natur sind, kann eine Platzierung hierauf abgestimmter Sicherheitsmechanismen in den unteren Ebenen erhebliche Vorteile im Hinblick auf ihre Effektivität und Effizienz haben. So kann die Kommunikation über besonders gefährdete Verbindungsstrecken (zum Beispiel drahtlose Links) beziehungsweise Netzbereiche (zum Beispiel ein öffentliches Netz zwischen zwei miteinander verbundenen lokalen Netzen) gezielt geschützt werden, wobei unnötiger Aufwand in weniger gefährdeten Netzbereichen vermieden werden kann.

Anzahl der zu schützenden Stellen

- *Anzahl der zu schützenden Stellen:* Bei der Platzierung von Sicherheitsdiensten auf der Anwendungsebene müssen diese in jeder sensitiven Anwendung und in jedem Endsystem implementiert und auch jeweils entsprechende Schlüssel und Konfigurationsdaten verwaltet werden. Bei der Platzierung auf der Linkebene tritt eine ähnliche Situation auf, da alle Endpunkte von nicht vertrauenswürdigen Verbindungsstrecken gesichert werden müssen. Eine Platzierung in der »Mitte« der Architektur tendiert eher dazu, eine geringere Anzahl zu schützender Stellen zu erfordern.

Schutz von Protokollinformation

- *Schutz von Protokollinformation:* Sicherheitsmaßnahmen höherer Protokollschichten können naturgemäß nicht die Protokollfelder darunter liegender Schichten schützen. Dieser Punkt ist insbesondere deswegen nicht zu vernachlässigen, da über die Nutzdaten hinaus auch die Netzinfrastruktur selbst geschützt werden muss.

- *Bindung zwischen Quelle und Ziel:* Einige Sicherheitsdienste, wie Nachrichtenauthentisierung und Urhebernachweis, beruhen auf einer Relation zwischen Daten und ihrem Sender sowie zum Teil auch ihrem Empfänger. Diese Verbindung kann besser auf den höheren Ebenen, insbesondere der Anwendungsebene, hergestellt werden.

Bindung zwischen Quelle und Ziel

Über die bisher angestellten allgemeinen Überlegungen hinaus, liefern auch die folgenden ebenenspezifischen Betrachtungen nützliche Argumente bei der Bestimmung der für eine spezifische Netzkonfiguration am besten geeigneten Platzierung einzelner Sicherheitsdienste.

Anwendungsebene

Die *Anwendungsebene* kann gegebenenfalls die einzig sinnvolle Ebene für die Realisierung bestimmter Sicherheitsdienste sein. Ein anwendungsspezifischer Sicherheitsdienst, wie eine Zugriffskontrolle für einen verteilten Dateidienst, kann zum Beispiel nur auf Anwendungsebene vollständig realisiert werden. Weiterhin kann es erforderlich sein, dass ein Sicherheitsdienst auch über bestimmte Anwendungs-Gateways hinweg wirken soll. Ein Beispiel hierfür ist Vertraulichkeit und Nachrichtenauthentisierung für elektronische Post, die gegebenenfalls über E-Mail-Gateways transportiert wird, bevor sie dem Empfänger zugestellt werden kann. Weiterhin kann die Semantik bestimmter Datenelemente eine besondere Sicherung erfordern. So besteht beispielsweise bei dem Sicherheitsdienst Urhebernachweis nur in der Anwendung ein ausreichendes Wissen über die Semantik bestimmter Datenelemente. Schließlich ist es gelegentlich auch so, dass es für den Benutzer beziehungsweise Programmierer einer Anwendung keine andere Möglichkeit gibt, als bestimmte Sicherheitsdienste in der Anwendungsebene zu erbringen, da kein Einfluss auf die Sicherheitsmechanismen tieferer Ebenen genommen werden kann.

Endsystemebene

Die *Endsystemebene* eignet sich insbesondere dann, wenn Endsysteme als vertrauenswürdig und das dazwischen liegende Netz als nicht vertrauenswürdig eingestuft werden. Weiterhin erweist es sich oft als Vorteil, wenn Sicherheitsdienste transparent gegenüber den Anwendungen realisiert werden können und wenn die Konfiguration und Verwaltung der Sicherheitsdienste der Verantwortung eines festgelegten Systemadministrators übertragen werden können.

Subnetzebene

Die *Subnetzebene* sollte nicht mit der Endsystemebene verwechselt werden, selbst wenn gegebenenfalls die Sicherheitsdienste in der gleichen Protokollschicht implementiert werden. Bei der Implementierung von Sicherheitsmaßnahmen auf Subnetzebene wird in der Regel der gleiche Schutz für alle Endsysteme des betreffenden Subnetzes realisiert. Hierbei wird die Annahme getroffen, dass ein direkt mit einem Endsystem verbundenes Subnetz genauso vertrauenswürdig ist wie das Endsystem selbst. Diese Annahme ist dadurch begründet, dass sich sowohl das Endsystem als auch das Subnetz am gleichen Standort befinden und durch die gleichen Betriebskräfte konfiguriert und verwaltet werden. Bei der Realisierung von Sicherheitsmaßnahmen auf Subnetzebene ergibt sich der Vorteil, dass normalerweise deutlich weniger Subnetz-Gateways als Endsysteme vorhanden sind und somit insgesamt weniger Systeme mit Sicherungsmaßnahmen versehen werden müssen.

Linkebene

Die *Linkebene* empfiehlt sich insbesondere dann für die Realisierung von Sicherungsmaßnahmen, wenn es lediglich relativ wenige nicht vertrauenswürdige Verbindungsstrecken gibt, sodass es einfacher und auch kostengünstiger ist, nur die als unsicher eingestuften Verbindungsstrecken zu sichern. Weiterhin ermöglicht die Linkebene, je nach zugrunde liegender Technologie eventuell von spezifischen Schutzmechanismen Gebrauch zu machen, wie beispielsweise der Spreizspektrum-Übertragung (Spread Spectrum) oder dem pseudozufälliges Wechseln zwischen verschiedenen Übertragungsfrequenzen (Frequency Hopping). Schließlich ist die Linkebene auch die Ebene, auf der am einfachsten ein Schutz vor Verkehrsflussanalysen realisiert werden kann, da sich hier besonders viele Datenströme mischen.

Interaktion mit dem Benutzer

Ein weiterer Aspekt im Zusammenhang mit der Realisierung von Sicherheitsmaßnahmen ergibt sich aus eventuell erforderlichen Benutzerinteraktionen, die sich nicht elegant in das bisher betrachtete Modell integrieren lassen, da der Benutzer außerhalb der Kommunikationssysteme steht. So erfordert insbesondere die Authentisierung eine Interaktion mit dem Benutzer. Hierfür existieren die folgenden Realisierungsalternativen:

Lokale Authentisierung

- *Lokale Authentisierung*: Hierbei authentisiert sich der Benutzer lokal gegenüber dem Endsystem. Das Endsystem authentisiert sich gegenüber dem entfernten System und nennt dabei auch die Identität des Benutzers. Das entfernte Endsystem muss bei dieser Variante darauf vertrauen können, dass das lokale Endsystem die Authentisierungsprüfung korrekt durchführt. Diese Variante wird etwa beim Betrieb des *Network File System (NFS)* realisiert.

- *Spezifische Protokollelemente auf Anwendungsebene:* Der Benutzer übergibt dem lokalen System bestimmte Authentisierungsdaten, die von dem lokalen System mithilfe spezifischer Protokollelemente (möglichst) sicher an das entfernte System weitergeleitet werden. Das entfernte System nimmt die Authentisierungsprüfung in diesem Fall selbst vor. Diese Variante wird beispielsweise bei dem *Server-Message-Block-Protokoll* (SMB) eingesetzt.

  Spezifische Protokollelemente

- *Eine Kombination dieser Techniken:* Als ein Beispiel für eine Kombination lokaler und entfernter Authentisierung kann beispielsweise das in Abschnitt 7.4 vorgestellte System Kerberos herangezogen werden, da sowohl eine lokale als auch eine entfernte Authentisierungsprüfung vorgenommen wird.

  Kombinierte Verfahren

10.4 Integration in untere Protokollschichten vs. Anwendungen

Ergänzend zu den bisherigen Betrachtungen sollen in diesem Abschnitt weitere Überlegungen angestellt werden, die für eine Integration von Sicherheitsdiensten insbesondere in die unteren Protokollschichten sprechen:

- *Sicherheit:* Sie kann in zweierlei Hinsicht die Integration von Sicherheitsmechanismen in untere Protokollschichten motivieren. Zum einen muss die Netzinfrastruktur selbst auch geschützt werden, um ihre Verfügbarkeit und korrekte Funktion inklusive einer korrekten und nachvollziehbaren Abrechnung für erfolgte Dienstnutzungen zu gewährleisten. Zum anderen sind Sicherheitsmaßnahmen, die in Netzelementen realisiert werden, oft schwerer für Benutzer des Netzes anzugreifen als solche, die in Endsystemen realisiert werden, da Endsysteme aufgrund ihrer komplexen und flexiblen Softwarekonfiguration oft mehr Schwachstellen und damit Angriffspunkte aufweisen oder Nutzer diese unbedacht einführen. Dies gilt insbesondere dann, wenn die Maßnahmen mit Hardwareunterstützung realisiert werden und nicht deaktiviert beziehungsweise umgangen werden können.

  Sicherheit

Anwendungsunabhängigkeit

- *Anwendungsunabhängigkeit:* Die grundlegenden Sicherheitsdienste können in unteren Schichten einmal für alle Anwendungen einheitlich realisiert werden und müssen nicht in jede einzelne Anwendung integriert werden.

Dienstqualität

- *Dienstqualität:* Datenströme, die besondere Anforderungen an die Qualität des Übertragungsdienstes stellen (geringe Verzögerung, Verzögerungsschwankung etc.), können von einer Integration in die unteren Protokollschichten profitieren, da es hierbei einfacher ist, ein dienstqualitätsorientiertes Scheduling des Kommunikationssystems mit dem Scheduling kryptografischer Operationen zu vereinen. Sollen beispielsweise mehrere Datenströme mit unterschiedlichen Anforderungen und Verkehrscharakteristiken (zum Beispiel Sprachübertragung und Dateitransfer) durch einen Hardware-Verschlüsselungsbaustein chiffriert und dann übertragen werden, so lässt sich ein dienstqualitätsorientiertes Scheduling beider Operationen besser integrieren, wenn die Verschlüsselung unmittelbar auf dem Kommunikationsadapter vor der Übertragung durchgeführt wird. Ein Beispiel für eine Kommunikationsarchitektur, die eine solche Integration auch bei einer Sicherung von Endsystem zu Endsystem unterstützen kann, stellen Systeme des sogenannten *asynchronen Transfermodus (ATM)* dar, der die Grundlage des *Breitband ISDN* bildet [ATM97b, ATM97a, ESS+98, Sch98, SHB95, Sta95, Sta98, SR97].

Effizienz

- *Effizienz:* Aufgrund der besseren Möglichkeiten, Hardwareunterstützung direkt auf einem Kommunikationsadapter zu integrieren, können kryptografische Operationen effizienter ausgeführt werden, wenn eine Integration in die unteren Protokollschichten erfolgt. Zwar kann prinzipiell auch eine Anwendung durch entsprechende Funktionsaufrufe von einer speziellen Hardwareerweiterung für die effiziente Berechnung kryptografischer Operationen Gebrauch machen, jedoch ist hierbei zu bedenken, dass dadurch zusätzliche Datentransporte über den Systembus erfolgen müssen, welche zwangsläufig Leistungseinbußen verursachen.

10.5 Integration in End- oder Zwischensysteme

Außer dem Aspekt, in welcher Schicht bestimmte Sicherheitsdienste zu realisieren sind, ist auch die Frage von Interesse, welche Sicherheitsdienste eher in Endsysteme oder in Zwischensysteme integriert werden sollten.

Eine Integration in Endsysteme adressiert in der Regel Anforderungen der Anwendungs- oder Endsystemebene.

In Bezug auf eine Integration in Endsysteme ist festzuhalten, dass diese im Allgemeinen sowohl auf der Anwendungs- wie auch auf der Endsystemebene erfolgen kann. Unter Umständen kann auch eine Sicherung auf Linkebene sinnvoll sein, beispielsweise wenn ein Modem zur Verbindung eines Endsystems mit einem dedizierten System eingesetzt wird. Ein solcher Fall kann etwa bei einem Fernwartungszugang eines Vermittlungssystems vorliegen.

Bei der Integration in Zwischensysteme werden für Nutzdaten eher Anforderungen der Subnetz- oder Linkebene adressiert.

Die Integration in Zwischensysteme kann auf allen vier Ebenen erfolgen. Hierbei werden je nach Ebene tendenziell jedoch eher unterschiedliche Sicherheitsziele verfolgt. So wird eine Sicherung auf Anwendungs- beziehungsweise Endsystemebene eher für die Sicherung der Managementschnittstellen der Zwischensysteme und weniger für die Sicherung von Nutzdaten vorgenommen werden. Die letztgenannte wird eher auf Subnetz- beziehungsweise Linkebene erfolgen.

Je nach den intendierten Schutzzielen kann somit sowohl eine Integration in Endsysteme als auch in Zwischensysteme sinnvoll sein. In der Praxis werden daher oft beide Formen angetroffen.

Beispiel Authentisierungsbeziehungen in Netzverbünden

Abbildung 10.5 zeigt hierfür exemplarisch eine Übersicht über Authentisierungsbeziehungen in Netzverbünden [Sch98]. Wie dieser Abbildung entnommen werden kann, werden Authentisierungsbeziehungen in Verbünden von Netzen zwischen beliebigen Kombinationen der Kategorien Endsysteme und Zwischensysteme erforderlich und realisieren dabei durchaus unterschiedliche Schutzziele. Die Authentisierung zwischen Endsystemen (beziehungsweise den darin ablaufenden Anwendungen) dient hierbei im Allgemeinen der Sicherung der eigentlichen Nutzdaten. Die Authentisierung zwischen End- und Zwischensystemen hingegen zielt mehr auf die Sicherung der Managementschnittstellen sowie die überprüfbare Erfassung von Dienstnutzungen ab. Die Authentisierung zwischen Zwischensystemen dient hauptsächlich der Absicherung des Netzbetriebs und sichert hierfür etwa die Zeichengabe, den Austausch von Wegewahlinformation und stellt gegebenenfalls auch eine wichtige Grundlage einer überprüfbaren Erfassung erfolgter Übertragungsvorgänge an Netzübergängen dar.

Abbildung 10.5
Authentisierungsbeziehungen in Netzverbünden

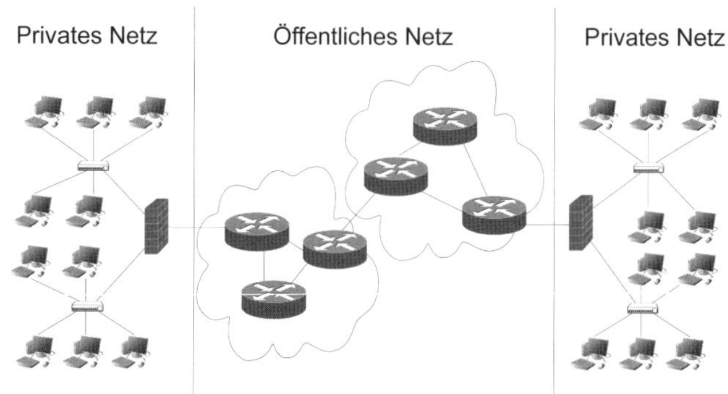

Authentisierungsbeziehung			Anwendung für Sicherung von
Endsystem	↔	Endsystem	Nutzkanälen
Endsystem	↔	Zwischensystem	Managementschnittstellen, Abrechnung
Zwischensystem	↔	Zwischensystem	Netzbetrieb: Signalisierung, Wegewahl, Abrechnung, ...

10.6 Zusammenfassung

Bei der Integration von Sicherheitsdiensten und -mechanismen in Kommunikationsarchitekturen stellt sich die Frage, welche Sicherheitsdienste in welchen Knoten und in welcher Schicht realisiert werden sollen.

Pragmatisches Modell

Für die hierbei zu treffenden Entwurfsentscheidungen erweist sich ein einfaches pragmatisches Modell sicherer vernetzter Systeme als nützlich. Es unterscheidet vier Ebenen, auf denen unterschiedliche Sicherheitsanforderungen bestehen und Sicherheitsmaßnahmen getroffen werden können.

Eine Pauschallösung existiert nicht.

Da es eine Reihe von Gründen für und wider jede dieser vier Ebenen gibt, existiert keine allein richtige Lösung für das Entwurfsproblem. Eine Pauschallösung wäre auch gar nicht sinnvoll, da in Abhängigkeit der zu realisierenden Sicherheitsziele unterschiedliche Lösungen gefunden und hierbei diverse Zielkonflikte (Tradeoffs) beachtet werden müssen. Die auf diese Weise entworfenen Sicherheitsmaßnahmen stellen oft einen Kompromiss bezüglich der erzielbaren Sicherheit, Leistungsfähigkeit, Flexibilität und Ähnlichem dar.

In den folgenden Kapiteln werden wir daher eine Reihe von Beispielen für Netzsicherheitsprotokolle und -architekturen näher betrachten und dabei die Konsequenzen der jeweils getroffenen Entwurfsentscheidungen besser einschätzen lernen.

10.7 Weiterführende Literatur

[For94] FORD, Warwick: *Computer Communications Security – Principles, Standard Protocols and Techniques*. Prentice Hall, 1994
Kapitel 3 führt in die Integration von Sicherheitsmaßnahmen in Kommunikationsarchitekturen ein und beschreibt auch das hier vorgestellte pragmatische Modell.

10.8 Übungen

Einige der folgenden Fragen setzen voraus, dass Sie bereits die verbleibenden Kapitel dieses Buchteils gelesen haben, da sie mit der Intention gestellt sind, das in diesem Teil vermittelte Wissen zu vernetzen. Es empfiehlt sich daher bei Fragen, die noch nicht beantwortet werden können, zunächst mit der Lektüre fortzufahren und dieses Kapitel später noch einmal zu lesen.

1. Nennen Sie Sicherheitsziele, die insbesondere die Integration von Sicherheitsmaßnahmen in Knoten am »Rand« eines Netzes erfordern.
2. Nennen Sie ein in diesem Buch behandeltes Sicherheitsprotokoll, das sowohl auf Endsystem- als auch auf Subnetzebene eingesetzt werden kann.
3. Welche der in diesem Buch behandelten Sicherheitsprotokolle eignen sich insbesondere, um Wissen über die Sicherheitseigenschaften gewisser Datenpfade auszunutzen?
4. Vor welchen Angriffen sollte insbesondere die Netzinfrastruktur geschützt werden und welche Sicherheitsziele sind in diesem Zusammenhang zu gewährleisten?
5. Nehmen Sie an, Sie könnten ein E-Mail-Gateway so konfigurieren, dass die zwischen zwei Firmenstandorten ausgetauschten E-Mails grundsätzlich zwischen den beiden E-Mail-Gateways signiert und verschlüsselt werden. Welcher der beschriebenen Ebenen würden Sie eine solche Sicherheitsmaßnahme zuordnen?
6. Erörtern Sie Vor- und Nachteile der in der vorigen Aufgabe aufgezeigten Strategie und diskutieren Sie alternative Konzepte.

7. Welche der in diesem Buch behandelten Sicherheitsprotokolle können Sicherheitsmaßnahmen auf Endsystemebene realisieren?
8. Auf welcher Ebene sollte ein Voice-over-IP-System geschützt werden, wenn geheim gehalten werden soll, wer mit wem telefoniert?
9. Wann ist eine Verschlüsselung auf Endsystemebene nicht sinnvoll? Gehen Sie beispielsweise auf die Problematik einer Spam- und Virenabwehr ein.

11 Sicherheitsprotokolle der Datensicherungsschicht

Aufgaben der OSI-Schicht 2

Gemäß dem klassischen OSI-Modell für offene Kommunikationssysteme erbringt die Datensicherungsschicht (die zweite Schicht im Modell) auf der Grundlage des von der Bitübertragungsschicht bereitgestellten Dienstes einen gegen Fehler gesicherten Datenübertragungsdienst zwischen Partnerinstanzen, die direkt über ein gemeinsames Medium verbunden sind, etwa über ein Kabel oder eine Funkstrecke. Zu ihren Hauptaufgaben zählen die *Rahmenbildung und -erkennung*, die *Fehlererkennung und -korrektur* sowie die Regelung des gemeinsamen Zugriffs auf ein geteiltes Medium (zum Beispiel Ethernet oder Funkfrequenz). Die letztgenannte Aufgabe wird im Englischen auch mit *Medium Access Control (MAC)* bezeichnet. Dieser Begriff ist jedoch nicht mit Zugriffskontrolle im Sinne von Kapitel 9 zu verwechseln und ebenso sollte bei der Verwendung der Abkürzung MAC auf ihre doppelte Bedeutung im Sinne von »Medium Access Control« und »Message Authentication Code« geachtet werden.

Die Einordnung von Protokollen in das OSI-Modell ist nicht immer unproblematisch.

Nicht alle heutigen Kommunikationsprotokolle und -technologien lassen sich problemlos in dieses Modell einordnen. So weisen etwa Funkverbindungen zu einem WLAN Access Point Merkmale auf, die über die der Datensicherungsschicht hinausgehen, und auch einige Protokolle zur Realisierung sogenannter *virtueller privater Netze (Virtual Private Networks, VPN)* erfüllen mehr Aufgaben, als das OSI-Modell der Schicht 2 zuordnet.

Das führt dazu, dass eine strenge Auslegung des Begriffs *Sicherheitsprotokolle der Datensicherungsschicht*, das solche als Sicherheitsprotokolle der zweiten OSI-Schicht auffasst, die Realität heutiger Kommunikationsarchitekturen nicht angemessen widerspiegelt. In diesem Buch werden wir uns daher mit der folgenden, eher intuitiven Definition begnügen:

Definition 11.1 *Das Ziel eines* **Sicherheitsprotokolls der Datensicherungsschicht** *besteht darin, bestimmte Sicherheitseigen-*

schaften der Protokolldateneinheiten der Datensicherungsschicht zu gewährleisten, das heißt der Protokolldateneinheiten, welche die Protokolldateneinheiten der Netzwerkschicht, also etwa IP-Pakete, transportieren.

In den folgenden Abschnitten werden Ansätze zur Sicherung des Zugriffs auf lokale Netze vorgestellt, die auf den Standards der Reihe IEEE 802 beruhen. Im Anschluss daran wird das Point-to-Point-Protokoll beschrieben, welches das am häufigsten eingesetzte Protokoll für den Zugang zum Internet über Wähl- und DSL-Verbindungen ist und das über einige grundlegende Sicherheitsfunktionen verfügt. Hierauf aufbauend stellt Abschnitt 11.5 das Point-to-Point-Tunneling-Protokoll vor, das den Einsatzbereich von PPP auf das gesamte Internet auszudehnen erlaubt. Im letzten Abschnitt 11.6 finden sich einige Anmerkungen zur Errichtung virtueller privater Netze.

11.1 Virtuelle Separation von Datenverkehr mit IEEE 802.1Q

Die IEEE-802-Protokollfamilie

Das sogenannte *802-LAN / MAN-Standardisierungskomitee* des *Institute of Electrical and Electronics Engineers (IEEE)* entwickelt Standards für lokale Netze (Local Area Network, LAN) und Regionalnetze (Metropolitan Area Network, MAN). Die am häufigsten verwendeten Standards sind hierbei die Standards der Ethernet-Familie (IEEE 802.3), die Standards der 802.11-Reihe für drahtlose lokale Netze (Wireless LAN, WLAN) und der Standard Worldwide Interoperability for Microwave Access (WIMAX, 802.16).

Nutzung virtueller LAN

Um Datenverkehr von verschiedenen Domänen in IEEE-802-Netzen zu separieren, hat die *IEEE-802.1Q*-Arbeitsgruppe ein Verfahren definiert, mit dem Netzwerkgeräte Nachrichten markieren können und entsprechend der Markierung nur an bestimmte Endpunkte ausliefern. Geräte, welche derselben Markierung zugeordnet sind, können lediglich untereinander kommunizieren und bilden ein sogenanntes virtuelles *Local Area Network (VLAN)*. So können beispielsweise mobile Endgeräte von Gästen in einem eigenen VLAN von kritischen Servern getrennt das Internet benutzen, ohne eine weitere physikalische Infrastruktur aufzubauen. Auch wenn es sich bei dem Standard [IEE11a] nicht im eigentlichen Sinne um ein Sicherheitsprotokoll handelt, wird das Verfahren oft zur Durchsetzung von kontrolliertem Zugang auf der Datensicherungsschicht eingesetzt und soll daher hier behandelt werden.

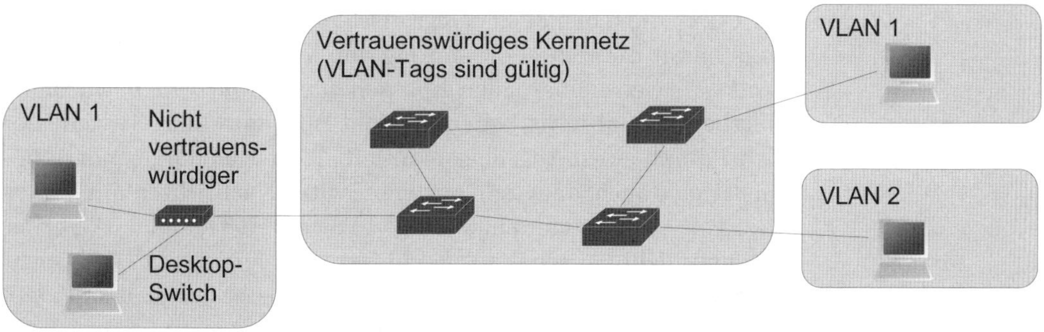

Abbildung 11.1 Struktur eines physischen lokalen Netzes mit VLANs

Wie bereits angedeutet wird jedes Paket von einem Switch oder Endgerät zur Zuordnung mit einem sogenannten *VLAN-Tag* versehen, das unter anderem eine eindeutige 12 bit lange Identifikationsnummer des VLAN (VLAN-ID) enthält. Die aktiven Netzkomponenten, wie etwa Switches, nutzen diese Identifikation, um die Nachrichten nur auf bestimmten Ports weiterzuleiten. Da diese VLAN-ID in keiner Weise kryptografisch geschützt wird, ist es von essenzieller Wichtigkeit, dass VLANs lediglich in grundsätzlich vertrauenswürdigen Umgebungen realisiert werden, in denen aktive Angriffe auf über Kommunikationsstrecken ausgetauschte Nachrichten sowie eine Manipulation von Netzelementen ausgeschlossen werden können. Wie in Abbildung 11.1 illustriert, werden im praktischen Einsatz VLAN-IDs deshalb oft nur innerhalb eines vertrauenswürdigen Teils des Netzes verwendet. Das VLAN-Tag wird daher in der Regel auf dem ersten physisch gesicherten Switch vergeben und auch vom letzten vertrauenswürdigen Switch wieder entfernt, sodass das Verfahren für die Endgeräte transparent ist. Die Zuordnung von Nachrichten zu VLANs erfolgt in den allermeisten Fällen statisch, das bedeutet, alle Nachrichten auf einem Netzwerkport werden einem bestimmten VLAN zugeordnet. Gekoppelt werden VLANs in diesem Fall in der Regel über Router, die an mehrere Ports unterschiedlicher VLANs angebunden sind. Alternativ ist es möglich, die Router selbst ihre Pakete mit VLAN-Tags versehen zu lassen, wobei es aus Sicherheitsgründen oft erforderlich wird, diese Entscheidung in den Switches zu überprüfen. Die VLAN-Technik wird seit mehreren Jahren weiterentwickelt und bietet eine ganze Reihe weiterer Möglichkeiten. So kann beispielsweise die Priorität einzelner VLANs erhöht werden, damit etwa Sprachnachrichten schneller ihr Ziel erreichen. Darüber hinaus können VLAN-Tags auch verschachtelt werden, um Vertrauenshierarchien abzubilden.

Einsatz von VLAN-Tags nur in vertrauenswürdigen Bereichen

Sicherheit von VLANs

Durch die fehlende kryptografische Authentisierung der VLAN-Tags hängt die sichere Trennung von VLANs von der korrekten Funktionsweise einer jeden Komponente des vertrauenswürdigen Netzbereichs ab. Das bedeutet nicht nur, dass kein Switch oder Kabel durch einen Angreifer manipuliert werden darf, sondern beispielsweise auch, dass kein einziger Switch Nachrichten mit VLAN-Tags von nicht vertrauenswürdigen Ports weiterleiten darf. Ferner kann oft nicht pauschal ausgeschlossen werden, dass VLANs nicht miteinander interagieren. So kann ein Angreifer beispielsweise viel Verkehr in einem VLAN generieren und damit ein anderes VLAN stören, selbst wenn er zu diesem keinen direkten Zugang besitzt.

Seiteneffekte von VLANs müssen bedacht werden.

Außerdem können einige nicht unmittelbar ersichtliche Effekte entstehen, wenn VLANs für sicherheitsrelevante Aufgaben verwendet werden. Wenn beispielsweise ein Router mit derselben Netzwerkschnittstelle zwei verschiedene VLANs zum Internet verbindet, so muss bedacht werden, dass nicht nur Nachrichten zum und vom Internet weitergeleitet werden, sondern es mithilfe dieses Routers auch möglich ist, Pakete zwischen den beiden VLANs weiterzuleiten.

11.2 Sicherung der lokalen Netzinfrastruktur mit IEEE 802.1X

Die Verwendung ungesicherter VLAN-Tags zeigt bereits, dass Geräten der lokalen Infrastruktur zum Teil sehr stark vertraut wird. Dieses Vertrauen setzt natürlich voraus, dass es Angreifern nicht gelingen darf, eigene Geräte in die Infrastruktur einzubringen. Zur Sicherung des Zugriffs auf lokale Netze hat eine Untergruppe des 802-Komitees daher einen Standard mit der Bezeichnung *IEEE 802.1X* [IEE10] ausgearbeitet, der zum Ziel hat, den Zugriff auf die von einem LAN angebotenen Dienste nur für berechtigte Benutzer beziehungsweise Geräte zu gewähren. Dieser Standard soll wie andere Standards der 802.1-Familie prinzipiell mit unterschiedlichen Technologien der 802-Reihe verwendet werden können.

Portbasierte Zugriffskontrolle

Als grundlegendes Merkmal führt der Standard die sogenannte *portbasierte Zugriffskontrolle* ein, auf deren Grundlage eine Authentisierung und Autorisierung der an sogenannte LAN-Ports angeschlossenen Geräte realisiert wird. Bei einem LAN-Port handelt es sich hierbei um einen logischen (gegebenenfalls auch physischen) Zugangspunkt mit einer Punkt-zu-Punkt-Verbindungscharakteristik, also beispielsweise ein Zugangsport in einem Ethernet-Switch oder ein logischer Zugangspunkt einer WLAN-Basisstation.

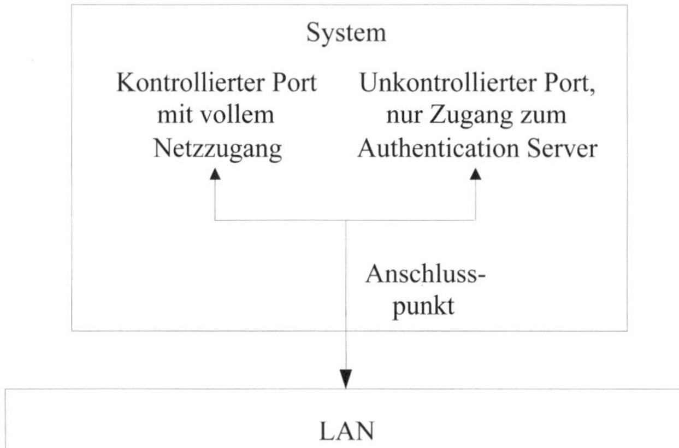

Abbildung 11.2 *Kontrollierter und unkontrollierter Port bei IEEE 802.1X*

Der Standard IEEE 802.1X unterscheidet konzeptionell zwei logische Ports (vergleiche hierzu auch Abbildung 11.2): den *unkontrollierten Port*, der es einem Gerät ermöglicht, seine Identität durch einen Authentisierungsdialog nachzuweisen, und den *kontrollierten Port*, der es nachgewiesen authentischen Geräten ermöglicht, auf den allgemeinen Datenübertragungsdienst des lokalen Netzes zuzugreifen.

Rollen von IEEE 802.1X

Bei der Überprüfung der Authentizität eines angeschlossenen Gerätes werden drei prinzipielle Rollen unterschieden:

Supplicant

- Ein Gerät, das auf den Datenübertragungsdienst des lokalen Netzes zugreifen möchte, befindet sich während eines Authentisierungsdialogs, in dessen Verlauf es seine Identität mitteilt und nachweist, in der Rolle des sogenannten *Supplicant* (engl. für »Bittsteller«).

Authenticator

- Der Zugangspunkt der LAN-Infrastruktur, also beispielsweise ein Ethernet-Switch, fungiert als *Authenticator*, der das Gerät auffordert, seine Identität mitzuteilen und nachzuweisen.

Authentication Server

- Der Authenticator überprüft die im Laufe des Authentisierungsdialogs von dem Supplicant vorgelegten Referenzen (engl. *credentials*) jedoch nicht selbst, sondern leitet diese an einen sogenannten *Authentication Server* weiter, der ihm das Ergebnis der Authentisierungsprüfung mitteilt.

Die explizite Trennung der Rollen des Authenticator und des Authentication Server ermöglicht in größeren Installationen (zum Beispiel alle WLAN Access Points eines Campus) eine skalierbare und beherrschbare Verwaltung der Authentisierungsdaten, da andernfalls in jedem einzelnen Access Point die Authentisierungsdaten aller möglichen Benutzer eingetragen und auf einem aktuellen Stand gehalten werden müssten.

Vor der Authentisierung kann nur auf den unkontrollierten Port zugegriffen werden.

Bevor ein Gerät sich erfolgreich gegenüber dem Authenticator eines lokalen Netzes authentisiert hat, kann es lediglich auf den unkontrollierten Port zugreifen. Dieser Port ist in dem Sinne unkontrolliert, als dass auf ihn auch vor erfolgter Authentisierung zugegriffen werden kann. Er erlaubt jedoch lediglich den Austausch von Authentisierungsnachrichten und kann nicht für die Übertragung beliebiger Dateneinheiten verwendet werden.

Der Authentisierungsdialog kann sowohl von dem Supplicant als auch von dem Authenticator initiiert werden. Nach seinem erfolgreichen Abschluss wird der kontrollierte Port freigegeben.

IEEE 802.1X definiert keine eigenen Authentisierungsprotokolle.

Der Standard IEEE 802.1X definiert keine eigenen Authentisierungsprotokolle, sondern empfiehlt die Verwendung vorhandener Protokolle, wie das *Extensible Authentication Protocol (EAP)* [ABV+04] für grundlegende Authentisierung ohne Schlüsselaushandlung oder das in RFC 5216 [SAH08] standardisierte *EAP-TLS Authentication Protocol*, das auch die Aushandlung von Sitzungsschlüsseln im Laufe eines Authentisierungsdialogs ermöglicht. Weiterhin empfiehlt IEEE 802.1X, dass der Authentication Server gemäß der IETF-Spezifikation für einen *Remote Authentication Dial In User Service (RADIUS)* [RWR+00] realisiert wird.

EAP over LANs (EAPOL)

Für den Austausch von EAP-Protokolldateneinheiten spezifiziert IEEE 802.1X das Protokoll *EAP over LANs (EAPOL)*, das hauptsächlich die Kapselung von EAP-PDUs in die Nutzlast von Übertragungsrahmen der 802-Protokollfamilie definiert. Die so gekapselten PDUs werden zwischen den sogenannten *Port Access Entities (PAE)* des Supplicant und des Authenticator ausgetauscht. Zwischen dem Authenticator und dem Authentication Server können herkömmliche RADIUS-Nachrichten verwendet werden. Abbildung 11.3 zeigt einen exemplarischen Ablauf der Authentisierung eines Gerätes im Überblick. Für Einzelheiten des Authentisierungsprotokolls EAP wird auf Abschnitt 11.4.2 verwiesen, da EAP im Kontext des Point-to-Point Tunneling Protocol spezifiziert wurde.

IEEE 802.1X realisiert eine Zugriffskontrolle für LANs.

Zusammenfassend ist festzuhalten, dass IEEE 802.1X primär eine Zugriffskontrolle für den von einem lokalen Netz angebotenen Übertragungsdienst realisiert. Eine Sicherung der eigentlichen Datenübertragung vor passiven oder aktiven Angriffen wird jedoch nicht durch den Standard definiert, sodass hierfür zusätzliche Sicherheitsprotokolle eingesetzt werden müssen.

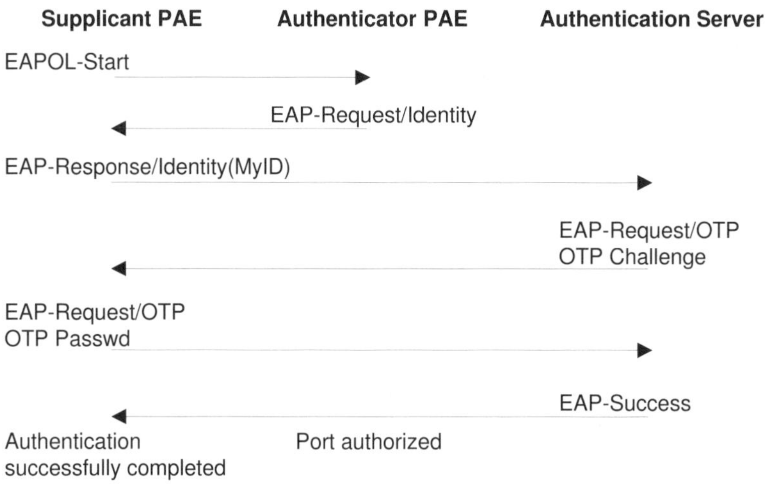

Abbildung 11.3 Protokollablauf des EAPOL-Protokolls

11.3 Verschlüsselung des Datenverkehrs mit IEEE 802.1AE

Da mittels 802.1X lediglich Geräte authentifiziert werden können, eine Sicherung des eigentlichen Datenverkehrs jedoch nicht möglich ist, wird ein weiterer Dienst benötigt. Das relativ neue IEEE-802.1AE-Verfahren [IEE06, IEE11b], auch *MAC Security (MACsec)* genannt, soll genau diese Lücke schließen, indem es erlaubt, den Verkehr zwischen jeweils zwei aktiven Netzwerkkomponenten im LAN durch kryptografische Maßnahmen zu schützen. Auf diese Weise können Angreifer beispielsweise durch das Abhören an Ethernet-Kabeln keine Rückschlüsse auf die übertragenen Daten ziehen. Der Standard sieht dabei eine Kombination mit beliebigen 802-Standards vor, die nicht bereits über ein eigenes Sicherungsprotokoll verfügen. Dadurch spielt es nur im 802.3-Sektor eine nennenswerte Rolle. Kompromittierte Geräte stellen allerdings in jedem Fall ein Problem dar, da nur die Übertragung über Links gesichert wird.

Ableiten von Schlüsselmaterial durch 802.1X

Technisch ist IEEE 802.1AE als eine Erweiterung zu IEEE 802.1X konzipiert, das heißt, Geräte authentisieren sich zunächst gegenseitig durch die Nutzung von IEEE 802.1X und handeln dabei einen kryptografischen Schlüssel aus. Dieser Schlüssel wird anschließend dazu verwendet, die eigentlichen Nutzdaten zu verschlüsseln und gleichzeitig zu authentisieren. Dazu kommt AES im Galois/Counter-Modus (GCM, siehe Abschnitt 5.4.1) zum Einsatz. Die Unterstützung von AES mit 128-bit-Schlüsseln ist für MAC-

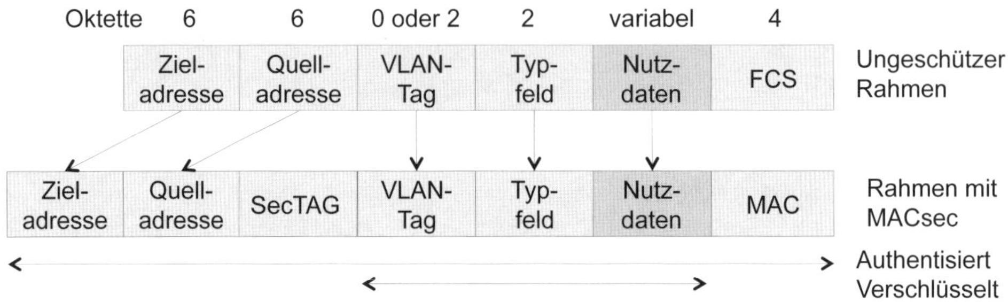

Abbildung 11.4 *Sicherung eines 802.3-Rahmens mit MACsec*

sec vorgeschrieben. Optional können allerdings auch 256 bit lange Schlüssel verwendet werden.

Überblick über den Protokollablauf

Abbildung 11.4 zeigt die Funktionsweise von MACsec anhand der Behandlung eines Ethernet-Rahmens: Dazu wird zunächst ein neues Feld nach der Quelladresse eingefügt, welches als *SecTAG* bezeichnet wird. Dieses Tag beginnt immer mit der reservierten Sequenz `0x88e5`, wodurch kryptografisch gesicherte Pakete von ungesicherten zu unterscheiden sind. Darüber hinaus enthält das Tag zum Beispiel eine Paketnummer, um das Wiedereinspielen von Paketen durch einen Angreifer zu verhindern. Nach dem SecTAG folgen weitere 802.3-Protokolldaten sowie die eigentlichen Nutzdaten. Alle diese Felder werden gemäß dem GCM-Verfahren mit dem Keystream XOR-verknüpft, sodass für einen Angreifer beispielsweise auch das VLAN-Tag nicht lesbar ist. Der gesamte Rahmen wird authentisiert, wobei auf die ohnehin unsichere CRC-Prüfsumme verzichtet und nur der Nachrichtenauthentisierungswert angehängt wird. Letzterer wird im Kontext von MACsec auch als Integrity Check Value (ICV) bezeichnet.

In Bezug auf die Sicherheit des Verfahrens ist noch einmal anzumerken, dass MACsec ausschließlich den Übertragungsweg sichert, also beispielsweise Daten die zwischen zwei Gebäuden übermittelt werden. Die Geräte selbst haben weiterhin Zugriff auf die Daten und müssen unter anderem physisch gesichert werden.

11.4 Point-to-Point Protocol

Neben den vorgestellten lokalen Netzen werden weite Teile des Internets durch Punkt-zu-Punkt-Verbindungen realisiert. Beispiele hierfür sind Verbindungen zwischen Internet-Routern, die über Weitverkehrsnetze hergestellt werden, oder Einwahlverbindungen (Dial-up Connection), mit denen Endsysteme über das Telefonnetz den Zugang zu einem Internet Service Provider realisieren. Typischerweise wird in diesem Zusammenhang das *Point-to-Point*

Protocol (PPP), [Sim94b, Sim94c] eingesetzt, das eine Übertragung von IP-Paketen über serielle Leitungen ermöglicht.

Point-to-Point Protocol (PPP)

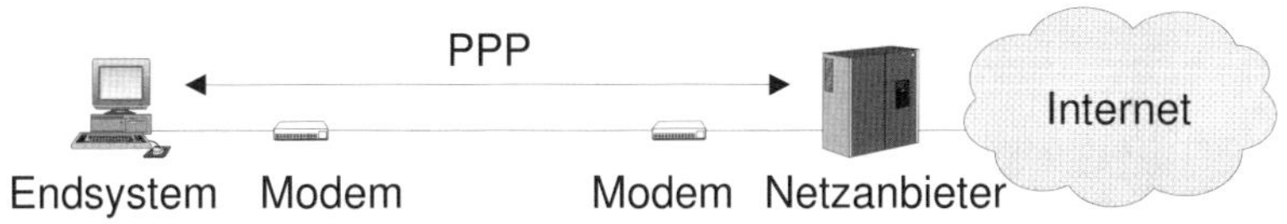

Abbildung 11.5
Klassisches Einsatzszenario für PPP

Abbildung 11.5 zeigt ein klassisches Einsatzszenario für PPP, in dem sich ein Rechner mittels Modem über eine Telefonverbindung bei einem Netzanbieter einwählt, der als Gateway zum Internet fungiert. Eine Unterart von PPP, die in Ethernet-Rahmen übertragen wird, das sogenannte PPPoE [MLE+99], wird auch zum Verbindungsaufbau in modernen DSL-Szenarien verwendet.

11.4.1 Struktur und Rahmenformate

Die wesentlichen Komponenten von PPP sind:

PPP-Komponenten

- ein Schicht-2-Rahmenformat mit Rahmenbegrenzung und Fehlererkennung,
- das sogenannte *Link Control Protocol (LCP)*, dessen hauptsächliche Aufgabe die Verbindungskontrolle ist (also Verbindungsaufbau, -test, -abbau sowie Aushandlung von Parametern), und
- eine Reihe sogenannter *Network Control Protocols (NCP)*, die auf die jeweiligen zu transportierenden Netzwerkschichtprotokolle (IP, IPX, NetBEUI, Appletalk etc.) abgestimmt sind.

Link Control Protocol (LCP)

Network Control Protocols (NCP)

Schicht-2-Rahmenformat

Abbildung 11.6 zeigt das Schicht-2-Rahmenformat von PPP. Das Protokoll verwendet eine zeichenorientierte Übertragung, das heißt, die Übertragungsrahmen werden auf Oktettgrenzen ausgerichtet und Codetransparenz wird durch sogenanntes Zeichenstopfen (Character Stuffing) erreicht. Insgesamt wird bezogen auf die Schicht-2-Funktionen im Wesentlichen das bekannte HDLC-Protokoll realisiert. Ein Übertragungsrahmen beginnt demnach stets mit dem Bitmuster »01111110«, danach folgen das Adress- und das Kontrollfeld. Das Protokollfeld gibt an, welcher Rahmentyp in der Nutzlast transportiert wird. Zur Fehlererkennung wird ein CRC-Prüfwert über den Rahmen berechnet und im Checksum-Feld übertragen. Der Rahmen endet wieder mit dem charakteristischen Bitmuster »01111110«.

Abbildung 11.6 *Rahmenformat von PPP*

1	1	1	1 oder 2	variabel	2 oder 4	1	Oktette
Flag 01111110	Address 11111111	Control 00000011	Protocol	Payload	Checksum	Flag 01111110	

In der Regel werden – wie in Abbildung 11.6 gezeigt – unnummerierte Rahmen übertragen. In Einsatzszenarien mit einer hohen Fehlerwahrscheinlichkeit kann jedoch auch ein zuverlässiger Übertragungsmodus mit Sequenznummern und Übertragungswiederholungen ausgehandelt werden. Die maximale Größe der Nutzlast beträgt, soweit nicht anders ausgehandelt, 1500 Oktette; diese kann jedoch per Aushandlung herabgesetzt werden.

Nutzungsszenario »Internetzugang« per Modem

Ein klassisches Nutzungsszenario für PPP ist der Zugang eines Personal Computers (PC) zum Internet mittels Modem und Einwahl per Telefonnetz:

- Das Modem des Benutzers wählt die Telefonnummer eines Internet Service Provider (ISP) und errichtet eine »physikalische« Verbindung zum Zugangsrechner des ISP über das Telefonnetz.
- Der rufende PC sendet mehrere LCP-Pakete, die jeweils in PPP-Schicht-2-Rahmen übertragen werden, um die gewünschten PPP-Parameter auszuhandeln.
- Im Anschluss findet eine optionale sicherheitsspezifische Aushandlung statt (Details folgen).
- Danach wird die Netzwerkschicht durch den Austausch von NCP-Paketen konfiguriert. In diesem Zusammenhang erfolgt beispielsweise auch die optionale dynamische Zuweisung einer IP-Adresse mit dem *Dynamic Host Configuration Protocol (DHCP)*.
- Ist die Verbindung vollständig konfiguriert, beginnt die eigentliche Nutzungsphase, während der beliebige IP-Pakete zwischen dem PC und beliebigen anderen Rechnern im Internet ausgetauscht werden können. Die IP-Pakete werden hierbei von dem PC in PPP-Paketen zum Zugangsrechner übertragen, der sie auspackt und in das Internet vermittelt. Ebenso werden die für den PC bestimmten IP-Pakete von dem Zugangsrechner in PPP-Pakete gepackt und zum PC übertragen.
- In der Verbindungsabbauphase wird zunächst die für den PC belegte IP-Adresse freigegeben.

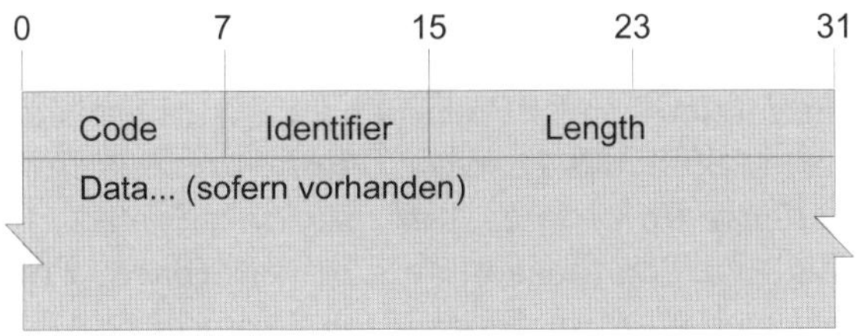

Abbildung 11.7 *Rahmenformat des PPP Link Control Protocol*

- Schließlich wird die Schicht-2-Verbindung mithilfe des LCP-Protokolls beendet und das Modem schließt die »physische« Verbindung zum Zugangsrechner des ISP.

LCP-Rahmenformat

Abbildung 11.7 zeigt das Rahmenformat des *Link Control Protocol (LCP)*. Die darin enthaltenen Felder haben folgende Bedeutung:

- Das *Code*-Feld zeigt das angeforderte Dienstprimitiv an. Die wesentlichen Primitive heißen: Configure-Request, Configure-Ack, Configure-Nack und Configure-Reject für die Anforderung beziehungsweise Bestätigung von Konfigurierungskommandos, Terminate-Request und -Reject für die Beendigung der Verbindung, Code-Reject und Protocol-Reject für die Ablehnung nicht unterstützter Optionen, Echo-Request und -Reply sowie Discard-Request.
- Das *Identifier*-Feld dient der Zuordnung von Antworten zu zuvor gestellten Anfragen.
- Das *Length*-Feld zeigt die Länge des LCP-Pakets inklusive des LCP-Kopfes (Code etc.) an.
- Das *Data*-Feld ist optional und enthält kommandospezifische Daten.

Die Configure-Primitive ermöglichen die Vereinbarung Schicht-2-spezifischer Konfigurationsdetails, wie zum Beispiel die maximale Größe des Nutzlastfeldes in Schicht-2-Rahmen, Datenkompression oder Authentisierung der Partnerinstanzen.

Sicherheitsdienste von PPP

Die Spezifikation von PPP empfiehlt nach dem Aufbau der Schicht-2-Verbindung die optionale Durchführung eines Authentisierungsdialogs. Dieser wird von einer der beiden Partnerinstanzen durch Signalisieren eines entsprechenden Configure-Request-Kommandos angefordert. Weiterhin kann nach einer erfolgten Authentisierung die Verschlüsselung der ausgetauschten Nutzdaten vereinbart werden. In den folgenden Abschnitten werden die hierfür definierten Sicherheitsprotokolle näher erklärt.

11.4.2 PPP-Authentisierungsprotokolle

Für die erste Version von PPP wurden zwei Authentisierungsprotokolle definiert [LS92]: das *Password Authentication Protocol (PAP)* und das *Challenge Handshake Authentication Protocol (CHAP)*. Im Laufe der Zeit wurden diese um ein erweiterbares Protokoll, das sogenannte *Extensible Authentication Protocol (EAP)* [ABV+04] ergänzt, welches unter anderem wiederum um die Variante *EAP Transport Level Security Protocol (EAP-TLS)* [SAH08] erweitert wurde.

Password Authentication Protocol

Das Password Authentication Protocol (PAP) wurde 1992 in RFC 1334 [LS92] definiert. Hierbei handelt es sich um ein sehr einfaches Protokoll. Es wird dabei vorausgesetzt, dass der Authenticator ein Passwort der Partnerinstanz kennt. Nach erfolgtem Aufbau der Schicht-2-Verbindung fordert der Authenticator die Partnerinstanz auf, sich mittels PAP zu authentisieren. Diese sendet ein Authenticate-Request-Paket mit ihrer Identität und einem Passwort. Der Authenticator prüft, ob er die angegebene Identität kennt und das Passwort korrekt ist. Bei Erfolg antwortet er mit einer Authenticate-Ack-Nachricht, bei fehlerhafter Authentisierung mit einer Authenticate-Nack-Nachricht. Da das Protokoll keinerlei kryptografischen Schutz des Passworts vorsieht, ist es unsicher. In den neueren RFCs zur PPP-Authentisierung [Sim96] wird es daher nicht mehr erwähnt.

Challenge Handshake Authentication Protocol

Auch das Challenge Handshake Authentication Protocol (CHAP) wurde in RFC 1334 spezifiziert. Es realisiert ein einfaches Frage-Antwort-Protokoll. Beide Partnerinstanzen müssen hierfür ein gemeinsames Geheimnis (also einen Authentisierungsschlüssel) kennen, mit dessen Hilfe sie den folgenden Authentisierungsdialog führen [Sim96]:

- Nach dem Aufbau der Schicht-2-Verbindung sendet eine der beiden Instanzen (A) eine Frage, die aus einer Identifikation $\mathit{identifier}$, einer Zufallszahl r_A und dem Namen von A besteht:

$$A \rightarrow B\colon \quad \big(1, \mathit{identifier}, r_A, A\big)$$

- Die Partnerinstanz B berechnet den Wert einer kryptografischen Hashfunktion über ihren Namen, das gemeinsame Geheimnis $K_{A,B}$ und die Zufallszahl r_A. Diesen sendet sie zusammen mit der Identifikation des Protokollablaufs und ihrem Namen an A:

$$B \rightarrow A\colon \quad \big(2, \mathit{identifier}, H(B, K_{A,B}, r_A), B\big)$$

- Nach dem Empfang dieser Nachricht berechnet A selbst den Hashwert und vergleicht ihn mit dem erhaltenen Wert. Stimmen beide Werte überein, so antwortet A mit einer Success-Nachricht.

Die immer noch aktuelle Version der Protokollspezifikation, RFC 1994, legt fest, dass MD5 als kryptografische Hashfunktion unterstützt werden muss und dass die Verwendung anderer Hashfunktionen ausgehandelt werden kann.

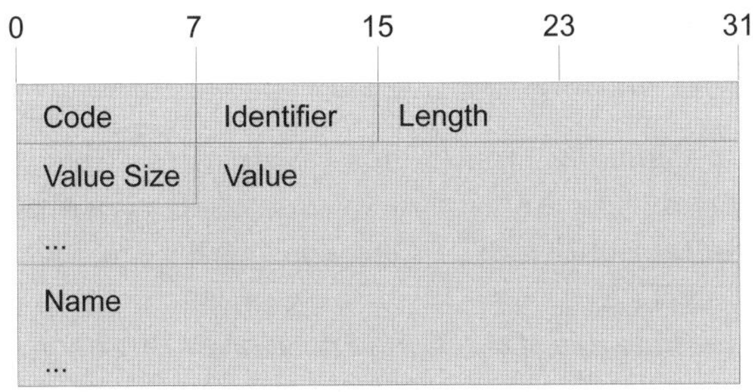

Abbildung 11.8
Rahmenformat des PPP Challenge Handshake Protocol (1)

Abbildung 11.8 zeigt das Rahmenformat der CHAP-Nachrichten *Challenge* (Code 1) und *Response* (Code 2). Der Identifier ist ein Oktett, das mit jeder Challenge geändert werden muss und das der einfachen Zuordnung von Antworten auf Anfragen dient. Das Längenfeld gibt wiederum die Gesamtlänge der Nachricht an und »Value Size« zeigt die Länge des enthaltenen Wertes (Zufallszahl r_A beziehungsweise Hashwert gemäß oben stehender Beschreibung) an. Das abschließende Namensfeld enthält die Identität der sendenden Instanz. Seine Länge wird nicht explizit übertragen, sondern aus der Gesamtlänge der Nachricht durch Subtrahieren der Länge der anderen Felder berechnet.

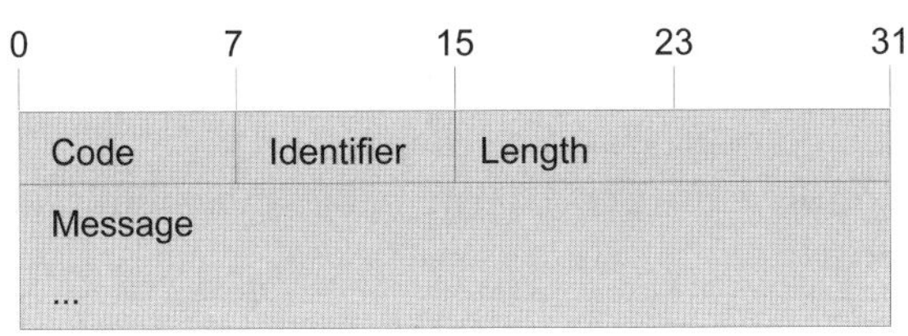

Abbildung 11.9
Rahmenformat des PPP Challenge Handshake Protocol (2)

Abbildung 11.9 zeigt das Format der CHAP-Nachrichten *Success* (Code 3) und *Failure* (Code 4). Im Vergleich zu den bereits erklärten Nachrichten enthalten diese Nachrichten lediglich ein optionales Nachrichtenelement zur Anzeige von Statusmeldungen beziehungsweise Fehlersituationen. Diese Meldungen sind implementierungsabhängig und werden nicht durch die Protokollinstanzen interpretiert, sondern ausschließlich dem Benutzer angezeigt.

Extensible Authentication Protocol

Das *Extensible Authentication Protocol (EAP)* ist ein generisches Protokoll, das eine Reihe unterschiedlicher Authentisierungsmethoden unterstützt, die auch von komplexerer Gestalt als »eine Frage plus eine Antwort« sein können.

Das Protokoll stellt eine Reihe grundlegender Befehle bereit:

- *Request, Response* werden durch ein Typfeld und typspezifische Datenfelder ergänzt und
- *Success, Failure* dienen der Anzeige des Resultats eines Authentisierungsdialoges.

Beispiele für Typfelder sind *Identity, Notify, Nak* (lediglich in Antworten verwendet zur Anzeige nicht unterstützter Anfragen), *MD5 Challenge* (entspricht CHAP), *One Time Password*, *Generic Token Card* und *EAP-TLS*.

One Time Password

Die Grundidee des *»One Time Password«*-Protokolls *(OTP)* besteht darin, ein »Passwort« zu übertragen, das nur einmalig verwendet werden kann. Auf diese Weise kann ein Angreifer, der ein solches »Passwort« abhört, es nicht für zukünftige Authentisierungsversuche verwenden. Im Rahmen des EAP ist keine genaue Art spezifiziert, wie ein Authentisierungsdialog abläuft, allerdings wird auf [HMN+98] verwiesen. In diesem Fall müssen beide Partnerinstanzen A und B vor dem ersten Protokollablauf eine Initialisierung durchführen und sich auf einen gemeinsamen Startwert einigen. Hierfür wählt der Authenticator A eine Zufallszahl r_A und sendet sie an den Supplicant B, der durch n-malige Anwendung einer Hashfunktion einen Hashwert über die Zufallszahl und einen persönlichen, geheim zu haltenden Wert $Password_B$ berechnet. Der resultierende Wert ist das initiale »Einmal«-Passwort von B: $PW_n = H^n(r_A, Password_B)$. Das Tupel (n, PW_n) muss nun auf »sichere« (= authentische) Weise zu A übertragen und dort für die spätere Nutzung gespeichert werden.

Dialog des OTP-Protokolls

Der eigentliche Authentisierungsdialog besteht dann aus den folgenden Schritten:

1. Der Authenticator schickt an B die Zahl $n-1$:

$$A \rightarrow B:\ \ n-1$$

2. Daraufhin berechnet B ein neues Einmalpasswort $PW_{n-1} := H^{n-1}(r_A, Password_B)$ und schickt es an A:

$$B \rightarrow A:\ \ PW_{n-1}$$

3. Der Authenticator berechnet nun $H(PW_{n-1})$ und vergleicht das Ergebnis mit PW_n. Stimmen beide Werte überein, so nimmt A an, dass B authentisch ist und speichert das Tupel $(n - 1, PW_{n-1})$ für den nächsten Authentisierungsvorgang. Insgesamt kann dieser Dialog $(n - 1)$-mal geführt werden, bevor das Verfahren neu initialisiert werden muss.

Die Sicherheit des Verfahrens beruht auf der Tatsache, dass es einem Angreifer, der eines der Einmalpasswörter PW_i abhört, nicht möglich ist, hieraus den Wert $H^{-1}(PW_i)$ zu berechnen, der für den nächsten Authentisierungsdialog benötigt wird. Es ist wichtig, dass kein aktiver Angriff stattfindet, da das vorgestellte OTP-Verfahren in diesem Fall keinen Schutz bietet. Ferner muss der legitime Nutzer sein Passwort immer »schneller übertragen« können als ein Angreifer, das heißt, es darf einem Angreifer nicht möglich sein, ein gültiges Einmalpasswort auf der Kommunikationsstrecke abzufangen und sich mit diesem bei A als B zu authentisieren, bevor die ursprüngliche Übertragung von B bei A ankommt.

Generic Token Card

Das »*Generic Token Card*«-Verfahren realisiert einen einfachen Challenge-Response-Dialog. Im Unterschied zu CHAP wird jedoch der Benutzer in den Dialog mit eingebunden, indem ihm die von dem Authenticator gewählte Zufallszahl angezeigt wird. Für die Berechnung der Antwort verwendet er ein kleines Gerät von der Größe einer Kreditkarte, die sogenannte *Generic Token Card*, in die er die Zufallszahl eingibt, worauf die Karte die passende Antwort berechnet, die vom Benutzer wiederum manuell in seinen Rechner übertragen werden muss. Der Vorteil dieser Methode ist, dass der Benutzer eine bessere Kontrolle darüber hat, wann er eine Authentisierung tatsächlich durchführen möchte, und dass die Karte manipulationssicherer als ein PC ist, da sie keine eigene Netzkonnektivität hat und auch keine komplexe Software auf ihr installiert ist.

EAP-TLS

Das Verfahren *EAP-TLS* verwendet den Authentisierungsdialog des sogenannten »*Transport Layer Security*«-Protokolls, dessen aktuelle Version in RFC 5246 spezifiziert ist [DR08]. Da das TLS-Protokoll in beziehungsweise oberhalb der Transportschicht operiert, wird es in Kapitel 13 erklärt.

Weitere EAP-Verfahren

Neben den hier angesprochenen Erweiterungen von EAP existiert eine ganze Reihe weiterer proprietärer wie auch standardisierter Verfahren. Hervorzuheben sind aus ersterer Kategorie das CHAP-basierte, kryptografisch schwache Lightweight Extensible Authentication Protocol (LEAP), welches im WLAN-Bereich zeitweise eingesetzt wurde, und EAP Tunneled Transport Layer Security (EAP-TTLS) [FB08], das ebenfalls auf einer TLS-Sicherung aufbaut, aber es dem Client erlaubt, sich über Nutzernamen und Passwort zu authentisieren. Aus zweiter Kategorie existieren vor allem verschiedene passwortbasierte Verfahren, wie EAP-PSK, EAP-PWD und EAP-EKE, die jeweils unterschiedliche Vor- und Nachteile bezüglich kryptografischer Sicherheit, Berechnungsaufwand und Flexibilität bieten. EAP-EKE [SZT+11] nutzt dabei das in Abschnitt 7.7 vorgestellte DH-EKE-Verfahren, ist aber wegen der patentrechtlichen Lage nicht weit verbreitet.

11.4.3 PPP-Verschlüsselung

Verschlüsselung mit dem Encryption Control Protocol (ECP)

Nach der erfolgreichen Authentisierung einer PPP-Verbindung kann die Verschlüsselung der zu übertragenden Nutzdaten vereinbart werden. Die Aushandlung des hierfür zu verwendenden Verfahrens und seiner Parameter erfolgt mit dem in RFC 1968 definierten *Encryption Control Protocol (ECP)* [Mey96]. ECP verwendet das gleiche Rahmenformat wie das Link Control Protocol (LCP) und führt zwei zusätzliche Dienstprimitive ein: *Reset-Request* und *Reset-Ack*. Mit diesen Primitiven können Entschlüsselungsfehler angezeigt und bestätigt werden, wodurch eine kryptografische Resynchronisation (vergleiche hierzu auch Abschnitt 2.5) realisiert wird.

Die Verwendung eines bestimmten Chiffrierverfahrens wird mit dem Configure-Primitiv ausgehandelt, wobei als Parameter das gewünschte Verfahren angegeben wird. Vordefiniert sind hierfür die Werte *DESE* und *3DESE* für die einfache beziehungsweise dreifache DES-Verschlüsselung sowie *Proprietary* für die Aushandlung proprietärer Verfahren. Die eindeutige Identifikation proprietärer Verfahren wird hierbei über einen registrierten, sogenannten *Organizational Unit Identifier (OUI)* für die Identifikation eines Herstellers plus einem herstellerspezifischen Wert für die Identifikation eines konkreten Verfahrens realisiert.

Ein PPP-Rahmen kann genau ein ECP-Paket transportieren.

In dem PPP-Datenfeld eines Sicherungsschichtrahmens kann genau ein ECP-Paket transportiert werden. Zur Kennzeichnung von ECP-Paketen im PPP-Protokollfeld sind zwei Werte definiert: `0x8053` für den Standardmodus und `0x8055` für individuelle Verschlüsselung einzelner Sicherungsschichtverbindungen in dem Fall, dass mehrere solche Verbindungen zum gleichen Ziel bestehen (zum Beispiel bei gleichzeitiger Nutzung mehrerer ISDN-Verbindungen zur gleichen Partnerinstanz).

Abbildung 11.10 zeigt das Rahmenformat einer ECP-Nachricht für die Anforderung des DESE-Verschlüsselungsprotokolls. Ähnlich

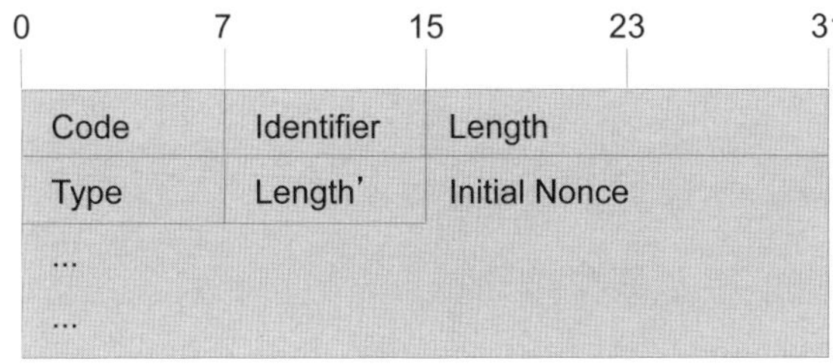

Abbildung 11.10 Rahmenformat des PPP Encryption Control Protocol

wie bei LCP wird die Anforderung mithilfe des Configure-Request-Primitivs (Code 1) mitgeteilt. Das *Type*-Feld enthält bei Anforderung des DESEv2-Verfahrens den Wert 3 (DESEv2 ist eine aktualisierte Version, welche die erste Version des Protokolls abgelöst hat). Das hierauf folgende Feld *Length'* gibt die Gesamtlänge dieser Konfigurationsoption an (10 bei DESEv2). Der Parameter *Initial Nonce* enthält einen acht Oktette langen Initialisierungsvektor für das DES-Verfahren im CBC-Modus (siehe hierzu Abschnitt 3.1).

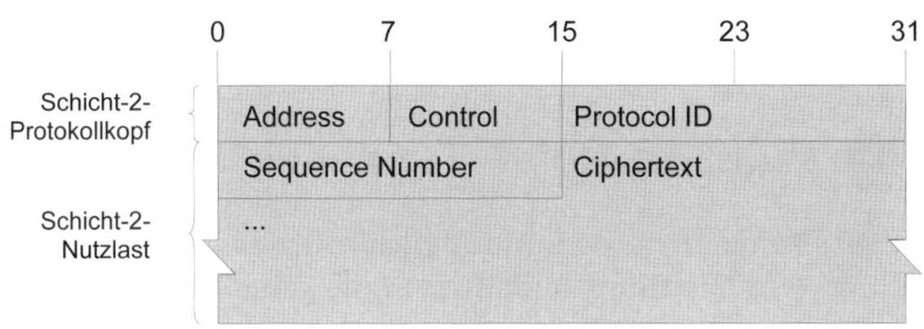

Abbildung 11.11 Format verschlüsselter PPP-Pakete (DESEv2)

DESEv2

Das Format gemäß dem DESEv2-Protokoll [SM98b] verschlüsselter PPP-Pakete ist in Abbildung 11.11 inklusive des Sicherungsschichtkopfes für den Fall der Kapselung in HDLC-Rahmen illustriert. Das Adressfeld enthält hierbei den Wert »11111111« und das Kontrollfeld den Wert »00000011«. Der Wert `0x0053` im Feld *Protocol ID* identifiziert das DESE-Protokoll. Das darauf folgende Sequenznummernfeld wird initial mit dem Wert 0 belegt und von der sendenden Partnerinstanz mit jedem Paket um 1 inkrementiert. Die eigentlichen Nutzdaten werden vor der Verschlüsselung in ihrer Länge auf ein ganzzahliges Vielfaches von 8 Oktetten ergänzt und dann im CBC-Modus mit dem DES-Algorithmus verschlüsselt.

3DESE

Alternativ zum DESEv2-Protokoll kann auch das 3DESE-Protokoll [Kum98] verwendet werden, das mit dem ECP-Protokoll per Configure-Request mit dem Wert `0x02` im Typfeld angefordert werden kann und dem DESEv2 weitgehend gleicht. Der einzige Unterschied zu DESEv2 besteht darin, dass bei 3DESE eine drei-

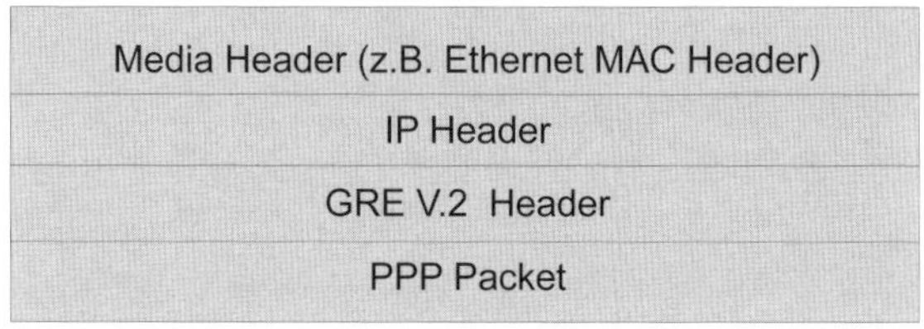

Abbildung 11.12 *Aufbau von PPTP-Paketen*

fache DES-Verschlüsselung mit drei verschiedenen Teilschlüsseln durchgeführt wird.

Die PPP-Verschlüsselungsprotokolle setzen Sitzungsschlüssel als vorhanden voraus.

Alle Verschlüsselungsprotokolle für PPP gehen davon aus, dass vor Vereinbarung der Verschlüsselung bereits ein geeigneter Sitzungsschlüssel hierfür ausgehandelt wurde. Diese Annahme ist dadurch gerechtfertigt, dass die Aushandlung von Sitzungsschlüsseln am besten während der Authentisierungsphase einer PPP-Verbindung erfolgen sollte. Eine solche Aushandlung wird jedoch lediglich von einem hier angesprochenen PPP-Authentisierungsprotokoll unterstützt, dem EAP-TLS-Protokoll (siehe Abschnitt 13.1.3).

11.5 Point-to-Point Tunneling Protocol

Grundidee von PPTP

Das PPP-Protokoll wurde ursprünglich ausschließlich für die Verwendung zwischen unmittelbar über eine gemeinsame Schicht-2-Verbindung verfügende Partnerinstanzen konzipiert. Ein Beispiel hierfür ist ein PC, der über eine Telefonverbindung mit dem Zugangsrechner eines Internet Service Provider verbunden ist. Die grundlegende Idee bei dem Entwurf des *Point-to-Point Tunneling Protocol (PPTP)* war es, die Reichweite des PPP-Protokolls auf das gesamte Internet auszudehnen, indem eine Methode für den Transport von PPP-Paketen als Nutzlast von IP-Paketen definiert wurde. Hieraus ergibt sich der Vorteil, dass durch den Einsatz von PPTP eine »logische Schicht-2-Konnektivität« hergestellt werden kann, über die wiederum beliebige Schicht-3-Protokolle wie IPv4, IPv6, IPX, NetBEUI, Appletalk etc. operieren können. Außerdem können solche Verbindungen authentisiert und einem Benutzer zugeordnet werden.

Inhalt und Transport von PPTP-Paketen

Die Nutzlast von PPTP-Paketen bilden somit PPP-Pakete, bei denen jedoch auf Schicht-2-spezifische Protokollfelder wie HDLC-Informationsfelder, Einfügen zusätzlicher Zeichen zur Erreichung von Codetransparenz, CRC-Prüfwerte etc. verzichtet wird. Für den Transport im Internet werden die PPP-Pakete in die Nutzlast von Paketen des *Generic Routing Encapsulation Protocol (GRE)* gekapselt, welche ihrerseits wiederum in die Nutzlast von IP-Paketen gekapselt werden. Abbildung 11.12 zeigt die sich hieraus ergebende Struktur von PPTP-Paketen.

11.5.1 Grundvarianten der PPTP-Paketkapselung

Auf der Grundlage der beschriebenen Kapselung realisiert PPTP gewissermaßen einen *Tunnel* durch das Internet, in dem PPP-Pakete transportiert werden. Ein solcher Tunnel kann nun zwischen unterschiedlichen Instanzen errichtet werden, wobei insbesondere die beiden folgenden Varianten prinzipielle Unterschiede verdeutlichen:

- Zwischen dem PC eines Benutzers und einem sogenannten *PPTP Remote Access Server (RAS)*: Hierbei kapselt der PC des Benutzers die PPP-Pakete selbst und schickt die resultierenden IP-Pakete an den RAS-Server des Netzes, in dem er logische Schicht-2-Konnektivität erhalten soll. Da die Kapselung mit aktiver Beteiligung des Benutzer-PC erfolgt, wird diese Variante auch als *freiwillige Kapselung (Voluntary Tunneling)* bezeichnet. Dem RAS-Server kommt hierbei die Aufgabe des Tunnelendpunktes im Zielnetz für den Benutzer-PC zu. *Voluntary Tunneling*
- Zwischen dem Einwahlknoten *(Point of Presence, POP)* eines ISP und einem PPTP Remote Access Server: Bei dieser Variante wird der Benutzer-PC nicht mit in die Entscheidung einbezogen, ob die Pakete mit PPTP getunnelt werden sollen oder nicht. Sie wird daher auch als *obligatorische Kapselung (Compulsary Tunneling)* bezeichnet. Der Einwahlknoten des ISP fungiert hierbei als *Stellvertreter (Proxy)* des Benutzer-PC gegenüber dem RAS-Server. Mit dieser Variante kann Sicherheit auf Subnetzebene realisiert werden, eine echte Ende-zu-Ende-Sicherung zwischen dem Benutzer-PC und dem RAS-Server kann jedoch so nicht erreicht werden, da der Einwahlknoten des ISP die kryptografische Partnerinstanz des RAS-Servers darstellt. Aus diesem Grund sollte aus Sicherheitsgründen die freiwillige Kapselung dieser Variante vorgezogen werden. *Compulsary Tunneling* *Der Einwahlknoten fungiert als Proxy.*

Abbildung 11.13 zeigt die Rahmenstruktur auf den unterschiedlichen Netzabschnitten bei Zugriff eines Benutzer-PC (Client) auf einen Anwendungsserver, der in einem Intranet lokalisiert ist, an das der Client mittels obligatorischer PPTP-Kapselung angebunden wird.

Der Client-PC tauscht mit dem Einwahlknoten Schicht-3-Rahmen (IPv4, IPv6, IPX, NetBEUI etc.) in herkömmlicher Weise

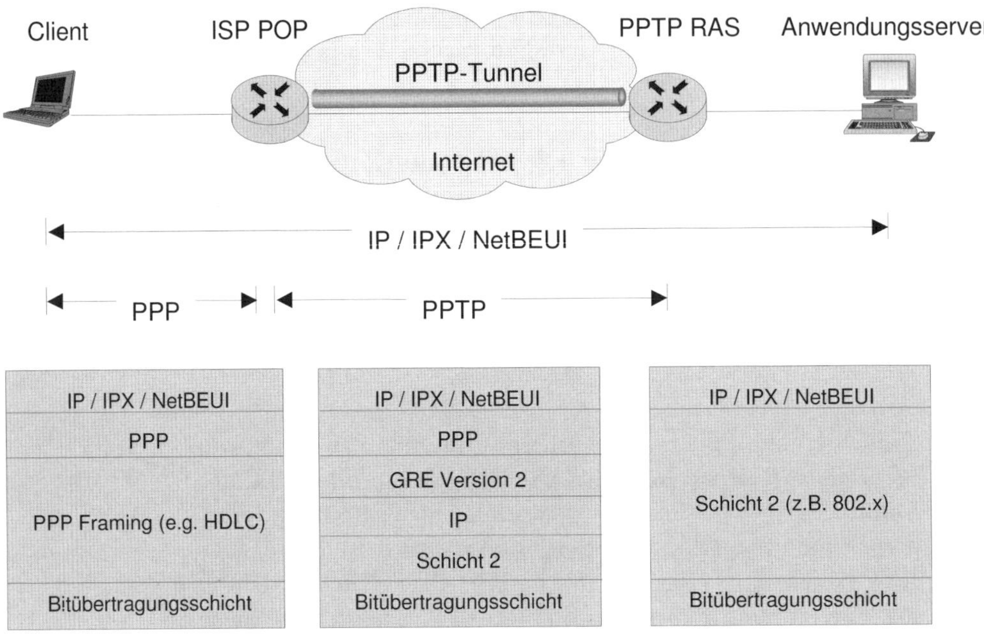

Abbildung 11.13 *Obligatorische Kapselung bei PPTP*

PPTP-Tunnel zwischen Einwahlknoten und RAS-Server

gekapselt in PPP-Rahmen aus. Der Einwahlknoten kapselt die erhaltenen Schicht-3-Rahmen in neu gebildete PPP-Rahmen, welche wiederum in GRE-Rahmen gekapselt werden, die in IP-Paketen gekapselt an den RAS-Server weitergeleitet werden. Der RAS-Server entkapselt diese empfangenen Pakete und leitet die enthaltenen Schicht-3-Rahmen des Client-PC an das lokale Subnetz weiter. Entgegengerichtete Schicht-3-Rahmen werden auf entsprechende Weise an den Client-PC weitergeleitet.

Direkter PPTP-Tunnel zwischen PC und RAS-Server

Bei freiwilliger Kapselung durch den Client-PC ergibt sich auf dem Netzabschnitt zwischen Client-PC und Einwahlknoten des ISP eine komplexere Rahmenstruktur, die in Abbildung 11.14 zu sehen ist. Hierbei wird ein PPTP-Tunnel direkt vom Client-PC zum RAS-Server errichtet. Die hierfür zu transportierenden IP-Pakete werden zwischen dem Client-PC und dem Einwahlknoten des ISP abermals in PPP-Rahmen gekapselt. Der Einwahlknoten entnimmt die IP-Pakete den PPP-Rahmen und leitet sie ohne zusätzliche Verarbeitungsschritte an den RAS-Server weiter. Hierbei ist der PPTP-Tunnel für den Einwahlknoten nicht sichtbar, da die IP-Pakete des Client-PC nicht von ihm analysiert werden.

Rahmenerstellung im Client-PC

Abbildung 11.15 illustriert die Erstellung der beschriebenen Rahmenstruktur im Client-PC für TCP- beziehungsweise UDP-orientierte Übertragung bei freiwilliger Kapselung. Hierbei erstellt ein Anwendungsprozess zunächst Nutzdaten (User Data)

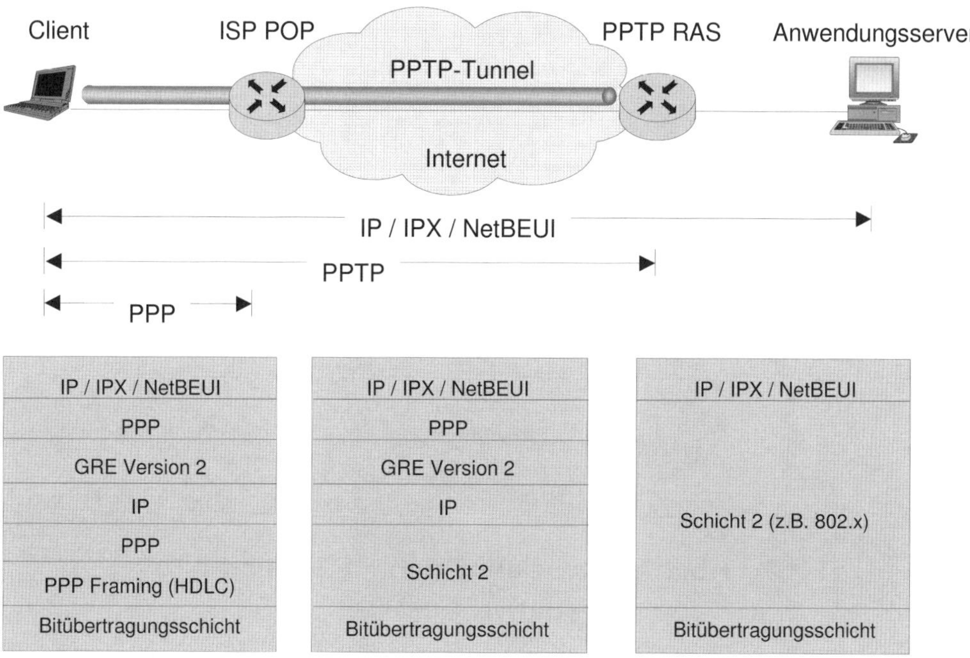

Abbildung 11.14
Freiwillige Kapselung bei PPTP

und übergibt sie mit einem entsprechenden Systemaufruf der Protokollverarbeitungsschnittstelle des Betriebssystems (in der Regel kommt hierbei die sogenannte *Socket-Schnittstelle* zum Einsatz). Das TCP/IP-Modul erstellt zunächst einen entsprechenden TCP-beziehungsweise UDP-Rahmen und stellt diesem einen IP-Kopf voran. Die im Rechner aktive PPTP-Software kapselt dieses IP-Paket in einen PPP- und einen GRE-Rahmen und veranlasst das Senden dieser Daten in einem IP-Paket. Dieses IP-Paket wird wiederum von dem TCP/IP-Modul erstellt und eine entsprechende Funktion zum Senden dieses Pakets aufgerufen. Der im System aktive PPP-Gerätetreiber kapselt das IP-Paket in einen PPP-Rahmen und sendet diesen Rahmen über das an den Rechner angeschlossene Modem zum Einwahlknoten des ISP. Für eingehende Daten wird dieser Prozess in »entgegengerichteter« Weise durchlaufen und die einzelnen Protokollköpfe nacheinander verarbeitet und abgestreift, bis die Nutzdaten an den adressierten Anwendungsprozess ausgeliefert werden können.

Abbildung 11.15 Rahmenbildung bei freiwilliger PPTP-Kapselung

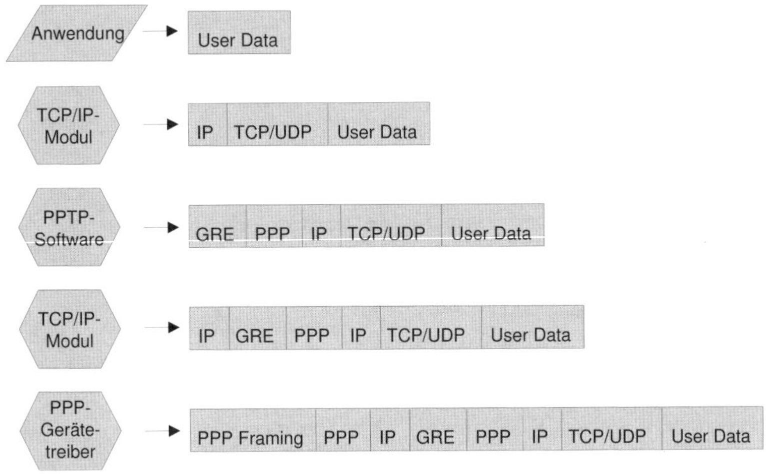

11.5.2 Entwicklung von PPTP und alternative Ansätze

Starke Verbreitung durch Implementierung in Microsofts Betriebssystemen

PPTP hat aufgrund der starken Unterstützung des Protokolls durch Microsoft in seinen Betriebssystemen eine weite Verbreitung erfahren. Tatsächlich war Microsoft stark an der Entwicklung des Protokolls und des entsprechenden Internet-RFC 2637 [HPV+99] beteiligt. Microsoft implementierte das Protokoll als Teil seines *Remote Access Service (RAS)* für das Betriebssystem Windows NT und erstellte auch entsprechende Clientsoftware für seine anderen Windows-Varianten.

Proprietäre Erweiterungen

Weiterhin spezifizierte Microsoft proprietäre Erweiterungen für das PPP-Protokoll, insbesondere die *Microsoft PPP CHAP Extensions* [ZC98] und das *Microsoft Point-to-Point Encryption Protocol* (MPPE) [PZ01].

Keine eigenen Sicherheitsmaßnahmen

PPTP definiert keine eigenen Sicherheitsmaßnahmen, sondern verwendet lediglich die entsprechenden Protokollmechanismen der PPP-Standards beziehungsweise die oben genannten von Microsoft vorgeschlagenen Erweiterungen. In diesen Erweiterungen und nicht zuletzt jedoch auch aufgrund des gegenüber PPP geänderten netztopologischen Einsatzszenarios wurden in der PPTP-Version 1 und auch in der verbesserten Version 2 eine Reihe von Schwächen entdeckt [SM98a, SMW99]. Aktuell können beliebig komplexe Passwörter aus MS-CHAP-Dialogen innerhalb weniger Stunden wiederhergestellt werden [MHR12], sodass selbst Microsoft empfiehlt, MS-CHAP nicht direkt weiter zu verwenden [Mic12]. Anstelle dessen sollen die MS-CHAP-Authentisierungsnachrichten mithilfe von EAP und dem in Abschnitt 13.2 vorgestellten TLS gesichert werden.

Weitere Entwicklung

In etwa zeitgleich mit der Entwicklung von PPTP wurde von der hauptsächlich auf Netzwerktechnologie spezialisierten Firma Cisco ein konkurrierendes Protokoll vorgeschlagen, das *Layer 2 Forwarding Protocol (L2F)* [VLK98]. In der IETF konnte somit insgesamt kein Konsens darüber hergestellt werden, PPTP als Standardprotokoll zu übernehmen. In der Folge wurde daher ein Kompromiss getroffen, die Vorteile beider Protokolle in dem *Layer 2 Tunneling Protocol (L2TP)* [TVR$^+$99, LTG05] zu vereinen.

Vergleich zwischen PPTP und L2TP

Die beiden Protokolle (PPTP und L2TP) weisen die folgenden Gemeinsamkeiten und Unterschiede auf:

- Beide Protokolle verwenden PPP für die initiale Kapselung von Schicht-3-Rahmen (IP, IPX, NetBEUI, Appletalk etc.) und erweitern das PPP-Modell dahingehend, dass die Schicht-2-Endpunkte in anderen Systemen angesiedelt sein können als die PPP-Endpunkte. Weiterhin unterstützen beide Protokolle die freiwillige und die obligatorische Kapselung.
- Beide Protokolle bieten eine optionale Kompression der Protokollköpfe, wobei der minimale Overhead bei L2TP mit 4 Oktetten niedriger ausfällt als bei PPTP mit 6 Oktetten.
- In Bezug auf die zwischen den beiden Tunnelendpunkten eingesetzten Kommunikationsprotokolle erfordert PPTP den Transport der GRE-PDUs in IP-Paketen, während L2TP eine Reihe unterschiedlicher Technologien unterstützt, wie IP (mit UDP), Frame Relay, X.25 oder ATM.
- PPTP unterstützt nur einen Tunnel zwischen zwei Tunnelendpunkten (End- beziehungsweise Zwischensystem), während L2TP mehrere gleichzeitige Tunnel erlaubt und somit beispielsweise die Errichtung unterschiedlicher Tunnel für unterschiedliche Anforderungen an die Dienstqualität des Übertragungsdienstes ermöglicht.
- L2TP stellt keine eigenen Mechanismen zur Sicherung von Vertraulichkeit und Nachrichtenauthentizität beziehungsweise Datenintegrität für die Nutzdaten bereit. Einzig die Kontrollnachrichten können durch ein HMAC-MD5-Verfahren in Bezug auf Integrität und Authentizität gesichert werden. Die Sicherung der Nutzdaten muss entweder über das gekapselte Protokoll – also beispielsweise PPP – erfolgen oder die L2TP-Rahmen werden vollständig durch ein anderes Protokoll, wie etwa das im folgenden Kapitel vorgestellte IPsec, gesichert.

Letzteres stellt das sicherere und in der Praxis häufigere Verfahren dar.

Virtuelle Schicht-2-Konnektivität

Sowohl PPTP als auch L2TP ermöglichen eine *virtuelle Schicht-2-Konnektivität* zwischen Systemen, die tatsächlich lediglich über ein Vermittlungsnetz (mit Beteiligung der Schicht 3) miteinander kommunizieren können. Der Vorteil dieser virtuellen Schicht-2-Konnektivität liegt darin, dass die Systeme auf dieser Grundlage beliebige Schicht-3-Protokolle (IP, IPX, NetBEUI, Appletalk etc.) für ihre Kommunikation untereinander einsetzen können, und darin, dass die Systeme unabhängig von ihrer tatsächlichen Aufenthaltsorten Teilnehmer des gleichen Schicht-3-Subnetzes sein können. In gewisser Weise können somit *virtuelle Schicht-3-Subnetze* realisiert werden. Diese Idee soll im folgenden Abschnitt in allgemeinerer Form betrachtet werden, in dem unterschiedliche Definitionen und Realisierungsmöglichkeiten für *virtuelle private Netze (VPN)* vorgestellt werden.

11.6 Virtuelle private Netze

Unterschiedliche Definitionen

Für den Begriff *virtuelles privates Netz (VPN)* finden sich eine Reihe unterschiedlicher Definitionen, von denen im Folgenden drei gebräuchliche Varianten aufgezählt werden sollen [FH98]:

- Ein virtuelles privates Netz ist ein privates Netzwerk, das innerhalb einer öffentlichen Netzinfrastruktur (wie dem Internet) errichtet wird.
- Ein virtuelles privates Netz ist eine Kommunikationsumgebung, in welcher der Zugriff auf Kommunikationsdienste so eingeschränkt wird, dass Verbindungen lediglich innerhalb einer wohldefinierten Gruppe von Instanzen möglich sind. Diese Kommunikationsumgebung wird durch eine Partitionierung eines zugrunde liegenden Kommunikationsmediums realisiert, wobei das Kommunikationsmedium seine Dienste dem virtuellen Netz auf nichtexklusiver Basis bereitstellt.
- Ein virtuelles privates Netz ist ein logisches Rechnernetz, dessen Nutzung eingeschränkt ist und das mit den Systemressourcen eines relativ öffentlichen, physikalischen Netzes (wie zum Beispiel des Internets) konstruiert wird, wobei oft Verschlüsselung zum Einsatz kommt und Verbindungsstrecken des virtuellen Netzes durch Tunnelbildung durch das öffentliche Netz errichtet werden.

Die beiden letztgenannten Definitionen schließen explizit gewisse Sicherheitseigenschaften wie *kontrollierter Zugriff* und *Verschlüsselung* ein, während die erste Definition hierüber keine Aussage trifft. Tatsächlich gibt es auch Techniken zur Errichtung virtueller privater Netze, in denen kein nennenswertes Maß an Sicherheit vor Angriffen von außen gewährleistet werden kann. Die primäre Intention bei dieser Art von virtuellen privaten Netzen liegt weniger in der Sicherheit des Netzes, sondern eher darin, überhaupt ein virtuelles Netz mit einheitlicher logischer Adressierung zur Verfügung zu stellen.

Für die Errichtung virtueller privater Netze existieren eine Reihe unterschiedlicher Techniken:

Dedizierte Verbindungen

- *Auf der Grundlage dedizierter Verbindungen:* Hierbei wird ein VPN durch dedizierte Schicht-2-Verbindungen errichtet, beispielsweise auf der Grundlage von ATM- oder Frame-Relay-Verbindungen, »Multi-Protocol over ATM« (MPOA) oder »Multi-Protocol Label Switching« (MPLS). Die Sicherheitsmechanismen für VPNs dieser Kategorie können je nach verwendeter Protokollarchitektur der zugrunde liegenden Verbindungstechnik effizient durch die auf den Verbindungsstrecken eingesetzten Protokolle erbracht werden. Ein Beispiel hierfür wäre die Sicherung eines VPN auf der Grundlage der *ATM Security Specification* [ATM99], die allerdings nicht in kommerziellen Systemen verfügbar ist.

Routenfilterung

- *Per Routenfilterung und kontrollierter Routenpropagierung (Route Filtering / Controlled Route Leaking):* Die grundlegende Idee bei diesem Ansatz ist, die Propagierung der Routinginformation so einzuschränken, dass lediglich bestimmte Netzknoten beziehungsweise Subnetze die Routeninformation zu anderen Subnetzen des VPN erfahren. In Bezug auf das mit diesem Ansatz erreichbare Maß an Sicherheit ist festzuhalten, dass diese zumindest für benachbarte Systeme lediglich auf Geheimhaltung gewisser Routing-Informationen basiert und somit der zu vermeidenden Kategorie *»Security by Obscurity«* zuzurechnen ist, da sie darauf beruht, dass ein Angreifer nicht von der Netztopologie eines solchen VPN Kenntnis erhält.

Errichtung von Tunneln

- *Per Errichtung von Tunneln durch das Internet:* Ansätze dieser Kategorie verwenden die in diesem Kapitel behandelten Protokolle GRE, PPP, PPTP oder L2TP. Ebenso dieser Kategorie zuzuordnen ist die *Security Architecture for the Internet Protocol »IPsec«*, die Sicherheitsdienste direkt in dem Vermittlungsschichtprotokoll IP erbringt und die im folgenden Kapitel ausführlich thematisiert wird.

In diesem Buch interessieren virtuelle private Netze vor allem unter dem Gesichtspunkt des darin erreichbaren Grades an Sicherheit. Aus diesem Grund werden Ansätze, die auf Routenfilterung und kontrollierter Routenpropagierung beruhen, nicht weiter betrachtet. Da das Buch nicht zuletzt auch wegen des Umfangs weiterhin hauptsächlich auf die vorherrschende Internet-Protokollfamilie ausgerichtet ist, werden auch die Ansätze auf Grundlage dedizierter Verbindungen nicht weiter behandelt. Dem interessierten Leser ist jedoch ein Vergleich der in diesem Buch behandelten Sicherheitsprotokolle insbesondere mit der ATM-Sicherheitsspezifikation [ATM99] sehr zu empfehlen, da sich aus dem bei ATM vorliegenden verbindungsorientierten Kommunikationsmodell einige Vorteile bei der effizienten Realisierung von Sicherheitsmaßnahmen gegenüber der verbindungslosen Internettechnik ergeben.

Beeinflussung der Dienstqualität etc. von außen

Ungeachtet des in einem VPN erreichbaren Maßes an Sicherheit sind insbesondere bei der in diesem Buch hauptsächlich behandelten Realisierung eines VPN per Errichtung von Tunneln durch das Internet auch andere Beeinflussungen von außen (zum Beispiel der Dienstqualität) nicht auszuschließen. Das Internetmagazin *Wired* schrieb hierzu im Februar 1998 den folgenden, sehr treffenden Kommentar: *»Sure, it's a lot cheaper than using your own frame relay connections, but it works about as well as sticking cotton in your ears in Times Square and pretending nobody else is around.«*

11.7 Zusammenfassung

Gemäß dem OSI-Modell hat die Datensicherungsschicht hauptsächlich die Aufgabe, eine *gegen Fehler gesicherte* Datenübertragung zwischen direkt über ein Medium verbundenen Systemen zu realisieren. Eine Sicherung gegen vorsätzliche Manipulationen zählt nicht zu ihren eigentlichen Aufgaben, sodass der Name dieser Schicht im Deutschen unglücklich gewählt ist. Die englische Bezeichnung *Link Layer* ist in dieser Hinsicht weniger missverständlich. Da weiterhin die in heutigen Netzen eingesetzten Kommunikationsprotokolle in ihren Funktionen nicht immer exakt einer OSI-Schicht zugeordnet werden können, sind Sicherheitsprotokolle der Datensicherungsschicht in dem Sinn aufzufassen, dass sie die Protokolldateneinheiten der Kommunikationsschicht sichern, welche die Protokolldateneinheiten der Netzwerkschicht transportieren.

IEEE 802.1Q, 802.1X und 802.1AE

In lokalen Netzen, wie zum Beispiel Ethernet und teilweise Wireless LAN oder WIMAX, die auf den Standards aus der »IEEE 802«-Reihe beruhen, ermöglichen die Standards *IEEE 802.1Q*, *IEEE 802.1X* und *IEEE 802.1AE* die Realisierung von Sicherheitsdiensten. IEEE 802.1Q kann dabei zur Trennung des Verkehrs von Endgeräten und für die Organisation sogenannter virtueller LANs (VLANs) eingesetzt werden. Voraussetzung ist allerdings die Sicherung der übertragenen VLAN-Tags durch physische oder kryptografische Maßnahmen. Letztere können zumindest teilweise durch die beiden anderen Standards realisiert werden, wobei es IEEE 802.1X erlaubt, den Zugriff auf den Datenübertragungsdienst lokaler Netze so zu beschränken, dass nur authentische und berechtigte Endsysteme Zugriff erhalten. Als grundlegendes Merkmal führt der Standard hierfür die sogenannte *portbasierte Zugriffskontrolle* ein, die einem an einen LAN-Port angeschlossenen System nur dann Zugriff auf den Datenübertragungsdienst des LAN gewährt, wenn zuvor eine erfolgreiche Authentisierungs- und Berechtigungsprüfung stattgefunden hat. Eine weiter gehende Sicherung der Datenübertragung im LAN vor Abhören oder Modifizieren übertragener Dateneinheiten wird im 802.1AE-Standard spezifiziert. Das hierin beschriebene, auch als MACsec bezeichnete Verfahren schützt Protokolldateneinheiten durch den Einsatz von AES-GCM.

PPP

Das für den Austausch von Schicht-3-Protokolldateneinheiten über serielle Verbindungen (zum Beispiel Standleitungen, Telefonverbindungen) konzipierte *Point-to-Point Protocol (PPP)* enthält neben üblichen Protokollfunktionen der Schicht 2 auch optionale Protokollmechanismen zur Authentisierung der Partnerinstanzen und zur Sicherung der Übertragung gegen Abhören. Hierfür kann nach der Einrichtung einer Schicht-2-Verbindung die Durchführung eines Authentisierungsdialogs und die Verwendung eines Verschlüsselungsprotokolls ausgehandelt werden. Eine kryptografische Sicherung gegen vorsätzliche Manipulationen oder Wiedereinspielen von Dateneinheiten ist jedoch nicht Bestandteil des Protokolls.

PPTP

Das *Point-to-Point Tunneling Protocol (PPTP)* ermöglicht den Einsatz von PPP auch zwischen Systemen, die nicht über eine gemeinsame serielle Verbindung verfügen, indem es eine Kapselung von PPP-Dateneinheiten in IP-Paketen vornimmt. Somit können einzelne Systeme auch von entfernten Netzbereichen aus an einem bestimmten Schicht-3-Subnetz teilnehmen. Es werden von PPTP keine eigenen neuen Sicherheitsmechanismen definiert, sondern lediglich die bereits in PPP vorhandenen Protokollfunktionen genutzt. Im Zuge der Internetstandardisierung wurde aus dem von Microsoft maßgeblich geprägten PPTP und dem von Cisco spezifizierten Protokoll *Layer 2 Forwarding (L2F)* das die Vorteile beider Ansätze vereinende *Layer 2 Tunneling Protocol (L2TP)* entwickelt. Keines dieser Protokolle bietet jedoch einen eigenen zeitgemäßen kryptografischen Schutz. Stattdessen empfehlen die Hersteller die Kapselung von L2TP in dem im folgenden Kapitel vorgestellte Sicherungsprotokoll IPsec.

Virtuelle private Netze

Die zuletzt genannten Ansätze ermöglichen die Errichtung *virtueller privater Netze (VPN)* mittels Tunnelbildung durch das Internet. Weitere Techniken zur Bildung virtueller privater Netze sind die Verwendung *dedizierter Schicht-2-Verbindungen* und *Routenfilterung*, wobei letztere keine Sicherheitsmaßnahme im eigentlichen Sinne darstellt, da ihre »Sicherheit« von der Geheimhaltung der Routeninformation abhängt. Ein alternativer Ansatz, der ebenso auf Tunnelbildung beruht, ist die im folgenden Kapitel behandelte *IPsec-Sicherheitsarchitektur*.

11.8 Weiterführende Literatur

[ATM99] ATM Forum: *ATM Security Specification Version 1.0.* Februar 1999. – AF-SEC- 0100.000

[HPV+99] Hamzeh, K.; Pall, G.; Verthein, W.; Taarud, J.; Little, W.; Zorn, G.: *Point-to-Point Tunneling Protocol.* Juli 1999. – RFC 2637, IETF, Status: Informational, https://tools.ietf.org/html/rfc2637

[IEE06] IEEE (Institute of Electrical and Electronics Engineers): *Standards for Local and Metropolitan Area Networks – Security.* The Institute of Electrical and Electronics Engineers (IEEE), IEEE Std 802.1AE-2006, 2006

[IEE10] IEEE (Institute of Electrical and Electronics Engineers): *Standards for Local and Metropolitan Area Networks – Port Based Network Access Control.* The Institute of Electrical and Electronics Engineers (IEEE), IEEE Std 802.1X-2010, 2010

[IEE11a] IEEE (Institute of Electrical and Electronics Engineers): *IEEE Standard for Local and metropolitan area networks – Media Access Control (MAC) Bridges and Virtual Bridged Local Area Networks*. The Institute of Electrical and Electronics Engineers (IEEE), IEEE Std 802.1Q-2011, 2011

[Kum98] Kummert, H.: *The PPP Triple-DES Encryption Protocol (3DESE)*. September 1998. – RFC 2420, IETF, Status: Proposed Standard, https://tools.ietf.org/html/rfc2420

[LTG05] Lau, J.; Townsley, M.; Goyret, I.: *Layer Two Tunneling Protocol – Version 3 (L2TPv3)*. March 2005. – RFC 3931, IETF, Status: Proposed Standard, https://tools.ietf.org/html/rfc3931

[Mey96] Meyer, G.: *The PPP Encryption Control Protocol (ECP)*. Juni 1996. – RFC 1968 , IETF, Status: Proposed Standard, https://tools.ietf.org/html/rfc1968

[SM98a] Schneier, B.; Mudge: Cryptanalysis of Microsoft's Point-to-Point Tunneling Protocol (PPTP). In: *ACM Conference on Computer and Communications Security*, 1998, S. 132–141

[SMW99] Schneier, B.; Mudge; Wagner, D.: Cryptanalysis of Microsoft's PPTP Authentication Extensions (MS-CHAPv2). In: *International Exhibition and Congress on Secure Networking – CQRE [Secure]*, 1999

[SZT+11] Sheffer, Y.; Zorn, G.; Tschofenig, H.; Fluhrer, S.: *An EAP Authentication Method Based on the Encrypted Key Exchange (EKE) Protocol*. February 2011. – RFC 6124, IETF, Status: Informational, https://tools.ietf.org/html/rfc6124

[TVR+99] Townsley, W.; Valencia, A.; Rubens, A.; Pall, G.; Zorn, G.; Palter, B.: *Layer Two Tunneling Protocol (L2TP)*. August 1999. – RFC 2661, IETF, Status: Draft Standard, https://tools.ietf.org/html/rfc2661

[ZC98] Zorn, G.; Cobb, S.: *Microsoft PPP CHAP Extensions*. Oktober 1998. – RFC 2433, IETF, Status: Informational, https://tools.ietf.org/html/rfc2433

11.9 Übungen

1. Können Sie durch Einsatz von IEEE 802.1X die Integrität und Vertraulichkeit ausgetauschter Nutzdaten in einem lokalen Netz sichern?
2. Vergleichen Sie die in Kapitel 9 eingeführten Security Labels mit den Tags in IEEE 802.1Q.
3. Nützt die Separation von VLAN mit IEEE 802.1Q, wenn davon ausgegangen werden muss, dass Angreifer physischen Zugang zu einzelnen Switches haben? Was geschieht, wenn 802.1AE gleichzeitig eingesetzt wird?
4. Aus welchem Grund kann eine 802.1AE-Verschlüsselung nicht einfach mit einem statischen, gemeinsamen Geheimnis zwischen zwei Switches aktiviert werden?
5. Welcher Vorteil ergibt sich bei der Sicherung lokaler Netze mit dem Standard IEEE 802.1X aus der Tatsache, dass die Authentisierungsprüfung verteilt durch den Authenticator und den Authentication Server realisiert wird? Welche Nachteile stehen dem aus Sicherheitssicht gegenüber?
6. Warum kann bei PPP das Password Authentication Protocol nicht durch Verwendung des DESEv2- oder 3DESE-Verschlüsselungsprotokolls gesichert werden?
7. Bei welchen Paketgrößen wirkt sich der durch PPTP bedingte Protokoll-Overhead störender aus: bei kleinen oder bei großen IP-Paketen?
8. Wozu werden bei der freiwilligen Kapselung für PPTP zwei PPP-Paketköpfe gebraucht?
9. Welche der Protokolle PPP, PPTP und L2TP bieten einen Schutz der Datenintegrität übertragener Nutzdaten?
10. Für EAP-EKE kann unter anderem der $\mathbb{Z}_p$ mit $p = 2^{1024} - 2^{960} - 1 + 2^{64} \cdot (2^{894}\pi + 129093)$ verwendet werden. Diese Zahl beginnt mit 66 »1«-bits. Was bedeutet dies für die Sicherheit von DH-EKE?
11. Welche Vorteile ergeben sich aus dem Einsatz virtueller privater Netze?

12 Die IPsec-Sicherheitsarchitektur

Die *IPsec-Sicherheitsarchitektur* umfasst eine Reihe von Protokollen und eine Rahmenarchitektur zur Sicherung der Protokolldateneinheiten des *Internet Protocol (IP)*. In diesem Kapitel werden nach einer kurzen Auffrischung des essenziellen Grundwissens über das Internet Protocol zunächst die wesentlichen Komponenten der IPsec-Architektur in einem Überblick vorgestellt und dann in weiteren Abschnitten detailliert erläutert.

12.1 Kurze Einführung in die Internetprotokollfamilie

IP bietet einen unzuverlässigen Datagrammdienst.

Das Internet Protocol erfüllt als Protokoll der Netzwerkschicht die Aufgabe, Kommunikation zwischen Systemen zu ermöglichen, die nicht direkt über ein gemeinsames Medium miteinander verbunden sind. Hierfür bietet IP einen verbindungslosen Datagrammdienst an, der keine Garantien für die Auslieferung der Pakete gibt und daher als »unzuverlässig« (engl. *unreliable*) charakterisiert wird. Diese Charakterisierung von IP als unzuverlässig soll jedoch nicht zu der Vermutung Anlass geben, dass in der Praxis bei einem »normal ausgelasteten« Internet häufig IP-Pakete nicht korrekt zugestellt werden, es werden lediglich im Protokoll keine expliziten Mechanismen vorgesehen, eine korrekte Auslieferung oder gar weiter gehende Zusicherungen bezüglich der Dienstqualität (zum Beispiel Ende-zu-Ende-Verzögerung oder Schwankung der Verzögerung) zu garantieren. Der Dienst von IP wird daher auch als *»Best Effort«* (»bestmöglich«) bezeichnet.

»Best Effort«-Dienst

TCP/IP-Protokollfamilie

Abbildung 12.1 zeigt die Einbettung von IP in die *TCP/IP-Protokollfamilie*. Diese gliedert die verteilte Informationsverarbeitung in Systemen, die über einen Netzverbund wie dem Internet (das heißt ein »Netz von Netzen«) erreichbar sind, in vier Protokollschichten:

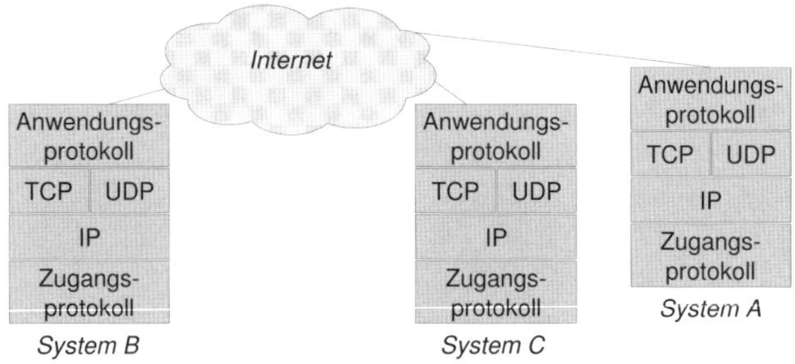

Abbildung 12.1 *Verteilte Informationsverarbeitung auf Basis der TCP/IP-Protokollfamilie*

Zugangsprotokolle

- eine Reihe von *Zugangsprotokollen*, die Funktionen bis einschließlich der zweiten OSI-Schicht erfüllen und in der Praxis häufig durch ein LAN-Protokoll wie Ethernet, Wireless LAN oder im Fall von Punkt-zu-Punkt-Verbindungen durch PPP realisiert werden,

Internet Protocol (IP)

- das Internet Protocol (IP), das einen unzuverlässigen, verbindungslosen Datagrammdienst erbringt,

Transmission Control Protocol (TCP)

- das *Transmission Control Protocol (TCP)*, das für einen zuverlässigen, verbindungsorientierten Transportdienst auf der Grundlage von IP sorgt,

User Datagram Protocol (UDP)

- das *User Datagram Protocol (UDP)*, das einen unzuverlässigen und verbindungslosen Transportdienst erbringt und somit im Wesentlichen lediglich eine Anwendungsschnittstelle zu IP mit Adressierung von Anwendungsprozessen darstellt,

Anwendungsprotokolle

- eine Reihe von *Anwendungsprotokollen*, wie beispielsweise das *Simple Mail Transfer Protocol (SMTP)* für die Zustellung von E-Mails und das *Hypertext Transfer Protocol (HTTP)* zur Übermittlung von Webseiten, um nur die beiden wichtigsten aktuell verwendeten Anwendungsprotokolle aufzuzählen.

Abbildung 12.2 zeigt die Struktur eines IP-Pakets der Version 4. Die in dem Protokollkopf enthaltenen Felder tragen die folgende Bedeutung:

Version

- *Version (Ver.):* Dieses 4 bit umfassende Feld gibt die Protokollversion an. Zurzeit wird von den meisten Systemen noch die Version 4 des Protokolls eingesetzt, obwohl bereits seit einiger Zeit die Nachfolgerversion 6 spezifiziert ist (die Versionsnummer 5 wurde lediglich für eine nicht fertig spezifizierte Zwischenversion verwendet).

IP Header Length

- *IP Header Length (IHL):* Dieses 4 bit umfassende Feld gibt die Länge des IP-Headers in 32 bit langen Worten an.

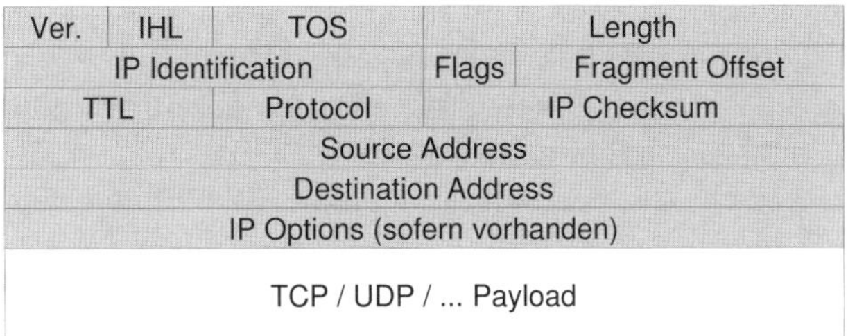

Abbildung 12.2
Format eines IPv4-Pakets

Type of Service

- *Type of Service (ToS):* Dieses 8 bit lange Feld war ursprünglich dafür vorgesehen, bestimmte Dienstqualitätsanforderungen für das Paket in Form einer Priorisierung auszudrücken. Aktuell werden nur 6 bit für die Markierung von IP-Flüssen in Szenarien mit Dienstgüte verwendet, und die verbleibenden 2 bit dienen der Staukontrolle (Explicit Congestion Notification, ECN).

Length

- *Length:* In diesem 16 bit langen Feld wird die Gesamtlänge des Pakets inklusive Paketkopf und Nutzdaten in Oktetten angegeben. Wie alle anderen Protokollfelder in der TCP/IP-Protokollfamilie ist auch dieses Feld in der »Big Endian«-Repräsentation codiert.

IP Identification

- *IP Identification:* Das Feld dient der »eindeutigen« Identifikation eines IP-Pakets und ist von zentraler Bedeutung für die Segmentierung und Reassemblierung fragmentierter IP-Pakete.

Flags

- *Flags:* Das Feld enthält drei Bits zur Anzeige, ob ein IP-Paket fragmentiert werden darf oder ob es sich bei einem IP-Paket bereits um ein Fragment eines größeren Pakets handelt, und ein Bit, das für zukünftige Anwendungen reserviert ist.

Fragment Offset

- *Fragment Offset:* Dieses 13 bit lange Feld enthält die Position eines Fragments innerhalb eines fragmentierten IP-Pakets.

Time to Live

- *Time to Live (TTL):* In jedem IP-verarbeitenden Netzknoten wird dieses 8 bit lange Feld um eins dekrementiert. Wenn die Berechnung den Wert 0 ergibt, wird das Paket vor dem Weiterleiten verworfen. Auf diese Weise werden endlos kreisende IP-Pakete bei Routing-Fehlern verhindert.

Protocol

- *Protocol:* Dieses acht Bit umfassende Feld zeigt das (Transport-)Protokoll der enthaltenen Nutzlast an und dient somit in den Endsystemen dazu, die für die Nutzdaten richtige Protokollinstanz (TCP, UDP etc.) zu identifizieren.

IP Checksum

- *IP Checksum:* Die in diesem Feld enthaltene 16 bit lange Prüfsumme dient der Erkennung von Fehlern in dem Protokollkopf. Da es sich hierbei nicht um eine kryptografische Prüfsumme handelt, kann sie einfach gefälscht werden.

Source Address

- *Source Address:* Dieses Feld enthält die 32 bit lange Quelladresse des sendenden Systems.

Destination Address

- *Destination Address:* Dieses ebenfalls 32 bit lange Feld enthält die Zieladresse des intendierten Empfängers des IP-Pakets.

IP Options

- *IP Options:* Ein IP-Paketkopf kann optionale Informationen variabler Länge enthalten. Da Optionen nicht wesentlich für die IPsec-Sicherheitsarchitektur sind, werden sie an dieser Stelle nicht weiter erläutert.

Abbildung 12.3
Format eines IPv6-Pakets

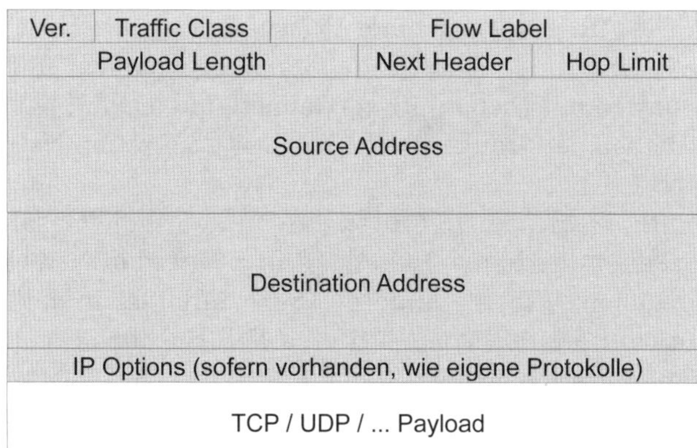

Abbildung 12.3 zeigt den typischen Aufbau von Headern, wenn IP in der Version 6 zum Einsatz kommt. Auffällig ist eine starke Vereinfachung des Headers, neben der Version existieren nur noch die folgenden Felder:

Traffic Class

- *Traffic Class:* Dieses 8 bit lange Feld dient der Priorisierung bestimmter Verkehrsflüsse und ist mit dem TOS-Feld bei IPv4 vergleichbar.

Flow Label

- *Flow Label:* Mithilfe dieser 20 bit können zusammengehörige IP-Pakete markiert werden, sodass sie auf gleiche Art und Weise in den Routern verarbeitet werden. Ähnlich wie das Traffic-Class-Feld dient auch dieses Feld der Umsetzung von Quality of Service.

Payload Length

- *Payload Length:* Im Gegensatz zu IPv4 wird in diesem 16 bit lange Feld nur die Länge der Daten ohne Header hinterlegt. Lediglich die Länge eventueller Optionen wird ebenfalls mitgezählt.

- *Next Header:* Dieses acht Bit umfassende Feld entspricht in etwa dem Protokollfeld in IPv4. Falls IP-Optionen verwendet werden, wird hier der Wert der nächsten Option hinterlegt.

Next Header

- *Hop Limit:* Die Bedeutung dieses Feldes ist identisch zum TTL-Feld in IPv4. Die andere Bezeichnung dient nur der Klarstellung, dass es sich nicht um eine zeitliche Limitierung handelt.

Hop Limit

- *Source Address:* Dieses Feld enthält die 128 bit lange Quelladresse des Senders.

Source Address

- *Destination Address:* Die ebenfalls 128 bit lange Zieladresse schließt den IP-Header in der Regel ab.

Destination Address

- *IP Options:* Wie bei Version 4 kann auch ein IPv6-Paketkopf optionale Informationen variabler Länge enthalten. Unter anderem ist auch die Fragmentierung von Paketen über ein Optionsfeld gelöst. Die Optionen sind allerdings wie weitere gekapselte Protokolle zu interpretieren und verhalten sich in vielen Fällen mehr oder weniger transparent für die IPsec-Sicherheitsarchitektur. Einigen Optionsfeldern, wie solchen, die das Routing beeinflussen, sollte in sicherheitskritischen Umgebungen mit Vorsicht begegnet werden.

IP Options

Sicherheitsmängel des IP-Protokolls

Das ursprüngliche Internet Protocol weist eine Reihe von Sicherheitsmängeln auf, da bei seiner Entwicklung Sicherheitsaspekte nicht in die Anforderungen mit einbezogen wurden. Aber auch die Version 6 des Internetprotokolls wird in der Regel ohne besondere Sicherheitsmaßnahmen verwendet. So kann in beiden Fällen eine Instanz, die ein IP-Paket empfängt, keinerlei Schlüsse im Hinblick auf die folgenden Sicherheitseigenschaften ziehen:

- *Nachrichtenauthentisierung und Datenintegrität:* Wurde das Paket tatsächlich von der Instanz gesendet, die im Protokollkopf als Sender angegeben ist, und enthält das Paket noch exakt den Inhalt, den der ursprüngliche Sender abgesendet hat, oder wurde der Paketinhalt auf dem Weg bis zur empfangenden Instanz modifiziert? Ist die in dem Paketkopf angegebene Zieladresse tatsächlich die Adresse, an die der Sender das Paket ursprünglich senden wollte?

Nachrichtenauthentisierung und Datenintegrität

- *Schutz vor Wiedereinspielung von Paketen:* Handelt es sich bei diesem Paket um ein aktuelles Paket des Senders oder um eine vorsätzliche Wiedereinspielung des Pakets durch einen böswilligen Angreifer?

Wiedereinspielung von Paketen

Vertraulichkeit

- *Vertraulichkeit:* Wurde das Paket während seines Weges vom Sender zum Empfänger durch Dritte unberechtigt ausgespäht?

12.2 Überblick über die IPsec-Architektur

Sicherheitsziele von IPsec

Die IPsec-Sicherheitsarchitektur hat zum Ziel, die am Ende des vorigen Abschnitts aufgeworfenen Sicherheitsmängel zu beheben. Somit strebt sie die folgenden Sicherheitsziele an:

- *Nachrichtenauthentisierung und Datenintegrität:* Es soll nicht möglich sein, ein IP-Paket mit einer gefälschten Quelladresse zu senden oder die Zieladresse eines IP-Pakets nachträglich zu modifizieren, ohne dass der Empfänger des Pakets das bemerkt. Ebenso soll es nicht möglich sein, den Inhalt eines Pakets zu modifizieren, ohne dass der Empfänger das feststellen kann.
- *Schutz vor Wiedereinspielung von Paketen:* Es soll nicht möglich sein, ein Paket zu einem späteren Zeitpunkt wiedereinzuspielen, ohne dass der Empfänger das feststellen kann.
- *Vertraulichkeit:* Es soll nicht möglich sein, den Inhalt von übertragenen IP-Paketen auszulesen. Weiterhin soll ein begrenzter Schutz vor Verkehrsflussanalysen mit IPsec realisiert werden können.

Lokale Sicherheitsrichtlinien

Ein weiteres zentrales Ziel der IPsec-Architektur besteht darin, dass der Sender, der Empfänger und alle Zwischenknoten die Möglichkeit haben, anhand einer lokalen Sicherheitsrichtlinie (Security Policy) zu entscheiden, welche Sicherheitsanforderungen sie an bestimmte IP-Verkehrsströme stellen wollen. Die sendenden Instanzen, das sind Endsysteme oder als *Sicherheits-Gateways* bezeichnete Zwischensysteme, sichern die IP-Pakete gemäß der lokalen Sicherheitsrichtlinie und empfangende Instanzen verwerfen Pakete, die nicht über einen angemessenen Schutz verfügen, da sie diesen Paketen kein ausreichendes Vertrauen entgegenbringen können.

Zentrale Konzepte und Komponenten

Abbildung 12.4 zeigt die wesentlichen Komponenten der IPsec-Architektur im Überblick. Die zentralen Konzepte der Architektur werden in RFC 4301 [KS05] definiert. Dazu gehören das Konzept der *Sicherheitsbeziehung (Security Association, SA)*, die konzeptionelle *Datenbank der Sicherheitsbeziehungen (SADB)*, die *Sicherheitsrichtlinie (Security Policy)* sowie die konzeptionelle *Datenbank*

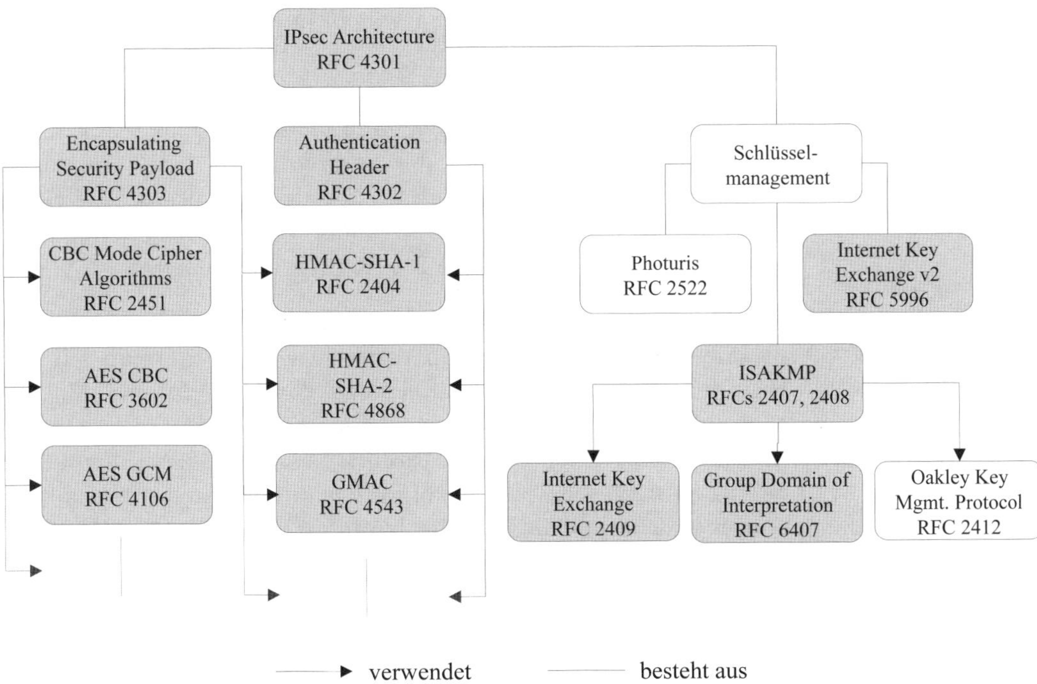

Abbildung 12.4 *Überblick über die IPsec-Standards*

der Sicherheitsrichtlinien (SPD). Weiterhin gibt RFC 4301 einen Überblick über die beiden grundlegenden Sicherheitsprotokolle der Architektur, den *Authentication Header (AH)* und die *Encapsulating Security Payload (ESP)*, die jeweils in eigenen RFCs spezifiziert sind. Beide Protokolle können in einem von zwei möglichen Operationsmodi, dem *Transport Mode* oder dem *Tunnel Mode*, betrieben werden. Schließlich spezifizieren weitere RFCs die Details der Verwendung spezifischer kryptografischer Operationen mit AH und ESP:

- Für die Verschlüsselung sind die Verwendung von Triple-DES, AES sowie weiterer Blockchiffren im »Cipher Block Chaining«-Modus (CBC) vorgesehen. AES kann darüber hinaus auch im Counter-Modus verwendet werden. Trotz mehrerer Standardisierungsversuche ist die Verwendung von Stromchriffren, wie RC4, für IPsec nicht allgemein definiert.
- Die Nachrichtenauthentisierung und Integritätssicherung von IP-Paketen erfolgt oft mit einer HMAC-Konstruktion, wobei aktuell als kryptografische Hashfunktionen MD5 [MG98a], SHA-1 [MG98b], SHA-2 [KF07] und RIPEMD-160 [KP00] vorgesehen sind. Darüber hinaus kann AES auch

im GMAC- [MV06], CMAC- [SPL06] oder XCBC-Verfahren [FH03] genutzt werden.

- In IPsec können außerdem zwei Verfahren zur authentisierten Verschlüsselung Verwendung finden. Neben dem Einsatz des »Counter with CBC-MAC«-Modus (CCM) [Hou05] kann auch der bereits in Abschnitt 5.4.1 näher vorgestellte GCM [VM05] genutzt werden. In beiden Fällen wird die Nutzung von AES als eingesetzte Blockchiffre empfohlen.

Die Aushandlung der erforderlichen Schlüssel für die oben angegebenen kryptografischen Operationen wird zusammen mit der Instanzenauthentisierung in der Regel durch das *Internet Key Exchange Protocol (IKE)* in Version 1 oder 2 realisiert.

Sicherheitsbeziehung (SA)

Eine *Sicherheitsbeziehung (Security Association, SA)* kann hierbei als eine Art »Simplex-Verbindung« aufgefasst werden, die bestimmte Sicherheitsdienste für den in ihr transportierten Verkehr realisiert. Der Begriff »Verbindung« ist hierbei deshalb mit Anführungszeichen zu gebrauchen, da das Internet Protocol einen *verbindungslosen* und damit für alle beteiligten Instanzen auch *zustandslosen* Dienst erbringt. Für die Realisierung von Sicherheitsdiensten wird jedoch ein bestimmtes Zustandswissen – zum Beispiel im Hinblick auf zu verwendende Sicherheitsmechanismen und Schlüssel – bei den jeweiligen Partnerinstanzen benötigt. Dieser Zustand wird durch die Einrichtung, Verwendung und Auflösung von Sicherheitsbeziehungen zwischen den jeweiligen Partnerinstanzen verwaltet. Da eine SA grundsätzlich nur für eine Kommunikationsrichtung verwendet wird, werden für bidirektionale Kommunikationsbeziehungen stets zwei Sicherheitsbeziehungen benötigt.

Identifikation von SAs

Die für eine SA ausgehandelten Sicherheitsdienste werden durch die Verwendung exakt eines der beiden Sicherheitsprotokolle *Authentication Header (AH)* oder *Encapsulating Security Payload (ESP)* erbracht. Die pro System eindeutige Identifikation einer SA erfolgt durch ein Tripel, das aus einem sogenannten *Security Parameter Index (SPI)*, einer IP-Zieladresse und dem Identifikator eines der beiden Sicherheitsprotokolle (AH oder ESP) besteht.

Partnerinstanzen von SAs

Eine Sicherheitsbeziehung kann grundsätzlich zwischen den folgenden Instanzen eingerichtet werden:

- Endsystem $\leftrightarrow$ Endsystem
- Endsystem $\leftrightarrow$ Zwischensystem
- Zwischensystem $\leftrightarrow$ Zwischensystem

Verwaltung und Festlegung von SAs

Für die Verwaltung und Festlegung von Sicherheitsbeziehungen sind in jedem System zwei konzeptionelle Datenbanken vorzuhalten. Die *Datenbank der Sicherheitsbeziehungen (Security Association Database, SADB)* enthält die jeweils zu einem Zeitpunkt in dem System aktiven Sicherheitsbeziehungen, und die *Datenbank der Sicherheitsrichtlinien (Security Policy Database, SPD)* definiert, welche Sicherheitsdienste auf welche IP-Pakete angewendet werden müssen und in welcher Weise diese Anwendung zu erfolgen hat. Die SPD gibt somit vor, für welche Datenströme Sicherheitsbeziehungen mit welchen Partnerinstanzen eingerichtet werden müssen und welche Parameter für diese Beziehung auszuhandeln sind. Diese Datenbanken werden deshalb als »konzeptionelle Datenbanken« bezeichnet, da für ihre Realisierung keine »echte« Datenbanktechnologie (zum Beispiel relationale Datenbank mit allgemeiner Abfragesprache SQL) verwendet werden muss. Die Art der Implementierung dieser Datenbanken ist in der IPsec-Sicherheitsarchitektur nicht festgelegt und in der Regel werden hierfür auch keine allgemeinen Datenbankkonzepte eingesetzt.

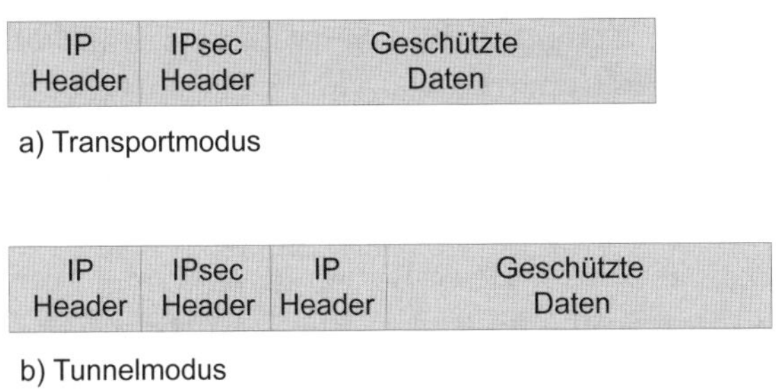

Abbildung 12.5 *Paketformate des Transport- und des Tunnelmodus*

Protokollvarianten (Protocol Modes)

Eine Sicherheitsbeziehung wird grundsätzlich in genau einer der beiden folgenden Varianten betrieben:

- Der *Transportmodus (Transport Mode)* kann lediglich zwischen den Endpunkten einer Kommunikationsbeziehung eingesetzt werden, das heißt zwischen zwei Endsystemen oder – falls ein Datenstrom direkt für ein Zwischensystem bestimmt ist (zum Beispiel bei Netzwerkmanagementanwendungen) – zwischen einem Endsystem und einem Zwischensystem. *Transportmodus*
- Der *Tunnelmodus (Tunnel Mode)* kann zwischen beliebigen Systemen eingesetzt werden. *Tunnelmodus*

Der Unterschied zwischen den beiden Protokollvarianten besteht darin, dass der Transportmodus lediglich einen sicherheitsspezifischen Protokollkopf (und eventuell einen Anhang) hinzufügt, während der Tunnelmodus die zu schützenden IP-Pakete vollständig kapselt (vergleiche hierzu auch Abbildung 12.5). Die Kapselung von IP-Paketen ermöglicht es Zwischensystemen, bestimmte Datenströme stellvertretend für andere Instanzen zu schützen. Dadurch kann beispielsweise ein einheitlicher Schutz für ganze Subnetze durch ein Zwischensystem realisiert werden.

Einrichtung von Sicherheitsbeziehungen

Die Aushandlung und Einrichtung von Sicherheitsbeziehungen, die in der SPD konfiguriert sind, erfolgt in der Regel auf Basis des IKE-Protokolls in der Version 1 oder 2. Grundlage des ersteren ist ein generisches Protokoll zur Schlüsselaushandlung namens *Internet Security Association Key Management Protocol (ISAKMP)*. Da sich IKEv2 noch nicht vollständig durchgesetzt hat und IKEv1 auch für den Entstehungsprozess von IKEv2 von Interesse ist, werden im Folgenden zunächst ISAKMP und IKEv1 vorgestellt.

Internet Security Association Key Management Protocol (ISAKMP)

Das ISAKMP [MSS+98] definiert wie bereits angedeutet nur ein generisches Rahmenwerk für die Instanzenauthentisierung, den Schlüsselaustausch und die Aushandlung von Parametern für Sicherheitsbeziehungen. Es spezifiziert kein konkretes Authentisierungsprotokoll, sondern legt vielmehr die »Sprache« für die Definition solcher Protokolle fest, indem es grundlegende Dinge wie Paketformate, Zeitgeber für Übertragungswiederholungen, Anforderungen an die Konstruktion von Nachrichten und Ähnliches vorgibt. Im Prinzip ist ISAKMP als generisches Protokoll für die Authentisierung und Aushandlung von Sicherheitsparametern unabhängig von IPsec definiert. Der Einsatz von ISAKMP für die Aushandlung paarweiser IPsec-Beziehungen wird getrennt von der eigentlichen Protokolldefinition in RFC 2407 [Pip98] näher ausgeführt. Darüber hinaus kann ISAKMP auch zur Einrichtung von Gruppenbeziehungen eingesetzt werden [WRH11].

Internet Key Exchange (IKE) Version 1

Das in RFC 2409 [HC98] spezifizierte Protokoll *Internet Key Exchange (IKE)* Version 1 definiert ein konkretes Authentisierungs- und Schlüsselaustauschprotokoll, das konform zu ISAKMP ist und die Aushandlung von Sicherheitsbeziehungen für IPsec übernehmen kann. Diese Aushandlung erfolgt hierbei in zwei Phasen: In der ersten Phase wird zunächst eine sogenannte *IKE SA* eingerichtet, die festlegt, auf welche Weise weitere Sicherheitsbeziehungen für den Schutz konkreter Datenströme in der zweiten Phase zwischen den beiden Partnerinstanzen ausgehandelt werden sollen.

IKE Version 2

Der im RFC 5996 [KHN+10] spezifizierte Nachfolgestandard IKEv2 kann die gleichen Aufgaben wie IKEv1 übernehmen und arbeitet ebenfalls in den zwei Phasen. Allerdings wurde unter anderem auf die Verwendung von ISAKMP verzichtet, da der Einsatz des generischen Protokolls den IKE-Standard unnötig verkompliziert hatte.

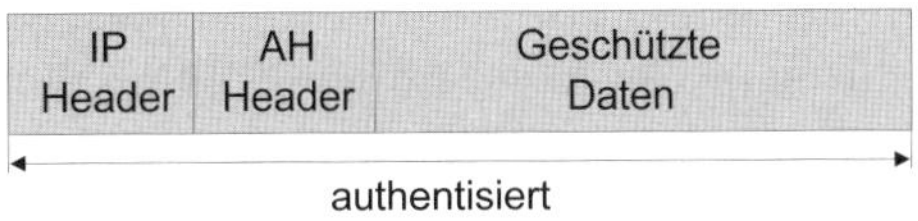

Abbildung 12.6
Struktur eines IP-Pakets mit Authentication Header (AH)

Authentication Header (AH)

Nach dem Aufbau der Sicherheitsbeziehungen übernimmt eines der beiden Sicherheitsprotokolle den Schutz der eigentlichen Nutzdaten. Das Sicherheitsprotokoll *Authentication Header (AH)* [Ken05a] realisiert dabei für die zu schützenden IP-Pakete den Sicherheitsdienst Nachrichtenauthentisierung mit Schutz vor Wiedereinspielung von Paketen. Es wird – wie sein Name bereits andeutet – durch einen Protokollkopf realisiert, der zwischen dem IP-Protokollkopf und den Nutzdaten des IP-Pakets eingefügt wird (vergleiche hierzu Abbildung 12.6).

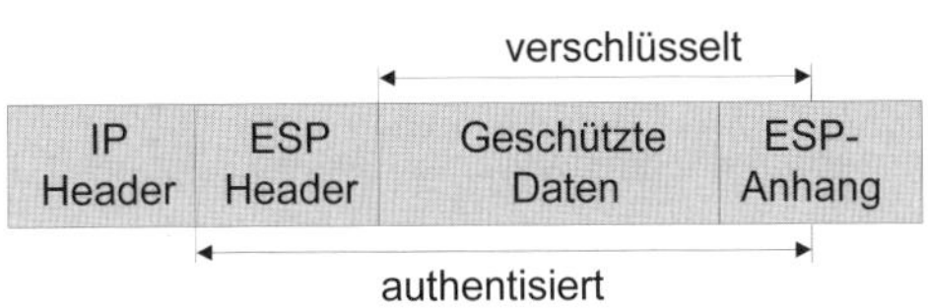

Abbildung 12.7
Struktur eines IP-Pakets mit Encapsulating Security Payload (ESP)

Encapsulating Security Payload (ESP)

Im Vergleich hierzu realisiert das Sicherheitsprotokoll *Encapsulating Security Payload (ESP)* [Ken05b] eine optionale Nachrichtenauthentisierung mit Schutz vor Wiedereinspielung von Paketen und ebenfalls optional die Vertraulichkeit für die übertragenen Nutzdaten, wobei mindestens einer der beiden optionalen Sicherheitsdienste für eine SA ausgewählt sein muss. Die Realisierung des Protokolls erfolgt mit einem zusätzlichen Protokollkopf und einem Anhang (engl. *trailer*), zwischen denen die Nutzdaten des IP-Pakets gekapselt werden (vergleiche hierzu Abbildung 12.7).

Schutz vor Wiedereinspielung

Der Schutz vor Wiedereinspielung von IP-Paketen wird in den beiden Sicherheitsprotokollen AH und ESP auf der Grundlage einer Sequenznummer, des Replay-Zählers, realisiert. Diese Sequenznummer wird bei der Einrichtung einer SA mit dem Wert 1 initialisiert und mit jedem gesendeten Paket um 1 inkrementiert. Bevor ein Überlauf dieser 32 beziehungsweise 64 bit langen Sequenznummer erfolgt, muss der für die SA vereinbarte Sitzungsschlüssel durch einen neuen Schlüssel ersetzt werden. Da diese Sequenznummer immer mit in die Berechnung des Nachrichtenauthentisierungswertes einbezogen wird, kann sie von einem Angreifer nicht unbemerkt modifiziert werden.

»Sliding Window«-Mechanismus

Der Empfänger eines mit IPsec geschützten Pakets überprüft stets, ob die in dem Paket enthaltene Sequenznummer in einem

Bereich zu akzeptierender Nummern liegt. Dieser Bereich wird in Anlehnung an die englische Bezeichnung »Sliding Window« auch als »gleitendes Fenster« zu akzeptierender Nummern bezeichnet. Der Grund für die Verwendung eines ganzen Bereichs liegt darin, dass es im Internet auch bei ungestörtem Betrieb protokollbedingt zu Reihenfolgevertauschungen von IP-Paketen kommen kann, sodass unter Umständen später abgesendete Pakete vor früher gesendeten Paketen bei dem Empfänger eintreffen können. Würde der Empfänger nun auf einer strengen Reihenfolge der Sequenznummern bestehen, so müsste er auch unbeabsichtigt in ihrer Reihenfolge vertauschte IP-Pakete verwerfen, wodurch der Datendurchsatz im Internet unnötig reduziert würde. Aus diesem Grund akzeptiert der Empfänger IP-Pakete grundsätzlich nur dann, wenn sie nicht »zu alt« sind, das heißt, wenn nicht bereits neuere IP-Pakete empfangen wurden, deren Sequenznummer erheblich größer ist. Dieser Sachverhalt wird in den Abbildungen 12.8 und 12.9 illustriert.

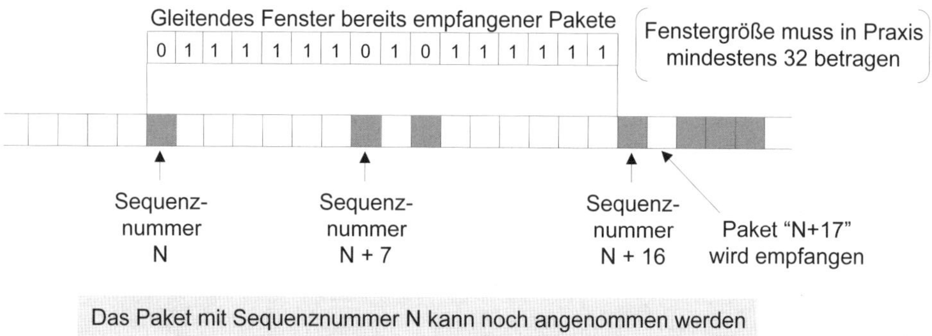

Abbildung 12.8 *Beispiel eines gleitenden Fensters vor der Aktualisierung*

Abbildung 12.8 zeigt ein Beispiel mit einem Empfangsfenster der Größe 16. Die noch nicht empfangenen Pakete sind darin durch graue Kästchen dargestellt, der Vektor der bereits empfangenen Pakete zeigt an diesen Stellen entsprechend eine 0 und an den anderen Stellen eine 1. Unter der Annahme, dass das aktuellste empfangene Paket die Sequenznummer $N + 15$ trägt, kann das Paket mit der Sequenznummer N noch angenommen werden. Trifft jedoch vor dem Empfang dieses Pakets bereits das Paket mit der Sequenznummer $N + 17$ ein, so wird das Fenster um zwei Stellen nach vorne gerückt (siehe Abbildung 12.9), sodass das Paket mit der Sequenznummer N nun links von dem Empfangsfenster liegt und damit bei nachträglichem Empfang als zu alt verworfen wird.

Aktionen des Empfängers

Sowohl in RFC 4302 als auch in RFC 4303 wird als minimale Fenstergröße der Wert 32 vorgeschrieben und der Wert 64 als Standardvorgabe empfohlen. Bei Empfang eines IP-Pakets werden

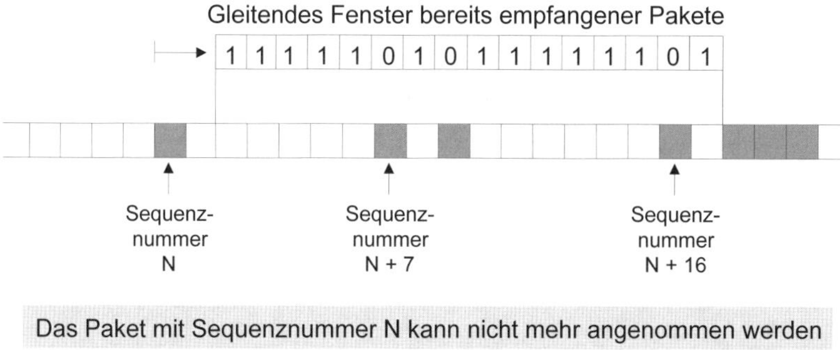

Abbildung 12.9 *Beispiel eines gleitenden Fensters nach Fortschreiben des Fensters*

von dem empfangenden System insgesamt die folgenden Aktionen in Abhängigkeit der Sequenznummer getroffen:

- Liegt die Sequenznummer links vom Empfangsfenster, wird das Paket verworfen.
- Liegt die Sequenznummer innerhalb des Empfangsfensters und ist darin als noch nicht empfangen markiert, wird der Nachrichtenauthentisierungswert überprüft und das Paket angenommen, falls diese Überprüfung erfolgreich ist.
- Liegt die Sequenznummer rechts des Empfangsfensters, wird der Nachrichtenauthentisierungswert überprüft und im Erfolgsfall das Paket angenommen und das Fenster nach rechts verschoben.

Implementierungsvarianten von IPsec innerhalb eines Gerätes

Für die Implementierung von IPsec gibt es eine Reihe verschiedener Varianten. Bereits innerhalb eines Hosts existieren die beiden in Abbildung 12.10 illustrierten Alternativen: *Integration von IPsec in die Protokollverarbeitungsfunktionen des Betriebssystems* und *Integration als Zwischenschicht* zwischen der IP-Schicht und der Schicht des Zugangsprotokolls. Die letztgenannte Variante wird hierbei hauptsächlich angewendet, wenn das Betriebssystem selbst nicht modifiziert werden kann (beispielsweise wenn es nicht im Quellcode vorliegt). Eine direkte Integration in das Betriebssystem ist aus Leistungsgründen eigentlich klar vorzuziehen, da sie eine Duplizierung von Protokollfunktionalität vermeidet. Ein anderer Grund für die Verwendung einer Zwischenschicht ist eine direkte, manipulationssichere Realisierung der IPsec-Funktionalität in der Netzwerkkarte. Dieser Ansatz hat sich aber wegen der hohen Kosten nicht für den Massenmarkt durchgesetzt.

Wie bereits weiter oben erwähnt wurde, kann IPsec sowohl in Endsystemen als auch in Zwischensystemen implementiert werden. Bei einer Implementierung im Endsystem ergeben sich grund-

Abbildung 12.10 Integrationsalternativen für IPsec in Endsysteme

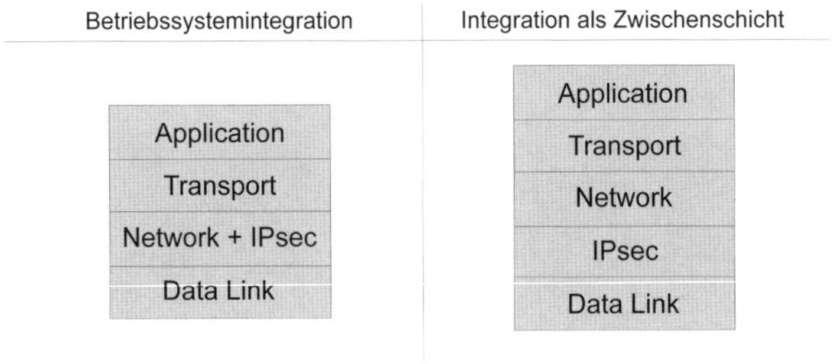

Implementierung im Endsystem

sätzlich die Vorteile, dass auf diese Weise echte Ende-zu-Ende-Sicherheitsdienste realisiert werden können, dass spezifische Sicherheitsdienste individuell für jeden Datenstrom möglich sind und dass sowohl der Transport- als auch der Tunnelmodus eingesetzt werden können.

Implementierung in Zwischensystemen

Die Implementierung von IPsec in Zwischensystemen bietet den Vorteil, dass hiermit die zwischen zwei Subnetzen über das öffentliche Internet ausgetauschten IP-Pakete auf einheitliche Weise gesichert und somit *virtuelle private Netze (VPN)* gebildet werden können. Weiterhin muss in diesem Fall IPsec nicht in jedem Endsystem implementiert und konfiguriert werden, und es kann der zwischen entfernten Benutzern und einem Subnetz ausgetauschte IP-Verkehr auf einheitliche Weise gesichert und autorisiert werden. Insbesondere können selbst kompromittierte Clients nicht einfach mit der Außenwelt kommunizieren und so Daten abfließen lassen. Man spricht in diesem Fall von einer Resistenz gegen *verdeckte Kanäle (Covert Channels)*.

Abbildung 12.11 Integrationsalternativen für IPsec in Zwischensysteme

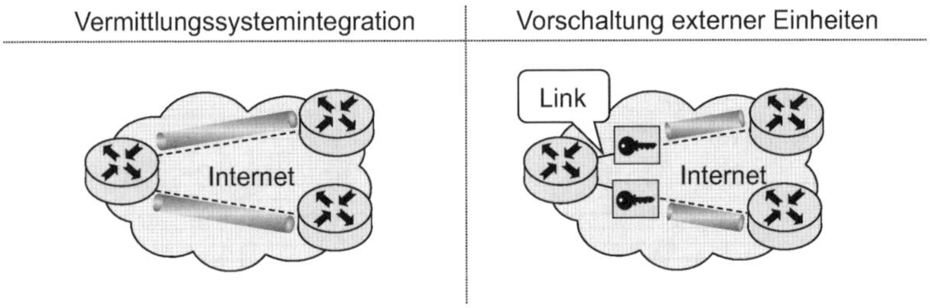

In Bezug auf die Realisierung von IPsec für Zwischensysteme existieren die beiden in Abbildung 12.11 gezeigten Alternativen: *Integration direkt in das Vermittlungssystem* und *Vorschaltung externer Einheiten*. Während bei der ersten Variante die IPsec-Funktionalität unmittelbar in die Protokollfunktionen des Vermittlungssystems integriert wird, werden bei der zweiten Alternative vor jeden zu schützenden Ein- beziehungsweise Ausgang des Zwischensystems zusätzliche IPsec-Module geschaltet. Aus Effizienzgründen ist in der Regel eine direkte Integration vorzuziehen, und so war die zweite Alternative lediglich als Übergangslösung für nicht IPsec-fähige Vermittlungssysteme gedacht. Eine Ausnahme sind auch hier hoch sichere Systeme, in denen die IPsec-Sicherung durch gegebenenfalls zu zertifizierende unabhängige Instanzen vorgenommen werden soll. Ferner kann es aus Lastgründen erforderlich werden, die Sicherheitsbeziehungen bereits vor dem eigentlichen Router zu terminieren.

12.3 Einsatz des Transport- und des Tunnelmodus

In diesem Abschnitt sollen die Unterschiede des Transport- und des Tunnelmodus näher erläutert sowie ihre spezifischen Einsatzszenarien erklärt werden. Hierfür sind zunächst die beiden Begriffe *Kommunikationsendpunkt* und *kryptografischer Endpunkt* voneinander abzugrenzen.

Kommunikationsendpunkte und kryptografische Endpunkte

Definition 12.1 *Die* **Kommunikationsendpunkte** *eines Datenstroms bezeichnen das Quell- und das Zielsystem der ausgetauschten IP-Pakete. Demgegenüber werden die Systeme, welche im Rahmen einer Sicherheitsbeziehung die AH- beziehungsweise ESP-Protokollköpfe der ausgetauschten IP-Pakete generieren und verarbeiten, als* **kryptografische Endpunkte** *bezeichnet.*

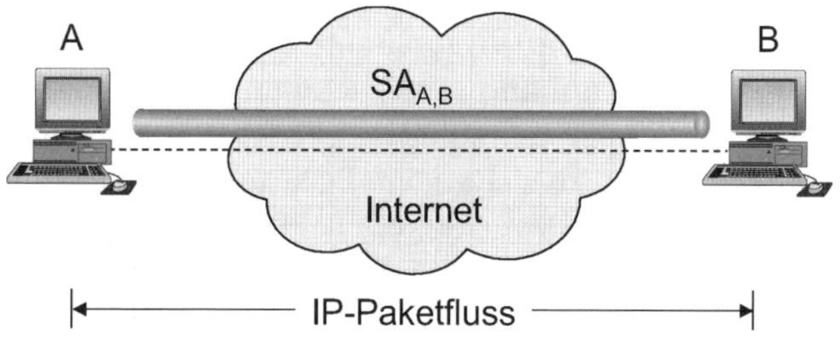

Abbildung 12.12 *Ende-zu-Ende-Sicherung mit dem Transportmodus*

Einsatzgebiete von Transport- und Tunnelmodus

Mit diesen beiden Begriffen können die Einsatzgebiete des Transport- und des Tunnelmodus einfach unterschieden werden:

- Der Transportmodus kann ausschließlich verwendet werden, wenn die kryptografischen Endpunkte mit den Kommunikationsendpunkten übereinstimmen (vergleiche hierzu Abbildung 12.12).

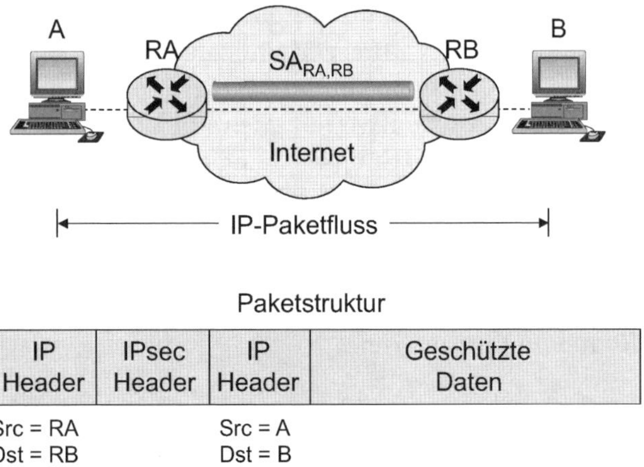

Abbildung 12.13 *Einsatz des Tunnelmodus in Zwischensystemen*

- Der Tunnelmodus wird in der Regel verwendet, wenn mindestens ein kryptografischer Endpunkt kein Kommunikationsendpunkt ist (siehe auch Abbildungen 12.13 und 12.14).

In den meisten Fällen liegen die Kommunikationsendpunkte in Endsystemen (PCs, Server, Mobilfunkgeräte), jedoch ist das nicht notwendigerweise so: Wird beispielsweise ein Zwischensystem per Simple Network Management Protocol (SNMP) von einer Managementstation aus verwaltet, so sind die in diesem Zusammenhang ausgetauschten IP-Pakete an das Zwischensystem adressiert beziehungsweise werden von diesem gesendet.

Intranet-Szenario

Abbildung 12.13 zeigt den Einsatz des Tunnelmodus in Zwischensystemen sowie die Struktur der zwischen den beiden Endsystemen A und B ausgetauschten Pakete im Internet. Bei der Vermittlung der von A an B gesendeten Pakete entscheidet das Zwischensystem RA anhand seiner lokalen Sicherheitsrichtlinie, dass die Pakete auf der Grundlage einer mit RB ausgehandelten Sicherheitsbeziehung zu sichern sind. Daraufhin erstellt es einen entsprechenden IPsec-Protokollkopf (AH oder ESP), der vor das *gesamte IP-Paket inklusive des ursprünglichen IP-Protokollkopfes* gesetzt wird. Schließlich erstellt es einen neuen IP-Protokollkopf, der an RB adressiert ist und dem IPsec-Protokollkopf vorangestellt wird. Das ursprüngliche IP-Paket wird somit in einem Tunnel zwischen RA und RB durch das Internet transportiert, wodurch auch die Bezeichnung »Tunnelmodus« begründet ist. In der Praxis findet sich eine derartige Konfiguration vor allem bei der Vernetzung zweier privater Subnetze an verschiedenen Standorten über das öffentliche Internet *(»Intranet-Szenario«)*.

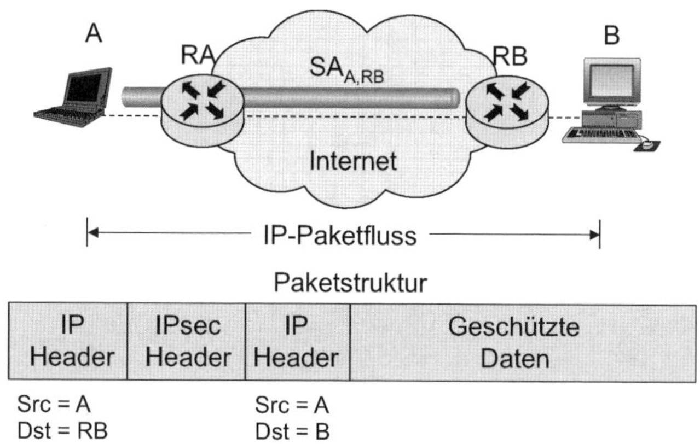

Abbildung 12.14
Einsatz des Tunnelmodus zwischen einem End- und einem Zwischensystem

»Road Warrior«-Szenario

Ein anderes Einsatzszenario für den Tunnelmodus zeigt Abbildung 12.14, in der wiederum die beiden Endsysteme A und B miteinander kommunizieren, dieses Mal jedoch die Sicherung der Pakete zwischen A und RB erfolgt. Da der kryptografische Endpunkt RB nicht gleich dem Kommunikationsendpunkt B ist, werden die Pakete zwischen A und RB vollständig gekapselt. Ein typisches Anwendungsbeispiel für diese Konfiguration ist das sogenannte *»Road Warrior«-Szenario*, in dem Mitarbeiter einer Firma von entfernten Standorten (zum Beispiel Hotelzimmer) aus auf Dienste des privaten Subnetzes der Firma zugreifen müssen.

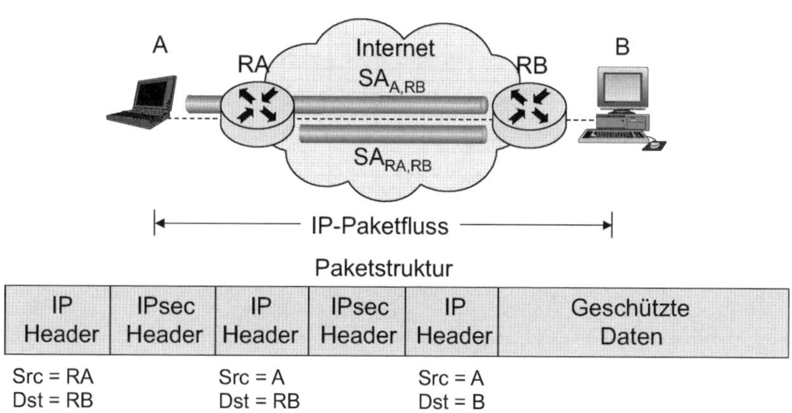

Abbildung 12.15
Verschachtelung von Sicherheitsbeziehungen

Verschachtelung von Sicherheitsbeziehungen

Sicherheitsbeziehungen können auch verschachtelt werden, wie in Abbildung 12.15 illustriert wird. Ein Anwendungsbeispiel hierfür ist, dass die zwischen A und RB ausgetauschten Daten grundsätzlich authentisiert werden und dass darüber hinaus alle zwischen RA und RB ausgetauschten Daten verschlüsselt werden und somit Vertraulichkeit auf Subnetzebene realisiert wird. Wie der Abbil-

Abbildung 12.16
Korrekte Verschachtelung zweier Sicherheitsbeziehungen

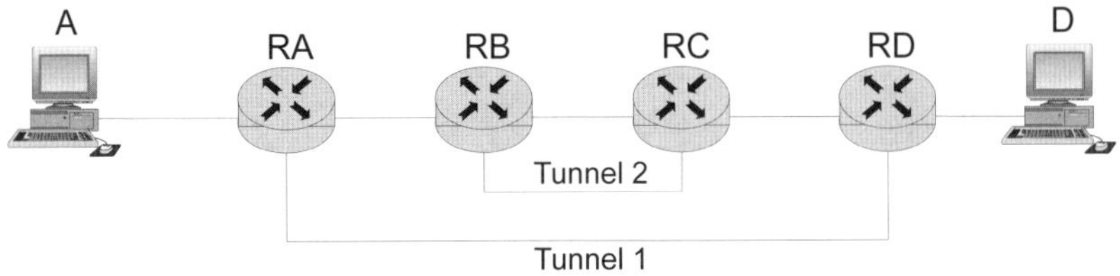

Paketstruktur

IP Header	IPsec Header	IP Header	IPsec Header	IP Header	Geschützte Daten
Src = RB Dst = RC		Src = RA Dst = RD		Src = A Dst = D	

dung auch zu entnehmen ist, wird für jede Sicherheitsbeziehung ein eigener IPsec- und ein eigener IP-Protokollkopf den Paketen hinzugefügt.

Bei der Verschachtelung von Sicherheitsbeziehungen ist jedoch darauf zu achten, dass hierdurch keine überlappenden Tunnelsegmente geschaffen werden dürfen (»korrekte Klammerung«). Abbildung 12.16 zeigt ein Beispiel zweier korrekt verschachtelter Beziehungen. Demgegenüber sind die in Abbildung 12.17 gezeigten Sicherheitsbeziehungen nicht korrekt verschachtelt. So werden die Pakete zwischen RB und RD in einem Tunnel transportiert, sodass RC den von RA für ihn hinzugefügten IPsec-Protokollkopf nicht verarbeiten und entfernen kann. Weiterhin befindet sich das IP-Paket nach dem Entfernen des äußeren Protokollkopfes im Zwischensystem RD an einer topologisch falschen Stelle im Netz, sodass es in Richtung RC »zurückreisen« müsste.

Abbildung 12.17
Beispiel zweier falsch verschachtelter Sicherheitsbeziehungen

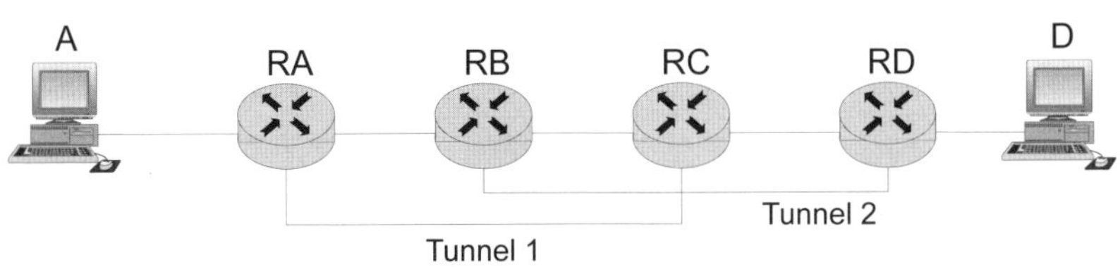

Paketstruktur

IP Header	IPsec Header	IP Header	IPsec Header	IP Header	Geschützte Daten
Src = RB Dst = RD		Src = RA Dst = RC		Src = A Dst = D	

12.4 IPsec-Protokollverarbeitung

Wie in den vergangenen Abschnitten bereits deutlich geworden ist, erlaubt die IPsec-Architektur, die Sicherung von IP-Paketen sowohl in Endsystemen als auch in Zwischensystemen vorzunehmen. Im Folgenden soll auf die hierfür in den Systemen bei der IP-Protokollverarbeitung erforderlichen zusätzlichen Verarbeitungsschritte eingegangen werden. Hierbei zeigt sich, dass in End- und in Zwischensystemen im Wesentlichen die gleichen Funktionen zu erbringen sind, sodass bei der Darstellung lediglich zwischen ausgehenden und eingehenden Paketen unterschieden werden muss.

IPsec-Verarbeitung ausgehender Pakete

Betrachten wir hierfür zunächst ein System, das ein bestimmtes IP-Paket an ein anderes System senden muss. Für die korrekte IPsec-Bearbeitung sind die folgenden Schritte erforderlich:

1. *Bestimmen, ob das IP-Paket gesichert werden muss:* Diese Entscheidung wird auf der Grundlage der lokalen Sicherheitsrichtlinie getroffen, die in der Security Policy Database (SPD) abgespeichert ist. Je nach der in dem entsprechenden SPD-Eintrag vorgeschriebenen Aktion wird das Paket nun entweder verworfen, ohne weitere Sicherung gesendet oder vor dem Senden noch gesichert.
2. *Bestimmen der für das IP-Paket zu verwendenden Sicherheitsbeziehung:* Falls noch keine Sicherheitsbeziehung mit der entsprechenden Partnerinstanz existiert, muss bei der Schlüsselverwaltungsinstanz wegen einer Authentisierung und Parameteraushandlung angefragt werden.
3. *Auslesen der SA-Parameter:* Die Parameter der gegebenenfalls frisch erzeugten SA werden aus der SADB ausgelesen.
4. *Vornehmen der in der SA spezifizierten Sicherheitsmaßnahmen:* Dieser Schritt resultiert in der Erstellung eines AH- beziehungsweise ESP-Protokollkopfes sowie eines neuen IP-Protokollkopfes bei Verwendung des Tunnelmodus. Je nachdem, welche Sicherheitsdienste für die SA ausgehandelt wurden, werden die Nutzdaten in diesem Zusammenhang verschlüsselt und/oder mit einem Nachrichtenauthentisierungswert geschützt. Alle hierfür erforderlichen Parameter und Schlüssel sind in dem entsprechenden Eintrag in der SADB gespeichert.
5. *Starten der IPsec-Verarbeitung für das resultierende Paket:* Nachdem die initiale Verarbeitung des IP-Pakets fertig gestellt wurde, ist mit der für alle IP-Pakete üblichen Protokollverarbeitung fortzufahren (siehe Schritt 1). Der Grund

hierfür liegt darin, dass bei verschachtelten Sicherheitsbeziehungen gegebenenfalls mehrere IPsec-Protokollköpfe in dem gleichen System hinzugefügt werden müssen (siehe hierzu die Richtung von B nach A im Zwischensystem RB in Abbildung 12.15).

IPsec-Verarbeitung eingehender Pakete

Für eingehende IP-Pakete sind in einem System die folgenden Verarbeitungsschritte durchzuführen:

1. *Überprüfen, ob das Paket einen IPsec-Protokollkopf enthält, den dieses System bearbeiten muss:* Bei dieser Prüfung wird in jedem Schritt nur der äußerste IPsec-Kopf betrachtet, da IPsec-Köpfe stets von außen nach innen entfernt werden müssen.
2. *Verarbeiten des äußeren IPsec-Kopfes:* Sofern der äußere IPsec-Kopf tatsächlich für dieses System bestimmt ist, wird im nächsten Schritt die entsprechende SA aus der SADB abgefragt. Existiert diese SA nicht im lokalen System, muss das Paket verworfen werden. Konnte die korrekte SA gefunden werden, so wird das Paket entsprechend verarbeitet. Kommt es hierbei zu einem Fehler (zum Beispiel falscher Nachrichtenauthentisierungswert), so wird das Paket ebenfalls verworfen.
3. *Entscheiden, ob das Paket korrekt gesichert ist:* Hierfür wird in der SPD nach dem für das Paket zutreffenden Eintrag gesucht. Je nachdem, welche Aktion in der Sicherheitsrichtlinie vorgeschrieben ist, wird das Paket entweder verworfen oder entsprechend weiterverarbeitet. Hierbei ist erneut zu prüfen, ob ein weiterer IPsec-Kopf verarbeitet werden muss. Außerdem muss bis zur vollständigen Verarbeitung des Pakets (Weiterleitung an die entsprechende Transportinstanz beziehungsweise weitersenden des resultierenden IP-Pakets oder verwerfen) Zustandsinformation gespeichert werden, sodass nach Entfernen aller IPsec-Köpfe abschließend entschieden werden kann, ob das Paket, wie in der Sicherheitsrichtlinie gefordert, gesichert war.

Selektion der zutreffenden Security Policy

Wie sich in der bisherigen Diskussion gezeigt hat, ist die Sicherheitsrichtlinie von zentraler Bedeutung für die IPsec-Protokollverarbeitung. Die Auswahl des für ein IP-Paket zutreffenden Eintrags in der SPD erfolgt hierbei auf der Grundlage der folgenden *Selektoren:*

- *IP-Quelladresse:* Bei dieser kann es sich um die Adresse eines einzelnen Systems, ein Netzwerk-Präfix, einen Adressbereich oder einen nicht näher bestimmten Platzhalter (»Wildcard«) handeln.
- *IP-Zieladresse:* Diese wird auf die gleiche Weise wie die IP-Quelladresse spezifiziert. Auch bei gekapselten IP-Paketen (Tunnelmodus) werden sowohl für die Quell- als auch für die Zieladresse die äußeren IP-Paketköpfe ausgewertet. Die inneren Adressen werden in diesem Fall jedoch zusätzlich vermerkt.
- *Protokoll:* Hiermit wird die Protokollidentifikation des Transportprotokolls für das betrachtete Paket bezeichnet. Im Fall von mit ESP verschlüsselten Nutzdaten müssen diese zunächst entschlüsselt werden, bevor entschieden werden kann, ob das Paket richtig gesichert ist. Die Entschlüsselung kann natürlich nur dann vorgenommen werden, wenn das System auch der kryptografische Endpunkt für diesen ESP-Kopf ist. Andernfalls wird ESP als Transportprotokoll angenommen und entschieden, ob das Paket weitergeleitet werden darf.
- *Port des Anwendungsprotokolls:* Sofern zugänglich, können auch die Dienstzugangspunktidentifikationen der Anwendungsprotokolle mit in die Auswahl der anzuwendenden Security Policy einbezogen werden.

Inhalt von Security-Policy-Einträgen

Aufgrund der genannten Merkmale wird der für ein Paket zutreffende Eintrag in der SPD selektiert. Ein solcher Eintrag enthält die folgenden Festlegungen:

- *Identifikation der eigenen und entfernten Station:* Hierbei kann es sich um einen »Domain Name System«-Namen (DNS), einen X.500-Namen oder einen anderen Namen handeln, der in den IPsec-spezifischen Festlegungen für das zu verwendende Authentisierungsprotokoll (zum Beispiel RFC 2407 für ISAKMP) spezifiziert ist. Diese Namen werden für die Aushandlung von Sicherheitsbeziehungen ausgewertet.
- Ein Verweis auf Vorgaben, wie eine sogenannte Phase-I-SA, auch IKE-SA genannt, ausgehandelt werden soll – beispielsweise mit dem Main-Modus oder dem Quick-Modus – beziehungsweise welche kryptografischen Algorithmen verwendet werden sollen (siehe hierfür Abschnitte 12.7 und 12.8).

- Vorgaben über die für IP-Pakete zu erbringenden Sicherheitsdienste. Diese umfassen weiterhin:
  - Selektoren, die wiederum individuelle Datenströme identifizieren,
  - die auszuführende Aktion für diese Datenströme (Verwerfen, direktes Weiterleiten oder Sichern) und
  - Sicherheitsattribute für zu sichernde Datenströme, wie beispielsweise das anzuwendende Sicherheitsprotokoll (AH oder ESP), der Protokollmodus (Transport- oder Tunnelmodus), Informationen über zu verwendende Sicherheitsalgorithmen und ihre Parameter sowie weitere Parameter, wie die Lebensdauer von Sicherheitsbeziehungen und die Größe des Fensters für den Schutz vor Wiedereinspielung von Paketen.

Sofern die einer Sicherheitsrichtlinie entsprechende SA bereits existiert, ist ihre Identifikation in der SPD vermerkt, sodass sie effizient aus der SADB abgefragt werden kann.

12.5 Das ESP-Protokoll

Sicherheitsdienste von ESP

Bei dem ESP-Protokoll handelt es sich um ein generisches Sicherheitsprotokoll, das für IP-Pakete die folgenden Sicherheitsdienste realisieren kann:

- *Vertraulichkeit* durch Verschlüsselung der Nutzlast (Transportmodus) beziehungsweise der vollständigen IP-Pakete (Tunnelmodus) sowie
- *Nachrichtenauthentisierung* und *Schutz vor Wiedereinspielung von Paketen* durch Hinzufügen eines Nachrichtenauthenisierungswertes und einer Sequenznummer.

Beide Sicherheitsdienste sind optional und können miteinander kombiniert werden, jedoch muss für eine Sicherheitsbeziehung mindestens eine der beiden Optionen ausgewählt sein. Die Prüfung von Sequenznummern kann eigentlich unabhängig von der Authentisierung beliebig aktiviert oder deaktiviert werden, sie ergibt aber nur Sinn, wenn eine Authentisierung vorhanden ist, da Sequenznummern sonst beliebig zu fälschen sind.

Die Nutzung von ESP ohne Authentisierung ist unsicher.

Da der Standard auch eine Nutzung von ESP ohne Authentisierung vorsieht, sei an dieser Stelle explizit davor gewarnt, ESP auf diese Weise einzusetzen. Wird der CBC-Modus zur Verschlüsselung ohne Authentisierung verwendet, kann durch aktive Angriffe der Inhalt von Nachrichten rekonstruiert werden [PY06]. Auch die Kombination von einer separaten ESP-Authentisierung und ESP-Verschlüsselung ist unsicher [DP10].

Wie bereits angedeutet, ist die Spezifikation von ESP in mehrere Teile aufgeteilt: die Definition des eigentlichen Protokolls in RFC 4303 [Ken05b] und die Verwendung spezifischer kryptografischer Algorithmen mit ESP, zum Beispiel Verschlüsselung mit AES-CBC in RFC 3602 [FGK03] sowie die Nachrichtenauthentisierung mit HMAC-SHA-2 in RFC 4868 [KF07].

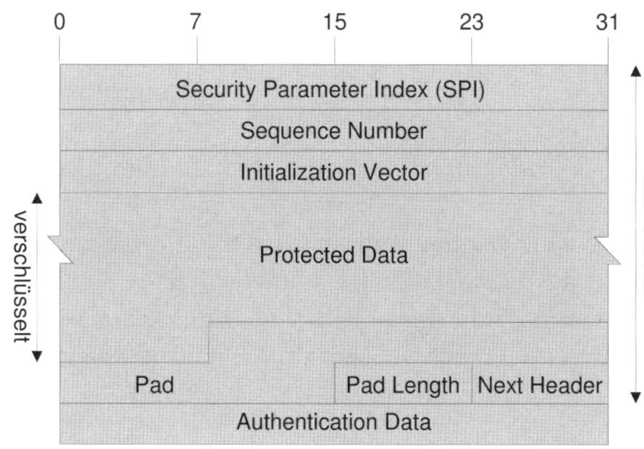

Abbildung 12.18
Paketformat des Encapsulating Security Payload (ESP)

Die eigentliche Protokolldefinition von ESP in RFC 4303 enthält die Spezifikation des Protokollkopfes und -anhangs, die grundlegenden Protokollverarbeitungsschritte sowie die Verfahrensweisen für den Transport- und Tunnelmodus. Abbildung 12.18 zeigt das Paketformat des Encapsulating Security Payload.

Protokollfelder von ESP

Der dargestellte ESP-Protokollkopf folgt direkt auf einen IP-Protokollkopf oder einen anderen IPsec-Protokollkopf, wobei das Protokoll- beziehungsweise »Next Header«-Feld des voranstehenden Protokollkopfes mit dem Wert `50` anzeigt, dass es sich hierbei um einen ESP-Protokollkopf handelt. Die Protokollfelder von ESP haben die folgende Bedeutung:

Security Parameter Index (SPI)

- Das Feld *Security Parameter Index (SPI)* kennzeichnet die SA, die für dieses Paket zu verwenden ist. Der in dieses Feld einzutragende Wert wird grundsätzlich bei der Aushandlung der SA von der empfangenden Seite festgelegt, da diese anhand des SPI-Wertes die SA eindeutig identifizieren können muss. Gültige SPI-Werte sind immer größer gleich 256. Alle kleineren Werte sind reserviert.

Sequenznummer

- Die *Sequenznummer* dient wie bereits erklärt dem Schutz vor Wiedereinspielung von IP-Paketen.

Initialisierungsvektor (IV)

- Sofern der verwendete kryptografische Algorithmus einen *Initialisierungsvektor (IV)* benötigt, wird dieser in jedem IP-Paket im Klartext transportiert, damit jedes Paket unabhängig von anderen verarbeitet werden kann.

Pad

- Das *Pad*-Feld sorgt zum einen dafür, dass die zu verschlüsselnde Nutzlast auf eine Länge aufgefüllt wird, die ein ganzzahliges Vielfaches der Blockgröße des verwendeten Algorithmus beträgt, und dass die beiden folgenden Felder in den höherwertigen 16 bit eines 32-bit-Wortes zu stehen kommen. Ferner kann das Pad dazu dienen, die eigentlichen Nachrichtenlängen zu verschleiern, um eine Verkehrsflussanalyse zu erschweren.

Pad Length

- Das Feld *Pad Length* gibt die Anzahl der hinzugefügten Oktette an.

Next Header

- Das Feld *Next Header* zeigt den Protokolltyp der enthaltenen Nutzlast an, zum Beispiel TCP oder UDP.

Authentication Data

- Das optionale Feld *Authentication Data* enthält – sofern vorhanden – einen Nachrichtenauthentisierungswert (MAC).

Abbildung 12.19
Erstellung ausgehender ESP-Pakete (1/2)

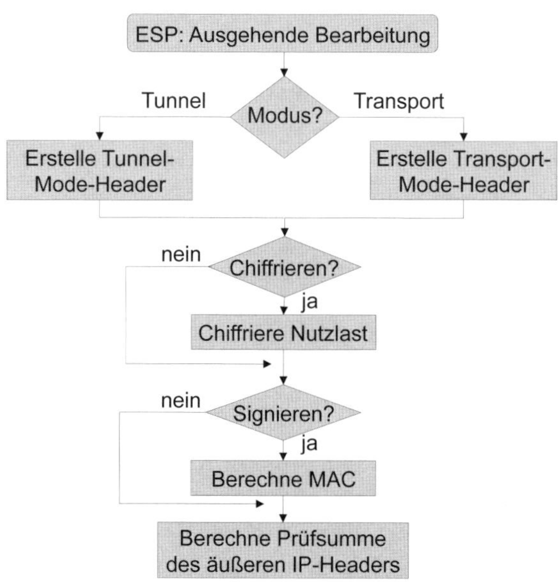

Protokollverarbeitung ausgehender Pakete

Die Abbildungen 12.19 und 12.20 zeigen die Verarbeitungsschritte bei der Erstellung ausgehender ESP-Pakete.

Anhand der durch die Sicherheitsrichtlinie festgelegten SA wird zunächst festgestellt, ob das Paket im Transport- oder im Tunnelmodus zu schützen ist. Nach der Erstellung der entsprechenden Protokollköpfe wird geprüft, ob das Paket zu verschlüsseln ist, und wenn ja die Verschlüsselung vorgenommen. Weiterhin wird geprüft, ob das Paket zu authentisieren ist, und falls ja ein Nachrichtenauthentisierungswert berechnet. Mindestens eine der beiden Sicherungsmaßnahmen ist wie bereits erwähnt obligatorisch. Schließlich wird gegebenenfalls die Prüfsumme des äußeren IP-Protokollkopfes ermittelt.

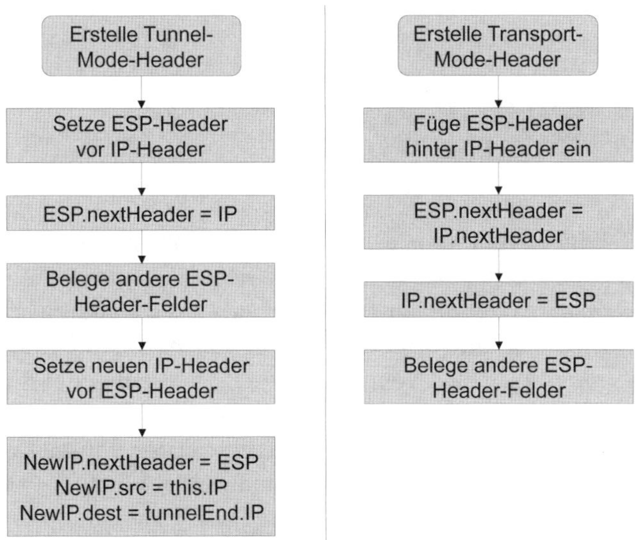

Abbildung 12.20 *Erstellung ausgehender ESP-Pakete (2/2)*

Erstellung der Protokollköpfe

In Abbildung 12.20 ist die Erstellung der Protokollköpfe für den Transport- und den Tunnelmodus illustriert. Im Tunnelmodus wird vor den vorhandenen IP-Protokollkopf zunächst ein ESP-Protokollkopf gesetzt, dessen »Next Header«-Feld auf »IP« gesetzt wird. Nach dem Ausfüllen der anderen ESP-spezifischen Felder wird ein neuer IP-Protokollkopf vor den ESP-Kopf gesetzt, dessen »Next Header«-Feld auf »ESP« gesetzt wird und dessen Quell- und Zieladressfelder mit den Adressen der beiden Tunnelendpunkte gefüllt werden.

Für die Erstellung des Protokollkopfes im Transportmodus wird zunächst ein ESP-Kopf zwischen dem IP-Kopf und der Nutzlast eingefügt. Das »Next Header«-Feld des ESP-Kopfes wird auf den Wert des entsprechenden Feldes im IP-Kopf gesetzt, bevor das

Abbildung 12.21
Bearbeitung ankommender ESP-Pakete (1/2)

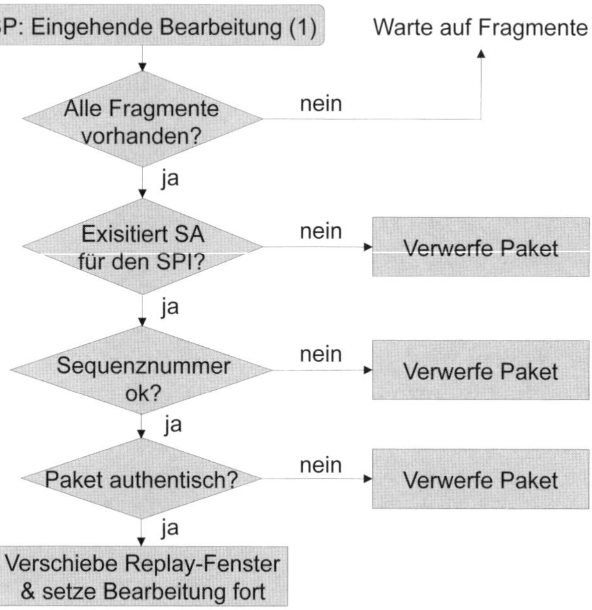

»Next Header«-Feld dieses Kopfes auf den Wert »ESP« gesetzt wird. Anschließend werden die restlichen ESP-Felder ausgefüllt.

Protokollverarbeitung ankommender Pakete

Die beiden Abbildungen 12.21 und 12.22 zeigen die Schritte bei der Verarbeitung ankommender ESP-Pakete. Bei ankommenden Paketen muss zunächst geprüft werden, ob alle zu dem Paket gehörenden Fragmente bereits verfügbar sind, da andernfalls erst auf die restlichen Fragmente gewartet werden muss. Anschließend wird die für das Paket zu verwendende SA ausgelesen beziehungsweise das Paket verworfen, wenn diese Beziehung lokal nicht existiert. Weiterhin wird überprüft, ob die enthaltene Sequenznummer in dem Fenster beziehungsweise rechts von dem Fenster der zu akzeptierenden Sequenznummern liegt, und falls nicht wird das Paket verworfen. Nach der Überprüfung des Nachrichtenauthentisierungswertes wird das Paket je nach Resultat entweder verworfen oder es wird das Replay-Fenster gegebenenfalls nach rechts verschoben und die Bearbeitung des Pakets fortgesetzt.
Die weitere Bearbeitung des Pakets ist in Abbildung 12.22 dargestellt. Zunächst wird die Nutzlast des Pakets dechiffriert und dann geprüft, in welchem Modus das Paket gesichert wurde. Im Falle des Tunnelmodus müssen nur die beiden äußeren Protokollköpfe entfernt werden und im Fall des Transportmodus muss zunächst der ursprüngliche Wert des »Next Header«-Feldes im IP-Protokollkopf wiederhergestellt werden, bevor der eingefügte ESP-Kopf entfernt

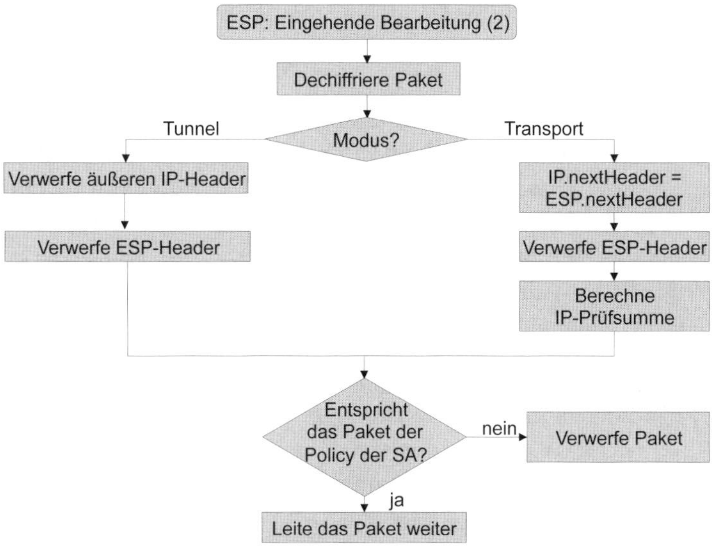

Abbildung 12.22 *Bearbeitung ankommender ESP-Pakete (2/2)*

und gegebenenfalls die Prüfsumme des IP-Protokollkopfes neu berechnet werden kann. Anschließend wird bei beiden Betriebsarten überprüft, ob das Paket mit den in der Security Policy vorgeschriebenen Sicherheitsmaßnahmen geschützt war, bevor es entweder verworfen oder an die entsprechende Protokollinstanz weitergeleitet wird.

Behandlung fragmentierter Pakete

Bei einem auf diese Weise bearbeiteten und rekonstruierten IP-Paket kann es sich gegebenenfalls um ein fragmentiertes Paket handeln. Dieser Fall tritt beispielsweise auf, wenn ein Zwischensystem ESP im Tunnelmodus auf bereits fragmentierte Pakete anwendet. Bevor ein Zwischensystem für ein fragmentiertes Paket vollständig entscheiden kann, wie das Paket gemäß der lokalen Sicherheitsrichtlinie zu behandeln ist, müssen eigentlich alle Fragmente des Pakets im Zwischensystem vorliegen beziehungsweise mindestens die Fragmente, welche die auszuwertenden Teile des Pakets enthalten (zum Beispiel bis einschließlich der Portfelder des Transportprotokollkopfes). So ist es beispielsweise möglich, dass innerhalb einer SA nur Pakete ausgetauscht werden dürfen, die an einen bestimmten Port gerichtet sind. Die hierfür auszuwertende Portinformation ist nur in dem ersten Fragment des IP-Pakets vorhanden.

Alternativen für die Weiterleitung

Weiterhin ist zu der oben erläuterten ESP-Verarbeitung zu bemerken, dass für die Weiterleitung des erhaltenen Pakets die folgenden Alternativen bestehen:

- Falls ein weiterer IPsec-Protokollkopf folgt, der an dieses System gerichtet ist, wird mit der IPsec-Bearbeitung fortgefahren.
- War das Paket im Tunnelmodus gesichert und ist das bearbeitende System nicht der Kommunikationsendpunkt des Pakets, so wird es gemäß der lokalen Routinginformation weitergeleitet.
- Ist das empfangene Paket für das System selbst bestimmt, wird es an die entsprechende Transportinstanz übergeben (zum Beispiel TCP oder UDP).

Verwendung kryptografischer Algorithmen

Wie bereits eingangs erwähnt, ist die Spezifikation von ESP in die Definition des eigentlichen Protokolls und die Verwendung spezifischer kryptografischer Algorithmen mit ESP aufgeteilt. Konkret wurden in diesem Zusammenhang die folgenden RFCs verabschiedet:

- *Vertraulichkeit:* Die in RFC 2405 [MD98] spezifizierte Verwendung von DES im CBC-Modus wird aufgrund der zu geringen Schlüssellänge von DES mittlerweile nicht mehr empfohlen (diese Schwäche war im Jahr 1998, als der RFC verabschiedet wurde, allerdings bereits allgemein bekannt). RFC 2451 [PA98] definiert Format- und Verarbeitungsschritte für die Verwendung unterschiedlicher Blockchiffren im CBC-Modus mit ESP. Prinzipiell kann jede Blockchiffre gemäß diesem RFC eingesetzt werden. Explizit genannt werden die Algorithmen Blowfish, CAST-128, 3DES, IDEA und RC5. Darüber hinaus existieren für AES [FGK03] und Camellia explizite RFCs [KMK05], die eine Implementierung des CBC-Modus für ESP regeln. Der Initialisierungsvektor wird dabei in jedem Paket im Klartext übertragen, um Abhängigkeiten zu vermeiden (vergleiche hierzu Abschnitt 2.5). Die Initialisierungsvektoren müssen dabei jeweils zufällig oder pseudozufällig gewählt werden. Vektoren auf deterministische Weise, etwa auf Basis der letzten berechneten Schlüsseltexte, zu bilden, birgt die Gefahr, dass interne Angreifer durch das Einspielen definierter Pakete den Initialisierungsvektor für nachfolgende Pakete bestimmen können. Ein ähnlicher Umstand hat beispielsweise bei dem im folgenden Kapitel beschriebenen TLS-Protokoll zu Sicherheitsproblemen geführt.

- *Nachrichtenauthentisierung:* Für die Berechnung von Nachrichtenauthentisierungswerten für ESP werden die gleichen Algorithmen eingesetzt wie für AH (siehe hierzu den folgenden Abschnitt).
- *Authentisierte Verschlüsselung (AEAD):* Neuere IPsec-Implementierungen erlauben auch den Einsatz von AES im GCM [VM05] oder CCM-Modus [Hou05] und können auf diese Weise sehr effizient Vertraulichkeit und Authentisierung gewährleisten.

Falls ESP im Rahmen einer SA sowohl Vertraulichkeit als auch Nachrichtenauthentisierung leistet, sind aus Sicherheitsgründen für die beiden Sicherheitsdienste in der Regel unterschiedliche Schlüssel zu verwenden, sofern nicht beide Sicherheitsdienste ohnehin durch das Anwenden eines AEAD-Modus gemeinsam erbracht werden.

12.6 Das AH-Protokoll

Sicherheitsdienste von AH

Der in RFC 4302 [Ken05a] spezifizierte *Authentication Header (AH)* stellt ein generisches Sicherheitsprotokoll dar, das für IP-Pakete die folgenden Sicherheitsdienste erbringt:

- *Nachrichtenauthentisierung:* Für jedes zu schützende IP-Paket wird ein Nachrichtenauthentisierungswert berechnet und dem Paket hinzugefügt.
- *Schutz vor Wiedereinspielung von IP-Paketen:* Durch die Aufnahme einer Sequenznummer in den AH-Protokollkopf und Miteinbeziehung dieser Nummer in die Berechnung des MAC wird es dem Empfänger eines IP-Pakets ermöglicht, die Aktualität empfangener Pakete zu überprüfen.

Wie auch für ESP ist die Spezifikation von AH in zwei Teile geteilt: die Definition des eigentlichen Protokolls und die Verwendung kryptografischer Algorithmen mit diesem Protokoll. Die Protokollspezifikation [Ken05a] legt das Format des Protokollkopfes, die grundlegenden Verarbeitungsschritte und den Betrieb im Transport- und im Tunnelmodus fest.

Falls sowohl ESP als auch AH auf ein IP-Paket im gleichen System angewendet werden sollen, dann ist ESP grundsätzlich vor AH anzuwenden. Das hat zur Folge, dass AH der äußere der beiden Protokollköpfe ist und somit auch den ESP-Kopf vor Modifikationen schützen kann. Da eine SA grundsätzlich nur eines der beiden Protokolle AH oder ESP verwenden kann, werden hierfür pro Richtung zwei getrennte Sicherheitsbeziehungen benötigt.

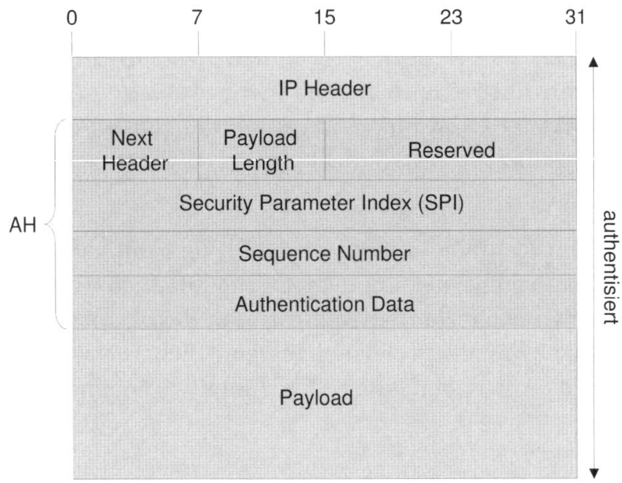

Abbildung 12.23 *Paketformat des Authentication Header (AH)*

Protokollfelder von AH

Abbildung 12.23 zeigt die Struktur eines mit AH gesicherten IP-Pakets und die Protokollfelder von AH:

Next Header

- Das Feld *Next Header* enthält die Protokollidentifikation der in dem Paket transportierten Nutzlast (zum Beispiel TCP, UDP).

Payload Length

- In dem Feld *Payload Length* ist die Länge der AH-Nutzlast enthalten. Mit dieser leicht missverständlichen Bezeichnung sind die beiden integritätssichernden Felder *Sequence Number* und *Authentication Data* gemeint, die je nach verwendetem kryptografischem Algorithmus und ausgehandelten Parametern im Prinzip unterschiedliche Längen aufweisen können.

Reserved

- Das Protokollfeld *Reserved* ist für zukünftige Verwendungen reserviert und wird grundsätzlich auf 0 gesetzt.

Security Parameter Index (SPI)

- Der *Security Parameter Index (SPI)* identifiziert zusammen mit der IP-Zieladresse eindeutig die für dieses Paket verwendete SA.

Sequence Number

- Die *Sequence Number* dient wie bereits erklärt der Erkennung von absichtlichen Wiedereinspielungen von Paketen.

Authentication Data

- Das Feld *Authentication Data* enthält den MAC, der über das gesamte IP-Paket einschließlich Teilen des IP-Protokollkopfes berechnet wird. Im Gegensatz zu ESP kann AH somit auch die invarianten Teile des äußeren IP-Protokollkopfes vor Modifikation schützen.

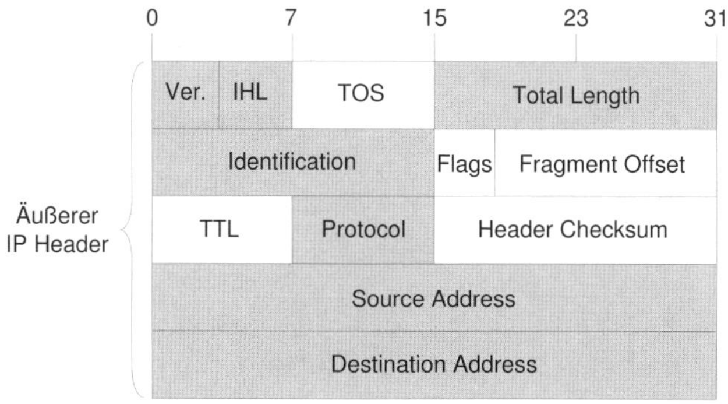

Abbildung 12.24 Variable und invariante Felder eines IPv4-Paketkopfes

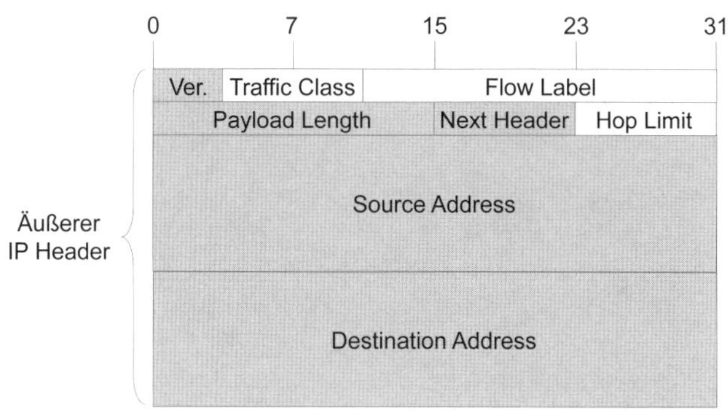

Abbildung 12.25 Variable und invariante Felder eines IPv6-Paketkopfes

In den Abbildungen 12.24 und 12.25 sind die variablen und die invarianten Felder des IPv4- und IPv6-Protokollkopfes durch unterschiedliche Hintergrundfarben voneinander abgegrenzt. Felder mit weißem Hintergrund können sich während des Weges eines IP-Pakets von seiner Quelle zum Ziel durchaus ändern (Type of Service, Flags, Fragment Offset, Traffic Class, Flow Label) beziehungsweise sind grundsätzlich in jedem Zwischensystem Änderungen unterworfen (Time to Live, Header Checksum, Hop Limit). Diese Felder können natürlich nicht in einen Nachrichtenauthentisierungswert mit einbezogen werden, da die IP-Pakete andernfalls vom Empfänger zwangsläufig verworfen werden müssten. Für variable Felder wird bei der MAC-Berechnung daher der Wert 0 angenommen. Beim Einsatz von IP-Optionsfeldern hängt es stark von deren Bedeutung ab, ob sie verändert werden dürfen. Details finden sich in RFC 4302 und werden hier nicht dargestellt.

Protokollverarbeitung ausgehender Pakete

In den Abbildungen 12.26 und 12.27 sind die Verarbeitungsschritte für ausgehende IP-Pakete dargestellt, die mit AH gesichert werden sollen.

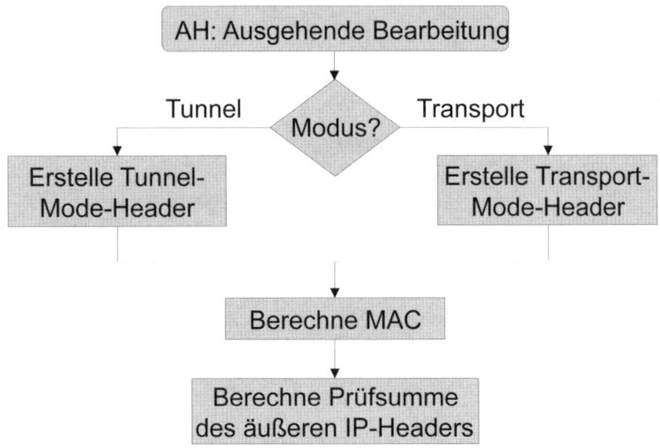

Abbildung 12.26 *Erstellung ausgehender AH-Pakete (1/2)*

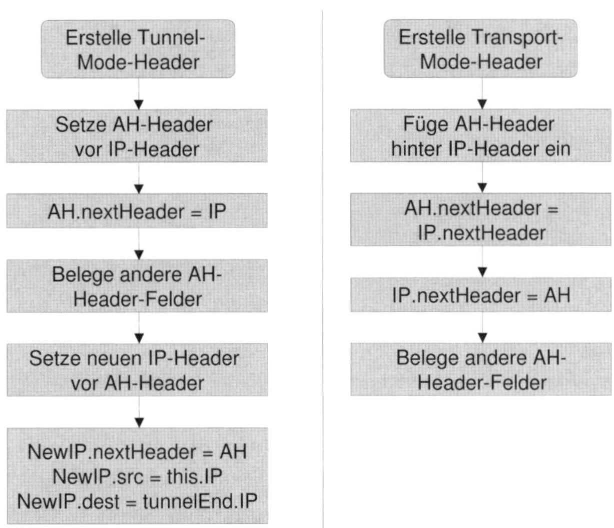

Abbildung 12.27 *Erstellung ausgehender AH-Pakete (2/2)*

Zunächst wird wie bei der ESP-Protokollverarbeitung geprüft, ob das Paket im Transport- oder im Tunnelmodus gesichert werden soll. Nach der Erzeugung der entsprechenden Protokollköpfe wird der Nachrichtenauthentisierungwert erstellt und wenn IPv4 eingesetzt wird, abschließend die Prüfsumme des äußeren IP-Protokollkopfes neu berechnet.

Die in Abbildung 12.27 illustrierte Erzeugung der Protokollköpfe erfolgt nach dem gleichen Schema wie bei ESP. Zunächst wird ein AH-Protokollkopf vor den bestehenden IP-Kopf gesetzt und das »Next Header«-Feld des AH-Kopfes auf »IP« gesetzt. Nach der Belegung der anderen AH-Felder wird ein neuer IP-Kopf erzeugt und vor den AH-Kopf gesetzt. Das »Next Header«-Feld des neuen IP-Kopfes wird auf den Wert »AH« gesetzt und seine Quell- und Zieladressfelder werden mit den Adressen der beiden kryptografischen Endpunkte gefüllt.

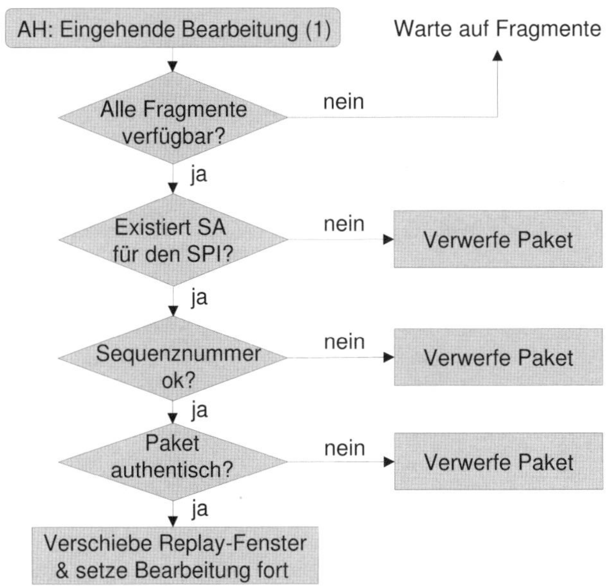

Abbildung 12.28 *Bearbeitung ankommender AH-Pakete (1/2)*

Protokollverarbeitung ankommender Pakete

Die Bearbeitung ankommender, mit AH gesicherter Pakete ist in den beiden Abbildungen 12.28 und 12.29 dargestellt.

Zunächst ist zu prüfen, ob alle Fragmente für die zu bearbeitende AH-Protokolldateneinheit vorhanden sind, da andernfalls auf die fehlenden Fragmente gewartet werden muss. Bei Vorliegen aller Fragmente ist zu klären, ob die in dem Paket referenzierte SA lokal verfügbar ist, und falls dies nicht der Fall sein sollte, ist das Paket zu verwerfen. Anschließend wird die Aktualität der in dem Paket enthaltenen Sequenznummer geprüft und das Paket verworfen, wenn diese links von dem aktuellen Empfangsfenster liegt. Danach wird der Nachrichtenauthentisierungswert berechnet und mit dem enthaltenen Wert verglichen. Weichen beide Werte voneinander ab, wird das Paket auch verworfen. Anschließend wird gegebenenfalls das Empfangsfenster aktualisiert und mit der Bearbeitung fortgefahren.

Operiert die betreffende Sicherheitsbeziehung im Tunnelmodus, so werden im nächsten Schritt der äußere IP-Kopf und der AH-Kopf entfernt. Im Falle einer Transportmodus-SA muss zuerst das »Next Header«-Feld des IP-Kopfes restauriert werden, bevor der

AH-Kopf entfernt werden kann. Anschließend ist beim Einsatz von IPv4 die Prüfsumme des IP-Kopfes neu zu berechnen. Schließlich wird geprüft, ob das Paket den Anforderungen der lokalen Sicherheitsrichtlinie entspricht. Wenn ja, wird es an die entsprechende Protokollinstanz weitergeleitet, andernfalls wird es verworfen.

Abbildung 12.29 *Bearbeitung ankommender AH-Pakete (2/2)*

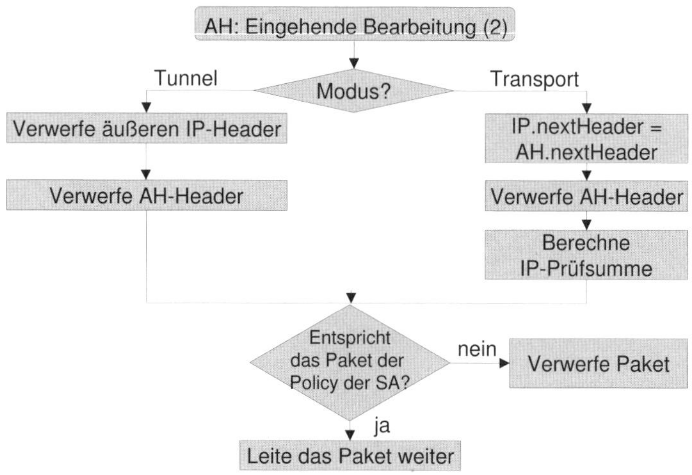

Kryptografische Algorithmen

Für die Berechnung von Nachrichtenauthentisierungswerten, die in AH- und ESP-Pakete eingefügt werden, wurden bisher vier RFCs verabschiedet:

- RFC 2403 definiert die Konstruktion HMAC-MD5-96 mit einer Schlüssellänge von 128 bit [MG98a],
- RFC 2404 definiert die Konstruktion HMAC-SHA-1-96 mit einer Schlüssellänge von 160 bit [MG98b],
- RFC 2857 definiert die Konstruktion HMAC-RIPEMD-160-96 mit einer Schlüssellänge von 160 bit [KP00] und
- RFC 4868 definiert die Konstruktionen HMAC-SHA-256-128, HMAC-SHA-384-192 sowie HMAC-SHA-512-256 mit einer jeweiligen Schlüssellänge von 256, 384 und 512 bit [KF07].

Alle oben genannten Nachrichtenauthentisierungswerte beruhen auf der in RFC 2104 beschriebenen HMAC-Konstruktion [KBC97]. Das Suffix in der Bezeichnung der Verfahren, wie etwa »-96«, weist darauf hin, dass die Ausgabe der Hashkonstruktion auf die höherwertigen 96, 128, 192 oder 256 bit gekürzt wird. Dieser Wert erfüllt die in RFC 2104 genannten Sicherheitsanforderungen und erlaubt eine Reduktion des Protokoll-Overheads.

12.7 Das ISAKMP-Protokoll

Einrichtung von Sicherheitsbeziehungen

Bevor die zwischen zwei Systemen ausgetauschten Datenpakete mit IPsec geschützt werden können, müssen zwei entgegengerichtete Sicherheitsbeziehungen zwischen den betreffenden kryptografischen Endpunkten eingerichtet werden. Hierfür gibt es prinzipiell die beiden Möglichkeiten der *manuellen* und der *dynamischen Einrichtung* von IPsec-Sicherheitsbeziehungen. Die manuelle Einrichtung erfolgt hierbei über Methoden des Systemmanagements, welche in der Regel von System zu System unterschiedlich implementiert sind. Da diese Methode nicht nur arbeitsaufwendig, sondern auch fehlerträchtig ist, sollte sie nur in sehr übersichtlichen Konfigurationen, beispielsweise zwischen zwei dedizierten Zwischensystemen an unterschiedlichen Standorten, angewendet werden. Allerdings ist in diesem Fall der Schutz vor Wiedereinspielung schwierig umzusetzen, da verteilte Systeme in der Regel unabhängig voneinander neu gestartet werden und der Zustand nicht persistent ist. Ferner dürfen Sequenznummernzähler nicht rückgesetzt werden oder überlaufen, ohne den Schlüssel zu ändern. Darüber hinaus bietet eine manuelle Konfiguration einem Angreifer potenziell bessere Möglichkeiten bei kryptografischen Angriffen, da die eingesetzten Schlüssel bestenfalls selten gewechselt werden. Besonders problematisch wäre der Einsatz manuell konfigurierter SAs in Kombination mit Algorithmen, bei denen die Sicherheit des Verfahrens davon abhängt, dass Initialisierungsvektoren nicht mehrfach verwendet werden, wie beim Einsatz von GCM. Ein Grund für ihren Einsatz sollte somit nur eine fehlende Verfügbarkeit einer dynamischen Methode in einem konkreten System sein, wobei diese Situation nur sehr selten angetroffen werden sollte.

Die manuelle Einrichtung von SAs ist arbeitsaufwendig, fehlerträchtig und unsicherer als die dynamische Einrichtung.

IPsec definiert daher auch standardisierte Methoden für die dynamische Einrichtung von Sicherheitsbeziehungen. Der dafür noch sehr häufig eingesetzte Internet Key Exchange (IKE) in der Version 1 wird durch die beiden folgenden Protokollspezifikationen vorgegeben:

ISAKMP

- Das *Internet Security Association and Key Management Protocol (ISAKMP)* [MSS+98] definiert generische Protokollformate und -prozeduren für die Aushandlung von Sicherheitsparametern und die Instanzenauthentisierung. Die konkrete Anwendung dieses Protokolls für die Aushandlung von Parametern für paarweise IPsec-Sicherheitsbeziehungen wird in der sogenannten *IPsec Domain of Interpretation (IPsec DOI)*

[Pip98] näher detailliert. Eine Beschreibung des hier nicht näher ausgeführten *Group Domain of Interpretation (GDOI)* zur Aushandlung von gruppenweisen Sicherheitsbeziehungen findet sich in [WRH11] und wird in Abschnitt 23.2.2 auch noch einmal aufgegriffen.

IKE

- Der *Internet Key Exchange (IKE)* definiert das Standard-Authentisierungs- und Schlüsselaustauschprotokoll für IPsec. Die Version 1 des Protokolls [HC98] basiert auf ISAKMP.

Im Folgenden wird zunächst ISAKMP ausführlich erklärt. Der Internet Key Exchange Version 1 wird darauf aufbauend in Abschnitt 12.8 behandelt.

Die ISAKMP-Spezifikation definiert zwei grundsätzliche Kategorien von Dialogen: die *Phase 1 Exchanges*, die zur Aushandlung sogenannter *»Master-SAs«* eingesetzt werden, und die *Phase 2 Exchanges*, die mithilfe der Master-SAs weitere Sicherheitsbeziehungen einrichten.

Abbildung 12.30 *Rahmenformat von ISAKMP-Dateneinheiten*

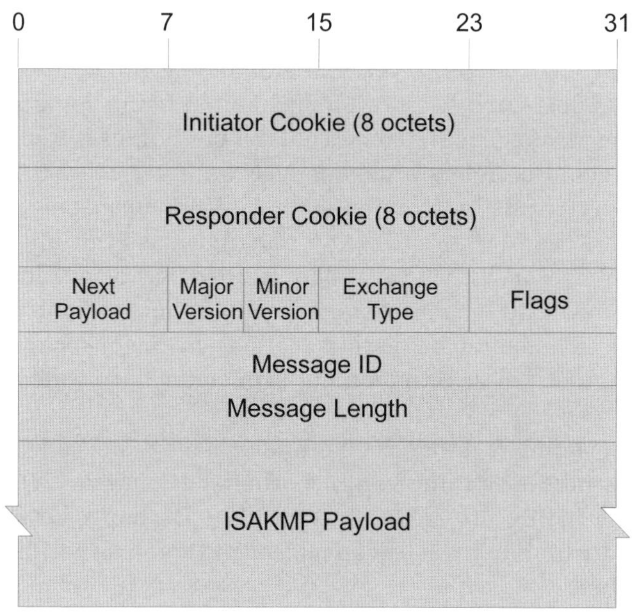

Abbildung 12.30 zeigt den grundsätzlichen Aufbau einer ISAKMP-Nachricht. Hierin sind die folgenden Nachrichtenelemente enthalten:

Initiator & Responder Cookie

- *Initiator & Responder Cookie* dienen der eindeutigen Identifikation eines ISAKMP-Dialogs beziehungsweise einer ISAKMP-SA und realisieren darüber hinaus noch einen begrenzten Schutz vor Denial-of-Service-Angriffen (Erklärung folgt).

- *Next Payload* gibt an, welche ISAKMP-Nutzlast auf den Protokollkopf folgt. Next Payload
- *Major & Minor Version* identifizieren die Protokollversion der vorliegenden Nachricht. Major & Minor Version
- *Exchange Type* zeigt an, welche Art von ISAKMP-Dialog mit der aktuellen Nachricht geführt werden soll. Fünf Dialogtypen sind allgemein vordefiniert, weitere Typen können in DOI-Spezifikationen vereinbart werden. Exchange Type
- *Flags* enthält Bits zur Anzeige bestimmter Charakteristika: Das *Encrypt*-Bit zeigt an, ob die auf den Nachrichtenkopf folgende Nutzlast verschlüsselt ist, das *Commit*-Bit wird zur Anzeige eines Schlüsselwechsels verwendet und das *»Authenticate Only«*-bit gibt an, dass die Nutzlast der Nachricht lediglich authentisiert und nicht verschlüsselt ist. Flags
- *Message ID* dient der Identifikation von Nachrichten, die zu unterschiedlichen Protokollabläufen gehören, und ermöglicht somit die gleichzeitige Aushandlung mehrerer Sicherheitsbeziehungen. Message ID
- *Message Length* zeigt die Gesamtlänge der Nachricht mit ISAKMP-Protokollkopf und allen Nutzlasten an. Message Length
- *ISAKMP Payload* enthält die Nutzlast der Nachricht. Tatsächlich kann eine ISAKMP-Nachricht mehrere »miteinander verkettete« Nutzlasten enthalten. Der Typ der folgenden Nutzlast wird jeweils in dem »Next Payload«-Feld der vorhergehenden Nutzlast beziehungsweise des ISAKMP-Protokollkopfes angezeigt. Payload

Schutz vor Denial-of Service-Angriffen

Die beiden Nachrichtenelemente *Initiator Cookie* und *Responder Cookie* realisieren über die Identifikation eines Protokollablaufes beziehungsweise einer ISAKMP-SA hinaus einen begrenzten Schutz vor Denial-of-Service-Angriffen, die zum Ziel haben, die Verfügbarkeit eines Systems zu reduzieren. Die Motivation für diesen Schutzmechanismus ist die folgende: Für die Authentisierung und Schlüsselverwaltung fallen je nach eingesetztem Protokoll einige sehr berechnungsintensive Operationen an, zum Beispiel Potenzierungen mit großen Ganzzahlen für das Diffie-Hellman-Protokoll. Ein Angreifer kann daher versuchen, durch gezieltes Provozieren solcher Berechnungen eine so hohe Last in dem angegriffenen System hervorzurufen, dass dieses System nicht mehr für andere Aufgaben beziehungsweise für Authentisierungsversuche berechtigter Systeme verfügbar ist. Dabei wird der Angreifer versuchen, seine eigene Systemlast möglichst niedrig zu halten, zum Beispiel indem er an einem Protokollablauf immer nur so lange teilnimmt, bis er bei dem angegriffenen System eine berechnungsintensive Operation ausgelöst hat. Aus diesem Grund werden diese vorgetäuschten Authentisierungsdialoge auch nicht erfolgreich verlaufen. Ein System kann sich in begrenztem Umfang dadurch vor solchen Angriffen schützen, dass es nach einer gewissen Anzahl fehlgeschlagener Versuche nicht mehr auf die Anfragen eines bestimmten Systems reagiert, sondern lediglich eine lokale Fehlermeldung ausgibt.

Abwehrmaßnahme gegen Anfragen mit gefälschten Quelladressen

Diese Maßnahme ist jedoch unzureichend, wenn der Angreifer Anfragen mit gefälschten Quelladressen erzeugen und hiermit berechnungsintensive Operationen auslösen kann. Zur Reduktion genau dieses Risikos dienen die beiden in den ISAKMP-Protokollköpfen enthaltenen »Cookies«. Jedes der beiden an einem Protokollablauf beteiligten Systeme schickt dem jeweils anderen System eine Information, die es nur selbst generieren und schnell überprüfen kann, und führt berechnungsintensive Operationen nur dann aus, wenn die Partnerinstanz diese Information in ihre Protokollnachrichten aufnimmt:

- Die initiierende ISAKMP-Instanz erzeugt den sogenannten Initiator-Cookie:

$$CKY\text{-}I = H(Secret_{Initiator}, Address_{Responder}, t_{Initiator})$$

- Die antwortende Instanz erzeugt ihren eigenen Cookie:

$$CKY\text{-}R = H(Secret_{Responder}, Address_{Initiator}, t_{Responder})$$

Beide Instanzen fügen jeweils beide Cookies in ihre Protokollnachrichten ein und überprüfen jeweils ihren eigenen Cookie, bevor sie eine berechnungsintensive Operation ausführen. Der oben skizzierte Angriff mit gefälschten Quelladressen wird mit diesem Schutzmechanismus wirkungsvoll abgewehrt, wenn der Angreifer nicht auf dem Weg zwischen dem angegriffenen System und der gefälschten Quelladresse die Nachricht abfangen kann, da er in diesem Fall keinen für diese Adresse gültigen Cookie erhält. Die ISAKMP-Protokollspezifikation legt die exakte Erzeugungsmethode für Cookies nicht fest. Es ist jedoch dafür Sorge zu tragen, dass jeder Instanz die zur Überprüfung ihrer eigenen Cookies erforderlichen Informationen (zum Beispiel Zeitstempel) zur Verfügung stehen. Details zu diesem Vorgehen werden in Kapitel 18 noch einmal vertieft.

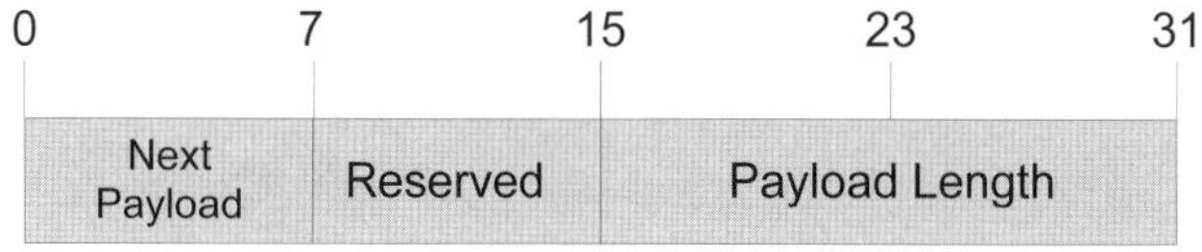

Abbildung 12.31 *Protokollkopf einer ISAKMP-Nutzlast*

ISAKMP-Protokollkopf

Alle ISAKMP-Nutzlasten beginnen mit dem in Abbildung 12.31 gezeigten Protokollkopf:

- *Next Payload* zeigt den Typ der nächsten Nutzlast an.
- Das Feld *Reserved* ist für zukünftige Verwendungen reserviert.
- Das Feld *Payload Length* enthält die Gesamtlänge dieser Nutzlast inklusive des Protokollkopfes.

ISAKMP-Nutzlasten

Die ISAKMP-Spezifikation definiert eine Reihe verschiedener Nutzlasten (siehe [MSS+98] für eine vollständige Auflistung):

- *Generische Nutzlasten* sind von allgemeiner Verwendbarkeit, wie beispielsweise die Nutzlasten *Hash, Signature, Nonce, Vendor ID* und *Key Exchange*.
- *Spezifische Nutzlasten* erfüllen bestimmte Funktionen innerhalb eines Authentisierungsdialogs, wie etwa die Nutzlasten *SA, Certificate, Certificate Request* und *Identification*.
- *Abhängige und gekapselte Nutzlasten* werden nur in Zusammenhang mit bestimmten anderen Nutzlasten verwendet und führen hierbei nähere Details zu der entsprechenden Nutzlast aus. Beispiele hierfür sind:
  - Die *Proposal Payload* beschreibt einen Vorschlag für die Aushandlung einer SA.
  - Die *Transform Payload* ist Teil einer Proposal Payload und beschreibt eine konkrete Sicherheitstransformation.
- Die *generische Attribut-Nutzlast* ist schließlich keine eigenständige ISAKMP-Nutzlast, sondern sie tritt nur innerhalb anderer Nutzlasten auf.

Struktur von Attribut-Nutzlasten

Alle Attribut-Nutzlasten weisen eine gemeinsame Struktur auf, die in Abbildung 12.32 dargestellt ist. Für die Anzeige kurzer Attribute, deren Länge 16 bit nicht übersteigt, wird zunächst im höherwertigsten Bit eine »1« gesetzt. Darauf folgt eine 15 bit lange Angabe des *Attribute Type* und daran anschließend der 16 bit lange *Attribute Value*. Längere Attribute werden entsprechend durch eine »0« angezeigt. Bei ihnen folgt auf die Typangabe das Feld *Attribute Length* zur Anzeige der Länge des darauf folgenden *Variable Length Attribute Value*.

Abbildung 12.32
Kurzes und langes Format für ISAKMP-Attribute

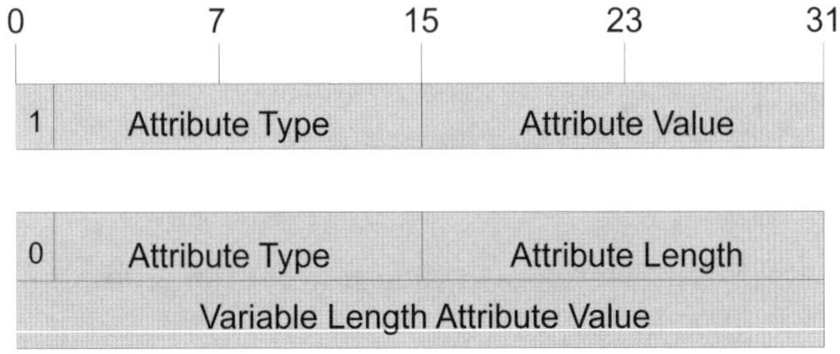

Abbildung 12.33
Aufbau der SA-Nutzlast

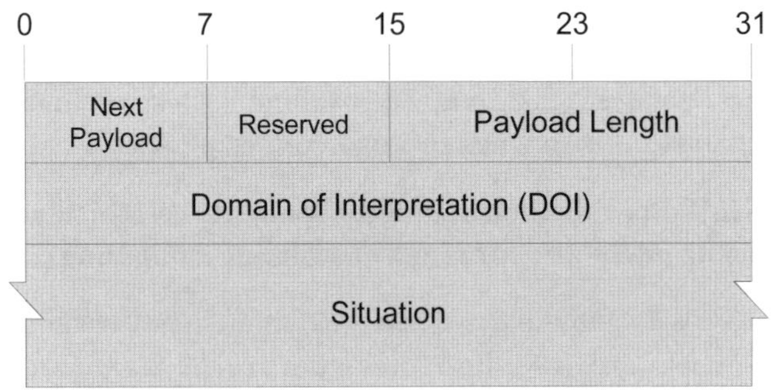

Abbildung 12.33 zeigt den Aufbau einer SA-Nutzlast, die eine Beschreibung gewünschter SA-Parameter einleitet. Das auf den üblichen Payload-Kopf folgende Feld *Domain of Interpretation (DOI)* trägt für die Aushandlung von IPsec-SAs stets den in RFC 2407 definierten Wert »1«. Das Feld *Situation* dient der Anzeige bestimmter »Situationen«, wie etwa Aushandlung einer »normalen« SA beziehungsweise einer SA für einen »Notruf«. In der IPsec-Praxis spielen Situationen jedoch keine wesentliche Rolle. Auf eine SA-Nutzlast folgt stets eine Reihe von Proposal-Nutzlasten.

Aufbau von Proposal-Nutzlasten

Den Aufbau einer Proposal-Nutzlast zeigt Abbildung 12.34. Das Feld *Proposal #* dient der Kommunikation der Sicherheitsrichtlinie (Security Policy) und der Aushandlung einzelner Vorschläge.

Verknüpfung mehrerer Proposals

Tragen zwei oder mehr Proposal-Nutzlasten die gleiche Nummer, so zeigt das ein logisches »UND« an. Unterschiedliche Werte für die Proposal-Nummer realisieren ein logisches »ODER« mit absteigender Priorität. Die *Protocol ID* spezifiziert das zu verwendende Sicherheitsprotokoll für die aktuelle Aushandlung (bei IPsec: AH oder ESP). Das Feld *SPI Size* gibt die Länge des enthaltenen Security Parameter Index (SPI) an und in *Number of Transforms* wird die Anzahl der zu diesem Vorschlag gehörenden Transform-Nutzlasten angegeben. Die entsprechenden Transform-Nutzlasten folgen hierbei unmittelbar auf die Proposal-Nutzlast.

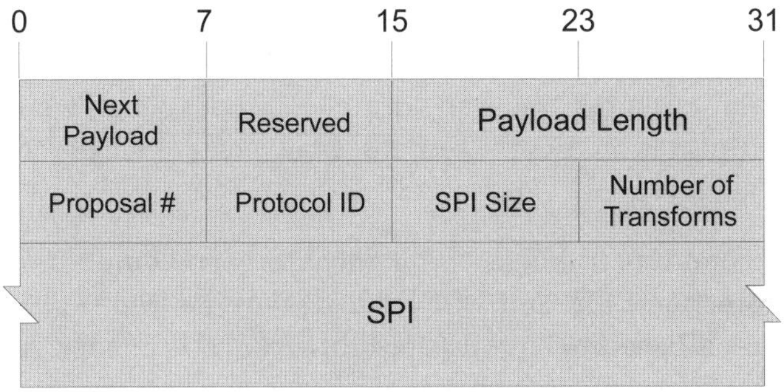

Abbildung 12.34
Aufbau der Proposal-Nutzlast

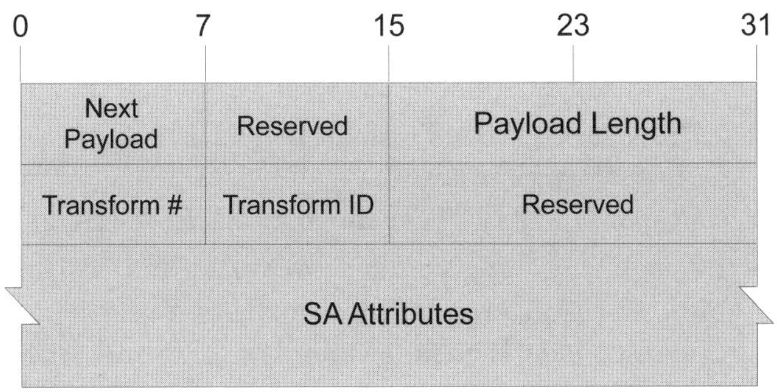

Abbildung 12.35
Aufbau der Transform-Nutzlast

Die konkret zu verwendenden Sicherheitsmechanismen werden mit Transform-Nutzlasten spezifiziert.

Das Format einer Transform-Nutzlast ist in Abbildung 12.35 dargestellt. Diese Nutzlast gibt an, welche spezifischen Sicherheitsmechanismen – Transformationen genannt – für die Sicherung im Rahmen einer Sicherheitsbeziehung (beziehungsweise eines Vorschlags hierfür) verwendet werden sollen. Jede innerhalb eines Vorschlags aufgelistete Transformation trägt eine eindeutige *Transform #* und ihr Typ wird durch eine *Transform ID* gekennzeichnet, zum Beispiel für 3DES, AES, SHA-1 oder SHA-256. Die Transform-IDs werden in den DOI-Spezifikationen (für IPsec RFC 2407 [Pip98]) definiert. Spezifische Attribute einer Transformation werden in dem Feld *SA Attributes* festgelegt.

Aushandlung von Protection-Suites

Auf der Grundlage der eingeführten Nachrichtenformate soll nun im Folgenden die Aushandlung unterschiedlicher Optionen für eine IPsec-SA erläutert werden. Die Proposal-Nutzlast ermöglicht es der initiierenden ISAKMP-Instanz, ihrer Partnerinstanz die von ihr unterstützten beziehungsweise für die aktuell auszuhandelnde SA geforderten Sicherheitsmechanismen in der Reihenfolge ihrer Präferenzen mitzuteilen. Dabei ist es auch per Kennzeichnung mit der gleichen Proposal-Nummer möglich, mehrere Sicherheitsmechanismen zu einer nur geschlossen zu verwendenden sogenannten *Protection-Suite* zusammenzufassen. Diese Proposal-Nutzlasten müssen jedoch auch innerhalb einer ISAKMP-Nachricht als eine Einheit präsentiert werden und dürfen nicht durch Proposal-Nutzlasten mit einer anderen Nummer unterbrochen werden.

Beispiele

Zur Illustration dieser Grundidee betrachten wir die folgenden beiden Beispiele:

1. Angenommen der Initiator möchte gerne eine kombinierte Protection-Suite mit ESP und AH vereinbaren, wobei für die Verschlüsselung mit ESP wahlweise 3DES oder AES und für die Integritätssicherung mit AH der Algorithmus SHA-1 eingesetzt werden soll. Hierfür ist vom Initiator eine SA-Nutzlast gefolgt von den folgenden Proposal- und Transform-Nutzlasten in die entsprechende ISAKMP-Nachricht einzufügen:
   - [Proposal 1, ESP, (Transform 1, 3DES, ...), (Transform 2, AES)]
   - [Proposal 1, AH, (Transform 1, HMAC-SHA-1)]

   Wird dieser Vorschlag von der antwortenden Instanz aufgenommen, so resultieren hieraus übrigens zwei Sicherheitsbeziehungen in jede Richtung: eine für ESP und eine für AH. Die im Rahmen dieser Beziehung ausgetauschten IP-Pakete werden hierbei entweder mit 3DES und HMAC-SHA-1 oder mit AES und HMAC-SHA-1 geschützt.
2. Im zweiten Beispiel sollen zwei unterschiedliche Protection-Suites vorgeschlagen werden: Die erste Suite fordert die Verwendung von AH mit SHA-1 und ESP mit 3DES und die zweite Suite fordert lediglich ESP, wahlweise mit 3DES oder AES. Der Initiator sendet hierfür die folgenden Proposal- und Transform-Nutzlasten:
   - [Proposal 1, AH, (Transform 1, SHA-1, ...)]
   - [Proposal 1, ESP, (Transform 1, 3DES, ...)]
   - [Proposal 2, ESP, (Transform1, 3DES, ...), (Transform 2, AES, ...)]

   Hierbei resultiert die erste Protection-Suite wiederum in zwei Sicherheitsbeziehungen pro Richtung, während für die zweite Protection-Suite lediglich eine SA pro Richtung eingerichtet werden muss.

Bei der Spezifikation der Transformationen ist zu beachten, dass es nicht möglich ist, zwei unterschiedliche Transformationen (zum Beispiel 3DES und AES) gleichzeitig für eine Instanz einer Protokollspezifikation (zum Beispiel ESP) vorzugeben. Aus diesem

Grund tragen die Transform-Nutzlasten innerhalb einer Proposal-Nutzlast immer unterschiedliche Nummern.

Die antwortende Instanz wählt einen Vorschlag aus.

Die antwortende Instanz wählt aus den angebotenen Vorschlägen einen aus und antwortet mit einer ISAKMP-Nachricht, die (unter anderem) eine SA-Nutzlast sowie die Proposal- und Transform-Nutzlasten des ausgewählten Vorschlags umfasst. Hierbei enthält jede Proposal-Nutzlast nur noch eine Transform-Nutzlast, die aus der Liste der zuvor für diesen Vorschlag angebotenen Transformationen stammen muss. Weiterhin sollte die antwortende Instanz zur Vereinfachung der Protokollverarbeitung bei dem Initiator die Nummern der Proposal- und Transform-Nutzlasten genauso wählen wie in der ursprünglichen Nachricht des Initiators. Der Initiator überprüft nach dem Empfang dieser Nachricht, ob die zurückgesendeten Proposal- und Transform-Nutzlasten in dieser Kombination von ihm in seiner Nachricht angeboten wurden, bevor er mit der weiteren Protokollbearbeitung fortfährt.

Ausgehandelte Sitzungsschlüssel

Im Rahmen eines Phase-1-Dialogs (siehe Abschnitt 12.8) werden mit ISAKMP vier unterschiedliche Sitzungsschlüssel ausgehandelt:

- *SKEYID* ist eine Bitfolge, die nur den beiden aktiv an der Authentisierung beteiligten Instanzen bekannt ist und als ein sogenannter *Master-Key* für die Ableitung weiteren Schlüsselmaterials verwendet wird. Die Berechnung dieses Schlüssels ist abhängig von der gewählten Authentisierungsmethode.
- *SKEYID_e* ist der Chiffrierschlüssel, mit dem ISAKMP-Instanzen ihre Nutzlasten verschlüsseln, um deren Vertraulichkeit zu gewährleisten (»e« steht hierbei für Encrypt).
- *SKEYID_a* wird von den ISAKMP-Instanzen zur Authentisierung der ausgetauschten Protokollnachrichten eingesetzt (»a« steht hierbei für Authenticate).
- *SKEYID_d* bildet das Grundmaterial für die Ableitung weiterer Schlüssel, die für andere Sicherheitsbeziehungen als die ISAKMP-SA eingesetzt werden, also beispielsweise IPsec-Sicherheitsbeziehungen (»d« steht hierbei für Derive).

12.8 Der Internet Key Exchange Version 1

Auf der Grundlage der von ISAKMP bereitgestellten Nachrichtenformate und Prozeduren spezifiziert der *Internet Key Exchange (IKE)* in der Version 1 ein Protokoll zur Aushandlung von IPsec-Sicherheitsbeziehungen. Hierfür definiert IKEv1 die folgenden Dialogtypen (engl. *exchanges*), die in drei Kategorien eingeteilt werden können:

Phase-1-Dialoge

- *Phase-1-Dialoge*, die der Aushandlung einer IKE-SA dienen:
  - Der *Main Mode Exchange* handelt eine SA durch Austausch von sechs Nachrichten aus.
  - Der *Aggressive Mode Exchange* benötigt hierfür nur drei Nachrichten, kann jedoch bestimmte Sicherheitseigenschaften des Main Mode Exchange nicht gewährleisten (Details folgen).

Phase-2-Dialoge

- *Phase-2-Dialoge* für die Aushandlung von IPsec-Sicherheitsbeziehungen:
  - Der *Quick Mode Exchange* handelt auf der Grundlage einer vorhandenen IKE-SA zusätzliche IPsec-Beziehungen (Child SAs) durch Austausch von drei Nachrichten aus.

Weitere Dialoge

- Weitere Dialoge für sonstige Zwecke:
  - Der *Informational Exchange* dient der Kommunikation von Status- und Fehlermeldungen zwischen zwei IKE-Instanzen.
  - Der *New Group Exchange* wird zur Aushandlung einer neuen Diffie-Hellman-Gruppe verwendet.

Berechnung von Sitzungsschlüsseln

Die Berechnung der bereits in der ISAKMP-Spezifikation definierten und im letzten Abschnitt aufgezählten vier Sitzungsschlüssel wird durch IKE konkret vorgegeben. Hierbei ist die Berechnung von *SKEYID* abhängig von der konkreten Authentisierungsmethode und wird daher weiter unten erklärt. Für die anderen drei Sitzungsschlüssel gelten die folgenden Festlegungen:

$$\begin{aligned} SKEYID\_d &= H(SKEYID, g^{x \cdot y}, CKY\text{-}I, CKY\text{-}R, 0) \\ SKEYID\_a &= H(SKEYID, SKEYID\_d, g^{x \cdot y}, \\ &\qquad CKY\text{-}I, CKY\text{-}R, 1) \\ SKEYID\_e &= H(SKEYID, SKEYID\_a, g^{x \cdot y}, \\ &\qquad CKY\text{-}I, CKY\text{-}R, 2) \end{aligned}$$

Hierbei bezeichnen $g^{x \cdot y}$ das ausgehandelte gemeinsame Diffie-Hellman-Geheimnis und $CKY\text{-}I$ beziehungsweise $CKY\text{-}R$ den Initiator- beziehungsweise Responder-Cookie.

»Verlängerung« von Schlüsseln

Sollte die Schlüssellänge eines kryptografischen Algorithmus mehr Bits erfordern, als durch die eingesetzte Hashfunktion berechnet werden, so werden die oben genannten Schlüssel nach der folgenden Vorschrift »verlängert«:

$$K = (K_1, K_2, \ldots) \text{ mit } K_i = H(SKEYID, K_{i-1}) \text{ und } K_0 = 0$$

Unsicherheit der Konstruktion

Dieses »Verlängern« kann allerdings die Sicherheit nicht wesentlich erhöhen, da sich an der Eingangsentropie nichts ändert. Würde beispielsweise als Hashfunktion H MD5 zum Einsatz kommen und eine AES-256-Verschlüsselung benutzt werden, so braucht ein Angreifer trotz der Konstruktion im Mittel nur 2^{127} Schlüssel durchzuprobieren. Die kryptografische Schwäche ist an dieser Stelle, dass das Diffie-Hellman-Geheimnis nicht in jeden Schritt der Funktion eingeht.

12.8.1 Aushandlung einer ISAKMP-SA

Authentisierung auf Grundlage von Hashwerten

Die Phase-1-Dialoge von IKE werden auf der Grundlage zweier Hashwerte authentisiert, die von dem *Initiator* und dem *Responder* berechnet werden, wenn die entsprechenden Nachrichtenelemente vorliegen:

$$\begin{aligned} \mathit{Hash\text{-}I} &= H(SKEYID, g^x, g^y, CKY\text{-}I, CKY\text{-}R, \\ &\quad SA\text{-}\mathit{offer}, ID\text{-}I) \\ \mathit{Hash\text{-}R} &= H(SKEYID, g^y, g^x, CKY\text{-}R, CKY\text{-}I, \\ &\quad SA\text{-}\mathit{offer}, ID\text{-}R) \end{aligned}$$

Hierbei bezeichnen g^x beziehungsweise g^y die beiden ausgetauschten öffentlichen Diffie-Hellman-Werte, $ID\text{-}I$ beziehungsweise $ID\text{-}R$ die Identität des Initiators beziehungsweise des Responders und $SA\text{-}\mathit{offer}$ die im Zuge der Aushandlung von SA-Parametern ausgetauschten SA-, Proposal- und Transform-Nutzlasten. Für die eigentliche Authentisierung der Partnerinstanzen und der ausgetauschten Nachrichten bietet IKEv1 vier unterschiedliche Varianten an:

- *Pre-Shared Key:* Bei dieser Variante kennen Initiator und Responder ein gemeinsames Geheimnis $K_{Initiator,Responder}$, das zusammen mit den von den beiden Instanzen gewählten Zufallszahlen $r_{Initiator}$ und $r_{Responder}$ in die Berechnung von $SKEYID$ eingeht:

$$SKYEID = H(K_{Initiator,Responder}, r_{Initiator}, r_{Responder})$$

- *Public Key Encryption:* Die Public-Key-Verschlüsselung wird in zwei Varianten unterstützt, bei denen der Master-Key $SKEYID$ jeweils gleich berechnet wird:

$$SKEYID = H(H(r_{Initiator}, r_{Responder}), CKY\text{-}I, CKY\text{-}R)$$

- *Digital Signature:* Bei dieser Variante kann auf der Grundlage von $SKEYID$ noch keine Überzeugung im Hinblick auf die Authentizität der Partnerinstanz erzielt werden, sodass die beiden Hashwerte Hash-I und Hash-R noch zusätzlich vom Initiator beziehungsweise Responder signiert werden. Der Wert $SKEYID$ berechnet sich hierbei wie folgt:

$$SKEYID = H(r_{Initiator}, r_{Responder}, g^{x \cdot y})$$

Im Folgenden sollen die einzelnen Varianten der Phase-1-Dialoge kurz vorgestellt und in ihren Unterschieden voneinander abgegrenzt werden.

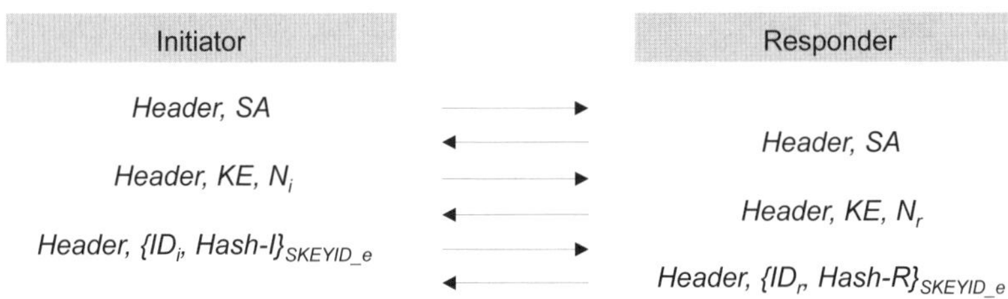

Abbildung 12.36 *Ablauf des Main Mode Exchange mit Pre-Shared Key*

Abbildung 12.36 zeigt hierzu den Ablauf eines »Main Mode Exchange« bei Authentisierung mit »Pre-Shared Key«. Hierin wird aus Gründen einer kompakten Darstellung die IKE-Notation N_i beziehungsweise N_r für die vom Initiator beziehungsweise Responder gewählten Zufallszahlen verwendet ($r_{Initiator}$, $r_{Responder}$). Weiterhin bezeichnen $Header$ den ISAKMP-Protokollkopf, SA die ausgetauschten SA-, Proposal- und Tranform-Nutzlasten, ID_i und ID_r die Identität des Initiators und Responders sowie KE (für »Key Exchange«) die ausgetauschten öffentlichen Diffie-Hellman-Werte.

Authentisierung mit Pre-Shared Key

Die Authentisierung der ausgetauschten Nachrichten erfolgt auf Grundlage der Hashwerte in den letzten beiden Nachrichten. Da der Wert SKEYID sowohl in die Berechnung von Hash-I als auch von Hash-R eingeht, können beide Partnerinstanzen nach Überprüfung dieser Hashwerte sicher sein, dass die jeweilige andere Instanz den Wert SKEYID auch kennt. Weil für die Berechnung von SKEYID jedoch die Kenntnis des gemeinsamen Geheimnisses $K_{Initiator,Responder}$ erforderlich ist, können beide Instanzen weiterhin schließen, dass ihre Partnerinstanz dieses Geheimnis auch kennt und somit authentisch ist. Da schließlich alle wesentlichen Nachrichtenelemente der zuvor ausgetauschten Nachrichten – einschließlich der beiden aktuellen Zufallszahlen N_i und N_r – mit in die Berechnung der beiden Hashwerte eingehen, können beide Seiten sicher sein, dass keine der ausgetauschten Nachrichten von einem Angreifer gefälscht, modifiziert oder wiedereingespielt wurde. Ein mögliches Problem ist lediglich, dass ein Angreifer durch Man-in-the-Middle-Angriffe an gültige Hashwerte gelangen kann und anschließend lokal versuchen kann, passende Schlüssel zu finden. Daher müssen Pre-Shared Keys für einen sicheren Betrieb eine ausreichend hohe Entropie aufweisen.

Vertraulichkeit der Identitäten

Die Verschlüsselung der ISAKMP-Nutzlasten in den letzten beiden Nachrichten dient darüber hinaus dem Zweck, die beiden Identitäten ID_i und ID_r vor eventuellem Abhören zu schützen. Diese Maßnahme kann vor allem dann sinnvoll sein, wenn nicht bereits aus den Quell- und Zieladressen der die ISAKMP-Nachrichten transportierenden IP-Pakete diese Identitäten abgeleitet werden können (zum Beispiel bei stellvertretender Aushandlung von SAs durch Zwischensysteme).

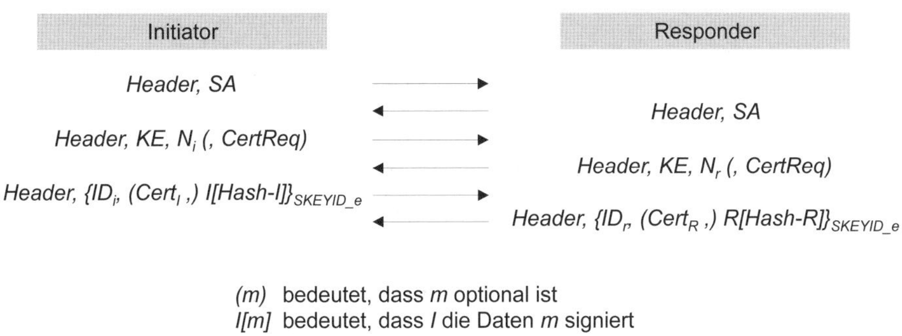

Abbildung 12.37 *Ablauf des Main Mode Exchange mit Signaturen*

Abbildung 12.37 zeigt den Nachrichtenfluss des »Main Mode Exchange« bei Authentisierung mit digitalen Signaturen. Die hierin enthaltenen Zertifikatanfragen ($CertReq$) beziehungsweise -antworten ($Cert_I$, $Cert_R$) sind in runden Klammern dargestellt, da sie optional sind. Die Notation $I[m]$ beziehungsweise $R[m]$ kennzeichnet weiterhin, dass ein Nachrichtenelement m von dem Initiator beziehungsweise Responder signiert wird. Für den eigentlichen Authentisierungsschritt werden bei dieser Variante explizite digitale Signaturen benötigt, da für die Berechnung der beiden Hashwerte keine Kenntnis von bestimmten Schlüsseln notwendig ist und somit die beiden Partnerinstanzen aus den Hashwerten alleine nicht schließen können, dass diese nicht durch einen Angreifer berechnet wurden. Die Verschlüsselung der ISAKMP-Nutzlasten in den letzten beiden Nachrichten dient wiederum dem Zweck, die Vertraulichkeit der beiden Identitäten zu gewährleisten.

Authentisierung mit Public-Key-Verschlüsselung

In Abbildung 12.38 ist die erste Variante der Authentisierung mit Public-Key-Verschlüsselung im Rahmen eines »Main Mode Exchange« dargestellt. Die Notation $\{m\}_{+K_I}$ bezeichnet hierbei die

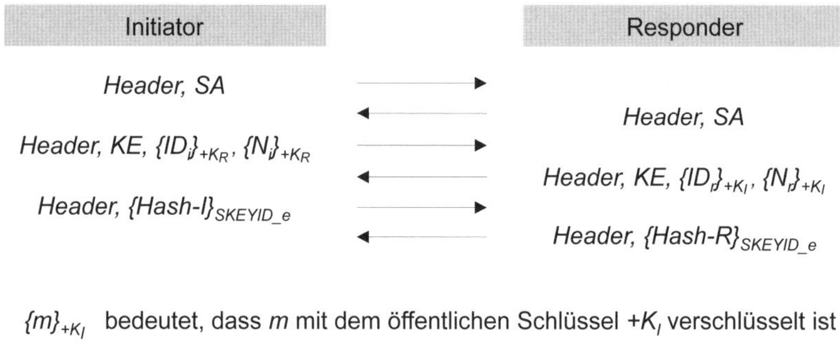

Abbildung 12.38 *Ablauf des Main Mode Exchange mit Public-Key-Verschlüsselung (Variante 1)*

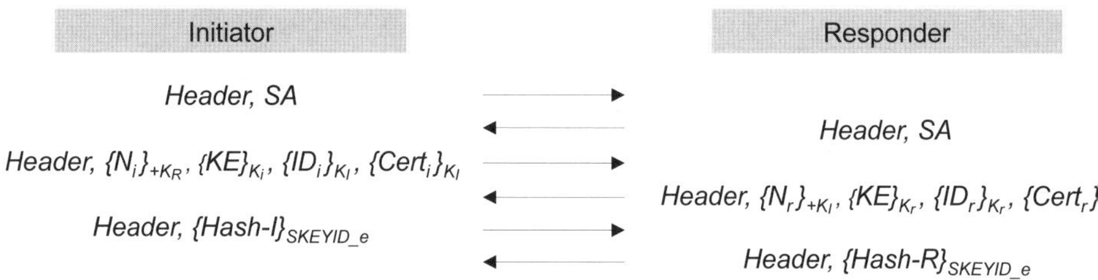

Abbildung 12.39 *Ablauf des Main Mode Exchange mit Public-Key-Verschlüsselung (Variante 2)*

Verschlüsselung des Nachrichtenelements m mit dem öffentlichen Schlüssel $+K_I$ der Instanz I. Der Nachweis der Authentizität einer Instanz wird bei dieser Variante dadurch erbracht, dass sie den für die Entschlüsselung der Zufallszahl N_i beziehungsweise N_r erforderlichen privaten Schlüssel $-K_R$ beziehungsweise $-K_I$ kennt. Ohne die Kenntnis der beiden Zufallszahlen können der Master-Key SKEYID und somit auch die Hashwerte Hash-R und Hash-I nicht berechnet werden, sodass ein Angreifer keine Möglichkeit hat, erfolgreich an einem kompletten Protokollablauf auf der Grundlage abgehörter beziehungsweise modifizierter Nachrichten teilzunehmen.

Die zweite Variante der Authentisierung mit Public-Key-Verschlüsselung im Rahmen eines »Main Mode Exchange« ist in Abbildung 12.39 dargestellt. Die Notation $\{m\}_{K_i}$ beziehungsweise $\{m\}_{K_r}$ bezeichnet hierbei eine Verschlüsselung des Nachrichtenelements m mit einem geheimen Schlüssel K_i beziehungsweise K_r.

Diese Schlüssel werden von dem Initiator und Responder wie folgt berechnet:

$$K_i = H(N_i, CKY\text{-}I)$$
$$K_r = H(N_r, CKY\text{-}R)$$

Da die hierfür benötigten Zufallszahlen N_i und N_r jedoch nicht im Klartext, sondern mit dem öffentlichen Schlüssel $+K_R$ beziehungsweise $+K_I$ chiffriert übertragen werden, kann ein Angreifer diese Schlüssel nicht berechnen, ohne Kenntnis der entsprechenden privaten Schlüssel zu haben. Der Nachweis der Authentizität wird somit dadurch erbracht, dass der Initiator und der Responder beide Werte mit in die Berechnung von SKEYID einbeziehen können, das wiederum in HASH-I beziehungsweise HASH-R eingeht. Die Vertraulichkeit der Identität beider Partnerinstanzen wird durch die Chiffrierung mit den Schlüsseln K_i und K_r geschützt. Der Grund für die Verwendung eines symmetrischen Chiffrierverfahrens für diese Aufgabe liegt in der hiermit erzielbaren höheren Verarbeitungsgeschwindigkeit.

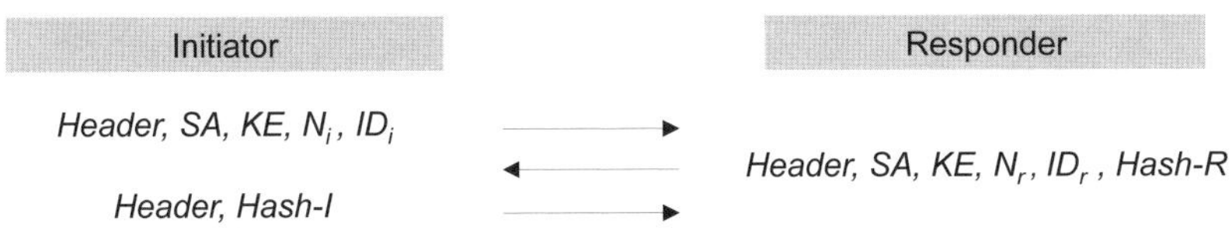

Abbildung 12.40 *Ablauf des Aggressive Mode Exchange mit Pre-Shared Key*

Abbildung 12.40 zeigt schließlich den Ablauf eines »Aggressive Mode Exchange« bei Authentisierung mit »Pre-Shared Key«. Da die Identität des Initiators und des Responders bereits gesendet werden, bevor ein Sitzungsschlüssel zwischen den Partnerinstanzen etabliert werden kann, ist der »Aggressive Mode Exchange« nicht in der Lage, die Vertraulichkeit der Identität gegenüber abhörenden Angreifern zu gewährleisten. Gegenüber dem »Main Mode Exchange« werden jedoch lediglich halb so viele Nachrichten benötigt, sodass dieser Modus in den meisten Fällen, in denen es auf die Vertraulichkeit der Identität nicht ankommt beziehungsweise diese sowieso nicht geschützt werden kann, zum Einsatz kommen wird.

Weitere Varianten existieren

Für die Authentisierung auf der Grundlage digitaler Signaturen und öffentlicher Schlüssel existieren ähnliche Varianten, die aber an dieser Stelle nicht detailliert aufgeführt werden, da sich hieraus keine neuen Aspekte ergeben.

12.8.2 Aushandlung einer IPsec-SA

Nachdem zwischen zwei ISAKMP-Instanzen eine ISAKMP-SA durch Ausführen eines Phase-1-Dialogs eingerichtet wurde, kann diese dafür verwendet werden, spezifische IPsec-Sicherheitsbeziehungen für den Datentransport auszuhandeln. Im Englischen werden diese oft auch als *Child SAs* bezeichnet. Hierbei ist es möglich, gleichzeitig mehrere solcher IPsec-Beziehungen auf der Grundlage einer ISAKMP-SA auszuhandeln. Daher müssen beide Partnerinstanzen grundsätzlich in der Lage sein, die einzelnen

ISAKMP-Nachrichten den jeweiligen SA-Aushandlungen zuzuordnen sowie den kryptografischen Zustand hierfür zu synchronisieren (zum Beispiel Initialisierungsvektoren für die Verschlüsselung von ISAKMP-Nutzlasten).

Im Gegensatz zu den vielfältigen Kombinationsmöglichkeiten unterschiedlicher Authentisierungsverfahren mit dem »Main Mode« und dem »Aggressive Mode« bei den Phase-1-Dialogen ist die Aushandlung einer IPsec-SA mit IKE relativ eng vorgegeben. Abbildung 12.41 zeigt den Ablauf einer solchen Aushandlung, die stets im so genannten *»Quick Mode«* erfolgt.

Abbildung 12.41
Ablauf des Quick Mode Exchange

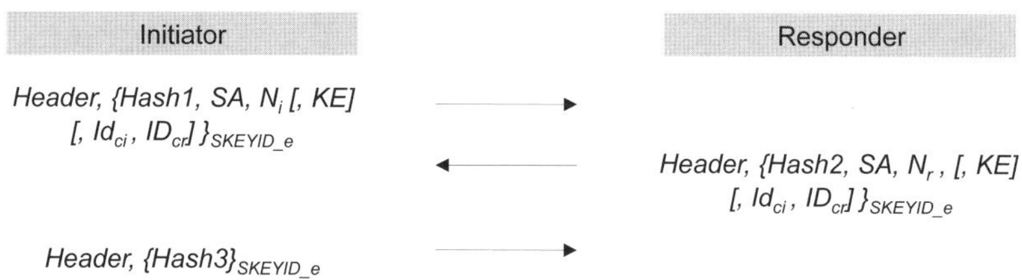

Die hierin auftretenden Hashwerte sind wie folgt definiert:

$$Hash1 = H(SKEYID\_a, M\text{-}ID, SA, N_i\,[, KE]\,[, ID_{ci}, ID_{cr}])$$
$$Hash2 = H(SKEYID\_a, M\text{-}ID, N_i, SA, N_r\,[, KE]\,[, ID_{ci}, ID_{cr}])$$
$$Hash3 = H(SKEYID\_a, 0, M\text{-}ID, N_i, N_r)$$

Dabei bezeichnet $M\text{-}ID$ die in dem ISAKMP-Protokollfeld »Message ID« enthaltene Nachrichtenidentifikation, die der Zuordnung dieser Nachricht zu einem konkreten Protokollablauf dient. Auf der Grundlage dieser Identifikation und den Cookies im ISAKMP-Protokollkopf wird der zu diesem Protokollablauf gehörende Zustand identifiziert, der unter anderem auch die Ermittlung des für die Chiffrierung der Nutzlast verwendeten Initialisierungsvektors ermöglicht.

Stellvertretende Aushandlung von SAs

Die optionale Einbeziehung der Identitäten ID_{ci} und ID_{cr} ermöglicht ISAKMP-Instanzen die Aushandlung von Sicherheitsbeziehungen stellvertretend für andere Systeme (»Gateway Scenario«). Mit den optionalen »Key Exchange«-Nutzlasten wird gegebenenfalls ein neuer Diffie-Hellman-Austausch vorgenommen, wenn für die einzurichtende IPsec-SA die Eigenschaft der »Perfect Forward Secrecy« benötigt wird (vergleiche Definition 7.4).

Das Ausgangsmaterial für die Ableitung von Sitzungsschlüsseln wird von beiden Instanzen nach erfolgreichem Abschluss des Dialogs gemäß der folgenden Vorschrift berechnet:

$$SessionKeyMaterial = H(SKEYID\_d, [g^{x \cdot y},]\, protocol, SPI, N_i, N_r)$$

12.9 Der Internet Key Exchange Version 2

Eine vielfach wiederholte Kritik an IPsec ist die vergleichsweise hohe Komplexität (etwa in [FS03]), die sich auch in der Schlüsselaushandlung mit der Aufteilung des Basisfalles in drei RFCs und den sechs IKE-Modi widerspiegelt. Für den Nachfolgestandard IKEv2 wurden daher grundlegende Vereinfachungen vorgenommen und es existiert auch nur noch ein wesentliches Dokument [KHN+10].

Der eigentliche Protokollablauf ist aber auch ohne direkten Bezug weiterhin an ISAKMP angelehnt und das bereits in Abbildung 12.30 gezeigte Rahmenformat ist sogar vollständig identisch. Dies sollte unter anderem die Migration von IKEv1 auf IKEv2 vereinfachen. Signifikante Unterschiede ergeben sich jedoch unter anderem durch folgende Eigenschaften:

- Für jeden Protokollschritt existiert ein festes Anfrage/Antwort-Schema (engl. *request reply scheme*). Dies bedeutet, eine Partei initiiert eine Anfrage und die andere antwortet zwangsläufig. Dadurch vereinfacht sich die Neuübermittlung nach Fehlern signifikant. Es ist immer der Anfragende für erneute Übertragungen verantwortlich. *Request/Reply-Protokoll*
- Die Attribute werden bei IKEv2 in der Regel längenunabhängig codiert. Die Möglichkeit, Attribute mit einer Länge von weniger als 16 bit im Längenfeld zu codieren, entfällt zur Vereinfachung bis auf eine seltene Ausnahme. *Einfachere Codierung*
- Attribute können als *Critical* markiert werden; nur in diesem Fall müssen sie von der gegenüberliegenden Seite interpretiert werden. Dies erlaubt es, nur einige wichtige Attributtypen in einer Implementierung zu unterstützen, ohne die Sicherheit zu gefährden. *Kritische Attribute*
- Die gleichzeitige Aushandlung verschachtelter Sicherheitsbeziehungen, also etwa die Kapselung AH in ESP, ist nicht länger möglich. Falls dennoch verschachtelte Strukturen aufgebaut werden sollen, ist es aber weiterhin möglich, nacheinander zwei SAs auszuhandeln. *Keine gleichzeitige Aushandlung verschachtelter SAs*
- IKEv2 erlaubt eine flexiblere Codierung von Transform-Attributen, da Kombinationen von Verschlüsselungs- und Authentisierungsalgorithmen angegeben werden können. Wird etwa folgende Liste übertragen (3DES-CBC, AES-CBC, SHA-1, SHA-256, AES-GCM), so ist jede Kombination der erwähnten Verfahren zur Verschlüsselung und Authentisierung möglich. Einzig authentisierte Verschlüsselungsverfahren (AES- *Flexiblere Zusammenstellung von Algorithmen*

GCM) werden naturgemäß ohne explizites Verfahren zur Authentisierung verwendet.

Verschlüsselung mit explizitem IV

- Die Verschlüsselung und Authentisierung im IKE-Protokoll selbst erfolgen analog zur Behandlung in ESP-Paketen. Insbesondere wird ein expliziter Initialisierungsvektor übertragen, der nicht wie bei IKEv1 von vorherigen Paketen abhängt. Auf diese Weise ist das Verfahren robuster in Bezug auf Paketverluste.

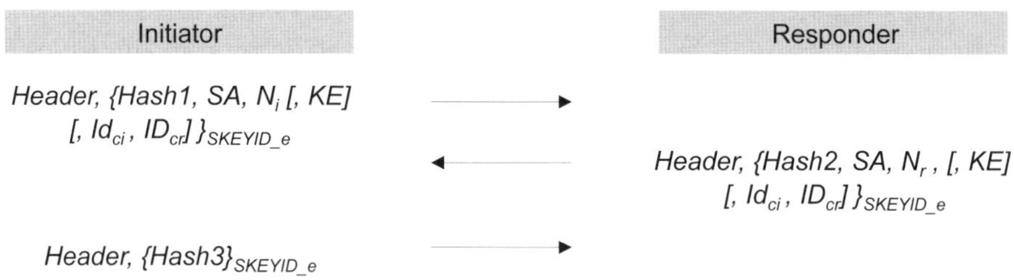

Abbildung 12.42 *Ablauf eines Schlüsselaustausches bei IKEv2*

Das Analysieren und Verarbeiten des IKEv2-Protokolls gestaltet sich daher signifikant einfacher als in der Version 1, was das Risiko sicherheitskritischer Fehler stark senkt. Darüber hinaus ist jedoch auch der Schlüsselaustausch selbst vereinfacht worden. Anstelle der vorgestellten sechs IKEv1-Dialoge muss nur noch ein einziger implementiert werden. Wie in Abbildung 12.42 gezeigt, besteht dieser aus zwei Nachrichtenpaaren, die jeweils sogar den gleichen strukturellen Aufbau haben.

Die Aushandlung einer Sicherheitsbeziehung mit IKEv2 verläuft somit in zwei Phasen. In der ersten ungesicherten sogenannten `IKE_SA_INIT`-Phase tauschen die Parteien zunächst ihre Diffie-Hellman-Werte g^i und g^r, ihre unterstützten kryptografischen Algorithmen sowie zwei Nonces N_i und N_r aus. Die Diffie-Hellman-Werte beziehen sich auf einige vordefinierte Gruppen und werden im Standard als KE für Key Exchange bezeichnet. Die anschließende zweite, `IKE_AUTH` genannte Phase läuft dann bereits gesichert ab. Dabei werden die eigentlichen Identitäten sowie eine authentisierende Signatur ausgetauscht. Optional können die öffentlichen Zertifikate mitgesendet werden, sofern sie in der ersten Phase angefordert wurden. Weiterhin sieht IKEv2 vor, »Huckepack« die Aushandlung einer IPsec-SA mit zu versenden, sodass nach einem erfolgreichen Ablauf der zwei Phasen direkt eine gesicherte Kommunikation stattfinden kann.

In IKEv2 verwendete Schlüssel

IKEv2 verwendet ab der zweiten Phase sieben verschiedene Schlüssel SK_d, SK_ai, SK_ar, SK_ei, SK_er, SK_pi und SK_pr

zur weiteren Sicherung. Bis auf SK_d, welcher zur Ableitung weiteren Schlüsselmaterials für die eigentlichen IPsec-SAs verwendet wird, sind diese Schlüssel immer paarweise für Initiator und Responder vorhanden. Die Schlüssel SK_ei und SK_er dienen der Verschlüsselung von IKE-Verkehr; SK_ai und SK_ar werden jeweils zur Berechnung von Nachrichtenauthentisierungswerten verwendet. Die Schlüssel SK_pi und SK_pr dienen der Authentisierung der in der `IKE_AUTH`-Phase ausgetauschten Pakete. Alle Schlüssel werden gemeinsam unter Verwendung einer Funktion für Nachrichtenauthentisierungswerte PRF berechnet:

Die Ableitung von Schlüsselmaterial

$$\begin{aligned} \text{SKEYSEED} &= \text{PRF}(N_i \,||\, N_r, g^{ir}) \\ (SK\_d \,||\, SK\_ai \,||\, SK\_ar \,||\, SK\_ei \,||\, SK\_er \,||\, SK\_pi \,||\, SK\_pr) &= \\ \text{PRF+}(\text{SKEYSEED}, N_i \,||\, N_r \,||\, SPI_i \,||\, SPI_r) \end{aligned}$$

Die Funktion PRF+ beschreibt dabei eine iterative Anwendung der Funktion PRF, ähnlich wie sie auch bei IKEv1 vorgenommen wurde, und ist folgendermaßen definiert:

$$\begin{aligned} \text{PRF+}(K, S) &= T1 \,||\, T2 \,||\, T3 \,||\, T4 \,||\, \ldots \\ T1 &= \text{PRF}(K, S \,||\, 1) \\ T2 &= \text{PRF}(K, T1 \,||\, S \,||\, 2) \\ T3 &= \text{PRF}(K, T2 \,||\, S \,||\, 3) \\ T4 &= \text{PRF}(K, T3 \,||\, S \,||\, 4) \\ &\vdots \end{aligned}$$

Nachteilig an der Konstruktion ist – auch analog zur Konstruktion in IKEv1 –, dass die vergleichsweise hohe Entropie des Diffie-Hellman-Geheimnisses zunächst auf die Ausgabelänge von PRF reduziert wird und erst anschließend die Schlüssel generiert werden. Wird also beispielsweise `PRF_HMAC_MD5` als PRF ausgehandelt, so muss ein Angreifer im Schnitt nur 2^{127} Schlüssel ausprobieren, selbst wenn zur eigentlichen Verschlüsselung AES-256 verwendet wird. Da die PRF ohnehin nur relativ selten ausgeführt wird, bietet es sich an dieser Stelle an, ein möglichst starkes Verfahren wie `PRF_HMAC_SHA2_512` zu verwenden. In jedem Fall sollte die Ausgabelänge der PRF mindestens so groß sein wie die jeweiligen Einzelschlüssellängen.

Unnötiger Verzicht auf Entropie bei Erzeugung langer Schlüssel

Die eigentliche Authentisierung der Instanzen kann innerhalb des Dialogs durch unterschiedliche Mechanismen geschehen. Beispielsweise kann in den `IKE_AUTH`-Nachrichten jeweils eine RSA- oder ECDSA-Signatur enthalten sein. Darüber hinaus ist

Instanzen-authentisierung

auch eine passwortbasierte Authentisierung vorgesehen. In diesem Fall ist die ausgetauschte »Signatur« ein Nachrichtenauthentisierungswert. Eine Besonderheit stellt die Möglichkeit dar, eine EAP-basierte Authentisierung vorzunehmen [ETS10]. In diesem Fall wird zwischen den beiden Phasen des Authentisierungsdialogs eine weitere Phase eingeschoben, in der die EAP-Daten über IKEv2 vom Initiator zum Authentisierungsserver über den Responder hinweg getunnelt werden. Nach einem erfolgreichen EAP-Dialog kennen die beiden Parteien einen gemeinsamen Schlüssel, mit dessen Hilfe sie sich in der anschließenden `IKE_AUTH`-Phase authentisieren können.

Integration von PAKE-Schemata

Neben der angesprochenen EAP-Authentisierung existieren für IKEv2 auch Bemühungen, weiterführende Authentisierungsverfahren zur Passwortauthentisierung zu integrieren. Kürzlich wurden drei IKE-Varianten für die PAKE-Schemata Dragonfly [Har12], AugPAKE [SK12] und PACE [KS12] verabschiedet. Alle drei Varianten basieren auf dem Secure Password Framework [Kiv11], dessen Verwendung während der `IKE_INIT`-Phase ausgehandelt wird. In der `IKE_AUTH`-Phase erfolgt dann der PAKE-spezifische Teil, der die Semantik des IKE-Protokolls inklusive der Anzahl der Nachrichten ändern kann. Alle drei Varianten benötigen vier Nachrichten in der `IKE_AUTH`-Phase, arbeiten alternativ auf elliptischen Kurven oder $\mathbb{Z}_p$, sind entweder patentfrei oder dürfen zumindest frei genutzt werden, sodass die Wahl des Verfahrens unter Sicherheitsgesichtspunkten getroffen werden kann. AugPAKE und PACE sind im Gegensatz zu Dragonfly Augmented-PAKE-Verfahren, und PACE bietet sich als gut untersuchter Standard des BSI zumindest in Deutschland an. Die in Abschnitt 7.7 vorgestellten Verfahren DH-EKE und SRP können nur über EAP verwendet werden.

Schutz vor Sabotageangriffen

Eine weitere Besonderheit, die zu einem zusätzlichen Austausch von Nachrichten führen kann, ist ein optionaler Schutz vor Sabotageangriffen. Ganz analog zu IKEv1 besteht das zu lösende Problem darin, dass der Responder zwar erst nach dem Initiator das eigentliche Diffie-Hellman-Geheimnis ausrechnen muss, allerdings muss er auf jede `IKE_SA_INIT`-Anfrage, die von einer neuen Quelladresse stammt, eine Potenzierung durchführen, um den Schlüsselaustausch zu starten. Flutet ein Angreifer den Responder nun mit gefälschten `IKE_SA_INIT`-Anfragen von zufälligen IP-Adressen, so muss der Responder unter Umständen sehr viele Berechnungen durchführen und kann auf legitime Anfragen nicht korrekt reagieren. Wird so eine Situation vom Responder detektiert, so antwortet er auf `IKE_SA_INIT`-Anfragen ohne das Feld für einen Diffie-Hellman-Austausch und mit einer Markierung, dass ein Angriff vermutet wird. Der Initiator antwortet mit einer erneuten `IKE_SA_INIT`-Anfrage, die aber einen speziellen Wert des Gegenübers, einen Cookie, enthält. Anhand des Cookies erkennt der Responder, dass er zum Initiator bereits Kontakt hatte und es sich nicht um eine gefälschte IP-Adresse handeln kann. Er kann demzufolge die aufwendige Berechnung des Diffie-Hellman-Austausches durchführen, und gegebenenfalls eine Ratenbegrenzung für jede IP-Adresse vornehmen. Details zum Einsatz von Cookies werden in Abschnitt 18.3.1 behandelt. Einziger Nachteil des Verfahrens ist die zusätzlich benötigte Round-Trip-Time für legitime Aushandlungen, wenn ein Angriff vorliegt.

12.10 Weitere Aspekte von IPsec

Mit der flexiblen Aushandlung von Sicherheitsbeziehungen auf der Grundlage der IKE-Protokolle sowie den zahlreichen Optionen der IPsec-Architektur (Transport- beziehungsweise Tunnelmodus, AH, ESP, diverse unterstützte kryptografische Algorithmen etc.) ist in den vergangenen Abschnitten aufgezeigt worden, wie diese Architektur zur bedarfsgerechten Sicherung spezifischer IP-Datenströme eingesetzt werden kann. An dieser Stelle sollen die bisherigen Betrachtungen um einige weitere Aspekte ergänzt werden.

12.10.1 Interaktion mit Kompressionsverfahren

Kompression im Kontext von IPsec

Bei der verschlüsselten Übertragung von Datenpaketen ist zu beachten, dass chiffrierte Daten in der Regel nicht mehr komprimiert werden können. Das hat zur Folge, dass bei verschlüsselten IP-Paketen eine eventuell im Anschluss erfolgende Komprimierung in der Schicht 2 (zum Beispiel bei Funkübertragungen) nicht mehr die gewünschte Reduktion des zu übertragenden Datenvolumens ergibt. Aus diesem Grund muss eine eventuell ebenso erforderliche Kompression vor der Chiffrierung der Daten durch das ESP-Protokoll erfolgen.

Für Situationen dieser Art, in denen die Nutzlast von IP-Paketen komprimiert werden soll, wurde von der IETF das sogenannte *IP Payload Compression Protocol (IPComp)* spezifiziert [SMP+01]. Dieses Protokoll kann zusammen mit IPsec verwendet werden. Dabei ist es sowohl in der Definition von IPsec-Policies vorgesehen, den Einsatz von IPComp festzulegen, als auch bei der Aushandlung von Sicherheitsbeziehungen mit IKE möglich, die

Verwendung von IPComp in Proposal-Nutzlasten vorzuschlagen und auszuhandeln.

12.10.2 Interaktion mit Firewalls & Intrusion-Detection-Systemen

Interoperabilität mit Protokollfunktionen in Zwischensystemen

Ein anderer, bisher nur in Ansätzen geklärter Aspekt beim Einsatz von IPsec ist die Interoperabilität mit Protokollfunktionen in Zwischensystemen. Hierbei ergeben sich insbesondere bei dem Einsatz von Ende-zu-Ende-Sicherheitsmaßnahmen eine Reihe von Problemen mit der Auswertung beziehungsweise teilweise erforderlichen Modifikation von Protokollköpfen in Zwischensystemen.

Analyse in Firewalls

Dies führt zu Interoperabilitätsproblemen mit Internet-Firewalls (siehe hierzu auch Kapitel 21), da diese durch die Ende-zu-Ende-Verschlüsselung von IP-Paketen die berechtigte und für Netzbetreiber oft dringend erforderliche Inspektion der Protokollköpfe verhindern. Es ist somit nicht zu erkennen, ob nur legitime Dienste genutzt werden. Analog sind auch Intrusion-Detection-Systeme (siehe Kapitel 22) nur noch sehr beschränkt in der Lage, Angriffe zu erkennen oder beispielsweise die Verbreitung von Viren zu melden.

Als Konsequenz blockieren viele Firewalls die Weiterleitung von IPsec-geschütztem Verkehr. Dies führt teilweise wieder zu schwer detektierbaren Problemen aufseiten der IPsec-Nutzer. Wenn beispielsweise lediglich ESP-Pakete verworfen werden, UDP-Pakete aber auf dem für IKE vorgesehenen Port 500 passieren können, dann können Sicherheitsbeziehungen korrekt aufgebaut werden. Der Austausch von Daten ist aber nicht möglich.

12.10.3 Umgang mit Network Address Translation

Die Verwendung von NAT

Ein ähnlich gelagertes Problem ist der Umgang mit der sogenannten Network Address Translation (NAT), bei der Router IP-Adressen in IP-Paketen umschreiben, damit sich mehrere Teilnehmer eine öffentliche IP-Adresse teilen können. Um für die Rücktransformation ausreichend Informationen zu haben, werden beim NAT-Einsatz in IPv4-Szenarien in der Regel zusätzlich die UDP- und TCP-Portnummern verändert.

AH und NAT sind per se inkompatibel

Wird eine Kapselung mithilfe des AH vorgenommen, darf eine NAT-Transformation in keinem Fall stattfinden, da die IP-Adressen mitauthentisiert werden und nach dem Umschreiben die kryptografische Prüfsumme nicht mehr korrekt ist. Die Anwendung von

AH in NAT-Szenarien ist somit per Definition nicht möglich, da die Ziele der Verfahren in Konflikt stehen.

UDP-Kapselung für NAT-Geräte: NAT-T

Aber auch bei der Verwendung von ESP besteht das Problem, dass der NAT-Router keine Felder in den Schicht-4-Protokollköpfen lesen oder verändern kann. Somit kann er keine Informationen in den Paketen »hinterlegen«, zu welchem Endsystem sie gehören. Zur Lösung des Problems wird in RFC 3948 [HSV⁺05] vorgeschlagen, bei Bedarf einen zusätzlichen UDP-Header zwischen IP- und ESP-Header einzufügen. Es ergibt sich für die beiden Modi eine Protokollstruktur, wie sie in Abbildung 12.43 gezeigt ist. Das *NAT-Traversal* genannte Verfahren dient dabei ausschließlich dem Zweck, transparent für NAT-Geräte zu erscheinen, und ist mit 8 Byte zusätzlichem Overhead auch hinreichend effizient.

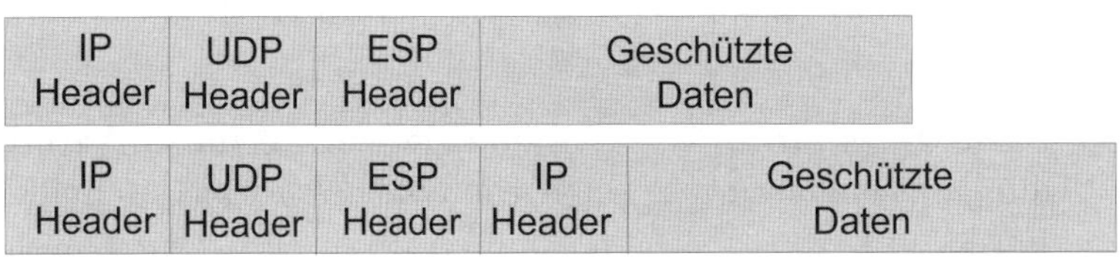

Abbildung 12.43 *Protokollstruktur beim Einsatz von NAT-T im Transportmodus (oben) und Tunnelmodus (unten)*

Detektion von NAT-Situationen

Die IKE-Implementierungen können auf verschiedene Weisen feststellen, dass eine NAT-Situation vorliegt: Zum einen kann NAT-T aktiviert werden, wenn eine der beiden Seiten feststellt, dass die Quellportnummer des Gegenübers nicht mehr den für IKE vorgeschriebenen Wert von 500 hat. Zum anderen ist es möglich, explizit die Quell-IP-Adressen während des IKE-Schlüsselaustausches mit zu übermitteln. Weicht die echte Adresse vom erwarteten Wert ab, muss NAT-T ebenfalls aktiviert werden. Nach der Aushandlung hat die IKE-Software beim Einsatz von NAT-T eine weitere Aufgabe: Sie muss durch periodisches Senden von Pseudopaketen den Zustand im NAT-Router aufrechterhalten. Diese würden andernfalls nach einer gewissen Zeit die Portnummernzuordnung löschen, wenn kein Verkehr über die Sicherheitsbeziehung gesendet wird.

Periodisches Senden von Paketen

Limitationen von NAT-T im Transportmodus

Für Sicherheitsbeziehungen im ESP-Tunnelmodus löst NAT-T die Inkompatibilität mit NAT-Routern zufriedenstellend. Im Transportmodus gilt es jedoch, weitere Teilprobleme zu lösen. Zum einen muss beim Entfernen des ESP-Headers die Prüfsumme des inneren TCP- oder UDP-Pakets repariert werden, da in diese die originäre IP-Adresse eingegangen ist und der NAT-Router diese wegen des IPsec-Schutzes nicht selbst modifizieren kann. Eine größere technische Herausforderung ist die Adressierung mehrerer VPN-Teilnehmer hinter ein und demselben NAT-Router. Die vom NAT-Router an die Teilnehmer vergebene Adresse kann aus

Verwendung des Tunnelmodus oft unausweichlich

Sicherheitsgründen nicht zur Adressierung von außen verwendet werden. Die äußere Adresse des NAT-Routers zu verwenden erlaubt jedoch nicht immer eine eindeutige Identifikation der Teilnehmer. Die einzige standardisierte Möglichkeit, das Problem zu beheben, besteht darin an die Teilnehmer virtuelle IP-Adressen zu vergeben. Damit diese auch mit jedem Paket übermittelt werden können, muss allerdings der IPsec-Tunnelmodus verwendet werden, auch wenn lediglich zwei Teilnehmer miteinander kommunizieren.

12.11 Zusammenfassung

Sicherheitsdienste von IPsec

IPsec ist die von der Internet Engineering Task Force (IETF) entwickelte Sicherheitsarchitektur für das Internetprotokoll. Sie ermöglicht die Realisierung der folgenden Sicherheitsdienste für IP-Pakete:

- *Nachrichtenauthentisierung* und *Datenintegrität* in Verbindung mit einem *Schutz vor Wiedereinspielen* von Datenpaketen sowie
- *Vertraulichkeit* der Nutzlast beziehungsweise kompletter IP-Pakete mit einem begrenzten Schutz vor Verkehrsflussanalysen.

Sicherheitsbeziehung

Für die Sicherung der zwischen zwei Systemen ausgetauschten IP-Pakete ist es erforderlich, dass die beiden Systeme die hierfür zu verwendenden Verfahren und Parameter in Form zweier *Sicherheitsbeziehungen (SA)* festlegen (je eine SA pro Richtung). Diese Beziehungen speichern auch den für die Sicherung benötigten kryptografischen Kontext (Sitzungsschlüssel, Replay-Zähler etc.).

Transport- und Tunnelmodus

IPsec kann in Endsystemen und in Zwischensystemen realisiert werden. Je nachdem, ob die *kryptografischen Endpunkte* einer Sicherheitsbeziehung mit den *Kommunikationsendpunkten* des zu schützenden Datenstroms zusammenfallen oder nicht, werden die betreffenden IP-Pakete im *Transport-* oder im *Tunnelmodus* gesichert, wobei der letztere Modus eine vollständige Kapselung der IP-Pakete vornimmt.

IPsec definiert zwei grundlegende Sicherheitsprotokolle:

- *Authentication-Header-Verfahren (AH)*, das die Authentizität und Aktualität von IP-Paketen inklusive der invarianten Teile ihres äußeren Protokollkopfes sichert, und
- *Encapsulating-Security-Payload-Verfahren (ESP)*, das eine jeweils optionale Verschlüsselung und Authentisierung der Nutzlast ermöglicht, jedoch die Authentizität der invarianten Felder des äußeren Protokollkopfes nicht gewährleisten kann.

Authentication Header

Encapsulating Security Payload

Aufgrund der zweifelhaften Vorteile, die eine Authentisierung des IP-Protokollkopfes mit sich bringt, wird in praktischen Szenarien allerdings fast ausschließlich ESP verwendet. Darüber hinaus sollte immer sowohl eine Authentisierung als auch eine Verschlüsselung vorgenommen werden. Vom Einsatz einer reinen ESP-Verschlüsselung ohne Authentisierung muss in jedem Fall abgeraten werden [PY06].

Empfohlen ESP mit Authentisierung und Verschlüsselung

Für die Aushandlung von Sicherheitsbeziehungen in Zusammenhang mit einer Instanzenauthentisierung wurden die beiden einander ergänzenden Protokolle *Internet Security Association and Key Management Protocol (ISAKMP)* und *Internet Key Exchange Version 1 (IKEv1)* definiert. Dabei definiert ISKAMP die grundlegenden Datenformate und Protokollprozeduren, während IKEv1 konkrete Authentisierungsprotokolle festlegt. Der Nachfolgestandard IKEv2 ist ebenfalls verabschiedet, er lehnt sich allerdings nur noch an ISAKMP an und bietet grundlegende Vereinfachungen.

Instanzenauthentisierung mit ISAKMP, IKEv1 und IKEv2

Trotz der dynamischen Schlüsselaushandlung durch die IKE-Protokolle bleibt eine vielfach bemängelte Schwierigkeit von IPsec die hohe Komplexität bei der Einrichtung großer Infrastrukturen. Dieses Problem wird in Abschnitt 23.2 vertiefend betrachtet werden.

Verbleibendes Problem: Wie kann mit der Komplexität umgegangen werden?

12.12 Weiterführende Literatur

[FGK03] Frankel, S.; Glenn, R.; Kelly, S.: *The AES-CBC Cipher Algorithm and Its Use with IPsec*. September 2003. – RFC 3566, IETF, Status: Proposed Standard, `https://tools.ietf.org/html/rfc3602`

[HC98] Harkins, D.; Carrel, D.: *The Internet Key Exchange (IKE)*. November 1998. – RFC 2409, IETF, Status: Proposed Standard, `https://tools.ietf.org/html/rfc2409`

[Ken05a] KENT, S.: *IP Authentication Header*. December 2005. – RFC 4302, IETF, Status: Proposed Standard, https://tools.ietf.org/html/rfc4302

[Ken05b] KENT, S.: *IP Encapsulating Security Payload (ESP)*. December 2005. – RFC 4303, IETF, Status: Proposed Standard, https://tools.ietf.org/html/rfc4303

[KHN+10] KAUFMAN, C.; HOFFMAN, P.; NIR, Y.; ERONEN, P.: *Internet Key Exchange Protocol Version 2 (IKEv2)*. September 2010. – RFC 5996, IETF, Status: Proposed Standard, https://tools.ietf.org/html/rfc5996

[KS05] KENT, S.; SEO, K.: *Security Architecture for the Internet Protocol*. December 2005. – RFC 4301, IETF, Status: Proposed Standard, https://tools.ietf.org/html/rfc4301

[MSS+98] MAUGHAN, D.; SCHERTLER, M.; SCHNEIDER, M.; TURNER, J.: *Internet Security Association and Key Management Protocol (ISAKMP)*. November 1998. – RFC 2408, IETF, Status: Proposed Standard, https://tools.ietf.org/html/rfc2408

[Pip98] PIPER, D.: *The Internet IP Security Domain of Interpretation for ISAKMP*. November 1998. – RFC 2407, IETF, Status: Proposed Standard, https://tools.ietf.org/html/rfc2407

[VM05] VIEGA, J.; MCGREW, D.: *The Use of Galois / Counter Mode (GCM) in IPsec Encapsulating Security Payload (ESP)*. June 2005. – RFC 4106, IETF, Status: Proposed Standard, https://tools.ietf.org/html/rfc4106

[WRH11] WEIS, B.; ROWLES, S.; HARDJONO, T.: *The Group Domain of Interpretation*. October 2011. – RFC 6407, IETF, Status: Proposed Standard, https://tools.ietf.org/html/rfc6407

12.13 Übungen

1. Aus welchem Grund passen das Prinzip der verbindungslosen Datenübermittlung und die Anforderung einer gesicherten Kommunikation eigentlich nicht zusammen und mit welcher Hilfskonstruktion wird dieses Manko in der IPsec-Sicherheitsarchitektur ausgeglichen?
2. Könnte in einer verbindungsorientierten Kommunikationsarchitektur die gesicherte Datenübermittlung effizienter realisiert werden und wenn ja, in welcher Hinsicht?
3. Aus welchem Grund kann der Authentication Header nicht alle Felder des äußeren IP-Paketkopfes schützen?
4. Erklären Sie die Aufgaben der beiden konzeptionellen Datenbanken Security Association Database und Security Policy Database.
5. Warum wird der Security Parameter Index für eine Security Association grundsätzlich vom empfangenden System vergeben?
6. Vergleichen Sie die Aufgabe und Funktion des Sliding-Window-Verfahrens bei der Verwendung zur Korrektur von Übertragungsfehlern mit dem Schutz vor Wiedereinspielen von IPsec.
7. Wozu dienen der Transport- und der Tunnelmodus und worin unterscheiden sie sich?
8. Können Sie einen möglichen Grund dafür angeben, warum es gegebenenfalls sinnvoll sein kann, eine ESP-SA im Tunnelmodus zu betreiben, obwohl die kryptografischen Endpunkte mit den Kommunikationsendpunkten zusammenfallen?
9. Welche hauptsächlichen Effizienznachteile ergeben sich bei der Verschachtelung von IPsec-Sicherheitsbeziehungen?
10. Können Sie mit IPsec auch Zugriffskontrollfunktionen realisieren und wenn ja, in welcher Hinsicht?
11. Warum muss beim Einsatz von IPv4 nach der Erstellung eines ESP- oder AH-Protokollkopfes im Transportmodus die Prüfsumme des äußeren IP-Protokollkopfes neu berechnet werden?
12. Warum ist es sinnvoll, bei der Verarbeitung eingehender IPsec-Pakete zunächst zu prüfen, ob die Sequenznummer akzeptiert werden kann, bevor mit weiteren kryptografischen Überprüfungen fortgefahren wird?
13. Kann es vorkommen, dass ein IP-Paket in ein und demselben System mehrfach die IPsec-Protokollverarbeitung durchlaufen muss?

14. Warum wird stets erst die Authentizität eines AH- oder ESP-Pakets überprüft, bevor das Replay-Fenster verschoben wird?
15. Erklären Sie die Schutzwirkung des Cookie-Mechanismus von ISAKMP.
16. Erklären Sie, wie bei der Aushandlung einer Protection-Suite bei ISAKMP die logischen Funktionen »Und« und »Oder« realisiert werden.
17. Vergleichen Sie die vier Varianten des ISAKMP Main Mode in Bezug auf den durch kryptografische Operationen entstehenden Aufwand.
18. Ergeben sich bei einer komprimierten Datenübertragung auf der Grundlage des »IP Payload Compression«-Protokolls kombiniert mit ESP Nachteile gegenüber einer Kompression direkt durch ein Protokoll der Datensicherungsschicht?
19. Recherchieren Sie den sogenannten Bound-End-to-End-Tunnel-Modus (BEET-Modus) [NM08] und erläutern Sie, wie die Adressierungsprobleme von Teilnehmern hinter NAT ohne zusätzlichen Übertragungsaufwand umgangen werden können.

13 Sicherheitsprotokolle der Transportschicht

Aufgaben der Transportschicht

In Abgrenzung zur Netzwerkschicht, die Kommunikation zwischen Endsystemen ermöglicht, realisiert die Transportschicht Kommunikation zwischen Anwendungsprozessen. Ihre Hauptaufgaben sind:

- die Isolation der höheren Protokollschichten von den technologischen Besonderheiten, der Struktur und den Mängeln der eingesetzten Kommunikationstechnologie,
- die transparente Übertragung von Nutzdaten und
- die globale Adressierung von Anwendungsprozessen unabhängig von den Adressierungsformaten der unteren Kommunikationsschichten.

Die allgemeine Zielsetzung hierbei ist die Erbringung eines effizienten und zuverlässigen Übertragungsdienstes.

Sicherheitsprotokolle der Transportschicht haben zum Ziel, den von der Transportschicht erbrachten Dienst um zusätzliche Sicherheitseigenschaften zu ergänzen. Da sie üblicherweise auf einem zuverlässigen Transportdienst aufsetzen (und diesen auch erfordern), stellen sie eigentlich *Sitzungsschichtprotokolle* gemäß dem OSI-Modell für offene Kommunikationssysteme dar.

Da jedoch das OSI-Modell seit spätestens Mitte der neunziger Jahre nicht mehr »en vogue« ist, werden sie üblicherweise als *Sicherheitsprotokolle der Transportschicht* bezeichnet. In diesem Kapitel sollen die am häufigsten eingesetzten Protokolle dieser Kategorie behandelt werden: *Secure Socket Layer (SSL)*, die davon abgeleiteten Protokolle *Transport Layer Security (TLS)* und *Datagram Transport Layer Security (DTLS)* sowie das von diesen unabhängig entstandene Protokoll *Secure Shell (SSH)*.

13.1 Secure Socket Layer (SSL)

Primärziel von SSL: Sicherung von HTTP

Das Protokoll *Secure Socket Layer (SSL)* wurde ursprünglich mit dem primären Ziel entworfen, Sitzungen des *Hypertext Transfer Protocol (HTTP)* zu sichern. In den frühen neunziger Jahren existierte für diesen Zweck auch ein konkurrierender Ansatz, das Protokoll *Secure HTTP (S-HTTP)*. Da jedoch S-HTTP-fähige Webbrowser kostenpflichtig waren und SSL Version 2.0 in den kostenfrei zugänglichen Browsern der Firma Netscape Communications integriert war, entwickelte es sich schnell zum dominierenden Sicherheitsprotokoll für HTTP.

SSLv2 ist unsicher.

Die Version 2.0 des Protokolls enthielt eine Reihe von Schwachstellen und die Firma Microsoft entwickelte ein weiteres konkurrierendes Protokoll namens *Private Communication Technology (PCT)*. Zu diesem Zeitpunkt spielten Microsofts Webbrowser jedoch lediglich eine untergeordnete Rolle und so behauptete sich die von Netscape Communications weiterentwickelte Version 3.0 von SSL [FKK96] als das Standardprotokoll für die Sicherung von HTTP-Verkehr.

SSL wurde auch als TLS genormt.

Trotz seiner Entstehungsgeschichte als Sicherheitsprotokoll für HTTP kann SSL für die Sicherung beliebiger Anwendungen, die auf dem Transportprotokoll TCP aufsetzen, eingesetzt werden. Im Jahr 1996 entschied die Internet Engineering Task Force daher, ein allgemeines »*Transport Layer Security (TLS)*«-Protokoll zu entwickeln, das auf SSL basiert.

13.1.1 Sicherheitsdienste und Protokollarchitektur

SSL Version 3.0 realisiert die folgenden Sicherheitsdienste:

- *Instanzenauthentisierung:* Vor der eigentlichen Kommunikation zwischen einem Client und einem Server wird ein Authentisierungsdialog geführt, der wahlweise nur dem Client oder auch dem Server die Überprüfung der Identität der Partnerinstanz ermöglicht. Nach der erfolgreichen Authentisierung wird eine sogenannte *SSL-Sitzung* zwischen beiden Instanzen etabliert.
- *Vertraulichkeit ausgetauschter Nutzdaten:* Sofern dies bei der Aushandlung der SSL-Sitzung vereinbart wurde, werden die ausgetauschten Nutzdaten verschlüsselt. SSL sieht hierfür eine Reihe von Algorithmen vor, deren Verwendung bei Sitzungsaufbau ausgehandelt werden kann, zum Beispiel RC4, 3DES und IDEA.

- *Nachrichtenauthentisierung und Datenintegrität:* Jede Nachricht wird mit einem Nachrichtenauthentisierungswert gesichert, der mithilfe einer kryptografischen Hashfunktion berechnet wird. Hierfür verwendete SSL Version 3.0 ursprünglich den sogenannten *Präfix-Suffix-Modus*, gegen den jedoch einige Sicherheitsbedenken sprechen. Als zugrunde liegende kryptografische Hashfunktion kann wahlweise MD5 oder SHA-1 ausgehandelt werden.

Sitzungs- und Verbindungszustand

SSL realisiert das auch bereits im OSI-Modell verankerte Konzept sogenannter *Sitzungen (Sessions)*. Vor der eigentlichen Kommunikation richten Client und Server eine Sitzung ein, in der die Parameter für die Sicherung der Kommunikation vereinbart werden. Eine Sitzung kann sich hierbei – wie auch bereits im OSI-Modell vorgesehen – über mehrere Transportschichtverbindungen hinweg erstrecken, indem vereinbart wird, dass sie wiederaufgenommen werden kann (im Englischen wird die Session dann als »resumable« bezeichnet). Konsequenterweise unterscheidet SSL die folgenden beiden Zustandsmengen:

Sitzungszustand

- Der *Sitzungszustand* speichert die folgenden Daten:
  - *Session Identifier:* eine Oktettfolge zur Identifikation der Sitzung, die durch den Server vorgegeben wird.
  - *Peer Certificate:* ein (optionales) X.509v3-Zertifikat der Partnerinstanz.
  - *Compression Method:* bezeichnet den Algorithmus zur Datenkompression, der vor der Verschlüsselung angewendet wird.
  - *Cipher Spec:* spezifiziert die kryptografischen Algorithmen und ihre Parameter.
  - *Master Secret:* ein zwischen Client und Server vereinbartes Geheimnis der Länge 48 Byte.
  - *Is Resumable:* zeigt an, ob die Sitzung wieder aufgenommen oder dupliziert werden kann (das heißt mehrere gleichzeitige Transportverbindungen unterstützt).

Verbindungszustand

- Im *Verbindungszustand* werden die folgenden Informationen über die aktuelle(n) Transportschichtverbindung(en) vorgehalten:
  - *Server and Client Random:* enthält Zufallsbytefolgen, die durch den Server beziehungsweise den Client vorgegeben werden.

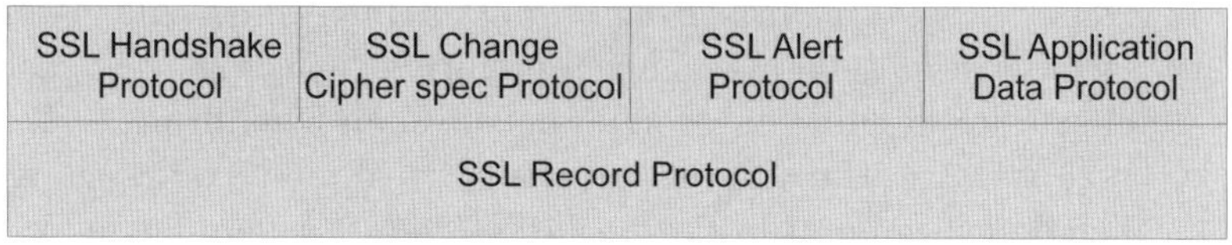

Abbildung 13.1 *Architektur des »Secure Socket Layer«-Protokolls*

- *Server Write MAC Secret:* wird von dem Server in die Berechnung seiner Nachrichtenauthentisierungswerte einbezogen.
- *Client Write MAC Secret:* wie zuvor, jedoch für Nachrichten des Clients.
- *Server Write Key:* der Schlüssel für die Chiffrierung und Dechiffrierung von Nachrichten des Servers.
- *Client Write Key:* wie zuvor, jedoch für Nachrichten des Clients.

Record Protocol

Handshake Protocol

Change Cipher spec Protocol

Alert Protocol

Application Data Protocol

Der Aufbau des SSL-Protokolls selbst folgt einer geschichteten und modularen Protokollarchitektur, die in Abbildung 13.1 gezeigt ist. Als Grundlage für den in SSL-Sitzungen erfolgenden Datenaustausch dient das *Record Protocol*. Zu seinen Aufgaben zählen die Fragmentierung von Benutzerdaten in Klartextblöcke (»Records« genannt) mit einer maximalen Länge von 2^{14} Oktetten, die optionale Kompression der Klartextblöcke sowie deren ebenfalls optionale Verschlüsselung und Authentisierung. Zur Instanzenauthentisierung und Aushandlung von Sitzungen dient das sogenannte *Handshake Protocol*. Das *Change Cipher spec Protocol* signalisiert den Wechsel bestimmter kryptografischer Parameter (Sitzungsschlüssel, Algorithmus etc.) und das *Alert Protocol* dient der Anzeige von Fehlersituationen. Das *Application Data Protocol* realisiert schließlich eine transparente Schnittstelle zum Record Protocol und wird von den Anwendungen zum Austausch von Dateneinheiten mit einer SSL-Protokollinstanz verwendet.

13.1.2 Das Record-Protokoll

Abbildung 13.2 illustriert den Aufbau eines SSL-Records. Das Feld *(Content) Type* identifiziert hierin das in dem Record enthaltene SSL-Protokoll: Change Cipher spec (20), Alert (21), Handshake (22) oder Application Data (23). Das Feld *Version* kennzeichnet die Protokollversion von SSL (Major = 3, Minor = 0) und das Feld *Length* enthält die Länge der Nutzdaten in Oktetten. Die maximale Nutzdatenlänge ist hierbei $2^{14} + 2^{10}$.

Verarbeitungsschritte des Record Protocol

Die Protokollverarbeitung bei der sendenden Instanz erfolgt gemäß den folgenden Schritten: Zunächst werden die Benutzerdaten (beziehungsweise Daten des Handshake-, Change-Cipher-spec- oder Alert-Protokolls) in Rahmen mit einer maximalen Länge von 2^{14} Oktetten fragmentiert. Hierbei kann mehr als eine Nachricht des gleichen Protokolltyps in einen Rahmen assembliert werden.

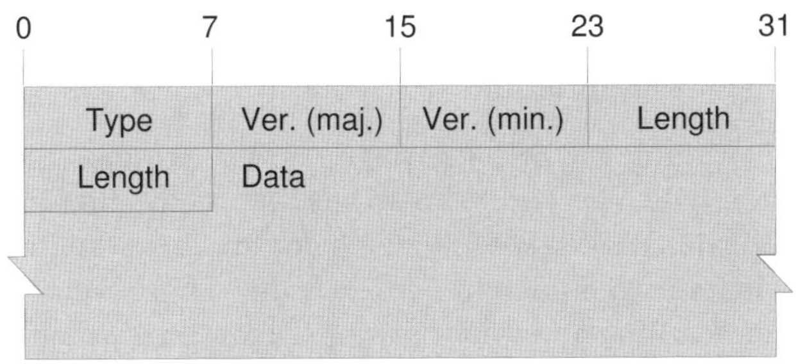

Abbildung 13.2 *Rahmenformat des »SSL Record Layer«-Protokolls*

Kompression

Nach der Fragmentierung werden die Rahmen komprimiert. Die Standardvorgabe hierfür ist keine Kompression, jedoch kann eine Kompression bei Sitzungsaufbau vereinbart werden. Die Daten werden jedoch nur dann komprimiert übertragen, wenn sich durch die Kompression keine Verlängerung um mehr als 2^{10} ergibt (eine Verlängerung kann beispielsweise auftreten, wenn die Daten bereits komprimiert waren, zum Beispiel im Fall einer JPEG-Datei).

Berechnung eines MAC

Nach der Kompression wird ein Nachrichtenauthentisierungswert berechnet (»||« bezeichnet hierbei die Konkatenation):

$$MAC := H\big(WriteMacSecret \mathbin{||} pad_2 \mathbin{||} H(WriteMacSecret \mathbin{||} pad_1 \mathbin{||} seqnum \mathbin{||} length \mathbin{||} data)\big)$$

Die in die MAC-Berechnung eingehende Sequenznummer wird jedoch nicht übertragen, da sie der empfangenden Seite implizit bekannt ist. Im Gegensatz zu dem im letzten Kapitel vorgestellten IPsec kann dies vorausgesetzt werden, da bei SSL die zugrunde liegende Transportschichtverbindung mit dem zuverlässigen Protokoll TCP realisiert ist, sodass keine Dateneinheiten unbemerkt verloren gehen oder in falscher Reihenfolge ausgeliefert werden können.

Verschlüsselung

Die komprimierten und mit einem MAC versehenen Daten werden dann mit dem beim Sitzungsaufbau vereinbarten Verfahren verschlüsselt. Je nach eingesetztem Verfahren müssen sie zuvor noch auf ein Vielfaches einer bestimmten Blocklänge verlängert werden. Anschließend werden die Daten der Dienstschnittstelle des Transportprotokolls übergeben.

Verarbeitung beim Empfänger

Auf der empfangenden Seite werden die Daten nacheinander entschlüsselt, ihre Authentizität überprüft, dekomprimiert, defragmentiert und anschließend der entsprechenden Anwendungsinstanz beziehungsweise dem darüber liegenden Teil des SSL-Protokolls übergeben.

13.1.3 Das Handshake-Protokoll

Aushandlung von SSL-Sitzungen

Die Aushandlung von SSL-Sitzungen erfolgt mit dem SSL-Handshake-Protokoll. Wie bereits erwähnt, kann eine Sitzung so vereinbart werden, dass sie dupliziert oder zu einem späteren Zeitpunkt wiederaufgenommen werden kann. Hierdurch wird eine Wiederverwendung eines einmal eingerichteten kryptografischen Kontextes ermöglicht. Diese Maßnahme war bei Verwendung des früher üblichen Standards HTTP 1.0 von besonderer Bedeutung für die Leistungsfähigkeit gesicherter HTTP-Kommunikation, da bei HTTP 1.0 jede Einheit eines Hypertext-Dokuments (zum Beispiel ein HTML-Dokument mit Verweisen auf Grafiken, Klänge etc.) in einer eigenen TCP-Verbindung transportiert wurde. Würde hierfür jeweils ein eigenes, vollständiges Authentisierungsprotokoll mit flexibler Aushandlung kryptografischer Parameter erforderlich sein, so hätte dies eine negative Auswirkung auf den Datendurchsatz und die Latenz. Die Wiederaufnahme einer Sitzung erlaubt hingegen die Verwendung eines kürzeren Dialogs. Mittlerweile wird hauptsächlich HTTP 1.1 eingesetzt, das auch sogenannte persistente TCP-Verbindungen unterstützt, die nicht direkt nach dem Transfer eines Objekts beendet werden. Da ein Server aber nach Senden aller Objekte einer Webseite nicht wissen kann, ob der Nutzer noch weitere Objekte abrufen wird, kann es auch bei HTTP 1.1 zu einem Abbau und späteren Neuaufbau von TCP-Verbindungen kommen, sodass sich auch in der heutigen Praxis immer noch Vorteile aus der Wiederaufnahme von SSL-Sitzungen ergeben können.

Wiederaufnahme von Sitzungen

Protokollablauf

Abbildung 13.3 zeigt den ausführlichen Dialog zur Aushandlung einer SSL-Sitzung im Überblick. Die erste Nachricht enthält das sogenannte *ClientHello*, in dem die vom Client verwendete Protokollversion, eine Zufallszahl, gegebenenfalls eine Session-ID, eine Liste der vom Client unterstützten sogenannten *Cipher-Suites* sowie eine Liste der zulässigen Kompressionsverfahren zusammengefasst sind.

Erste Nachricht des Clients

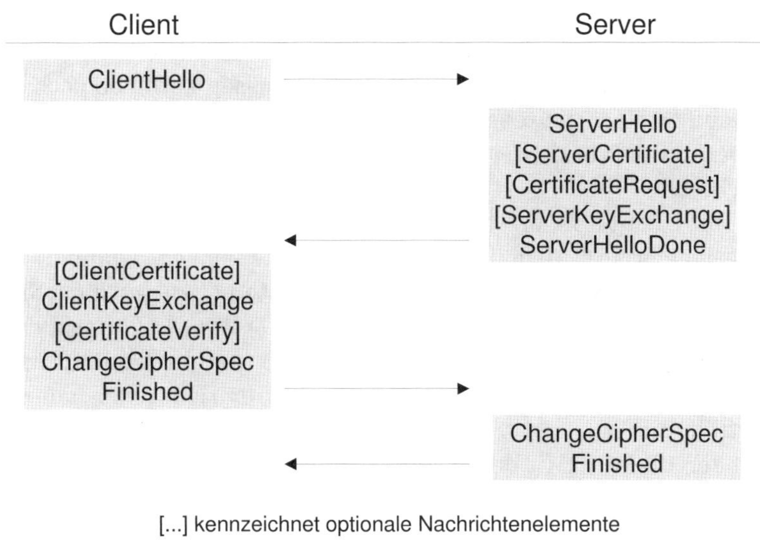

Abbildung 13.3 *Ausführlicher Dialog zur Aushandlung einer SSL-Sitzung*

Erste Nachricht des Servers

Der Server antwortet auf diese Nachricht mit einem *ServerHello*, den optionalen Nachrichtenelementen *ServerCertificate*, *Certificate-Request* und *ServerKeyExchange* sowie dem die Antwort des Servers beschließenden *ServerHelloDone*. Im *ServerHello* sind wiederum die vom Server unterstützte Protokollversion, eine Zufallszahl, gegebenenfalls eine Session-ID sowie die vom Server für die Sitzung ausgewählte *Cipher-Suite* und das zu verwendende Kompressionsverfahren zusammengefasst. Enthält die Session-ID den Wert »0«, so signalisiert der Server hiermit, dass er die Verbindung nicht speichern wird und diese daher weder dupliziert noch wiederaufgenommen werden kann. Ein von »0« verschiedener Wert ermöglicht entsprechend eine spätere Wiederaufnahme der Sitzung durch den Client (siehe unten). Das vom Server gegebenenfalls mitgeschickte Zertifikat ermöglicht dem Client die Überprüfung der Identität des Servers. In der Regel ist der Server nicht an der Identität des Clients interessiert, beispielsweise wenn er dem Client lediglich Informationen zur Verfügung stellt oder über eine explizite Login-Seite ein von SSL unabhängiges Authentisierungsverfahren vorsieht. Gewisse Anwendungen können jedoch auch eine SSL-basierte Authentisierung des Clients notwendig machen. In solchen Fällen fordert der Server auch ein Zertifikat des Clients an. Je nach verwendeter Methode für die Aushandlung von Sitzungsschlüsseln sendet der Server auch Daten für die Schlüsselaushandlung, beispielsweise seine öffentlichen Diffie-Hellman-Werte oder einen öffentlichen RSA-Schlüssel. Das *ServerHelloDone* enthält keine

Der Server interessiert sich in der Regel nicht für die Identität des Clients.

weiteren Informationen und dient nur zur Signalisierung, dass der Server nun auf die Antwort des Clients wartet. Diese Nachricht ist erforderlich, da sonst der Client nicht wissen kann, ob noch ein optionales Nachrichtenelement vom Server gesendet wird oder ob dieser darauf verzichtet und seine Antwort bereits als vollständig erachtet.

Zweite Nachricht des Clients

Der Client antwortet auf diese Nachricht mit seinem Zertifikat (sofern gefordert), dem *ClientKeyExchange*, einem optionalen *CertificateVerify* sowie den Nachrichtenelementen *ChangeCipherSpec* und *Finished*. Mit dem *CertificateVerify* weist der Client nach, dass er im Besitz des privaten Schlüssels ist, der dem in seinem Zertifikat bescheinigten öffentlichen Schlüssel entspricht (sofern dieses Zertifikat übertragen wurde und einen Schlüssel mit Signierfähigkeit zertifiziert). Mit dem *ChangeCipherSpec* zeigt der Client an, dass alle nachfolgend von ihm gesendeten Nachrichtenelemente mit den zuvor ausgehandelten kryptografischen Verfahren geschützt werden. Das erste auf diese Weise geschützte Nachrichtenelement ist somit das unmittelbar nach dem ChangeCipherSpec gesendete *Finished*, das einen Hashwert enthält, der über das während des Dialogs ausgehandelte gemeinsame Geheimnis (siehe unten) und die zuvor vom Client gesendeten Nachrichtenelemente (inklusive ClientHello) berechnet wurde.

Zweite Nachricht des Servers

Der Server antwortet auf diese Nachricht mit einem *ChangeCipherSpec* und einem *Finished*. Nachdem der Client und der Server beide eine Finished-Nachricht gesendet haben und die Finished-Nachricht ihrer Partnerinstanz überprüft haben, betrachten sie die Sitzung als etabliert und können mit dem Senden geschützter Nutzdaten beginnen.

Abbildung 13.4 *Verkürzter Dialog zur Aushandlung einer SSL-Sitzung*

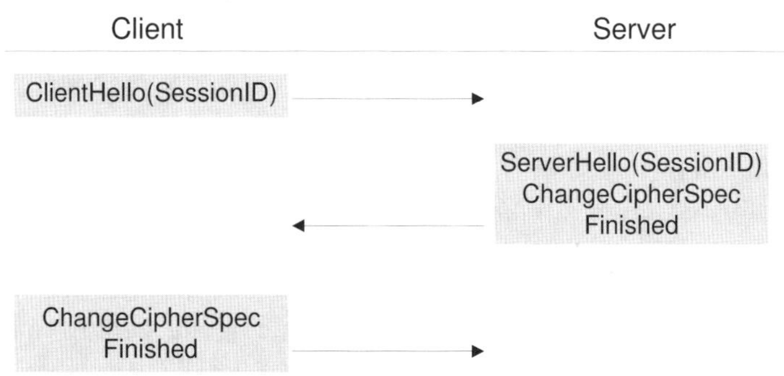

Wiederaufnahme einer Sitzung

Abbildung 13.4 zeigt den verkürzten Dialog bei Wiederaufnahme beziehungsweise Duplizierung einer Sitzung. In diesem Fall sendet der Client in seiner ClientHello-Nachricht die Session-ID der wiederaufzunehmenden Sitzung. Sofern der Server die Sitzung noch lokal gespeichert hat und zu einer Wiederaufnahme bereit ist, antwortet er direkt nach seinem ServerHello mit den Nachrichtenelementen ChangeCipherSpec und Finished. Der Client bestätigt die Wiederaufnahme der Sitzung ebenso mit ChangeCipherSpec und Finished. Die Authenzitätsprüfung erfolgt in diesem Fall ausschließlich auf der Grundlage der Hashwerte in den Finished-Nachrichten, welche die in den Hello-Nachrichten enthaltenen Zufallszahlen einschließen, sodass die Aktualität der ausgetauschten Nachrichten gewährleistet ist. Falls der Server nicht zu einer Wiederaufnahme der Sitzung bereit ist, antwortet er mit den in Abbildung 13.3 gezeigten Nachrichtenelementen, sodass ein ausführlicher Dialog zwischen Client und Server geführt wird.

Cipher-Suites

Die in den Hello-Nachrichten ausgetauschten Cipher-Suites referenzieren jeweils eine Kombination kryptografischer Verfahren für die Einrichtung und den Schutz der nachfolgenden Sitzung. Die initiale SSL-Spezifikation definierte hierfür eine Liste explizit erlaubter Kombinationen von Verschlüsselungsverfahren und Authentisierungsmethoden. Inzwischen verwenden viele SSL-Implementierungen zusätzliche Algorithmen, wie AES, die eigentlich nur für den Nachfolgestandard TLS spezifiziert sind.

13.1.4 Authentisierung und Aushandlung von Sitzungsschlüsseln

Aushandlung des Pre-Master-Secret

Eine vollständig standardkonforme SSL-Implementierung unterstützt drei Methoden für die Aushandlung eines sogenannten *Pre-Master-Secret*, von dem weitere Sitzungsschlüssel abgeleitet werden:

RSA-geschützte Übermittlung

- *RSA-geschützte Übermittlung:* Bei dieser Methode wird das Pre-Master-Secret von dem Client zufällig erzeugt und mit dem öffentlichen Schlüssel des Servers verschlüsselt an diesen geschickt. Der Server sendet bei dieser Methode kein eigenes KeyExchange-Nachrichtenelement an den Client, da er nicht aktiv an der Erzeugung des gemeinsamen Geheimnisses beteiligt ist.

Diffie-Hellman

- *Diffie-Hellman:* Hierbei wird ein herkömmliches Diffie-Hellman-Schlüsselaustauschprotokoll ausgeführt und das Pre-Master-Secret von dem gemeinsamen Geheimnis $g^{x \cdot y} \mod p$ abgeleitet.

Fortezza

- *Fortezza:* Hierbei handelt es sich um ein nicht veröffentlichtes Verfahren, das von der NSA entwickelt wurde und die Aufdeckung von Schlüsseln für staatliche Stellen (Key Escrow) unterstützt. Da gegenüber Verfahren dieser Art berechtigte Sicherheitsbedenken bestehen und es sich nicht durchgesetzt hat, soll es an dieser Stelle nicht näher behandelt werden.

Sicherung von HTTP-Verkehr

Wie bereits erwähnt besteht das ursprüngliche Nutzungsszenario von SSL aus der Absicherung von HTTP-Verkehr, sodass üblicherweise ein Client auf einen Webserver zugreifen und sich hierbei von dessen Authentizität überzeugen möchte. Hierzu schickt der Webserver ein Zertifikat über seinen öffentlichen Schlüssel im Anschluss an seine ServerHello-Nachricht. Dieses Zertifikat kann optional die öffentlichen Diffie-Hellman-Werte des Servers (zyklische Gruppe und Generatoren der Gruppe, vergleiche hierzu Abschnitt 4.5) enthalten. In diesem Fall muss der Client die gleiche Gruppe und den gleichen Generator unterstützen, was gegebenenfalls dann problematisch sein kann, wenn auch der Client seine öffentlichen Diffie-Hellman-Werte zertifizieren ließ und diese auf einer anderen zyklischen Gruppe beruhen. Alternativ kann der Server seine öffentlichen Diffie-Hellman-Werte jedoch auch in einem KeyExchange-Nachrichtenelement an den Client schicken. Der Client überprüft in jedem der genannten Fälle das Zertifikat des Servers und verwendet es wahlweise für einen RSA-, Diffie-Hellman- oder Fortezza-basierten Schlüsselaustausch zur Etablierung des Pre-Master-Secret.

Zertifizierung öffentlicher Diffie-Hellman-Werte

Berechnung des Pre-Master-Secret

Das Pre-Master-Secret wird im nächsten Schritt zusammen mit den beiden Zufallszahlen der ClientHello- und ServerHello-Nachricht für die Ableitung des sogenannten *Master-Secret* der Länge 48 Byte nach der folgenden Vorschrift herangezogen (das Zeichen '||' symbolisiert hierbei wieder die Konkatenation von Byte-Folgen):

$$
\begin{aligned}
\textit{master-secret} := {} & \text{MD5}\big(\textit{pre-master-secret} \,||\\
& \quad \text{SHA-1}(\,\textit{'A'} \,||\, \textit{pre-master-secret} \,||\\
& \quad \textit{ClientHello.random} \,||\, \textit{ServerHello.random})\big) \,||\\
& \text{MD5}\big(\textit{pre-master-secret} \,||\\
& \quad \text{SHA-1}(\,\textit{'BB'} \,||\, \textit{pre-master-secret} \,||\\
& \quad \textit{ClientHello.random} \,||\, \textit{ServerHello.random})\big) \,||\\
& \text{MD5}\big(\textit{pre-master-secret} \,||\\
& \quad \text{SHA-1}(\,\textit{'CCC'} \,||\, \textit{pre-master-secret} \,||\\
& \quad \textit{ClientHello.random} \,||\, \textit{ServerHello.random})\big)
\end{aligned}
$$

Die Verwendung der beiden Hashfunktionen MD5 und SHA-1 wurde hierbei mit der Intention vorgeschrieben, dass das Schema auch dann noch sicher ist, wenn für eine der beiden Hashfunktionen kryptografische Mängel entdeckt werden sollten.

Ableitung von Sitzungsschlüsseln

Von dem Master-Secret und den Zufallszahlen der beiden Hello-Nachrichten wird ein sogenannter *Key Block* ausreichender Länge abgeleitet, aus dem die benötigten Sitzungsschlüssel und Initialisierungsvektoren dann nicht überlappend entnommen werden.

Der Key Block wird hierbei mit der folgenden Berechnungsvorschrift gebildet:

$$\begin{aligned}
kb := {} & \mathrm{MD5}\big(\mathit{master\text{-}secret} \parallel \text{SHA-1}(\,'A' \parallel \mathit{master\text{-}secret} \parallel \\
& \qquad \mathit{ClientHello.random} \parallel \mathit{ServerHello.random})\big) \parallel \\
& \mathrm{MD5}\big(\mathit{master\text{-}secret} \parallel \text{SHA-1}(\,'BB' \parallel \mathit{master\text{-}secret} \parallel \\
& \qquad \mathit{ClientHello.random} \parallel \mathit{ServerHello.random})\big) \parallel \\
& [\ldots]
\end{aligned}$$

Hieraus werden dann die folgenden Sitzungsschlüssel und Initialisierungsvektoren entnommen:

$$\begin{aligned}
\mathit{ClientWriteMacSecret} &:= kb[\,1, \mathit{CipherSpec.HashSize}] \\
\mathit{ServerWriteMacSecret} &:= kb[\,i_1, i_1 + \mathit{CipherSpec.HashSize} - 1] \\
\mathit{ClientWriteKey} &:= kb[\,i_2, i_2 + \mathit{CipherSpec.KeySize} - 1] \\
\mathit{ServerWriteKey} &:= kb[\,i_3, i_3 + \mathit{CipherSpec.KeySize} - 1] \\
\mathit{ClientWriteIV} &:= kb[\,i_4, i_4 + \mathit{CipherSpec.IvSize} - 1] \\
\mathit{ServerWriteIV} &:= kb[\,i_5, i_5 + \mathit{CipherSpec.IvSize} - 1]
\end{aligned}$$

Aspekte der Authentisierung

Die Authentisierung des Servers und gegebenenfalls auch des Clients erfolgt mittelbar durch das Pre-Master-Secret, von dem die Sitzungsschlüssel wie erläutert abgeleitet werden.

RSA-geschützte Übermittlung

Bei Verwendung der RSA-geschützten Übermittlung verschlüsselt der Client das Pre-Master-Secret mit dem öffentlichen Schlüssel des Servers. Da der Client die Authentizität dieses Schlüssels durch Auswerten des Serverzertifikats verifizieren kann, kann er sicher sein, dass nur der Server das Pre-Master-Secret entschlüsseln kann. Wenn er vom Server nun die Finished-Nachricht empfängt, die einen Hashwert über alle ausgetauschten Nachrichtenelemente und das von dem Pre-Master-Secret abgeleitete Master-Secret enthält, so kann er daraus schließen, dass der Server authentisch ist. Der Server kann bei dieser Variante jedoch nicht auf die Authentizität des Clients schließen, da ihm jeder beliebige Client ein mit dem öffentlichen Schlüssel des Servers chiffriertes Pre-Master-Secret schicken kann. Falls die Authentizität des Clients auch geprüft werden muss, sendet der Client bei Verwendung der RSA-geschützten Übermittlung daher ein zusätzliches Clientzertifikat und eine CertificateVerify-Nachricht, die einen (mit MD5 oder SHA-1 berechneten) Hashwert über das Master-Secret und alle zuvor gesendeten Nachrichtenelemente enthält.

Diffie-Hellman-Schlüsselaustausch

Bei Verwendung des Diffie-Hellman-Schlüsselaustausches mit zertifizierten öffentlichen Diffie-Hellman-Werten kann die Authentizität des Servers direkt aus dem ausgehandelten und in den Hashwert der Finished-Nachricht einbezogenen Master-Secret gefolgert werden. Falls der Client auch ein Zertifikat mit zu den Werten des Servers passenden öffentlichen Diffie-Hellman-Werten sendet, kann auch seine Authentizität direkt anhand seiner Finished-Nachricht überprüft werden.

Anonyme Schlüsselaushandlung

SSL unterstützt auch eine anonyme Schlüsselaushandlung ohne Authentisierung, jedoch kann diese prinzipbedingt keinen Schutz vor eventuellen Man-in-the-Middle-Angriffen bieten, weshalb sie besser in der lokalen Konfiguration deaktiviert werden sollte.

13.1.5 Eine Schwachstelle im Handshake-Protokoll

Im Jahr 1998 entdeckte D. Bleichenbacher eine Schwachstelle in dem Verschlüsselungsstandard *PKCS #1* (Version 1.5), der im SSL-Handshake-Protokoll Verwendung findet [BKS98]. Diese Schwachstelle kann von einem Angreifer bei Verwendung der RSA-geschützten Übertragung des Pre-Master-Secret ausgenutzt werden.

Formatierung nach PKCS #1

Hierbei formatiert der Client das Pre-Master-Secret vor der Chiffrierung mit dem RSA-Algorithmus nach dem genannten Standard PKCS #1, der eine Nachricht M grundsätzlich wie folgt formatiert und verschlüsselt:

$$EM := 0x02 \mid\mid PS \mid\mid 0x00 \mid\mid M$$
$$C := RSA(+K_{Server}, EM)$$

Dabei bezeichnet PS einen sogenannten »Padding String« mit mindestens acht zufällig generierten Oktetten, die jeweils ungleich `0x00` sind und dem Klartext eine zufällige Komponente hinzufügen sowie ihn auf die Länge des verwendeten RSA-Moduls auffüllen sollen.

Nachdem der Server den Schlüsseltext C dechiffriert hat, überprüft er zunächst, ob das erste Oktett des Klartextes gleich `0x02` ist und ob der Klartext weiterhin ein Oktett mit dem Wert `0x00` enthält. Schlägt diese Überprüfung fehl, so antwortet der Server mit einer Fehlernachricht. Es ist genau diese Fehlermeldung, die von einem Angreifer dazu verwendet werden kann, einen sogenannten *Orakel-Angriff (Oracle Attack)* auszuführen.

Funktionsweise des Orakel-Angriffs

Bei diesem Angriff zielt die Angreiferin Eve darauf ab, das in einem zuvor abgehörten Handshake-Dialog zwischen Alice (Client) und Bob (Server) ausgetauschte Pre-Master-Secret und damit alle davon abgeleiteten Sitzungsschlüssel in Erfahrung zu bringen. Eve hat also den Schlüsseltext C abgehört und möchte den dazugehörenden Klartext EM in Erfahrung bringen.

Hierzu generiert sie eine Reihe von Schlüsseltexten C_i, die sie jeweils im Rahmen eines vorgetäuschten SSL-Sitzungsaufbaus an Bob sendet und die zueinander in einer bestimmten Beziehung stehen (e und n sind hierbei die beiden Werte des öffentlichen Schlüssels von Bob):

$$C_i = C \cdot R_i^e \pmod n$$

Die Werte R_i werden dabei in einer bestimmten Weise gebildet, die jeweils von den vorherigen »passenden« Werten R_i abhängen, welche nicht zu einer Fehlermeldung von Bob geführt haben und somit zu gültigen Klartexten nach PKCS #1 dechiffriert wurden. Aus der Information, dass bestimmte C_i zu gültigen »PKCS #1«-Klartexten geführt haben, kann Eve nun auf bestimmte Bits der dazugehörigen Nachricht $M_i \equiv C_i^d \equiv M \cdot R_i \pmod n$ schließen.

Mithilfe der für hinreichend viele R_i in Erfahrung gebrachten Bits von $M \cdot R_i \bmod n$ kann Eve das Intervall reduzieren, das die Nachricht M enthält. In etwa halbiert jeder »passende« Schlüsseltext das zu betrachtende Intervall, sodass Eve mit hinreichend vielen »passenden« Werten R_i die Nachricht M und damit das zwischen Alice und Bob vereinbarte Pre-Master-Secret bestimmen kann.

Bei einer Modullänge von 1024 bit benötigt ein Angreifer nur etwa 2^{20} Anfragen, um einen Klartext zu berechnen!

Bei der in SSL Version 3.0 verwendeten Version 1.5 von PKCS #1 erweist sich ungefähr einer von 2^{16} bis 2^{18} Werten R_i als »passend«. Für die in dieser Zeit üblicherweise verwendeten RSA-Schlüssel mit einer Modullänge von 1024 bit benötigt Eve nach dieser Methode ungefähr 2^{20} Schlüsseltexte und Anfragen an Bob, um einen Klartext in Erfahrung zu bringen. Somit ergibt sich insgesamt, dass Eve nach etwa einer Million vorgetäuschter Handshake-Dialoge, die alle entweder von Bob (bei nicht »passenden« R_i) oder Eve (bei »passenden« R_i) abgebrochen werden, das zuvor zwischen Alice und Bob vereinbarte Pre-Master-Secret und alle davon abgeleiteten Sitzungsschlüssel in Erfahrung bringen kann.

Zusammenfassend kann man aus diesem Angriff lernen, dass *subtile Protokollinteraktionen (hier: zwischen PKCS #1 und SSL) dazu führen können, dass ein Sicherheitsprotokoll versagt, obwohl der zugrunde liegende kryptografische Algorithmus (hier: RSA) selbst keine Schwachstelle offenbart.*

Mögliche Gegenmaßnahmen

Diesem Angriff kann mit einer Reihe unterschiedlicher Gegenmaßnahmen begegnet werden. Eine naive, jedoch effektive Maßnahme ist der regelmäßige Wechsel der asymmetrischen Schlüssel, sodass ein Angreifer nicht genügend C_i ausprobieren kann, um den zu C gehörenden Quelltext zu bestimmen. Hierdurch entsteht allerdings ein nicht unerheblicher Aufwand, da der öffentliche Schlüssel des Servers zertifiziert sein muss, um dem Client eine Authentizitätsprüfung zu ermöglichen.

Häufige Schlüsselwechsel

Fehlerausgaben vermeiden

Weiterhin kann versucht werden, die Wahrscheinlichkeit dafür herabzusetzen, dass ein Angreifer »passende« Schlüsseltexte findet, indem das Format der erhaltenen Klartexte umfassend geprüft wird und dem Client gegenüber jeweils das gleiche Verhalten (Fehlermeldung, zeitliches Verhalten etc.) gezeigt wird, sodass er den Server nicht als Orakel missbrauchen kann.

Der Client sollte seine Kenntnis des verschlüsselten Klartextes nachweisen.

Ebenso ist es empfehlenswert, dass der Client die Kenntnis des zu einem Schlüsseltext gehörenden Klartextes nachweisen muss, bevor eine Information darüber gegeben wird, ob der Schlüsseltext zu einem gültigen Klartext dechiffriert werden konnte. Eine Realisierungsmöglichkeit für die beiden letztgenannten Ideen ist das Hinzufügen einer einzuhaltenden Struktur für Klartexte, etwa durch Konkatenation eines kryptografischen Hashwertes an jede Klartextnachricht. Hierbei muss jedoch darauf geachtet werden, dass keine Schwachstellen für eine andere Kategorie von Angriffen eingeführt werden [CFP+96].

Optimal Asymmetric Encryption Padding (OAEP)

Die beste Gegenmaßnahme gegen Orakel-Angriffe auf Protokolle, die den RSA-Algorithmus einsetzen, ist schließlich eine Änderung des asymmetrischen Verschlüsselungsprotokolls, in diesem Fall PKCS #1. Die Version 2.1 des Standards sieht hierfür eine modifizierte Aufbereitung des Klartextes mit einer als *Optimal Asymmetric Encryption Padding (OAEP)* bezeichneten Methode vor der eigentlichen Verschlüsselung vor. Ziel dieser Aufbereitung ist es, zu verhindern, dass ein Angreifer gültige Schlüsseltexte erzeugen kann, ohne den dazugehörigen Klartext zu kennen. Die letztgenannte Eigenschaft des modifizierten »PKCS #1«-Protokolls wird im Englischen auch als *»plaintext aware«* bezeichnet.

Der Nachfolgestandard von SSL, das im Folgenden vorgestellte TLS, sieht allerdings lediglich vor, dass Server auf detektierte Angriffe durch Nutzung eines zufälligen Pre-Master-Secret reagieren sollen, sodass ein Angreifer keinen Reaktionsunterschied von Serverseite erkennen kann.

13.2 Transport Layer Security (TLS)

TLS ist ein offner Standard beruhend auf SSL Version 3.0.

Im Jahr 1996 wurde von der IETF eine Arbeitsgruppe zur Spezifikation eines Sicherungsprotokolls mit der Bezeichnung *Transport Layer Security (TLS)* gegründet. Offiziell sollten hierfür die Protokolle SSL, SSH und PCT als gemeinsame Vorgabe dienen, jedoch wurde rasch beschlossen, das Protokoll SSL Version 3.0 mit den folgenden Modifikationen als TLS zu verabschieden:

- Die ursprünglich in SSL Version 3.0 verwendete Präfix-Suffix-Konstruktion zur Berechnung kryptografischer Hashwerte sollte durch die HMAC-Konstruktion ersetzt werden.
- Zur Berechnung der Schlüssel werden MD5 und SHA-1 nicht ineinander verschachtelt aufgerufen, sondern unabhängig voneinander berechnet und anschließend XOR-verknüpft, sodass Schwächen des MD5-Verfahrens keine größeren Auswirkungen haben.
- Die auf Fortezza basierenden Cipher-Suites sollten aus dem Protokoll entfernt werden, da sie auf einer nicht veröffentlichten, potenziell unsicheren Technologie beruhen.
- Das Handshake-Protokoll sollte um eine Authentisierungsvariante auf der Grundlage des Digital Signature Standard (DSS) ergänzt werden.
- Die Protokollspezifikation sollte modularisiert und insbesondere das sollten Record- und das Handshake-Protokoll in separaten Dokumenten spezifiziert werden.

Die letztgenannte Forderung wurde nicht in die Tat umgesetzt, sodass der erste Entwurf der TLS-Spezifikation weitgehend der SSL-Spezifikation Version 3.0 entsprach, was auch für den 1999 verabschiedeten RFC 2246 [DA99] zutrifft.

13.2.1 Verwendete kryptografische Algorithmen

Anpassungen zur Erlangung einer globalen Exporterlaubnis

Um eine globale Exporterlaubnis für TLS-konforme Produkte erlangen zu können, wurden im ursprünglichen TLS-Standard einige Cipher-Suites definiert, die eine Verwendung von Schlüsseln mit einer maximalen Entropie von 40 bit vorsehen. Diese Cipher-Suites enthalten das Wort »Export« in ihrer symbolischen Bezeichnung.

Diese Verfahren bieten tatsächlich kaum einen Schutz vor Angreifern, da Brute-Force-Angriffe auf 40 bit lange Schlüssel heute auf handelsüblichen Computern mit ausreichender Geschwindigkeit ausgeführt werden können. Mit der Änderung der amerikanischen Exportpolitik im Hinblick auf Kryptografie haben sie daher ihre Bedeutung verloren, und in der aktuellen TLS-1.2-Spezifikation [DR08] ist die Verwendung dieser Verfahren explizit nicht länger vorgesehen.

Unterstützte kryptografische Algorithmen und Protokolle

In Bezug auf seine Protokollfunktionen unterscheidet sich TLS praktisch nicht von SSL. Das Protokoll unterstützt aber in Version 1.2 eine Reihe weiterer Cipher-Suites mit den folgenden kryptografischen Algorithmen und Protokollelementen:

- *Authentisierung und Schlüsselaustausch:* Ein Diffie-Hellman-Schlüsselaustausch (DH und ECDH) kann mit oder ohne digitale Signaturen (DSA, ECDSA oder RSA) durchgeführt werden. Alternativ kann die Authentisierung des Diffie-Hellman-Schlüsselaustausches, sowohl über $\mathbb{Z}_p$ als auch mittels elliptischer Kurven, mit zertifizierten öffentlichen Werten erfolgen. Vergleichsweise neu ist die Möglichkeit, auch SRP zur Authentisierung von Client und Server einzusetzen [TWM+07]. Es ist dabei im Prinzip auch möglich, Passwörter clientseitig wieder zu verwenden, da zusätzlich eine zertifikatsgestützte Authentisierung angeboten werden kann. Paarweise unterschiedliche Passwörter vorausgesetzt, besteht durch SRP aber auch eine von CAs unabhängige Methode, die Identität des Servers zu überprüfen. Am gebräuchlichsten bleibt jedoch die RSA-geschützte Übertragung des Pre-Master-Secret durch den Client.
- *Verschlüsselungsalgorithmen:* 3DES und AES werden jeweils im CBC-Modus unterstützt. Ferner ist der Einsatz der »alternativen« Verschlüsselungsalgorithmen Camellia [KKK10] und ARIA [KLP+11] im CBC-Modus vorgesehen. ARIA ist eine koreanische Chiffre und kann wie AES zusätzlich im GCM betrieben werden. Alternativ kann der Schutz durch RC4 (128 bit Schlüssellänge) oder keine Verschlüsselung ausgehandelt werden. Die Verwendung von IDEA und (Single-)DES im CBC-Modus ist zwar im separaten RFC 5469 [Ero09] spezifiziert, es wird jedoch von einer Nutzung abgeraten.
- *Nachrichtenauthentisierungswerte:* Neben HMAC-Konstruktionen aus MD5 und SHA-1 können in TLS 1.2 auch SHA-224, SHA-256, SHA-384 und SHA-512 zum Einsatz kommen. Von der Nutzung von HMAC-MD5 wird inzwischen ebenfalls ab-

geraten. Auf die Prüfung von Nachrichtenauthentisierungswerten kann nur in zwei Spezialfällen verzichtet werden: wenn gar kein Schutz durch TLS erbracht werden soll, also gleichzeitig keine Verschlüsselung verwendet wird, oder ein AEAD-Algorithmus eingesetzt wird.

- *Ableitung von Schlüsselmaterial:* Zur Berechnung der Schlüssel kommt ab TLS 1.2 nicht mehr die MD5-SHA-1-Konstruktion zum Einsatz. Stattdessen müssen für die Cipher-Suites explizit Funktionen angegeben werden, wobei zurzeit normalerweise SHA-256 verwendet wird.

13.2.2 Angriffe auf wählbare Initialisierungsvektoren

Wahl von IVs in TLS/SSL und Angriffsszenarien

Werden Chiffren bei TLS Version 1.0 oder auch SSL im CBC-Modus eingesetzt, so bestimmt sich der Initialisierungsvektor eines Records immer aus dem letzten Block des Ciphertextes des vorherigen Records. Im Gegensatz zu IPsec, bei dem Pakete verloren gehen können, existiert bei TLS/SSL eine verlässliche TCP-Verbindung, sodass funktional kein Nachteil entsteht. Wenn der Angreifer aber selbst Records versenden kann, entsteht ein Sicherheitsproblem [Bar06], da er so möglicherweise auch unabhängig von ihm versendete Records entschlüsseln kann. Tatsächlich auftreten kann dieser Fall beispielsweise in VPN auf TLS/SSL-Basis, wo der Angreifer über einen komprimierten Rechner Pakete einspielt, um die Pakete anderer Rechner zu dechiffrieren. Darüber hinaus ist 2010 ein Verfahren namens Browser Exploit Against SSL/TLS (BEAST) bekannt geworden [DR11], bei dem der Angreifer mittels JavaScript im Browser des Opfers Webanfragen konstruiert, um Daten aus einer TLS-gesicherten HTTP-Übertragung wiederherzustellen.

Kontrolle des IV

In der Anfangsphase des Angriffs werden zunächst über die angegriffene TLS/SSL-Verbindung Records gesendet, die zu festen Chiffrewerten führen. Falls ein Angreifer ganze Records beliebig einfügen kann, ist dies vergleichsweise einfach. Wenn beispielsweise der Klartext des Records mit dem letzten Ciphertext beginnt, ergibt sich so immer ein zu chiffrierender Nullblock und der Rest des Records wird immer auf den identischen Ciphertext abgebildet. Werden feste Rahmenformate benötigt, so wird der Angriff komplexer, aber dennoch ausführbar. Details finden sich etwa in [DR11].

Gezieltes Durchprobieren der Daten

Nachdem der Angreifer sicherheitsrelevanten Verkehr abgehört hat, welcher mit diesem Initialisierungsvektor verschlüsselt wurde, beginnt die nächste Phase des Angriffs. Durch mehrfaches

Wiederherstellen des Initialisierungsvektors kann der Angreifer nun versuchen, Klartexte an den Blockgrenzen ganz gezielt durchzuprobieren.

Abbildung 13.5
Vereinfachter Ablauf eines Angriffs auf den CBC-Modus in TLS 1.0

Abbildung 13.5 zeigt ein vereinfachtes Beispiel für einen solchen Angriff. Der Angreifer sendet hier mittels eines JavaScripts im Browser des Opfers Anfragen an einen Server, beispielsweise den einer Bank. Dieses JavaScript kann vom Angreifer etwa beim Surfen des Opfers auf ungeschützten Webseiten per Man-in-the-Middle-Angriff eingebettet werden. Bei jeder Anfrage des JavaScripts wird jeweils ein sogenannter Cookie übertragen, welcher das Opfer gegenüber dem Server als legitimen Nutzer ausweist, und dessen Inhalt (`1234secsec23423`) der Angreifer in unserem Beispiel erfahren möchte. Durch einfaches Abhören ist es ihm nicht möglich, da die Records jeweils durch eine CBC-Chiffre mit 128 bit langen Blöcken geschützt sind. In der Abbildung 13.5 entspricht jede Zeile einem Block. Der Angreifer sendet nun zunächst eine Anfrage, die dafür sorgt, dass der Record mit einem bestimmten Chiffretext endet. Im nächsten Schritt sendet er eine weitere Anfrage, die so konstruiert ist, dass das erste Byte des Cookies gerade noch vor einer Blockgrenze liegt. Den Chiffretext des Records zeichnet er auf. Anschließend sendet er eine weitere Anfrage, die zunächst wieder einen Chiffretext generiert, dessen letzter Block zum Setzen des definierten IV dient. Dann folgt in der Anfrage der Inhalt aus der zweiten Anfrage an den Server. Einzig den Wert des Cookies kennt der Angreifer nicht, er rät in diesem Beispiel, dass der Cookie mit »0« beginnt, und wird feststellen, dass ein anderer Chiffretext erzeugt wird. Er kann demzufolge ausschließen, dass das Cookie mit »0« beginnt und systematisch mit dem Raten fortfahren. Anschließend kann er eine neue Anfrage generieren, bei der das zweite

Zeichen vor der Blockgrenze verschlüsselt wird, und auf dieses schließen.

Bewertung des Angriffs

Zusammenfassend ist dieser Angriff natürlich als sehr komplex zu werten, sodass Angriffe in der Praxis nicht allzu häufig auftreten dürften. Dennoch demonstriert er eindrucksvoll, wie verschiedene Komponenten in einem kryptografischen Protokoll auf unerwünschte Weise zusammenwirken und zu einer Schwäche führen können. Ab TLS 1.1 ist die Verwendung von Initialisierungsvektoren neu geregelt und jedem Record muss ein zufällig gewählter expliziter Initialisierungsvektor vorangestellt werden. Der skizzierte Angriff funktioniert in diesem Fall nicht mehr.

13.2.3 Der Renegotiation-Angriff

Im Jahr 2009 ist ein weiterer möglicher Angriff auf TLS und SSL veröffentlicht worden, bei dem die Möglichkeit zur Neuaushandlung von Sessions missbraucht wird. Details finden sich zum Beispiel in [Zol11]. Konkret erlaubt diese Lücke es einem Angreifer, sich zwischen Server und Opfer zu schalten und vor deren Kommunikation Nachrichten mit dem Server auszutauschen. Die eigentliche Kommunikation erfolgt weiterhin vertraulich und authentisch.

Auswirkungen hängen vom Anwendungsprotokoll ab.

Ob dieses Verhalten zu tatsächlichen Sicherheitsproblemen führt, hängt stark vom jeweiligen Anwendungsprotokoll ab. Allerdings sind beispielsweise auf Webdienste solche Angriffe trotz einiger Komplexität sehr gut zu realisieren. Ein möglicher Ablauf könnte dabei wie folgt verlaufen:

1. Das Opfer baut eine TLS/SSL-Verbindung zum Server auf und loggt sich auf der Webseite ein.
2. Der Angreifer sendet im Namen des Servers ein TCP-Reset-Paket und die TLS/SSL-Verbindung wird abgebaut.
3. Das Opfer baut bei der nächsten Operation eine neue TLS/SSL-Verbindung auf. Diesmal nimmt der Angreifer die TCP-Verbindung entgegen und wartet auf einen TLS/SSL-Handshake.
4. Der Angreifer speichert die Werte zwischen und baut seinerseits mit den Parametern eine Sitzung zum Server auf. Da sich bei TLS/SSL in der Regel nur der Server authentisiert, ist dies problemlos möglich. Der Angreifer kann nun eine speziell konstruierte Anfrage an den Server senden, beispielsweise:
   ```
   GET /ebank/transfer?what=LotsOfMoney&to=eve
   HTTP/1.1 <crlf>
   X-Ignore: <no crlf>
   ```

Anschließend initiiert der Angreifer eine Neuaushandlung der Schlüssel.

5. Die Schwachstelle besteht nun darin, dass der Angreifer das Opfer dazu bringen kann, die von ihm begonnene Session fortzusetzen und die neuausgehandelten Parameter als neue Verbindung zu akzeptieren. Das Opfer wird also über den Angreifer hinweg sicher mit dem Server kommunizieren, aber wenn es eine Anfrage stellt, wird diese an die bereits gesendeten Werte angehängt. Aus

```
GET /ebank/start.html HTTP/1.1<crlf>
Cookie: S=a40da433e30e79012617ac03<crlf>
```

wird somit beim Server die Anfrage

```
GET /ebank/transfer?what=LotsOfMoney&to=eve
HTTP/1.1 <crlf>
X-Ignore: GET /ebank/start.html HTTP/1.1<crlf>
Cookie: S=a40da433e30e79012617ac03<crlf>
```

Der Cookie des Opfers wird somit vom Angreifer eingesetzt, um eine Aktion durchzuführen, ohne dass er durch die Schwachstelle Kenntnis vom Cookie selbst erlangen muss.

Auswirkungen und Gegenmaßnahmen

Auch an dieser Stelle zeigt sich, dass TLS/SSL ein sehr komplexes Protokoll ist und dass durch Interaktion zwischen den Protokollteilen Sicherheitsprobleme entstehen, die zunächst nur geringe Auswirkungen zu haben scheinen, aber im Kontext des jeweiligen Anwendungsprotokolls katastrophale Folgen haben können. Neben HTTPS sind beispielsweise auch SMTPS und FTP-S betroffen, während andere wie IMAP, POP oder EAP-TLS nicht tangiert sind. Für HTTPS sind darüber hinaus eine Reihe weiterer Angriffsarten bekannt, die es beispielsweise erlauben, auf dem Opfer-Rechner JavaScript im Sicherheitskontext des Webservers ablaufen zu lassen [Zol11].

Eine standardisierte Gegenmaßnahme ist in RFC 5746 [RRD+10] beschrieben. Hierbei werden durch eine Erweiterung des TLS-Protokolls initiale und neuausgehandelte Sessions durch kryptografische Maßnahmen miteinander verknüpft.

13.2.4 Probleme bei der Kompression in TLS

Ein weiteres Problem von TLS/SSL und dem Zusammenwirken bei der Sicherung von HTTP wurde 2012 publiziert [DR12]. Das Problem besteht diesmal lediglich darin, dass TLS-Verkehr komprimiert werden kann und somit sind alle TLS/SSL-Versionen potenziell betroffen. In einem ähnlichen Angriffsszenario wie bei dem bereits besprochenen BEAST-Angriff wird zunächst ein JavaScript im Browser des Opfers gestartet, etwa indem das JavaScript auf unbeteiligten ungeschützten Seiten per Man-in-the-Middle-Angriff eingebettet wird. Anschließend werden vom JavaScript Anfragen an eine sichere Webseite gestellt und der Angreifer überprüft jeweils, wie gut die Anfrage komprimiert wurde. Von diesem Seitenkanal leitet sich auch der Name des Angriffs *Compression Ratio Info-leak Made Easy (CRIME)* ab.

Beispiel für einen Angriff

Im einfachsten Fall versucht der Angreifer mithilfe des CRIME-Angriffs wieder den Wert eines Cookies zu extrahieren. Dazu stellt er mithilfe des JavaScripts beispielsweise folgende Anfrage:

```
GET /S=3 HTTP/1.1<crlf>
Cookie: S=31d6cfe0d16ae931b73c59d7<crlf>
```

Bei Beobachtung des Netzwerks wird er feststellen, dass diese Anfrage kleiner ist als andere Anfragen, etwa nach `/S=2`, da sie sich besser komprimieren lässt. Auf diese Weise kann er Zeichen für Zeichen gezielt durchprobieren und den Cookie wiederherstellen. Weitere komplexere und besser ausgearbeitete Angriffsformen sind in [DR12] skizziert.

TLS-Kompression bei Webbrowsern deaktiviert

Die Hersteller von Browsern haben auf den Angriff durch Abschaltung der Kompressionsmöglichkeit reagiert. Allerdings muss für jedes Anwendungsprotokoll bewertet werden, ob eine TLS-basierte Kompression eine potenzielle Schwachstelle darstellt.

13.2.5 Timing-Angriffe auf den CBC-Modus in TLS

TLS authentisiert erst nach der Entschlüsselung.

Im Februar 2013 wurde ein weiterer Angriff auf TLS publiziert [AP13], der auch die Wiederherstellung von Klartextblöcken erlaubt, wenn Chiffren im CBC-Modus eingesetzt werden. Als problematisch hat sich diesmal eine Kombination von Vorgehensweisen in TLS/SSL gezeigt: Im Gegensatz zu IPsec authentisiert TLS/SSL den Klartext eines Records zunächst, fügt dann ein Padding an und verschlüsselt erst am Schluss die Daten. Das Padding wird nicht authentisiert, muss aber eine bestimmte Form haben und jedes Byte des Paddings muss der Länge des Paddings minus eins entsprechen. Wenn der Padding-Block etwa 3 Byte umfasst, wird als Padding `0x02 0x02 0x02` erwartet. Das eigentliche Problem tritt nun in den Implementierungen auf. Je nachdem, ob ein Padding korrekt oder inkorrekt ist, ergeben sich in der Regel unterschiedliche Verarbeitungszeiten. Da die Dauer der Verarbeitung nicht vom Chiffre-, sondern vom Klartext abhängt, kann ein Angreifer sie messen und zu seinem Vorteil ausnutzen. Der Angriff ist insbesondere trotz einiger Gegenmaßnahmen möglich, die im TLS-Standard sogar explizit beschrieben sind. So soll trotz eines falschen Paddings zunächst eine Authentisierung durchgeführt werden. Allerdings dauert je nach Korrektheit des Paddings diese Authentisierung unterschiedlich lange, da eine unterschiedliche Anzahl von HMAC-Aufrufen nötig ist.

Veränderung von Chiffretexten zu Erzeugung valider Paddings

Ein stark vereinfachter Angriff zur Wiederherstellung eines Chiffretextblocks C_n kann dabei wie folgt stattfinden: Das Längenfeld des Records wird geändert, sodass C_n der letzte Block ist. Zusätzlich wird der Block vor C_n, also C_{n-1}, mit einem Wert Δ XOR-verknüpft. Dadurch ergeben sich für den Angreifer unvorhersehbare Änderungen für den dechiffrierten $\tilde{P}_{n-1}$ und vorhersehbare Änderungen für $\tilde{P}_n$, welcher nun ebenfalls mit Δ XOR-verknüpft ist. Wird beispielsweise $\Delta = 0x0005$ gewählt und ebenso ein valides Padding wie bei $\Delta = 0x0105$ erzeugt, dann kann mit hoher Wahrscheinlichkeit davon ausgegangen werden, dass der unmodifizierte Klartext P_n auf `0x05` endet. Der Test mit $\Delta = 0x0105$ dient dem Ausschluss, dass die letzten Bytes von $\tilde{P}_n$ beispielsweise `0x01 0x01` waren. Die Authentisierung der Pakete wird in jedem Fall mit an Sicherheit grenzender Wahrscheinlichkeit fehlschlagen, aber die Fehlernachrichten sind für den Angreifer messbar unterschiedlich verzögert.

Beseitigung des Problems

Die Autoren des Angriffs haben umfangreiche Tests gemacht und viele TLS/SSL-Implementierungen ermittelt, die verwundbar sind. Insbesondere können die Angriffsarten mit BEAST-ähnlichen Methoden weiter verfeinert werden. Eine schnelle Lösung des Problems bietet nur eine Abkehr vom CBC-Verschlüsselungsmodus in TLS/SSL, etwa durch Einsatz von RC4 oder AES-GCM. Erstere Chiffre ist allerdings wegen ihrer kryptografischen Schwachstellen problematisch. AES-GCM hingegen wird noch nicht von allen TLS-Implementierungen unterstützt. Mittelfristig muss in den Implementierungen der Seitenkanal, der aufgrund der TLS/SSL-Spezifikation entstanden ist, beseitigt werden, indem die Bearbeitungsdauer ausschließlich von der Paketlänge abhängen darf.

13.3 Datagram Transport Layer Security (DTLS)

Aufgrund der Möglichkeit, das vorgestellte TLS-Protokoll in eigenen Anwendungen ohne Anpassung des Betriebssystems oder von Netzwerkkomponenten zu verwenden, findet es weite Verbreitung. Allerdings erfordert es immer eine verlässliche Verbindung, wie sie durch TCP bereitgestellt wird. Dies limitiert die Möglichkeiten des Einsatzes, insbesondere wenn:

- Sprach- oder Videodaten in Realzeit transportiert werden sollen und somit keine zeitaufwendigen Neuübertragungen stattfinden sollen oder
- bereits verlässliche Protokolle auf Transportebene sicher getunnelt werden sollen (etwa TCP-Verbindungen in einem TLS-basierten VPN).

Aus diesem Grund entschied man sich in der IETF, eine Variante von TLS zu standardisieren, die auch über nicht verlässliche Transportprotokolle, wie UDP, funktioniert. Das Datagram Transport Layer Security (DTLS) genannte Verfahren ist aktuell als Pendant zu TLS Version 1.2 in RFC 6347 [RM12] definiert und bietet auch viele Analogien zu IPsec und IKE.

Anpassungen für nicht verlässliche Kanäle

Aufgrund der Möglichkeit, dass Nachrichten nun verloren gehen können, wurden Mechanismen für die Neuübertragung von Handshake-Paketen entwickelt. Darüber hinaus werden Nachrichten explizit mit Sequenznummern versehen und ein Sliding-Window-Verfahren für die Behandlung möglicher Wiedereinspielungen implementiert. Ebenfalls wie bei IPsec ist es wegen des fehlenden Mechanismus zur Resynchronisation nicht möglich, RC4 mit DTLS zu verwenden. Um mögliche Sabotageangriffe auf DTLS-Dienste durch viele gefälschte Anfragen zu vermeiden, ist es vorgesehen, den Schutz vor Sabotageangriffen von IKEv2 (siehe Abschnitt 12.9) zu implementieren und erst nach Überprüfung der Clientadresse mit dem Speichern und Berechnen von Werten zu beginnen. Wie IPsec ist auch DTLS potenziell von NAT-Situationen betroffen. Da es sich um ein Protokoll auf Transportebene handelt, erwachsen daraus auch nicht direkt Probleme, allerdings kann es auch in diesem Fall zum Verlust des Zustandes in den NAT-Routern kommen, wenn lange keine Pakete ausgetauscht werden. In RFC 6520 [STW12] ist unter anderem deshalb vorgeschlagen worden, periodisch mit sogenannten *Heartbeat-Nachrichten* zu überprüfen, ob die Beteiligten sich noch korrekt erreichen.

Senden von Heartbeats

Eigener Fragmentierungsmechanismus

Ein erwähnenswerter Unterschied zu IPsec ist, dass DTLS versucht, die Fragmentierung auf IP-Ebene zu vermeiden, und anstelle dessen Klartextdaten auf mehrere Records verteilt. Dies kann unter Umständen positive Auswirkungen auf die Resistenz gegen Sabotageangriffe haben, da die Pakete erst nach erfolgreicher Authentisierung zwischengespeichert beziehungsweise zusammengesetzt werden müssen.

13.4 Secure Shell (SSH)

Speziell für die Sicherung entfernter Anmeldungen an Rechnern wurde das Protokoll *Secure Shell (SSH)* von T. Ylönen an der Helsinki-Universität in Finnland entwickelt. Da der Autor ebenfalls eine freie Implementierung mit Quellcode zur allgemeinen Verfügung stellte, fand das Protokoll weite Verbreitung im Internet. Im weiteren Verlauf wurde die Entwicklung von SSH vom Autor kommerzialisiert, jedoch existieren immer noch freie Implementierungen der aktuellen Protokollversion, von denen die Implementierung *OpenSSH* die weiteste Verbreitung gefunden hat.

Standardisierung in der IETF

Im Jahr 1997 wurde die Version 2.0 der SSH-Spezifikation bei der IETF eingereicht und hat seitdem regelmäßige Überarbeitungen in einer Reihe von jeweils aktualisierten Internet Drafts erfahren und wurde 2006 nach nahezu neun Jahren der Überarbeitung in eine Reihe von RFCs überführt [YL06a, YL06b, YL06c, YL06d].

Zielsetzung von SSH

SSH wurde mit dem Ziel entworfen, einen sicheren Ersatz für die sogenannten *R-Tools (rlogin, rsh, rcp, rdist)* des Betriebssystems *Unix* zu schaffen. Somit stellt es eigentlich ein Protokoll der Anwendungsschicht oder eventuell auch der Sitzungsschicht dar. Da es jedoch auch ein generisches Sicherheitsprotokoll für Transportverbindungen enthält und darüber hinaus auch die Kapselung von Transportverbindungen unterstützt (Tunneling), wird es in diesem Kapitel als Sicherheitsprotokoll der Transportschicht erläutert.

Die Version 2 der SSH-Spezifikation ist auf vier Dokumente aufgeteilt:

- The Secure Shell (SSH) Protocol Architecture [YL06c],
- The Secure Shell (SSH) Transport Layer Protocol [YL06d],
- The Secure Shell (SSH) Authentication Protocol [YL06a] und
- The Secure Shell (SSH) Connection Protocol [YL06b].

Protokollarchitektur

Die Protokollarchitektur folgt einem Client/Server-Ansatz. Jeder Server hat hierbei mindestens einen öffentlichen Schlüssel, der in der Regel auf den gesamten Computer bezogen ist. In diesem Zusammenhang unterstützt SSH zwei grundsätzliche Vertrauensmodelle: Bei dem einfachen Modell verfügt jeder Client über eine lokale Datenbank, welche zu jedem ihm bekannten Rechner den öffentlichen Schlüssel speichert. Daneben unterstützt SSH auch die Zuordnung von öffentlichen Schlüsseln zu Servern auf der Grundlage von Zertifikaten, bei der Clients den beziehungsweise die öffentlichen Schlüssel einer oder mehrerer Zertifizierungsinstanzen kennen, welche die öffentlichen Schlüssel der Server zertifizieren.

Vertrauensmodelle

Weiterhin erlaubt das Protokoll eine flexible Aushandlung der im Rahmen einer Sitzung anzuwendenden Protokollmechanismen, wie Verschlüsselung, Datenintegrität, Schlüsselaushandlung und Kompression sowie auch der hierfür zu verwendenden Algorithmen und Parameter.

Aushandlung von Protokollmechanismen

13.4.1 SSH-Transportprotokoll

Das SSH-Transportprotokoll erbringt auf der Grundlage eines zuverlässigen Transportprotokolls (in der Regel TCP) die folgenden Sicherheitsdienste für die im Rahmen einer Sitzung (Session) ausgetauschten Dateneinheiten:

SSH-Sicherheitsdienste

- Serverauthentisierung (gerätebezogen),
- Verschlüsselung der Nutzdaten (nach optionaler vorheriger Kompression) und
- Nachrichtenauthentisierung.

Die Authentisierung des Servers wird beispielsweise auf der Grundlage von RSA-, DSA- oder ECDSA-Signaturen realisiert, wobei in der Regel gleichzeitig ein Sitzungsschlüssel mit einem authentisierten Diffie-Hellman-Austausch vereinbart wird. Letzterer kann ebenfalls über $\mathbb{Z}_p$ oder mithilfe elliptischer Kurven [SG09] erfolgen. Für die Verschlüsselung der Nutzdaten werden die Algorithmen 3DES, Blowfish, Twofish, AES, Serpent, IDEA und CAST jeweils im Cipher Block Chaining Mode sowie RC4 unterstützt. Die Nachrichtenauthentisierung erfolgt durch Berechnung von Hashwerten gemäß der HMAC-Konstruktion, wahlweise mit MD5, SHA-1 oder in neueren Implementierungen mit SHA-2 [BB12]. Weiterhin gibt es auch bei SSH die Möglichkeit der impliziten Authentisierung durch die Nutzung von AES im GCM [IS09].

Kryptografische Algorithmen und Protokolle

Abbildung 13.6 zeigt das Rahmenformat des SSH-Transportprotokolls. Die in dem Rahmen enthaltenen Protokollfelder haben die folgenden Bedeutungen:

Protokollfelder

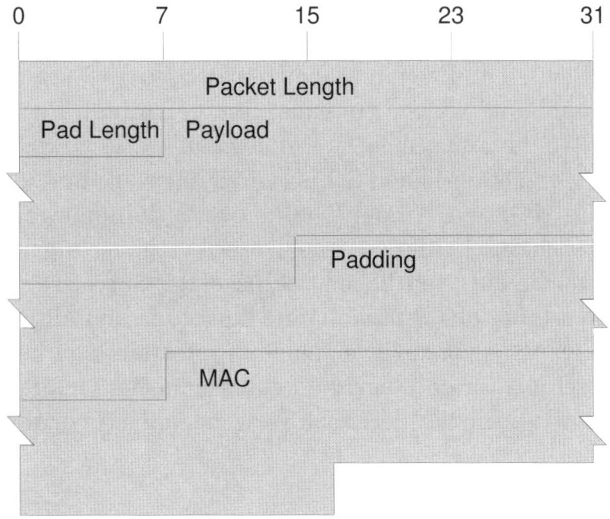

Abbildung 13.6 *Rahmenformat des SSH-Transportprotokolls*

Packet Length

- *Packet Length* bezeichnet die Länge des Rahmens abzüglich dieses Feldes.

Pad Length

- *Pad Length* gibt an, um wie viele Oktette das Paket vor der Verschlüsselung verlängert wurde, und muss einen Wert zwischen 4 und 255 enthalten.

Payload

- *Payload* enthält die eigentliche Nutzlast des Rahmens. Wenn Verschlüsselung der Nutzdaten beim Sitzungsaufbau ausgehandelt wurde, wird die Nutzlast nach einer optionalen Kompression und Berechnung des MAC chiffriert.

Padding

- *Padding* bezeichnet zufällig gewählte Oktette, mit denen die Nutzlast auf ein ganzzahliges Vielfaches von 8 beziehungsweise der Blocklänge des Chiffrierverfahrens aufgefüllt wird (je nachdem, welcher Wert größer ist).

MAC

- *MAC* enthält den optionalen Authentisierungswert der Nachricht, der nach der folgenden Vorschrift berechnet wird:

$$MAC := HMAC(SharedSecret, SeqNum \mid\mid PlainPacket)$$

  Hierbei bezeichnet $SeqNum$ eine für jeden Rahmen inkrementierte, 32 bit lange Sequenznummer und $PlainPacket$ den gesamten, unverschlüsselten Rahmen ohne das MAC-Feld.

Wie auch bei dem SSL-Record-Protokoll sind auch bei dem SSH-Transportprotokoll die Rahmen nicht auf 32-bit-Grenzen ausgerichtet. Eine solche Ausrichtung ist vor allem für Protokolle bis zur Netzwerkschicht wichtig, da sie in der Regel eine effizientere

Protokollverarbeitung in den Zwischensystemen ermöglicht. Da die Protokolldateneinheiten oberhalb der Transportschicht nicht mehr in Zwischensystemen verarbeitet werden, kann hierauf jedoch verzichtet werden, ohne nennenswerte Leistungseinbußen hervorzurufen.

13.4.2 Aushandlung von Parametern und Server-Authentisierung

Austausch der unterstützten Verfahren und der Präferenzen

Bei der Einrichtung einer Verbindung des SSH-Transportprotokolls einigen sich Client und Server zunächst auf die zu verwendenden kryptografischen Verfahren. Hierzu sendet jede Partnerinstanz ein als *»Kexinit«* bezeichnetes Paket mit einer Spezifikation der unterstützten Verfahren in der Reihenfolge der lokalen Präferenzen. Beide Instanzen iterieren dann über die Liste des Clients und wählen jeweils das erste Verfahren aus, das auch vom Server unterstützt wird. Auf diese Weise werden die Verfahren zur Server-Authentisierung, Verschlüsselung, Berechnung von Nachrichtenauthentisierungswerten und Kompression von Nutzdaten ausgehandelt.

Schlüsselaushandlung

Weiterhin kann jede Instanz direkt ein *Key Exchange Packet* für die Aushandlung eines Sitzungsschlüssels anfügen, wobei sie hierfür das Verfahren auswählt, von dem sie annimmt, dass es auch die Partnerinstanz unterstützt. Erweist sich diese Annahme als falsch, wird das Key Exchange Packet von der Partnerinstanz verworfen und nach der Aushandlung der Verfahren ein neues Paket gemäß dem ausgehandelten Verfahren für den Schlüsselaustausch gesendet. Dieser Fall sollte in der Praxis jedoch nicht häufig auftreten, da im Standard [YL06d] zunächst nur zwei Verfahren für die Schlüsselaushandlung mit Diffie-Hellman im $\mathbb{Z}_p$ und SHA-1 vorgesehen waren und die Implementierung beider Unterarten Pflicht ist. Konkret unterscheiden sich beide nur durch die verwendeten Diffie-Hellman-Gruppen, von denen eine Gruppe eine Primzahl mit 1024 bit und die andere eine Primzahl mit 2048 bit aufweist. Der Generator ist in jedem Fall 2 und die Ordnung der Gruppen beträgt jeweils $(p-1)/2$. In RFC 5656 [SG09] ist der initiale Standard allerdings um Diffie-Hellman-Verfahren mit elliptischen Kurven erweitert worden. Hierbei ist die Implementierung von drei NIST-Kurven über $\mathbb{Z}_p$ Pflicht und die Unterstützung aller neun weiteren Kurven wird empfohlen.

Unterstützt die Partnerinstanz das im Key Exchange Packet verwendete Verfahren, so verarbeitet sie das Paket direkt als erstes Paket für den Schlüsselaustausch. Auf diese Weise kann eine komplette Nachrichtenumlaufzeit (Round-Trip-Time) zwischen Client und Server eingespart werden.

Protokollablauf

Das in [YL06d] spezifizierte Verfahren zur Schlüsselaushandlung und Server-Authentisierung mit der oben angegebenen Gruppe umfasst die folgenden Protokollschritte:

1. Der Client wählt eine Zufallszahl x, berechnet $e := g^x \bmod p$ und sendet e an den Server.
2. Der Server wählt eine Zufallszahl y, berechnet $f := g^y \bmod p$ und sendet f an den Client. Hierbei muss der Server nicht auf das erste Paket des Clients mit dem Wert e warten, sondern kann diese Operation parallel zum ersten Protokollschritt des Clients ausführen.
3. Nach dem Empfang von e berechnet der Server weiterhin:

   $$K := e^y \bmod p \text{ sowie den Hashwert}$$
   $$h := H(ver_C, ver_S, kexinit_C, kexinit_S, +K_S, e, f, K)$$

   Hierbei bezeichnen ver und $kexinit$ die Protokollversion und initiale Nachricht zur Algorithmenaushandlung des Clients beziehungsweise Servers. Der Server signiert den Hashwert h nun mit seinem privaten Schlüssel $-K_S$, das heißt, er berechnet $s := E(-K_S, h)$, und sendet an den Client die Nachricht $(+K_S, f, s)$.
4. Nach dem Empfang dieser Nachricht überprüft der Client zunächst die Authentizität des öffentlichen Schlüssels $+K_S$ (wahlweise durch Abfragen seiner lokalen Datenbank oder durch Überprüfen des zu $+K_S$ gehörenden Schlüsselzertifikats). Dann berechnet er $K := f^x \bmod p$ und den Hashwert h. Anschließend überprüft er die Signatur über den Hashwert h. Verläuft diese Überprüfung erfolgreich, so kann der Client sicher sein, tatsächlich ein gemeinsames Geheimnis K mit dem Server ausgehandelt zu haben, der in Besitz des Schlüssels $-K_S$ ist.

Der Server kann anhand dieses Dialogs jedoch keinen Schluss über die Authentizität des Clients ziehen; für diesen Zweck wird das im nächsten Abschnitt beschriebene SSH-Authentisierungsprotokoll verwendet.

Ableitung von Sitzungsschlüsseln

Von dem ausgehandelten Geheimnis K und dem Hashwert h werden im Anschluss auf beiden Seiten die folgenden Sitzungsschlüssel abgeleitet ($EK \mathrel{\hat{=}}$ Encryption Key, $IK \mathrel{\hat{=}}$ Integrity Key), wobei der Hashwert h des initialen Schlüsselaustausches auch als

Sitzungsidentifikation (Session ID) verwendet wird:

$$
\begin{aligned}
IV_{Client2Server} &:= H(K, h, 'A', SessionId)\\
IV_{Server2Client} &:= H(K, h, 'B', SessionId)\\
EK_{Client2Server} &:= H(K, h, 'C', SessionId)\\
EK_{Server2Client} &:= H(K, h, 'D', SessionId)\\
IK_{Client2Server} &:= H(K, h, 'E', SessionId)\\
IK_{Server2Client} &:= H(K, h, 'F', SessionId)
\end{aligned}
$$

»Verlängerung« von Schlüsseln

Die Bits für den Schlüssel werden hierbei vom Anfang der Ausgabe der kryptografischen Hashfunktion entnommen. Werden mehr Bits benötigt, als die kryptografische Hashfunktion erzeugt, so werden die Schlüssel mit der folgenden Methode »verlängert«:

$$
\begin{aligned}
K_1 &:= H(K, h, x, SessionId) \text{ mit } x = 'A', 'B', \ldots\\
K_2 &:= H(K, h, K_1)\\
K_3 &:= H(K, h, K_1, K_2)\\
XK &:= K_1 \mid\mid K_2 \mid\mid \ldots \text{ mit } XK = IV, EK, IK
\end{aligned}
$$

13.4.3 Client-Authentisierung

Unterstützte Authentisierungsvarianten für den Client

Das SSH-Authentisierungsprotokoll dient der Überprüfung der Identität des Clients und setzt als zugrunde liegendes Protokoll das SSH-Transportprotokoll voraus. Standardmäßig werden die folgenden Authentisierungsvarianten unterstützt:

Public Key

- *Public Key:* Der Client generiert eine Signatur, die mit dem privaten Schlüssel des Benutzers $-K_{User}$ erzeugt wird, und sendet die folgende Nachricht an den Server:

$$
\begin{aligned}
Client \rightarrow Server:\ &\{SessionId, 50, ID_{User}, Service,\\
&'public\text{-}key', True, PubKeyAlgName,\\
&+K_{User}\}_{-K_{User}}
\end{aligned}
$$

Password

- *Password:* Bei dieser Variante wird dem Server ein Passwort des Clients im Klartext präsentiert. Bei Verwendung dieser Authentisierungsmethode ist sicherzustellen, dass die verwendete SSH-Transportverbindung mit Verschlüsselung ausgehandelt wurde, damit das Passwort nicht während der Übertragung ausgespäht werden kann.

Host-based Public Key

- *Host-based Public Key:* Analog zu der oben beschriebenen Public-Key-Methode, jedoch wird der Schlüssel des Clientrechners verwendet.

None

- *None:* Diese »Methode« wird hauptsächlich für das Abfragen der vom Server unterstützten Verfahren verwendet. Sollte der Server keine Client-Authentisierung verlangen, kann er auch direkt mit einer »Success«-Nachricht antworten.

Falls die Überprüfung der Authentisierungsnachricht durch den Server erfolgreich verläuft, so antwortet er mit der Nachricht `SSH_MSG_USERAUTH_SUCCESS`.

13.4.4 Verbindungskontrolle innerhalb einer Sitzung

Die Verbindungskontrolle innerhalb einer SSH-Sitzung wird mit dem SSH-Connection-Protokoll gesteuert, das die folgenden Dienste realisiert:

- interaktive Login-Sitzungen,
- entfernte Kommandoausführung,
- Kapselung und Weiterleitung von TCP/IP-Verbindungen und
- Kapselung und Weiterleitung von X11-Verbindungen.

Für jeden der oben genannten Dienste werden ein oder mehrere Kanäle zwischen Client und Server aufgebaut, die alle in eine einzige verschlüsselte und integritätsgeschützte SSH-Transportverbindung gemultiplext werden. Jede der beiden Partnerinstanzen kann die Öffnung eines neuen Kanals anfordern. Die einzelnen Kanäle werden anhand von Nummern bei dem Sender und dem Empfänger identifiziert und jeder Kanal ist von einem bestimmten Kanaltyp: `session`, `x11`, `forwarded-tcpip` etc. Für jeden Kanal wird eine Flusskontrolle auf Basis eines Sliding-Window-Mechanismus durchgeführt und Daten können nur dann gesendet werden, wenn zuvor ein Fensterkredit von der empfangenden Seite eingeräumt wurde.

Öffnung eines Kanals

Die Öffnung eines neuen Kanals wird mit der Nachricht `SSH_MSG_CHANNEL_OPEN` initiiert, welche die folgenden Parameter aufweist:

- *Channel Type* ist eine Zeichenkette, die einen der oben genannten Kanaltypen benennt.
- *Sender Channel* ist ein 32 bit langer Integerwert zur lokalen Identifikation des Kanals, der von der anfordernden Instanz vorgegeben wird.
- *Initial Window Size* legt den initialen Sendekredit fest, den der Initiator des Kanals der antwortenden Instanz einräumt.

- *Maximum Packet Size* legt die maximale PDU-Größe fest, die der Initiator über diesen Kanal empfangen möchte.
- Es können weitere Parameter enthalten sein, die spezifisch für den angeforderten Kanaltyp sind.

Ablehnung einer Kanalanforderung

Wenn der Empfänger dieser Nachricht diese Kanalanforderung nicht akzeptieren möchte, so antwortet er mit der Nachricht `SSH_MSG_CHANNEL_OPEN_FAILURE`, die wie folgt parametrisiert wird:

- *Recipient Channel* enthält die vom Sender der OpenRequest-Nachricht vorgegebene Identifikationsnummer.
- *Reason Code* trägt einen der in [YL06b] definierten Werte zur Signalisierung des Grundes.
- *Additional Textual Information* ermöglicht die Übermittlung einer für den Benutzer lesbaren Fehlermeldung.
- *Language Tag* ist eine Zeichenkette, welche die Sprache angibt, in der die textuelle Information abgefasst ist.

Annahme einer Kanalanforderung

Möchte der Empfänger der OpenRequest-Nachricht der Öffnung des neuen Kanals hingegen zustimmen, so sendet er die Nachricht `SSH_MSG_CHANNEL_OPEN_CONFIRMATION` mit den folgenden Parametern:

- *Recipient Channel* enthält die Identifikationsnummer, die der Initiator für den Kanal vergeben hat.
- *Sender Channel* gibt eine Identifikationsnummer an, die vom Responder festgelegt wird.
- *Initial Window Size* ist der initiale Sendekredit, der dem Initiator des Kanals eingeräumt wird.
- *Maximum Packet Size* legt die maximale Paketgröße fest, die der Responder in diesem Kanal akzeptiert.
- Es können weitere Parameter enthalten sein, die spezifisch für den angeforderten Kanaltyp sind.

Nach der erfolgreichen Öffnung eines Kanals können Daten über den Kanal ausgetauscht und kanaltypspezifische Requests gestellt werden, danach kann der Kanal wieder geschlossen werden. Außerdem erneuern beide Partnerinstanzen regelmäßig den Sendekredit per Senden einer entsprechenden Nachricht.

Vor dem Senden von Daten muss gegebenenfalls mit kanaltypspezifischen Requests ausgehandelt werden, wie mit den Daten empfängerseitig zu verfahren ist. Hierfür wird die Nachricht `SSH_MSG_CHANNEL_REQUEST` verwendet. Als Parameter enthält sie grundsätzlich die empfängerseitige Identifikationsnummer des

Kanals, für den der Request gestellt wird, den als Zeichenkette formatierten Anfragetyp, eine Angabe darüber, ob eine explizite Antwort auf diesen Request erwartet wird (want reply), sowie gegebenenfalls weitere Parameter, die spezifisch für den Anfragetyp sind. Mithilfe der beiden Nachrichten `SSH_MSG_CHANNEL_SUCCESS` und `SSH_MSG_CHANNEL_FAILURE` kann die antwortende Instanz über das Ergebnis der Bearbeitung eines Requests informieren. Im Folgenden wird die Einrichtung und Konfigurierung spezifischer Kanaltypen anhand einiger Beispiele erläutert.

Einrichten einer interaktiven Sitzung und Start eines Kommandointerpreters

Das erste Beispiel illustriert die Einrichtung einer interaktiven Sitzung mit Start eines Kommandointerpreters. Abbildung 13.7 skizziert die dabei ausgetauschten Nachrichten. Zunächst wird ein Kanal des Typs `session` geöffnet. Im gezeigten Beispiel legt der Initiator des Kanals die lokale Identifikationsnummer »20« für den Kanal fest, gewährt einen initialen Sendekredit von 2048 Byte und spezifiziert als maximale Paketgröße 512 Byte. Der Responder antwortet auf diese Nachricht unter Bezugnahme auf die Identifikationsnummer 20 und legt als eigene lokale Identifikationsnummer den Wert 31 fest. Er gewährt einen initialen Sendekredit von 1024 Byte und legt als maximale Größe für an ihn gerichtete Pakete 256 Byte fest.

Im Anschluss fordert der Initiator die Einrichtung eines sogenannten *Pseudo Terminal* durch Senden einer `SSH_MSG_CHANNEL_REQUEST`-Nachricht mit Typ `pty-req` an. Da er zu diesem Zeitpunkt noch keine explizite Antwort erwartet, setzt er den Wert des Nachrichtenfeldes *want reply* hierbei auf »false«. Direkt danach fordert er das Setzen einer Umgebungsvariablen innerhalb der Sitzung an. Hierbei soll die Variable *home* auf den Wert *»/home/username«* gesetzt werden. Anschließend bittet der Initiator um das Starten eines Kommandointerpreters (»Shell«, bei Unix-Systemen resultiert das im Start der in »/etc/password« für den Benutzer eingetragenen »Default Shell«, zum Beispiel »/bin/sh«), wobei er nun eine explizite Bestätigung der erfolgreichen Bearbeitung erwartet. Der Responder bestätigt diese Anfrage mit einer `SSH_MSG_CHANNEL_SUCCESS`-Nachricht.

Kapselung von X11-Datenströmen

Als zweites Beispiel sei die Kapselung von X11-Datenströmen genannt. Hierzu wird von dem Clientsystem, auf dem ein X11-Server laufen muss, zunächst ein Kanal des Typs `session` geöffnet. Dann wird durch Senden einer `SSH_MSG_CHANNEL_REQUEST`-Nachricht mit Typ `x11-req` die Kapselung und Weiterleitung von X11-Datenströmen angefordert. Wird nun später auf dem Server eine X11-Anwendung gestartet, so muss deren Ein-/Ausgabe von dem SSH-Prozess gekapselt und an das Clientsystem gesendet wer-

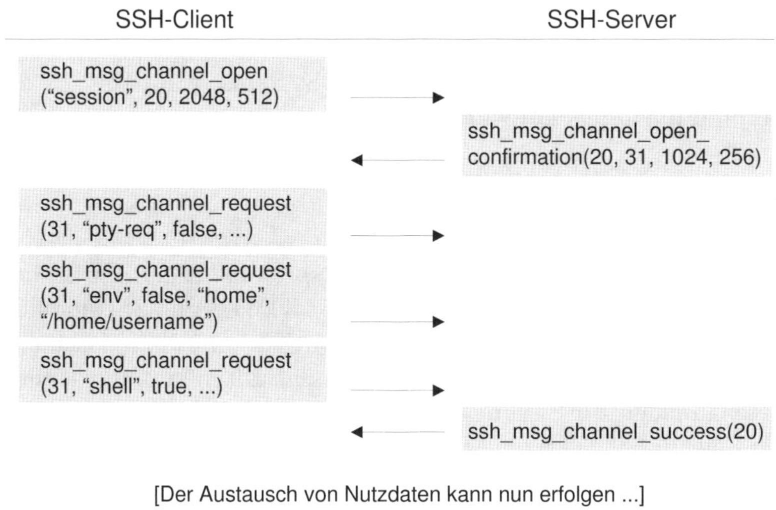

Abbildung 13.7
Einrichtung einer interaktiven SSH-Sitzung

den. Der SSH-Prozess auf dem Clientsystem leitet diese an den lokalen X11-Server weiter, der den »Eindruck« hat, dass die X11-Anwendung auf dem lokalen Rechner abläuft. Für die Daten jeder X11-Anwendung wird dazu ein eigener Kanal des Typs `x11` geöffnet. Die Initiative geht hierbei vom Serversystem aus, da dieses zuerst von der Anwendung Kenntnis erhält.

Kapselung und Weiterleitung von TCP/IP-Verkehr

Schließlich soll als letztes Beispiel noch die Kapselung und Weiterleitung von TCP/IP-Verkehr kurz in ihrer Funktionsweise skizziert werden. Hierfür ist bezogen auf den Client zwischen eingehenden und ausgehenden Verbindungen zu unterscheiden.

Ausgehende Verbindungen

Für ausgehende Verbindungen muss der Client die Kapselung nicht explizit im Voraus beantragen, sondern kann direkt die Öffnung eines neuen Kanals des Typs `direct-tcpip` beim Server anfordern. Als kanaltypspezifische Parameter spezifiziert der Client hierbei die IP-Adresse und den Port des gewünschten Zielsystems sowie die IP-Adresse und den Port des Quellsystems.

Eingehende Verbindungen

Für eingehende Verbindungen muss der Client hingegen zuvor explizit die Weiterleitung beim Server beantragen, da dieser sonst keine Kenntnis von diesem Wunsch hat. Hierfür sendet der Client eine `SSH_MSG_GLOBAL_REQUEST`-Nachricht mit Typ `tcpip-forward`. In den typspezifischen Parametern spezifiziert der Client dabei, von welchen Quelladressen Verbindungen akzeptiert werden sollen (mit der Adresse 0.0.0.0 können beliebige Systeme eingestellt werden) und unter welcher Portnummer der Server Verbindungen entgegennehmen soll. Geht zu einem späteren Zeitpunkt ein Verbindungsaufbauwunsch für diesen Port auf dem Server ein, so öffnet dieser einen neuen Kanal des Typs `forwarded-tcpip`. Als Parameter werden dem Client die Portnummer angegeben, auf dem die Verbindung eingegangen ist, sowie die IP-Adresse und der Port des Systems, von dem aus die Verbindung aufgebaut wurde.

13.5 Zusammenfassung

Bei den üblicherweise als *Sicherheitsprotokolle der Transportschicht* bezeichneten Protokollen SSL/TLS/DTLS und SSH handelt es sich im Sinne des OSI-Modells eigentlich um Sitzungsschichtprotokolle, wie die in den Protokollen enthaltenen umfassenden Mechanismen zur Sitzungssteuerung deutlich belegen.

SSL/TLS und SSH eignen sich gleichermaßen für die Sicherung oberhalb der Transportschicht.

Sowohl SSL/TLS als auch SSH eignen sich zur Sicherung von Internetkommunikation oberhalb der Transportschicht. Beide Protokolle operieren oberhalb eines zuverlässigen Transportdienstes, der durch das TCP-Protokoll erbracht wird. Mit DTLS existiert auch ein Sicherheitsprotokoll speziell für die Sicherung verbindungsloser Transportprotokolle wie UDP.

Rechnerbasierte Authentisierung

Obwohl SSH oberhalb der Transportschicht operiert, wird die Server-Authentisierung rechnerbasiert und nicht bezogen auf einen konkreten Anwendungsprozess durchgeführt. SSL/TLS/DTLS unterstützen in dieser Hinsicht mehrere Zertifikate und damit auch mehrere Identitäten innerhalb eines Serversystems. In Bezug auf deren Sicherheit bleibt anzumerken, dass die Protokolle noch deutlich komplexer sind als das für seine Komplexität kritisierte IPsec. Dies zeigt sich unter anderem in der Vielzahl bekannt gewordener Angriffe. Beim Einsatz von SSL/TLS/DTLS und auch SSH ist in jedem Anwendungsfall zu prüfen, ob unerwünschte Nebeneffekte auftreten können.

Sichere Ende-zu-Ende-Kommunikation zwischen Anwendungen

Die bisher etablierten Sicherheitsprotokolle der Transportschicht realisieren bei richtigem Einsatz eine sichere Ende-zu-Ende-Kommunikation zwischen Anwendungsprozessen. SSH ermöglicht darüber hinaus auch eine anwendungsprozessbezogende Kapselung und Weiterleitung von TCP-Datenströmen. Weiterhin können beide Protokolle in eingeschränktem Umfang auch mit der Paketfilterung in Internet-Firewalls (siehe hierzu Kapitel 21) interoperieren und stellen somit in vielen Fällen eine sehr gute Möglichkeit zur Sicherung von Internetkommunikation dar.

Eingeschränkte Firewall-Kompatibilität

Da sie jedoch prinzipbedingt nicht die Protokollköpfe der unteren Kommunikationsschichten sichern können, bieten sie keinen Schutz gegen Angriffe auf die eigentliche Netzinfrastruktur und können somit Sicherheitsprotokolle der tieferen Kommunikationsschichten nicht ersetzen, sondern lediglich ergänzen.

13.6 Weiterführende Literatur

[CFP+96] COPPERSMITH, D.; FRANKLIN, M. K.; PATARIN, J.; REITER, M. K.: Low Exponent RSA with Related Messages. In: MAURER, U. (Hrsg.): *In Advances in Cryptology – Eurocrypt'96 Proceedings*, Springer-Verlag, 1996. – Vol. 1070 of Lectures Notes in Computer Science

[DR08] DIERKS, T.; RESCORLA, E.: *The Transport Layer Security (TLS) Protocol Version 1.2.* August 2008. – RFC 5246, IETF, Status: Proposed Standard, https://tools.ietf.org/html/rfc5246

[FKK96] FREIER, A. O.; KARLTON, P.; KOCHER, P. C.: *The SSL Protocol Version 3.0.* 1996. – Netscape Communications Corporation

[RM12] RESCORLA, E.; MODADUGU, N.: *Datagram Transport Layer Security Version 1.2.* January 2012. – RFC 6347, IETF, Status: Proposed Standard, https://tools.ietf.org/html/rfc6347

[YL06a] YLONEN, T.; LONVICK, C.: *The Secure Shell (SSH) Authentication Protocol.* 2006. – RFC 4252, IETF, Status: Proposed Standard, https://tools.ietf.org/html/rfc4252

[YL06b] YLONEN, T.; LONVICK, C.: *The Secure Shell (SSH) Connection Protocol.* 2006. – RFC 4254, IETF, Status: Proposed Standard, https://tools.ietf.org/html/rfc4254

[YL06c] YLONEN, T.; LONVICK, C.: *The Secure Shell (SSH) Protocol Architecture.* 2006. – RFC 4251, IETF, Status: Proposed Standard, https://tools.ietf.org/html/rfc4251

13.7 Übungen

1. Welche Sicherheitsdienste erbringen die SSL/TLS-Protokolle?
2. Warum authentisiert sich bei SSL/TLS oft nur der Server gegenüber dem Client?

3. Welche Konzepte der Sitzungsschicht nach dem OSI-Modell werden durch SSL/TLS realisiert?
4. In dem Record-Protokoll von SSL ist die Standardvorgabe, dass Daten nicht komprimiert werden. Warum ist diese Vorgabe sinnvoll?
5. Welche zusätzliche Sicherheitseigenschaft kann dadurch gewährleistet werden, dass im SSH-Transportprotokoll zuerst ein MAC über den Klartext berechnet wird, bevor der Klartext verschlüsselt wird (anstelle der ebenso denkbaren Reihenfolge, dass zuerst verschlüsselt und dann ein MAC berechnet wird)?
6. Wie überzeugt sich der Client bei einem Dialog gemäß dem Handshake-Protokoll von der Authentizität des Servers, wenn die Schlüsselaushandlung mit Diffie-Hellman erfolgt?
7. Welche Eigenschaft eines Chiffrierverfahrens wird im Englischen mit dem Begriff »plaintext aware« bezeichnet?
8. SSL-VPN haben in der Regel eine viel geringere Effizienz als IPsec-VPN. Warum werden sie dennoch eingesetzt?
9. Warum ist der CRIME-Angriff nicht auf das in IPsec verwendete IPComp-Verfahren anwendbar?
10. Welche Vor- und Nachteile hat DTLS im Vergleich zu IPsec?
11. Warum wird für die Sicherung von EAP-Aushandlungen TLS und nicht DTLS verwendet?
12. Welchen Schichten des OSI-Modells kann das Protokoll SSH zugeordnet werden? Geben Sie jeweils entsprechende Protokollfunktionen zur Begründung an.
13. Welcher Vorteil ergibt sich daraus, dass für SSH konkrete Diffie-Hellman-Parameter vorgegeben sind? Können sich hieraus auch potenzielle Nachteile ergeben?
14. Aus welchem Grund ist die passwortbasierte Authentisierung des Clients in SSH vorgesehen?
15. Welchem Zweck dienen die in SSH vergebenen Sendekredite? Kann diese Funktion nicht bereits durch das darunter liegende Transportprotokoll erfüllt werden?
16. Vergleichen Sie die Methode zur »Verlängerung« von Schlüsseln durch wiederholte Anwendung einer kryptografischen Hashfunktion bei SSH mit der entsprechenden Konstruktion bei IKEv1 von IPsec. Wie ist in beiden Fällen die Entropie der resultierenden Schlüssel zu bewerten?
17. Vergleichen Sie SSH mit SSL/TLS (sowohl Gemeinsamkeiten als auch Unterschiede).

Teil III

Sichere drahtlose und mobile Kommunikation

14 Sicherheitsaspekte der Mobilkommunikation

Der dritte Teil dieses Buches ist spezifischen Sicherheitsaspekten der Mobilkommunikation gewidmet. In diesem Kapitel werden zunächst generelle Aspekte hierzu betrachtet, bevor in den folgenden Kapiteln konkrete Systembeispiele diskutiert werden. Kapitel 15 beschreibt die Sicherheitsmechanismen in drahtlosen lokalen Netzen nach dem Standard IEEE 802.11 und geht intensiv auf die Sicherheitsdefizite dieses Standards und mögliche Lösungsalternativen hierfür ein. Das sich anschließende Kapitel 16 behandelt Sicherheitsaspekte in funkbasierten Weitverkehrsnetzen. In diesem Zusammenhang werden die Sicherheitsmechanismen von GSM-Netzen und die auf ähnlichen Prinzipien beruhenden Verfahren für UMTS/LTE-Netze behandelt.

14.1 Bedrohungen in Mobilkommunikationsnetzen

Ergeben sich in Mobilkommunikationsnetzen neue Sicherheitsaspekte?

Im Rahmen einer umfassenden Betrachtung der ingenieurwissenschaftlichen Disziplin Netzsicherheit ist in Bezug auf Mobilkommunikationsnetze zunächst die Frage legitim, inwieweit sich aus den Umständen und technischen Eigenschaften der Mobilkommunikation neue Sicherheitsaspekte und Lösungsansätze ergeben. Hierzu ist zunächst festzuhalten, dass die Mobilkommunikation natürlich all den Bedrohungen ausgesetzt ist, die auch bereits bei der Festnetzkommunikation zu beachten sind, das heißt Vortäuschen einer Identität (Maskerade), Autorisierungsverletzung, Abhören, Verlust, Modifikation oder Fälschung übertragener Dateneinheiten, Abstreiten von Kommunikationsvorgängen sowie Sabotage. Demzufolge müssen auch in Mobilkommunikationsnetzen ähnliche Maßnahmen wie in Festnetzen ergriffen werden.

Spezifische Aspekte

Darüber hinaus ergeben sich aus der Mobilität der Benutzer beziehungsweise ihrer Geräte und dem Vorhandensein drahtloser

Kommunikationsabschnitte jedoch auch noch eine Reihe spezifischer Aspekte, die in dieser Form nicht in Festnetzen auftreten:

Verstärkung des Risikopotenzials

- Einige bereits in Festnetzen bestehende Bedrohungen weisen ein größeres Risikopotenzial auf: So können beispielsweise drahtlose Übertragungsstrecken erheblich leichter abgehört werden als leitungsgeführte Übertragungsmedien, da der direkte physikalische Zugang in der Regel sehr einfach zu erhalten ist. Aus dem gleichen Grund können die Dienste eines drahtlosen Netzes auch einfacher von unbefugten Instanzen genutzt werden, sofern keine adäquaten Sicherungsmechanismen vorgesehen werden.

Neue Schwierigkeiten bei der Realisierung von Sicherheitsdiensten

- Es treten einige neue Schwierigkeiten bei der Realisierung von Sicherheitsdiensten auf: So muss beispielsweise die Authentizität mobiler Geräte von den jeweiligen Netzzugangspunkten immer neu verifiziert werden, wenn ein Gerät den Netzzugangspunkt wechselt, also einen sogenannten *Handover* ausführt. Die Schlüsselverwaltung stellt sich in diesem Zusammenhang auch deutlich schwieriger dar, weil die jeweiligen Partnerinstanzen im Allgemeinen nicht vorherbestimmt werden können, da sie ja von den Bewegungen des Benutzers abhängen.

Vertrauen in globalen Netzen

- Bei global verfügbaren Mobilfunknetzen, wie dem GSM-Netz, muss eine Authentifizierung der Nutzer sicher möglich sein, selbst wenn Nutzern und Providern von Fremdnetzen nicht vollständig vertraut wird.

Erstellung von Bewegungsprofilen

- Schließlich ergibt sich auch eine komplett neue Bedrohung: Der momentane Aufenthaltsort eines Gerätes und damit seines Benutzers stellt eine erheblich interessantere Information dar als in Festnetzen und sollte daher vor Ausspähen geschützt werden.

Während die ersten drei Aspekte in den folgenden Kapiteln bei der Betrachtung konkreter Systembeispiele ausführlich behandelt werden, können hingegen in Bezug auf die Vertraulichkeit des momentanen Aufenthaltsortes bei den bisher implementierten Architekturen lediglich Schwachstellen und bestenfalls Ansätze zu ihrer Lösung identifiziert werden. Ansätze zur Wahrung der Vertraulichkeit des Aufenthaltsortes sind bisher hauptsächlich in der Forschung untersucht worden und haben kaum Eingang in praktisch eingesetzte Architekturen der Mobilkommunikation gefunden. Aus diesem Grund werden sie im folgenden Abschnitt im Rahmen einer allgemeinen Betrachtung unabhängig von konkreten Systembeispielen behandelt.

14.2 Wahrung der Vertraulichkeit des Aufenthaltsortes

Wie sich in den folgenden Kapiteln noch zeigen wird, verfügen heutige Mobilkommunikationsnetze über keine ausreichenden Maßnahmen für einen adäquaten Schutz der Information über den aktuellen Aufenthaltsort eines mobilen Gerätes, im Englischen auch kurz mit *Location Privacy* bezeichnet. Im Vorgriff auf die ausführlichere Untersuchung dieses Aspektes in den folgenden Kapiteln sind hierzu insgesamt die folgenden Defizite festzustellen:

Wireless LANs

- In drahtlosen lokalen Netzen wird die Identität mobiler Geräte nicht vor lokalem Abhören auf der Funkschnittstelle geschützt, da jeder Übertragungsrahmen die im Prinzip weltweit eindeutige MAC-Adresse des Netzwerkadapters im Klartext enthält. Sofern sie nicht zu einer ohnehin unsicheren Authentisierung verwendet wird, kann die MAC-Adresse zwar theoretisch mit jedem Anmelden an einem WLAN geändert werden, praktisch wird eine solche Maßnahme jedoch nicht im größeren Maßstab vorgenommen. Besitzt ein Gerät mehrere Funkschnittstellen, etwa das in diesem Buch nicht näher betrachtete Bluetooth, oder ein Nutzer mehrere Geräte mit Funkschnittstellen, müssten zudem die Adressen aller Schnittstellen gleichzeitig gewechselt werden, andernfalls ist eine einfache Verknüpfung der Adressinformationen möglich.

GSM, UMTS & LTE

- In GSM-, UMTS- und LTE-Netzen können aktive Angreifer die weltweit eindeutigen Identifikationen (sogenannte IMSI) mobiler Geräte abfragen, sofern sie gefälschte Signalisierungsnachrichten über die Funkschnittstelle an die Geräte senden und von diesen empfangen können. Weiterhin kann der Betreiber eines »besuchten« Zugangsnetzes die Bewegungen der bei ihm aktuell registrierten Geräte überwachen und ihrer eindeutigen Identifikation zuordnen. Der vertragliche Netzbetreiber eines mobilen Gerätes, der sogenannte Heimatnetzbetreiber, kann die Bewegungen des Gerätes sogar weitgehend vollständig überwachen, da er auch von den »besuchten« Netzen Signalisierungs- beziehungsweise Abrechnungsdatensätze für die vertraglich an ihn gebundenen Geräte erhält. Den Kommunikationspartnern eines mobilen Gerätes gegenüber wird der momentane Aufenthaltsort des Gerätes wenigstens verborgen, sodass diese Information eigentlich nur Netzbetreibern (und gegebenenfalls Strafverfolgungsbehörden) zugänglich ist.

Mobile Internetnutzung

- Bei der mobilen Nutzung von Internetdiensten ist ein weiterer Aspekte in Bezug auf die Wahrung der Vertraulichkeit des Aufenthaltsortes des Benutzers zu bedenken: Es stellt sich die Frage, ob Instanzen, mit denen der mobile Rechner kommuniziert, ein Bewegungsprofil des entsprechenden Nutzers erstellen können. In dieser Hinsicht bietet ein Zugang über WLAN in der Regel gute Möglichkeiten für die korrespondierenden Rechner, Rückschlüsse auf den momentanen Aufenthaltsort zu ziehen, da die extern sichtbaren IP-Adressen in solchen Netzen oft recht scharf auf einige wenige geografische Bereiche, etwa große Städte, abgebildet werden können. Bei Mobilfunknetzen hingegen lassen die einem mobilen Gerät zugeordneten IP-Adressen in der Regel nur relativ unscharfe Rückschlüsse auf den aktuellen Aufenthaltsort des mobilen Gerätes zu (zum Beispiel auf den Betreiber des besuchten Netzes und damit auf das aktuell besuchte Land).

Zielkonflikt zwischen Erreichbarkeit und Unbeobachtbarkeit

Das grundsätzliche Problem beim Entwurf von Mobilkommunikationssystemen in Bezug auf die Vertraulichkeit des Aufenthaltsortes mobiler Geräte besteht in dem Zielkonflikt, dass einerseits mobile Geräte erreichbar für ankommende Kommunikationsanfragen sein sollen, andererseits ihr momentaner Aufenthaltsort nicht durch (einzelne) Instanzen im Netz permanent überwacht werden können soll.

In den vergangenen Jahren ist eine Reihe grundsätzlicher Ansätze für dieses Problem vorgeschlagen worden [MR99]:

Broadcast

- *Rundrufübermittlung von Nachrichten (Broadcast):* Hierbei werden alle Nachrichten an alle potenziellen Empfänger gesendet, sodass der Aufenthaltsort der Empfänger nicht bekannt sein muss. Soll zusätzlich die Vertraulichkeit der übermittelten Nachrichten gewährleistet werden, so werden alle Nachrichten noch mit dem öffentlichen Schlüssel des jeweiligen Empfängers chiffriert. Konsequenterweise müssen in diesem Fall alle potenziellen Empfänger jeweils alle Nachrichten dechiffrieren, um die für sie bestimmten Nachrichten herauszufiltern. Es liegt auf der Hand, dass dieser Ansatz nicht für große Netzwerke oder große Nachrichtenaufkommen skaliert.

- *Temporäre Pseudonyme:* Bei diesem Ansatz verwenden alle mobilen Geräte nicht ihre tatsächliche Identität, sondern werden über regelmäßig wechselnde Pseudonyme adressiert. Damit ein mobiles Gerät erreichbar sein kann, wird eine Instanz für die Abbildung auf das aktuelle temporäre Pseudonym des Gerätes benötigt. Diese Instanz kann jedoch prinzipbedingt die Abfolge der temporären Pseudonyme eines spezifischen Gerätes nachvollziehen und aufzeichnen.

Temporäre Pseudonyme

- *Mix-Netzwerke:* Nachrichten werden im Netz über Instanzen geleitet, die jeweils nur einen Teil des Weges einer Nachricht in Erfahrung bringen können und die als *Kommunikations-Mixe* bezeichnet werden (zur Funktionsweise dieses Ansatzes siehe unten).

Mix-Netzwerke

In den folgenden Abschnitten wird eine Reihe von Details dieser Ansätze vertieft betrachtet.

14.2.1 Broadcast-Kommunikation

Explizite vs. implizite Adressen

In Bezug auf die Adressierung mobiler Geräte bei Broadcast-Kommunikation kann weiterhin zwischen *expliziten* und *impliziten Adressen* unterschieden werden. Bei Verwendung expliziter Adressen (zum Beispiel IP-Adressen) ist jede Instanz, die eine bestimmte Nachricht »sieht«, in der Lage, die adressierte Instanz zu bestimmen. Implizite Adressen zeichnen sich hingegen dadurch aus, dass sie kein bestimmtes Gerät oder keinen bestimmten Ort identifizieren, sondern lediglich eine Instanz benennen, ohne dass mit dem Namen eine weitere Bedeutung verknüpft ist. Implizite Adressen werden in der Regel zufällig aus einem ausreichend großen Adressraum gewählt, um die Wahrscheinlichkeit zufälliger Kollisionen gering zu halten.

Offene und verdeckte implizite Adressen

Bei impliziten Adressen wird weiterhin zwischen *offenen (sichtbaren)* und *verdeckten (unsichtbaren) impliziten Adressen* unterschieden. Der Unterschied zwischen den beiden Varianten besteht darin, dass bei mehrfachem Auftreten der gleichen sichtbaren Adresse jede Instanz die Gleichheit der sichtbaren Adresse erfahren kann, wogegen unsichtbare implizite Adressen nur von der adressierten Instanz auf Gleichheit überprüft werden können.

Realisierung verdeckter impliziter Adressen

Die Realisierung verdeckter impliziter Adressen stützt sich auf Public-Key-Operationen. Die zu adressierende Instanz A wählt hierfür eine Zufallszahl r_A und gibt sie zusammen mit ihrem öffentlichen Schlüssel $+K_A$ an potenzielle Kommunikationspartner bekannt. Will zu einem späteren Zeitpunkt die Instanz B eine

Nachricht an A senden, so wählt sie eine Zufallszahl r_B und erstellt die folgende verdeckte implizite Adresse für A: $ImplAddr_A = \{r_B, r_A\}_{+K_A}$. Wird diese Adresse in einer Broadcast-Nachricht versendet, so kann lediglich A feststellen, dass sie darin adressiert wurde, da sie die einzige Instanz ist, welche die Adresse korrekt entschlüsseln kann.

14.2.2 Temporäre Pseudonyme

Grundidee temporärer Pseudonyme

Die Grundidee beim Einsatz temporärer Pseudonyme zur Wahrung der Vertraulichkeit des aktuellen Aufenthaltsortes mobiler Geräte ist, dass der momentane Aufenthaltsort eines Gerätes nicht mehr gemeinsam mit seiner Identifikation ID_A, sondern mit einem zeitlich wechselnden Pseudonym $P_A(t)$ gespeichert wird. Die Abbildung der Identität ID_A auf das aktuelle temporäre Pseudonym $P_A(t)$ wird durch eine vertrauenswürdige Instanz durchgeführt, die ihrerseits nicht wissen muss, wo sich das Gerät zu einem bestimmten Zeitpunkt aufhält.

Weiterleitung von Nachrichten

Wenn eine eingehende Nachricht zu dem aktuellen Aufenthaltsort des Gerätes A geleitet werden muss, so erfolgt diese Operation in zwei Schritten:

1. Zunächst wird die Identität ID_A auf das aktuelle temporäre Pseudonym $P_A(t)$ abgebildet und in der Nachricht die Adressierungsinformation entsprechend angepasst.
2. Im zweiten Schritt wird die Nachricht zu dem aktuellen Aufenthaltsort des Gerätes weitergeleitet (zum Beispiel durch Auswerten einer Datenbank mit den aktuellen Aufenthaltsorten aller temporären Pseudonyme).

Erbringung durch unabhängige Instanzen

Falls diese beiden Funktionalitäten durch unabhängige Instanzen erbracht werden, kann gewährleistet werden, dass keine einzelne Instanz Bewegungsprofile mobiler Geräte erstellen kann.

Hierfür ist es selbstverständlich von zentraler Bedeutung, dass die Instanzen, welche die Nachricht nach der Eintragung des temporären Pseudonyms weiterleiten, der Nachricht keine Information über die tatsächliche Identität ID_A des Empfängers entnehmen können.

Durch den Einsatz der im folgenden Abschnitt erklärten Kommunikations-Mixe kann ein zusätzlicher Schutz realisiert werden, der verhindert, dass mehrere Instanzen im Netz unrechtmäßig Informationen austauschen, um die Information über das Bewegungsprofil eines mobilen Gerätes dennoch aufzudecken.

14.2.3 Kommunikations-Mixe

Grundidee von Kommunikations-Mixen

Das Konzept der Kommunikations-Mixe wurde 1981 von D. Chaum für unbeobachtbare E-Mail-Kommunikation erfunden. Ein Kommunikations-Mix verschleiert die Kommunikationsbeziehungen zwischen Sender und Empfänger mit den folgenden Maßnahmen:

Funktion von Kommunikations-Mixen

- Er nimmt eine temporäre Speicherung eingehender Nachrichten vor, die mit seinem öffentlichen Schlüssel chiffriert sind,
- er ändert die Gestalt der Nachrichten, indem er sie mit seinem privaten Schlüssel dechiffriert, und
- er ändert die Reihenfolge der Nachrichten und leitet sie jeweils in Bündeln weiter (engl. *batch processing*).

Auf diese Weise wird – bei Vorliegen eines ausreichenden Verkehrsaufkommens – erreicht, dass ein Angreifer, der alle eingehenden und ausgehenden Nachrichten eines Kommunikations-Mixes lesen kann, dennoch keine Zuordnung der eingehenden zu den ausgehenden Nachrichten vornehmen kann und somit keine Schlüsse über die Beziehungen zwischen Sendern und Empfängern ziehen kann.

Kaskadierung von Kommunikations-Mixen

Gelingt einem Angreifer jedoch die Kompromittierung des Kommunikations-Mixes, so kann dieser prinzipbedingt keinen Schutz mehr bieten. Dieser Gefahr kann durch eine zusätzliche Kaskadierung von Kommunikations-Mixen begegnet werden. Ein Sender A kann beispielsweise eine Nachricht m im Prinzip wie folgt unter Einbeziehung der beiden Kommunikations-Mixe $M1$ und $M2$ unbeobachtbar an den Empfänger B schicken:

$$\begin{aligned} A \rightarrow M_1&: \ \left\{r_1, M2, \{r_2, B, \{r_3, m\}_{+K_B}\}_{+K_{M2}}\right\}_{+K_{M1}} \\ M_1 \rightarrow M_2&: \ \left\{r_2, B, \{r_3, m\}_{+K_B}\right\}_{+K_{M2}} \\ M_2 \rightarrow \ B&: \ \left\{r_3, m\right\}_{+K_B} \end{aligned}$$

Erforderliches Nachrichtenaufkommen

Es ist jedoch von grundsätzlicher Bedeutung für die Sicherheit dieses Schemas, dass alle Kommunikations-Mixe eine ausreichende Anzahl von Nachrichten verarbeiten. Für das Verstehen dieser Anforderung stelle man sich beispielsweise ein Netz von Kommunikations-Mixen vor, durch welches im Extremfall nur eine einzige Nachricht geleitet wird. Obwohl in jedem Mix eine Umcodierung vorgenommen wird, kann ein Angreifer, der alle Kommunikationsverbindungen abhören kann, den Weg der Nachricht durch die kaskadierten Mixe verfolgen. Aus dem gleichen Grund sollten alle Nachrichten eine ähnliche Länge haben. Die Idee der kaskadierten

Netze wurde bereits konzeptionell auf Mobilkommunikationssysteme übertragen [MR99].

14.3 Zusammenfassung

Verstärkung bestehender Risikopotenziale

In Mobilkommunikationsnetzen und drahtlosen lokalen Netzen existieren die gleichen Bedrohungen wie auch in Festnetzen. Darüber hinaus verstärkt sich durch das Vorhandensein einer drahtlosen Übertragungsstrecke das Bedrohungspotenzial erheblich und es kommt eine Reihe von Schwierigkeiten bei der Realisierung von Sicherheitsdiensten (zum Beispiel Schlüsselmanagement für die Authentisierung im Zugangsnetzbereich) hinzu.

Neue Bedrohung »Erstellung von Bewegungsprofilen«

Weiterhin ergibt sich aus der Mobilität der Geräte und ihrer Benutzer die neue Bedrohung, dass Bewegungsprofile einzelner Geräte erstellt werden können. Es sind in der Vergangenheit eine Reihe theoretischer Konzepte vorgeschlagen worden, um dieser Bedrohung zu begegnen: die Nachrichtenübermittlung per Rundruf (Broadcast), die Verwendung temporärer Pseudonyme und der Einsatz kaskadierter Kommunikations-Mixe, welche die Verbindung zwischen eingehenden und ausgehenden Nachrichten verschleiern. Eine Übertragung dieser Ideen auf in der Praxis eingesetzte Mobilkommunikationsnetze wurde bisher lediglich auf konzeptioneller Ebene geleistet. Die folgenden Kapitel dieses Buchteiles sind konkreten Systembeispielen gewidmet.

14.4 Weiterführende Literatur

[MR99] MÜLLER, G.; RANNENBERG, K. (Hrsg.): *Multilateral Security in Communications*. Addison-Wesley-Longman, 1999

[Sch03] SCHILLER, J.: *Mobilkommunikation*. Addison-Wesley, 2003
Dieses Buch bietet eine umfassende Einführung in die Grundprinzipien der in den folgenden Kapiteln betrachteten Systembeispiele. Es wird ergänzend empfohlen, da in diesem Buch ausschließlich sicherheitsrelevante Aspekte diskutiert werden.

14.5 Übungen

1. Welche neuen Bedrohungen und Schwierigkeiten in Bezug auf die Kommunikations- und Netzsicherheit ergeben sich bei Mobilkommunikationssystemen im Vergleich zur Festnetzkommunikation?
2. Warum sollte bei einem Handover eines mobilen Endgerätes von einer Basisstation zu einer anderen die Authentizität des Endgerätes erneut überprüft werden?
3. Wie gut skaliert das Verfahren der verdeckten (unsichtbaren) impliziten Adressen mit einer steigenden Anzahl versendeter Nachrichten?
4. Erörtern Sie die Einsatzmöglichkeiten kaskadierter Kommunikations-Mixe für interaktive Anwendungen wie Internettelefonie oder Videokonferenzdienste.

15 Sicherheit in drahtlosen lokalen Netzen

Im Bereich der drahtlosen lokalen Netze hat sich im Laufe der letzten 15 Jahre der IEEE-802.11-Standard [IEE12] durchgesetzt. Als Standard des *IEEE-802-LAN / MAN-Standardisierungskomitees* definiert er den Medienzugriff (Medium Access Control, MAC) und die physikalischen Charakteristika drahtloser lokaler Netze, im Englischen als *Wireless LANs* oder auch kurz *WLANs* bezeichnet.

In diesem Kapitel werden hauptsächlich die Sicherheitseigenschaften des Standards behandelt. Nach der Einführung des Standards Ende der neunziger Jahre und bis zur Veröffentlichung einer Reihe erheblicher Schwachstellen im Jahr 2001 wurde von den meisten Herstellern standardkonformer drahtloser Netzwerkkomponenten behauptet, dass das originäre IEEE 802.11 »so sicher wie ein verdrahtetes Netzwerk« sei. Im Laufe des ersten Teils dieses Kapitels werden die Sicherheitsdefizite des ersten Standards ausführlich erklärt, da dieser ein hervorragendes Lehrbeispiel für den misslungenen Versuch der »Sicherung« eines Kommunikationsprotokolls darstellt. Aber auch die vom 802-Komitee im Anschluss gefundenen Kompromisse zur Reparatur des Verfahrens sind von Interesse und werden im zweiten Teil des Kapitels vorgestellt. Das Kapitel schließt mit einer Diskussion der Sicherheit an öffentlichen WLANs, die häufig als *Hotspots* bezeichnet werden, und einer Zusammenfassung.

15.1 Der Standard IEEE 802.11 für drahtlose lokale Netze

Physikalische Schicht

Der aktuelle 802.11-Standard umfasst eine ganze Reihe verschiedener Optionen für die Übertragung von Signalen auf der physikalischen Schicht. Dabei werden zurzeit Übertragungsgeschwindigkeiten zwischen 1 und 600 MBit erreicht. Zum Einsatz kommen unterschiedliche Modulationsverfahren, wie *Direct Sequence Spread*

Spectrum (DSSS) oder *Orthogonal Frequency Division Multiplexing (OFDM)* auf Frequenzbereichen um 2,4 und 5 GHz.

»Medium Access Control«-Teilschicht

Die MAC-Teilschicht unterstützt den Betrieb im sogenannten Infrastrukturmodus unter Kontrolle einer Basisstation sowie die Ad-hoc-Kommunikation zwischen unabhängigen Systemen. Darüber hinaus können auch Punkt-zu-Punkt-Verbindungen zwischen Basisstationen konfiguriert werden, sogenannte *Wireless Distribution Systems (WDS)*. Letztere werden aber in diesem Kapitel eine eher untergeordnete Rolle spielen.

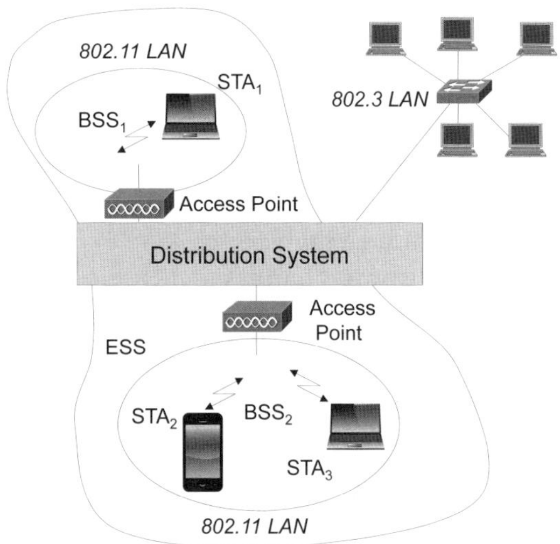

Abbildung 15.1 *Komponenten eines Infrastrukturnetzes nach IEEE 802.11*

Abbildung 15.1 zeigt die Komponenten eines 802.11-WLANs im Fall der Kommunikation im Infrastrukturmodus:

- *Station* — Eine *Station (STA)* ist ein System mit Zugriffsmechanismen auf das drahtlose Medium und Kontakt zu einer Basisstation.
- *Access Point* — Eine Basisstation oder ein *Access Point (AP)* ist eine Station mit besonderen Protokollfunktionen zur Medienzugriffssteuerung und ist im Allgemeinen sowohl in das drahtlose Netz als auch in ein drahtgebundenes Netz – in der Regel Ethernet – eingebunden.
- *Basic Service Set* — Ein *Basic Service Set (BSS)* wird durch eine Gruppe von Stationen gebildet, welche die gleiche Funkfrequenz verwenden.
- *Distribution System* — Ein *Distribution System* ist ein Verbindungsnetz für den Zusammenschluss mehrerer Basic Service Sets zu einem logischen Netz, das auch als *Extended Service Set (ESS)* bezeichnet wird.

Abbildung 15.2 zeigt die Kommunikation in Ad-hoc-Netzen. Hierbei können Systeme nur in einem begrenzten Umkreis miteinander kommunizieren, da keine Infrastruktur zur Verbindung einzelner Basic Service Sets vorhanden ist.

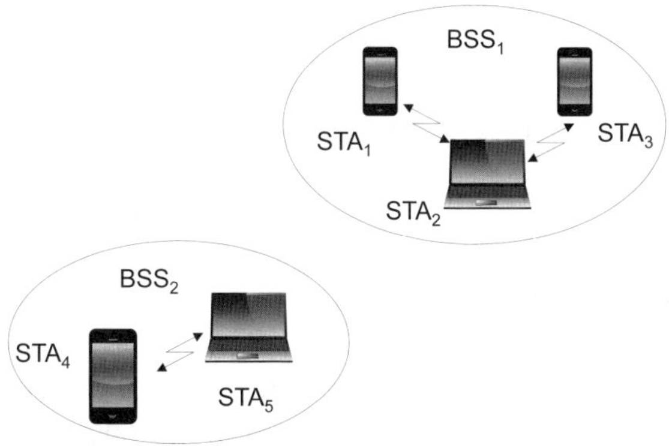

Abbildung 15.2
Ad-hoc-Kommunikation nach IEEE 802.11

Sicherheitsfunktionen von IEEE 802.11

Der Standard IEEE 802.11 verfügt über zwei Sicherheitsfunktionen: Die *Instanzenauthentisierung* dient dem Nachweis, dass ein Teilnehmer berechtigt ist, sich an einer Basisstation anzumelden. Die Protokolle *Wired Equivalent Privacy (WEP)*, *Temporal Key Integrity Protocol (TKIP)* und *CTR with CBC-MAC Protocol (CCMP)* sollen die Sicherheitsdienste *Vertraulichkeit*, *Nachrichtenauthentisierung* und *Datenintegrität* sowie *Zugriffskontrolle* (in Zusammenhang mit dem Schichtenmanagement) erbringen.

Das WEP-Protokoll des ursprünglichen IEEE-802.11-Standards verwendet hierfür die Algorithmen *RC4* (vergleiche hierzu Abschnitt 3.4) und den *Cyclic Redundancy Check (CRC)*, der eigentlich ein Fehlerprüfverfahren ist und daher den in diesem Zusammenhang zu erfüllenden Anforderungen auch nicht gerecht wird. Das aufgrund des unzureichenden Schutzes von WEP entwickelte TKIP sollte zum einen im gewissen Maße abwärtskompatibel sein, das heißt, es sollte auf Hardware funktionieren, die ursprünglich für den ausschließlichen Einsatz von WEP entwickelt wurde, und zum anderen sollte es eine »ausreichende« Sicherheit bieten. CCMP hingegen ist ein Protokoll, welches als langfristiger Ersatz zu WEP entwickelte wurde, und eine authentisierte Verschlüsselung auf Grundlage von AES einsetzt.

Die drei folgenden Abschnitte erklären die genannten Sicherheitsfunktionen im Detail.

15.2 Instanzenauthentisierung

Der Standard IEEE 802.11 beinhaltet eine sehr rudimentäre Authentisierungsfunktion. Die Authentisierung sollte hierbei zwischen Stationen (Terminals) und Basisstationen (Access Points) erfolgen und kann wahlweise auch zwischen beliebigen Terminals durchgeführt werden.

IEEE 802.11 sieht zurzeit vier Authentisierungsvarianten vor:

Open System Authentication

- *Open System Authentication:* Über diese Variante schreibt der Standard selbst [IEE12, Abschnitt 11.2.3.2.1]: *»Open System Authentication is a null authentication algorithm.«* Mit dieser Variante kann daher keinerlei Sicherheit über die Identität eines Kommunikationspartners gewonnen werden. Allerdings ist in vielen Netzen über eine Open System Authentication nur der Zugriff auf einen virtuellen, »unkontrollierten« 802.1X-Port möglich und erst nach einer erfolgreichen 802.1X-Authentisierung können Nutzdaten ausgetauscht werden.

Shared Key Authentication

- *Shared Key Authentication:* Bei dieser Variante wird ein gemeinsamer Schlüssel verwendet, um mithilfe von WEP nachzuweisen, dass man zu der Gruppe gehört, die diesen Schlüssel besitzt. Die Aushandlung und Verteilung dieses Schlüssels ist nicht in dem Standard geregelt, sondern es wird explizit angenommen, dass die Verteilung zuvor über einen von IEEE 802.11 unabhängigen Weg stattgefunden hat. Das Verfahren darf nur eingesetzt werden, wenn WEP auch als Protokoll zur Verschlüsselung der Daten eingesetzt wird.

Fast Transition Authentication

- *Fast Transition (FT) Authentication:* Um Stationen einen schnellen Wechsel der Basisstation innerhalb eines BSS zu ermöglichen, wurde mit IEEE 802.11r ein Verfahren für eine Schnellauthentisierung geschaffen. Dafür weist eine Station auf Basis einer Schlüsselhierarchie nach, dass sie bereits bei einer anderen Basisstation angemeldet ist, und kann ohne erneute 802.1X-Prozedur die Dienste einer Basisstation nutzen. Da das Verfahren zurzeit nur vereinzelt eingesetzt wird, verzichten wir an dieser Stelle auf eine weitere Beschreibung.

Simultaneous Authentication of Equals

- *Simultaneous Authentication of Equals (SAE):* Das SAE-Verfahren wurde im 802.11s-Standard mit der Einführung von sogenannten *Mesh-Netzen* hinzugefügt, also Verbünden aus Basisstation und Stationen, welche für einander Pakete über mehrere Zwischensysteme weiterleiten. Sie dient der passwortbasierten Authentisierung der Teilnehmer eines Verbundes.

15.2.1 Shared Key Authentication

Wird eine »Shared Key«-Authentisierung durchgeführt, so handelt eine der beiden Stationen als sogenannter *Requestor* und die andere als der *Responder*. Ein Authentisierungsvorgang wird hierbei durch den Requestor begonnen, der den Responder um die Führung des folgenden Challenge-Response-Dialogs bittet:

$$
\begin{aligned}
A \to B&: \ (\mathit{Authentication}, 1, \mathit{ID}_A) \\
B \to A&: \ (\mathit{Authentication}, 2, r_B) \\
A \to B&: \ \{\mathit{Authentication}, 3, r_B\}_{K_{A,B}} \\
B \to A&: \ (\mathit{Authentication}, 4, \mathit{Successful})
\end{aligned}
$$

Dieser Dialog authentisiert den Requestor gegenüber dem Responder. Für eine gegenseitige Authentisierung müssten zwei unabhängige Protokollabläufe – je einer pro Richtung – durchgeführt werden, was in 802.11 allerdings nicht vorgesehen ist. Die Verschlüsselung im dritten Protokollschritt wird nach dem WEP-Protokoll vorgenommen (Details später).

Unsicheres Authentisierungsprotokoll

Unglücklicherweise kann durch den beschriebenen Authentisierungsdialog keinerlei Sicherheit über die Identität eines Kommunikationspartners erzielt werden, da er einen schwerwiegenden kryptografischen Fehler beinhaltet. Dieser Fehler ist insbesondere deshalb so gravierend, weil er so einfach nachzuvollziehen beziehungsweise zu entdecken ist, sodass er den Autoren des Standards eigentlich hätte auffallen müssen.

Das Protokollversagen beruht auf der Kombination einer Schwäche des WEP-Protokolls bei der Wahl der Initialisierungsvektoren für die Generierung des RC4-Keystreams und der allgemeinen Eigenschaft aller OFB-Chiffren, dass sie bei XOR-Verknüpfung einer chiffrierten Nachricht mit ihrem Klartext den dazugehörenden Schlüsselstrom liefern.

Bestimmung des Schlüsselstroms

Betrachtet man in der oben gegebenen Protokollspezifikation den zweiten und den dritten Schritt, so fällt auf, dass ein potenzieller Angreifer, der das drahtlose Medium abhören kann, den gesamten Klartext der dritten Authentisierungsnachricht »$(\mathit{Authentication}, 3, r_B)$« kennt und mit dieser den für die Verschlüsselung der Nachricht verwendeten Schlüsselstrom rekonstruieren kann.

Wiederverwendung von Initialisierungsvektoren

Da das WEP-Protokoll weiterhin die Wiederverwendung von Initialisierungsvektoren und damit von Schlüsselstrom nicht einschränkt (mehr hierzu in den folgenden Abschnitten), kann der Angreifer diesen Schlüsselstrom für einen eigenen Authentisierungsvorgang verwenden, ohne selbst den Schlüssel $K_{A,B}$ zu kennen. Dieser Authentisierungsdialog von 802.11 ist somit völlig nutzlos.

15.2.2 Simultaneous Authentication of Equals

Simultaneous Authentication of Equals

Der SAE-Dialog ist erheblich komplexer. Er sichert den Authentisierungsdialog durch ein Verfahren, welches auch unter dem Namen *Dragonfly* bekannt ist und in [Har08] publiziert wurde. Dragonfly ist ein PAKE-Verfahren (siehe Abschnitt 7.7) und leitet aus einem Passwort mit möglicherweise niedriger Entropie einen Sitzungsschlüssel mit hoher Entropie ab. Es basiert auf asymmetrischer Kryptografie, wahlweise über $\mathbb{Z}_p$ oder elliptischen Kurven über $\mathbb{Z}_p$, und soll Eigenschaften bieten, die dem Diffie-Hellman-Schlüsselaustausch nicht unähnlich sind. Insbesondere sichert das Verfahren Perfect Forward Secrecy zu und soll – wie andere PAKE-Verfahren – trotz der Nutzung von einfachen Passwörtern keine effizienten Wörterbuchangriffe zulassen. Der Dialog selbst trifft keine Unterscheidung zwischen Requestor und Responder, sondern beide Parteien authentisieren sich gegenseitig in einem simultanen Dialog mit gleichen Nachrichtentypen. Ein Ablauf für eine SAE erfolgt nach der Erkennung der Stationen durch Probes normalerweise in zwei Phasen:

$$
\begin{aligned}
A \rightarrow B&: \textit{Probe}\\
B \rightarrow A&: \textit{Response}\\
A \rightarrow B&: \textit{SAE Authentication} - \textit{Commit}\\
B \rightarrow A&: \textit{SAE Authentication} - \textit{Commit}\\
A \rightarrow B&: \textit{SAE Authentication} - \textit{Confirm}\\
B \rightarrow A&: \textit{SAE Authentication} - \textit{Confirm}
\end{aligned}
$$

Die jeweilige Reihenfolge von Commit- und Confirm-Nachrichten ist dabei nicht von Belang. Der Inhalt der Commit-Nachrichten besteht aus jeweils zwei Werten, die aber je nach verwendeter Gruppenarithmetik leicht differieren. Wir werden uns im Folgenden zunächst auf SAE mit elliptischen Kurven über $\mathbb{Z}_p$ konzentrieren.

Konstruktion eines Punktes aus einem Passwort

Sowohl A als auch B müssen dazu ihr Passwort in einen Punkt der Kurve konvertieren. Ähnlich zum in Abschnitt 4.8.4 vorgestellten Verfahren läuft dazu die folgende iterative Berechnung ab, bis für die Zählervariable c eine x-Koordinate eines gültigen Punktes gefunden wurde:

$$\begin{aligned} seed &= \text{HMAC}(max(\textbf{Addr}_A, \textbf{Addr}_B) \mid\mid min(\textbf{Addr}_A, \textbf{Addr}_B), \\ &\qquad password \mid\mid c) \\ x &= \text{KDF}(seed, \text{»SAE Hunting and Pecking«}) \end{aligned}$$

Die Variablen Addr_A und Addr_B bezeichnen jeweils die WLAN-Adressen der beteiligten Stationen A und B und KDF steht für *Key Derivation Function*, welche durch Verkettung von HMAC-Funktionsaufrufen für eine bestimmte Situation eine Pseudozufallszahl gewünschter Länge erzeugt. Wird eine gültige x-Koordinate gefunden, kann ein Punkt P bestimmt werden. Da es zwei mögliche y-Koordinaten gibt, wird durch das letzte Bit der $seed$-Variablen bestimmt, ob der größere oder kleinere y-Wert verwendet wird. Weil die Berechnung deterministisch ist, berechnen alle Teilnehmer mit dem gleichen Passwort den gleichen Punkt P.

Generieren der Commit-Nachrichten

Um eine Commit-Nachricht zu erzeugen, generiert jede der Stationen zunächst zwei Zufallszahlen zwischen 0 und der Anzahl der Punkte auf der Kurve n. Anschließend berechnet A den Skalar cs_A und den Punkt ce_A, die beide in der Commit-Nachricht übertragen werden:

$$\begin{aligned} cs_A &= (r_{1,A} + r_{2,A}) \bmod n \\ ce_A &= -(r_{2,A}P) \end{aligned}$$

Berechnung eines gemeinsamen Geheimnisses

Die Station B geht analog vor, sodass nach Abschluss beide Teilnehmer ein gemeinsames Geheimnis K berechnen können. Konkret berechnet B unter Nutzung einer Funktion F, welche die x-Koordinate eines Punktes extrahiert:

$$\begin{aligned} K &= F(r_{1,B}(cs_A P + ce_A)) \\ &= F(r_{1,B}(((r_{1,A} + r_{2,A}) \bmod n)P - r_{2,A}P)) \\ &= F(r_{1,B}(r_{1,A}P + r_{2,A}P - r_{2,A}P)) \\ &= F(r_{1,B}r_{1,A}P) \end{aligned}$$

A erhält aufgrund der Kommutativität der Punktaddition den gleichen Schlüssel, sofern die Passwörter identisch waren und kein Angriff stattgefunden hat.

Generieren der Confirm-Nachrichten

Mithilfe des Geheimnisses K bereiten beide Seiten die Confirm-Nachrichten vor, mit denen sie sich gegenseitig überzeugen, dass sie im Besitz des korrekten Passworts waren. Dazu bilden sie mithilfe einer KDF zwei Schlüssel: zum einen den *Key Confirmation Key (KCK)* und zum anderen den *Pairwise Master Key (PMK)*, der die weitere Kommunikation sichert. Der KCK wird hingegen ausschließlich dazu verwendet, um mit einer HMAC-Konstruktion den

Inhalt der ausgetauschten Commit-Nachrichten zu authentisieren. Die Daten werden bei A und B jeweils in unterschiedlicher Reihenfolge authentisiert, damit in den beiden Confirm-Nachrichten jeweils andere Werte übertragen werden und Angreifer die Confirm-Nachricht des Gegenübers nicht wiedereinspielen können.

SAE mit dem Zahlenkörper $\mathbb{Z}_p$

Die SAE-Variante, die auf dem Zahlenkörper Z_p basiert, verläuft ähnlich. Zunächst wird in einem deterministischen Prozess aus dem Passwort eine natürliche Zahl $P < p$ bestimmt. Das anschließende Verfahren verläuft analog zum ECC-basierten Dialog, wobei skalare Punktmultiplikationen durch Potenzierung und Punktadditionen durch Multiplikationen ersetzt werden. A berechnet die zwei Werte cs_A und ce_A also wie folgt:

$$\begin{aligned} cs_A &= (r_{1,A} + r_{2,A}) \bmod n \\ ce_A &= P^{-r_{2,A}} \end{aligned}$$

Das gemeinsame Geheimnis K zwischen A und B berechnet B durch folgende Formel:

$$\begin{aligned} K &= (P^{cs_A} \cdot ce_A)^{r_{1,B}} \pmod p \\ &= (P^{(r_{1,A}+r_{2,A}) \bmod n} \cdot P^{-r_{2,A}})^{r_{1,B}} \pmod p \\ &= (P^{r_{1,A}+r_{2,A}-r_{2,A}})^{r_{1,B}} \pmod p \\ &= P^{r_{1,A}r_{1,B}} \pmod p \end{aligned}$$

Die Berechnung von K kann bei A aufgrund der ebenfalls vorhandenen Kommutativität analog erfolgen.

Sicherheit von SAE

Das Interessante am SAE-Protokoll ist, dass Schlüssel mit verhältnismäßig hoher Entropie sicher aus vergleichsweise kurzen Passwörtern abgeleitet werden sollen. Normalerweise ist die Nutzung von Passwörtern mit hinreichend hoher Entropie für starke Kryptografie, also bei mehr als 256 bit, sehr aufwendig, da die Passwörter sehr lang sein müssen. Bei SAE sollen auch kürzere Passwörter verwendet werden können, da nur das aktive Ausprobieren von Passwörtern möglich sein soll und keine effiziente Offlineberechnung. Sehr wichtig ist dabei die Überprüfung der im Commit-Schritt empfangenen Nachrichten, also dass sich beispielsweise der übermittelte Punkt tatsächlich auf der Kurve befindet. Werden diese Überprüfungen nicht korrekt vorgenommen, sind Angriffe möglich [CH13]. Einige dieser Überprüfungen werden auch im 802.11-Standard gefordert, leider ergibt sich auch beim aktuellen SAE-Standard eine Schwachstelle, die einen Offlineangriff ermöglicht.

Ein Offlineangriff auf $\mathbb{Z}_p$-basiertes SAE

Um offline mögliche Passwörter durchzuprobieren, muss ein Angreifer E zunächst einen Z_p-basierten SAE-Handshake initiieren, bei dem er sich nicht vollständig an das vorgegebene Protokoll hält. Anschließend können relativ effizient Passwörter mit den vom Gegenüber empfangenen Werten durchprobiert werden. Die Komplexität der nötigen Berechnungen hängt dann im Wesentlichen nur noch von der Entropie des Passworts ab. Dazu wählt der Angreifer E seinen Wert $ce_E = 1$. Als Wert für cs_E kann ebenfalls 1 gewählt werden, wobei der Angriff für andere Werte in gleicher Weise abzuwandeln ist. Sein Gegenüber A hält sich an das Protokoll und sendet $cs_A = (r_{1,A} + r_{2,A}) \bmod p - 1$ sowie $ce_A = P^{-r_{2,A}}$. A berechnet nun das folgende K:

$$K = (P^{cs_E} \cdot ce_E)^{r_{1,A}} \equiv (P^1 \cdot 1)^{r_{1,A}} \equiv P^{r_{1,A}} \pmod{p}.$$

Überprüfung der Gruppengröße fehlerhaft

Mit dem aus K abgeleiteten KCK berechnet A nun einen Authentisierungswert über die ausgetauschten Nachrichten und schickt ihn wie cs_A mit ce_A zu E. Das Problem von SAE ist die fehlende Prüfung, dass der Wert ce_E nicht 1 ist und eine große Untergruppe in Z_p erzeugt. Der Angreifer kann dadurch nun effizient berechnen, ob eine Menge von Passwörtern verwendet wurde, indem er zu jedem Passwort die korrespondierende Zahl $\hat{P}$ berechnet. Anschließend berechnet er für alle $\hat{P}$: $\hat{P}^{cs_A} ce_A \equiv \hat{P}^{r_{1,A}} \pmod{p}$ und prüft, ob sich ein gültiger KCK ergibt. Der Angriff wäre im Standard auf sehr einfache Art zu verhindern gewesen, indem $ce_E > 1$ gefordert würde. Wie im Standard korrekt gefordert, muss weiterhin durch Berechnung von $ce_A^n \bmod p \equiv 1$ geprüft werden, dass die erzeugte Untergruppe von ce_A die erwartete Größe n hat.

Verhindern des Angriffs

15.3 Wired Equivalent Privacy

Das WEP-Protokoll definiert ein Verfahren, wie die Verschlüsselung und Integritätssicherung der Nutzdaten von Protokolldateneinheiten der MAC-Teilschicht durchzuführen ist. Im ursprünglichen 802.11-Standard war es der einzige Sicherungsmechanismus für Vertraulichkeit und Authentizität. In den folgenden Abschnitten werden die Funktionsweise von WEP und seine Defizite erklärt.

15.3.1 Funktionsweise und Linearität von CRC

Die Integritätssicherung wird im WEP-Protokoll auf der Grundlage des Cyclic Redundancy Check (CRC) erbracht. Bei diesem Verfahren handelt es sich um einen Fehlerprüfcode, der eigentlich zur statistischen Entdeckung zufällig auftretender Fehler entwickelt wurde.

Mathematische Grundlage des CRC

Die mathematische Grundlage des CRC ist eine Division durch ein definiertes, irreduzibles Polynom $G(X)$ im $GF(2^n)$. Eine Nachricht M wird somit als Polynom $M(x)$ aufgefasst, und es wird die Polynomarithmetik modulo 2 verwendet, sodass die Addition und die Subtraktion einer bitweisen XOR-Verknüpfung entsprechen. Details zu dieser Galois-Körper genannten mathematischen Struktur wurden bereits in Abschnitt 4.8.3 vorgestellt.

Funktionsweise von CRC

Betrachten wir nun die Division von $M(x) \cdot 2^n$ durch $G(x)$:

$$\text{Da } \frac{M(x) \cdot 2^n}{G(x)} = Q(x) + \frac{R(x)}{G(x)} \text{ ist auch } \frac{M(x) \cdot 2^n + R(x)}{G(x)} = Q(x)$$

wobei R(x) der Rest von $M(x) \cdot 2^n$ bei Division durch $G(x)$ ist.

An eine Nachricht $M(x)$ wird somit einfach der Rest $R(x)$ bei Division durch $G(x)$ als Fehlerprüfwert angehängt. Das Ergebnis $Q(x)$ der Division ist nicht von weiterem Interesse, da bei der Überprüfung einer empfangenen Nachricht $M(x) \cdot 2^n + R(x)$ lediglich darauf geachtet wird, ob sich bei Division durch $G(x)$ der Rest 0 ergibt.

Betrachten wir nun zwei Nachrichten M_1 und M_2 mit den CRC-Werten R_1 und R_2:

$$\text{Da sowohl } \frac{M_1(x) \cdot 2^n + R_1(x)}{G(x)} \text{ als auch } \frac{M_2(x) \cdot 2^n + R_2(x)}{G(x)}$$

beide mit Rest 0 teilbar sind, teilt auch

$$\frac{M_1(x) \cdot 2^n + R_1(x) + M_2(x) \cdot 2^n + R_2(x)}{G(x)} \text{ mit dem Rest 0.}$$

CRC ist eine lineare Funktion.

Hieraus ergibt sich, dass CRC eine lineare Funktion ist, das heißt $CRC(M_1) + CRC(M_2) = CRC(M_1 + M_2)$. Es ist diese Eigenschaft, die CRC ungeeignet für kryptografische Zwecke macht, da sie gezielte Modifikationen an Nachrichten und den dazugehörenden CRC-Werten ermöglicht.

15.3.2 Funktionsweise des WEP-Protokolls

Verschlüsselung mit RC4

Das WEP-Protokoll verwendet den RC4-Algorithmus als Pseudozufallsbitgenerator zur Erzeugung eines Keystreams, der jeweils von dem Schlüssel und einem Initialisierungsvektor abhängt. Für jede zu schützende Nachricht M wird ein neuer 24 bit langer Initialisierungsvektor IV gewählt und mit einem Schlüssel K_{BSS} konkateniert, der in der Regel allen Stationen in einem Basic Service Set bekannt ist. Der resultierende Wert dient dann als Eingabe für den RC4-Algorithmus, welcher hieraus einen beliebig langen Keystream generiert (vergleiche hierzu Abschnitt 3.4).

Weiterhin wird mittels des CRC-Verfahrens ein (vermeintlicher) »Integritätsprüfwert« (Integrity Check Value, ICV) berechnet und an die Nachricht M angehängt. Die resultierende Nachricht $(M \mid\mid ICV)$ wird mit dem Keystream $RC4(IV \mid\mid K_{BSS})$ XOR-verknüpft (»$\oplus$«) und es wird der Initialisierungsvektor zusätzlich im Klartext dem resultierenden Schlüsseltext vorangestellt. Abbildung 15.3 zeigt diesen Prozess als Blockschaltbild.

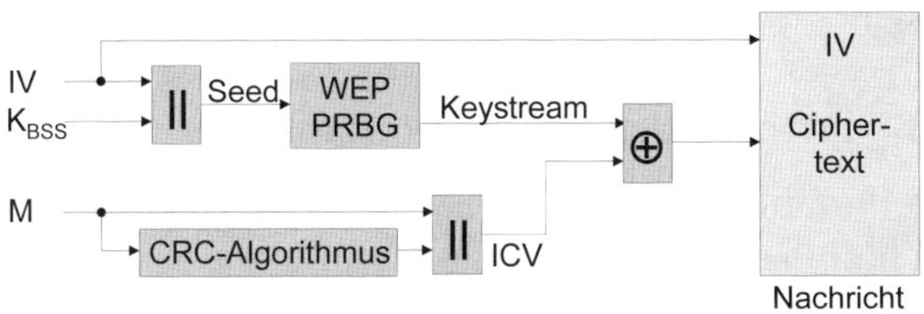

Abbildung 15.3
Blockdiagramm der WEP-Verschlüsselung

Selbstsynchronisierung

Da der Initialisierungsvektor im Klartext mit jeder Nachricht mitgeschickt wird, kann jeder Empfänger, der den Schlüssel K_{BSS} kennt, den entsprechenden Klartext reproduzieren. Hierdurch wird die in drahtlosen Netzen besonders wichtige Eigenschaft der *Selbstsynchronisierung* gewährleistet.

Der Entschlüsselungs- und Integritätsprüfprozess beim Empfänger besteht im Wesentlichen aus der umgekehrten Verarbeitungsfolge und ist in Abbildung 15.4 dargestellt.

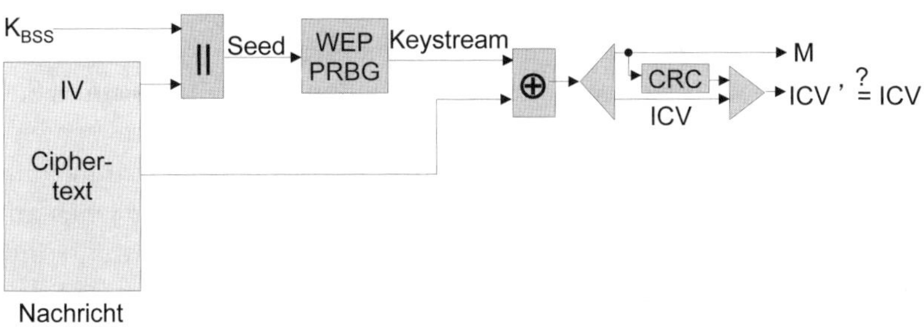

Abbildung 15.4
Blockdiagramm der WEP-Entschlüsselung

Sicherheitsziele des WEP-Protokolls

Das WEP-Protokoll wurde mit der Absicht entworfen, die folgenden Sicherheitsziele zu gewährleisten:

- *Vertraulichkeit:* Lediglich Stationen, die in Besitz des Schlüssels K_{BSS} sind, können mit WEP geschützte Nachrichten lesen.

- *Nachrichtenauthentisierung und -integrität:* Absichtliche Modifikationen von mit WEP geschützten Nachrichten können vom Empfänger entdeckt werden.
- *Zugriffskontrolle in Verbindung mit dem Schichtenmanagement:* Sofern es im Schichtenmanagement so eingestellt ist, werden nur mit WEP geschützte Nachrichten von Empfängern akzeptiert, sodass nur Stationen, die den Schlüssel K_{BSS} kennen, an solche Empfänger senden können.

Wie im folgenden Abschnitt noch aufgezeigt wird, erreicht WEP leider keines der angestrebten Ziele.

15.3.3 Defizite des WEP-Protokolls

Das WEP-Protokoll weist insgesamt Sicherheitsdefizite in den folgenden fünf Bereichen auf:

1. Schlüsselmanagement
2. Mangelhafter Schutz vor Mitlesen von Nachrichten
3. Unsichere Nachrichtenauthentisierung beziehungsweise Integritätssicherung
4. Unzureichende Zugriffskontrolle
5. Berechnung des Schlüssels anhand abgehörter Nachrichten

Schlüsselmanagement

In Bezug auf das *Schlüsselmanagement* ist zunächst festzuhalten, dass IEEE 802.11 ursprünglich kein Schlüsselmanagement definiert und sich lediglich darauf beschränkt hat, die gemeinsame Verwendung von Gruppenschlüsseln zu empfehlen. Wie im Kapitel 8 bereits festgestellt wurde, sind gemeinsame Gruppenschlüssel aus sicherheitstechnischer Sicht als bedenklich einzustufen, da zum einen die Verbreitung gemeinsamer Gruppenschlüssel schwierig (bis gar nicht) einzuschränken und somit nicht kontrollierbar ist. Zum anderen kann sich jedes Mitglied der Gruppe für jedes andere Mitglied der Gruppe ausgeben. Hinzu kommt, dass aufgrund des fehlenden Schlüsselmanagements der Gruppenschlüssel in der Praxis sehr selten bis nie gewechselt wird und in vielen Fällen sogar komplett auf die Aktivierung der 802.11-Sicherheitsfunktionen verzichtet wurde.

Brute-Force-Attacken auf 40 bit lange Schlüssel

Weiterhin ist festzuhalten, dass viele der verkauften WLAN-Produkte der ersten Generationen nur Schlüssel der Länge 40 bit unterstützen, die keinerlei Schutz vor dem Ausprobieren aller möglichen Schlüssel bieten. Es werden zwar auch Produkte angeboten, die 104 bit lange Schlüssel unterstützen, jedoch sind diese nicht mit den 40-bit-Varianten interoperabel, sodass eine Entscheidung hierfür direkt zu Beginn der Einführung eines WLANs getroffen werden musste, wenn einmal angeschaffte Geräte nicht später ausgemustert werden sollten. Die Produkte mit längeren Schlüsseln wurden sogar oft mit der irreführenden Aussage »128-bit-Verschlüsselung« beworben. Tatsächlich beträgt die Schlüssellänge aber nur 104 bit, da 24 bit für den Initialisierungsvektor verwendet werden.

Mitlesen von Nachrichten

Das WEP-Protokoll erzielt jedoch auch mit sachgerecht verteilten und hinreichend langen Schlüsseln *keinen ausreichenden Schutz vor dem Mitlesen* von Nachrichten. Ein Grund hierfür ist die Wiederverwendung von Keystream [BGW01], die unmittelbar aus den kurzen Initialisierungsvektoren und dem fehlenden Schlüsselmanagement resultiert. Bei der WEP-Verschlüsselung wird mit jeder Nachricht durch Generieren und Voranstellung eines neuen Initialisierungswertes IV der Länge 24 bit vor den Gruppenschlüssel K_{BSS} und Ausführen der entsprechenden Initialisierungsschritte des RC4-Algorithmus der Zustand des Pseudozufallsbitgenerators resynchronisiert. Betrachten wir nun zwei Nachrichten M_1 und M_2, die »zufällig« unter Verwendung des gleichen Initialisierungswertes IV_1 verschlüsselt wurden:

Wiederverwendung von Initialisierungsvektoren

$$C_1 = M_1 \oplus RC4(IV_1, K_{BSS})$$
$$C_2 = M_2 \oplus RC4(IV_1, K_{BSS})$$

Somit gilt jedoch auch:

$$\begin{aligned} C_1 \oplus C_2 &= M_1 \oplus RC4(IV_1, K_{BSS}) \oplus M_2 \oplus RC4(IV_1, K_{BSS}) \\ &= M_1 \oplus M_2 \end{aligned}$$

Known-Plaintext-Angriff

Kennt ein Angreifer also beispielsweise die Werte M_1 und C_1, so kann er den Klartext M_2 aus dem Schlüsseltext C_2 berechnen. Das WEP-Protokoll ist daher für Known-Plaintext-Angriffe anfällig, sofern es zur Wiederverwendung von Initialisierungsvektoren zusammen mit dem gleichen Schlüssel K_{BSS} kommt.

In der Praxis tritt dieser Fall relativ häufig auf, da viele Implementierungen den Initialisierungswert schlecht wählen (beispielsweise wird oft bei Initialisierung der Hardware immer neu mit »0« begonnen). Aber selbst bei idealer Wahl des Initialisierungswertes führt die zu geringe Länge von 24 bit dazu, dass beispielsweise eine ausgelastete Basisstation eines WLANs bei Übertragung mit nur 11 Mbit/s den zur Verfügung stehenden Adressraum etwa innerhalb eines halben Tages ausschöpft.

Mangelhafte Nachrichten-authentisierung

Die Integritätssicherung und Nachrichtenauthentisierung von WEP kann von einem Angreifer aufgrund der Linearität des CRC und der Verschlüsselungsfunktion leicht ausgehebelt werden. Betrachten wir hierfür eine von einem Sender A an einen Empfänger B gesendete Nachricht, die von dem Angreifer E abgefangen wird:

$$A \rightarrow B{:}(IV, C) \ \text{ mit } \ C = RC4(IV, K_{BSS}) \oplus (M, CRC(M))$$

Der Angreifer E kann auch ohne Kenntnis des Schlüssels K_{BSS} einen Schlüsseltext C' konstruieren, der zu einem Klartext $(M', CRC(M'))$ mit gültigem CRC-Wert dechiffriert wird. Hierfür wählt er eine beliebige Nachricht Δ und berechnet damit C' wie folgt:

$$\begin{aligned} C' &= C \oplus (\Delta, CRC(\Delta)) \\ &= RC4(IV, K_{BSS}) \oplus (M, CRC(M)) \oplus (\Delta, CRC(\Delta)) \\ &= RC4(IV, K_{BSS}) \oplus (M \oplus \Delta, CRC(M) \oplus CRC(\Delta)) \\ &= RC4(IV, K_{BSS}) \oplus (M \oplus \Delta, CRC(M \oplus \Delta)) \\ &= RC4(IV, K_{BSS}) \oplus (M', CRC(M')) \end{aligned}$$

Gezielte Modifikationen

Da der Angreifer die originale Nachricht M nicht kennt, ist ihm auch die resultierende Nachricht M' nicht bekannt. Dennoch weiß er, dass eine »1« an einer bestimmten Position in der Nachricht Δ zu einem »gekippten« Bit an der entsprechenden Position in M' führt. Der Angreifer kann somit gezielte Modifikationen vornehmen, die von einem Empfänger nicht erkannt werden können.

Unzureichende Zugriffskontrolle

Auch die Zugriffskontrollfunktion von WEP kann von einem Angreifer leicht umgangen werden. Hierfür benötigt er lediglich ein hinreichend langes Klartext-Schlüsseltext-Paar (M, C) (den ebenfalls hierzu gehörenden Wert IV kann er der abgehörten Nachricht auch entnehmen, da er ja dem Schlüsseltext vorangestellt wird). Die Gründe für das Versagen der Zugriffskontrollfunktion liegen darin, dass die »Integritätsprüffunktion« CRC nicht mit einem Schlüssel parametrisiert wird und weiterhin keine Anforderungen bezüglich der Wiederverwendung von Initialisierungswerten für RC4 gestellt werden.

Da der Angreifer E die Nachricht M und den Schlüsseltext $C = RC4(IV, K_{BSS}) \oplus (M, CRC(M))$ kennt, kann er hieraus den zu IV passenden Keystream $RC4(IV, K_{BSS})$ berechnen. Möchte er zu einem späteren Zeitpunkt eine eigene Nachricht M' senden, verwendet er für ihre Übertragung den gleichen Initialisierungswert IV und berechnet den Schlüsseltext seiner Nachricht mit dem zuvor ermittelten und gegebenenfalls gekürzten Keystream:

$$E \rightarrow B\colon (IV, C') \text{ mit } C' = RC4(IV, K_{BSS}) \oplus (M', CRC(M'))$$

Da die Wiederverwendung beliebiger Initialisierungswerte ohne Weiteres möglich ist, gelingt es dem Angreifer somit, gültige Nachrichten zu erstellen, die von beliebigen Empfängern des WLANs akzeptiert werden.

Unautorisierte Nutzung von Netzressourcen

Eine mögliche Anwendung dieser Angriffstechnik ist die unautorisierte Nutzung von Netzressourcen. Der Angreifer kann auf diese Art beispielsweise IP-Pakete senden, die von der hinter dem WLAN liegenden Netzinfrastruktur ins öffentliche Internet geleitet werden. Wenngleich der Angreifer in diesem Fall die gegebenenfalls zurückgeleiteten Antwortpakete ohne Kenntnis von K_{BSS} nicht lesen kann, eröffnen sich ihm dennoch bereits »sinnvolle Anwendungen«, wie etwa die Ausführung sogenannter *Denial-of-Service-Angriffe*, bei denen er an den Antworten der Empfänger seiner Pakete oft nicht interessiert ist, etc.

Berechnung von K_{BSS} anhand bekannter Klartexte

Im August 2001 wurde der bereits in Abschnitt 3.4 angesprochene Related-Key-Angriff auf WEP publiziert [FMS01], der es ermöglicht, den Schlüssel K_{BSS} nach Abhören einer ausreichend großen Anzahl von Paketen zu berechnen. Dieser Angriff und darauf aufbauende Verfahren ermitteln einen Gruppenschlüssel in wenigen Sekunden, nachdem zuvor zwischen 0,25 und 2 Millionen Pakete abgehört wurden [TWP07]. Der Angriff beruht auf den folgenden Eigenschaften von RC4 und der Weise, wie RC4 im WEP-Protokoll eingesetzt wird:

1. RC4 ist anfällig für die Bestimmung einzelner Schlüsselbits, sofern viele Nachrichten mit einem Keystream chiffriert werden, der aus einem variablen Initialisierungswert und einem festen Schlüssel berechnet wird, und der jeweilige Initialisierungsvektor sowie die ersten beiden Klartext-Oktette jeder Nachricht bekannt sind.
2. Der Intialisierungswert wird bei WEP mit jeder Nachricht im Klartext übertragen.
3. Die ersten beiden Oktette jeder Nachricht können in WLANs leicht erraten werden, da die ersten Oktette der übertragenen LLC-Rahmen leicht bestimmt werden können.

R. Rivest verfasste zu dieser Angriffstechnik den folgenden Kommentar [Riv01]: *»Those who are using the RC4-based WEP or WEP2 protocols to provide confidentiality of their 802.11 communications should consider these protocols to be broken [...]«*

Fazit: WEP ist völlig unsicher!

Insgesamt kann das WEP-Protokoll somit nur noch als völlig unsicher bezeichnet werden und die Verwendung alternativer Sicherheitsmaßnahmen muss dringend angeraten werden.

15.4 Robust Secure Networks

Nach der Veröffentlichung der Sicherheitsprobleme von WEP wurde schnell klar, dass der Standard überarbeitet werden musste. Die IEEE-Arbeitsgruppe *802.11 Task Group I* erarbeitete daher ursprünglich die 802.11i-Erweiterung zum WLAN-Standard, welche aber inzwischen im Hauptdokument aufgegangen ist. Geräte, die kompatibel zu 802.11i sind, werden in der Regel unter der Bezeichnung *Wi-Fi Protected Access (WPA)* beziehungsweise WPA2 vermarktet.

RSN verfügen über ein Schlüsselmanagement

Sichere WLANs, die diesem Nachfolgestandard genügen, werden im Standard auch als *Robust Secure Network (RSN)* bezeichnet. Anstelle der statischen Gruppenschlüssel wird der Verkehr hier in der Regel jeweils mit paarweisen Schlüsseln zwischen Nutzer und Basisstation gesichert, die über ein automatisches Schlüsselmanagement verwaltet und regelmäßig gewechselt werden. Ferner besteht die Möglichkeit, Gruppenschlüssel für Broad- und Multicast-Pakete zu installieren und auch bei Funkverbindungen zwischen Basisstationen sogenannte *Station-To-Station-Link-Schlüssel* (STSL-Schlüssel) zu verwenden. Alle diese Schlüssel werden von einem sogenannten *Pairwise Master Key (PMK)* abgeleitet oder geschützt übertragen, zu dessen Aushandlung zwei verschiedene Modi vorgesehen sind:

- Im *Personal Mode* verfügen alle Basisstationen und Endgeräte weiterhin über ein gemeinsames Geheimnis. Dabei ist es vorgesehen, einen 256 bit langen PMK explizit durch Eingabe von 64 hexadezimalen Zeichen vorgeben zu lassen. Da dies in den meisten Fällen aber zu komplex ist, kann alternativ ein Passwort mit mindestens 8 Zeichen genutzt werden. Der PMK berechnet sich in diesem Fall wie folgt:

  $$\mathrm{PMK} = \mathrm{PBKDF2}(\mathrm{password}, \mathrm{SSID}, 4096, 256),$$

  wobei PBKDF2 die *Password-Based Key Derivation Function 2* aus RFC 2898 [Kal00] ist. Dies involviert zur Berechnung der PMK die 4096-fache Berechnung von zwei HMAC-SHA1-Aufrufen und bindet den PMK zusätzlich an den Namen des WLANs, die sogenannte *SSID*. Beide Maßnahmen dienen dazu, Wörterbuchangriffe gegen das verwendete Passwort sehr aufwendig zu machen. Im Gegensatz zum bereits vorgestellten SAE-Handshake sind diese aber weiterhin passiv möglich.

- In Umgebungen mit vielen Nutzern bietet sich die Verwendung des *Enterprise Mode* an. Hierbei müssen Nutzer sich per 802.1X über die Basisstationen bei einem Authentication Server anmelden und jeweils per EAP einen gemeinsamen *Master Session Key (MSK)* mit der Basisstation aushandeln. Die oberen 256 bit des MSK werden dann von Basisstation und STA als PMK interpretiert.

RSN verwenden Open System Authentication und nutzen EAP zur Freigabe eines kontrollierten »Ports«.

In jedem Fall findet vor der kryptografischen Authentisierung eine Open System Authentication statt, das bedeutet, der Nutzer assoziiert sich zunächst ohne Passwort mit einer Basisstation. Allerdings arbeitet der »Port«, welcher natürlich nur virtuell existiert, noch im beschränkten Modus (»uncontrolled«) und erlaubt nur die Verarbeitung von EAP- beziehungsweise EAPOL-Paketen zur gegenseitigen Authentisierung und Schlüsselinstallation.
Die Installation von Schlüsselmaterial über EAPOL läuft mittels eines 4-Wege-Handshakes konzeptionell wie folgt ab:

1. $BS \rightarrow STA : (r_{BS})$
2. $STA \rightarrow BS : (r_{STA}, MAC_{KCK})$
3. $BS \rightarrow STA : (r_{BS}, \quad MAC_{KCK}, \{GTK\}_{KEK})$
4. $STA \rightarrow BS : (r_{STA}, MAC_{KCK})$

Aus dem PMK werden temporäre Schlüssel abgeleitet

Die Basisstation initiiert die Schlüsselaushandlung (wie auch periodische Neuaushandlungen) und übermittelt eine Nonce r_{BS}. Die Station des Nutzers reagiert durch das Generieren einer eigenen Nonce r_{STA} und berechnet mithilfe des PMK, der beiden Nonces und der WLAN-Adressen der Teilnehmer einen sogenannten *Pairwise Transient Key (PTK)*:

$$\begin{aligned}\text{PTK} = \text{PRF}(&PMK, \text{»Pairwise key expansion«},\\ &min(Addr_{BS}, Addr_{STA}) \mid\mid\\ &max(Addr_{BS}, Addr_{STA}) \mid\mid\\ &min(r_{BS}, r_{STA}) \mid\mid max(r_{BS}, r_{STA}))\end{aligned}$$

Die dazu verwendete Pseudo Random Function (PRF) kontaktiert im Wesentlichen HMAC-Aufrufe über den Eingabedaten und einem Zähler, bis die gewünschte Schlüssellänge erreicht ist. Der berechnete PTK wird anschließend als Konkatenation von drei verschiedenen paarweisen Schlüsseln aufgefasst:

- ein 128 bit *Key Confirmation Key (KCK)*,
- ein 128 bit *Key Encryption Key (KEK)* und
- ein *Temporal Key (TK)* variabler Länge, aber von mindestens 128 bit.

Authentisierung von EAPOL-Nachrichten

Der KCK wird ab der zweiten EAPOL-Nachricht zur Berechnung eines Nachrichtenauthentisierungswertes genutzt und überzeugt das jeweilige Gegenüber, dass der gleiche PMK bekannt ist und kein Angriff stattfindet. Zur Berechnung des Nachrichtenauthentisierungswertes ist neben dem HMAC-Verfahren auch die Nutzung der AES-CMAC-Betriebsart vorgesehen. In der dritten Nachricht überträgt die Basisstation Gruppenschlüssel, die sogenannten *Group Temporal Keys (GTK)*, zur Sicherung von Broad- und Multicast-Paketen. Diese sind durch den KEK gesichert, wobei entweder RC4 zum Einsatz kommt oder AES im sogenannten *Key Wrap Mode* [SH02].

Sichere Schlüsselübertragung

Welche Verschlüsselungs- und Authentisierungsalgorithmen im EAPOL verwendet werden, hängt davon ab, welches Verfahren für die Sicherung des eigentlichen Datenverkehrs zum Einsatz kommt. Das dazu verwendete Schlüsselmaterial, der TK und der GTK, stehen in jedem Fall nach einem erfolgreichen EAPOL-Austausch bereit.

15.4.1 Temporal Key Integrity Protocol

TKIP ist ein Kompromiss zwischen Sicherheit und Kompatibilität.

Das Ziel bei der Entwicklung des Temporal Key Integrity Protocol (TKIP) war die schnelle Lösung der entstandenen Sicherheitsprobleme mit WEP. Das TKIP sollte möglichst einfach per Softwareaktualisierung auf Basisstationen und Endgeräten nachzurüsten sein und wird unter der Bezeichnung *Wi-Fi Protected Access (WPA)* vermarktet. Die zentrale Herausforderung bestand darin, dass die eigentliche RC4-Verschlüsselung von WEP aus Geschwindigkeitsgründen in der Regel in Hardware realisiert wurde, und somit nicht einfach austauschbar war. Es konnte auch nicht einfach eine alternative Chiffre per Software realisiert werden, da die in Access Points häufig eingesetzten Prozessoren nur etwa eine Taktung von 25 oder 33 MHz hatten, und somit die beispielsweise für eine Berechnung von AES per Software zusätzlich erforderliche Rechenleistung bei Weitem nicht bereitstellen konnten.

WEP-Erweiterung

Die Idee bestand daher darin, die existierende RC4-Verschlüsselung in Hardware möglichst weiterzuverwenden und – neben dem bereits vorgestellten Schlüsselmanagement – folgende Erweiterungen vorzunehmen:

- Die übertragenen Nachrichten werden nicht mehr nur durch den ICV geschützt, sondern zusätzlich durch einen *Message Integrity Code (MIC)*, die von der IEEE aufgrund der Verwechslungsgefahr mit dem Begriff »Medium Access Control (MAC)« gewählte Bezeichnung für Message Authentication Code. Das hierzu speziell entwickelte *Michael*-Verfahren sollte ausreichend schnell zu berechnen sein und trotzdem einen gewissen Schutz vor gefälschten Nachrichten bieten.
- Da Michael nicht die gleiche Sicherheit wie ein vollwertiges Nachrichtenauthentisierungsverfahren bieten kann, werden Pakete bei fehlerhaften Werte nicht nur verworfen, sondern es wird zusätzlich eine Ratenlimitierung vorgenommen.
- Die Initialisierungsvektoren werden nicht zufällig bestimmt, sondern dienen als Sequenznummern. Auf diese Weise wird eine Wiederholung vermieden und gleichzeitig ein Schutz vor Wiedereinspielung erreicht.
- Darüber hinaus wird neben einem regelmäßigen Schlüsselwechsel ein sogenanntes *Key Mixing* betrieben, das heißt, die RC4-Schlüssel werden mit jedem Paket verändert.

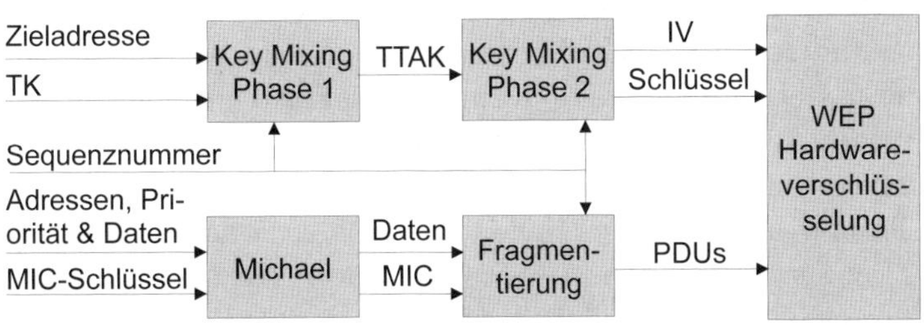

Abbildung 15.5 *Ablauf TKIP-Sicherung*

Ablauf von TKIP beim Sender

Im Einzelnen läuft eine Verschlüsselung mit TKIP wie in Abbildung 15.5 illustriert ab: Der aktuelle *Traffic Key* (TK) wird zusammen mit der Sequenznummer und der Zieladresse des Pakets durch zwei Key-Mixing-Funktionen zu einem Initialisierungsvektor und einem Paketschlüssel transformiert. Die Zweiteilung der Key-Mixing-Funktionen hat den Hintergrund, dass in die Phase-1-Funktion nur die höherwertigen Bytes der Sequenznummer Eingang finden und der resultierende TTAK-Wert (*TKIP-mixed Transmit Address and Key*) zwischengespeichert werden kann. Parallel zur Vorbereitung der WEP-Schlüssel kann die Vorbereitung des MIC erfolgen. Neben der SDU werden auch die Quell- und Zieladressen sowie die Priorität des Pakets durch Michael authentisiert. Da die entstehenden Pakete zu groß seinen können, erfolgt die eigentliche Sicherung durch WEP gegebenenfalls erst nach einer Fragmentierung.

Abbildung 15.6
Schematische Darstellung der Michael-Rundenfunktion

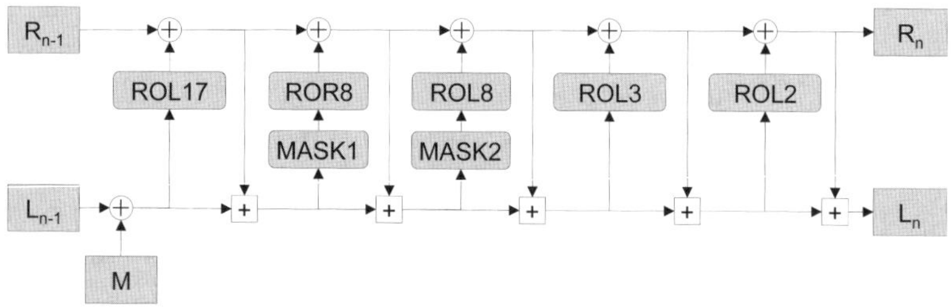

Funktionsweise des Michael-Algorithmus

Kryptografisch interessant ist hierbei insbesondere die extra für TKIP entwickelte Michael-Funktion. Sie sollte extrem schnell zu berechnen sein und trotzdem eine gewisse Sicherheit bieten. Abbildung 15.6 zeigt die schematische Darstellung des Algorithmus, der auf zwei 32 bit breiten Registern L und R arbeitet. Diese Register werden am Anfang mit dem *MIC Key* initialisiert und am Ende des Verfahrens als MIC ausgegeben. Die abgebildete Rundenfunktion wird immer mit 32 bit Eingabedaten M aufgerufen, die zunächst mit L XOR-verknüpft werden. Anschließend werden die Inhalte von L und R abwechselnd miteinander verknüpft. Dabei wird R immer mit einem Wert XOR-verknüpft, der sich aus dem Inhalt von L ableitet. Als Funktionen für die Ableitung werden etwa zyklische Schiebeoperationen um 17, 8, 3 oder 2 Positionen verwendet. Das Ergebnis in R wird anschließend jeweils zu L addiert (bezüglich $\mathbb{Z}_{2^{32}}$). Die entstehenden MIC-Werte haben eine Länge von 64 bit, allerdings ist die Sicherheit des Verfahrens weit geringer. Bereits in der Entwurfsphase wurde die effektive Länge auf etwa 20 bit geschätzt [Fer02].

Gegenmaßnahmen bei gefälschten MICs

Da der Sicherheitsspielraum des MIC somit extrem gering ist, müssen WLAN-Geräte zusätzliche Sicherheitsmaßnahmen implementieren. Dazu ist es in 802.11 vorgesehen, dass Pakete mit falschem MIC nicht nur verworfen werden. Es wird darüber hinaus gefordert, dass ein solcher Fehler nur einmal pro Minute passieren darf. Andernfalls schaltet sich das angegriffene Gerät für eine Minute ab und verwirft alle temporären Schlüssel. Der vollständige Empfangsprozess ist in Abbildung 15.7 noch einmal schematisch dargestellt.

Über die Sicherheit des resultierenden Protokolls TKIP wurde lange spekuliert, allerdings hat es trotz der »widrigen« Umstände in den letzten 10 Jahren seine Sicherheitsziele gut erfüllt. Es existieren zwar einige Angriffe [TB09, OM09], jedoch sind diese

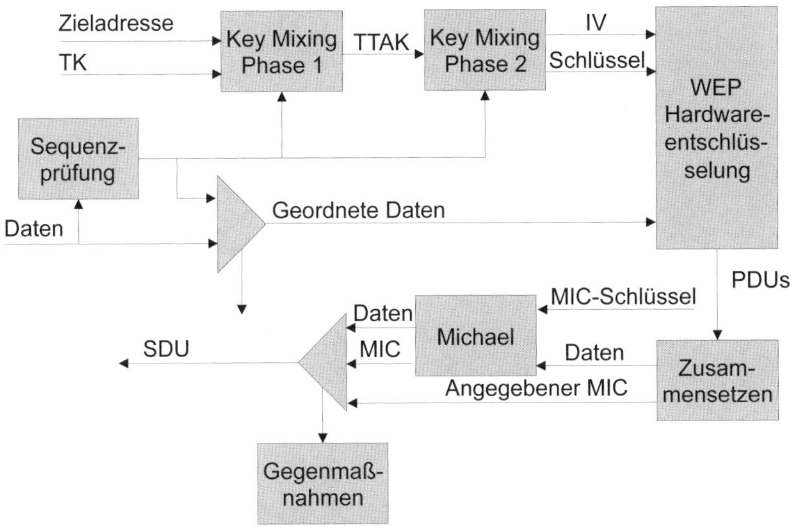

Abbildung 15.7 *Ablauf der Empfangsroutine bei TKIP*

weitaus komplexer durchzuführen als die vorgestellten Angriffe auf WEP, und insbesondere erlauben sie nicht die Wiederherstellung des Schlüssels, sodass sie für Angreifer einfach unattraktiver geworden sind. Nichtsdestoweniger empfiehlt die IEEE, TKIP nicht länger zu verwenden und stattdessen auf das im Folgenden vorgestellte CCMP zu setzen.

15.4.2 CTR with CBC-MAC Protocol

CCM wird als WPA2 vermarktet.

Als langfristiger Ersatz des WEP-Verfahrens ist das *CTR with CBC-MAC Protocol (CCMP)* entwickelt worden, welches AES als Verschlüsselungsalgorithmus einsetzt und unter dem Namen *Wi-Fi Protected Access 2 (WPA2)* vermarktet wird. Die Verwendung eines alternativen Blockchiffremodus namens *Offset Codebook Mode (OCB)* wurde ursprünglich im Standard als optional vorgesehen, ist jedoch aufgrund von patentrechtlichen Problemen inzwischen vollständig aus dem Standard entfernt.

Die AES-Chiffre wird in CCMP im speziell für dieses Protokoll entwickelten CCM-Modus für authentisierte Verschlüsselung betrieben, sodass keine weiteren kryptografischen Algorithmen benötigt werden. Abbildung 15.8 zeigt den vereinfachten Ablauf einer solchen Verarbeitung beim Sender, wie sie in RFC 3610 [WHF03] vorgeschlagen ist. Die zugrunde liegende Idee von CCM ist die Nutzung des CBC-MAC für die Nachrichtenauthentisierung und des Counter-Modus für die Verschlüsselung. Um die in Abschnitt 5.3.2 beschriebenen Angriffe auf den CBC-MAC zu verhindern, werden

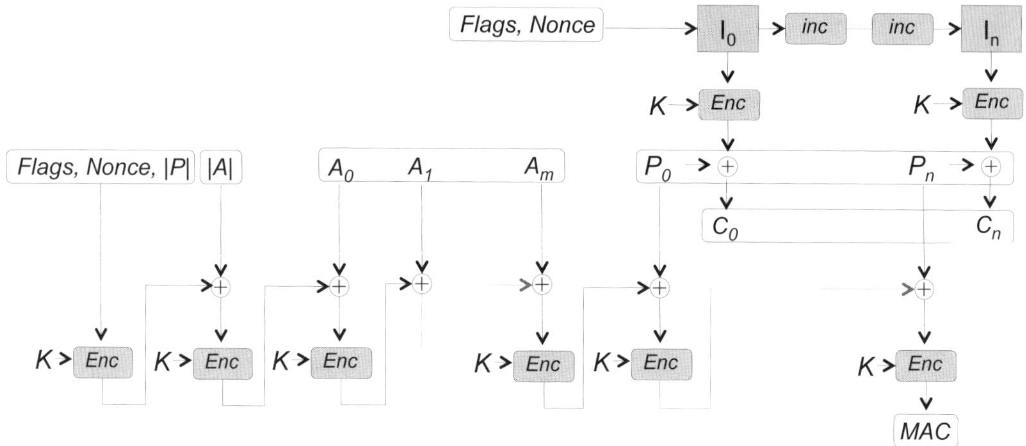

Abbildung 15.8
Vereinfachter Ablauf einer CCM-Verschlüsselung

die Längen der zu authentisierenden und der zusätzlich zu verschlüsselnden Daten in die ersten beiden authentisierten Blöcke mit aufgenommen. Zusätzlich gehen noch eine Nonce und Flags ein, die beispielsweise die Länge des MAC codieren. Bei der Verschlüsselung gehen diese letzteren Werte auch in die oberen Bits des Zählers für den Counter-Modus ein. Ähnlich wie beim ursprünglichen Counter-Modus ist auch die Sicherheit dieses Verfahrens davon abhängig, das Nonces nicht mehrfach verwendet werden. Im Vergleich zu anderen Modi zur authentisierten Verschlüsselung ist CCM darüber hinaus sehr aufwendig zu berechnen (etwa doppelt so viele Blockchiffreaufrufe wie GCM). Dies gilt insbesondere, da der Authentisierungsanteil kaum zu parallelisieren ist.

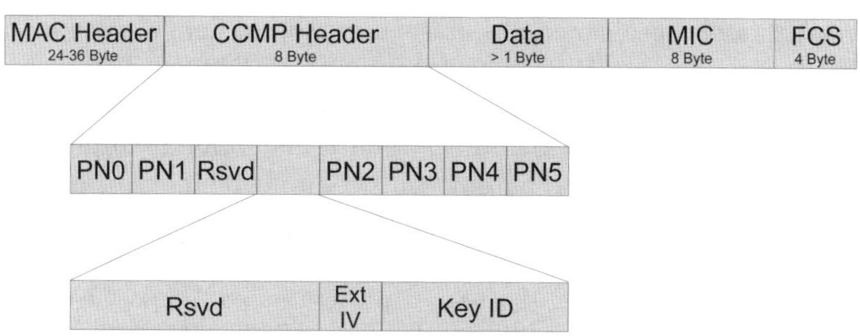

Abbildung 15.9
Aufbau eines 802.11-Rahmens beim Einsatz von CCMP

Das CCMP-Rahmenformat

In 802.11 wird AES-CCM verwendet, um die in Abbildung 15.9 gezeigten Rahmen zu erzeugen. Dabei wird direkt nach dem Header des Medienzugriffsprotokolls ein CCMP-Header mit 8 Byte eingefügt. Darin sind hauptsächlich die 6 Byte der Sequenznummer, die unter dem Begriff *Packet Number (PN)* geführt werden, abgelegt. Zusätzlich wird der Index des aktuellen Schlüssels abgelegt. Das »ExtIV«-Bit muss gesetzt sein und gibt an, dass der Header für die Verschlüsselung aus 8 Byte und nicht wie bei WEP aus 4 Byte besteht. Nach den eigentlichen Daten folgt der MIC, die IEEE-Bezeichnung für den MAC-Wert der CCM-Verschlüsselung. Darüber hinaus befindet sich mit der *Frame Check Sequence (FCS)* eine CRC-Prüfsumme im Paket.

Authentisiert wird neben den Nutzdaten ein Großteil des Headers, also unter anderem auch die verwendeten Adressen. Verschlüsselt werden lediglich die Nutzdaten. In beiden Fällen kommt als Nonce eine Konkatenation aus Flags, Senderadresse und Sequenznummer zum Einsatz, sodass eine einmalige Verwendung garantiert werden kann. Diese feste Berechnungsvorschrift führte jedoch auch zu Kritik, da sich auf diese Weise der erste Wert des Counters für das erste Paket im Voraus bestimmen lässt. Somit kann im Prinzip ein Wörterbuchangriff vorbereitet werden [JMI06]. Da der Schlüssel jedoch aufgrund des automatischen Schlüsselmanagements eine hohe Entropie aufweisen sollte und die Vorberechnungen speziell für jede Quelladresse gemacht werden müssten, ist der Angriff nicht als realistisch zu betrachten.

15.5 Sicherheit in öffentlichen WLANs

Öffentliche Hotspots können die Sicherungssysteme von 802.11 nicht verwenden.

Durch die Verbreitung von 802.11-Technik und die im Vergleich zu Mobilfunknetzen hohe Geschwindigkeit werden an vielen Punkten des öffentlichen Lebens öffentliche WLANs betrieben. Diese *Hotspots* bieten eine zum Teil kostenlose Nutzung, zum Teil aber auch die Nutzung gegen ein Entgelt, welches etwa per Kreditkarte abgerechnet wird. Das Kernproblem an Hotspots ist, dass es für den Betreiber aus Gründen der Nutzerfreundlichkeit nicht möglich ist, die in 802.11 vorgesehenen Sicherheitsmaßnahmen einzusetzen. Diese sehen in jedem Fall vor, dass Nutzer über ein Passwort verfügen und die Verbindung entsprechend eingerichtet ist. Im Unterschied dazu möchten die Hotspot-Betreiber auch Nutzer erreichen, die entweder keine WLAN-Verbindung konfigurieren können oder sich nicht persönlich Zugangsdaten beschaffen wollen.

Hotspots bilden 802.1X nach und authentisieren über Webseiten.

Ein übliches Vorgehen ist daher, die für den Hotspot-Betreiber wichtigste Funktionalität von 802.1X nachzubilden: Das Hotspot-WLAN wird ohne Sicherungsmechanismus betrieben und jeder Nutzer kann sich mittels Open System Authentication ohne weitere Konfiguration verbinden. Stammen Pakete von einer unbekannten STA, werden diese Pakete jedoch nicht weitergeleitet, ähnlich der Vorgehensweise beim unkontrollierten Port von IEEE 802.1X. Anders als bei 802.1X wird jedoch nicht der Zugriff auf einen Authentisierungsserver über EAPOL erwartet. Stattdessen werden Pakete an einen DNS-Server erlaubt und jegliche HTTP-Anfragen auf eine interne Seite umgeleitet. Da der Nutzer zwangsläufig diese Webseite besucht, wird er darauf hingewiesen, dass er sich an einem Hotspot befindet und kann durch Eingabe von Zahlungsdaten den Zugang freischalten. Die Freischaltung erfolgt für die MAC-Adresse des Clients und bleibt typischerweise für einige Stunden aktiv, beziehungsweise es erfolgt bei Inaktivität des Clients eine automatische Sperrung.

Zugriffskontrolle und Sicherung der Login-Daten über TLS

Bezüglich der Sicherheitseigenschaften dieses Vorgehens werden ausschließlich Bedürfnisse der Hotspot-Betreiber berücksichtigt. Durch die Zugangskontrolle wird sichergestellt, dass für die Internetnutzung bezahlt werden muss. In vielen Fällen wird für die Eingabe der Nutzer- beziehungsweise Zahlungsdaten auf eine TLS-geschützte Webseite umgeleitet, um sicherzustellen, dass diese nicht im Funknetz einfach mitgelesen werden kann. Den später gesendeten Internetverkehr der Clients betrifft diese Verschlüsselung auf Anwendungsebene jedoch nicht. Ursächliches Problem ist, dass die Verschlüsselung auf Datensicherungsschicht nicht im Nachhinein aktiviert werden kann.

Bedrohungen für die Nutzdaten

Für die Nutzer solcher Hotspots ergibt sich somit eine Reihe von Bedrohungen. Die gesendeten Pakete können abgehört, verändert, unterdrückt oder von einem Angreifer frei erfunden sein. Im Unterschied zu einem drahtgebundenen Internetanschluss ist dies über die Luftschnittstelle besonders einfach. Daher sollten in einem öffentlichen WLAN ausschließlich Dienste genutzt werden, die eine kryptografische Sicherung auf Anwendungsebene durchführen. Insbesondere sind auch die Hintergrunddienste des Clients entsprechend zu konfigurieren, sodass etwa kein Mail-Passwort im Klartext übermittelt wird. Besser geeignet ist etwa die Nutzung eines IPsec-VPN, mit dem alle IP-Pakete zunächst verschlüsselt zu einem vertrauenswürdigen Punkt im Netz geleitet werden, bevor sie unverschlüsselt zum eigentlichen Ziel gelangen.

Angreifer können Nutzer impersonifizieren, um illegale Tätigkeiten zu verschleiern.

Vor einem Problem können allerdings auch diese nicht schützen: Da zwischen Nutzer und Hotspot keine kryptografische Bindung existiert, kann ein Angreifer den Nutzer impersonifizieren. Dazu wartet er im einfachsten Fall, bis der Nutzer den Hotspot-Bereich verlässt, und gibt anschließend dessen MAC-Adresse als seine eigene aus. Der Hotspot wird weiterhin davon überzeugt sein, dass der authentisierte Nutzer den Dienst nutzt. Für diesen ergeben sich zwei potenzielle Probleme:

- Bei zeitbasierten Abrechnungsverfahren muss er für die Internetnutzung des Angreifers aufkommen.
- Nutzt der Angreifer den Zugang für illegale Aktivitäten, fallen diese möglicherweise auf ihn zurück.

Auch die Möglichkeit zum manuellen Ausloggen ist kein Garant, dass dieser Angriff nicht stattfindet, da der Angreifer beispielsweise versuchen könnte, die entsprechenden Pakete zu unterdrücken. Alternativ könnte etwa bei einem Man-in-the-Middle-Angriff auch eine gleichzeitige Nutzung durch den Angreifer erfolgen. Durch die fehlende Sicherheitsarchitektur an öffentlichen Hotspots kann auch ein sicherheitsbewusster Anwender sich nicht effektiv schützen. Die Nutzung öffentlicher WLANs mit gleichzeitiger Authentisierung sollte somit sehr genau überlegt sein.

15.6 Zusammenfassung

Erhöhtes Bedrohungspotenzial in Funknetzen

Aufgrund des erhöhten Bedrohungspotenzials der Funkübertragungsstrecke müssen in drahtlosen lokalen Netzen besondere Sicherheitsmaßnahmen getroffen werden. Der in der Praxis am häufigsten eingesetzte Standard IEEE 802.11 wurde in der Vergangenheit dieser Anforderung nicht gerecht, da die eingesetzte WEP-Verschlüsselung die folgenden Sicherheitsdefizite aufweist:

Sicherheitsdefizite von WEP

- Durch das fehlende Schlüsselmanagement können die vorhandenen Sicherheitsfunktionen nur umständlich eingesetzt werden. Das führt in der Praxis dazu, dass Schlüssel selten bis gar nicht gewechselt werden und die Sicherheitsfunktionen oft nicht einmal aktiviert werden.
- Die Instanzenauthentisierung auf Basis der Shared Key Authentication und die Verschlüsselung beruhen auf der Verwendung gemeinsamer Gruppenschlüssel, deren Ausbreitung schlecht zu kontrollieren ist und die keinen gerätespezifischen Schutz einzelner Datenströme ermöglichen. Der verwendete Authentisierungsdialog ist zudem völlig nutzlos, da er auch von einem Angreifer nach Abhören eines einzigen Authentisierungsvorgangs ausgeführt werden kann.
- Die Wiederverwendung von Initialisierungswerten für die RC4-Verschlüsselung ermöglicht Known-Plaintext-Angriffe.
- Die Linearität der »Integritätsprüffunktion« CRC ermöglicht die gezielte und unbemerkte Modifikation von Nachrichten.

- Die Zugriffskontrollfunktion kann mit einem ausreichend langen bekannten Klartext-Schlüsseltext-Paar beliebig oft umgangen werden.
- Eine Schwäche im Key-Scheduling für den RC4-Algorithmus ermöglicht die Berechnung des verwendeten Schlüssels mithilfe abgehörter Nachrichten.

Sicherungsmaßnahmen in Robust Secure Networks

Daher sollten IEEE-802.11-WLANs grundsätzlich mit Methoden gesichert werden, die im Standard als *Robust Secure Networks (RSN)* bezeichnet werden. Von einem Schutz durch die Übergangslösung *Temporal Key Integrity Protocol (TKIP)* ist dabei meistens abzusehen, da inzwischen fast alle WLAN-Komponenten den Einsatz des *CTR with CBC-MAC Protocol (CCMP)* unterstützen. Letzteres bietet neben der aktuell vertrauenswürdigeren Chiffre AES vor allem den Vorteil, dass sichere Nachrichtenauthentisierungswerte berechnet werden können. Ferner sind Sabotageangriffe durch Wiedereinspielen von Paketen mit falschen Michael-Prüfsummen nicht mehr möglich. RSN zeichnen sich darüber hinaus insbesondere durch ihr dynamisches Schlüsselmanagement aus, welches es Angreifern deutlich schwerer macht, ein Netzwerk zu kompromittieren.

Schutz statischer Passwörter

In Bezug auf statische Passwörter sind in 802.11 besondere Schutzmaßnahmen vorgesehen: Zum einen werden Wörterbuchangriffe durch die Nutzung der *Password-Based Key Derivation Function 2 (PBKDF2)* in RSN stark verlangsamt. Zum anderen erlaubt der SAE-Handshake beim Einsatz von ECC aktuell keine Offline-Wörterbuchangriffe, sondern nur das Durchprobieren »am Gerät«. Insbesondere bei Letzterem wird aber eine sorgfältige Implementierung vorausgesetzt, das heißt, es sollten beispielsweise alle Spezialfälle im Protokoll berücksichtigt werden.

Hotspots können Nutzer nur unzureichend schützen.

Ein erhöhtes Risiko für Angriffe besteht an öffentlichen WLAN-Zugängen, sogenannten *Hotspots*. Hauptursache hierfür ist, dass die Sicherheitsmechanismen von 802.11 nicht eingesetzt werden können, da die Authentisierung mit Nutzernamen und Passwort zu wenig Flexibilität bietet. Ein Einloggen etwa mit Zahlungsdaten ist nicht vorgesehen, wodurch auf eine Sicherung auf Datensicherungsschicht verzichtet wird.

15.7 Weiterführende Literatur

[BGW01] Borisov, N.; Goldberg, I.; Wagner, D.: Intercepting Mobile Communications: The Insecurity of 802.11. In: *Proceedings of ACM MobiCom*, 2001. – `http://www.cs.berkeley.edu/~daw/papers/wep-mob01.ps`

[FMS01] Fluhrer, S.; Mantin, I.; Shamir, A.: Weaknesses in the Key Scheduling Algorithm of RC4. In: *Selected Areas in Cryptography, Lecture Notes in Computer Science* Bd. 2259, Springer-Verlag, 2001, S. 1–24

[IEE12] IEEE Institute of Electrical and Electronics Engineers: *Wireless LAN Medium Access Control (MAC) and Physical Layer (PHY) Specifications.* The Institute of Electrical and Electronics Engineers (IEEE), IEEE Std 802.11-2012, 2012

[Riv01] Rivest, R.: *RSA Security Response to Weaknesses in Key Scheduling Algorithm of RC4.* 2001. – `http://www.rsa.com/rsalabs/technotes/wep.html`

[TWP07] Tews, E.; Weinmann, R. P.; Pyshkin, A.: Breaking 104 bit WEP in less than 60 seconds. In: *Information Security Applications* (2007), S. 188–202

15.8 Übungen

1. Können Sie den Fehler des »Shared Key Authentication«-Protokolls durch eine formale Analyse mit der GNY-Logik aufspüren?
2. Warum wird bei WEP der Initialisierungsvektor (IV) in jeder MAC-PDU mitgesendet, anstatt dass der IV implizit aus der letzten MAC-PDU des gleichen Senders an den gleichen Empfänger bestimmt wird?
3. Warum erweist sich die Kombination der nicht mit einem Schlüssel parametrisierbaren Integritätsschutzfunktion (CRC) und des im OFB-Modus betriebenen Chiffrieralgorithmus (RC4) als nicht ausreichend zur effektiven Ausführung einer Zugriffskontrolle?
4. Führen Sie aus, warum bei SAE geprüft werden muss, ob ce_A ein gültiger Punkt der Kurve und nicht etwa $\mathcal{O}$ ist.
5. Erörtern Sie alternative Möglichkeiten, eine Zugriffskontrolle in Wireless LANs durchzusetzen.

6. Können die Sicherheitsdefizite von WEP durch Einsatz von IEEE 802.1X ausgeglichen werden?
7. Wie könnte ein Angreifer in Besitz eines Klartext-Schlüsseltext-Paares gelangen, wenn er weiß, dass in dem anzugreifenden WLAN bestimmte öffentlich sichtbare IP-Adressen verwendet werden?
8. Durch welche Eigenschaft ist der Michael-Algorithmus nicht-linear?
9. Mit welcher Wahrscheinlichkeit tritt ein Michael-Fehler durch zufällige Bitfehler und ohne die Anwesenheit von Angreifern auf?
10. Wann können sich Nonces im CCMP wiederholen? Warum führt dies zu keinem Sicherheitsproblem?
11. Wie würden Sie WLANs gemäß IEEE 802.11 in Bezug auf Location Privacy bewerten?

16 Sicherheit in funkbasierten Weitverkehrsnetzen

Funkbasierte Weitverkehrsnetze weisen im Vergleich mit drahtlosen lokalen Netzen vor allem Funktionen zur echten Mobilitätsunterstützung auf, aus denen sich eine Reihe qualitativ neuer Aspekte ergeben. In diesem Kapitel werden die derzeit wichtigsten Architekturen auf diesem Gebiet, *GSM*, *UMTS* und *LTE*, mit besonderem Blick auf ihre Sicherheitsfunktionen erklärt.

16.1 Global System for Mobile Communication (GSM)

Die Abkürzung GSM steht für den derzeit weltweit führenden Standard im Bereich der mobilen Telekommunikation, der seit Beginn der achtziger Jahre vom *European Telecommunications Standards Institute (ETSI)* standardisiert wurde. Ursprünglich als Abkürzung für die 1982 gegründete *Groupe Spéciale Mobile* festgelegt (zu einer Zeit, als die französische Sprache noch eine größere Rolle in der europäischen Telekommunikation spielte), wurde »GSM« während seines internationalen Siegeszuges in den neunziger Jahren in *Global System for Mobile Communication* umbenannt.

Paneuropäischer Standard

GSM ist ein paneuropäischer Standard, der in drei Phasen in den Jahren 1991, 1994 und 1996 von den europäischen Telekommunikationsbehörden simultan eingeführt wurde und der die europaweite Nutzung der angebotenen Dienste, im Englischen mit dem Begriff »Roaming« (»herumwandern«) bezeichnet, ermöglicht.

Einsatz mittlerweile in etwa 200 Ländern

Mittlerweile werden in etwa 200 Ländern (in Afrika, Amerika, Asien, Australien und Europa) Netze nach dem GSM-Standard betrieben. GSM ermöglicht »echte«, das heißt regional nicht begrenzte Mobilkommunikation und unterstützt hierbei die Dienstarten Sprach- und Datenkommunikation. GSM-Dienste können weltweit unter einer einheitlichen Adresse (einer internationalen Telefonnummer) genutzt werden.

Sicherheitsdienste von GSM

In diesem Kapitel wird die Beschreibung von GSM hauptsächlich auf seine Sicherheitsfunktionen *Vertraulichkeit auf der Funkschnittstelle* und *Zugriffskontrolle und Benutzerauthentisierung* (beziehungsweise im eigentlichen Sinne Geräteauthentisierung) ausgerichtet. Die GSM-Normen umfassen die folgenden Sicherheitsdienste [TG93, TS94]:

- *Subscriber Identity Confidentiality:* Potenzielle Angreifer sollen nicht in der Lage sein, durch Abhören der Funkschnittstelle Informationen darüber zu erhalten, welcher Benutzer gerade bestimmte Funkressourcen (Daten- sowie Signalisierungskanäle) benutzt. Aus diesem Grund identifizieren sich Geräte nach einer erstmaligen Anmeldung üblicherweise mit einem temporären Pseudonym. Hierdurch soll ein gewisser Schutz vor der Erstellung von Bewegungsprofilen durch Abhören der Funkschnittstelle realisiert werden.
- *Subscriber Identity Authentication:* Vor der Inanspruchnahme von Diensten des Netzes muss jedes Gerät seine Identität in einem einfachen Authentisierungsdialog nachweisen.
- *Signaling Information Element Confidentiality:* Zur Wahrung der Vertraulichkeit der zwischen mobilen Geräten und dem Zugangsnetz ausgetauschten Zeichengabenachrichten werden diese auf der Funkschnittstelle verschlüsselt.
- *User Data Confidentiality:* Ebenso wie die Zeichengabenachrichten werden die Nutzdaten auf der Funkschnittstelle verschlüsselt.

Wie aus den Definitionen der oben stehenden Sicherheitsdienste hervorgeht, werden bei GSM hauptsächlich Maßnahmen gegen passive Angriffe auf der Funkschnittstelle getroffen.

Architektur eines GSM-Netzes

Bevor die Funktionsweise der Sicherheitsdienste erklärt werden kann, soll zunächst ein kurzer Überblick über die Architektur eines GSM-Netzes gegeben werden. Eine ausführliche Erklärung aller Komponenten und ihrer Funktionen würde jedoch den Rahmen dieses Kapitels sprengen, sodass hierfür auf die einschlägige Literatur verwiesen wird, zum Beispiel [Sch03].

Abbildung 16.1 zeigt die Komponenten eines GSM-Netzes im Überblick. Die in dieser Abbildung verwendeten Abkürzungen der GSM-Terminologie sowie weitere Abkürzungen, die im Rahmen dieses Kapitels von Bedeutung sind, findet der Leser in Tabelle 16.1 aufgeführt.

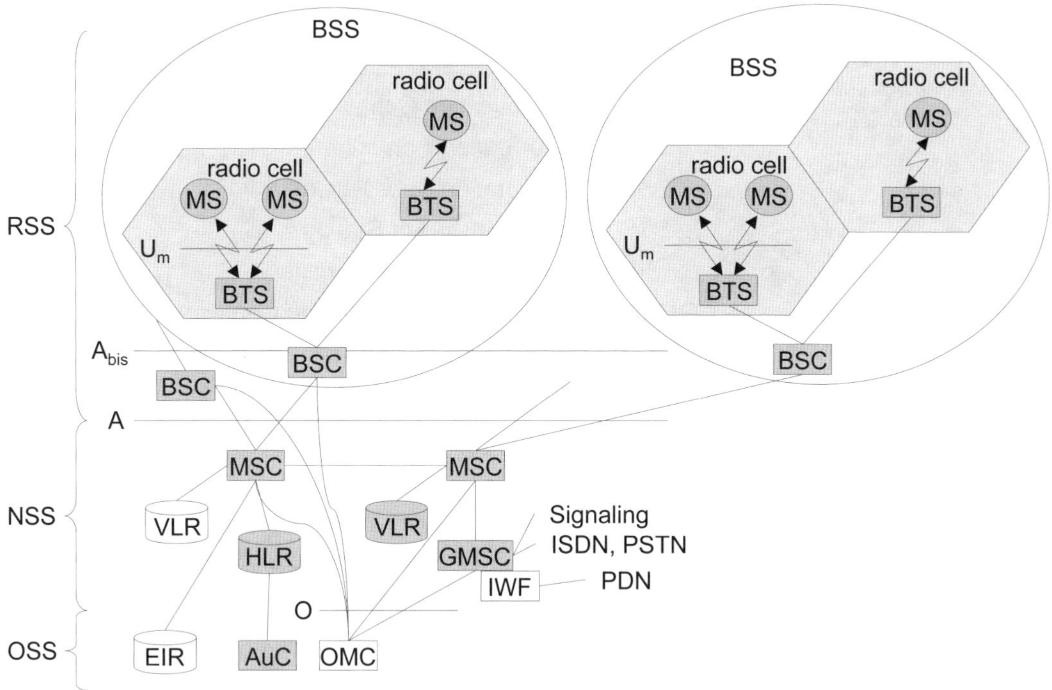

Abbildung 16.1 *Architektur eines GSM-Netzes*

Die zwischen mobilen Geräten ausgetauschten Zeichengabenachrichten und Nutzdaten werden im Bereich des sogenannten *Radio Sub-System (RSS)* verschlüsselt. Genauer betrachtet wird die Ver- und Entschlüsselung durch die mobilen Geräte *(Mobile Station, MS)* und die Basisstationen *(Base Transceiver Station, BTS)* durchgeführt, wobei die letztgenannten Komponenten hauptsächlich die Aufgaben haben, die auf der Funkschnittstelle übertragenen Informationen zu codieren beziehungsweise zu decodieren sowie die entsprechende Modulation / Demodulation und Übertragung vorzunehmen.

Üblicherweise werden mehrere BTS durch einen sogenannten *Base Station Controller (BSC)* gesteuert, der auch die Wegewahl und Weiterleitung von Anrufen zwischen dem sogenannten *Mobile Switching Center (MSC)* und den Basisstationen sowie die Zuweisung der auf der Funkschnittstelle verwendeten Ressourcen übernimmt.

Datenbanken für die Weiterleitung ankommender Rufe

Für die Weiterleitung ankommender Anrufe zu Mobiltelefonen sind zwei Datenbanken, das *Home Location Register (HLR)* und das *Visited Location Register (VLR)*, von zentraler Bedeutung. Das HLR enthält die von einem Netzbetreiber über einen Teilnehmer verwalteten Daten, das heißt seine Identifikation *International*

Tabelle 16.1 *Übliche Abkürzungen der GSM-Terminologie*

Abkürzung	Bedeutung
AuC	Authentication Center
BSC	Base Station Controller
BSS	Base Station Sub-System
BTS	Base Transceiver Station
EIR	Equipment Identity Register
GMSC	Gateway Mobile Switching Center
HLR	Home Location Register
IMSI	International Mobile Subscriber Identity
ISDN	Integrated Services Digital Network
IWF	Interworking Function
LAI	Location Area Identifier
MS	Mobile Station (zum Beispiel Mobiltelefon)
MSC	Mobile Switching Center
MSISDN	Mobile Subscriber International ISDN Number
NSS	Network Sub-System
OMC	Operation and Management Center
OSS	Operation Sub-System
PDN	Packet Data Network
PSTN	Public Switched Telecommunication Network
RSS	Radio Sub-System
TMSI	Temporary Mobile Subscriber Identity
VLR	Visitor Location Register

Mobile Subscriber Identification (IMSI), seine Rufnummer *Mobile Subscriber International ISDN Number (MSISDN)* sowie die weiteren Teilnehmerdaten über abonnierte Dienste. Weiterhin speichert das HLR auch die VLR-Nummer, bei der der Teilnehmer aktuell registriert ist, damit ankommende Rufe in das entsprechende Netz geleitet werden können, und die für die Teilnehmerauthentisierung benötigten Authentisierungsvektoren, die später detailliert erklärt werden.

Das VLR ist mit einem oder mehreren MSCs verbunden und registriert die Teilnehmer, die sich aktuell innerhalb einer bestimmten geografischen Zone, *Location Area (LA)* genannt, aufhalten. Das VLR speichert über die registrierten Teilnehmer ähnliche Informa-

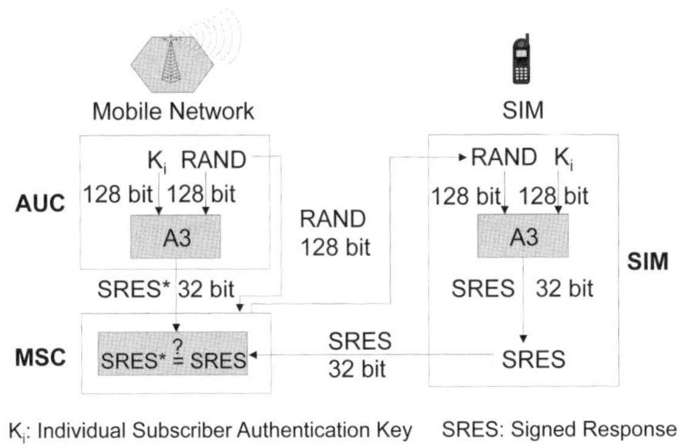

Abbildung 16.2 *Authentisierung in GSM-Netzen*

tionen wie das HLR sowie zusätzlich die sogenannte *Temporary Mobile Subscriber Identity (TMSI)*, welche ein temporäres Pseudonym zum Schutz der Identität eines Teilnehmers auf der Funkschnittstelle darstellt.

Abbildung 16.2 zeigt das Prinzip der Authentisierung eines mobilen Gerätes in GSM-Netzen im Überblick. Nachdem das mobile Gerät einem Zugangsnetz unter Angabe seiner IMSI signalisiert hat, dass es Dienste des Netzes in Anspruch nehmen möchte, erfragt das MSC bei dem für das Gerät zuständigen HLR die für die Authentisierung benötigten Informationen. Das HLR generiert diese Informationen nicht selbst; hierfür ist das sogenannte *Authentication Center (AuC)* zuständig, das dem HLR periodisch beziehungsweise auf Anforderung einen Vorrat sogenannter Authentisierungsvektoren für das Gerät übermittelt.

Authentisierungsvektor

Ein solcher Authentisierungsvektor besteht in GSM-Netzen aus einem Tripel $(r_i, SRES*_i, K_{BSC,MS:i})$. Hierin bezeichnen r_i eine vom AuC gewählte Zufallszahl und $SRES*_i$ einen vom AuC mithilfe des sogenannten $A3$-Algorithmus aus r_i und dem teilnehmerspezifischen Authentisierungsschlüssel K_{MS} berechneten *Signed Response*, das heißt $SRES*_i := A3(r_i, K_{MS})$. Der Sitzungsschlüssel $K_{BSC,MS:i}$ wird nach der erfolgreichen Authentisierung eines mobilen Gerätes für die Verschlüsselung der Zeichengabenachrichten und der Nutzdaten auf der Funkschnittstelle verwendet und vom AuC aus der Zufallszahl r_i und dem Authentisierungsschlüssel K_{MS} durch Ausführung des Algorithmus $A8$ berechnet, das heißt $K_{BSC,MS:i} = A8(r_i, K_{MS})$.

Kryptografische Algorithmen

Die beiden Algorithmen A3 und A8 sollen nicht invertierbare Funktionen, also kryptografische Hashfunktionen, realisieren. Sie sind allerdings nicht genauer spezifiziert, sondern können von Systemherstellern und Netzbetreibern frei gewählt werden. Ähnlich verhält es sich mit dem Verschlüsselungsalgorithmus A5, der zwar von Anfang an standardisiert, aber nicht öffentlich zugänglich war. Er konnte lediglich von Systemherstellern, Netzbetreibern oder ähnlichen Organisationen gegen Unterzeichnung einer Vertraulichkeitserklärung vom GSM-Standardisierungsgremium bezogen werden. Tatsächlich stellen A3, A5 und A8 lediglich Algorithmenbezeichner dar, und es existiert eine Reihe unterschiedlicher Algorithmen, die jedoch alle die in den GSM-Normen jeweils festgelegten Eigenschaften erfüllen sollten.

Speicherung des Authentisierungsschlüssels im Subscriber Identity Module (SIM)

Der Authentisierungsschlüssel K_{MS} ist zusätzlich in dem manipulationssicheren ***Subscriber Identity Module (SIM)*** des mobilen Gerätes gespeichert. Das Zugangsnetz (repräsentiert durch den MSC beziehungsweise den BSC oder die BTS) übermittelt zur Authentisierungsprüfung dem mobilen Gerät die Zufallszahl r_i eines Authentisierungsvektors. Das mobile Gerät fordert sein SIM auf, aus der Zufallszahl und dem gespeicherten Schlüssel die zu der Zufallszahl gehörende Signed Response sowie den Sitzungsschlüssel zu berechnen: $SRES_i := A3(r_i, K_{MS})$; $K_{BSC,MS:i} := A8(r_i, K_{MS})$.

Das mobile Gerät antwortet daraufhin dem Zugangsnetz mit $SRES_i$. $SRES_i$ bezeichnet somit die von dem mobilen Gerät berechnete Antwort, die nur dann mit $SRES*_i$ übereinstimmt, wenn im Subscriber Identity Module der richtige Schlüssel vorhanden ist. Nach Empfang dieser Nachricht wird im Zugangsnetz daher geprüft, ob die Antwort des mobilen Gerätes mit der erwarteten Antwort $SRES*_i$ übereinstimmt (zum Beispiel durch den MSC, die GSM-Norm schreibt nicht vor, welche der Instanzen BTS, BSC, MSC oder VLR diesen Vergleich vornimmt). Bei Übereinstimmung der beiden Werte $SRES*_i$ und $SRES_i$ ist die Authentisierungsprüfung erfolgreich verlaufen.

Im Anschluss an diese Prüfung wird die Verschlüsselung auf der Funkschnittstelle aktiviert und das Zugangsnetz teilt dem mobilen Gerät den *Location Area Identifier ($LAI_{VLR\,1}$)* der aktuellen Region sowie das neue temporäre Pseudonym $TMSI_{MS:n}$ mit. Insgesamt ergibt sich damit der folgende Authentisierungsdialog:

1. $MS \rightarrow MSC : (IMSI_{MS})$
2. $MSC \rightarrow HLR : (IMSI_{MS})$
3. $HLR \rightarrow MSC : (IMSI_{MS}, r_{[i,j]}, SRES*_{[i,j]}, K_{BSC,MS:[i,j]})$
4. $MSC \rightarrow MS : (r_i)$
5. $MS \rightarrow MSC : (SRES_i)$
6. $MSC \rightarrow MS : (\{LAI_{VLR\,1}, TMSI_{MS:n}\}_{K_{BSC,MS:i}})$

Üblicherweise übergibt das HLR dem MSC nicht nur einen, sondern direkt eine Reihe von Authentisierungsvektoren (5 gilt hier als eine übliche Anzahl, in der obigen Darstellung durch die Notation »$[i, j]$« dargestellt), um zu vermeiden, dass das Zugangsnetz für jeden Authentisierungsvorgang Kontakt mit dem HLR aufnehmen muss. Nach der erfolgreichen Authentisierung des mobilen Gerätes werden alle weiteren über die Funkschnittstelle übertragenen Protokolldateneinheiten verschlüsselt und somit vor potenziellen Abhörangriffen geschützt.

Handover innerhalb einer Location Area

Das bisher beschriebene Verfahren wird im Fall einer »initialen« Anmeldung des mobilen Gerätes in einem bestimmten Zugangsnetz angewendet, zum Beispiel nach dem Einschalten des Gerätes. Hat sich das Gerät bereits einmal in dem Zugangsnetz angemeldet, so ist für eine erneute Authentisierungsprüfung nicht die Übermittlung der IMSI nötig. In diesem Fall erfolgt die Authentisierung nach dem folgenden Schema:

1. $MS \rightarrow MSC : (LAI_{VLR\,1}, TMSI_{MS:n})$
2. $MSC \rightarrow MS : (r_i)$
3. $MS \rightarrow MSC : (SRES_i)$
4. $MSC \rightarrow MS : (\{LAI_{VLR\,1}, TMSI_{MS:n+1}\}_{K_{BSC,MS:i}})$

Nach jedem erfolgreichen Authentisierungsvorgang wird dem mobilen Gerät somit ein neues temporäres Pseudonym zugewiesen. Aus diesem Grund kann ein Angreifer, der die Funkschnittstelle lediglich abhört, keine Informationen über die in der betreffenden Funkzelle aktiven Geräte erhalten und noch nicht einmal aufeinander folgende Authentisierungsanfragen (und damit Dienstnutzungen) einzelner Geräte einander zuordnen.

Handover zwischen zwei Location Areas

Der mit jeder Re-Authentisierungsanfrage gesendete Location Area Identifier ermöglicht es, ein aus einem anderen Zugangsnetzbereich kommendes Gerät zu erkennen. Liegen die alte und die neue Region in einem solchen Fall im Zuständigkeitsbereich des gleichen Netzbetreibers, so kann ein Handover mit Wechsel des VLR durchgeführt werden. Dieser verläuft nach dem folgenden Schema:

1. $MS \rightarrow VLR\,2 : (LAI_{VLR\,1}, TMSI_{MS:n})$
2. $VLR\,2 \rightarrow VLR\,1 : (LAI_{VLR\,1}, TMSI_{MS:n})$
3. $VLR\,1 \rightarrow VLR\,2 : (TMSI_{MS:n}, IMSI_{MS}, K_{BSC,MS:n}, r_{[i,j]}, SRES*_{[i,j]}, K_{BSC,MS:[i,j]})$
4. $VLR\,2 \rightarrow MS : (r_i)$
5. $MS \rightarrow V : (SRES_i)$
6. $VLR\,2 \rightarrow MS : (\{LAI_{VLR\,2}, TMSI_{MS:n+1}\}_{K_{BSC,MS:i}})$

Nach dem Empfang der ersten Nachricht stellt das $VLR\,2$ (beziehungsweise der die Nachricht bearbeitende BSC oder MSC) fest, dass der in der Nachricht enthaltene LAI in den Zuständigkeitsbereich eines anderen VLR fällt. Daraufhin fragt er bei dem entsprechenden VLR nach den Daten des durch $TMSI_{MS:n}$ identifizierten Gerätes. Das gefragte $VLR\,1$ antwortet mit der IMSI des mobilen Gerätes und den verbleibenden Authentisierungsvektoren. Anschließend kann der Authentisierungsdialog wie zuvor erklärt zwischen VLR2 und dem mobilen Gerät fortgesetzt werden.

Rückgriff auf einen initialen Authentisierungsdialog

In dem Fall, dass $VLR\,1$ keine noch nicht verwendeten Authentisierungsvektoren mehr für das mobile Gerät vorliegen, beziehungsweise die Zuordnung von der TMSI zur IMSI des Gerätes nicht mehr möglich ist (zum Beispiel nach einer längeren Abschaltung des Gerätes), fragt $VLR\,2$ das mobile Gerät explizit nach seiner IMSI, um einen bereits beschriebenen initialen Authentisierungsvorgang durchzuführen.

Aktiver Angriff zur Ermittlung der IMSI

Hierbei kann die IMSI von dem mobilen Gerät nicht verschlüsselt werden, sodass ein potenzieller Angreifer die Möglichkeit erhält, die IMSI des mobilen Gerätes abzuhören. Diese Schwachstelle kann von einem aktiven Angreifer auch dazu missbraucht werden, die IMSI mobiler Geräte explizit abzufragen. Da mobile Geräte keine Möglichkeit haben, die Authentizität von Instanzen eines Zugangsnetzes zu überprüfen, kann ein solcher Angriff von ihnen nicht erkannt und verhindert werden. Diese Sicherheitslücke kann beispielsweise durch Polizeibehörden mithilfe sogenannter IMSI-Catcher zur Positionsbestimmung von Mobilfunkgeräten in einer Zelle verwendet werden. Allerdings ist die Ausrüstung für solche Angriffe inzwischen selbst für Privatleute erschwinglich.

Erzielte Sicherheitseigenschaften

Zusammenfassend ist zu den Sicherheitsmechanismen von GSM somit festzuhalten, dass die GSM-Authentisierung auf einem Challenge-Response-Verfahren beruht, welches lediglich die Identität mobiler Geräte gegenüber dem Zugangsnetz nachweist. Mobile Geräte verfügen über keine Möglichkeit, die Identität von Instanzen eines Zugangsnetzes zu überprüfen. Die regelmäßige Zuweisung temporärer Identitäten zu mobilen Geräten ermöglicht es, die Identität mobiler Geräte zumindest auf der Funkschnittstelle vor passiven Angreifern zu schützen. Aktive Angreifer, die inzwischen eine ernst zu nehmende Bedrohung darstellen, können diesen Schutz jedoch durch explizite Anfragen an mobile Geräte umgehen.

A5/4 kann die Vertraulichkeit von Gesprächen schützen, ist aber zu deaktivieren

Wird der aktuelle Verschlüsselungsalgorithmus A5/4, also eine KASUMI-Chiffre mit 128-bit-Schlüsseln, verwendet, bietet die Verschlüsselung der Dateneinheiten nach erfolgreicher Authentisierung eines mobilen Gerätes einen Schutz vor Angreifern, welche die Funkschnittstelle abhören. Wie in Abschnitt 3.5 bereits erläutert wurde, bieten die vormals geheim gehaltenen Vorgängeralgorithmen A5/1 und A5/2 keinen ernst zu nehmenden Schutz mehr. Der Verzicht auf Authentifizierung der GSM-Netze führt zu einem weiteren signifikanten Problem für die Vertraulichkeit: Angreifer können mit moderaten Kosten selbst BSCs betreiben und die Verschlüsselung von Nutzern einfach deaktivieren, um ihre Gespräche mitzuhören. Da die wenigsten Mobiltelefone den Nutzer davor warnen, dass sein Gespräch nicht verschlüsselt wird, ist die Wahrscheinlichkeit relativ hoch, dass der Angriff unerkannt bleibt.

Innerhalb des GSM-Netzes und auch bei Übergang in andere Netzbereiche (zum Beispiel ISDN) werden alle Dateneinheiten in jedem Fall unverschlüsselt ausgetauscht, und es werden auch keine weiteren Sicherheitsmaßnahmen getroffen (zum Beispiel Authentisierung von Zeichengabeinstanzen). Grundsätzlich liegt den Sicherheitsmechanismen von GSM somit das Modell zugrunde, dass alle Netzbetreiber einander vertrauen können und dass das Zeichengabenetz vor Angreifern sicher ist. Ein GSM-Netz soll damit gewissermaßen nur so sicher sein wie ein herkömmliches (nicht gesichertes) Telekommunikationsnetz.

16.2 Universal Mobile Telecommunications System (UMTS)

Die Abkürzung *UMTS* steht für *Universal Mobile Telecommunications System* und bezeichnet ein hauptsächlich in Europa entwickeltes Mobilkommunikationssystem der dritten Generation. Als solches gliedert es sich in die weltweite Standardisierung unter dem Oberbegriff *International Mobile Telecommunications (IMT)* ein, die von der *International Telecommunication Union (ITU)* koordiniert wird. UMTS stellt somit eine Technologie für das im Rahmen der ITU-Standardisierung zu normende IMT-2000 dar. Sowohl die Telekommunikationsindustrie als auch die europäische Politik setzten zu Recht große Hoffnungen auf UMTS, das den Erfolg der europäischen GSM-Technologie im Zeitalter der mobilen Informationsgesellschaft fortführen sollte. Konsequenterweise baut UMTS auf vielen Prinzipien der GSM-Technologie auf.

Im Rahmen dieses Kapitels werden in Anbetracht der gebotenen Kürze lediglich die Sicherheitskonzepte von UMTS behandelt, sodass für eine ausführliche Einführung in UMTS beispielsweise auf [Les02] verwiesen wird. Die Aussagen dieses Abschnitts beziehen sich in der Regel auf die aktuelle UMTS-Spezifikation, das sogenannte *Release '11*, wobei die Abweichungen von anderen Releases oft nur marginal sind. Ein Schwerpunkt wird – wie bei der Vorstellung von GSM – auf die wesentlichen Aspekte der Geräteauthentifizierung und UMTS-Schlüsselaushandlung gelegt.

Sicherheitsdienste

UMTS sieht die folgenden Sicherheitsdienste vor [3GP12b]:

Vertraulichkeit der Benutzeridentität

- *Vertraulichkeit der Benutzeridentität (User Identity Confidentiality)* soll die folgenden spezifischen Sicherheitsziele realisieren:
  - Vertraulichkeit der Benutzeridentität: Die permanente Identität eines Benutzers (seine IMSI) kann nicht auf der Funkschnittstelle abgehört werden.
  - Vertraulichkeit des Aufenthaltsortes (User Location Confidentiality): Die momentane Anwesenheit eines Benutzers in einer bestimmten geografischen Region kann nicht durch Abhören der Funkschnittstelle in Erfahrung gebracht werden.
  - Nichtverfolgbarkeit eines Benutzers (User Untraceability): Potenziellen Angreifern ist es nicht möglich, durch Abhören der Funkschnittstelle festzustellen, ob mehrere Dienste gleichzeitig für einen bestimmten Benutzer erbracht werden.

Instanzenauthentisierung

- *Instanzenauthentisierung (Entity Authentication)* soll in zwei Ausprägungen realisiert werden:
  - Die Benutzerauthentisierung (User Authentication) soll die Identität des Benutzers (beziehungsweise seines Gerätes) gegenüber dem aktuell in Anspruch genommenen Zugangsnetz nachweisen.
  - Die Netzwerkauthentisierung (Network Authentication) soll dem Benutzer ermöglichen, zu verifizieren, dass er an ein Zugangsnetz angeschlossen ist, welches von seinem Heimatnetz dazu autorisiert wurde, ihm Dienstleistungen anzubieten (hierin ist die Aktualität dieser Autorisierung eingeschlossen).

- *Vertraulichkeit (Confidentiality)* mit den folgenden spezifischen Sicherheitszielen beziehungsweise -eigenschaften:
  - Algorithmenaushandlung (Cipher Algorithm Agreement) zwischen einem mobilen Gerät und dem von ihm in Anspruch genommenen Zugangsnetz auf manipulationssichere Weise,
  - Schlüsselaushandlung (Cipher Key Agreement) für die von einem mobilen Gerät und einem Zugangsnetz zu nutzenden Sitzungsschlüsseln,
  - Vertraulichkeit von Nutzdaten (Confidentiality of User Data), sodass Nutzdaten auf der Funkschnittstelle nicht abgehört werden können, sowie
  - Vertraulichkeit von Zeichengabenachrichten (Confidentiality of Signaling Data), sodass auch diese nicht auf der Funkschnittstelle abgehört werden können.

Vertraulichkeit von Nutzdaten

- *Datenintegrität (Data Integrity)*, welche die folgenden Einzelziele verfolgt:
  - Algorithmenaushandlung (Integrity Algorithm Agreement),
  - Schlüsselaushandlung (Integrity Key Agreement) und
  - Nachrichtenauthentisierung und Datenintegrität für Zeichengabenachrichten (Data Integrity and Origin Authentication of Signaling Data), sodass die jeweils empfangende Instanz einer Zeichengabenachricht (mobiles Gerät beziehungsweise Instanz des Zugangsnetzes) vor der Verarbeitung der Nachricht prüfen kann, ob diese tatsächlich von der als Absender angegebenen Instanz stammt und während der Übertragung auf der Funkschnittstelle nicht manipuliert wurde.

Datenintegrität

Wie aus der oben stehenden Aufzählung deutlich wird, richten sich auch die Sicherheitsmechanismen von UMTS hauptsächlich gegen Abhörangriffe. Außer der Absicherung des Authentisierungsdialoges (Details folgen) vor aktiven Angreifern auf der Luftschnittstelle ist lediglich für Zeichengabenachrichten eine Integritätssicherung vorgesehen, sodass insgesamt hauptsächlich die Sicherheitsaspekte Berücksichtigung gefunden haben, die für Netzbetreiber von fundamentaler Bedeutung sind. Im Vergleich zu GSM wurde für mobile Geräte jedoch immerhin die Möglichkeit geschaffen, sich im Zuge des Authentisierungsdialoges der »Vertrauenswürdigkeit« des aktuellen Zugangsnetzes zu versichern.

Wie GSM berücksichtigt auch UMTS hauptsächlich die Sicherheitsbedürfnisse der Netzbetreiber.

Im Vergleich zu GSM hat sich aus Architektursicht eine Reihe von Bezeichnungen geändert, um den zusätzlichen Funktionen

Abbildung 16.3 *Überblick über die Architektur eines UMTS-Netzes*

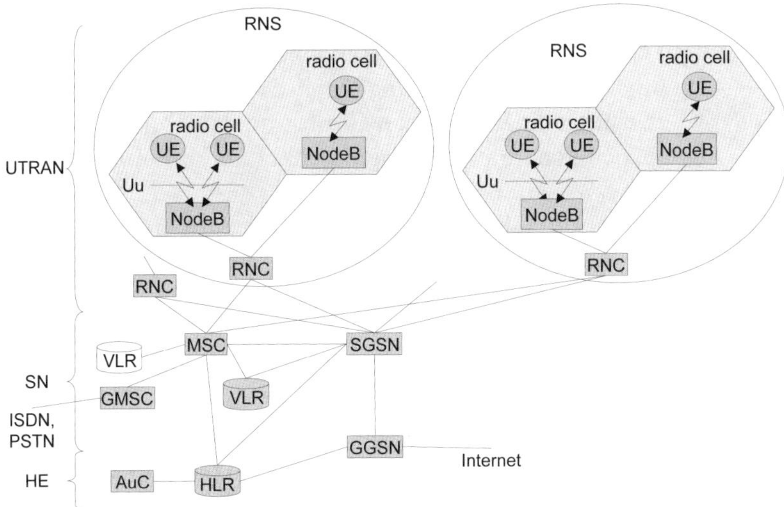

Rechnung zu tragen. Wie in Abbildung 16.3 dargestellt ist, erfüllen jedoch viele Geräte mit anderem Namen ähnliche Dienste wie bei GSM. So werden beispielsweise Base Transceiver Stations im UMTS-Kontext NodeBs genannt. Im Vergleich zum originären GSM unterscheidet sich das UMTS-Netz vor allem durch die Übernahme des paketvermittelten Netzanteils aus GRPS, das bedeutet, Pakete können vom Nutzer über SGSN und GGSN direkt zum Internet geleitet werden. In Zusammenhang mit den im Folgenden erklärten Authentisierungs- und Schlüsselaushandlungsfunktionen von UMTS werden einige der eingeführten Abkürzungen erforderlich sein, die der Übersichtlichkeit halber in Tabelle 16.2 zusammengestellt sind.

UMTS-Authentisierung

Abbildung 16.4 zeigt den Authentisierungsdialog von UMTS im Überblick. Wie auch bei GSM lassen sich hier drei prinzipielle Akteure identifizieren: das mobile Gerät, im UMTS-Kontext als User Equipment (UE) bezeichnet, das aktuell von dem mobilen Gerät in Anspruch genommene Netz (Serving Network, SN), welches durch eine der beiden Instanzen VLR beziehungsweise SGSN (Serving GPRS Support Node, erbringt für Datendienste teilweise ähnliche Mobilitätsfunktionen wie ein VLR für Sprachdienste) vertreten wird, sowie das Heimatnetz des mobilen Gerätes, vertreten durch das HLR beziehungsweise das HE (Home Environment).

Phasen der UMTS-Authentisierung

Die UMTS-Authentisierung gliedert sich in die beiden Phasen *Transport von Authentisierungsvektoren* und die eigentliche *Authentisierung und Schlüsselaushandlung*. Wie auch bei GSM wird die erste Phase dadurch ausgelöst, dass ein mobiles Gerät Dienste

Abkürzung	Bedeutung
AK	Anonymity Key
AMF	Authentication Management Field
AUTN	Authentication Token
AV	Authentication Vector
CK	Confidentiality Key
GGSN	Gateway GPRS Support Node
GPRS	General Packet Radio Service
HE	Home Environment
IK	Integrity Key
RAND	Random Challenge
RNC	Radio Network Controller
SGSN	Serving GPRS Support Node
SN	Serving Network
SQN	Sequence Number
UE	User Equipment (analog zur MS in GSM)
USIM	Universal Subscriber Identity Module
UTRAN	UMTS Terrestrial Radio Access Network
XRES	Expected Response

Tabelle 16.2 *Übliche Abkürzungen der UMTS-Authentisierung*

in einem bestimmten Netz in Anspruch nehmen möchte und das Zugangsnetz feststellt, dass es zunächst Authentisierungsvektoren (AV) für dieses Gerät anfordern muss. Nach Erhalt und Speicherung dieser Vektoren kann die eigentliche Authentisierung und Schlüsselaushandlung für eine konkrete Verbindung durchgeführt werden. Dieser Vorgang, in UMTS-Terminologie *Authentication and Key Agreement (AKA)* genannt, verläuft nach einem ähnlichen Muster wie bei GSM, wobei sich jedoch spezifische Unterschiede ergeben.

UMTS-Authentisierungsdialog

Die zuständige Instanz des Zugangsnetzes sendet eine Zufallszahl $RAND(i)$ (gemäß UMTS-Terminologie) sowie ein sogenanntes Authentisierungstoken $AUTN(i)$ an das mobile Gerät. Dieses berechnet aus der Zufallszahl und dem in seinem USIM (Universal Subscriber Identity Module) gespeicherten Schlüssel K die Antwort $RES(i)$ und überprüft mithilfe von $AUTN(i)$, ob die Zugangsnetzinstanz von seinem Heimatnetz autorisiert wurde (siehe unten).

Abbildung 16.4
Überblick über den Authentisierungsdialog von UMTS

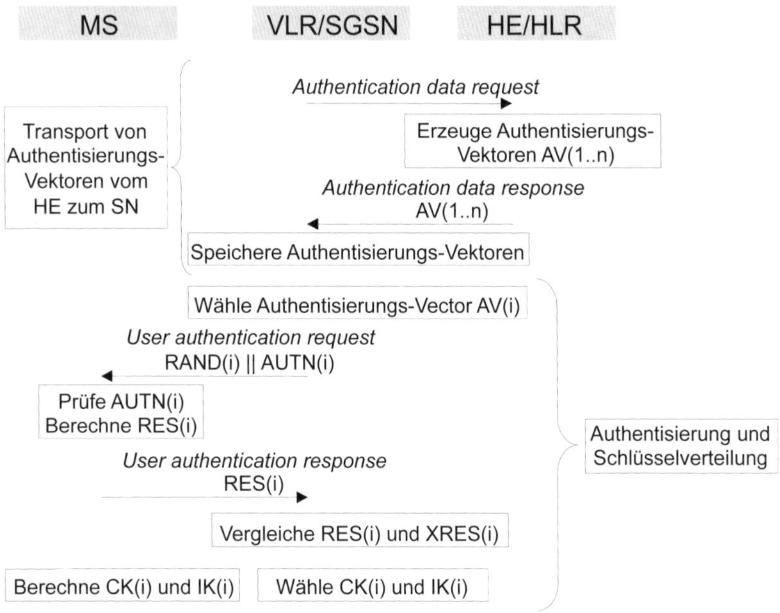

Verläuft diese Überprüfung erfolgreich, sendet das mobile Gerät die Antwort $RES(i)$ an das Zugangsnetz. Anschließend lässt das mobile Gerät von seinem USIM die beiden Sitzungsschlüssel $CK(i)$ (Confidentiality Key) und $IK(i)$ (Integrity Key) aus der Zufallszahl und dem im USIM gespeicherten Schlüssel K berechnen.

Das Zugangsnetz vergleicht die erhaltene Antwort mit der erwarteten Antwort $XRES(i)$. Stimmen beide Werte nicht überein, wird die Kommunikation von dem Zugangsnetz abgebrochen. Andernfalls entnimmt das Zugangsnetz dem Authentisierungsvektor $AV(i)$ die beiden Sitzungsschlüssel $CK(i)$ und $IK(i)$ und aktiviert die Integritätssicherung sowie die Verschlüsselung auf der Funkschnittstelle.

Authentisierung des Zugangsnetzes gegenüber dem mobilen Gerät

Eine der wesentlichen Neuerungen bei UMTS gegenüber der GSM-Authentisierung ist, dass auch das mobile Gerät eine Möglichkeit erhalten soll, zu überprüfen, ob der Kommunikationspartner im Authentisierungsdialog tatsächlich eine von seinem Heimatnetz erzeugte Information besitzt und ob diese Information aktuell ist. In Abschnitt 7.2 ist bereits erklärt worden, dass es prinzipiell zwei Möglichkeiten gibt, die Aktualität von Nachrichten im Rahmen eines Dialogs zu überprüfen: Zufallszahlen und Zeitstempel, wobei Zeitstempel nicht unbedingt absolute Zeitangaben beinhalten müssen, sondern auch Sequenznummern sein können. Bei UMTS ist die Aktualitätsprüfung durch das mobile Gerät auf der Grundlage von

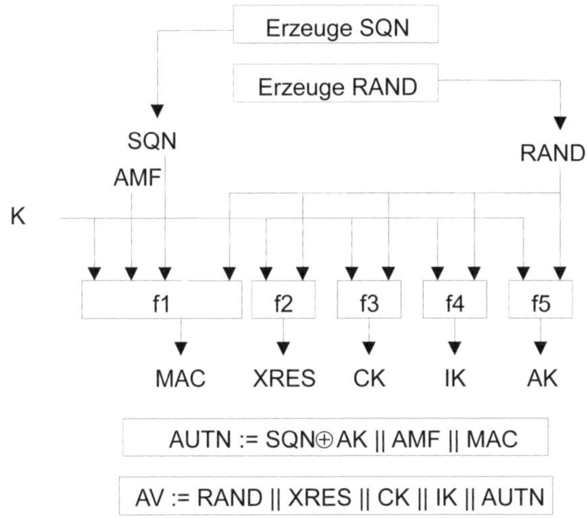

Abbildung 16.5 Generierung der Authentisierungsvektoren bei UMTS

Sequenznummern gelöst, während die Aktualitätsprüfung durch das Netz weiterhin auf der Basis von Zufallszahlen durchgeführt wird.

Erzeugung der Authentisierungsvektoren

Abbildung 16.5 zeigt die Erzeugung der Authentisierungsvektoren im Überblick. Das HE oder HLR beziehungsweise AuC (Authentication Center) erzeugt somit zunächst eine neue Zufallszahl $RAND$ und inkrementiert die zwischen dem mobilen Gerät und dem HE/AuC synchronisierte Sequenznummer SQN. Diese beiden Zahlen werden nun mit fünf standardisierten und jeweils mit dem Schlüssel K des mobilen Gerätes parametrisierten Funktionen $f1_K$, ..., $f5_K$ zur Berechnung der folgenden Werte benutzt:

- Nachrichtenauthentisierungswert $MAC := f1_K(SQN||RAND||AMF)$
- Erwartete Antwort $XRES := f2_K(RAND)$
- Confidentiality Key $CK := f3_K(RAND)$
- Integrity Key $IK := f4_K(RAND)$
- Anonymity Key $AK := f5_K(RAND)$

Das Authentisierungstoken wird aus diesen Werten nach der folgenden Vorschrift konstruiert:

$$AUTN := SQN \oplus AK||AMF||MAC$$

Verschlüsselung der Sequenznummern

Der Anonymisierungsschlüssel hat hierbei die Aufgabe, die Sequenznummer bei der Übertragung über die Funkschnittstelle vor potenziellen Abhörangriffen zu schützen, da sonst anhand der Sequenznummern bei aufeinander folgenden Authentisierungsvorgängen darauf geschlossen werden könnte, dass diese von ein und demselben mobilen Gerät durchgeführt werden. Weiterhin bezeichnet AMF das sogenannte *Authentication and Key Management Field*, dessen Aufgaben jedoch in den UMTS-Normen nicht verbindlich festgelegt sind und das betreiberspezifisch verwendet werden kann.

Ein Authentisierungsvektor setzt sich insgesamt aus den folgenden Komponenten zusammen:

$$AV := RAND||XRES||CK||IK||AUTN$$

Abbildung 16.6 *Clientseitige Verarbeitung bei der Authentisierung bei UMTS*

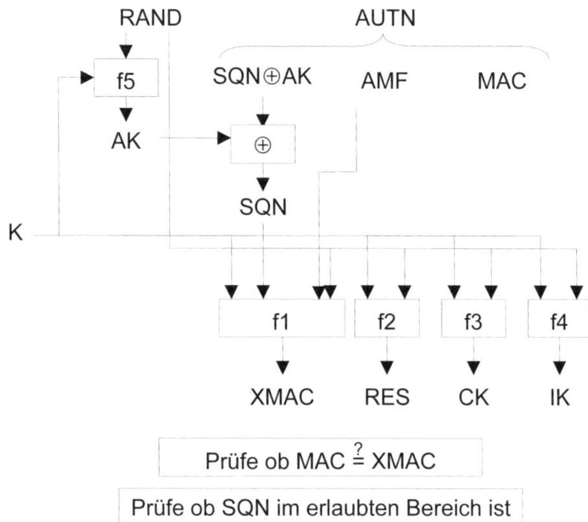

Abbildung 16.6 zeigt die Verarbeitungsschritte für den Authentisierungsdialog im mobilen Gerät. Nach Erhalt der Zufallszahl $RAND$ und des Authentisierungstoken $AUTN$ berechnet das Gerät zunächst den Anonymisierungsschlüssel $AK := f5_K(RAND)$. Mithilfe dieses Schlüssels kann das Gerät dem Authentisierungstoken die Sequenznummer entnehmen.

Schutz vor Replay-Attacken

Bereits an dieser Stelle ist eine Aktualitätsprüfung der erhaltenen Nachricht anhand der Sequenznummer möglich, wobei zur Prüfung der Authentizität noch der Nachrichtenauthentisierungswert überprüft werden muss. Hierzu berechnet das Gerät den erwarteten Nachrichtenauthentisierungswert $XMAC := f1_K(SQN||RAND||AMF)$ und vergleicht ihn mit dem erhaltenen Wert MAC. Stimmen beide Werte überein und ist die Sequenznummer hinreichend aktuell (die UMTS-Norm empfiehlt hierbei, dass die Sequenznummer aus einem Bereich von beispielsweise 32 aktuellen Nummern stammen soll), so nimmt das Gerät an, dass das aktuelle Zugangsnetz das Tupel $(RAND, AUTN)$ von seinem Heimatnetz erhalten hat und daher von diesem autorisiert ist, Dienstleistungen zu erbringen. Ist die Sequenznummer nicht innerhalb des korrekten Bereiches, der MAC jedoch korrekt, so sendet das mobile Gerät die Nachricht *Synchronisation Failure* mit einem entsprechenden Parameter zur Resynchronisation der Sequenznummern.

Im Anschluss an diese Prüfung berechnet das mobile Gerät seine Antwort $RES := f2_K(RAND)$, den Confidentiality Key $CK := f3_K(RAND)$ sowie den Integrity Key $IK := f4_K(RAND)$ und sendet den Wert RES an das Zugangsnetz.

Wie bereits erwähnt, prüft die Partnerinstanz im Zugangsnetz im Anschluss, ob der erhaltene Wert RES mit dem erwarteten Wert $XRES$ übereinstimmt. Verläuft diese Prüfung erfolgreich, so wird die Integritätssicherung und die Verschlüsselung auf der Funkschnittstelle aktiviert und dem mobilen Gerät seine neue temporäre Identität $(TMSI_n, LAI_n)$ übermittelt.

16.3 Long Term Evolution (LTE)

Als Nachfolgestandard zu UMTS hat das 3rd Generation Partnership Project (3GPP) das sogenannte *Long Term Evolution (LTE)* verabschiedet. Dieser Standard baut auf GSM/UMTS-Standards auf, somit bieten LTE-Netze eine ähnliche Struktur zu den bisher vorgestellten. Neben höheren Datenraten ergibt sich jedoch eine wesentliche Änderung: Erstmals wird aufseiten der Netzwerkbetreiber ausschließlich auf paketvermittelnde Komponenten gesetzt, insbesondere wird aus Kostengründen an dieser Stelle das Internetprotokoll verwendet.

Aufbau von LTE-Netzen

Bei Betrachtung des Aufbaus von LTE-Netzen in Abbildung 16.7 wird eine starke Vereinfachung der Strukturen offenbar. So sind etwa NodeBs und RNCs zu eNodeBs zusammengefasst worden. Durch den Verzicht auf leitungsvermittelnde Komponenten wird aber auch das Kernnetz, das sogenannte *Evolved Packet Core (EPC)*, stark vereinfacht. Ein Übergang in das herkömmliche Telefonnetz wird über das *IP Multimedia Subsystem (IMS)* realisiert. Darüber hinaus sind HLR und AuC zu einer Komponente, dem *Home Subscriber Server (HSS)* zusammengefasst worden. Die Aufgaben des VLR werden im Wesentlichen von der *Mobility Management Entity (MME)* übernommen. Eine sicherheitstechnische Herausforderung ist das *Evolved Packet Data Gateway (ePDG)*, welches einen Übergang in das öffentliche Internet bietet. Im Gegen-

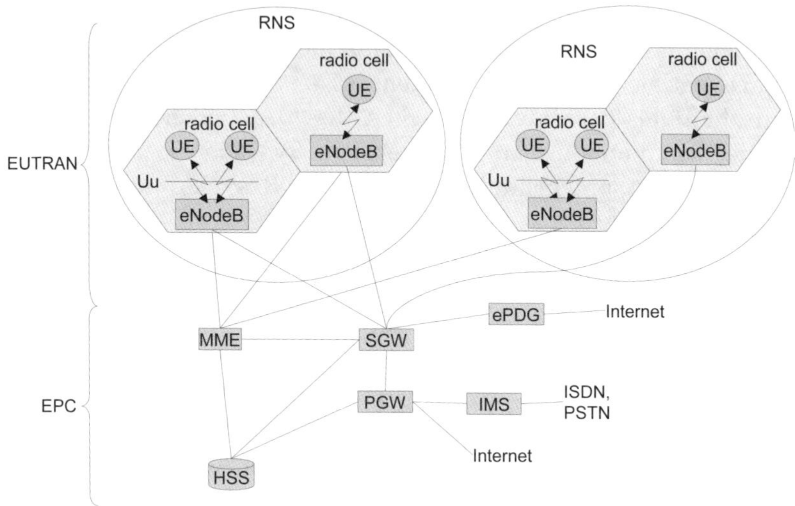

Abbildung 16.7 *Schematischer Aufbau von LTE-Netzen*

satz zum *Packet Data Network Gateway (PGW)* beziehungsweise GGSN sollen Nutzer allerdings mithilfe des ePDG vom öffentlichen Netzwerk auf Funktionen des LTE-Netzes zugreifen können, beispielsweise um einen Handover zwischen LTE und WLAN zu ermöglichen.

Sicherheitsziele bei LTE gleichen UMTS

In Bezug auf die Sicherheitsziele ergeben sich bei LTE keine signifikanten Änderungen. Das relevante Dokument [3GP12c] verweist in den meisten Punkten auf den UMTS-Standard. Insbesondere sind die vom Nutzer übertragenen Daten weiterhin nicht authentisiert. Lediglich bei Signalisierungsnachrichten ist dieser Schutz Pflicht.

Wie in Abbildung 16.8 gezeigt, unterscheidet sich der LTE-Schlüsselaustausch zwar von der UMTS-Variante, jedoch sind die konzeptionellen Abweichungen des eigentlichen AKA eher gering. Verbindet sich ein UE zum Netzwerk, sendet es einen Attach Request, welcher in der Regel die sogenannte *Globally Unique Temporary ID (GUTI)* des UE enthält. Diese ist im Wesentlichen das Pendant zur TMSI. Nur wenn es sich um einen ersten Kontakt handelt, wird die IMSI verwendet. Bei Notrufen ohne SIM-Karte kann an dieser Stelle auch die *International Mobile Station Equipment Identity (IMEI)* übertragen werden, die das UE eindeutig identifiziert. Die eNodeB baut daraufhin eine Verbindung zum zuständigen MME auf, welches den Nutzer anhand der GUTI identifiziert. Schlägt die Auflösung fehl, kann die IMSI des Nutzers gegebenenfalls mittels eines Identity Request auch explizit angefordert werden.

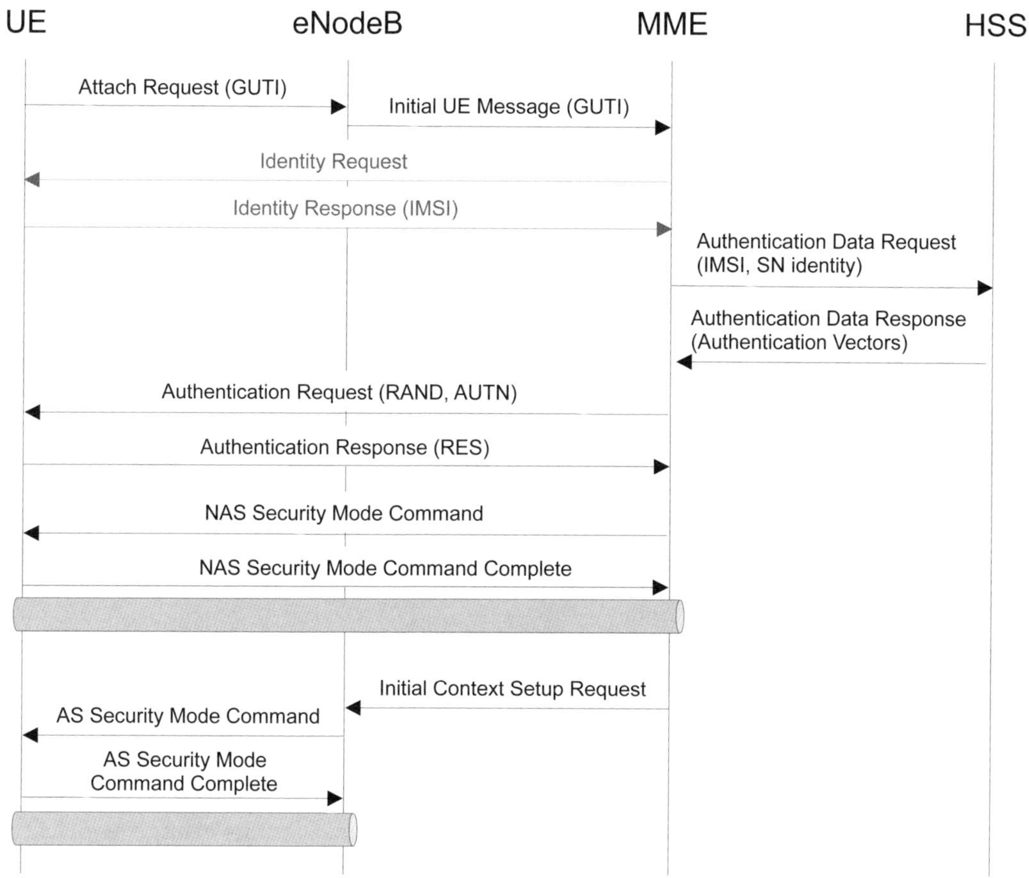

Abbildung 16.8 *Sicherheitsrelevante Nachrichten bei der Anmeldung eines UE bei einem LTE-Netz*

Bei einem Erstkontakt muss die MME nun, wie bei GSM und LTE, Authensierungsvektoren erzeugen lassen. Diese Aufgabe übernimmt das HSS auf Basis der Nutzeridentität und der Identifikationsnummer des Serving Network (SN), zu dem die MME gehört. Vertraut das HSS dem anfragenden MME, so übermittelt es den Authentisierungsvektor, mit dem das MME sich gegenüber dem UE ausweisen und gemeinsame Schlüssel ableiten kann. Anschließend erfolgt zwischen MME und UE der eigentliche Authentisierungsdialog – wie bei UMTS – auf Basis eines Challenge-Response-Verfahrens. Ist dieser Dialog erfolgreich, aktiviert das MME mithilfe eines *NAS Security Mode Command* die Verschlüsselung und Datenauthentisierung zwischen UE und MME. Um auch die eigentliche Luftschnittstelle zwischen UE und eNodeB zu sichern, teilt die MME der eNodeB Schlüsselmaterial für die UE mit. Anschließend kann dieses von der eNodeB mithilfe eines *AS Security Mode*

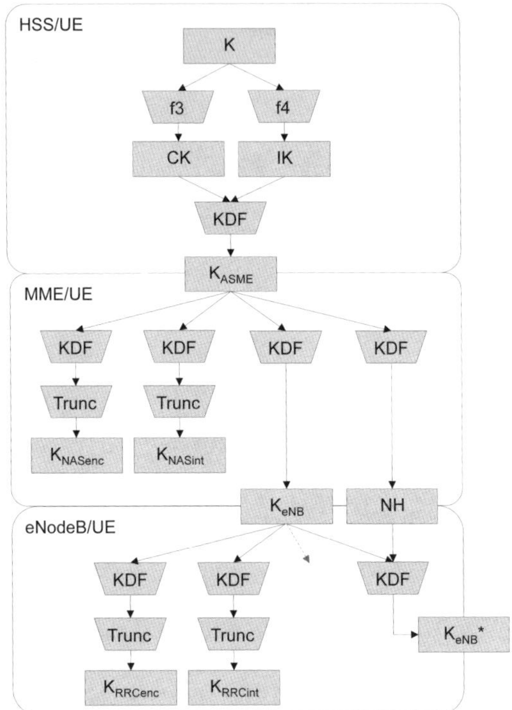

Abbildung 16.9 *Schlüsselhierarchie in LTE-Netzen*

Command aktiviert werden. Zwischen UE und eNodeB können jetzt Nutzdaten verschlüsselt werden. Signalisierungsnachrichten werden mit zwei separaten Schlüsseln sowohl verschlüsselt als auch integritätsgesichert.

Die LTE-Schlüsselhierarchie

Da im Vergleich zu UMTS eine Sicherung über den Funkkanal hinaus erfolgt, werden weitere Schlüssel benötigt. Diese werden – in Abweichung zu UMTS – über eine Schlüsselhierarchie aus dem von AuC und UE geteilten Schlüssel K abgeleitet. Wie in Abbildung 16.9 dargestellt, werden die Schlüssel der zweiten Hierarchiestufe, die jeweils 128 bit umfassenden CK und IK, von AuC und UE mit den aus UMTS bekannten Funktionen f3 und f4 berechnet. Aus der Konkatenation von CK und IK wird anschließend von HSS und UE der 256 bit lange Master-Key K_{ASME} für die LTE-Funktionen berechnet. Dazu wird eine Key Derivation Function (KDF) [3GP12f] verwendet, in die an dieser Stelle unter anderem auch die Identität des Serving Network eingeht. Aktuell ist die HMAC-Konstruktion von SHA-256 als einzige KDF standardisiert. Aus dem K_{ASME} werden anschließend in einer weiteren Hierarchiestufe von MME und UE mithilfe der KDF vier weitere Schlüssel abgeleitet. Dies sind zum einen die jeweils 128 bit langen

K_{NASenc} und K_{NASint}, die zur Verschlüsselung und Authentisierung von Nachrichten zwischen MME und UE verwendet werden. Zum anderen ist dies der 256 bit umfassende K_{eNB}, welcher von der MME an die aktuelle eNodeB weitergegeben wird, um beispielsweise Schlüssel für die Sicherung der Luftschnittstelle K_{RRCenc} und K_{RRCint} zu bestimmen. Des Weiteren wird von der MME mit der KDF aus K_{ASME} ein NH genannter Wert berechnet, der ebenfalls der eNodeB bekannt gegeben wird. Dieser wird zur Berechnung eines neuen Schlüssels K_{eNB^*} bei Handover-Vorgängen zwischen eNodeBs verwendet. Weitere Details zur Berechnung der Schlüsselhierarchie finden sich unter anderem in [3GP12c].

Chiffren in LTE

Für die eigentliche Verschlüsselung und Authentisierung ist bei LTE neben der SNOW-3G-Stromchiffre, die ursprünglich für UMTS entwickelt wurde, auch erstmals der Einsatz von AES vorgesehen. Bei der Verschlüsselung wird dabei der Counter-Modus (EEA2) verwendet und zur Authentisierung das CMAC-Verfahren (EIA2). Ferner wird eine weitere Stromchiffre namens ZUC beschrieben, die innerhalb Chinas genutzt wird, da dort aus regulatorischen Gründen keine ausländischen Chiffren genutzt werden dürfen.

Sicherung der Providernetze

In Bezug auf die Sicherung der Netze der Provider haben sich seit GSM nur kleinere Änderungen ergeben. Zwar wird bei der Kopplung der Netze unterschiedlicher Provider die Nutzung von IPsec vorgeschrieben [3GP12a, 3GP12g], allerdings müssen sich die Provider beispielsweise in Bezug auf Abrechnungsdaten, Datenschutz und Nutzersicherheit weiter vertrauen.

Anbindung von Nicht-3GPP-Netzen

Neben der nativen Luftschnittstelle sieht LTE es auch vor, dass eine Kommunikation zwischen Kernnetz und UE über andere Netztechnologien erfolgen kann [3GP12e]. Dies könnten beispielsweise vom gleichen Provider betriebene WIMAX-Netze sein, aber auch nicht vertrauenswürdige Anbindungen, etwa zum öffentlichen Internet. Dabei ist in jedem Fall eine EAP-basierte Authentisierung zwischen Kernnetz und UE vorgesehen [3GP12d]. Um den Anforderungen an LTE-Netze zu genügen, wurden hierfür zwei Unterarten als RFCs spezifiziert: EAP-AKA [AH06] und EAP-AKA' [ALE09]. Bei vertrauenswürdigen Zugangsnetzen übernehmen diese die Rolle des Authenticator und der Authentication Server ist Teil des LTE-Kernnetzes, da er zur Prüfung der Identität des UE direkt mit dem HSS kommunizieren muss. Erfolgt eine Anbindung über einen vom Provider als nicht vertrauenswürdig eingestuften Netzbereich, so schreibt LTE eine Sicherung der Daten zwischen UE und Kernnetz mit IPsec-Tunneln vor. Diese terminieren am ePDG, welches auch die Rolle des EAP-Authenticator übernimmt.

16.4 Zusammenfassung

Im Bereich der funkbasierten Weitverkehrsnetze sind die internationalen Standards GSM, UMTS und LTE von zentraler Bedeutung. In Bezug auf ihre Sicherheitseigenschaften existieren eine Reihe grundlegender Gemeinsamkeiten.

Bei GSM, UMTS und LTE müssen unterschiedliche Netzbetreiber einander vertrauen.

Alle Architekturen gehen von der Annahme aus, dass die Netzbetreiber innerhalb der leitungsgeführten Netzbereiche einander grundsätzlich vertrauen können und keine Angriffe auf die übertragenen Dateneinheiten erfolgen. Bei den Architekturen werden Sicherheitsmaßnahmen daher hauptsächlich zur Benutzer- beziehungsweise Geräteauthentisierung und zur Sicherung der Übertragung über die Funkschnittstelle getroffen. Lediglich bei LTE und späten Versionen von UMTS ist eine Sicherung der Schnittstelle zwischen Providern mithilfe von IPsec vorgesehen.

Geräteauthentisierung

Auch die Geräteauthentisierung beruht bei den drei Architekturen auf ähnlichen Prinzipien. Eine vertrauenswürdige Instanz, das AuC oder der HSS, erzeugt sogenannte Authentisierungsvektoren, die Challenge-Response-Paare sowie Sitzungsschlüssel enthalten. Diese Vektoren werden einem besuchten Zugangsnetz auf Anfrage zur Verfügung gestellt, wobei die Übertragung dieser Vektoren im Kernnetz in der Regel ungesichert erfolgt. Das Zugangsnetz wählt jeweils einen dieser Vektoren aus und sendet die darin enthaltene Zufallszahl an das zu authentisierende mobile Gerät. Das mobile Gerät reagiert daraufhin mit einer Antwort, die es aus der Zufallszahl und dem in seinem Sicherheitsmodul gespeicherten Schlüssel berechnet. Auf gleiche Weise erzeugt das mobile Gerät den beziehungsweise die Sitzungsschlüssel. Bei LTE muss es dazu die verwendete Schlüsselhierarchie nachbilden.

Einsatz temporärer Pseudonyme

Kein Schutz vor aktiven Angreifern

Die drei Architekturen setzen zur Verschleierung der Identität mobiler Geräte auf der Funkschnittstelle während der Authentisierung temporäre Pseudonyme ein. Diese Maßnahme bietet jedoch keinen Schutz vor aktiven Angreifern, da alle Protokolle vorsehen, dass ein Zugangsnetz jederzeit die permanente Identität eines mobilen Gerätes explizit abfragen kann. Weiterhin wird in den Architekturen lediglich die Vertraulichkeit übertragener Nutzdaten auf der Funkschnittstelle gewährleistet.

Neuerungen von UMTS gegenüber GSM

UMTS bietet darüber hinaus eine Integritätssicherung für Zeichengabenachrichten auf der Funkschnittstelle und sieht auch eine Möglichkeit für mobile Geräte vor, die Authentizität der von einem Zugangsnetz während des Authentisierungsdialogs gesendeten Daten sowie ihre Aktualität zu überprüfen.

LTE sieht ferner den Aufbau eines sicheren Tunnels zum Kernnetz des Providers vor. Der eNodeB wird beispielsweise in Bezug auf abrechnungsrelevante Informationen nicht mehr vollständig vertraut.

Neuerungen von LTE gegenüber UMTS

Zusammenfassend ist festzuhalten, dass alle drei Systeme mit dem Ziel entworfen wurden, ein vergleichbares Maß an Sicherheit zu bieten wie ein nicht explizit gesichertes Festnetz.

16.5 Weiterführende Literatur

[3GP12a] 3GPP: *3G Security; Network Domain Security (NDS); IP network layer security (Release 12).* 3rd Generation Partnership Project, Technical Specification Group Services and System Aspects, 3GPP TS 33.210, V12.2.0, December 2012

[3GP12b] 3GPP: *3G Security: Security Architecture (Release 11).* 3rd Generation Partnership Project, Technical Specification Group Services and System Aspects, 3GPP TS 33.102, V11.5.0, December 2012

[3GP12c] 3GPP: *3GPP System Architecture Evolution (SAE); Security Architecture (Release 12).* 3rd Generation Partnership Project, Technical Specification Group Services and System Aspects, 3GPP TS 33.401, V12.6.0, December 2012

[Les02] LESCUYER, P.: *UMTS – Grundlagen, Architektur und Standard.* dpunkt.verlag, 2002

[Sch03] SCHILLER, J.: *Mobilkommunikation.* Addison-Wesley, 2003

[TG93] TC-GSM, ETSI: *GSM Security Aspects (GSM 02.09).* European Telecommunications Standards Institute (ETSI), Recommendation GSM 02.09, Version 3.1.0, June 1993

[TS94] TC-SMG, ETSI: *European Digital Cellular Telecommunications System (Phase 2): Security Related Network Functions (GSM 03.20).* European Telecommunications Standards Institute (ETSI), ETS 300 534, September 1994

16.6 Übungen

1. Welche neuen Sicherheitsdienste realisiert UMTS im Vergleich zu GSM?
2. Welche neuen Sicherheitsdienste realisiert LTE im Vergleich zu UMTS?
3. Welchem Zweck dient der Location Area Identifier bei GSM?
4. Wozu verwenden GSM und UMTS die TMSI? Warum muss ein mobiles Gerät die IMSI auf Anfrage senden?
5. Wie erfährt ein mobiles Endgerät den aktuellen Sitzungsschlüssel für die Kommunikation mit der Basisstation?
6. Warum wird bei GSM die Kommunikation nicht von Ende zu Ende, sondern nur auf der Funkschnittstelle verschlüsselt?
7. Welcher Nachteil würde sich ergeben, wenn man bei UMTS und LTE die Aktualitätsprüfung durch das mobile Gerät im Rahmen des Authentisierungsdialogs auch auf der Grundlage von Zufallszahlen realisieren würde?
8. Welchem Zweck dient der Anonymity Key bei der UMTS-Authentisierung?
9. Welche Auswirkung hat ein Verlust der Synchronisierung der Sequenznummern, mit denen das Heimatnetz die Aktualität seiner Nachrichten gegenüber dem mobilen Gerät nachweist?
10. Nehmen Sie an, dass bei UMTS und LTE die temporäre Identität auch gegenüber dem Heimatnetz verwendet würde, sodass ein besuchtes Netz die IMSI nicht mehr erfahren würde. Welche potenziellen Schwierigkeiten können sich hierbei im praktischen Netzbetrieb ergeben? Welche Kategorie kryptografischer Verfahren müsste eingesetzt werden, um in einem solchen Fall die Identität des mobilen Gerätes auf sichere Weise ermitteln zu können?
11. Formulieren Sie das Authentisierungsprotokoll von UMTS gemäß der in diesem Buch hauptsächlich verwendeten Notation (vergleiche Kapitel 7 und insbesondere Tabelle 7.1).
12. Warum wird bei LTE zur Authentisierung von UEs in fremden Netzen kein EAP-TLS oder EAP-TTLS verwendet?

Teil IV

Schutz von Kommunikations-infrastrukturen

17 Schutz von Kommunikation und Infrastruktur in offenen Netzen

Die kontinuierlich sich weiterentwickelnde Informationsgesellschaft stellt die IT-Sicherheit beständig vor zentrale Herausforderungen. Das globale Internet und die ubiquitär verfügbaren Mobilkommunikationsnetze haben in den letzten 20 Jahren nicht nur unsere Kommunikationsformen, sondern unsere gesamte Gesellschaft völlig verändert. Sei es die Abwicklung von Geschäftsprozessen in Firmen und Behörden, die Regelung des europäischen Strommarktes oder politische Meinungsbildung, die meisten dieser Prozesse involvieren die Nutzung komplexer und oft sogar offener IT-Netze. Der anhaltende Trend zu immer mobiler werdenden Arbeits- und Lebensweisen verstärkt diese Effekte weiter. Aktuelle Forschungsvorhaben über einfache Sensornetze bis hin zu intelligent agierenden Städten lassen nur erahnen, welche Rolle IT-Netzinfrastrukturen in der Zukunft spielen werden.

Die Verfügbarkeit von IT-Netzen ist eine zentrale Herausforderung.

Allerdings bieten diese Entwicklungen nicht nur neue Potenziale, sondern auch neue Bedrohungen und Risiken, da unsere Gesellschaft mehr und mehr abhängig von der *Verfügbarkeit* der Netze und der unterstützenden Dienste wird. Insbesondere ist damit nicht nur die Resistenz gegen zufällige und korrelierende Ausfälle gemeint, sondern gegen intelligent agierende Angreifer. Dieses Sicherheitsziel und seine Umsetzung in Netzen ist eines der Kernthemen dieses vierten Buchteils.

Hierzu wird zunächst auf die systematische Analyse großer IT-Infrastrukturen eingegangen, da sie die Grundlage für die Einschätzung der Sicherheit komplexer Systeme darstellt. Der zweite Teil des Kapitels geht auf die Softwaresicherheit von Endsystemen und Routern ein, da dies eine wichtige Voraussetzung für die Sicherung von Kommunikationsinfrastrukturen darstellt.

Im Anschluss werden in Kapitel 18 Angriffe auf die Verfügbarkeit des Datentransports und generelle Gegenmaßnahmen gegen solche Angriffe vorgestellt. Kapitel 19 diskutiert die Sicherheit von Protokollen für die Wegewahl im Internet und Kapitel 20 erläutert

Verfahren zur Sicherung der Namensauflösung im Internet. Im 21. Kapitel werden Internet-Firewalls für die Zugriffskontrolle in paketvermittelnden Netzen eingeführt. Das 22. Kapitel beschreibt grundlegende Verfahren zur automatisierten Angriffserkennung und Reaktion auf Angriffe. Das abschließende Kapitel 23 thematisiert schließlich anhand zweier Beispiele die Verwaltung von Sicherheitsmechanismen in komplexen Kommunikationsinfrastrukturen.

17.1 Systematische Bedrohungsanalyse

Eine verbreitete, wenn auch nicht sehr systematische Methode, die Sicherheit eines Systems einzuschätzen, ist das Aufstellen einer unstrukturierten Liste von Bedrohungen, etwa durch ein Brainstorming. Für ein Krankenhausinformationssystem könnte diese wie folgt aussehen:

- Verändern von Patienteninformationen
- Verändern von Rechnungsinformation
- Bekanntgabe vertraulicher Patienteninformationen
- Kompromittierung interner Dienstpläne
- Nichtverfügbarkeit vertraulicher Patienteninformationen

Vollständigkeit und Widerspruchsfreiheit schwierig zu erfassen

Dieser naive Ansatz hat einige ganz offensichtliche Probleme: Zum einen ist es fraglich, ob alle relevanten Bedrohungen tatsächlich erfasst wurden. Insbesondere fehlt eine Methode, Bedrohungen herzuleiten, die nicht im Voraus bekannt sind oder auf der Hand liegen. Zum anderen ist es schwierig, potenzielle Widersprüche in Bedrohungen zu identifizieren. Im Krankenhausinformationssystem muss beispielsweise zwischen der Bekanntgabe und der Nichtverfügbarkeit vertraulicher Patienteninformationen abgewogen werden, da sonst ein eigentlich nicht für einen Patienten verantwortlicher Arzt im Notfall unter Umständen ohne ausreichende Informationen helfen müsste.

Eine systematischere Methode für die Durchführung einer Bedrohungsanalyse ist das Aufstellen eines Bedrohungsbaumes [Amo94].

Definition 17.1 *Ein* **Bedrohungsbaum** *ist eine Baumstruktur mit Knoten, die Bedrohungen auf verschiedenen Abstraktionsebenen beschreiben, und Teilbäumen, die jeweils eine vollständige Verfeinerung ihres Wurzelknotens darstellen.*

Konstruktion von Bedrohungsbäumen

Für die Konstruktion eines Bedrohungsbaumes geht man zunächst von einer sehr groben Bedrohung aus, also beispielsweise »Das

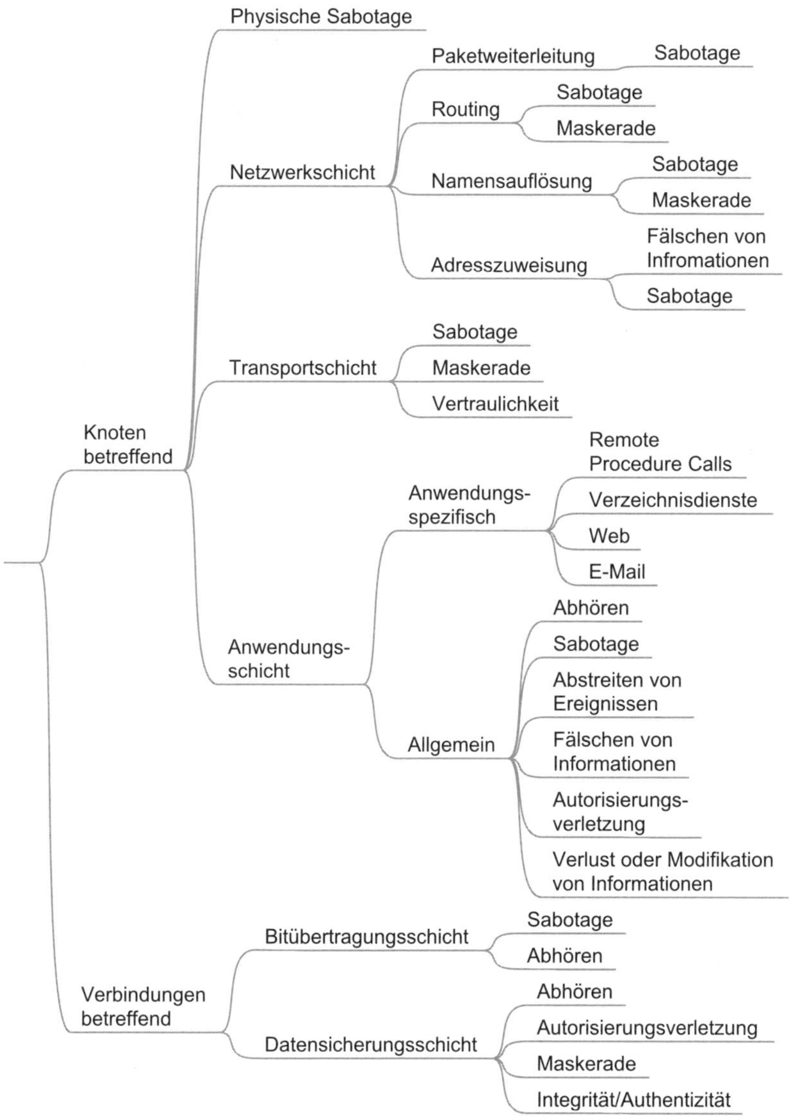

Abbildung 17.1
Beispiel eines vereinfachten Bedrohungsbaumes für paketorientierte Netze

System X wird kompromittiert«. Diese Bedrohung bildet den Wurzelknoten des Bedrohungsbaumes. Anschließend wird diese Bedrohung verfeinert, etwa durch die Unterteilung in »Das System wird durch interne Angreifer kompromittiert« und »Das System wird durch externe Angreifer kompromittiert«. Diese Verfeinerung durch Kindknoten wird iterativ weiterverfolgt, bis Elementarereignisse erreicht sind. Beispiele für diese als Blätter modellierten Bedrohungen sind etwa »Im Sekretariat wird eine infizierte E-Mail mit einem unbekannten Virus geöffnet« oder »Ein Angreifer erhält Zugang zu einem Router-Passwort«. Wichtig ist, dass bei der Verfeinerung der Bedrohungen in jedem Verfeinerungsschritt klar ersichtlich ist, dass alle jeweiligen Unterbedrohungen erfasst wurden. Eine grundlegende Idee dieser Methodik ist es, das Erstellen einer Liste der konkreten Einzelbedrohungen so weit wie möglich zurückzustellen. Abbildung 17.1 zeigt exemplarisch einen Bedrohungsbaum für einige Bedrohungen, die in paketorientierten Netzen auftreten können. Ein komplexeres Beispiel findet sich beispielsweise in [ERG^{+}07].

Abbildung 17.2
Arten der Verfeinerung von Bedrohungen: UND- und ODER-Verküpfung

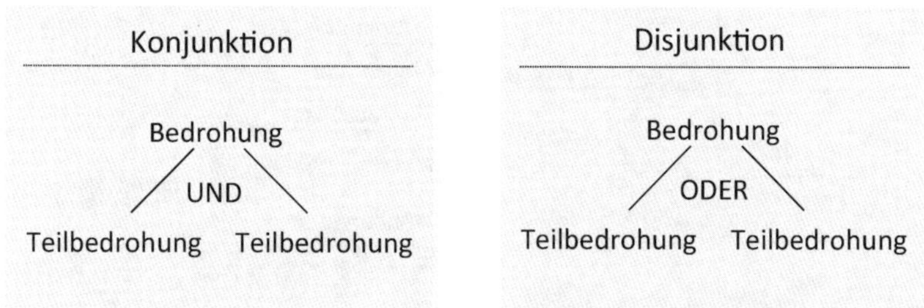

Logische Verknüpfung von Teilbedrohungen

Um die oft sehr komplexen Bedrohungsszenarien zu quantifizieren und auf diese Weise besonders gefährdete Bereiche auszumachen, können Erweiterungen der Bedrohungsbäume zum Einsatz kommen. Wie in Abbildung 17.2 gezeigt, können Teilbedrohungen entweder durch Konjunktion oder Disjunktion verknüpft werden. Im ersten Fall müssen beide Teilbedrohungen eintreten, bevor die Bedrohung realisiert wird. Im zweiten Fall genügt eine der beiden Teilbedrohungen. Diese unterschiedlichen Verknüpfungen haben Auswirkungen, wenn der Aufwand eines Angreifers abgeschätzt werden soll, eine Bedrohung auch tatsächlich zu realisieren: Bei der Konjunktion ist der Aufwand für den Angreifer immer mindestens so groß, wie das Realisieren der aufwendigeren der beiden Teilbedrohungen. Im Fall der Disjunktion hat der Angreifer es leichter. Er kann sich das für ihn einfachere Ziel suchen und muss nur diese eine der beiden Teilbedrohungen realisieren.

Quantifizierung von Bedrohungsbäumen

Für die eigentliche Quantifizierung von Bedrohungen werden nach dem Erstellen des Bedrohungsbaumes die Einzelbedrohungen mit zwei Werten versehen: Das ist zum einen der geschätzte Aufwand, den ein Angreifer aufbringen muss, um die Bedrohung zu realisieren, beispielsweise *niedrig = 1*, *mittel = 2* und *hoch = 3*. Zum anderen wird der Schaden geschätzt, der mit dem Eintreten der Bedrohung entsteht, etwa durch Werte zwischen 1 und 6. Das Risiko, welches von einer Einzelbedrohung ausgeht, kann nun durch den Quotienten aus Aufwand und Schaden ausgedrückt werden:

$$\text{Risiko} = \frac{\text{Schaden}}{\text{Aufwand}}$$

Von dem Risiko der Einzelbedrohungen ausgehend kann anschließend die Bedrohung für das Gesamtsystem abgeleitet werden.

Weitere Analysemethoden

Neben Bedrohungsbäumen existieren eine Reihe weiterer ähnlicher Verfahren. So werden beispielsweise bei der Threat Vulnerability Risk Analysis (TVRA) [ETS06] zunächst die zu schützenden Objekte, die sogenannten *Assets*, katalogisiert und anschließend Bedrohungen für die Einzelkomponenten und die Sicherheitsziele systematisiert. Im Gegensatz zum vorgestellten einfachen Bedrohungsbaummodell werden bei der TVRA zusätzlich Annahmen zum Angreifer gemacht. So wird das Risiko etwa noch mit der benötigten Expertise des Angreifers gewichtet.

Minimierung des Gesamtrisikos

Sollte sich das ermittelte Gesamtrisiko nicht in einem akzeptablen Rahmen befinden, besteht Handlungsbedarf, etwa indem durch Maßnahmen der mögliche Schaden durch einen Angreifer minimiert wird. In der Regel wird allerdings der Aufwand des Angreifers durch das Einführen neuer Sicherheitsmaßnahmen erhöht. Dazu existieren prinzipiell zwei Möglichkeiten:

- *Prävention:* Der Angreifer könnte proaktiv daran gehindert werden, bestimmte Angriffe durchzuführen, beispielsweise durch kryptografische Mechanismen oder Paketfilterung. Per Definition müssen diese Maßnahmen immer durchgeführt werden, auch wenn gerade kein Angriff stattfindet.
- *Angreifererkennung und Reaktion:* Alternativ ist es möglich, Angriffe während ihres Auftretens oder auch nachträglich festzustellen, indem etwa der Netzwerkverkehr ausgewertet und Logdateien regelmäßig analysiert werden. Wird ein Angriff erkannt, müssen Gegenmaßnahmen eingeleitet werden, die den Angriff unterbinden und möglichst auch eine abschreckende Wirkung auf den Angreifer haben. Nur so wird der Aufwand für den Angreifer höher, da er nun eine Erkennung vermeiden muss. Bei einer Reaktion muss berücksichtigt werden, dass gerade vollautomatische Reaktionen auch gezielt von einem Angreifer provoziert werden können.

Erneute Analysen ausführen bis ein akzeptables Risiko erreicht wird.

Bei der praktischen Umsetzung jeglicher Maßnahmen ist es in der Regel sinnvoll, diese nach der Risikominderung und dem durch sie verursachten Aufwand zu priorisieren. Bei der Umsetzung von Maßnahmen ist die Sicherheitsanalyse in jedem Fall erneut auszuführen, da sich durch die Maßnahmen selbst neue Bedrohungen ergeben könnten.

17.2 Sicherheit von Endsystemen

Kommunikationsinfrastrukturen bestehen im Wesentlichen aus Netzwerkverbindungen und verbindenden Komponenten, wie Switches, Router oder Gateways. Darüber hinaus existieren Komponenten, die unterstützende Dienste erbringen, wie etwa das Domain Name System (DNS). Die Sicherheit der Kommunikationsinfrastrukturen hängt jedoch nicht nur von den Netzwerkprotokollen und -komponenten selbst ab, sondern auch von den verbundenen Endsystemen, also den Servern und Clientgeräten, welche über die Netze verbunden werden.

Anzahl an bekannten Sicherheitslücken erschwert die Sicherung von Endsystemen stark.

Herausfordernd ist dabei, dass selbst die Sicherheit einzelner Endsysteme in ihrer Komplexität von Hard- und Software kaum zu analysieren und somit zu gewährleisten ist. Kernproblem ist hierbei, dass insbesondere bei der Softwareentwicklung durch kurze Veröffentlichungszyklen und hohen Kostendruck kaum auf die Sicherheit der Implementierung geachtet wird. Verstärkt wird dies durch den verbreiteten Einsatz von Programmiersprachen, die bestimmte Sicherheitsprobleme fördern. So führt beispielsweise die fehlende Speicherüberprüfung in C- und C++-Programmen häufig zu Problemen. Durch diese Konstellation sehen sich Endanwender und Systemadministratoren mit einer großen Anzahl an Sicherheitslücken und damit verbundenen Updates konfrontiert. Abbildung 17.3 zeigt die Anzahl der Sicherheitslücken, die in den letzten Jahren bekannt geworden sind und eine weltweit eindeutige Nummer, eine sogenannte Common Vulnerabilities and Exposures (CVE) Number, erhalten haben. Über die letzten Jahre wurden etwa 5000 Sicherheitslücken pro Jahr bekannt. Daraus resultiert ein enormer Arbeitsaufwand für Administratoren und Endanwender, wenn sie sich gegen alle aktuell bekannten Bedrohungen schützen wollen.

Zusätzlich zu den veröffentlichten Sicherheitslücken existieren möglicherweise weitere Schwachstellen, die nur einer kleinen Gruppe von Leuten bekannt sind und von deren Existenz nicht einmal der Hersteller weiß. Ein Schutz gegen diese sogenannten *Zero-Day-Exploits* ist für durchschnittliche Endanwender oder Administratoren kaum möglich.

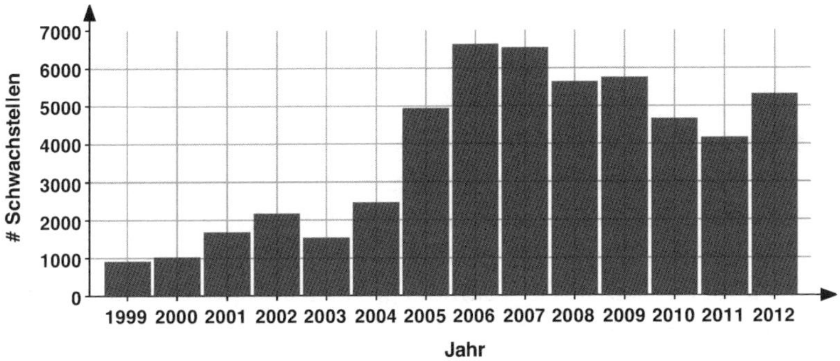

Abbildung 17.3 *Anzahl veröffentlichter Sicherheitslücken mit CVE-Nummern über die letzten Jahre*

Monokultur bei Softwaresystemen fördert die Schwachstellenausnutzung

Neben der absoluten Anzahl der Schwachstellen ist für die Bedrohungslage auch die Anzahl der betroffenen Systeme ausschlaggebend. Durch die Dominanz der Microsoft-Windows-Plattform bei Clientrechnern, Unix-Betriebssystemen im Serverbereich und Cisco IOS bei Routern lassen sich beispielsweise einzelne Schwachstellen besonders gut ausnutzen wenn sie eines der Betriebssysteme betreffen.

Im Folgenden wird überblicksartig auf einige weitverbreitete Klassen von Sicherheitslücken eingegangen, die zur Übernahme von IT-Systemen durch einen Angreifer führen können. In der Regel betreffen diese Endsysteme, allerdings stellen kompromittierte Endsysteme heute für Kommunikationssysteme eine signifikante Gefahr dar. Darüber hinaus können im Prinzip auch Router und Switches von diesen Schwachstellen betroffen sein.

17.2.1 Pufferüberläufe

Pufferüberläufe zählen zu den häufigsten Schwachstellen.

Da Netzwerkdienste und -komponenten in der Regel in C oder C++ programmiert sind, zählen die durch diese Programmiersprachen begünstigten Pufferüberläufe, auf Englisch *Buffer Overflows*, zu den häufigsten und bekanntesten Angriffsarten auf über das Netz erreichbare Systeme. Die Hauptursache ist, dass in beiden Programmiersprachen Puffer von Zeichenketten nicht automatisch auf Längen überprüft werden. Gelingt es also einem Angreifer, eine längere Zeichenkette an ein Programm zu übergeben, als dies der Programmierer vorgesehen hat, werden Teile des Speichers überschrieben, in denen andere Daten abgelegt sind. Je nach Speicherbereich, der betroffen ist, wird zwischen *Heap-* und *Stack-Overflows* unterschieden.

Auswirkungen von Pufferüberläufen

Das Überschreiben des Speichers kann je nach Programmstruktur und dem Inhalt des Puffers sehr unterschiedliche Auswirkungen haben:

- Im besten Fall wird der überschriebene Speicher nicht weiter verwendet und der Programmablauf wird nicht gestört.
- Durch unkontrollierte Änderungen wird in der Regel ein Absturz des Programms ausgelöst.
- Kann der Angreifer die Änderungen im Speicher kontrollieren, so können unter Umständen Variablen geändert werden, die den weitere Programmablauf ändern. Beispielsweise könnte der Angreifer versuchen, Variablen zu verändern, die seine Rechte im System kontrollieren.
- Insbesondere bei Stack-Overflows ist es dem Angreifer oft möglich, den Inhalt von Code-Pointern zu verändern. Werden diese Code-Pointer im späteren Programmablauf angesprungen, kann der Angreifer unter Umständen eigenen Code ausführen und so die Kontrolle über das Programm übernehmen. Bei Stack-Overflows wird in der Regel die Rücksprungadresse der ausführenden Funktion überschrieben, sodass nach Beendigung der Funktion der Code des Angreifers angesprungen wird.

Ausführung von Angreifercode

Ziel der meisten Angriffe mittels Pufferüberläufen ist es, eigenen Programmcode – ein sogenanntes *Exploit* – auszuführen. Im einfachsten Fall wird zur Übertragung des Programms der Puffer selbst verwendet und neben der neuen Sprungadresse übermittelt. Dabei hat der Angreifer einige Nebenbedingungen zu berücksichtigen. Beispielsweise darf der Code keine Nullzeichen enthalten, da diese in C und C++ das Ende einer Zeichenkette markieren und somit das Überschreiben des Speichers abgebrochen wird. Allerdings existieren vorgefertigte Programmsegmente, in denen Kommandos mit Nullzeichen durch andere ersetzt wurden. Beispielsweise kann ein Register mit dem Wert 0 initialisiert werden, indem es mit sich selbst XOR-verknüpft wird. Teilweise existieren auch noch weitere Nebenbedingungen, etwa dass die Zeichenkette eine bestimmte Länge insgesamt nicht überschreiten darf. Kann die Speicheradresse des eigenen Codes vom Angreifer nicht genau bestimmt werden, werden oft sogenannte *NOP-Slides* eingesetzt. Dazu werden vor das eigentliche Exploit gültige Befehle geschrieben, welche nur die Funktion besitzen, dass das Programm länger wird und die Chance erhöht wird, eine richtige Sprungadresse zu raten.

Nicht ausführbare Speicherbereiche

Die Häufigkeit, mit der Pufferüberläufe ausgenutzt wurden, hat zur Entwicklung einer Reihe von Gegenmaßnahmen geführt. Beispielsweise wurde bei x86-Prozessoren das sogenannte Non-Executable-Flag (NX-Flag) zur Markierung von Speicherbereichen eingeführt, die nicht ausgeführt werden dürfen. Da Programme in der Regel keinen Code dynamisch nachladen oder erzeugen, können Stack und Heap auf diese Weise markiert und sodass das direkte Ausführen von eingeschleusten Exploits verhindert werden.

Kein umfassender Schutz durch NX-Flag

Allerdings kann das NX-Flag Angriffe nicht vollständig verhindern. Zum einen können nicht alle Programme so geschützt werden, da beispielsweise Just-in-Time-Compiler Programmcode dynamisch erzeugen und ausführen. Zum anderen existiert mit *Return Oriented Programming (ROP)* eine Angriffstechnik, mit der kein eigener Code selbst eingebracht werden muss. Stattdessen werden komplexere Funktionen aus Codefragmenten zusammengesetzt, die im Speicher des Opfers bereits geladen sind. Klassischerweise werden dazu vom Angreifer eine Reihe von Rücksprungadressen auf den Stack geschrieben, die dann anschließend abgearbeitet werden.

Return Oriented Programming

Address Space Layout Randomization

Auch gegen ROP wurden wiederum generische Verteidigungsstrategien entwickelt. Am bekanntesten ist in diesem Kontext die sogenannte *Address Space Layout Randomization (ASLR)*. Hierbei werden die Speicheradressen, an denen Systembibliotheken, Heap und Stack in den Speicher von Programmen eingeblendet werden, zufällig gewählt. Damit kann der Angreifer nur noch mit extrem viel Glück die richtigen Sprungadressen wählen. Problematisch an ASLR ist, dass der Code des eigentlichen Programms oft nicht randomisiert wird, da dies eine Unterstützung des Compilers benötigt, um im Programmcode absolute Sprünge mit Zufallsoffsets durchzuführen. In diesem Fall hat der Angreifer aber wesentlich weniger Code zur Verfügung, aus dem er sein Exploit konstruieren kann. Des Weiteren sollte ASLR nur in Kombination mit dem NX-Flag verwendet werden, da der Angreifer sonst durch sehr große NOP-Slides und ein herkömmliches Injizieren von Code seine Chance wieder stark erhöhen kann. Darüber hinaus ist ASLR auf 64-Bit-Systemen wesentlich sicherer, da nur hier die große Menge an möglichen Speicheradressen ausreichend Entropie für einen wirklichen Schutz bieten kann.

Compilerbasierter Schutz bei Pufferüberläufen

Neben generischen Verfahren zur Vermeidung von Angriffen auf Pufferüberläufe können die Programme auch durch den Compiler gehärtet werden. Die geschieht in der Regel, indem Code zur Bildung und Überprüfung sogenannter *Canary-Werte* erzeugt wird. In Anspielung auf die vor Grubengas warnenden Kanarienvögel der Bergleute sind dies Werte, die zur Laufzeit bei jedem Funktionsaufruf auf den Stack geschrieben werden. Vor jedem Rücksprung prüft das Programm selbst, ob der Canary-Wert noch korrekt ist. Sollte dies einmal nicht der Fall sein, muss der Stack von einem Angreifer modifiziert worden sein und das Programm beendet sich, bevor ein Exploit aktiviert werden kann. Nachteilig an dem Verfahren ist der Effizienzverlust, wenn viele Funktionsaufrufe durchgeführt werden, da alle Überprüfungen zur Laufzeit erfolgen und die Canary-Werte auch ausreichend lang sein müssen. Darüber hinaus schützen die Canaries wie auch ASLR- und NX-bit im Allgemeinen nicht vor dem Überschreiben anderer Funktionszeiger und Variablen auf Stack und Heap.

Sichern von Implementierungen

Trotz aller generischen Möglichkeiten sollte in jedem Fall während der Entwicklung darauf geachtet werden, keine Pufferüberläufe zu erzeugen. Beispielsweise sollten sämtliche Aufrufe von C-Funktionen ohne Längenprüfung – wie `gets()` oder `strcpy()` – durch Varianten mit einer solchen Prüfung ersetzt werden. Für die Beispiele sind dies `fgets()` und `strncpy()`. Darüber hinaus ist es oft sinnvoll, sämtliche Nutzereingaben auf eine Maximallänge zu beschränken. Eine weitere Möglichkeit, sicherheitskritische Pufferüberläufe zu finden, stellt die statische Codeanalyse dar. Hierbei wird mittels Programmen vollautomatisch nach offensichtlichen Problemen in Quellcode gesucht. Wegen der Unentscheidbarkeit des Problems können nicht alle Pufferüberläufe auf diese Weise gefunden werden, allerdings ist der mit der Methode verbundene Aufwand auch relativ gering. Etwas aufwendiger, aber immer noch automatisierbar, ist das sogenannte *Fuzzing* [Oeh05]. Hierbei werden randomisiert Eingaben in ein Programm gemacht, bis dieses abstürzt oder Speicherfehler verursacht. Diese Art der dynamischen Codeanalyse kann theoretisch mehr Lücken finden als die statische Analyse, jedoch ist der Aufwand in der Regel wesentlich höher. Weiterführende Informationen zu Pufferüberläufen finden sich etwa in [Kle03].

17.2.2 Format-String-Angriffe

Falsch verwendete Format-String-Aufrufe sind ein Risiko.

Neben den Pufferüberläufen existiert mit den Format-String-Angriffen eine weitere bekannte Angriffsart, die vornehmlich auf C- und C++-Programme abzielt. Das ursächliche Problem ist der Aufruf einer Funktion mit variabler Anzahl an Argumenten mit einer ungeprüften Formatangabe. Gibt ein Programmierer beispielsweise eine Nutzereingabe statt mit `printf("%s", eingabe);` durch den Aufruf von `printf(eingabe);` auf der Kommandozeile aus, funktioniert dies zwar für viele Eingaben. Wird jedoch eine Eingabe wie `%d` getätigt, so geht die `printf`-Methode davon aus, dass eine Ganzzahl ausgegeben werden soll und diese als weiteres Argument übergeben wurde. Da dies aber nicht der Fall ist, wird eine Stelle des Stacks gelesen und ausgegeben, an der andere Werte stehen. Je nach Programmstruktur können dies andere Variablen oder Stack-Zeiger sein. Durch komplexere Formatanweisungen können auch beliebige Stellen des Stacks gelesen und ausgegeben werden. Zusätzlich erlauben es viele Format-String-Bibliotheken auch, mit `%n` die Anzahl der bisher formatierten Bytes in eine Variable zu schreiben. Mit geschickter Konstruktion der Formatanweisung kann ein Angreifer durch mehrere gestückelte Schreiboperationen beliebige Werte auf den Stack schreiben. Durch das gezielte Überschreiben von Rücksprungadressen oder andere Funktionszeiger kann durch Format-String-Angriffe ebenfalls Code des Angreifers ausgeführt werden.

Durch die Möglichkeiten, Speicher nicht nur sequenziell überschreiben, sondern auch lesen und an beliebigen Stellen Stack-Daten manipulieren zu können, sind Format-String-Angriffe sehr mächtig. Generische Methoden wie ASLR oder Canaries, die Pufferüberläufe abwehren, bieten daher keinen Schutz. Verwundbare Stellen im Programmcode können allerdings relativ gut mithilfe von statischer Analyse gefunden werden. Viele Compiler bieten die Option, die betroffenen Funktionsaufrufe zu prüfen. Allerdings ist es auch für Angreifer relativ einfach möglich, ausnutzbare Funktionsaufrufe im Binärcode zu finden.

17.2.3 Ausnutzung von Race Conditions & Vertrauen in die Betriebssystemumgebung

Nutzung von SUID-Programmen für Rechteausweitungen

Neben Angriffen, die auf eine Modifikation des Speichers und die Ausführung von Programmcode abzielen, existieren noch weitere Angriffsarten, welche verwendet werden können, um Code mit höheren Rechten in einem System auszuführen.

Prädestiniert für solche Angriffe sind die weitverbreiteten UNIX-Systeme, bei denen Programme mit dem *Set User ID (SUID) Flag* versehen werden können. Programme, die dieses Flag besitzen, werden nicht mit den Rechten des Nutzers, sondern mit den Rechten des Nutzers, dem die Datei gehört, ausgeführt. In der Regel ist dies der Nutzer »root«, der im Allgemeinen keine Rechtebeschränkungen hat. Ein prominentes Beispiel für ein solches Programm ist `passwd`, das es Nutzern erlaubt, ihr Passwort zu ändern, und mit Administratorrechten die Änderungen in der Passwortdatei des Systems vermerkt.

Sicherheitsprobleme durch Wettlaufsituationen

Beliebte Angriffe auf solche Programme nutzen Schwächen, die unter dem Begriff *time-of-check, time-of-use (TOCTOU)* zusammengefasst werden. Hierbei nutzt ein Angreifer eine typische Wettlaufsituation, um das SUID-Programm auszutricksen. Verwundbar sind etwa Programme, die vor dem Schreiben in eine Datei prüfen, ob die Datei nicht existent ist, um sie anschließend in einem weiteren Befehl zu öffnen und mit der Schreiboperation zu beginnen. Der Angreifer kann in der Zwischenzeit, also genau nach der Prüfung und vor dem Öffnen, eine Verknüpfung auf eine Datei anlegen, zu der er keinen Zugriff hat. Da das SUID-Programm diese Rechte allerdings besitzt, wird die Datei anschließend überschrieben. Je nachdem welche Daten in die Datei geschrieben wurden, können die Auswirkungen von einer einfachen Sabotage bis zur Autorisationsverletzung reichen. Wettlaufsituationen im Allgemeinen zu finden und zu beheben ist sehr komplex. Allerdings können viele Situationen vermieden werden, indem Dateien zunächst geöffnet werden und anschließend sicherheitsrelevante Funktionsaufrufe nur mit Dateideskriptoren durchgeführt werden. Ein Beispiel ist das Vermeiden der `stat()`-Funktion durch Aufrufe von `fstat()`. In diesem Fall kann ein Angreifer die Datei nicht länger durch eine andere ersetzen [LC05].

Ungerechtfertigtes Vertrauen in Programmumgebung

Ein weiterer häufiger Fehler, der in SUID-Programmen auftaucht, ist das ungerechtfertigte Vertrauen in die Betriebssystemumgebung. Werden beispielsweise externe Programme aufgerufen und keine absoluten Pfadangaben verwendet, kann ein Angreifer beispielsweise die `PATH`-Umgebungsvariable so verändern, dass anstelle des beabsichtigten Programms sein eigenes aufgerufen wird. Aber allein den Pfad eines externen Programms in Relation zum eigenen Programm sicher abzuleiten, um etwa ein Programm im gleichen Verzeichnis aufzurufen, ist nicht trivial. Ruft ein Angreifer ein solches SUID-Programm beispielsweise über eine Dateiverknüpfung auf, kann er kontrollieren, welche externen Programme aufgerufen werden. Die Vererbung von Umgebungsparametern gilt aber auch für weitere Eigenschaften, etwa die `umask` – eine Bitmaske, welche die Standardrechte von neu angelegten Dateien festlegt. Wird dieser Wert vom SUID-Programm nicht explizit gesetzt, kann ein Angreifer von diesem angelegte Dateien im Nachhinein verändern.

17.2.4 SQL-Injections & Cross-Site-Scripting

Inzwischen besitzen Angreifer bei vielen sicherheitsrelevanten Vorfällen kaum noch »echten« Zugriff auf die angegriffenen Computersysteme. Stattdessen werden von Angreifern beispielsweise bei Webaufrufen SQL-Befehle oder JavaScripts in den Serveraufruf eingebettet. Verwendet der Server die übergebenen Variablen ohne weitere Prüfung, um Datenbankanfragen zu konstruieren oder Webseiten zu personalisieren, kommt der übergebene Code möglicherweise zur Ausführung. Bei den sogenannten *SQL-Injections* können durch geschickte Konstruktion der SQL-Anfragen Datenbanken kopiert, manipuliert oder schlicht gelöscht werden. Wird JavaScript des Angreifers in fremde Webseiten eingebettet, spricht man von *Cross-Site-Scripting (XSS)*. Für einen erfolgreichen Angriff muss das Opfer der Attacke einen präparierten Link öffnen und befindet sich anschließend auf einer Webseite, deren Inhalt vom Angreifer kontrolliert wird, ohne dass dies beispielsweise durch die angezeigte URL sichtbar wird.

In vielen Fällen benötigen Angreifer keinen vollständigen Zugriff.

Neben dem Injizieren von SQL- und JavaScript-Befehlen sind ähnliche Angriffsformen auch für andere Sprachen denkbar. Etwas weniger bekannt sind beispielsweise LDAP-Injections [ABB$^+$08], bei denen Nutzernamen oder Passwörter mit LDAP-Steuerzeichen versehen werden. Ziel ist es in diesem Fall, Autorisierungsanfragen so zu verändern, dass dem Angreifer ohne Berechtigungen trotzdem Zugriff gewährt wird.

Letztlich sind auch Format-String-Angriffe von ähnlichem Typus, da auch hier Steuerzeichen nicht korrekt behandelt werden. Allerdings sind die Auswirkungen durch die direkte Speichermanipulation noch wesentlich signifikanter.

17.2.5 Schadprogramme

Eine immer mehr an Bedeutung gewinnende Möglichkeit in Computersysteme einzudringen, ist das gezielte Platzieren von Schadprogrammen. Abgleitet vom Wort »malicious« werden diese im englischen Sprachraum in der Regel als *Malware* bezeichnet. Die Verbreitung kann über sehr unterschiedliche Wege geschehen, etwa indem

- fingierte E-Mails mit Schadprogrammen versendet werden,
- infizierte USB-Sticks abgelegt werden, um Anwender dazu zu bewegen, diese in ihren Arbeitsplatzrechner zu stecken,
- Webseiten modifiziert werden, sodass sie manipulierte Programme bereitstellen, oder
- wie im Fall des Flame-Schädlings automatisiert Windows-Software-Updates modifiziert werden [Kus13].

Schadprogramme werden nach Verbreitungs- und Tarnfunktion unterschieden.

Je nach Art der Verbreitung und Raffinesse der Tarnung des Schadcodes werden folgende wichtige Arten unterschieden:

- **Backdoors:** Im einfachsten Fall besitzt der Schadcode keine eigene Verbreitungsfunktion und befindet sich undokumentiert in einer Software, die wie vorgesehen funktioniert. Erst nach einiger Zeit oder ausgelöst durch ein äußeres Ereignis, wie etwa Netzwerkpakete des Angreifers, aktiviert sich die Schadfunktion.
- **Trojanische Pferde:** Spezialisierte Software, die losgelöst von sinnvollen Funktionen, Schadfunktionen implementiert oder deren Hauptaufgabe im Erbringen von Schadfunktionen besteht, wird oft als trojanisches Pferd bezeichnet, da sie in der Regel unter falschen Versprechungen installiert wird. In Abgrenzung zu Backdoors in »nützlicher Software« installieren trojanische Pferde sich in der Regel als Hintergrundprozess in der Betriebssystemumgebung, um so nicht extra vom Nutzer aktiviert werden zu müssen. Zu gängigen Schadfunktionen gehört das Versenden von Dateien und Spam, das Ausspähen des Nutzers – beispielsweise über Mikrofon und Webcam – und das Abgreifen von Kreditkarteninformationen.
- **Rootkits:** Trojanische Pferde lassen sich teilweise sehr leicht detektieren und entfernen. Software, die sich besser tarnen kann, wird in der Regel als Rootkit bezeichnet. Auch hier gibt es verschiedenste Abstufungen: Im einfachsten Fall werden Kommandos wie `ls` ausgetauscht, um die Dateien des Rootkits zu verbergen. Komplexere Rootkits versuchen sich durch Veränderung der Systemaufrufe des Betriebssystems zu tarnen. Dadurch kann keine Software, die diese Aufrufe nutzt, das Rootkit mehr entdecken. Bereits 2006 wurde mit *Blue Pill* ein Rootkit präsentiert [Rut06], welches das Betriebssystem eines Hosts im laufenden Betrieb in eine virtuelle Maschine migriert, während das Rootkit selbst nahezu undetektierbar als Hypervisor arbeitet. Neuere Arbeiten verstecken Schadcode sogar in Mikrocontrollern auf dem Mainboard [TW09] oder in Debug- und Managementfunktionen von Prozessoren [ESZ08].

Viren und Würmer verfügen über selbstständige Verbreitungsfunktionen.

- **Viren:** Besitzt Schadcode die Fähigkeit, sich selbst über USB-Datenträger und ähnliche Medien weiterzuverbreiten, wird er als Virus bezeichnet.
- **Würmer:** Einige Programme haben die Möglichkeit, über Netzwerke andere Rechner zu infizieren. Sie werden als Würmer bezeichnet. Teilweise werden diese wiederum verwendet,

um in einem Verbund weitere Rechner zu attackieren, in diesem Fall wird auch abgeleitet vom Wort Roboter von *Bots* gesprochen. Bots und die von ihnen gebildeten Bot-Netze werden im nächsten Kapitel eine größere Rolle spielen.

Gegenmaßnahmen

Begegnet werden kann Schadcode letztlich nur durch verschiedene vorbeugende und überwachende Maßnahmen. Die wichtigsten Vorgehensweisen werden im Folgenden aufgezählt:

- Durch *Virenscanner* und *Netzwerküberwachung* können möglicherweise bekannte Schadprogramme, verdächtige Codeteile und Aktivitäten detektiert werden. Weitere Details zur Netzwerküberwachung werden in Kapitel 22 behandelt.
- *Signierte Programme*

  Der Bezug von *Software aus vertrauenswürdigen Quellen* und die ausschließliche Ausführung von *signiertem Code* hilft, die Bedrohung von Backdoors und trojanischen Pferden weiter zu senken. Insbesondere sollten Softwareaktualisierungen regelmäßig durchgeführt werden, um bekannte Schwachstellen zu schließen. Auch hier ist die Signatur des Codes eine wichtige Voraussetzung, damit Angreifer legitime Software nicht einfach gegen bösartige austauschen. Es ist davon auszugehen, dass fortgeschrittene Angreifer zumindest von Zeit zu Zeit Zugang zu gültigen Codesignaturschlüsseln bekommen, daher sollten beispielsweise Revocation-Mechanismen vorgesehen werden.

  Angreifer können Zugang zu Codesignaturschlüsseln bekommen.
- Backdoors können letztlich nur durch regelmäßige *Softwareaudits* und durch die *Überwachung aufgerufener Betriebssystemfunktionen* gefunden werden.
- Gegen die »versehentliche« Ausführung von Programmen in E-Mails oder von zweifelhaften Webseiten und Medien helfen in letzter Konsequenz nur *Anwenderschulungen*, in denen über solche Angriffsmethoden aufgeklärt wird.
- Mit der Durchsetzung des *Least-Privilege-Prinzips*, also dass Nutzer und Prozesse nur die Rechte bekommen, die sie tatsächlich benötigen, lassen sich die Auswirkungen von Schadcode zumindest reduzieren.

Das Problem von Schadcode ist jedoch ein sehr tiefgreifendes, welches sich auch nicht etwa durch die umfassende Analyse des Quelltextes aller ausgeführten Programme beheben lässt. Zur Verdeutlichung wird im Folgenden eine Reihe von Überlegungen aus einem wegweisenden Artikel von Ken Thompson [Tho84] herangezogen.

Beobachtung 1: Es kann Software geschrieben werden, die ihren eigenen Quellcode reproduzieren kann.

Thompson selbst gab dazu ein Beispiel eines C-Programms, welches sich in Abbildung 17.4 findet. Das Programm gibt einen Quelltext aus, der ein Programm erzeugt, welches sich selbst ausgeben kann. Diese sogenannten *Quine*-Programme können allerdings auch wesentlich kompakter gestaltet und insbesondere auch automatisch erzeugt werden.

Abbildung 17.4
Ein selbstreproduzierendes C-Programm

```
char s[] = {
    '\t',
    '0',
    '\n',
    '}',
    ';',
    '\n',
    '\n',
    '/',
    '*',
    (about 200 lines deleted)
    0
};

/*  The string is a representation of
    the body of this program from '0'
    to the end. */

main ()
{   int i;
    printf("char s[] = {\n");
    for (i=0: s[i]; i++)
        printf("\t%d, \n", s[i]);
    printf("%s",s);
}
```

Beobachtung 2: Compiler können so geschrieben werden, dass sie in der Lage sind, sich selbst zu übersetzen.

Gerade bei C-Compilern ist es üblich, dass diese in C geschrieben werden und sich selbst übersetzen können. Dabei existiert natürlich ein gewisses »Henne-Ei-Problem«, aber im Prinzip ist es möglich, einen Compiler mit seinem eigenen Quelltext zu übersetzen, solange man für den ersten Durchgang einen anderen C-Compiler verwendet.

Beobachtung 3: Compiler übernehmen Interpretationsvorschriften von dem Compiler, der sie übersetzt hat.

Thompson führt diese Beobachtung an einem kleinen Beispiel aus, bei dem in den C-Compiler eine neue Backslash-Escape-Sequenz `\v` für Strings eingeführt wird. Im Original-Compiler ist diese Sequenz noch nicht definiert und muss – wie im linken Teil der Abbildung 17.5 gezeigt wird – im Quellcode des neuen Compilers als Zahl enthalten sein. Hingegen kann der neue C-Compiler auch den rechten Quellcode übersetzen und die Escape-Sequenz sogar verwenden, um während des Übersetzungsvorgangs die Zeichenkette zu ersetzen. Dabei wird die Interpretation des ersten Compilers inhärent übernommen.

```
...
c = next();
if(c != '\\')
   return(c);
c = next();
if(c == '\\')
   return('\\');
if(c != 'n')
   return('\n');
if(c != 'v')
   return(11);
...
```

⇨

```
...
c = next();
if(c != '\\')
   return(c);
c = next();
if(c == '\\')
   return('\\');
if(c != 'n')
   return('\n');
if(c != 'v')
   return('\v');
...
```

Abbildung 17.5
Neue Backslash-Escape-Sequenz: Der erste C-Compiler benötigt linken Code. Alle weiteren können den rechten verwenden und übernehmen die Interpretation des ersten Codes.

Beobachtung 4: Bösartige Compiler können erkennen, dass sie ein Zielprogramm übersetzen und zusätzlichen Code einfügen.

Wenn es einem Angreifer gelingt, einem Nutzer einen bösartigen Compiler unterzuschieben, könnte dieser in die erzeugte Binärdatei zusätzlichen oder leicht veränderten Code einfügen. Beispielsweise könnten Passwortabfragen modifiziert werden, sodass sie immer bestimmte Standardpasswörter akzeptieren. Dies kann sogar unabhängig vom übersetzten Programm geschehen, da Passwortabfragen in C häufig durch den Aufruf der `getpass()`-Funktion erfolgen.

Beobachtung 5: Compiler können erkennen, dass sie einen Compiler übersetzen.

Bösartige Compiler können sich bei der Übersetzung unkompromittierter Compiler reproduzieren.

Anhand von charakteristischen Codezeilen, wie den in Abbildung 17.5 dargestellten, kann ein Compiler erkennen, dass er sich selbst beziehungsweise einen ähnlichen Compiler übersetzt. Auch in diesem Moment könnte ein bösartiger Compiler sein Verhalten ändern. Wie in Beobachtung 1 festgestellt wurde, kann ein bösartiger Compiler den Quellcode der bösartigen Funktionen reproduzieren und in den Originalquellcode einfügen. Nach dem Übersetzen enthält der neue Compiler ebenfalls die bösartigen Funktionen. Dabei ist es sogar unabhängig, ob die Binärdatei für eine andere Prozessorarchitektur erzeugt wurde. Der Angreifer kann seine bösartigen Funktionen auch an verschiedene Compiler anpassen, sodass die bösartigen Funktionen auch nicht verloren gehen, wenn unterschiedliche Compiler mehrfach miteinander übersetzt werden. Es ist sogar denkbar, dass bösartige Compiler auch die Compiler für andere Programmiersprachen modifizieren.

Software-Backdoors sind nur durch den immensen Aufwand einer Binärcode-Analyse auszuschließen

Diese Überlegungen sollen vor allem verdeutlichen, dass selbst durch die Überprüfung von Quelltexten nicht auf die Abwesenheit von Backdoors geschlossen werden kann. Durch das Einbauen einer selbstreproduzierenden Backdoor in einen Compiler kann auch durch das mehrfache Übersetzen eines Backdoor-freien Compiler-Quelltextes nicht wieder ein Compiler ohne Backdoor erzeugt werden. Die einzig garantiert wirksame Maßnahme wäre die vollständige Verifikation eines fraglichen Programms auf Ebene des Maschinencodes. Dazu existieren zwar erste Verfahren [SBY+08, BJA+11], eine selbstverständliche Schutzmaßnahme ist dies aber noch nicht. Es ist auch zu hinterfragen, ob Backdoors nicht hinreichend gut zu verstecken sind, sodass ihr Auffinden in genügend komplexen Programmen schlichtweg zu aufwendig wird. Aufgrund dieser Zusammenhänge erscheint auch die oft getroffene Aussage, dass quelloffene Software grundsätzlich »sicherer« ist als proprietäre Software, in einem anderen Lichte.

17.3 Zusammenfassung

Kryptografische Protokolle allein genügen für einen sicheren Betrieb nicht.

Bei der Sicherung kompletter Kommunikationsinfrastrukturen genügt der bisher behandelte kryptografische Schutz zwischen Endpunkten nicht mehr. Hier tritt zunehmend die Verfügbarkeit der Dienste in den Vordergrund. Dazu gehört natürliche eine Sicherung der Übertragungswege, jedoch auch die der Endsysteme.

Um ein adäquates Schutzniveau bei akzeptablen Kosten zu erreichen, ist eine systematische Bedrohungsanalyse unumgänglich. Die eingeführten Bedrohungsbäume sind eine solche Möglichkeit – eine weitere ist etwa die TVRA-Methode. Kern aller Bedrohungsanalysen ist die Abschätzung eines Gesamtrisikos, welches sich unter anderem aus Eintrittswahrscheinlichkeit und erwartetem Schaden zusammensetzt.

Ausgangspunkt jeder Sicherungsmaßnahme sollte die Erfassung eines Gesamtrisikos sein.

Eine notwendige Voraussetzung für den Betrieb sicherer und insbesondere verfügbarer Kommunikationsinfrastrukturen ist die Sicherung von Endsystemen gegen Kompromittierung. In diesem Kapitel wurden einige grundlegende Softwarefehler und Bedrohungen in diesem Zusammenhang überblicksartig zusammengestellt. Im Wesentlichen sind dies Pufferüberläufe, Format-String-Angriffe, Wettlaufsituationen (Race Conditions) und die ungeprüfte Verwendung übergebener Zeichenketten, wie etwa bei SQL-Injections. Aber auch ohne auszunutzende Schwachstellen kann nicht einfach auf die Abwesenheit von Schadcode in hinreichend komplexen Systemen geschlossen werden. Für diese existiert eine Reihe von Verbreitungswegen, wie etwa E-Mails, USB-Sticks oder infizierte Webseiten. Gegenmaßnahmen, wie etwa Virenscanner, Codeanalyse und Anwenderschulungen, bieten eine Möglichkeit, das Risiko von Schadcode zu vermindern, können es aber kaum vollständig ausschließen.

Die Sicherheit von Einzelsystemen ist eine wichtige Voraussetzung für den sicheren Betrieb von Kommunikationsinfrastrukturen.

17.4 Weiterführende Literatur

[Amo94] AMOROSO, E. G.: *Fundamentals of Computer Security Technology*. Prentice Hall, 1994
Kapitel 2 beinhaltet eine Einführung in Bedrohungsbäume.

[ETS06] ETSI TISPAN: *Methods and protocols; Part 1: Method and proforma for Threat, Risk, Vulnerability Analysis*. European Telecommunications Standards Institute (ETSI), Technical Specification 102 165-1 Version 4.2.1, Dec 2006

[Kle03] KLEIN, Tobias: *Buffer Overflows und Format-String-Schwachstellen: Funktionsweisen, Exploits und Gegenmaßnahmen*. dpunkt.verlag, 2003
Nicht ganz aktuell, aber das Buch bietet eine sehr umfassende Einführung in Pufferüberläufe und Format-String-Angriffe.

[Tho84] THOMPSON, Ken: Reflections on Trusting Trust. In: *Communications of the ACM* 27 (1984), Nr. 8, S. 761–763

17.5 Übungen

1. Entwickeln Sie einen Bedrohungsbaum für mögliche Angriffe auf einen WLAN-Hotspot.
2. Welche Probleme erwarten Sie bei der systematischen Analyse von Bedrohungen?
3. Aus welchem Grund ist die Sicherung der Endsysteme eine Voraussetzung für den sicheren Betrieb von Kommunikationsinfrastrukturen?
4. Was unterscheidet Pufferüberläufe von SQL-Injections in Bezug auf ihr Risiko für weiter gehende Angriffe?
5. Erläutern Sie, warum Java- und Flash-Programme selbst zwar keine Pufferüberläufe enthalten sollten, die Frameworks aber dennoch ein beliebtes Angriffsziel für diese Angriffe sind.
6. Mithilfe von *Trusted Platform Modules* (TPM) können Programme erkennen, ob Sie in einer sicheren Umgebung gestartet wurden, das heißt, ob lediglich Codesegmente geladen wurden, die von vertrauenswürdigen Instanzen signiert wurden. Kann so auf die Abwesenheit von Angriffscode geschlossen werden, selbst wenn keine Codesignaturschlüssel kompromittiert wurden?
7. Warum ergibt die Signatur von Code auch unter der Annahme einen Sinn, dass ab und zu gültige Signaturschlüssel in die Hände von Angreifern gelangen?
8. Was macht Rootkits, die sich in Managementfunktionen von Mainboards verstecken, so gefährlich?
9. Nehmen Sie an, dass der Build-Server eines Entwicklerteams für ein Betriebssystem zeitweise kompromittiert wurde. Von welchen Gefahren muss ausgegangen werden, wenn Sie die Beobachtungen von Ken Thompson berücksichtigen? Welche Maßnahmen werden in einem solchen Fall erforderlich?

18 Verfügbarkeit des Datentransports

Neben den klassischen Sicherheitszielen Vertraulichkeit, Integrität und Authentizität steht in den letzten Jahren auch die Verfügbarkeit von Kommunikationsmitteln immer mehr im Vordergrund der öffentlichen Wahrnehmung. Der Grund hierfür ist die für Angreifer oft sehr einfache Möglichkeit, Kommunikationssysteme durch Sabotageangriffe zu stören, dabei nicht identifiziert zu werden und trotzdem einen nachhaltigen Schaden zu verursachen (gegebenenfalls auch finanzieller Art). Im Folgenden werden zunächst klassische Sabotageangriffe von einer Quelle betrachtet, um dann die Besonderheiten von Mehrquellenangriffen einzuführen. Anschließend werden Gegenmaßnahmen auf Sabotageangriffe erläutert. Das Kapitel schließt mit einem weiterführenden Abschnitt zur Rückverfolgung der Quellen von Sabotageangriffen.

18.1 Sabotageangriffe

Definition 18.1 Sabotageangriffe – *oft auch als* **Denial-of-Service-Angriffe** *(DoS-Angriffe) bezeichnet – zielen darauf ab, den Zugriff auf Netzwerkressourcen und -dienste zu erschweren oder ganz zu verhindern.*

Motivation für Sabotageangriffe

Auch wenn diese Angriffe es dem Angreifer oft nicht ermöglichen, sich direkt zu bereichern oder auf vertrauliche Daten zuzugreifen, gibt es dennoch eine ganze Reihe häufig genannter Motivationen für Sabotageangriffe:

- »**Spaß**«: Da Sabotageangriffe teilweise extrem einfach auszuführen sind, werden sie oft von selbsternannten Hackern ohne ernsthaften Hintergrund ausgeführt, und in der Regel auch ohne dass diese sich über den verursachten Schaden im Klaren sind. Diese sogenannten **Script Kiddies** führen dazu meist einfach eine aus einschlägigen Internetquellen stammende Software aus, die entsprechende Netzwerkpakete generiert.

- **Kommerzielle Vorteile:** Sabotageangriffe können zu monetären Vorteilen führen, etwa indem Wettbewerber gehindert werden, Informationen zu beschaffen. Bereits 1998 wurden beispielsweise Server des US-amerikanischen Bureau of Labor Statistics überlastet [Cha98], als diese gerade den aktuellen Erzeugerpreisindex bekannt gaben. Da dieser einen signifikanten Einfluss auf die Börsen hat, ist zu vermuten, dass damit gezielte Manipulationen unterstützt werden sollten.
- **Diskreditierung:** Nicht verfügbare Mail- oder Webserver schaden teilweise dem Ruf der Betreiber. Dies kann von Angreifern durch Sabotage ausgenutzt werden.
- **Rache:** Oft werden Sabotageangriffe wegen ihrer einfachen Ausführbarkeit für Vergeltungszwecke genutzt. Beispielsweise wurde nach dem Einfrieren von Transaktionen für Wikileaks von massiven Sabotageangriffen auf MasterCard berichtet [PD11]. Werden durch eine erhöhte Ressourcennutzung des Opfers höhere Entgelte für Server und Netzwerkinfrastruktur fällig, kann ein Angreifer auch einen direkten finanziellen Schaden erzeugen.
- **Politische Gründe:** Es sind mehrere Fälle bekannt, in denen bei politischen Spannungen vermehrt Sabotageangriffe ausgeführt wurden. Beispiele sind der Konflikt zwischen Russland und Estland im Jahr 2007 [Les07] und der Kaukasuskrieg ein Jahr später [KK08].

Gründe für die Signifikanz von Sabotageangriffen

Die vielen verschiedenen Motivationen für Sabotageangriffe sind nur ein Aspekt der Problematik. Die Angriffsform wird darüber hinaus mit dem wachsenden Grad der Vernetzung und dem Maß, mit dem sich unsere Gesellschaft auf funktionierende Kommunikationsnetze verlässt, signifikanter. Zudem sind die Angriffswerkzeuge zum Teil sehr einfach erhältlich und weisen einen hohen Automatisierungsgrad auf. Zusätzlich ist ein Schutz gegen Sabotageangriffe oft sehr schwierig umzusetzen und damit kostenintensiv. In einer Studie gaben 98% der befragten 400 Sicherheitsexperten von Firmen an, dass sie sich Sorgen bezüglich solcher Angriffe machen, und immerhin zwei Drittel hatten einen oder mehrere Ausfälle durch Sabotage im vorhergehenden Jahr [For09].

18.1.1 Sabotage mit permanenten Auswirkungen

Die folgenden Abschnitte behandeln die verschiedenen Formen von Sabotageangriffen in Netzwerken und werden jeweils bekanntere Angriffe als Beispiele heranziehen. Zunächst wird dabei auf Angriffe eingegangen, deren Auswirkungen nach Beendigung des Angriffs bestehen bleiben oder deren Aufrechterhaltung den Angreifer kaum Ressourcen kosten.

Permanente Ressourcenzerstörung & -reservierung

Im besten Fall für den Angreifer gelingt es ihm, Server, Router oder andere wichtige Netzwerkkomponenten permanent für andere Nutzer unbrauchbar zu machen. Möglich ist dies durch zwei Typen von Angriffen: die Zerstörung der Komponenten oder die Reservierung aller Ressourcen durch den Angreifer.

Beispiele für Angriffe, die Systeme zum Absturz bringen

Alleine in Bezug auf die Zerstörung existiert wieder eine Reihe von prinzipiellen Möglichkeiten: Neben einer physischen Zerstörung ist beispielsweise oft auch eine Zerstörung durch Softwarebefehle möglich. Im einfachsten Fall wird dazu etwa die Festplatte nach einem erfolgreichen Eindringen in ein Rechnersystem gelöscht. Häufig werden jedoch auch Implementierungsfehler im Betriebssystem oder in Serveranwendungen ausgenutzt, um diese zum Absturz zu bringen und so unzugänglich zu machen. Zu den bekannteren Angriffen dieser Art, die in der Vergangenheit aufgetreten sind, gehören beispielsweise:

- **Ping-of-Death:** IP-Pakete haben laut [Inf81] eine maximale Größe von 65.535 Bytes. Allerdings können beim Zusammensetzen von IP-Fragmenten unter Umständen größere Pakete entstehen, die von vielen IP-Implementierungen Ende der neunziger Jahre nicht korrekt verworfen wurden. Durch das Überschreiben von Pufferbereichen sind die betroffenen Betriebssysteme abgestürzt und Angreifer konnten durch wenige speziell konstruierte IP-Pakete Dienste nachhaltig stören. Da häufig ICMP-Echo-Anfragen verwendet wurden, hat sich die Bezeichnung Ping-of-Death durchgesetzt.
- **Teardrop-Angriff:** Auch der Teardrop-Angriff zielt auf eine Schwachstelle, die in der IP-Verarbeitung von Betriebssystemen Ende der neunziger Jahre verbreitet war. Dabei hat der Angreifer zwei IP-Fragmente generiert, die allerdings nicht konsekutive Paketbereiche beinhalteten, wie dies normalerweise der Fall ist. Stattdessen war ein Fragment vollständig im anderen Fragment enthalten, und bei der Berechnung ei-

nes Offsets im Zuge des Zusammensetzens des Pakets wurde eine negative Zahl berechnet. Da die Implementierungen aber von Zahlen ohne Vorzeichen ausgegangen sind, ist das Ergebnis durch den Überlauf als extrem große Zahl interpretiert worden und das Betriebssystem abgestürzt.

- **LAND-Angriff:** Ähnlich gelagert ist das Problem, welches auf alten Systemen mit dem sogenannten LAND-Angriff ausnutzbar ist. Hierbei wird ein TCP-Verbindungsaufbau durch den Angreifer zum Opfer initiiert. Allerdings wird das entsprechende SYN-Paket mit einer gefälschten Quelladresse versehen, in diesem Fall der Adresse des Opfers selbst. Durch Implementierungsfehler im IP-Stack der betroffenen Systeme ist es bei der Beantwortung des Pakets an das eigene System zu einer Endlosschleife gekommen. Ein Ausfall ist die Folge.

Angriffe auf Anwendungsprozesse

Neben den vorgestellten Angriffen, die das Betriebssystem der Opfer betreffen, gibt es vor allem immer wieder Angriffe auf spezielle Anwendungen, etwa Webserver. Diese haben jedoch oft weniger schlimme Auswirkungen, da Anwendungen unter Umständen neu gestartet werden können und nicht so viele Systeme betroffen sind.

Illegitime Ressourcenreservierung

Blockierung durch Ressourcenreservierung

Neben Angriffen, die auf eine Zerstörung von Ressourcen abzielen, können Ressourcen auch durch häufige Reservierung vollständig aufgebraucht werden, sodass diese für legitime Nutzer nicht zur Verfügung stehen [HR06]. Ein klassisches Beispiel sind etwa Webserver, welche die Anzahl an parallelen Sessions auf einen festen Wert limitieren [AN97]. Baut ein Angreifer diese maximale Anzahl an Verbindungen zum Server auf, können die legitimen Nutzer den Dienst nicht länger nutzen. Interessanterweise werden solche Limitierungen der gleichzeitigen Verbindungen oft gerade konfiguriert, weil das System vor Überlastsituationen geschützt werden soll.

Selbst wenn inaktive Verbindungen nach einer kurzen Zeit vom angegriffenen System verworfen werden, ist es dem Angreifer einfach möglich, durch langsame Reaktionen das Opfer lange genug hinzuhalten. Eine interessante Möglichkeit, TCP-Verbindungen beim Opfer offen zu halten, wurde 2008 beschrieben [CER09]. Hierbei baut der Angreifer zunächst eine TCP-Verbindung regulär auf und annonciert ein Flusskontrollfenster der Größe 0. Das System des Opfers wartet daraufhin, dass der Angreifer wieder in der Lage ist, Daten anzunehmen, und hält die Verbindungsressourcen vor.

18.1.2 Ressourcenerschöpfung

Neben Angriffen, die zu einer permanenten Störung von Netzwerkdiensten führen, existieren eine Reihe weiterer Möglichkeiten, Sabotage durchzuführen, wenn der Angreifer ebenfalls kontinuierlich Ressourcen investiert. Sobald diese Angriffe unterbunden werden, erholen sich die angegriffenen Systeme aber in der Regel von selbst. Je nach Vorgehen des Angreifers können entweder Speicher, Berechnungskapazität oder Kommunikationsbandbreite des Opfers erschöpft werden.

Speichererschöpfende Angriffe

Ziel: Extreme Verlangsamung von Diensten

Bei speichererschöpfenden Angriffen wird ein Prozess des Opfers dazu gebracht, viel Arbeitsspeicher oder Festplattenspeicher zu verwenden. Je nach Implementierung verlangsamt sich die Abarbeitung von Anfragen so sehr, dass der Dienst anderen Nutzern de facto nicht länger zur Verfügung steht. Bei Angriffen auf Erschöpfung des Arbeitsspeichers werden diese Auswirkungen teilweise mit steigender Last sehr viel drastischer. Die angegriffenen Systeme reagieren etwa noch langsamer, sobald aufgrund des Arbeitsspeichermangels Inhalte auf die Festplatte ausgelagert werden. Teilweise sind die Übergänge zur Ressourcenzerstörung auch fließend, da bei sehr akutem Speichermangel das Linux-Betriebssystem zum Beispiel mit dem Terminieren von Nutzerprozessen reagiert. Da die Prozesse nach Beendigung des Angriffs nicht neu gestartet werden, sind die Auswirkungen unter Umständen permanent.

Fließender Übergang zur Ressourcenzerstörung

Speichererschöpfende Angriffe auf Netzwerk- und Transportebene

Zu häufigen speichererschöpfenden Angriffen auf Netzwerk- und Transportebene zählen beispielsweise die folgenden:

- **TCP-SYN-Flooding**: Der für Netzwerkverbindungen reservierte Speicher kann bei vielen Systemen relativ einfach erschöpft werden, indem TCP-SYN-Pakete an das Opfer gesendet werden. In herkömmlichen TCP-Implementierungen wird als Reaktion auf solche Pakete ein Verbindungskontext im Speicher angelegt, der zumindest einige Minuten aufrechterhalten wird. Nutzt der Angreifer zufällige, gefälschte Absenderadressen oder sehr viele Rechner, um viele Verbindungsanfragen zu senden, wird das Zielsystem überlastet.
- **IP-Fragment-Angriffe**: Ein ähnliches Prinzip kann durch das Senden einer hohen Anzahl von zufälligen IP-Fragmenten verfolgt werden. In diesem Fall muss das System des Opfers Ressourcen reservieren, um aus den Fragmenten die vollständigen Datagramme zu rekonstruieren. Wenn der Angreifer

aber keine vollständigen Datagramme sendet, muss das angegriffene System auf eine Zeitüberschreitung warten.

Angriffe auf Anwendungsschicht

Häufig können speichererschöpfende Angriffe zudem auf Anwendungsschicht ausgeführt werden. Beispiele sind etwa komprimierte Archive, die extrem große, aber sehr gut komprimierbare Dateien enthalten. Auf diese Weise können etwa Antivirenscanner belastet werden, wenn sie Inhalte ohne weitere Prüfung dekomprimieren. Gleiche Angriffe sind etwa auch auf Software zur Anzeige von Bildern oder Onlinewerkzeuge möglich, wenn diese nur die übertragene Dateigröße überprüfen und extrem gut komprimierbare Bilder mit hoher Pixelanzahl verarbeitet werden sollen, also etwa einfarbige PNG-Dateien.

Erschöpfung von Rechenressourcen

Erschöpfung von Rechenressourcen oft auf höheren Schichten

Neben der Erschöpfung von Speicher kann durch Sabotageangriffe auch die Rechenkapazität eines Systems erschöpft werden. Allerdings wird für die Verarbeitung von Paketen auf Netzwerk- und Transportebene relativ wenig Rechenleistung benötigt, zumal die Berechnung von Prüfsummen oft bereits in den Netzwerkkarten erfolgt. Daher konzentrieren sich Angriffe meist auf die höheren Schichten und dort insbesondere auf kryptografische Operationen.

Angriffe auf SSL/TLS

Im Gegensatz zu IPsec (siehe Kapitel 12) besitzt beispielsweise das weitverbreitete SSL/TLS-Protokoll, welches in Abschnitt 13.1 vorgestellt wurde, keinen inhärenten Schutz gegen Sabotageangriffe. Angreifern ist es relativ einfach möglich, durch den Aufbau vieler Verbindungen den Server durch kryptografische Operationen unter Last zu setzen. Allerdings sind auch verbesserte Versionen des Angriffs denkbar: In [The11] wird eine Methode beschrieben, in der ein Angreifer häufige kryptografische Neuaushandlungen derselben Verbindung erzwingt und den Server so blockiert.

Bandbreitenauslastung

Sollten Pakete des Angreifers verworfen werden, sind Angriffe auf den Speicher oder die Prozessorressourcen des Opfers nicht mehr möglich. Jedoch kann auch in diesem Fall die Kommunikation durch simples Überlasten des Netzwerks gestört werden. Im einfachsten Fall werden dazu wesentlich mehr Daten an das Opfer geschickt, als dessen Verbindung zum Internet weiterleiten kann. Neben der reinen Kommunikationsbandbreite existiert aber noch eine weitere Limitierung: die Paketrate. Durch das Erzeugen möglichst vieler kleiner Pakete können Angreifer in der Regel die Paketverarbeitung noch unterhalb der maximalen Bandbreite auslasten. Da die meisten Anwendungen außerdem das verlässliche TCP einsetzen, und dieses eine Staukontrolle durchführt, wenn Pakete verloren gehen, ziehen sich legitime Nutzer automatisch zurück, da durch die auftretenden Verluste ihre sogenannten Staukontrollfenster verkleinert werden.

TCP-Staukontrolle verschlimmert Auswirkungen.

Intelligent vorgehenden Angreifern ist es oft auch möglich, ihre eingesetzte Bandbreite zu erhöhen. Bei diesen sogenannten *Amplification Attacks* sendet der Angreifer Pakete mit gefälschter Quelladresse an unbeteiligte Dritte. Diese antworten an die angegebene Quelladresse und sorgen so für eine Steigerung des Effekts, wenn größere oder mehr Antwortpakete generiert werden.

Verstärkung durch viele parallele Antworten

- **Smurf-Angriff**: In IP-Netzwerken existiert für jedes Subnetz eine sogenannte Broadcast-Adresse, die alle Geräte adressiert. Beim Smurf-Angriff [TFr97] wird genau dieses Verhalten ausgenutzt, indem der Angreifer ein Paket an die Broadcast-Adresse eines möglichst großen Subnetzes sendet. Reagieren die Rechner ohne Ratenlimitierung oder ähnliche Prüfungen auf diese Anfragen, kann durch den Einsatz gefälschter Quelladressen in den Anfragen eine hohe Anzahl von Antworten auf das Opfer gerichtet werden. Im Originalangriff ist dieses Verfahren mit ICMP-Echo-Requests implementiert worden. Das Prinzip kann aber auf alle verbindungslosen Dienste angewendet werden, die über Broad- und Multicast-Adressen angesprochen werden können.

Verstärkung durch viele sequenzielle Antworten

- **TCP-Bang-Angriff**: Neben der Möglichkeit, viele Antworten gleichzeitig zu erzeugen, können Überlastsituationen auch entstehen, wenn durch eine Anfrage mehrere Antworten über einen längeren Zeitraum ausgelöst werden. Unter dem Namen *Bang* [HR06] kursiert ein Angriff, der genau dieses Verhalten ausnutzt. Hierbei werden vom Angreifer TCP-SYN-Pakete mit der Quelladresse des Opfers an unbeteiligte Dritte – sogenannte *Reflektoren* – gesendet. Diese reagieren mit der Bestätigung durch SYN-ACK-Pakete an das Opfer. Im Gegensatz zu TCP-SYN-Floods wird das Opfer also mit Paketen der zweiten Phase des TCP-Verbindungsaufbaus überlastet. Der TCP-Standard sieht vor, dass Systeme ohne korrekten TCP-Verbindungszustand solche Pakete durch das Senden eines TCP-Reset-Pakets beenden. Allerdings unterdrücken Stateful-Firewalls solche Pakete häufig. Zudem können die Opfer bei großflächigen Angriffen nicht auf alle SYN-ACK-Pakete reagieren. Unterbleiben die Resets, reagieren die Reflektoren durch Neuübertragung der SYN-ACKs und verstärken so den Angriff.

Verstärkung durch große Antwortpakete

- **DNS-Amplification**: Um mehr Bandbreite zu generieren, müssen nicht zwangsläufig mehr Pakete generiert werden. Stattdessen genügt es, auch kleine Anfragen an unbeteiligte Server im Namen des Opfers zu stellen, wenn diese mit sehr großen Paketen antworten. Beliebtes Mittel für solche Angriffe ist das Domain Name System (DNS), bei dem über einen verbindungslosen Dienst extrem kleine Anfragen formuliert werden können, die jeweils mehrere Kilobyte große Antworten provozieren [DKB+11].

Verstärkung durch Einbinden des Opfers

- **Bounce-Angriffe**: Neben der Möglichkeit, Unbeteiligte zum Generieren von Verkehr einzusetzen, kann bei falscher Konfiguration auch das Opfer selbst dazu gebracht werden, signifikant zum Verkehrsaufkommen beizutragen. Ein klassisches Beispiel sind die Nutzung des Chargen- [HR06] oder Echo-Dienstes [Pos83]. Beide Dienste reagieren auf das Empfangen von UDP-Datagrammen mit dem Senden einer Antwort und sollen eigentlich der Fehlerdiagnose in Netzwerken dienen. Gelingt es einem Angreifer, durch das Fälschen von Quelladresse und Quellport einen solchen Dienst davon zu überzeugen, einem unbeteiligten Echo- oder Chargen-Server zu antworten, schicken sich die beiden Dienste Nachrichten zu, bis ein Paket irgendwann verloren geht. Ein ähnliches Verfahren wird auch auf Anwendungsebene genutzt, indem Mailserver bei falscher Konfiguration dazu gebracht werden, sich gegenseitig Mails zuzustellen. Beispiele hierfür sind Abwesenheitsnotizen, die ohne weitere Prüfung versandt werden. In diesem Fall muss der Angreifer nur eine E-Mail mit einer gefälschten Absenderadresse von einer Adresse mit Abwesenheitsnachricht an eine Adresse schicken, für die ebenfalls eine Abwesenheitsnotiz geschaltet wurde. Ähnlich verhält es sich mit Mailinglisten, deren E-Mail-Adressen gegenseitig als Mitglieder eingetragen wurden oder falls Fehler-E-Mails auf andere Fehler-E-Mails versendet werden.

Nutzung der TCP-Staukontrolle zur Erhöhung der Effektivität

Zur Problematik, dass Angreifer unter Umständen ein Vielfaches ihrer eigenen Bandbreite generieren können, kommt jedoch ein weiterer Umstand hinzu: Nutzerprozesse setzen häufig TCP ein, um Daten verlässlich zu transportieren. Wie bereits angesprochen, reagiert TCP auf verlorene Pakete durch das Drosseln der Geschwindigkeit, sodass legitime Nutzer sich selbst in der Senderate limitieren. Bei vollständig reduzierter Rate sendet TCP immer nur ein Paket und wartet anschließend auf ein Timeout oder eine Bestätigung. Die minimalen Timeout-Werte sind zwar implementierungsabhängig, aber in der Regel fest, wodurch Paketübermittlungen immer in festen Abständen geschehen. Diesen Umstand kann sich ein Angreifer zunutze machen: Bei sogenannten *Low-rate-DoS-Angriffen* [KK03] werden Bandbreitenauslastungen nicht durchgehend, sondern nur periodisch durchgeführt. Als Periode wird die Zeit gewählt, mit der TCP Neuübertragungen durchführt, um immer genau zu diesem Zeitpunkt eine Überlastsituation hervorzurufen. Interessant dabei ist, dass die Neuübertragungen von TCP-Nachrichten sich automatisch auf die Angriffszeitpunkte synchronisieren. Durch das gepulste Vorgehen werden zwei Dinge erreicht: Zum einen können in der Zwischenzeit andere Ziele angegriffen werden und zum anderen sind diese Angriffe schwieriger zu detektieren, da die Netzwerklast im Durchschnitt nicht stark ansteigen muss, um einen Schaden zu verursachen und flussbasierte Monitoring-Mechanismen nur aggregierte Maße erfassen.

18.2 Verteilte Sabotageangriffe

Ressourcenerschöpfung durch eine Quelle oft nicht ausreichend

Insbesondere, um die vorgestellte Bandbreitenerschöpfung durchzuführen, muss auch der Angreifer signifikante Aufwände betreiben, da die Ziele der Angriffe in der Regel gut angebundene Serversysteme sind. Aber selbst wenn er über eine sehr gute Internetanbindung verfügt, ist das hohe Datenaufkommen an einem Punkt relativ auffällig und oft durch die Internet Service Provider (ISP) auch gut zu filtern. Ende der neunziger Jahre hat sich daher eine weiterentwickelte Form von Sabotageangriffen durchgesetzt: der sogenannte *Distributed Denial-of-Service* (DDoS). Dabei werden prinzipiell die gleichen Methoden wie bei den vorgestellten Angriffen von einer Quelle eingesetzt. Allerdings wird der Verkehr nicht von einem System generiert, sondern gleichzeitig von vielen Tausend, die der Angreifer zuvor unter seine Kontrolle gebracht hat. Naturgemäß bestehen diese Verbünde von kompromittierten Systemen – in der Regel abgeleitet vom Wort Roboter als *Bot-Netze* bezeichnet – zum größten Teil aus schlecht gesicherten Endsystemen, die wiederum über eine beschränkte Kommunikationsbandbreite verfügen. Dennoch ist die erzeugte Verkehrsmenge, durch die schiere Zahl an Quellen signifikant und durch die Diversität schlecht zu filtern.

Einsatz von Bot-Netzen

Abbildung 18.1 *Klassische Szenarien für verteilte Sabotageangriffe*

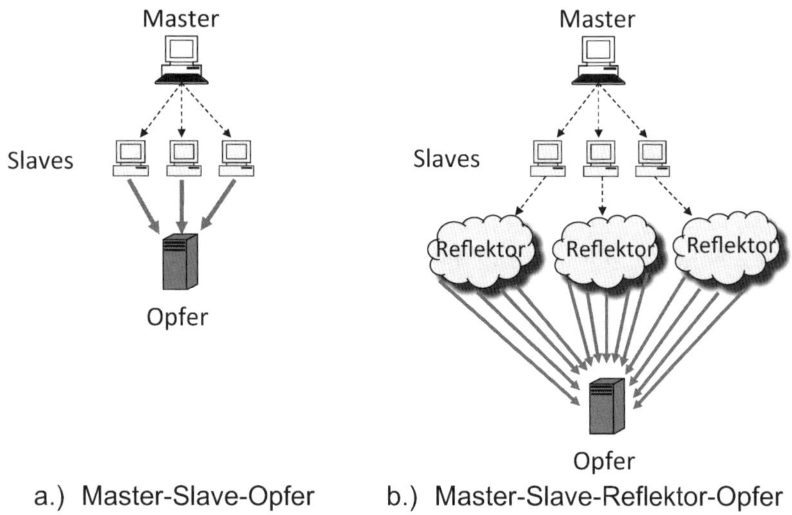

In Abbildung 18.1 sind klassische Kommando- und Verkehrsflüsse gezeigt, die bei verteilten Sabotageangriffen eine Rolle spielen. Im einfachsten Fall sendet ein Angreifer von einem oder mehreren Master-Systemen – oft auch als *Command-and-Control-Server* (C&C-Server) bezeichnet – Kommandos an kompromittierte Rechner, welche daraufhin mit einem ressourcenerschöpfenden Angriff beginnen. Etwas subtiler ist der zweite Fall: Werden zusätzlich Reflektoren eingesetzt, fällt es dem Opfer noch schwerer, den Angriff einzugrenzen. Diese Form der Angriffskoordination wird seit Ende der neunziger Jahre eingesetzt. Beispiele für frühe Vertreter sind etwa *Trinoo* oder *TFN2K* [LRS+00, BT00]. Trotz ihres einfachen Aufbaus waren bereits diese Werkzeuge in der Lage, bekannte Webseiten wie Ebay oder Yahoo signifikant zu stören. Darüber hinaus wurde bereits bei diesen ersten Entwicklungen Wert auf eine Verschleierung der Kontrollkommunikation und eine Sicherung gegen Übernahme der Bot-Netze gelegt.

Erste Werkzeuge für verteilte Sabotageangriffe

Peer-to-Peer-basierte Bot-Netze

Heutige Bot-Netze haben signifikante Fortschritte in Bezug auf die Verschleierung und den Schutz vor Übernahmen gemacht [RAW+13]. Der Grund für diese Entwicklung ist die anhaltende Professionalisierung der Bot-Netzbetreiber, welche diese beispielsweise für gezielte Sabotageangriffe vermieten. Insbesondere haben sich anstelle der direkten Kommunikation zwischen Master und Slave verschiedene Peer-to-Peer-Kommunikationsformen durchgesetzt. In der Regel verbinden sich die Bot-Netzmitglieder dazu jeweils über kryptografisch gesicherte Verbindungen zu einigen anderen Mitgliedern. Kommandos werden dann vom Angreifer nur an einen oder wenige Mitglieder versendet und diese sorgen untereinander über Gossip-Verfahren für eine Verbreitung. Das Vorgehen hat mehrere Vorteile. Zum einen ist das Verfahren skalierbarer, wodurch heutige Bot-Netze auf Hunderttausende Mitglieder wachsen konnten. Zum anderen wird die Struktur des Bot-Netzes und die Identität des Angreifers noch besser verschleiert, wodurch es heute de facto nicht mehr möglich ist, Bot-Netzbetreiber anhand von Verkehrsbeobachtungen zu erkennen. Da die Kommandos inzwischen in der Regel über asymmetrische Signaturen verfügen, ist es selbst Strafverfolgungsbehörden und Forschern nur selten möglich, Bot-Netze vollständig zu deaktivieren und so verteilten Sabotageangriffen Einhalt zu gebieten.

18.3 Gegenmaßnahmen

Härtung von Implementierungen und Overprovisioning

Durch die Vielzahl der Möglichkeiten, Sabotageangriffe durchzuführen, müssen in der Regel auch eine Reihe von Gegenmaßnahmen getroffen werden, um diese zu verhindern oder ihren Schaden zumindest zu reduzieren. Dazu zählen teilweise offensichtliche Möglichkeiten, wie etwa das systematische Suchen und Beheben von Softwarefehlern, wie es etwa beim angesprochenen Ping-of-Death geschehen ist. Gegen ressourcenerschöpfende Angriffe ist es teilweise möglich, durch sogenanntes Overprovisioning vorzubeugen, also durch das Vorhalten vieler zusätzlicher Ressourcen. Neben zusätzlicher Kommunikationsbandbreite, Speicher und Rechenleistung könnte bei solch einer Strategie beispielsweise auch Spezialhardware für die schnelle Berechnung von Kryptooperationen zum Einsatz kommen oder Dienste zu Cloud-Providern ausgelagert werden, die für extrem starke Angriffe ausreichend Ressourcen vorhalten. Darüber hinaus ist es aber auch durch den intelligenten Entwurf von Software und Netzwerkprotokollen möglich, die Effekte von Sabotageangriffen zu minimieren.

18.3.1 Cookies und zustandsloses Protokolldesign

Das Speichern von Daten vermeiden.

Eine elegante Möglichkeit, speichererschöpfende Angriffe wie das erwähnte TCP-SYN-Flooding zu verhindern, ist es, möglichst wenig Zustand über das Gegenüber zu speichern. Im besten Fall ist es so möglich, den Kommunikationspartner verlässlich zu identifizieren, bevor Daten über ihn gespeichert werden. Auf diese Weise können Kontingente für jeden Partner angelegt werden, und das Auslasten durch einen Kommunikationspartner hat kaum Auswirkungen auf die übrigen.

Abbildung 18.2 *Einsatzszenario für TCP-SYN-Cookies*

TCP-Standard: Sequenznummern verhindern das erfolgreiche Fälschen von IP-Adressen.

Am weitesten durchgesetzt haben sich in diesem Zusammenhang wohl die sogenannten *TCP-SYN-Cookies* [BS96]. Wie in Abbildung 18.2 illustriert, antwortet der Server hierbei auf den Wunsch, eine TCP-Verbindung aufzubauen, mit einem SYN-ACK-Paket. Bereits im Standard-TCP kann ausgeschlossen werden, dass das abgebildete Fälschen von Quelladressen für das auf das SYN-ACK folgende dritte Paket (ACK) Erfolg hat. Dazu überprüft der Server bei eingehenden ACK-Paketen die korrekten Sequenznummern, die mit dem SYN-ACK übertragen wurden. Werden diese 32 bit langen Sequenznummern zufällig gewählt, kann der Angreifer diese nur mit großem Aufwand erraten und somit keine Quelladresse vorgeben, bei der er *off-path*, das heißt nicht auf dem Netzwerkpfad zwischen Opfer und der von ihm angegebenen Adresse, liegt. Zumindest die berechneten Sequenznummern werden bei TCP aber normalerweise als Zustand für jedes SYN-Paket vorgehalten.

Bei TCP-SYN-Cookies wird dieses Verhalten geändert: Anstelle von zufälligen Sequenznummern wird ein Pseudozufallswert mithilfe eines kryptografischen Hashwertes über die wichtigen TCP-Parameter wie die Absenderadresse und ein Geheimnis des Servers gebildet. Der Pseudozufallswert muss jedoch nicht gespeichert werden, sondern wird beim eingehenden ACK erneut berechnet und mit der angegebenen Sequenznummer abgeglichen. Stimmen sie überein, muss der Absender das SYN-ACK-Paket erhalten haben, da er ohne das Geheimnis des Servers nicht die richtige Sequenznummer berechnen hätte können. Nach der Verifikation der Adresse eines Kommunikationspartners kann zumindest bei IPv4, in den meisten Fällen gefahrlos Zustand vorgehalten werden, da Speicher nun für jeden Kommunikationspartner zugeteilt werden kann. Bei IPv6-Netzen muss diese Zuteilung auf Subnetzebene erfolgen, da Angreifer innerhalb eines Subnetzes sehr einfach ihre Adresse wechseln können. Sehr ähnliche Methoden werden beispielsweise im Rahmen des IKEv2-Protokolls eingesetzt, um

Cookies werden auch bei IKEv2 eingesetzt.

Zustandsbehaftete Operation		Zustandslose Operation
1. C → S: Msg_1	S speichert $Zustand_{S1}$	1. C → S: Msg_1
2. S → C: Msg_2		2. S → C: Msg_2, $Zustand_{S1}$
3. C → S: Msg_3	S speichert $Zustand_{S2}$	3. C → S: Msg_3, $Zustand_{S1}$
4. S → C: Msg_4		4. S → C: Msg_4, $Zustand_{S2}$
...		...

Abbildung 18.3 *Zustandsbehaftete und zustandslose Protokolle*

bei Überlastsituationen Kommunikationspartner zu identifizieren (siehe Abschnitt 12.9). In diesem Fall wird allerdings eine weitere Round-Trip-Time für den Austausch der Cookies benötigt.

Der vorgestellte Cookie-Mechanismus vermeidet es, Speicher oder Rechenleistung zu investieren, bevor mit hoher Wahrscheinlichkeit ausgeschlossen werden kann, dass es sich um eine gefälschte Absenderadresse handelt. Dieses Prinzip lässt sich jedoch auch verallgemeinern: Wie in Abbildung 18.3 gezeigt ist es möglich, alle zustandsbehafteten in zustandslose Protokolle zu überführen. Der angefragte Server überträgt seinen Zustand jeweils in den Antwortpaketen zum Client. Dieser sendet wiederum bei jeder Anfrage den aktuellen Zustand mit. Wenn die Anwendung verhindern muss, dass ein Angreifer den Zustand auf Clientseite verändert, sollte dieser mithilfe eines MAC geschützt werden. Auch hier verwendet der Server ein Geheimnis, welches nur ihm bekannt ist und in welches die Clientadresse mit eingegangen ist. Letzteres sichert zu, dass Clients Zustände untereinander nicht weitergeben können. Ein verbleibendes Problem ist das mögliche Rücksetzen des Zustands durch den Client: Wenn sich das Geheimnis für den MAC zwischenzeitlich nicht geändert hat, kann er einfach einen alten Zustand wieder einspielen. Für Schutzmaßnahmen, wie das Prüfen von Sequenznummern, wäre zumindest etwas Speicher erforderlich. Nachteilig ist weiterhin, dass durch das jeweils vollständige Übertragen des Zustands, viel Kommunikationsbandbreite und Zeit für die Nachrichtenverarbeitung eingesetzt werden muss. Hierbei ist zusätzlich zu beachten, dass das erste vom Server generierte Paket nicht wesentlich größer ist als die Anfrage des Clients, andernfalls kann der Server für Amplification-Angriffe genutzt werden. Aufgrund der Nachteile haben Ansätze, die nur im ersten Schritt auf einen zustandslosen Cookie-Mechanismus setzen und anschlie-

Sicherung des Zustands mit MAC

ßend den reservierten Speicher limitieren, eine weitere Verbreitung gefunden.

18.3.2 Client-Puzzles

Cookie-Mechanismen genügen nicht, wenn Angreifer große Adressbereiche kontrollieren oder unmittelbar vor dem Opfer platziert sind.

Der vorgestellte Cookie-Mechanismus sichert zu, dass die Adressen von Clients verifiziert werden können, bevor Zustandsinformationen angelegt oder komplexe Berechnungen begonnen werden. Kontrolliert der Angreifer jedoch große Adressbereiche oder befindet er sich in unmittelbarer Nähe des Opfers, können unter Umständen dennoch Überlastsituationen erzeugt werden, ohne dass ein signifikanter Aufwand für den Angreifer entsteht. Um den Aufwand für den Angreifer ebenfalls zu erhöhen, werden Anfragen beim Einsatz von *Client-Puzzles* [JB99] nur bearbeitet, wenn der Client nachweisen kann, dass auch er signifikanten Aufwand beim Formulieren der Anfrage gehabt hat. Dieser Aufwand wird künstlich erzeugt und dient allein dem Beseitigen der Asymmetrie in Bezug auf Speicher- oder CPU-Belastung.

Anforderungen an Client-Puzzles

An Client-Puzzles werden eine Reihe funktionaler Anforderungen gestellt: Sie müssen durch einen Server leicht zu generieren und zu überprüfen sein. Für die Clients muss das Lösen eines Puzzles mit erheblichem Aufwand verbunden sein, und es sollte möglich sein, diesen Aufwand an die Last des Servers anzupassen. Wenn im Server also keine Überlastsituation vorhanden ist, soll auch kein Aufwand für die Clients entstehen. Nur bei Überlast soll adaptiv Aufwand entstehen, in diesem Fall ist es aber unumgänglich, auch legitime Nutzer durch das Lösen von Client-Puzzles zu belasten.

Client-Puzzles mit kryptografischen Hashfunktionen

Ein sehr durchdachtes Schema für Client-Puzzles wurde in [ANL01] vorgeschlagen. Hierbei gibt der Server in regelmäßigen Abständen eine Nonce N_S und ein Schwierigkeitsgrad k vor, wobei Letzterer von der Lastsituation auf dem Server abhängt. Mit diesen Informationen kann jeder Client C ein für ihn eindeutiges Puzzle ableiten und berechnen. Dazu wählt auch er zunächst eine Nonce N_C und berechnet für eine gegebene kryptografische Hashfunktion H einen Wert X, sodass gilt:

$$H(C, N_S, N_C, X) = 0^k Y$$

Der Hashwert über die Eingabe muss also mit k Nullbits beginnen. Der Rest des Wertes Y spielt keine weitere Rolle. Da das Invertieren von H per Konstruktion sehr schwer ist, ist das Ausprobieren sehr vieler Kandidaten die leichteste Art und Weise, einen gültigen Wert X zu bestimmen. Im Durchschnitt werden 2^{k-1} Berechnungen von H erforderlich, sodass der Server durch Erhöhen von k die

Aufgabe exponentiell schwerer machen kann. Im Unterschied dazu ist für das Prüfen der Berechnung auf Serverseite nur eine einzige Berechnung von H erforderlich.

Vor- und Nachteile von Client-Puzzles

Das vorgestellte Verfahren bietet darüber hinaus noch weitere Vorteile: Der Kommunikationsaufwand des Protokolls steigt nur minimal, da für ein praxisrelevantes $k < 256$ die Werte für X nicht wesentlich über acht Byte wachsen müssen. Der Server muss keine clientspezifischen Werte zwischenspeichern, sodass auf einen gleichzeitigen Einsatz von Cookies verzichtet werden kann. Dabei sichert die Aufnahme von C in die Hashfunktion zu, dass zwar alle Clients den gleichen Wert N_S verwenden, aber untereinander keine Lösungen weitergegeben werden können. Durch periodisch wechselnde Werte von N_S verhindert der Server gleichzeitig die Vorberechnung von Lösungen. Clients können ihrerseits durch Neuwahl von N_C neue Puzzles innerhalb der Lebensdauer von N_S bilden, und so etwa parallele Anfragen stellen. Dies setzt allerdings voraus, dass der Server die Nonces N_C für die erfolgreichen Lösungen zwischenspeichert und überprüft.

Der allgemeine Nachteil von berechnungsbasierten Client-Puzzles bleibt jedoch bestehen: Auch legitime Nutzer müssen die Berechnungen durchführen. Insbesondere bei mobilen Geräten kann dies einen höheren Energieverbrauch und längere Wartezeiten bedeuten. Ist dieser Nachteil akzeptabel, bieten Client-Puzzles einen guten Schutz vor Erschöpfung von Speicher- und Rechenressourcen.

18.3.3 Filterung & Abschottung, Redundanz

Erschöpfung von Kommunikationsbandbreite ist sehr schwierig zu verhindern.

Die bisher vorgestellten Maßnahmen betreffen im Wesentlichen Ressourcenzerstörung und Ressourcenerschöpfung von Rechenleistung und Speicher. Ein Schutz gegen die Erschöpfung von Kommunikationsressourcen ist wesentlich schwieriger umzusetzen. Das grundlegende Problem im letzteren Fall ist, dass die Erschöpfung in der Regel außerhalb des Einflussbereichs des Opfers stattfindet. So wird oft die Kommunikationsverbindung von ISP zum Server des Opfers überlastet und ein Filtern von Angriffspaketen müsste bereits aufseiten des ISP geschehen. Bei sehr großen Angriffen können sogar die Verbindungen zwischen den ISP betroffen sein.

Filtern von Verkehr durch ISP und spezialisierte Anbieter

Sehr exponierte Betreiber von Internetdiensten besitzen häufig Verträge mit spezialisierten ISP, die im Fall von Angriffen solche Filter installieren [Pri13]. Darüber hinaus gibt es auch spezielle Anbieter, die bei Sabotageangriffen den Verkehr des Opfers durch Veränderungen im Internet-Routing auf sich ziehen, filtern und den nun vom Angriffsverkehr befreiten Verkehr weiter an das vormalige Opfer senden. Der Erfolg dieser Maßnahmen hängt in jedem Fall maßgeblich von der Qualität der Filter ab. Bei einfachen Angriffswerkzeugen fällt das Filtern jedoch oft leicht, da nach ungewöhnlichen wiederkehrenden Mustern in den Paketen gesucht werden kann. Etwa wenn in TCP-SYN-Paketen nicht die Optionen gesetzt sind, wie dies von den verbreiteten Betriebssystemen gemacht wird. Wenn es für den Angreifer jedoch möglich ist, einfach einen legitimen Nutzer zu simulieren, wird dieses Vorgehen aber an seine Grenzen stoßen. Ein Beispiel ist etwa vom Angreifer erzeugter VPN-Verkehr, der von Filtern bei externen Partnern nicht von echtem Verkehr unterschieden werden kann, da die kryptografischen Schlüssel nicht bekannt sind.

Redundante voneinander abgeschottete Dienste

Wenn das Filtern von Verkehr nicht ausreichen sollte, können Dienste redundant ausgelegt werden, sodass ein Ausfall in einem Teil des Netzes auf den Rest keinen Einfluss hat. Im Gegensatz zu herkömmlichen redundanten Systemen ist es dabei extrem wichtig, dass beim Ausfall durch Sabotage das angegriffene System nicht durch den Rest ersetzt wird. Andernfalls wird der Angriff auf die verbleibenden Systeme weitergeführt und diese sind ebenfalls vom Angriff betroffen. Ein Beispiel für dieses Vorgehen sind die meisten DNS-Root-Server. Diese wurden in der Vergangenheit gehäuft durch Sabotageangriffe attackiert und sind heute in der Regel per Anycast implementiert [SPT06]. Das bedeutet, es existieren eine Reihe von weltweit verteilten Servern mit derselben IP-Adresse. Pakete zu dieser Zieladresse werden jeweils zum nächsten Server weitergeleitet. Fällt ein Server durch Sabotageangriffe aus, funktionieren die anderen Server jeweils für ihre Region weiter. Gleichzeitig ist es bei verteilten Sabotageangriffen so, dass sich die Last der einzelnen Bots verteilt, da auch sie in der Regel global verteilt sind. Das Verfahren wird auch in Abschnitt 20.3 noch einmal aufgegriffen.

18.3.4 IP-Traceback*

Alle vorgestellten Maßnahmen, die Auswirkungen von Bandbreitenauslastungen verringern können, sind jedoch sehr aufwendig und damit nur von wenigen Internetteilnehmern zu erbringen. Daher liegt der Gedanke nahe, die Quellen von bandbreitenerschöpfenden Angriffen leichter identifizierbar zu machen und das Problem durch reaktive Maßnahmen einzudämmen. In vielen Fällen würde es dazu genügen, das Fälschen von IP-Adressen zu verhindern, wodurch das Filtern von Verkehr und die Identifikation von Bots und Angreifern stark vereinfacht würde. Die Verwendung falscher IP-Adressen kann dabei jedoch nur vom Provider des Angreifers unterbunden werden. Im Kern des Internets ist es bereits aus Gründen der Performanz nicht möglich. Das Filtern falscher IP-Adressen beim Provider, das sogenannte *Ingress-Filtering*, wird sogar in einem RFC [FS00] seit geraumer Zeit als Best Practice empfohlen. Allerdings wurde in [BBH$^+$09] gezeigt, dass immer noch etwa 33% der Clientrechner in der Lage sind, beliebige Adressen als Absender anzugeben, und von den restlichen Clientrechnern noch 77% in der Lage sind, Adressen aus ihrem Subnetz zu verwenden. Das grundlegende Problem beim Ingress-Filtering ist, dass der Internetprovider der Bots und Angreifer keinen echten Anreiz hat, es lückenlos umzusetzen.

Eine Filtering gefälschter IP-Adressen bei den Providern wird nur ungenügend umgesetzt.

Eine Alternative, die zumindest in der Wissenschaft diskutiert wurde, besteht darin, Pakete trotz möglicherweise falscher Quelladressen rückverfolgbar zu machen. Die sogenannten *IP-Traceback-Mechanismen* können sich dabei darauf verlassen, dass Kernnetz-Router in der Regel nicht kompromittiert werden und die Routen durch das Netz während des Tracebacks stabil sind, müssen jedoch eine ganze Reihe von Randbedingungen zwingend berücksichtigen:

- Es muss davon ausgegangen werden, dass Angreifer den Traceback-Mechanismus kennen.
- Angreifer können beliebige Pakete generieren, um das Verfahren zu stören, insbesondere Pakete, wie sie das Traceback-System generiert.
- Dabei können sich die vom Angreifer kontrollierten Systeme an verschiedenen Stellen im Internet befinden und koordiniert agieren.
- Die generierten Angriffspakete, die zum Sabotageangriff führen, können auf dem Weg zum Opfer umgeordnet werden oder teilweise verloren gehen.
- Die Anzahl der Pakete, die generiert werden, ist möglicherweise extrem hoch.
- Ressourcen, die von Routern eingebracht werden können, um ein Traceback zu unterstützen, sind sehr limitiert.
- Durch das Verfahren dürfen insbesondere keine neuen Sicherheitslücken entstehen.

Gleichzeitig sollten sie die folgenden Eigenschaften aufweisen:

- Internetprovider sollten möglichst nicht involviert werden müssen, da diese eventuell kein großes Interesse an einer Zusammenarbeit haben.

- Das Verfahren sollte möglichst wenige Pakete vom Angreifer benötigen, um diesen zurückverfolgen zu können, etwa bei ressourcenzerstörenden Angriffen.
- Ein Traceback sollte möglich sein, selbst wenn es nur partiell vom Kernnetz unterstützt wird. Implementieren etwa nur einige Provider oder Router-Hersteller ein Traceback-Verfahren, sollten diese »Inseln« trotzdem zusammenarbeiten können.
- Es sollten möglichst wenig Ressourcen verwendet werden – dies betrifft insbesondere Rechenleistung und Speicherbedarf in den Routern sowie die erforderliche Netzwerkbandbreite.
- Traceback-Maßnahmen sollten möglichst nicht oder nur aufwendig zu umgehen sein.
- Der Ansatz zur Rückverfolgung sollte skalieren, das heißt auch in Szenarien funktionieren, in denen sehr viele Angreifer oder Kommunikationsflüsse vorhanden sind. Weiterhin darf in großen Netzen der Konfigurationsaufwand nicht stark ansteigen.

Um Pakete zurückverfolgen zu können, sind prinzipiell zwei Vorgehensweisen denkbar: Zum einen können Pakete auf dem Weg durch das Internet protokolliert werden. Im Fall eines Angriffs kann anschließend über Anfragen bei Datenbanken ermittelt werden, wo das Paket entlang geleitet wurde. Bei einem kontinuierlichen Angriffsstrom ist es ebenfalls möglich, nach ähnlichen Paketen zu suchen, ohne dass einzelne Pakete gespeichert werden. Zum anderen kann der Pfad, den Pakete nehmen, für den Zielknoten messbar gemacht werden. Beide Möglichkeiten werden im Folgenden an einigen Beispielen näher erläutert.

Protokollierung von Paketen in Zwischensystemen

Ein sehr naiver Ansatz wäre es, Verkehr in den Routern über einen gewissen Zeitraum zwischenzuspeichern, innerhalb dessen die Router angefragt werden können, ob sie ein bestimmtes Paket weitergeleitet haben. Allerdings ist der Netzwerkdurchsatz von Routern mit vielen Hundert Gigabit pro Sekunde so hoch, dass nicht auch nur annähernd für wenige Sekunden Verkehr zwischengespeichert werden kann. Aber selbst wenn ein kontinuierlicher Angriffsstrom vorliegt, ist die Pfadrekonstruktion möglicherweise sehr aufwendig, da der Weg von Router zu Router zurückverfolgt werden muss.

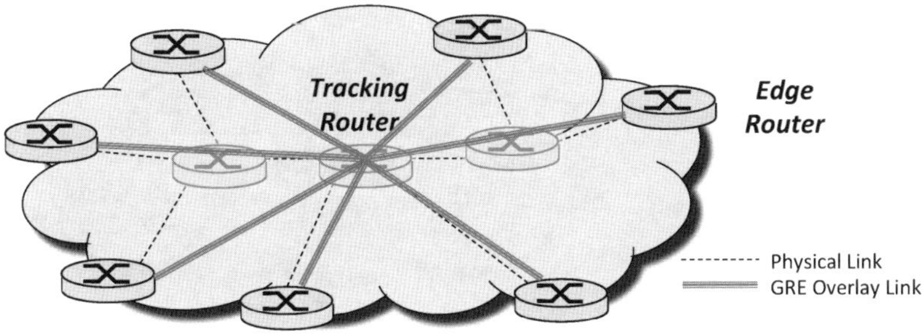

Abbildung 18.4 Centertrack: Konzentration des DoS-Verkehrs auf einen Router zur besseren Rückverfolgbarkeit

Darüber hinaus existiert ein weiteres technisches Problem: Viele kostengünstige Router haben schlicht nicht die Möglichkeit, Datenflüsse in der CPU zu betrachten. Im in Abbildung 18.4 gezeigten *Centertrack*-Verfahren [Sto00] wird daher vorgeschlagen, den Verkehr zu einem Opfer durch GRE-Tunnel auf einen leistungsfähigen Kernnetz-Router — den sogenannten *Tracking-Router* — umzuleiten. Dort kann einfacher zentral analysiert werden, woher der verdächtige Verkehr stammt. Außerdem besitzt der Weg zum Angreifer durch die GRE-Tunnel weniger Zwischenstationen, sodass der Pfad eher zu rekonstruieren ist. Aus Skalierbarkeitsgründen soll auf ein ganzes Netzwerk von Tracker-Systemen zurückgegriffen werden. Trotz dieser Optimierungen funktioniert das Verfahren nur innerhalb eines Providers und für eine begrenzte Menge Angriffsverkehr, da die Weiterleitung durch Tunnel die Überlastsituation noch verschlimmern kann. Für große Provider ist ferner der Konfigurationsaufwand nicht zu vernachlässigen. Zur Rückverfolgung sporadischer Angriffspakete eignet sich das Verfahren ebenfalls nicht, da Verkehr aus Gründen der Geschwindigkeit nicht proaktiv aufgezeichnet werden kann.

Um dieses Problem zu adressieren, wird in [SPS$^+$02] ein komplexes Verfahren namens Source Path Identification Engine (SPIE) zur proaktiven Protokollierung von Paketen vorgeschlagen: Wie in Abbildung 18.5 gezeigt, werden Pakete von Routern protokolliert – in diesem Kontext wird von Data Generation Agents (DGA) gesprochen.Die gewonnenen Informationen werden verdichtet und an dezentrale SPIE Collection & Reduction Agents (SCAR) weitergeleitet. Im Fall eines Angriffs kann über die Abfrage der SCAR-Instanzen nachvollzogen werden, welchen Weg ein Paket genommen hat. Inwiefern dieses Verfahren funktionieren kann, hängt davon ab, wie stark es gelingt, die Paketinformationen zu komprimieren, um die proaktive Übertragung zu den SCAR-Instanzen zu rechtfertigen. Die Autoren verwenden daher nur die unveränderlichen Felder des

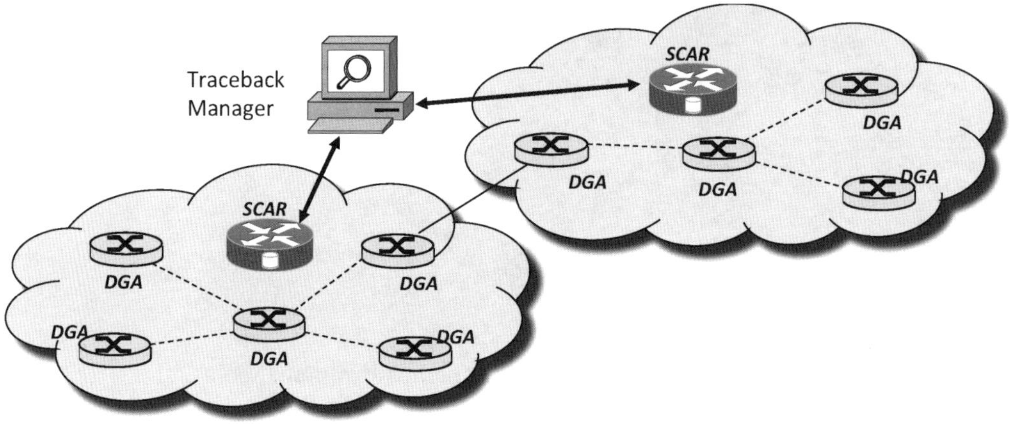

Abbildung 18.5 Source Path Identification Engine: Architektur

Sammlung von Traceback-Daten in Bloom-Filtern

IP-Headers (16 Byte) sowie die ersten acht Byte des Pakets weiter. Für die Signatur eines jeden Pakets wird in einer Hashtabelle mit mehreren Hashfunktionen, einem sogenannten Bloom-Filter, vermerkt, dass dieses Paket den DGA passiert hat. Der Aufwand für das Speichern und die Übertragung der Paketinformationen kann dadurch drastisch gesenkt werden. Für große Kernnetz-Router bleibt aber zu bezweifeln, ob Verkehr für mehr als wenige Millisekunden protokolliert werden kann. Ein Zwischenspeichern ist allerdings nur sinnvoll, wenn Angriffe zurückverfolgt werden können, die nicht periodisch erfolgen. Somit müsste aber zumindest die Zeit für ein manuelles Feststellen eines Angriffs, die Identifikation des Angriffspakets und das Auslösen des Tracebacks überbrückt werden können.

Rekonstruktion von Netzwerkpfaden durch den Empfänger

Alternativ zu den vorgestellten Ansätzen könnten für Endsysteme Wege geschaffen werden, Pakete ohne die Anfrage bei Serviceprovidern zurückzuverfolgen.

Kontrolliertes Fluten des Internets

Ein in [BC00] dokumentiertes Verfahren kommt dabei sogar ohne zusätzliche Schnittstellen aus. Dazu soll bei einer Überlastung durch Angriffsverkehr vom Opfer ebenfalls eine hohe Verkehrslast generiert werden, die über Reflektoren weitergeleitet an verschiedenen Stellen im Internet systematisch zusätzliche Überlastsituationen erzeugt. Nimmt die Intensität des Angriffsverkehrs ab, liegt die Stelle der neuen Überlast auf dem Pfad zum Angreifer – so ist die Überzeugung der Autoren. Das Erzeugen neuer Überlastsituationen ist jedoch problematisch, zumal wenn das Verfahren flächendeckend eingesetzt würde und die Administratoren dieser Systeme anschließend ebenfalls versuchen würden, den Verursacher für die weitere Überlast zu lokalisieren. Außerdem ist das Stören von Routern im Backbone wegen der benötigten Bandbreiten ungleich schwieriger als die Überlastung von Endsystemen.

Bei ITRACE werden im Netz probabilistisch Router-Informationen an die Ziele von IP-Paketen versendet.

Eine bessere Möglichkeit, Pfade rekonstruierbar zu machen, stellen regelmäßig von Routern versendete Nachrichten zum Ziel dar. In [BLT03] wurde beispielsweise vorgeschlagen, dass Router randomisiert etwa alle 20.000 Pakete in einer ICMP-Nachricht dem Ziel des Pakets ihre Identität mitteilen. Diese sogenannten *ITRACE*-Nachrichten enthalten neben dem Header des auslösenden Pakets und der Adresse des Routers auch Zeitstempel und gegebenenfalls Informationen zu den betroffenen Netzwerkschnittstellen des Routers. Das TTL-Feld jeder ITRACE-Nachricht wird auf 255 gesetzt, um die Entfernung des Senders zum auslösenden Router zu schätzen. Da dies der Maximalwert des Feldes ist und der Wert in jedem weiteren Zwischensystem zwangsläufig reduziert wird, kann ein Angreifer darüber hinaus ITRACE-Nachrichten nur beschränkt fälschen. Insbesondere können keine ITRACE-Nachrichten für Router gefälscht werden, die dichter am Ziel sind als der Angreifer. Kontrolliert der Angreifer Systeme in der Nähe des Opfers, könnte durch generierte ITRACE-Nachrichten eine Rückverfolgung gestört werden. Daher ist für ITRACE-Nachrichten ein Authentisierungsmechanismus vorgesehen, der ähnlich dem in Abschnitt 8.3.3 vorgestellten TESLA-Verfahren auf einer signierten späteren Offenlegung von symmetrischen Schlüsseln basiert. Nachteilig an dem Verfahren ist, dass zusätzlicher Verkehr erzeugt wird, und durch die niedrige Wahrscheinlichkeit der Paketgenerierung die Rückverfolgung nur bei langlebigen Kommunikationsflüssen erfolgreich ist.

Neben der Möglichkeit, für das Traceback gesonderte Nachrichten zu versenden, ist es ebenfalls möglich, diese in die IP-Pakete direkt zu integrieren [SWK^{+}01]. Im einfachsten Fall gelingt dies, indem die IP-Adressen jedes passierten Routers in einem IP-Optionsfeld vermerkt werden. Allerdings steigt die Paketgröße damit in jedem Hop leicht an, und Pakete müssten unter Umständen nach und nach mehrfach fragmentiert werden. Alternativ wird vorgeschlagen, dass immer nur ein Router vermerkt wird und folgende Router die eingetragene IP-Adresse mit einer gewissen Wahrscheinlichkeit durch ihre eigene überschreiben. Da auch in diesem Fall das Paket zumindest im ersten Router vergrößert wird, muss gegebenenfalls dennoch eine Fragmentierung vorgenommen werden. Daher wird in dem Artikel vorgeschlagen, die Traceback-

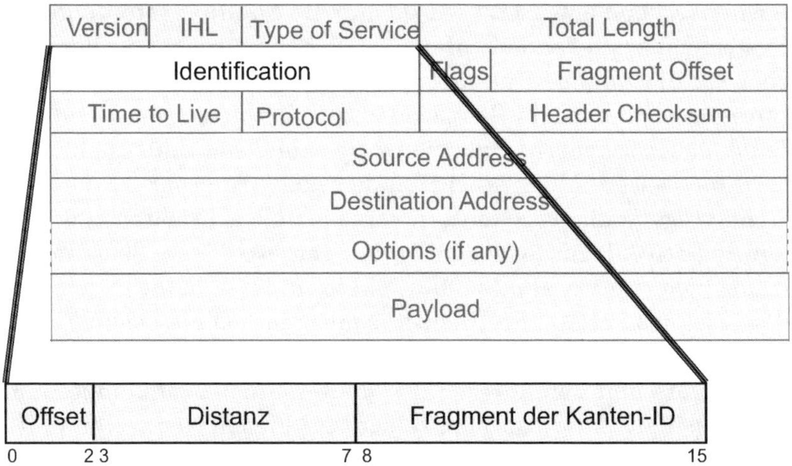

Abbildung 18.6 *Einbetten der Traceback-Informationen in IPv4-Pakete*

Informationen in das Identifikationsfeld von IPv4-Paketen zu codieren. Wie in Abbildung 18.6 skizziert, werden hierfür Kantennummern — im Wesentlichen mit XOR-verknüpfte IP-Adressen benachbarter Router — und Hop-Informationen eingebettet. Aufgrund der kurzen Länge des Identifikationsfelds von nur 16 bit werden die Kantennummern fragmentiert und über mehrere Pakete verteilt. Die Codierung hat auf die meisten IP-Pakete im Internet keine Auswirkungen, da sie nur bei der Reassemblierung von Fragmenten verwendet wird und moderne Internetapplikationen ohnehin eine Fragmentierung zu vermeiden versuchen. Werden dennoch IP-Fragmente übertragen, muss in dem Verfahren auf ein ITRACE-ähnliches Verhalten zurückgegriffen werden, und es werden zusätzliche ICMP-Pakete generiert. Insgesamt ist das Verfahren als sehr komplex zu bewerten, insbesondere wenn im Empfänger noch gefälschte Pakete von Angreifern detektiert oder verschiedene Verkehrspfade berücksichtigt werden müssen. Darüber hinaus ist fraglich, ob die Codierung von Kantennummern rückgängig gemacht werden kann, wenn Router mehrere verschiedene IP-Adressen besitzen – was dem Normalfall entspricht.

Fazit zu IP-Traceback

Die verschiedenen Verfahren, um IP-Pakete rückverfolgbar zu machen, haben leider alle signifikante Schwächen. Trotz komplexer Maßnahmen skalieren sie relativ schlecht, wenn Serviceprovider involviert sind, wie etwa bei der kaum ausreichenden Reduktion durch Bloom-Filter bei SPIE. Verfahren, die probabilistisch Pakete markieren oder einfügen, scheinen eine bessere Alternative zu sein.

Allerdings sind diese nicht implementiert und sie funktionieren auch nur, wenn Angriffsflüsse sehr langlebig sind. Darüber hinaus verbleiben offene Fragen bei der Authentisierung der versendeten Router-Adressen. Somit bleibt bei bandbreitenerschöpfenden Sabotageangriffen oft keine automatisierte Möglichkeit der Rückverfolgung des Angriffsverkehrs.

18.4 Zusammenfassung

Sabotageangriffe sind eine signifikante Bedrohung heutiger IP-Netze.

In unserer modernen Wissensgesellschaft wird die ständige Verfügbarkeit von Datennetzen immer wichtiger und auch selbstverständlicher. Wie in diesem Kapitel beschrieben wurde, begeben wir uns dabei in eine fragile Abhängigkeit, da effektive Sabotageangriffe vergleichsweise einfach ausgeführt werden können. Das Grundproblem sind hierbei die sehr offen konstruierten IP-Netze, die es erlauben, Überlastangriffe durchzuführen, gegen die kaum mit allgemein gültigen Lösungen vorzugehen ist und deren Rückverfolgung sich sehr schwierig gestaltet.

Dennoch kann die Angriffsfläche gegen sehr viele Arten von Sabotageangriffen durch Standardverfahren zumindest stark eingeschränkt werden. Dies umfasst etwa die Härtung von Software gegen Schwachstellen, den Einsatz von Firewalls und Netzwerk-Monitoring aufseiten der Administratoren. Bei der Entwicklung von Netzwerkprotokollen ist von Beginn an auf eine mögliche Ausnutzung des Protokollverhaltens für Sabotageangriffe zu achten. Zustandslose Protokolle, Cookie-Mechanismen, Client-Puzzles oder kryptografische Maßnahmen zur Authentisierung können bei einem sorgfältigen Einsatz das Risiko der Überlastung von Speicher- oder Rechenressourcen nahezu vollständig eliminieren.

Zukünftig wird sich der Bedarf an sicher entworfenen Protokollen weiter erhöhen, da IP zunehmend auch in klassischen Telefon- und Mobilfunknetzen eingesetzt wird. Ähnliche Entwicklungen sind etwa auch im Bereich der Industrie- und Heimautomatisierung zu beobachten. Frei programmierbare Endgeräte, wie Smartphones und Tablet-Rechner, werden zukünftig ebenfalls in Bot-Netze eingebunden und können so auch das herkömmliche Telefonnetz stören. Sollten sich Software Defined Radios durchsetzen, könnten auch ganz neue Entwicklungen durch gezielte Störungen des Funkverkehrs möglich werden. Zusätzlich werden Angreifer ihr Vorgehen bei herkömmlichen Überlastangriffen verfeinern und beispielsweise legitimes Nutzerverhalten genauer nachahmen, sodass ein Filtern der Anfragen aufwendiger wird.

18.5 Weiterführende Literatur

[ANL01] AURA, Tuomas; NIKANDER, Pekka; LEIWO, Jussipekka: DOS-Resistant Authentication With Client Puzzles. In: *Security Protocols*, Springer-Verlag, 2001, S. 170–177

[BC00] BURCH, Hal; CHESWICK, Bill: Tracing Anonymous Packets to Their Approximate Source. In: *Proceedings of the 14th Conference on Large Installation System Administration Conference (LISA)*, 2000, S. 319–327

[BLT03] BELLOVIN, S.; LEECH, M.; TAYLOR, T.: *ICMP Traceback Messages*. 2003. – IETF, Status: Expired Internet-Draft, https://tools.ietf.org/html/draft-ietf-itrace-04

[HR06] HANDLEY, M.; RESCORLA, E.: *Internet Denial-of-Service Considerations*. 2006. – RFC 4732, IETF, Status: Informational, https://tools.ietf.org/html/rfc4732

[RAW+13] ROSSOW, Christian; ANDRIESSE, Dennis; WERNER, Tillmann; STONE-GROSS, Brett; PLOHMANN, Daniel; DIETRICH, Christian J.; BOS, Herbert: SoK: P2PWNED – Modeling and Evaluating the Resilience of Peer-to-Peer Botnets. In: *IEEE Symposium on Security and Privacy (SP)*, 2013, S. 97–111

[SPS+02] SNOEREN, A. C.; PARTRIDGE, C.; SANCHEZ, L. A.; JONES, C. E.; TCHAKOUNTIO, F.; SCHWARTZ, B.; KENT, S. T.; STRAYER, W. T.: Single-Packet IP Traceback. In: *IEEE/ACM Transactions on Networking* 10 (2002), Nr. 6, S. 721–734

[Sto00] STONE, Robert: Centertrack: An IP Overlay Network for Tracking DoS Floods. In: *Proceedings of the 9th Conference on USENIX Security Symposium*, 2000

[SWK+01] SAVAGE, Stefan; WETHERALL, David; KARLIN, Anna; ANDERSON, Tom: Network Support for IP Traceback. In: *IEEE/ACM Transactions on Networking* 9 (2001), Nr. 3, S. 226–237

18.6 Übungen

1. Was unterscheidet bandbreitenerschöpfende Sabotageangriffe von CPU- oder speichererschöpfenden Angriffen qualitativ?
2. Erklären Sie, wie durch den Download großer Dateien von einem Server ein Amplification-Angriff durchgeführt werden kann. Berücksichtigen Sie dabei, dass TCP-Acknowledgement-Pakete auch »blind« – also ohne das eigentliche Paket empfangen zu haben – gesendet werden können.
3. Wieso versagen Filter bei bandbreitenerschöpfenden Angriffen auf VPN?
4. Wie hoch ist die Wahrscheinlichkeit, eine TCP-Verbindung mit gefälschten Absenderadressen zu etablieren, wenn TCP-SYN-Cookies eingesetzt werden?
5. Warum muss sich ein Protokoll für ein zustandsloses Design eignen? Was muss in nahezu jedem Fall für Zustand im Server gehalten werden?
6. Welche Probleme ergeben sich beim IP-Traceback durch kontrolliertes Fluten?
7. Würde IP-Traceback bei der Eindämmung ressourcenzerstörender Angriffe, wie etwa einen Ping-of-Death, helfen?

19 Routing-Sicherheit

Übersicht über Routing mit Interior-Gateway-Protokollen

Ein elementarer Dienst in Computernetzen ist die automatische Wegfindung für Datenpakete. Dieses sogenannte *Routing* erfolgt bei IP-Netzen im Allgemeinen durch verteilte Algorithmen. Im Wesentlichen wird hierbei in Distanzvektor- und Link-State-Protokolle unterschieden. Erstere zeichnen sich dadurch aus, dass Router einander über Ziele, die sie erreichen können, und die damit verbundenen Kosten informieren. Die Router senden ihre Pakete anschließend über den Nachbarn mit den geringsten Pfadkosten zum Ziel und informieren gegebenenfalls auch ihre anderen Nachbarn von dieser Route. Beispiele für Distanzvektorprotokolle sind das Routing Information Protocol (RIP) und das proprietäre Interior Gateway Routing Protocol (IGRP). Bei Link-State-Protokollen hingegen verbreiten Router die Link-Kostenbeschreibungen im gesamten Netz durch sogenanntes Fluten. In der Folge kennt jeder Router das gesamte Netz und kann mithilfe des Dijkstra-Algorithmus kürzeste Pfade durch das Netz berechnen. Prominentester Vertreter der Link-State-Familie ist das Verfahren Open Shortest Path First (OSPF).

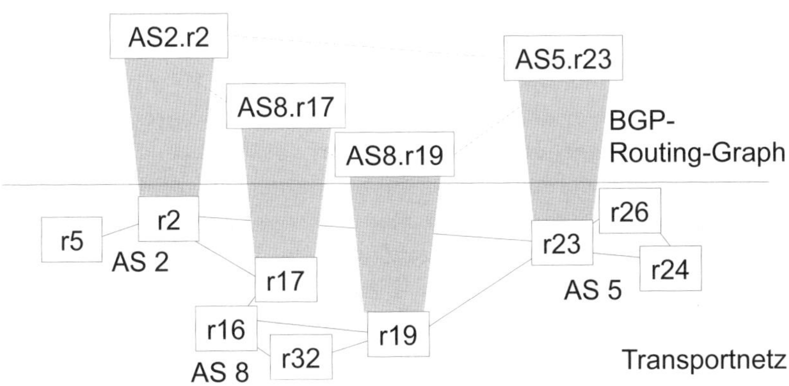

Abbildung 19.1 *Beispiel für hierarchisches Internet-Routing: Die autonomen Systeme A, B und C verwenden jeweils intern ein Interior- Gateway-Protokoll. Zwischen den autonomen Systemen wird BGP eingesetzt.*

Alle genannten Routing-Protokolle haben eine Gemeinsamkeit: Es handelt sich um *Interior-Gateway-Protokolle*, das bedeutet, sie werden nur innerhalb eines autonomen Systems des Serviceproviders eingesetzt (siehe Abbildung 19.1). Zwischen IP-Netzen, die unterschiedlichen administrativen Hoheiten unterliegen, kommt fast ausschließlich das Border Gateway Protocol (BGP) zum Einsatz. Bei BGP handelt es sich um ein Pfadvektorprotokoll, das heißt, es verhält sich im Wesentlichen wie ein Distanzvektorprotokoll; es werden aber komplette Pfade zu den einzelnen Zielen mit den Nachbarn ausgetauscht und nicht nur die Pfadkosten. Auf diese Weise können Routing-Schleifen vermieden werden.

BGP ist das vorherrschende Routing-Protokoll zwischen Providern.

Sicherung von BGP-Routern

Aus Sicherheitsgründen befinden sich Router in der Regel an physisch geschützten Orten und werden nur durch geschultes Personal betrieben. Innerhalb von Organisationen wird daher die Bedrohungslage in Bezug auf Angriffe auf Routing-Protokolle eher als gering eingeschätzt. Internetweit ist die Situation schwieriger, da hier mehrere Tausend unterschiedliche Organisationen untereinander Routing-Informationen mithilfe von BGP austauschen. Im Wesentlichen können Bedrohungen wie folgt unterschieden werden [BMY06]:

Allgemeine Unterteilung von BGP-Angriffen

- **Quelle des Angriffs:** Ein Angriff auf ein Routing-Protokoll kann auf dem Link zwischen zwei Routern erfolgen, etwa indem ausgetauschte Pakete verändert werden. Alternativ kann ein Angreifer einen oder mehrere Router kompromittieren oder unautorisiert Router zum System hinzufügen.
- **Bereich eines Angriffs:** Je nach Struktur des Netzes sowie Position und Vorgehen des Angreifers können entweder nur ein einzelner Router, bestimmte Netzbereiche oder das gesamte Internet betroffen sein.
- **Konsequenz eines Angriffs:** Die Information, wie Computernetze im Einzelnen aufgebaut sind, ist in der Regel ein Geschäftsgeheimnis, daher kann bereits das Bekanntwerden von Routing-Informationen problematisch sein. Router können außerdem gegebenenfalls durch nicht authentische Nachrichten getäuscht werden, sodass die normalen Routing-Operationen entweder gestört werden oder der Angreifer Verkehr kontrollieren kann, etwa indem er Zugang zu Verkehr bekommt, der normalerweise nicht über ihn geleitet wird.
- **Dauer der Konsequenzen eines Angriffs:** Die Konsequenzen können nur zum Zeitpunkt des Angriffs vorhanden sein oder bis zur Selbststabilisierung des Netzes andauern. Bei BGP ist es — aufgrund der komplexen Policies, mit der Routen weitergegeben oder zurückgehalten werden — sogar theore-

tisch möglich, dass zur Konvergenz ein manueller Eingriff erforderlich wird.

Unterteilung von Sabotageangriffen auf das BGP-Routing

Aus Netzwerksicht existieren im Einzelnen die folgenden elementaren Bedrohungen in Bezug auf Sabotage:

- **Stau:** Durch Umleitung von Verkehr können in Teilen des Netzes Stausituationen entstehen, sodass Pakete teilweise verloren gehen.
- **Blackhole-Angriffe:** Bewirkt ein Angreifer, dass Pakete an einen Router weitergeleitet werden, der keine gültige Route zum Ziel besitzt, so werden die Pakete verworfen.
- **Schleifenbildung:** Kann ein Angreifer erreichen, dass zwei oder mehr Router Verkehr zu einem Ziel zirkulär übereinander weiterleiten, so entsteht zum einen eine Stausituation für andere Pakete, die gleiche Pfadsegmente besitzen, und zum anderen werden Pakete zum Ziel nach dem Erreichen der maximalen Hop-Anzahl verworfen.
- **Logische Netzpartitionierung:** Ein Angreifer kann unter Umständen Teile des Netzes so manipulieren, dass kein gültiger Pfad zum Rest des Netzes zu existieren scheint. Pakete können in diesem Fall das jeweilige Teilnetz nicht verlassen.
- **Häufige Routing-Änderungen:** Durch häufige Routing-Änderungen können Pfade durch das Netz ständig geändert werden und so für den Endanwender Schwankungen in der Verzögerung und Änderungen in der Paketreihenfolge bewirken.
- **Instabilitäten bei der Konvergenz des Routings:** Durch Manipulationen des Angreifers kann unter Umständen das Routing-Protokoll an einer Konvergenz gehindert und eine Adaption der betroffenen Pfade verhindert werden.
- **Überlast durch das Routing-Protokoll:** Durch Veränderungen des Routings kann zum einen eine signifikante Bandbreite für das Routing-Protokoll selbst benötigt werden und zum anderen können die Router so unter Last gesetzt werden, dass sie nur noch langsam auf legitime Änderungen reagieren. In diesem Zusammenhang wird der Begriff *BGP Update Storm* verwendet.

BGP-Angriffe, die auf Verkehrsumleitung abzielen

Daneben können Angreifer das Routing auch manipulieren, um Verkehr zu sich selbst umzuleiten. Auf diese Weise kann der Verkehr von Teilnehmern abgehört oder manipuliert werden, der sonst unzugänglich wäre. In diesem Zusammenhang werden oft die folgenden zwei Bedrohungen genannt:

- **Sinkhole-Angriff:** Zieht ein Angreifer – beispielsweise durch Angabe falscher Adressen oder Metriken – mehr Verkehr auf sich, als dies normalerweise der Fall wäre, spricht man im Allgemeinen von einem Sinkhole-Angriff.
- **Wormhole-Angriff:** Unter Umständen gelingt es Angreifern, eine Verbindung zwischen weit entfernten Routern zu simulieren, die so nicht existiert. Etwa indem sie Verkehr durch Tunnel weiterleiten. Über die Router wird somit mehr Verkehr weitergeleitet, da die Verbindung als Abkürzung zwischen den verschiedenen Netzbereichen aufgefasst wird.

Auswirkungen auf Endsysteme

Aus Sicht der betroffenen Endsysteme zeigen sich die Auswirkungen dieser globalen Bedrohungen etwas anders:

- **Verzögerung und Jitter:** Nimmt der Verkehr zu bestimmten Zielen längere oder überlastete Pfade, erhöhen sich Verzögerung und Jitter der übertragenen Pakete. Der Angreifer kann Pakete auch über kompromittierte Systeme weiterleiten und dort künstlich verzögern. Dieser manchmal mit dem Namen *Jellyfish* bezeichnete Angriff ist sehr schwierig zu detektieren und senkt den Durchsatz teilweise signifikant.
- **Nichterreichbarkeit:** Pakete können unter Umständen verloren gehen, weil Teile des Netzes glauben, das Ziel nicht erreichen zu können, oder weil eine Routing-Schleife existiert.
- **Abhören von Verkehr:** Der Verkehr zwischen zwei Teilnehmern kann möglicherweise abgehört werden, obwohl der Angreifer nicht auf dem kürzesten Pfad zwischen zwei Kommunikationspartnern liegt. Selbst wenn Verschlüsselungsverfahren eingesetzt werden, ist es dem Angreifer in der Regel möglich, eine Verkehrsflussanalyse durchzuführen und festzustellen, welche Teilnehmer wann mit welcher Intensität kommunizieren. Anhand von Paketgröße und Kommunikationsmustern kann unter Umständen sogar die Anwendung rekonstruiert werden.
- **Kontrollierte Auslieferung:** Der Angreifer kann möglicherweise einzelne Pakete gezielt verwerfen. Auch hier gilt: Selbst wenn eine kryptografische Sicherung erfolgt, kann auch hier am Kommunikationsmuster oft eine Erkennung und gezielte Unterdrückung etwa auf Basis der Anwendung erfolgen. Diese Form des Angriffs wird in der Literatur als *Greyhole-Angriff* bezeichnet.

Schon die Vielzahl von Bedrohungen und deren Komplexität zeigt die Herausforderungen bei der Sicherung einer Routing-Infrastruktur. Im Vergleich zur Sicherung der Übertragung, etwa mithilfe von IPsec, besteht das grundlegende Problem hierbei darin, dass nicht nur mit Angreifern zwischen Endsystemen umgegangen werden muss, sondern ein Konsens zwischen Routern erzielt werden soll, wobei möglicherweise einige Router kompromittiert sind. Die Entwicklung von Sicherungsmaßnahmen ist insbesondere auf BGP fokussiert, da der Einfluss des Protokolls global ist und durch die Vielzahl an beteiligten Organisationen auch die meisten Angriffe erwartet werden können.

BGP-Angriff durch GlobalOneBel 2013

Angriffe auf BGP werden kaum als solche dokumentiert, sondern oft als »Fehlkonfigurationen« ausgegeben, allerdings gelang es 2013, einen offensichtlichen Man-in-the-Middle-Angriff auf detaillierte Weise nachzuvollziehen [Cow13]. Der weißrussische Provider GlobalOneBel hat dabei über einen Zeitraum von mehreren Monaten 1.500 Adressenblöcke in verschiedenen Abständen immer wieder mittels BGP annonciert, für die er eigentlich keine Berechtigung hatte. Dadurch wurde der entsprechende Verkehr über dessen Provider in Moskau angezogen und zu ihm geleitet. Nach der »Inspektion« wurde der Verkehr von GlobalOneBel zu einem anderen Provider in Frankfurt/Main weitergeleitet, der die gefälschten Routen nicht übernommen hatte und den Verkehr zum originären Ziel ausgeliefert hat. Da die Veränderungen nur temporär waren und sich auch selbst durch Traceroutes schlecht nachvollziehen lassen, sind solche Angriffe sehr schwierig zu detektieren und auch schwierig zu verhindern, wie die folgenden Abschnitte zeigen werden.

19.1 Kryptografische Sicherung von BGP

Durch das Filtern von Paketen, die offensichtlich nicht von Nachbarn stammen, werden viele Angriffe verhindert.

BGP-Router kommunizieren miteinander über TCP-Verbindungen auf Port 179. Da BGP auf eine gegenseitige Authentisierung verzichtet, ist es denkbar, dass Angreifer sich einfach zu einem Router verbinden und vorgeben, selbst ein Router zu sein, der eigene Routen zu möglichen Zielen annonciert. Um dies zu verhindern, kann im einfachsten Fall der sogenannte *BGP TTL Security Hack* [GHM03] eingesetzt werden: Da die meisten BGP-Router ohne weitere Zwischensysteme verbunden sind, kann durchgesetzt werden, dass nur BGP-Verbindungen zu Routern aufgebaut werden, die benachbart sind. Dazu werden alle Router so konfiguriert, dass sie Pakete mit der TTL von 255 versenden und keine Pakete akzeptieren, die eine TTL von 254 oder weniger besitzen. Je nach

Betriebssystemarchitektur muss auch ein Wert von 254 erlaubt werden, wenn das Betriebssystem die TTL dekrementiert, bevor das Paket an den Anwendungsprozess weitergereicht wird. Da ein Angreifer keine Pakete mit einer höheren TTL erzeugen kann und der Wert in jedem Zwischensystem zwangsläufig verringert wird, muss er also ein System in unmittelbarer Nachbarschaft zum Router kontrollieren, um sich überhaupt verbinden zu können.

Mit dem *Generalized TTL Security Mechanism* [GHM+07] existiert eine Weiterentwicklung des Ansatzes, wobei im Wesentlichen für einige Quellen auch niedrigere TTL-Werte akzeptiert werden, wenn der Administrator dies explizit konfiguriert und als sicher erachtet. Darüber hinaus wird das gleiche Verfahren für das Hop-Limit-Feld zur analogen Benutzung des Verfahrens unter IPv6 standardisiert.

19.1.1 Authentisierung der Datenübertragung

BGP-Sitzungen werden vielfach durch kryptografische Prüfwerte im TCP geschützt.

Das Überprüfen der TTL kann naturgemäß nur einen begrenzten Schutz bieten, da Angreifer, die Zugriff auf das lokale Netz des Routers haben oder gar Man-in-the-Middle-Angriffe durchführen können, weiterhin beliebige Routen annoncieren können. Aus diesem Grund wird seit geraumer Zeit eine kryptografische Sicherung der TCP-Verbindungen bei BGP umgesetzt, indem TCP-Pakete mit einer kryptografischen Prüfsumme versehen werden. Die sogenannte *TCP-MD5-Signatur-Option* [Hef98] setzt dazu ein zwischen den jeweiligen Partnern fest definiertes Passwort ein, mit dem die Nutzdaten und die Protokollfelder der TCP-Segmente durch Einrechnung in einen Hashwert vor unerkannter Modifikation geschützt werden. Die Prüfsumme wird als TCP-Optionsfeld in voller Länge von 16 Byte mit jedem Paket übertragen. Durch die direkte Sicherung des TCP-Protokolls sollen Angreifer unter anderem auch daran gehindert werden, durch gefälschte TCP-Reset-Pakete bestehende BGP-Verbindungen zu stören und so Routing-Instabilitäten auszulösen. Dabei existieren jedoch einige Schwachstellen: Zum einen ist das Protokoll durch die Festlegung auf MD5 nicht mehr zeitgemäß und zum anderen wird der Schutz vor Wiedereinspielung nur auf Basis der TCP-Sequenznummern gewährleistet. Daher wurde mit der *TCP Authentication Option* ein Nachfolgestandard [TMB10] entwickelt, der diese Defizite behebt. Im Vergleich zu einem Schutz auf Netzwerkebene durch IPsec (siehe Kapitel 12) bietet aber auch diese Option weniger Sicherheit und Flexibilität, insbesondere weil das verwendete Schlüsselmaterial relativ statisch ist und keine regelmäßigen Aktualisierungen automatisiert durchgeführt werden können. IPsec hat bei der Verwendung dynamisch ausgehandelter Sicherheitsbeziehungen und bei großen Routern mit sehr vielen Nachbarn allerdings den Nachteil, dass nach einem etwaigen Neustart sehr viele asymmetrische Kryptooperationen auszuführen sind und so die Konvergenzzeit möglicherweise stark erhöht wird. Aus diesem Grund bleibt abzuwägen, ob ein vollwertiger Schutz durch IPsec zur Sicherung der BGP-Verbindungen gegenüber dem schwächeren Schutz der TCP Authentication Option zu bevorzugen ist.

IPsec kann auf zentralen BGP-Routern zu Leistungsengpässen führen.

Trotz der vorgestellten Möglichkeiten, BGP-Router für Unbeteiligte unzugänglich zu machen, hat sich gezeigt, dass einige dennoch von außerhalb kontaktiert werden können [CKV11]. Nicht zuletzt aus diesem Grund muss davon ausgegangen werden, dass es Angreifern gelingt, am BGP-Routing teilzunehmen und dieses durch Falschinformationen zu beeinflussen. Ein Vorgehen gegen solche internen Angreifer ist sehr komplex und im Einzelnen müssen die folgenden zwei Dienste berücksichtigt werden:

Einige BGP-Router sind trotz empfohlener Schutzmaßnahmen zugänglich.

- Die sichere Authentisierung der Partei, die das BGP-UPDATE initial versendet hat, wird allgemein als *Secure Origin Authentication (SOA)* bezeichnet und umfasst ihrerseits drei Unterpunkte:
  - **Verifikation des Besitzes von IP-Adressen:** Es muss eine Möglichkeit existieren, zu prüfen, ob ein Teilnetz des Internets – ein sogenanntes *Autonomes System* (AS) – für einen IP-Adressbereich verantwortlich ist. Nur in diesem Fall dürfen Router des AS gegenüber anderen Routern für diese IP-Adressbereiche auftreten.
  - **Verifikation des Besitzes von AS-Nummern:** Da BGP IP-Adressbereiche mit der Nummer verknüpft, die das Ursprungs-AS identifiziert, müssen Router prüfen können, ob und an wen die angegebenen AS-Nummern vergeben wurden.
  - **Authentifizierung von Routern:** Bei der Kommunikation mit anderen Routern muss weiterhin geprüft werden, ob diese für ein bestimmtes AS im BGP sprechen dürfen. Daraus ergibt sich automatisch, für welche AS-Nummern und IP-Adressen sie verantwortlich sind.

- Die sichere Autorisation der verwendeten Pfade in BGP-Nachrichten besteht aus zwei wesentlichen Aufgaben:
  - **Autorisation der Bekanntgabe von Routen:** Da in einem Routing-Protokoll nicht nur Wissen über benach-

barte Router erfasst wird, sondern auch transitiv geschlossen werden kann, welche Pfade durch das Netz existieren, muss bei einem sicheren Routing überprüfbar sein, ob eine bekannt gegebene Route existiert und auch genutzt werden darf. Insbesondere sollen Angreifer die Kosten einzelner Routen nicht künstlich verringern können, um so etwa zusätzlichen Verkehr auf sich zu ziehen.

- **Autorisation des Rückziehens von Routen:** Analog zur Bekanntgabe von Routen muss auch das Rückziehen von Routen geschützt werden, da Angreifer andernfalls Routen zurückziehen könnten, um eigene Routen attraktiver zu machen.

19.1.2 Das Secure Border Gateway Protocol (S-BGP)

Die Erweiterung S-BGP kann BGP durch konsequenten Einsatz von Kryptografie sichern.

Die aufgeworfenen Probleme bei der Verifikation von Routing-Nachrichten können, wie die BGP-Erweiterung S-BGP [LMS03] zeigt, in wesentlichen Punkten durch den konsequenten Einsatz von asymmetrischer Kryptografie gelöst werden. Eine erzwungene Sicherung aller BGP-Verbindungen durch IPsec soll hierbei zunächst die grundlegende Sicherheit schaffen, dass ausschließlich mit den vorgesehenen Nachbarn kommuniziert wird. Anschließend werden alle ausgetauschten BGP-UDPATE-Nachrichten in Bezug auf ihre Legitimität überprüft. Dazu kommen sogenannte *Attestations* zum Einsatz, welche die Berechtigung, für bestimmte Adressen und AS-Nummern auftreten zu dürfen, aber auch bestimmte Routen bekanntzugeben, mithilfe von Zertifikaten belegen. Zusätzlich muss, wie bei der sicheren Verwendung von Zertifikaten immer notwendig, mit Certificate Revocation Lists geprüft werden, ob ein verwendetes Zertifikat unter Umständen zurückgezogen wurde.

Aufbau von Zertifizierungshierarchien zur Besitzverifikation von IP-Adressen und AS-Nummern

Zum Nachweis des Besitzes von AS-Nummern und IP-Adressen sieht S-BGP den Aufbau von zwei Zertifizierungshierarchien vor, die jeweils von einem Wurzelzertifikat der Internet Assigned Numbers (IANA) ausgehen. In den folgenden Ebenen erfolgt die Vergabe von Teilmengen der jeweiligen Adressbereiche auf Vergabestellen, wie das RIPE NCC, bis hin zu den »Besitzern« des IP-Adressbereichs oder der AS-Nummer. Die Adressbereiche werden dabei jeweils in X.509-Erweiterungen direkt in die Zertifikate eingebettet [LKS04] und bei der Verifikation der Zertifikatskette auf Konsistenz geprüft. Vornehmlich müssen die aufgeführten IP-Adressen oder AS-Nummern jeweils eine Teilmenge der

IP-Adressen beziehungsweise AS-Nummern des übergeordneten Zertifikats sein. Die Zertifikate über den Besitz von AS-Nummern und IP-Adressbereiche können anschließend verwendet werden, um einem AS durch eine digitale Signatur zu bestätigen, dass es für diese Adressen im BGP-Routing auftreten darf. Diese Bestätigung wird in S-BGP *Address Attestation* genannt. Wird durch die AS-Betreiber zusätzlich jeder Router mit einem Zertifikat versehen, der diesen als legitimen Router des AS ausweist, kann mithilfe einer Signatur des Routers sowie allen relevanten Zertifikaten nachvollzogen werden, dass dieser für bestimmte IP-Adressen verantwortlich ist und Routen dort terminieren dürfen. Der erbrachte Sicherheitsdienst ist also die *Secure Origin Authentication*.

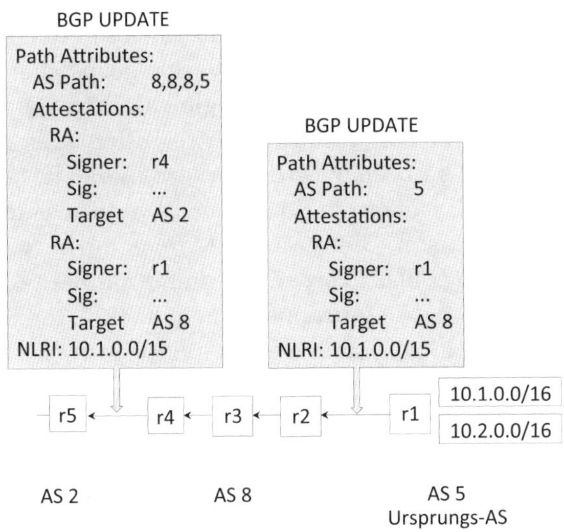

Abbildung 19.2 *Erweiterung von BGP-UPDATE-Nachrichten um Route Attestations*

Überprüfen von Routen mittels Route Attestations

Zur Verifikation der propagierten Routen werden von S-BGP zusätzlich *Route Attestations* eingeführt. Wie in Abbildung 19.2 illustriert fügt dazu der letzte Router eines AS eine Signatur ein und belegt mit dieser, dass er die UPDATE-Nachricht von dem vorherigen AS erhalten hat und bereit ist, Verkehr auf dieser Route weiterzuleiten. Der erste Router eines AS muss jeweils prüfen, ob alle Route Attestations gültig sind und das Ursprungs-AS aufgrund der Address Attestations die Berechtigung besitzt, für den im Network Layer Reachability Information (NLRI) aufgeführten Adressblock aufzutreten. Dazu benötigt und überprüft der Router im Einzelnen:

- eine Address Attestation von jeder Organisation, die IP-Adressen in dem im NLRI genannten Adressblock besitzt,

- ein Bestätigungszertifikat jeder dieser Organisationen, dass das Ursprungs-AS die Address Attestation zurzeit benutzen darf,
- eine Route Attestation für jedes AS auf dem Pfad,
- ein Zertifikat, mit dem das jeweilige AS die Identität des ausstellenden Routers auf dem Pfad bestätigt, und
- die relevanten CRLs aller involvierten Zertifikate müssen überprüft werden, um auszuschließen, dass ein Zertifikat in der Hierarchie zurückgerufen wurde.

S-BGP sieht umfangreiche Maßnahmen zur Reduktion des Aufwands in den Routern vor.

Durch die umfangreichen Sicherungsmaßnahmen wächst jedoch nicht nur die Größe der UPDATE-Nachrichten durch die Routing Attestations schnell an, sondern auch der Rechen- und Kommunikationsaufwand, um die Zertifikate und Attestations zu überprüfen. S-BGP sieht daher zahlreiche Optimierungsmaßnahmen vor. Zum einen können viele Entscheidungen zwischengespeichert werden, etwa weil viele Routen immer wieder gleiche Pfadsegmente verwenden. Zum anderen sollen Address Attestations, Zertifikatsdatenbanken und CRLs in replizierten Servern in den jeweiligen AS vorgehalten werden, sodass die Router sie nicht notwendigerweise selbst speichern müssen. Diese Server können die vorgehaltenen Informationen auch selbst überprüfen, damit die Router lediglich eine Prüfung der Route Attestations vornehmen müssen. In diesem Fall würde ansatzbedingt einem weiteren System vertraut werden müssen.

Der Aufwand der Verifikationen bei S-BGP hat zu Zweifeln an der Praktikabilität geführt.

Trotz der von S-BGP vorgesehenen Optimierungsmaßnahmen und der Entwicklung zahlreicher Demonstratoren und Machbarkeitsstudien sind bei den Administratoren und Herstellern der BGP-Router erhebliche Zweifel bezüglich des Aufwandes des S-BGP-Ansatzes verblieben. Einer der vielfach angeführten Gründe ist die verminderte Konvergenzgeschwindigkeit, wenn etwa aufgrund von Ausfällen sehr viele Routen gleichzeitig geändert werden müssen. Darüber hinaus existieren im heutigen Internet einige Router, die über Tausende von Nachbar-Routern verfügen. Diese würden durch den Einsatz von S-BGP trotz aller Optimierungen sehr stark belastet werden. Ein weiteres Problem ist der Aufbau der notwendigen Zertifizierungshierarchien. Hier wird durch S-BGP zwar angeregt, dass die IANA dies übernimmt, ob diese Organisation, die größtenteils unter US-amerikanischer Kontrolle steht, solche Aufgaben wahrnehmen sollte, war und ist Bestandteil kontroverser Diskussionen.

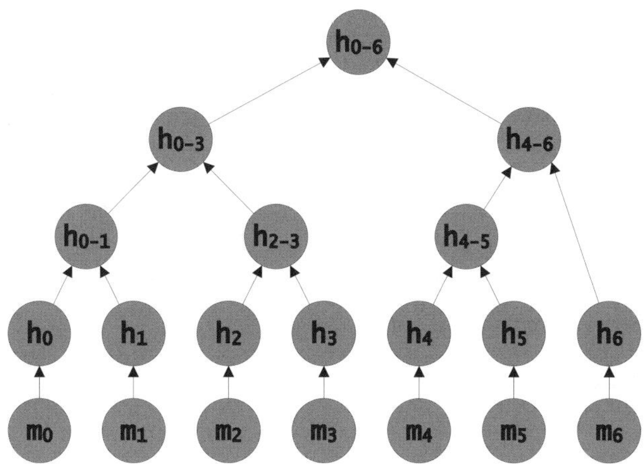

Abbildung 19.3 *Beispiel eines Merkle Hash Tree über sieben Nachrichten* $m_0, \ldots, m_6$*: Jeder Vaterknoten ist der Hashwert seiner Kindknoten. Die Signatur erfolgt über den Wurzelknoten.*

S-BGP kann weiter optimiert werden, indem Signaturen über mehrere Nachrichten erzeugt werden.

Auch wenn S-BGP keine breite Akzeptanz gefunden hat, bietet es trotz seiner Komplexität den umfassendsten Schutz gegen Routing-Angriffe auf BGP. Darüber hinaus existieren weitere Möglichkeiten, die Effizienz von S-BGP zu erhöhen [NSZ03]. Bei dem *Signature Amortization Across Peers* genannten Verfahren ordnet jeder Router seine Nachbarn in einer Permutation, die er diesen bekannt gibt. Soll nun eine BGP-UPDATE-Nachricht weitergeleitet werden, wird diese nicht länger für jeden Nachfolger einzeln signiert und weitergeleitet. Stattdessen wird in die Nachricht ein Bitvektor eingefügt, bei dem jedes Bit gemäß der Permutation einen Nachbarn repräsentiert. Alle Bits, die Nachbarn repräsentieren, welche die Nachricht erhalten sollen, werden gesetzt und es erfolgt eine Signatur. Durch den Bitvektor kann bei jeder Route Attestation trotzdem kryptografisch geprüft werden, für welche Ziele die Nachricht bestimmt war. Zusätzlich wird vorgeschlagen, als Signaturalgorithmus für Route Attestations statt des DSA-Verfahrens das RSA-Verfahren einzusetzen. Bei der Nutzung geeigneter Exponenten im öffentlichen Schlüssel, die sich durch wenige gesetzte Bits auszeichnen (etwa 65.537), kann die Verifikation von Signaturen mit höherer Geschwindigkeit erfolgen. Da Signaturen durch den Signature-Amortization-Across-Peers-Ansatz häufiger geprüft als erzeugt werden, erfolgt so eine Reduktion der Konvergenzzeit von S-BGP. Komplementär zur Signature Amortization Across Peers wurde gleichzeitig ein Signature Amortization Across Buffers genannter Ansatz vorgestellt. Hierbei wird eine andere Eigenschaft des BGP-Routings ausgenutzt: UPDATE-Nachrichten werden in der Regel blockweise gesendet, weil Änderungen im Netzwerk im

Allgemeinen sehr viele Pfade betreffen, und aus Konvergenzgründen erst nach Ablauf des *Minimum Route Advertisement Interval* (MRAI) propagiert. Somit könnten UPDATE-Nachrichten auch über die Zeit blockweise signiert und verifiziert werden. Um Nachrichten nur an bestimmte Nachbarn weiterleiten zu können, wird nicht ein einzelner Hash über alle Nachrichten gebildet, sondern ein sogenannter *Merkle Hash Tree* konstruiert. Abbildung 19.3 zeigt ein Beispiel für die aggregierte Signatur von sieben Nachrichten. Sollte nun etwa ein Nachbar lediglich Nachricht m_3 erhalten, so werden ihm zusätzlich zur Nachricht und der Signatur noch die Hashwerte h_{0-1}, h_2, h_{4-6} gesendet. Mit diesen kann er h_{0-6} rekonstruieren und die Signatur prüfen. Durch die Verwendung der Baumstruktur müssen bei n Nachrichten immer nur $\mathcal{O}(\log n)$ Hashwerte zur Verifikation mitgesendet werden.

Mit Merkle Hash Trees können mehrere Nachrichten in einem Block signiert und effizient unabhängig von einander verifiziert werden.

19.1.3 Das Secure Origin Border Gateway Protocol (soBGP)

Aufgrund der Vorbehalte gegenüber S-BGP wurden eine Reihe alternativer Verfahren entwickelt. Die meiste Aufmerksamkeit hat vermutlich das *Secure Origin BGP Protocol* (soBGP) [Whi06a, Whi06b, Ng04] erfahren. Im Vergleich zu S-BGP sollte hierbei insbesondere auf eine zentralisierte Zertifikatshierarchie verzichtet werden. In soBGP werden zwar Zertifikate verwendet, beispielsweise die sogenannten *AuthCerts* und *EntityCerts*, die in etwa die Funktion von S-BGP Address Attestations und AS-Zertifikaten erbringen. Allerdings werden diese nicht durch eine PKI ausgestellt, sondern von »benachbarten« Providern unterschrieben. Durch transitives Vertrauen in die signierten Beziehungen entsteht eine Struktur, die mit dem *Web of Trust* bei der E-Mail-Schlüsselung vergleichbar ist (siehe auch Abbildung 19.4). Der soBGP-Ansatz sieht dabei vor, Zertifikatsketten nur bis zu einer von jedem Provider frei konfigurierbaren Tiefe zu erlauben.

Durch ein Web of Trust wird auf eine zentrale PKI verzichtet.

Zertifikate, Signaturen und auch Revocation-Informationen werden bei soBGP durch den neu eingeführten SECURITY-Nachrichtentyp ausgetauscht. Dadurch werden zum einen UPDATE-Nachrichten nicht verändert und soBGP kann – im Gegensatz zu S-BGP – inkrementell eingeführt werden. Zum anderen wird kein funktionierendes Routing vorausgesetzt, um auf eine PKI zuzugreifen, und die Robustheit des Ansatzes so erhöht. Ein weiterer Unterschied zu S-BGP sind die *ASPolicycerts*, welche anstelle der Route Attestations Pfade verifizieren sollen. In diesen Zertifikaten kann ein AS direkte Verbindungen zu anderen

soBGP nutzt einen neuen SECURITY-Nachrichtentyp.

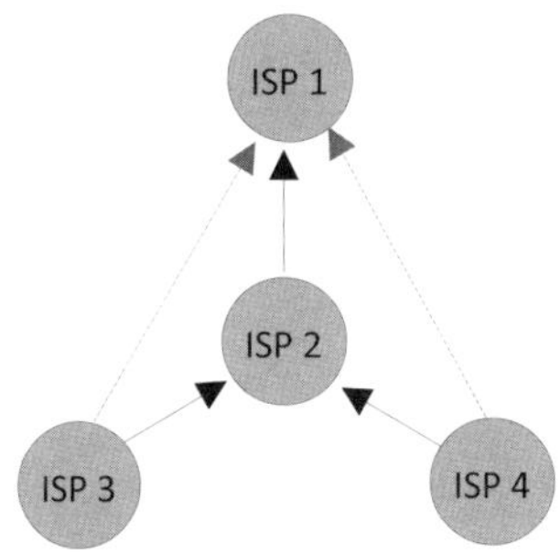

Abbildung 19.4 *Vertrauensbeziehungen zwischen Providern in soBGP – Durchgezogene Linien symbolisieren direktes Vertrauen und gestrichelte Linien indirektes Vertrauen.*

AS sicher publizieren und markieren, ob diese AS den Verkehr des publizierenden AS weiterleiten dürfen. Wenn ein Provider seine Peering-Informationen zumindest teilweise geheim halten möchte, so werden in soBGP unterschiedlichen Nachbarknoten verschiedene ASPolicycerts propagiert. Durch diese Zertifikate soll es ermöglicht werden, zu prüfen, ob zwei benachbarte AS in einer Route überhaupt in der BGP-Topologie benachbart sind. Allerdings werden durch Provider vorgegebene Policies für das pfadspezifische Zurückhalten von Routing-Informationen dadurch nicht erfasst, sodass die ASPolicycerts nicht die gleiche Sicherheit bieten wie Route Attestations in S-BGP. Vorteilhaft ist jedoch, dass die Peering-Informationen sich selten ändern, womit weniger Verifikationsaufwand entsteht.

19.1.4 Interdomain Route Validation (IRV)

IRV verwendet Server, um BGP-Routen zu verifizieren.

Etwa zeitgleich zu soBGP wurde der Vorschlag entwickelt, die Verifikationsaufgaben an spezielle Server innerhalb jedes AS zu delegieren. Dieses *Interdomain Route Validation* (IRV) genannte Verfahren [GAG+03] belastet dadurch BGP-Router nicht weiter, diese gleichen aus dem BGP gewonnene Informationen lediglich mit ihrem lokalen Server ab. Wie in Abbildung 19.5 dargestellt, kontaktieren die IRV-Server über kryptografisch gesicherte Verbindungen ihrerseits die IRV-Server anderer AS, um die Routen zu verifizieren. Während IRV den Vorteil hat, inkrementell eingeführt werden zu können, birgt der serverbasierte Ansatz inhärente Probleme. Werden etwa Routen zu einem AS verworfen, weil der IRV-Server Widersprüche feststellt, so kann der entfernte IRV-Server möglicherweise nicht mehr erreicht werden, um diese Widersprüche später wieder aufzulösen. Darüber hinaus stellt der IRV-Server in Bezug auf das jeweilige AS einen zentralen Ausfallpunkt dar.

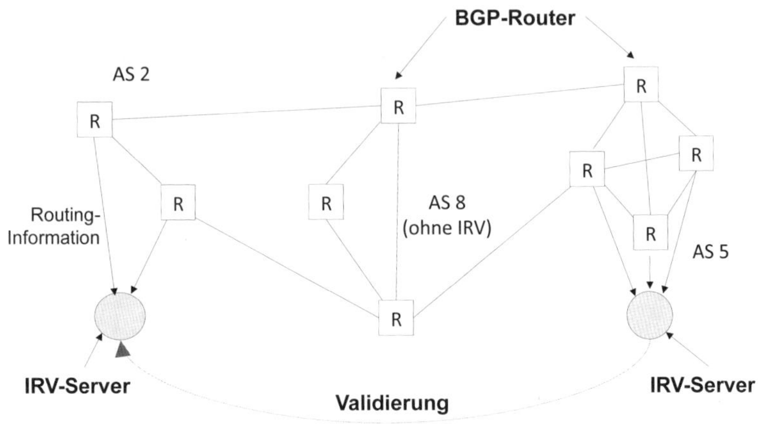

Abbildung 19.5 *Interdomain Route Validation mit externen Servern*

19.1.5 BGPSEC und die Resource Public Key Infrastructure (RPKI)

Die RPKI ist eine Infrastruktur, mit der IP-Adresspräfixe und AS-Nummern verifiziert werden können.

Zurzeit bemüht sich die IETF Working Group für sicheres Interdomain-Routing (Secure Inter-Domain Routing, SIDR) – inklusive der Entwickler von S-BGP – um eine umfassende Standardisierung eines kryptografischen Ansatzes zur Sicherung von BGP. Die *Resource Public Key Infrastructure (RPKI)* [LK12] und das *BGPSEC*-Protokoll [LT13] wurden kürzlich als RFCs verabschiedet oder befinden sich noch im Standardisierungsprozess. Beide Komponenten werden in Kombination etwa die gleichen Dienste anbieten wie S-BGP, wobei einige Designschwächen vermieden wurden und auf eine Trennung der Verifikation von Ursprungs-AS und Pfad geachtet wurde. Die RPKI dient im Wesentlichen der Secure Origin Authentication und erbringt damit die gleichen Sicherheitseigenschaften wie die Address Attestations in S-BGP oder in abgeschwächter Form die EntityCerts in soBGP. Technisch handelt es sich bei der RPKI um eine Datenbank, die zwischen Servern gespiegelt und abgeglichen wird. BGP-Router oder lokale Server, welche die Verifikation für die BGP-Router übernehmen, können Informationen aus der Datenbank über das Resource Public Key Infrastructure to Router Protocol (RPKI-RTR) [BA13] zwischenspeichern. Eine erzwungene Verifikation ist zurzeit trotz einer Unterstützung der großen Router-Hersteller noch nicht möglich, da weniger als 5% der IP-Adresspräfixe über entsprechende Zertifikate verfügen und bei etwa 0,5% aller IP-Adresspräfixe zertifizierte Informationen und BGP-Routen sogar widersprüchlich sind. Darüber hinaus hat die IANA bisher kein gültiges Wurzelzertifikat herausgegeben, sodass die Zertifikate der fünf lokalen Vergabestellen, wie des RIPE NCC und des LACNIC, jeweils einzeln als Wurzelzertifikat hinzugefügt und verwaltet werden müssen. Details zum aktuellen Stand finden sich etwa im RPKI-Dashboard unter `http://rpki.surfnet.nl`.

BGPSEC erlaubt eine Pfadvalidierung auf Basis von RPKI-Informationen.

Zur Validierung von Pfaden soll das angesprochene BGPSEC-Protokoll [LT13, Lep13] zum Einsatz kommen, dessen Verwendung beim Öffnen einer BGP-Sitzung ausgehandelt werden kann. Die Signaturen werden über BGP-UPDATE-Nachrichten in einem nicht transitiven Attribut verteilt, sodass BGP-Router, die kein BGPSEC unterstützen, diese Attribute nicht erhalten. Der Inhalt des Attributs kommt im Wesentlichen den Daten einer Route Attestation bei S-BGP gleich. Damit entspricht der zu erwartende Aufwand, BGPSEC-gesicherte Nachrichten zu generieren und zu verifizieren, jedoch in etwa dem von S-BGP und nur die Zukunft kann zeigen, ob BGPSEC Akzeptanz findet.

19.2 Erkennung von Routing-Anomalien*

Konsistenzprüfung von Routen als komplementäre Sicherung

Neben einem aufwendigen kryptografischen Schutz von BGP ist es oft möglich, durch einfache Konsistenzprüfungen und Filtermechanismen die Sicherheit des Verfahrens stark zu erhöhen. Teilweise sind solche Ansätze auch komplementär zu den kryptografischen Verfahren zu betrachten, da diese gegen eine Reihe der identifizierten Bedrohungen, wie häufige Routen-Änderungen, Verzögern der Konvergenz des Routings oder eine Überlast durch Routing-Nachrichten, keinen Schutz bieten können. Im Gegenteil: Durch die aufwendige Prüfung und Weiterleitung von gesicherten BGP-Nachrichten wird die globale Routing-Infrastruktur noch anfälliger gegen überlastbasierte Sabotageangriffe werden.

BGP-Nachrichten von Stubs können leicht gefiltert werden.

Im einfachsten Fall erfolgt eine Filterung bei sogenannten *Stubs*. Das sind AS, die keinen Verkehr weiterleiten und lediglich eigenen Verkehr über ein oder mehrere Upstream-Provider versenden. Diese können sowohl auf AS-Eigenschaften als auch auf die verwendeten IP-Adresspräfixe filtern und so die Möglichkeiten von Angreifern stark einschränken, da lediglich Router in Transitnetzen ungeprüften Zugang zur BGP-Infrastruktur besitzen.

Das Filtern von Routen in Transitnetzen ist manuell nicht mit vertretbarem Aufwand durchzuführen.

Filter im Transitbereich durchzusetzen ist extrem aufwendig und manuell kaum zu bewerkstelligen. Daher existieren verschiedene Vorschläge, dies zu automatisieren. Eine Möglichkeit besteht darin, die *whois*-Datenbank zur Überprüfung der Angaben des Ursprungs-AS heranzuziehen, die von den Vergabestellen für IP-Adressen und AS-Nummern bereitgestellt wird. Diese können etwa über die Routing Policy Specification Language (RPSL) [AVG+99] oder die Routing Policy Specification Language next generation (RPSLng) [BDP+05] automatisiert angefragt werden und enthalten Informationen, wem AS-Nummer und IP-Adresspräfixe gehören. Im Gegensatz zur RPKI ist diese Datenbank jedoch nicht kryptografisch gesichert und auch nicht für die Absicherung von BGP vorgesehen. Daher sind die Einträge häufig nicht aktuell und genau genug, um Filter direkt umzusetzen.

19.2.1 Geografisches Filtern

Extraktion von Adressen aus whois-Datenbanken

Dennoch können die whois-Datenbanken zur Filterung illegitimer Routen genutzt werden. In [KMR+03] wird vorgeschlagen, die Datenbanken zur Extraktion der Adressen von Ansprechpartnern für die AS zu verwenden, um eine Aussage über die jeweilige geografische Position der AS zu machen. Zusätzlich werden Informationen von sogenannten *Looking-Glass-Servern*, die ihre jeweilige Sicht auf die BGP-Infrastruktur im Internet frei zugänglich machen, verwendet, um einen AS-Graphen zu erstellen. Dieser kann wiederum eingesetzt werden, um zwischen einem Kernnetzbereich und Randbereichen zu unterscheiden. Wie in Abbildung 19.6 dargestellt ist, können jetzt Routen gefiltert werden, wenn sie etwa den Kernnetzbereich mehr als einmal durchqueren. Eine andere Konstellation, die für einen Angriff spricht, sind Routen, die einen geografischen Randbereich – einen sogenannten *Cluster* – verlassen und zu einem anderen geografischen Cluster führen. Die Autoren schlagen vor, einen Durchmesser von 300 km für Cluster zu wählen, also eine Distanz, welche typischerweise nur von Transitnetzen überbrückt wird. Mit diesem Ansatz können etwa Routen gefunden werden, bei denen ein kompromittiertes AS kurze Pfade zu einem Ziel angibt.

Der vorgeschlagene Ansatz ist vergleichsweise einfach zu implementieren und kann die Sicherheit des Routings teilweise erheblich steigern, da auch Routen überprüft werden, wenn keine direkte Nachbarschaft zum Angreifer besteht. Allerdings erfordert die Art und Weise, wie die geografischen Daten ermittelt werden, eine relativ umfangreiche Aufbereitung. Es werden dabei vermutlich manuelle Eingriffe erforderlich sein, um offensichtliche Fehler in den whois-Datenbanken zu beseitigen und Ausnahmen von der »300-km-Regel« zu definieren. Darüber hinaus erfolgt eine statische Unterscheidung in den Kern- und Peripheriebereich des Netzes. Ein dynamisches Generieren der AS-Graphen ist zwar denkbar, allerdings muss garantiert werden können, dass zum Zeitpunkt der Anpassung kein Angriff vorliegt. Andernfalls könnte ein Angrei-

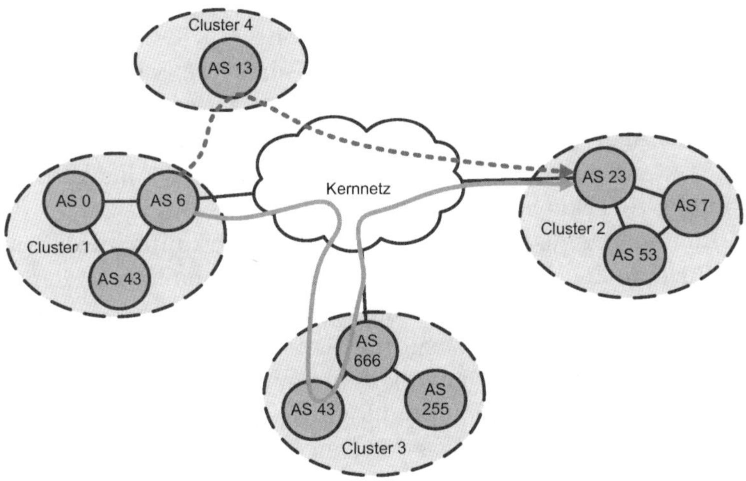

Abbildung 19.6 Beispiel für geografisch unwahrscheinliche Pfade: ein Pfad über zwei geografische Cluster, der nicht über das Kernnetz geleitet wird (oben), und ein Pfad, der das Kernnetz zweimal passiert (unten).

fer etwa emulieren, zum Kernbereich der BGP-Infrastruktur zu gehören. Innerhalb geografischer Cluster können durch den Ansatz keine Angriffe gefiltert werden. Dies stellt insbesondere deshalb ein Problem dar, weil die Angaben über die Ansprechpartner – und damit die abgeleiteten Geoinformationen – in der whois-Datenbank vergleichsweise einfach gefälscht werden können. Somit kann bei langfristigen Angriffen zunächst eine geografische Position dicht am Ziel eingenommen werden, um so unerkannt zu bleiben.

19.2.2 Temporäres Zurückhalten unbekannter Routen

Konsistenzprüfung von Routen anhand historischer AS-Graphen

Ein zur geografischen Anomalieerkennung komplementäres Vorgehen wurde in [QGR$^+$07] vorgeschlagen: Anstatt geografische Korrelationen zu verwenden, wird hier unter anderem vorgeschlagen, »verdächtige« Routen erst nach einer konfigurierbaren Karenzzeit zu verwenden und weiterzugeben. Dem Vorgehen liegt die Beobachtung zugrunde, dass Fehlkonfigurationen und Angriffe in der BGP-Infrastruktur in der Regel sehr schnell erkannt und beseitigt werden. Um zu ermitteln, ob eine Route illegitim sein könnte, wird dazu zunächst wieder eine AS-Graphstruktur aus historischen Datenbanken konstruiert. Im Unterschied zum vorhergehenden Ansatz ist der Graph allerdings gerichtet, um BGP-Policies besser abbilden zu können. Gegen dieses Modell des BGP-Netzes können eingehende UDPATE-Nachrichten verifiziert werden. Dabei wird ausgehend vom verifizierenden AS der Pfad iterativ geprüft, wobei er als verdächtig markiert wird, sobald ein Link gefunden wird, der bisher nicht Teil des AS-Graphen war. Zusätzlich wird geprüft, ob das Ursprungs-AS ein angegebenes IP-Adresspräfix bereits einmal in der Vergangenheit annonciert hat. Der Ansatz berücksichtigt dabei die Aggregation und Deaggregation von Adressbereichen. Ist jedoch keine gültige Abbildung zu ermitteln, wird das UPDATE ebenfalls zurückgehalten.

Transiente Routen werden aus der Datenbasis entfernt.

Routen, die fälschlicherweise als legitim erkannt wurden oder nur für eine Zeit legitim waren, werden regelmäßig aus dem AS-Graphen und der Präfixdatenbank entfernt, um die Angriffserkennung zu verbessern. Dazu werden sowohl die Zuordnung von IP-Präfixen auf AS als auch die Existenz von Links zwischen AS als Soft State vorgehalten, für gültige Topologieinformationen wird also davon ausgegangen, dass diese im BGP regelmäßig annonciert wird.

Da es sich bei »verdächtigen« Routen um legitime Veränderungen des AS-Graphen oder der Präfixzuordnung handeln kann, werden verschiedene Heuristiken verwendet, damit nicht zu viele Routen zurückgehalten werden. So wird etwa die Annahme gemacht, dass Pfade, die sich lediglich verlängern, immer legitim sind, da ein Angreifer so keinen Verkehr auf sich ziehen kann. Mit einer ähnlichen Begründung wird auch der Wechsel eines IP-Adresspräfixes zu einem AS, welches bereits auf dem Pfad zum vormaligen Ziel lag, als gültig erachtet. Ein Angreifer hätte in diesem Fall ohnehin bereits Zugriff auf den Verkehr gehabt. Problematisch ist hierbei unter anderem die Annahme, dass der Angreifer Verkehr ausschließlich anziehen möchte. Angreifer, die etwa Überlastsituationen oder Blackholes verursachen wollen, können somit nicht erkannt werden. Eine andere Heuristik betrifft die IP-Adresszuweisungspolitiken der Adressvergabestellen, die jedem AS möglichst zusammenhängende Adressblöcke zuteilen, um Routing- und Forwarding-Tabellen möglichst klein zu halten. Aus diesem Grund darf der IP-Adressbereich, den ein AS annonciert, bis zu einem gewissen Grad wachsen, ohne dass die UDPATE-Nachricht als verdächtig markiert wird. Gleichzeitig wurde beobachtet, dass Internetprovider einer Region oft gleiche Kunden haben und somit gleiche Präfixe annoncieren, weshalb solche Routen ebenfalls nicht zurückgehalten werden. Beide Heuristiken bergen das Risiko, dass bestimmte Angriffe nicht erkannt werden, weil sie von Nachbarsystemen ausgehen oder von Routern eines AS mit ähnlichen Adressen.

Bulk-basierte Erkennung von verdächtigen Routen

Eine weitere komplementäre Heuristik des Ansatzes basiert auf der Beobachtung, dass BGP-UPDATE-Nachrichten oft in Gruppen empfangen werden, die auf ein gemeinsames Ereignis zurückzuführen sind. Werden einige dieser Nachrichten als verdächtig erkannt, sind auch die anderen Nachrichten der Gruppe mit erhöhter Wahrscheinlichkeit illegitim und werden zurückgehalten. Durch diese Heuristik sollen andere Heuristiken so konfiguriert werden können, dass nicht alle illegitimen UPDATE-Nachrichten erkannt werden müssen. Nachteilig ist vor allem die Möglichkeit des Angreifers, legitime Routing-Nachrichten in anderen Teilen des Netzes zu unterdrücken, indem offensichtlich falsche Nachrichten zur gleichen Zeit eingespielt werden. Somit werden auch die legitimen Nachrichten zurückgehalten.

19.2.3 Automatisiertes Zurücknehmen illegitimer Routen

Listen and Whisper arbeitet reaktiv und versucht, illegitime Routen an ausbleibendem Verkehr zu erkennen.

Im *Listen-and-Whisper-Verfahren* [SRS+04] wird neben einer kryptografischen Sicherung auch eine Heuristik vorgeschlagen, die im Gegensatz zu den bisher vorgestellten Verfahren reaktiv arbeitet. Das heißt, Routen werden zunächst immer übernommen; allerdings werden die Auswirkungen auf den vorhandenen Datenverkehr, insbesondere auf TCP-Daten, beobachtet. Wird festgestellt, dass Verbindungen abbrechen, nimmt das Verfahren Erreichbarkeitsprobleme an und schaltet auf eine alternative Route um.

Eine Herausforderung beim Erfassen von Datenströmen ist der Umstand, dass BGP-Routen immer nur in eine Richtung gelten. Infolgedessen verlaufen Hin- und Rückweg eines Datenstroms in der Regel über unterschiedliche Pfade durch das Kernnetz. Ein Kernnetz-Router kann somit oft nur eine Richtung der Datenströme beobachten. Das Listen-and-Whisper-Verfahren konzentriert sich daher auf TCP-Flüsse, da diese nur dann korrekt ablaufen sollten, wenn eine bidirektionale Kommunikation erfolgt. Es stellt fest, ob innerhalb einer Zeitperiode t mindestens ein erfolgreicher TCP-Handshake abläuft; in diesem Fall wird das Ziel als erreichbar angenommen. Erfolgreich ist ein TCP-Handshake genau dann, wenn innerhalb von zwei Minuten auf ein TCP-SYN-Paket ein TCP-Datenpaket folgt. Der Zeitraum t ist mindestens so groß wie eine vorkonfigurierte Minimalzeit T. Zusätzlich müssen unvollständige TCP-Handshakes zu mindestens N verschiedenen Zieladressen beobachtet werden, um Fehlindikationen zu vermeiden, etwa wegen ausgefallener Endsysteme.

Gegenmaßnahmen gegen mögliche Umgehungsmaßnahmen

Angreifer, die wissen, dass das Listen-and-Whisper-Verfahren zur Kontrolle von Datenflüssen eingesetzt wird, könnten versuchen, gültige TCP-Handshakes vorzutäuschen. Dazu müssen lediglich TCP-SYN-Nachrichten und darauf folgende ACK-Pakete in Richtung des angegriffenen Systems eingespielt werden. Die Autoren schlagen daher vor, SYN-Pakete zufällig im Router zu verwerfen und zu prüfen, ob diese und nur diese wiederholt übertragen werden, da eine vollständig funktionsfähige TCP-Verbindung so reagieren würde. Dieses Vorgehen verkompliziert eine statistisch signifikante Erkennung jedoch erheblich. Werden zu wenig SYN-Pakete verworfen, dauert die Einschätzung der Situation möglicherweise zu lange. Werden hingegen zu viele Pakete verworfen, wird der TCP-Verbindungsaufbau bei legitimen Veränderungen verlangsamt. Darüber hinaus gibt es möglicherweise kaskadierende Effekte, wenn viele Router das Verfahren einsetzen und Pakete verwerfen oder wenn Angreifer absichtlich eine »gefälschte Verbindung« vortäuschen und einfach ständig SYN-Pakete wieder einspielen. Der Ansatz würde dann eine Umgehung der Erkennung detektieren und eine möglicherweise legitime Routen-Änderung verwerfen. Darüber hinaus könnte ein Angreifer bei einem Sinkhole-Angriff einfach auf Verbindungsanfragen von Endsystemen durch das Generieren gültiger SYN-ACK-Pakete reagieren und so den Ansatz vollständig aushebeln.

19.3 Zusammenfassung

Das Gewährleisten eines akzeptablen Sicherheitsniveaus in Routing-Protokollen ist extrem aufwendig.

Die Sicherheit in einem Routing-Protokoll zu gewährleisten ist eine sehr komplexe und ressourcenaufwendige Aufgabe, denn im Gegensatz zu Protokollen, bei denen lediglich eine sichere Datenübertragung gewährleistet werden muss, ist hier ein netzwerkweiter Konsens zwischen den Routern zu erzielen. Dies ist der Hauptgrund, dass der Schutz gegen interne Angreifer bisher kaum Eingang in praktisch angewendete Routing-Protokolle gefunden hat.

BGP-Router sind im Allgemeinen gut abgeschirmt.

Trotz der Vielzahl an Bedrohungen, wie dem Einspielen falscher Routen, dem illegitimen Annoncieren von IP-Adresspräfixen oder möglicher Sabotageangriffe, ist das Internet-Routing zurzeit noch vergleichsweise verlässlich. Dies ist vor allem auf die relativ gute Abschottung von BGP-Routern vom restlichen Internet zurückzuführen, etwa durch den Generalized TTL Security Mechanism oder durch TCP-MD5 gesicherte BGP-Verbindungen. Aber auch physische Maßnahmen senken die Eintrittswahrscheinlichkeit für viele Bedrohungen, die etwa in [BFM+10] noch einmal detailliert aufgeführt werden.

Die Bedrohung der BGP-Infrastruktur wächst.

Durch die globale Verbreitung des Internets wächst jedoch auch die Anzahl und globale Verteilung der Systeme in der BGP-Infrastruktur. Damit ist zu erwarten, dass in Zukunft die Wahrscheinlichkeit für interne Angriffe oder »Fehlkonfigurationen«, als die Störungen im BGP fast immer dargestellt werden, weiter steigen wird. Insbesondere können politische Konflikte zukünftig als Auslöser erwartet werden.

Zukünftig könnte BGP durch kryptografische Maßnahmen geschützt werden.

Ein möglicher Ausweg ist die kryptografische Sicherung des BGP durch Zertifizierung der annoncierten IP-Adresspräfixe und eine Attestierung der verwendeten Pfade. Das erste umfassende Protokoll mit diesem Ziel ist *S-BGP*, welches sich aber vor allem wegen der Vorbehalte in Bezug auf den Ressourcenverbrauch nicht durchsetzen konnte. Andere Protokolle wie etwa *soBGP* haben daher versucht, den Aufwand zu senken und dafür weniger Sicherheitsgarantien zu erbringen. Aktuell befindet sich mit *BGPSEC* ein Nachfolger von S-BGP in der Standardisierung durch die Internet Engineering Task Force. Dabei ist vor allem die *Resource Public Key Infrastructure (RPKI)* hervorzuheben, mit der schon heute IP-Adresspräfixe durch die Adressvergabestellen kryptografisch einem Ursprungs-AS zugeordnet werden können. Da die hierfür aufgebaute, dezentrale Datenbank jedoch schlecht gepflegt ist, können IP-Adressbereiche bisher kaum sinnvoll auf dieser Basis gefiltert werden. Es muss sich insbesondere zeigen, ob Router-Hersteller und -Betreiber den kryptografischen Aufwand von BGPSEC nicht scheuen werden.

Heuristische Verfahren können komplementär zu kryptografischen Sicherungsverfahren eingesetzt werden.

Alternativ zur kryptografischen Sicherung können Routen im BGP auf Basis von Heuristiken gefiltert werden, um so Angriffe zu verhindern. Die hier vorgestellten Ansätze basieren auf sehr unterschiedlichen Verfahren wie einer geografischen oder zeitlichen Plausibilitätsprüfung. Im Vergleich zu den kryptografischen Verfahren sind sie jeweils relativ ressourcensparsam, lokal von einzelnen Internetprovidern zu implementieren und können teilweise sogar gegen Angriffe schützen, die durch kryptografische Verfahren nicht eliminiert werden. Allerdings haben die meisten heuristischen Verfahren das Problem, dass ein sorgfältig agierender Angreifer diese sogar ausnutzen kann, um neuartige Attacken durchzuführen, zum Beispiel weil legitime Routen nicht mehr berücksichtigt werden.

19.4 Weiterführende Literatur

[BFM+10] Butler, K.; Farley, T. R.; McDaniel, P.; Rexford, J.: A Survey of BGP Security Issues and Solutions. In: *Proceedings of the IEEE* 98 (2010), Nr. 1, S. 100–122

[BMY06] Barbir, A.; Murphy, S.; Yang, Y.: *Generic Threats to Routing Protocols*. 2006. – RFC 4593, IETF, Status: Standard, https://tools.ietf.org/html/rfc4593

[GHM+07] Gill, V.; Heasley, J.; Meyer, D.; Savola, P.; Pignataro, C.: *The Generalized TTL Security Mechanism (GTSM)*. 2007. – RFC 5082, IETF, Status: Standard, https://tools.ietf.org/html/rfc5082

[KMR+03] Kruegel, C.; Mutz, D.; Robertson, W.; Valeur, F.: Topology-based detection of anomalous BGP messages. In: *Recent Advances in Intrusion Detection (RAID)*, 2003, S. 17–35

[LK12] Lepinski, M.; Kent, S.: *An Infrastructure to Support Secure Internet Routing*. 2012. – RFC 6480, IETF, Status: Proposed Standard, https://tools.ietf.org/html/rfc6480

[LMS03] Lynn, C.; Mikkelson, J.; Seo, K.: *Secure BGP (S-BGP)*. 2003. – IETF, Status: Expired Internet-Draft, https://tools.ietf.org/html/draft-clynn-s-bgp-protocol-01

[LT13] Lepinski, M.; Turner, S.: *An Overview of BGPSEC*. 2013. – IETF, Status: Internet-Draft, https://tools.ietf.org/html/draft-ietf-sidr-bgpsec-overview-04

[QGR+07] Qiu, J.; Gao, L.; Ranjan, S.; Nucci, A.: Detecting bogus BGP route information: Going beyond prefix hijacking. In: *SecureComm 2007*, 2007, S. 381–390

[SRS+04] Subramanian, L.; Roth, V.; Stoica, I.; Shenker, S.; Katz, R.: Listen and Whisper: Security Mechanisms for BGP. In: *Symposium on Networked Systems Design and Implementation (NSDI)*, 2004

[Whi06a] White, R.: *Architecture and Deployment Considerations for Secure Origin BGP (soBGP)*. 2006. – IETF, Status: Expired Internet-Draft, https://tools.ietf.org/html/draft-white-sobgp-architecture-02

19.5 Übungen

1. Aus welchem Grund ist die Sicherung eines Routing-Protokolls komplexer, als dies bei anderen kryptografischen Protokollen, etwa IPsec oder TLS, der Fall ist?
2. Warum werden beim BGP TTL Security Hack die Pakete nicht mit TTL 1 versehen und automatisch von Zwischensystemen verworfen?
3. Diskutieren Sie, warum bei S-BGP nicht Zertifikate mit sehr kurzen Laufzeiten verwendet werden, um die Notwendigkeit des Prüfens von Certificate Revocation Lists zu umgehen.
4. Warum steigt durch die gleichzeitige Nutzung von Signature Amortization Across Peers und Signature Amortization Across Buffers die Effizienz nicht signifikant?
5. Kann das Merkle-Hash-Tree-Verfahren optimiert werden, indem lediglich das Wurzelelement zusätzlich zur Signatur versendet wird?
6. Warum reduziert die Verwendung von dedizierten Servern im IRV-Ansatz die Verfügbarkeit des Routings – selbst wenn diese lokal repliziert würden?
7. Warum kann ein geografisches Filtern von BGP-Routen gegen Wormhole-Angriffe schützen? Warum sind solche Angriffe beim Einsatz von S-BGP trotzdem möglich?
8. Bewerten Sie den in [CCF04] angegebenen Bedrohungsbaum für die BGP-Infrastruktur in Bezug auf Vollständigkeit.

20 Sichere Namensauflösung

Ein funktionsfähiger Domain Name Service ist für den Betrieb einer IP-basierten Infrastruktur in der Regel Grundvoraussetzung.

Der Domain Name Service (DNS) ist vermutlich einer der wichtigsten Dienste im Internet, da er für Menschen vergleichsweise einfach zu merkende Domain-Namen in IP-Adressen umwandelt. Darüber hinaus wird DNS unter anderem dazu verwendet, den oder die für eine Domain verantwortlichen Mailserver zu identifizieren. Ohne ein funktionierendes DNS ist das Internet für die meisten Menschen und Anwendungen nicht nutzbar. Ein seit jeher betrachtetes Schutzziel ist daher die Verfügbarkeit des DNS-Systems. Allerdings sind auch Authentizität, Integrität und Vertraulichkeit wünschenswerte Eigenschaften im Zusammenhang mit DNS.

Die folgenden Abschnitte beinhalten eine kurze Zusammenfassung über die Funktionsweise des DNS und gehen auf Bedrohungen ein. Anschließend werden Maßnahmen zum sicheren Einsatz des herkömmlichen DNS und der Sicherungsmechanismus DNSSEC vorgestellt. Einige alternative Verfahren zur sicheren Namensauflösung, wie das DNSCurve- und das Peer-Name-Resolution-Protokoll, werden in den Abschnitten 20.4.3 und 20.4.4 behandelt.

20.1 Funktionsweise von DNS

Das DNS-System ist im Wesentlichen eine dezentrale Datenbank, deren Daten jeweils in Teilen über eine Reihe von Servern redundant gespeichert und abrufbar gemacht werden. Die Server werden dabei für den Teil des Namensraumes, für den sie verantwortlich sind, als *Authoritative Server* bezeichnet. Dabei folgen sowohl die Struktur des Namensraumes als auch die Serverstruktur einer in Abbildung 20.1 skizzierten Hierarchie, um das DNS-System skalierbar und resistent gegen Ausfälle zu machen. Die Namen im DNS werden ausgehend von der *Root-Zone*, die im Namen durch einen einzelnen Punkt gekennzeichnet wird, gebildet. Untergeordnete Namen werden konkateniert und jeweils durch einen weiteren Punkt getrennt. Ein Beispiel ist `www.bsi.bund.de.`, wobei der

Abbildung 20.1 *Hierarchische Namensgebung im DNS und korrespondierende Serverhierarchie*

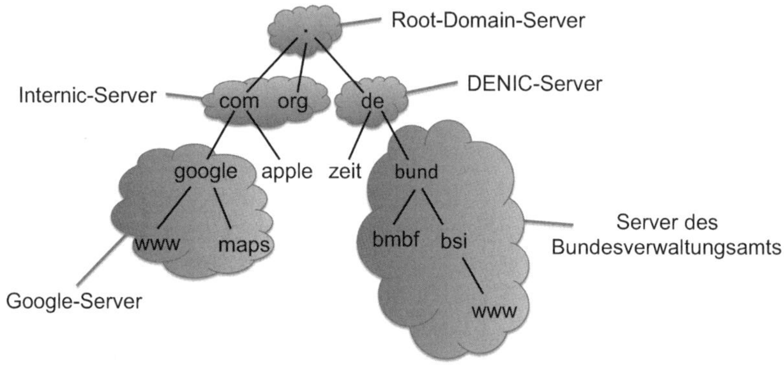

letzte Punkt zur Vereinfachung in der Regel weggelassen wird, da sich alle Namen auf die Root-Zone beziehen.

Authoritative Server bilden eine Baumstruktur, die dem Schema des DNS-Namensraums folgt.

Die hierarchische Struktur der Server folgt grob der Namensstruktur. Für die Root-Zone sind einige wenige Server verantwortlich, deren IP-Adressen statisch sind und die fest in DNS-Server-Konfigurationen eingetragen sind. Diese verweisen bei Anfragen jeweils an Server, welche vom Betreiber der angefragten Top Level Domain (TLD) bereitgestellt werden. Bei Namen, die auf `.de.` enden, sind dies beispielsweise Server der DENIC eG. Diese verweisen ihrerseits auf Server, die vom jeweiligen Betreiber der Subdomain betrieben werden, und so weiter. Im Prinzip können für jede weitere Teildomäne andere Server verantwortlich sein, allerdings können Anfragen auch direkt beantwortet werden, wenn ein Server für mehrere konsekutive Stufen in einem Teilbaum verantwortlich ist. Aus Redundanzgründen werden die Inhalte der Authoritative Server in der Regel auf Backup-Server gespiegelt, deren Adressen ebenfalls in der höheren Zone hinterlegt werden, sodass bei einem Ausfall eines Servers andere die Anfrage übernehmen können. Das Spiegeln der Daten ist ebenfalls Teil des DNS und wird über sogenannte *Zone Transfers* gelöst, womit vollständige Datenbankteile durch die Backup-Server abgefragt werden können.

Caching-Server beantworten Anfragen von Clients durch Abfrage der DNS-Hierarchie.

Neben Servern, die Teile der DNS-Datenbank aktiv vorhalten, existieren sogenannte *Recursive* oder *Caching-Server*, die nicht Teil der DNS-Hierarchie sind, sondern als Proxy für lokale Systeme dienen. Diese speichern die Antworten auf Anfragen zwischen, um sie anderen Clients schnell zur Verfügung zu stellen. Stehen die Daten nicht zur Verfügung, können Caching-Server die DNS-Hierarchie iterativ abfragen, um die Anfrage des Clients mit einem einzelnen Paket direkt zu beantworten. Da in diesem Fall, die

Anfrage vom Client an den Caching-Server delegiert wird, wird die Anfrage als *rekursiv* bezeichnet.

Die Software, welche die eigentlichen DNS-Anfragen generiert, wird *Resolver* genannt und ist normalerweise direkt in das Betriebssystem des Clients integriert. Wie bereits angedeutet, ist es dabei nicht erforderlich, dass diese DNS in der vollen Komplexität implementieren: Bei einem sogenannten *Stub-Resolver* können lediglich rekursive Anfragen an einen lokalen Caching-Server gestellt werden. Es ergibt sich ein Informationsfluss, wie er in Abbildung 20.2 dargestellt ist.

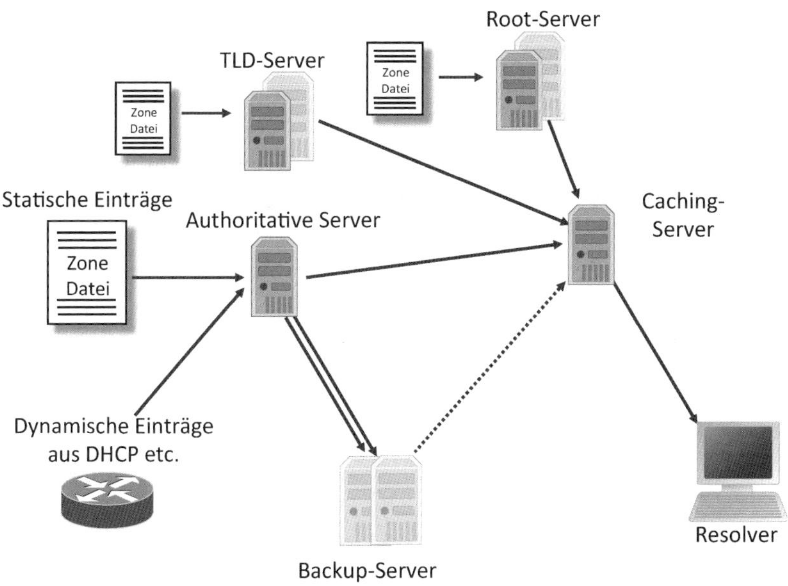

Abbildung 20.2 *Informationsfluss innerhalb einer DNS-Zone: Ein Caching-Server befragt Root-, TLD- und Authoritative Server einer Domain für einen Client.*

20.2 Sicherheitsziele und Bedrohungen

In Bezug auf die Sicherheit gelten bei Namensdiensten im Prinzip die in Kapitel 1 eingeführten Sicherheitsziele. Allerdings unterscheidet sich die Gewichtung teilweise erheblich von den bisher vorgestellten Protokollen.

- **Datenintegrität & Zurechenbarkeit:** Da die im DNS aufgelösten IP-Adressen zum großen Teil für Kommunikationsvorgänge verwendet werden, die selbst nicht kryptografisch gesichert sind, ist die Sicherung der Datenintegrität und Zurechenbarkeit oberstes Ziel. Wenn Angreifer in der Lage sind, Namenszuordnungen unbemerkt zu manipulieren oder dem

Client illegitime Datensätze zu senden, können diese dann auf vom Angreifer kontrollierte Systeme umgeleitet werden. Bei der Zurechenbarkeit ist, im Unterschied zu den bisher betrachteten Protokollen, nicht die Identität des Servers ausschlaggebend, sondern der Instanz, welche den Datensatz erzeugt hat.

- **Verfügbarkeit:** Da die DNS-Infrastruktur für fast jeden Kommunikationsvorgang im Internet benötigt wird, ist sie selbst immer wieder Ziel von Angriffen auf die Verfügbarkeit. Wie im Abschnitt 18.1.2 bereits erläutert wurde, wird das DNS-Protokoll selbst häufig auch zur Verstärkung von Sabotageangriffen genutzt, wodurch das DNS-System durch Seiteneffekte auch negativ beeinflusst wird.
- **Vertraulichkeit:** Die Vertraulichkeit spielt bei den meisten DNS-Betreibern und -Entwicklern eine untergeordnete Rolle. Da der Dienst ohnehin jedem zugänglich gemacht werden soll, müssen die Zuordnungen im Einzelnen auch nicht geschützt werden. Allerdings sollte bei den Überlegungen berücksichtigt werden, dass die Betreiber von Caching-Servern durch die Anfragen der Clients sehr genau deren Verhalten beobachten können. Außerdem sind in der Vergangenheit häufig Zone Transfers verwendet worden, um die Netzwerksysteme von Organisationen vor Angriffen aufzuzählen.
- **Kontrollierter Zugang:** Ähnlich wie bei der Vertraulichkeit wird im DNS-Betrieb oft kaum an das Ziel des kontrollierten Zugangs gedacht. Allerdings sollten etwa Zone Transfers und dynamische Aktualisierungen der DNS-Zuordnungen eingeschränkt werden. Darüber hinaus sollten auch Caching-Server nur vertrauenswürdigen Clients zur Verfügung gestellt werden, wie im nächsten Abschnitt herausgearbeitet wird. In der Praxis erfolgt eine Zugriffskontrolle in diesen Zusammenhängen fast ausschließlich über IP-Adressfilter.

Primäre Sicherheitsziele sind Integrität und Authentizität.

Die für die Nutzer des DNS unangenehmsten Folgen sind somit Angriffe auf die Integrität und Authentizität der Namenszuordnungen. Wie in Abbildung 20.3 illustriert, haben Angreifer durch den komplexen Aufbau der DNS-Infrastruktur im Prinzip an einer ganzen Reihe von Stellen die Möglichkeit, Einfluss auf diese Zuordnungen zu nehmen. Im Wesentlichen sind dies:

- **Angriffe auf die Infrastruktur des Anbieters:** Gelingt es einem Angreifer, den DNS-Server eines Anbieters oder einen der Backup-Server zu kompromittieren, können die

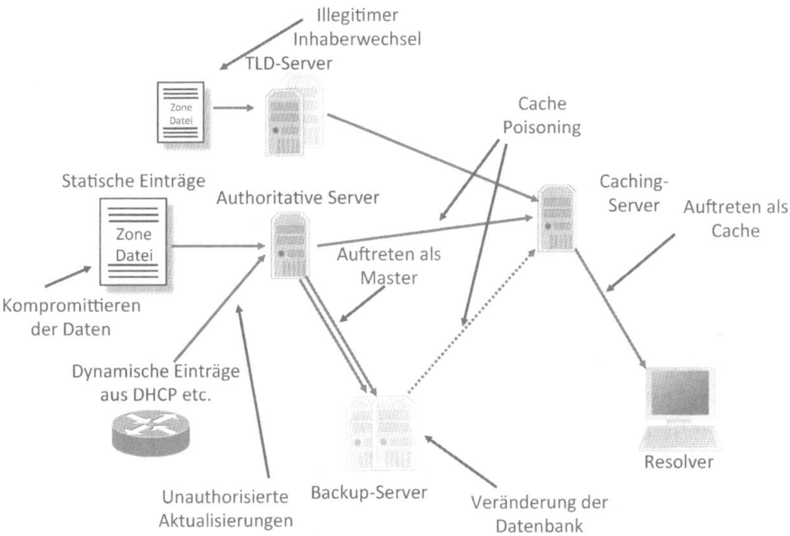

Abbildung 20.3 Mögliche Bedrohungen der Datenintegrität und -authentizität an verschiedenen Stellen der DNS-Infrastruktur

vorliegenden Namenszuordnungen verändert und Clients entsprechend umgeleitet werden. Diese Angriffe hatten bis vor einigen Jahren eine größere Bedeutung, da die Implementierungssicherheit der eingesetzten DNS-Server sehr schlecht war. In den letzten Jahren sind solche Angriffe kaum noch bekannt geworden. Auch die Absicherung der Kommunikation zu den Backup-Servern und die Verteilung dynamischer Namensaktualisierungen sind etwa durch IPsec mit Standardmitteln zu realisieren. Alternativ kann mit den Transaction SIGnatures (TSIG) der *Secret Key Transaction Authentication for DNS* [VGE+00] auch ein DNS-spezifisches Sicherungsverfahren verwendet werden.

- **Angriffe auf den TLD-Betreiber:** Auch die Infrastrukturen der TLD-Betreiber können prinzipiell mit den gleichen Mitteln angegriffen werden; allerdings sind diese durch den großen Einfluss sehr gut gesichert und überwacht. In der Vergangenheit sind daher vor allem Fälle bekannt geworden, in denen Angreifer den TLD-Betreiber von einem Inhaberwechsel einer Domain überzeugen konnten und diese so übernommen haben. Solche Wechsel werden heute allerdings in der Regel kryptografisch überprüft, sodass aufseiten der TLD-Betreiber kaum Sicherheitsprobleme zu erwarten sind.
- **Angriffe auf das Netz des Clients:** Gelingt einem Angreifer ein Zugriff auf das lokale Netz des Clients, etwa über dessen DSL-Router, können Caching-Server übernommen wer-

den oder über gefälschte DHCP-Antworten die DNS-Anfragen auf Caching-Server des Angreifers umgeleitet werden. Die Eintrittswahrscheinlichkeiten dieser Bedrohungen können über herkömmliche Sicherheitsmaßnahmen, beispielsweise durch die Einführung von 801.1X, stark gemindert werden.

- **Angriff auf Daten im Internet:** Aktuelle Angriffe auf die DNS-Integrität und -Authentizität konzentrieren sich daher häufig auf die Kommunikation zwischen Caching-Server und den Authoritative Servern der unterschiedlichen Ebenen der DNS-Infrastruktur. Da an dieser Stelle unter anderem wegen der hohen Geschwindigkeitsanforderungen – Dialoge im DNS bestehen lediglich aus einer Anfrage und einer Antwort – nicht einfach Sicherheitsprotokolle wie IPsec zum Einsatz kommen können, sind etwa Man-in-the-Middle-Angriffe eine ernsthafte Bedrohung. Noch problematischer sind *Cache-Poisoning*-Angriffe, die im folgenden Abschnitt vorgestellt werden.

Cache-Poisoning-Angriffe

Bei sogenannten *Cache-Poisoning*-Angriffen nimmt der Angreifer die Antwort eines DNS-Servers auf eine von ihm gestellte Anfrage durch Pakete mit gefälschten IP-Adressen vorweg. Er befindet sich dabei *off-path*, das heißt, er muss dabei keinen Zugriff auf die Router oder Leitungen zwischen den DNS-Servern beziehungsweise Clients besitzen, sondern kann unter Umständen die verbindungslose Kommunikation des DNS-Protokolls ausnutzen. Ein klassischer DNS-Cache-Poisoning-Angriff läuft in den in Abbildung 20.4 aufgeführten Schritten ab:

1. Zunächst sendet der Angreifer an den Caching-Server des Opfers eine Anfrage, die nur von einem durch den Angreifer kontrollierten DNS-Server beantwortet werden kann.
2. Der Caching-Server befragt rekursiv den DNS-Server des Angreifers und verwendet dabei einen bestimmten UDP-Quellport und eine Query-ID, um eine etwaige Antwort der auslösenden Anfrage zuordnen zu können.
3. Der DNS-Server des Angreifers teilt dem Angreifer die verwendete Query-ID und den Quellport mit. Ob er die Anfrage auch beantwortet, ist für den weiteren Verlauf des Angriffs unerheblich.
4. Der Angreifer stellt eine weitere Anfrage an den Caching-Server des Opfers. Diesmal wird die Domain angefragt, die der Angreifer übernehmen möchte.

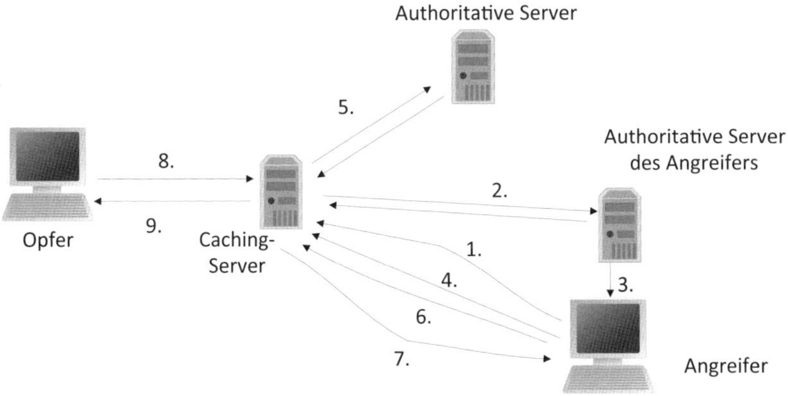

Abbildung 20.4
Ablauf des klassischen DNS Cache Poisoning

5. Der Caching-Server leitet die Anfrage an den Authoritative Server weiter, der für die Domain verantwortlich ist. Dabei verwendet er dieselbe UDP-Portnummer, wie bei der Anfrage an den Server des Angreifers. Die Query-ID wird bei einigen DNS-Servern einfach aufsteigend gewählt, sodass bei einer schnellen Abfolge der Anfragen die Query-ID um eins größer ist als bei der ersten Anfrage.
6. Der Angreifer sendet nach seiner Anfrage direkt eine gefälschte Antwort im Namen des Authoritative Server. Da er Quellport und Query-ID mit hoher Wahrscheinlickeit korrekt vorhersagen kann, wird der Caching-Server sie von der korrekten Antwort nicht unterscheiden können und die enthaltenen Zuordnungen in seinen Cache übernehmen. Die danach eintreffende »zweite« Antwort des echten Authoritative Server wird üblicherweise als vermeintliches Duplikat ignoriert.
7. Nach erfolgter Antwort durch den Authoritative Server wird der Caching-Server dem Angreifer die Namenszuordnung mitteilen. Dieser kann nun sogar prüfen, dass der Angriff erfolgreich war.
8. Will nun ein Opfer auf die entsprechende Domain zugreifen, sendet es seine Anfrage.
9. Es erhält in der Antwort allerdings die manipulierte Zuordnung des Angreifers, da der Cache diese zwischengespeichert hat. Die »Vergiftung« des Cache kann dabei schon eine Weile zurückliegen. Die genauen Obergrenzen hängen von der verwendeten Software ab, die Zeitdauer kann aber durchaus bis zu einer Woche betragen.

Aktuelle DNS-Server verwenden zufällige Query-IDs, um den Suchraum für den Angreifer zu erhöhen.

Da Cache-Poisoning-Angriffe keinen Zugriff auf Leitungen oder Zwischensysteme voraussetzen und im Wesentlichen eine Protokollschwäche ausnutzen, sie sind sehr gefährlich, wenn keine Gegenmaßnahmen ergriffen werden. Eine einfache Maßnahme ist die Wahl zufälliger Query-IDs. Weil Cache-Poisoning-Angriffe nur möglich sind, wenn der Cache keine gültige Zuordnung kennt und dieser Zeitraum oft bis zu 24 Stunden umfasst, können die Versuche einen bestimmten Namen zu verändern, im naiven Fall nur einmal innerhalb des Zeitraums gelingen. Von daher wurde von vielen DNS-Betreibern angenommen, dass der Suchraum des Angreifer, trotz des im DNS-Protokoll vorgesehenen, nur 16 bit umfassenden Query-ID-Felds, zu groß ist, um ein effizientes Cache Poisoning durchzuführen.

Das Query-ID-Feld in DNS hat nicht ausreichend Entropie, um komplexere Poisoning-Angriffe abzuwehren.

Allerdings könnte der eigentlich verantwortliche Server vom Angreifer beispielsweise überlastet werden, um die legitime Antwort zu unterdrücken und so eine höhere Anzahl an Versuchen für das Senden der 65.536 möglichen Werte zu haben. Darüber hinaus ist auch eine weitere Methode im Jahr 2008 veröffentlicht worden [Kam08]: Dazu sendet der Angreifer Anfragen nach zufälligen, nicht existierenden Subdomains der angegriffenen Domain an den Caching-Server – beispielsweise `kslkskdf.bank.com`. Diese Anfrage muss der Caching-Server immer an den Authoritative Server weiterleiten, sodass der Angreifer jeweils eine geringe Chance hat, die entsprechende Domain zu übernehmen. An dieser Stelle kann ein Kniff zum Einsatz kommen, um das eigentliche Ziel – beispielsweise `www.bank.de` – umzuleiten. Der Angreifer sendet dazu eine weiterleitende Antwort und gibt an, dass der Caching-Server sich per DNS an das eigentliche Ziel wenden soll, um den zufälligen Namen aufzulösen. Zusätzlich wird in die Antwort bereits die IP-Adresse des vermeintlichen DNS-Servers nach den Wünschen des Angreifers angegeben. Lax formuliert könnte die Antwort in dem Beispiel lauten: »Ich kenne `kslkskdf.bank.com` nicht, wende dich bitte an `www.bank.de`, den du unter `1.2.3.4` findest«, wobei `1.2.3.4` eine IP-Adresse unter Kontrolle des Angreifers ist. Als Resultat des komplexeren Vorgehens hat der Angreifer die Möglichkeit, eine ganze Reihe von Versuchen zu unternehmen, das Poisoning durchzuführen, sodass die 65.536 möglichen Werte des Query-ID-Felds keinen ausreichenden Schutz bieten.

Zufällige Quellports erhöhen die Sicherheit signifikant.

Neuere DNS-Server verwenden daher neben einer zufälligen Query-ID auch einen zufälligen Quellport für die Anfragen. Damit wird der Suchraum für den Angreifer auf nahezu 2^{32} Möglichkeiten stark erhöht. In einem anderen Verfahren wird vorgeschlagen [DAV+08], in Caching-Servern auszunutzen, dass DNS nicht zwischen Groß- und Kleinschreibung unterscheidet. Diese können die Buchstaben in der angefragten Domain zufällig in der Schreibung verändern und mit der Schreibung in der Antwort vergleichen. Da der Angreifer diese dann ebenfalls korrekt raten muss, erhöht sich die Komplexität bei n Buchstaben in dem Domain-Namen auf 2^{32+n} Möglichkeiten.

Durch Fragmentierung auf Netzwerkebene können Gegenmaßnahmen umgangen werden.

Für diese Maßnahmen muss jeweils nur der Caching-Server verändert werden, und der Suchraum für den Angreifer wird signifikant erhöht, sodass ein einfaches Ausprobieren in den meisten Fällen nicht zum Erfolg führt. Allerdings kann der Angreifer durch geschicktes Vorgehen in einigen Fällen den Suchraum wieder stark verkleinern. In [HS13b] wird ein Verfahren beschrieben, bei dem die Anfragen des Caching-Servers sehr lange Antworten bedingen, welche größer sind als die Maximum Transmission Unit (MTU) des Netzes. Je nach Szenario kann der Angreifer diese möglicherweise durch gefälschte ICMP-Nachrichten sogar konkret einstellen. Zu große UDP-Nachrichten, wie auch die provozierten DNS-Antworten, werden durch das Internetprotokoll in mehrere Fragmente zerlegt. Der Empfänger – in diesem Fall der Caching-Server – setzt diese wieder zusammen und identifiziert zusammengehörige Fragmente anhand einer 16 bit umfassenden ID im IP-Protokollkopf. Ziel des Angreifers ist es nun, die Anfrage so zu stellen, dass die zu fälschenden Namenszuordnungen im zweiten Fragment sind, während die zufälligen Komponenten – also Query-ID, Quellportnummer und gegebenenfalls in Groß- und Kleinschreibung veränderte Domain-Namen – im ersten Fragment übertragen werden. Er kann nun bereits, bevor die auslösende Anfrage gesendet wird, mehrere Pakete mit unterschiedlichen Fragment-IDs zum Caching-Server senden. Trifft das erste Paket der Antwort des Authoritative Server ein, wird das vermeintlich vollständige Paket mit den gefälschten Zuordnungen zusammengesetzt und das eigentliche zweite Fragment ignoriert. Das erforderliche Vorgehen ist für den Angreifer durch die eingeführten Gegenmaßnahmen sehr viel komplexer geworden, allerdings zeigt das Fragmentierungsproblem sehr gut, wie unvorhergesehene Interaktionen zwischen Protokollen immer wieder ausgenutzt werden können.

20.3 Sicherer Einsatz von traditionellem DNS

Gerade gegen die zuletzt vorgestellte Attacke kann das herkömmliche DNS-Protokoll selbst kaum abgesichert werden, allerdings kann durch eine sichere Umgebung das Risiko erfolgreicher Angriffe dennoch erheblich reduziert werden. Folgende Maßnahmen tragen dazu bei:

- **Einsatz aktueller Software:** Wie auch bei anderen Diensten muss auch bei DNS auf einen aktuellen Softwarestand geachtet werden, nur so kann das Risiko der Ausnutzung klassischer Sicherheitslücken wie Buffer Overflows gesenkt werden. Dies ist insbesondere wichtig, weil das DNS-System zwar hochgradig redundant bezüglich der Hardware ist, die eingesetzte Serversoftware jedoch sehr homogen ist und etwaige Sicherheitsprobleme einen extrem hohen Schaden bewirken können. Neben klassischen Sicherheitslücken werden in neueren DNS-Servern und -Clients auch immer wieder neu gefundene DNS-spezifische Probleme umgangen, etwa durch den vorgestellten Einsatz zufälliger Quellports und Query-IDs. Ein umfassender Überblick für Implementierer findet sich in RFC 5452 [HM09].
- **Deaktivieren der Path MTU Discovery:** Um Angriffe auf das DNS-System zu erschweren, sollten auch Maßnahmen aufseiten der Betriebssystemumgebung ergriffen werden. Eine Möglichkeit ist etwa das Deaktivieren der Path MTU Discovery auf dem DNS-Server, um den beschriebenen Fragmentierungsangriff zu erschweren. Neuere Linux-Systeme bieten mit der `IP_PMTUDISC_INTERFACE`-Option sogar die Möglichkeit, dies nur für bestimmte Netzwerk-Sockets zu tun.

Trennung von externen und internen Diensten

- **Split-Horizon-DNS:** Den vermutlich umfassendsten Schutz bietet das Abschotten des Caching-Servers gegen externe Clients. Wie in Abbildung 20.5 dargestellt, ist es beispielsweise beim Einsatz einer Firewall einem externen Angreifer nicht möglich, selbst Anfragen an den Caching-Server zu stellen. Damit müsste er für einen erfolgreichen Angriff eine Anfrage des Clients genau vorhersehen, sodass beim Einsatz zufälliger Query-IDs und Quellportnummern keine signifikante Chance für den Erfolg einer Cache-Poisoning-Attacke besteht. Um statische Namenszuordnungen für Externe zur Verfügung zu stellen, wird ein weiterer DNS-Server verwendet, der entweder physisch oder gegebenenfalls auch nur logisch

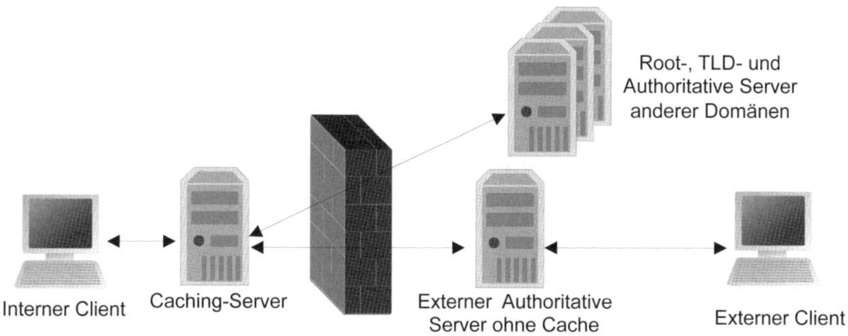

Abbildung 20.5
Split-Horizon-DNS

vom Caching-Server getrennt ist, in dem ein zweiter DNS-Server-Prozess auf dem gleichen Host mit anderer IP-Adresse ausgeführt wird. Angriffe interner Clients sind in diesem Szenario weiterhin möglich, sodass die Netzbereiche, für die ein Caching-Server verantwortlich ist, aus Sicherheitssicht möglichst klein sein sollten.

- **Redundante DNS-Infrastruktur:** Wie bereits erwähnt stellen Sabotageangriffe eine signifikante Bedrohung für DNS dar. Die für eine Domain verantwortlichen DNS-Server sollten daher möglichst räumlich und netztopologisch redundant ausgelegt sein, um die Verfügbarkeit wenigstens eines Servers sicherzustellen. Bei den Root-Servern wird dies etwa durch eine weltweite Anycast-Struktur gewährleistet. Dabei werden verschiedene Server mit denselben IP-Adressen konfiguriert und der entsprechende IP-Adressbereich von verschiedenen autonomen Systemen mittels BGP annonciert. Damit antwortet je nach Position im Netz ein anderer Server und etwaige Angriffe betreffen immer nur einen Teil des Netzes. Eine Übersicht über die aktuell aktiven Server findet sich unter `http://www.root-servers.org`. Gerade bei Domänen mittlerer Größe kann es sich als schwierig erweisen, eigene DNS-Server zu betreiben, welche die gleiche Verfügbarkeit bieten wie die des gesamten Teilnetzes. In solchen Fällen ist möglicherweise eine (Teil-)Auslagerung zu einem externen Dienstleister sinnvoll.
- **Filtern illegitimer Anfragen:** DNS-Server, die rekursive Anfragen ohne Authentisierung beantworten, stellen ein signifikantes Risiko für die Verfügbarkeit anderer Internetteilnehmer dar. Aus diesem Grund sollten rekursive Anfrage lediglich von Caching-Servern und ausschließlich für eigene Clients durchgeführt werden. Andernfalls können Angreifer den Server als Proxy zur Verschleierung ihrer Identität und

der Steigerung ihrer Angriffseffektivität nutzen. Komplexer wird die Filterung, wenn von kompromittierten Clients ausgegangen werden muss, etwa wenn Bot-Software sehr viele Anfragen generiert, die nicht direkt durch den Cache beantwortet werden können. Solche Angriffe sind nur durch ein Monitoring und gezieltes Deaktivieren der verursachenden Clients einzudämmen.

Insbesondere bezüglich der Authentizität und Integrität verbleibt jedoch ein Restrisiko für erfolgreiche Angriffe beim Einsatz des herkömmlichen DNS-Systems.

20.4 Kryptografische Sicherung von DNS

Ernsthafte Abhilfe gegen Angriffe auf die Authentizität und Integrität von DNS-Daten bieten nur kryptografische Verfahren, von denen eine Auswahl in den folgenden Abschnitten vorgestellt wird.

20.4.1 TSIG

TSIG ist ein erster einfacher Ansatz der kryptografischen DNS-Sicherung.

Das erste Verfahren, das in diesem Zusammenhang standardisiert wurde, ist *Secret Key Transaction Authentication for DNS (TSIG)* [VGE+00], welches es erlaubt, in einen *TSIG Resource Record* eine kryptografische Prüfsumme über vorhergehende Records einzubetten. Die Bildung der Prüfsumme war zunächst auf HMAC-MD5 beschränkt; später wurden allerdings auch HMACs auf Basis von SHA-1 und SHA-2 standardisiert [Eas06]. Da TSIG manuell verteilte Schlüssel verwendet beziehungsweise diese etwa durch den Einsatz von Kerberos automatisch aushandelt [Eas00], aber keine Möglichkeit einbringt, Vertrauensketten aufzubauen, findet TSIG nur in lokal begrenzten Szenarien Verwendung. Beispielsweise kann damit die Aktualisierung von Backup-Servern erfolgen. Für eine allumfassende Sicherung der Anfragen zu Authoritative Servern eignet sich TSIG nicht, da bei n DNS-Parteien potenziell $n(n-1)/2$ Schlüssel konfiguriert werden müssten.

20.4.2 DNSSEC

DNSSEC baut eine Vertrauenshierarchie im DNS-System selbst auf.

DNSSEC ist von Anfang an für einen weltweiten Einsatz konzipiert worden und unterscheidet sich grundlegend von TSIG, da es nicht auf eine externe Schlüsselverwaltung angewiesen ist [AAL+05a, WB13]. Stattdessen wird ausgehend von der Root Zone und parallel zur DNS-Hierarchie eine Schlüsselhierarchie aufgebaut, um die

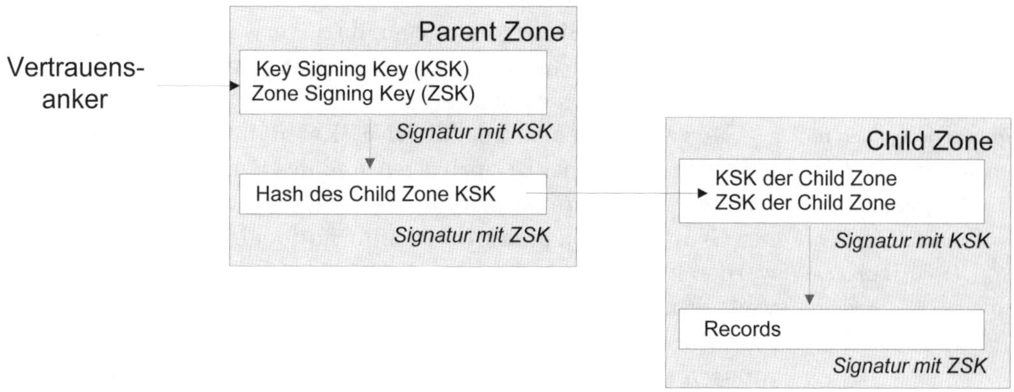

Abbildung 20.6 *Vertrauenskette beim Einsatz von DNSSEC*

Antworten von DNS-Servern, ausgehend von den Betreibern dieser Root Zone, von Ende zu Ende zu authentisieren und ihre Integrität überprüfen zu können. Dabei wird zwar konsequent auf den Einsatz von asymmetrischer Kryptografie gesetzt, allerdings werden die Namenszuordnungen nur signiert und nicht verschlüsselt, sodass keine Onlineberechnungen erforderlich werden.

Die Sicherung erfolgt durch asymmetrische Signaturen über Gruppen von Namenszuordnungen, sogenannte *Resource Records*, wobei in jeder DNS-Hierarchieebene Prüfsummen der Schlüssel der nächsten Unterebene publiziert werden. Da diese ebenfalls signiert sind, baut sich eine Vertrauenskette auf, wie sie in Abbildung 20.6 dargestellt ist. Die Wurzel der Vertrauenskette bildet der *Key Signing Key (KSK)* der Root Zone, welcher den *Zone Signing Key (ZSK)* der Root Zone signiert. Dieser ZSK wird im Gegenzug verwendet, um die eigentlichen Gruppen von Resource Records der Root Zone zu schützen, in denen sich unter anderem die Prüfsummen der KSK der Unterzonen befinden.

Das Separieren in KSK und ZSK ermöglicht unterschiedliche Sicherheitsstufen innerhalb einer Zone.

Die Unterteilung in KSK und ZSK erfolgt, da DNSSEC aus Geschwindigkeitsgründen auf die aufwendige Prüfung von CRLs oder Veränderungen der Namenszuordnungen verzichtet. Um das Missbrauchspotenzial kompromittierter Schlüssel oder wiedereingespielter Namenszuordnungen zu reduzieren, werden die verwendeten Signaturen mit einem sehr kurzen Gültigkeitszeitraum versehen – beispielsweise einem Tag. Dieses Vorgehen erfordert jedoch, dass sich aus administrativen Gründen der private Schlüssel in einem an das Netz angeschlossenen System befindet, um Änderungen automatisiert durchführen zu können. Die Trennung von KSK und ZSK ermöglicht eine Differenzierung der Sicherheitsstufen: So kann der private Anteil des KSK an einem sicheren Ort verwahrt werden und nur alle paar Monate die Signatur für den ZSK erneuern. Der ZSK wird hingegen dazu verwendet, die sich häufig ändernden Resource Records in einem automatisierten Prozess mit kurzen Laufzeiten zu signieren.

Um das Vertrauen in den KSK der Root Zone zu stärken, wird dieser von internationalen Experten kontrolliert.

Den Vertrauensanker für DNSSEC bildet der angesprochene KSK der Root Zone. Der private Anteil des Schlüssels befindet sich auf zwei *Hardware Security Modules (HSM)*, welche jeweils von einer Gruppe sieben anerkannter internationaler Experten aktiviert werden können. Von diesen sogenannten *Crypto Officers* können jeweils drei zusammen mithilfe eines Secret-Sharing-Protokolls neue Signaturen für die jeweiligen ZSK der Root Zone ausstellen. Dazu müssen sie sich alle drei Monate auf einem von zwei gesicherten Geländen in den USA treffen. Für den Fall eines katastrophalen Ereignisses kann der KSK durch eine dritte Gruppe von sieben Experten wiederhergestellt werden. Dazu müssen sich fünf dieser *Recovery Key Share Holder* mit ihrem Anteil eines symmetrischen Schlüssels an einem geheimen Ort treffen, wo sich eine verschlüsselte Kopie des KSK befindet. Details zu diesem Vorgehen finden sich etwa in [ICA10]. Die eigentliche Signatur der Zuordnungen der Root Zone erfolgt mit dem privaten Anteil des entsprechenden ZSK, welcher von der US-amerikanischen Firma Verisign erzeugt und verwendet wird.

Resource Records von DNSSEC

Öffentliche Schlüssel werden als `DNSKEY`-Records veröffentlicht.

Technisch wird DNSSEC durch neue Resource-Record-Typen realisiert, die neben den Resource Records publiziert werden, welche für die Namenszuordnung verwendet werden [AAL$^+$05b]. Das erforderliche Schlüsselmaterial wird in `DNSKEY`-Records mit der Typnummer 48 veröffentlicht. Neben dem öffentlichen Schlüssel enthalten sie ein Bitfeld und ein Protokollfeld, welches den Schlüssel als DNSSEC-Schlüssel markiert. Zusätzlich wird auch die Art des Signaturalgorithmus publiziert, für den der Schlüssel geeignet ist. Zurzeit existieren ein Reihe standardisierter Verfahren: DSA/SHA1, RSA/SHA-1, DSA-NSEC3-SHA1, RSASHA1-NSEC3-SHA1, RSA/SHA-256, RSA/SHA-512, GOST R 34.10-2001, ECDSA P-256 mit SHA-256 und ECDSA P-384 mit SHA-384. Zwar ist lediglich die Implementierung von RSA/SHA-1 vorgeschrieben [Ros13], allerdings wird bereits zur Verifikation der Root Zone RSA/SHA-256 benötigt, sodass alle RSA- und ECDSA-basierten Verfahren implementiert werden sollten. DSA-basierte Signaturen sind wegen der niedrigeren Effizienz bei der Verifikation im Vergleich zu RSA kaum verbreitet. GOST R 34.10-2001 ist das russische Pendant zum US-amerikanischen ECDSA-Standard und ebenfalls optional. Signaturen auf Basis von RSA/MD5 waren ursprünglich standardisiert, dürfen aber nicht mehr verwendet werden.

Verweise auf Schlüssel unterliegender Zonen erfolgen durch Publikation kryptografischer Hashwerte.

Verweise auf die öffentlichen Schlüssel in unterliegenden Zonen erfolgen durch *Delegation Signer (`DS`) Records* mit der Typnummer 43. Neben dem Namen der Zone enthalten sie den Algorithmus des Schlüssels und einen kurzen, nicht kryptografisch sicheren Hashwert, welcher der verifizierenden Instanz ein schnelles Auffinden des DNSKEY-Records ermöglichen soll. Die eigentliche Zuordnung erfolgt über einen kryptografischen Hashwert über den DNSKEY-Record der unterliegenden Zone. Die hierzu verwendete Hashfunktion wird ebenfalls im Record publiziert. Infrage kommen SHA-1 und SHA-256 sowie optional SHA-384 oder der russische Standard GOST R 34.11-94.

Kryptografische Signaturen werden durch die Typnummer 46 codiert und in Standards und Anwendungen als *`RRSIG`-Records* bezeichnet. Neben der eigentlichen Signatur enthalten die Records:

- den Typ des signierten Records (`A`, `AAAA`, `CNAME`, ...),
- den verwendeten Signaturalgorithmus,
- die Anzahl der Teile des DNS-Namens,
- die TTL des Records im Authoritative Server,
- Zeitangaben, von wann bis wann die Signatur gültig ist,
- eine Identifikationsnummer für den Signaturschlüssel und
- den Namen der signierenden Instanz.

Die Anzahl der Teile des DNS-Namens gibt an, welche Teile des DNS-Namens bei der Überprüfung der Signatur berücksichtigt werden sollen, und dient der Unterstützung von Wildcard-Domains. Das Feld beträgt beispielsweise bei `www.icann.org` drei und bei `*.icann.org` hingegen zwei. Im letzteren Fall dürfen auch Subdomains durch die Signatur authentisiert werden. Auch die TTL des Records wird nur übertragen, um der signaturprüfenden Instanz eine Berechnung der Originaldaten zu ermöglichen, da die TTL in dazwischenliegenden Caching-Servern reduziert werden kann.

Die vorgestellten Records und die damit verbundenen Verifikationsmechanismen genügen, um festzustellen, ob eine erhaltene Namenszuordnung authentisch und integer ist. Allerdings könnte ein Angreifer auch versuchen, eine Domain als nicht existent auszugeben, und so unerwünschtes Verhalten auslösen. Daher sieht DNSSEC vor, auch solche Antworten zu authentisieren. Diese Eigenschaft wird im Englischen als *Authenticated Denial of Existence* bezeichnet. Zur Realisierung werden weitere Records benötigt, wo-

`NSEC`-*Records authentisieren Antworten, die eine Nichtexistenz eines Namens signalisieren.*

bei im Originalstandard zunächst sogenannte *`NSEC`-Records* mit der Typnummer 47 vorgesehen wurden. Sie enthalten zu jedem DNS-Namen eine Zuordnung zum nächsten DNS-Namen der gleichen Zone in lexikografischer Ordnung. Der letzte Name enthält einen Verweis auf den ersten Namen. Da sie ebenfalls signiert sind, kann ein Empfänger ausschließen, dass ein Name existiert, wenn er lexikografisch zwischen den Namen einer Zuordnung liegt.

Durch `NSEC` können Angreifer Rückschlüsse auf alle DNS-Namen einer Domäne ziehen.

Nachteilig an diesem Verfahren ist, dass alle Namenszuordnungen eines DNS-Servers systematisch abgefragt werden können. Beim sogenannten *Zone Walking* fragt ein Angreifer den jeweils nächsten `NSEC`-Record an, um alle DNS-Namen einer Institution zu erhalten, und nutzt diese für die Vorbereitung weiterer Angriffe. Eine mögliche Abhilfe wird in RFC 4470 [WI06] beschrieben, bei welcher der DNS-Server `NSEC`-Records online generiert und als Vorgänger- und Nachfolgenamen den jeweils lexikografisch nächsten Wert zur Anfrage zurückgibt. Bei einer Anfrage nach `www.example.org` etwa einen `NSEC`-Record von `wwv.example.org` mit einer Zuordnung auf `wwx.example.org`. Allerdings erlaubt dies relativ einfach Sabotageangriffe auf die Rechenleistung des Servers und kann gegebenenfalls auch Caching-Server überlasten.

Kryptografische Sicherung von Namen mit `NSEC3`

Eine nur vermeintlich bessere Lösung stellen die in RFC 5155 eingeführten *`NSEC3`-Records* dar [LSA+08]. Hierbei soll ein Aufdecken der DNS-Namen durch mehrfache Anwendung einer kryptografischen Hashfunktion verhindert werden. Zusätzlich kann an den Hostnamen noch ein zufälliger, sogenannter *Salt-Wert* angehängt werden, der ein systematisches Durchprobieren erschweren soll. Die grundlegende Idee entspricht damit der in Abschnitt 15.4 angesprochenen PBKDF2-Funktion, wobei der Hostname das »Passwort« ist. Die entstandenen Hashes werden nun wie beim herkömmlichen NSEC geordnet und zirkular verkettet, sodass ein Verifizierender lediglich überprüfen muss, ob der Hash des angefragten DNS-Namens zwischen den beiden zurückgegebenen Werten liegt.

`NSEC3` bietet in der Regel keinen nennenswerten Sicherheitsvorteil.

Für Hostnamen und Passwörter gelten jedoch völlig unterschiedliche Voraussetzungen: Passwörter sollten lang und komplex sein – Hostnamen hingegen leicht zu merken und möglichst kurz. Trotz der Möglichkeit, mehrfach die Hashfunktion zu iterieren und Salt-Werte einzusetzen, können die entstandenen Hashwerte in aller Regel sehr leicht durch systematisches Durchprobieren gefunden werden. Hinzu kommt, dass lange Salt-Werte und hohe Mengen von Iterationen kaum praktische Relevanz haben. Beispielsweise verwenden die Server, die für `.com` zuständig sind, aktuell nur eine Iteration und verzichten vollständig auf Salts. Daher sind in den letzten Jahren Werkzeuge entwickelt worden, die auch beim Einsatz von `NSEC3`-Records, automatisiert Zone Walking betreiben.

Diskussion der Sicherheit

DNSSEC birgt ein signifikantes Risiko von Fehlkonfiguration.

Trotz des zunächst einfach erscheinenden Ansatzes birgt der Einsatz von DNSSEC eine extrem hohe Komplexität, da eine ganze Reihe von Parametern einzustellen ist und das Schlüsselmanagement etwa durch die Trennung von KSK und ZSK oder bei einem Schlüsselwechsel nicht trivial ist. Häufige Fehler sind etwa kurze Signaturlebensdauern mit einer langen TTL. Dadurch werden Signaturen von Caching-Servern weiter zwischengespeichert, obwohl sie nicht mehr aktuell sind. Die Überprüfung schlägt fehl und das System ist durch die Fehlkonfiguration nicht mehr erreichbar. Der Einsatz von DNSSEC erfordert eine sehr genaue Planung. Sinnvolle Parameter und Verfahren finden sich etwa in RFC 6781 [KMG12] oder in einem Gutachten der Europäischen Datenschutzbehörde ENISA [Sar10].

Die Schlüsseltrennung bringt oft nur minimale Sicherheitsgewinne.

Gerade die Einteilung in ZSK und KSK scheint nur einen fraglichen Sicherheitsgewinn zu bringen. Während Signaturen mit dem ZSK nur eine kurze Gültigkeit haben, besitzen Signaturen des KSK einen längeren Gültigkeitszeitraum. Wird nun der ZSK kompromittiert, kann er aufgrund der langen Gültigkeit der Signatur nicht einfach sicher ersetzt werden. Ein sinnvolleres Vorgehen scheint ein kombiniertes Ersetzen von KSK und ZSK zu sein, da die vom übergeordneten ZSK ausgestellte Signatur für den `DS`-Record wahrscheinlich eher abläuft.

Die Vertrauenshierarchie von DNSSEC bietet keine Redundanz.

Darüber hinaus bildet DNSSEC, wie auch andere herkömmliche PKI, eine streng hierarchische Struktur. Ein kompromittierter Schlüssel in einer Ebene bedingt einen völligen Verlust der Sicherheit in dieser und allen Unterebenen. Cross-Zertifizierungen sind nicht vorgesehen. Eklatant wird diese Eigenschaft beim ZSK der Root Zone: Während der Einsatz des KSK der Root Zone sehr transparent gehandhabt wird, ist der private Anteil des ZSK im Besitz einer einzelnen US-amerikanischen Firma und völlig analog zum KSK hängt die Sicherheit des ganzen DNSSEC-Konstrukts vom integeren Einsatz des ZSK ab.

Ein Unterbrechen der Vertrauenskette führt zu völligem Verlust der Sicherheitseigenschaften.

In Bezug auf Authentizität und Integrität von DNSSEC ist anzumerken, dass ein inkrementelles Ausrollen von DNSSEC nur einen bedingten Sicherheitsgewinn bringt, da der Angreifer immer unsignierte Zuordnungen angreifen kann. Dieses Problem ist zwar offensichtlich, allerdings scheinen auch sehr bekannte Domänen wie `paypal.com` von diesem Problem betroffen zu sein [HS13a].

Ähnlich gelagert ist das Problem, dass viele Clients noch unsignierte Antworten akzeptieren, obwohl in der übergeordneten Zone ein `DS`-Record vorhanden ist. Auch in diesem Fall gehen die Sicherheitsgarantien von DNSSEC vollständig verloren.

Auch ein schrittweises Ausrollen auf Caching-Server stärkt Authentizität und Integrität.

Es bleibt jedoch festzuhalten, dass eine Aktivierung von DNSSEC Integrität und Authentizität von DNS stark verbessert. Bereits wenn eine Überprüfung der Signaturen im Caching-Server erfolgt, wird ein erheblicher Sicherheitsgewinn in Bezug auf Cache-Poisoning-Angriffe erzielt. Die Kommunikation zwischen Cache und (nicht verifizierenden) Client muss in diesem Fall aber durch physische oder kryptografische Maßnahmen, etwa durch den Einsatz von Split-Horizon-Techniken oder TSIG, gesichert werden.

DNSSEC adressiert andere Sicherheitsziele nicht oder verschlechtert sie sogar.

Die Einführung von DNSSEC adressiert jedoch einige Sicherheitsziele nicht und verschlechtert die Eigenschaften zum Teil sogar signifikant. Die Vertraulichkeit von Anfragen wird nicht adressiert, sodass der Verkehr von und zu DNS-Servern weiterhin sehr gut zur Nutzerüberwachung geeignet ist. Durch die eingeführten Schwachstellen in Bezug auf Zone Walking lassen sich DNS-Hierarchien relativ effizient durchsuchen, zumal der Sicherheitsgewinn durch den Authenticated Denial of Existance nicht völlig klar ist. Aktuelle Softwaresysteme verwenden DNS zur Auflösung von Namen und überprüfen, ob ein Fehler vorliegt; dabei spielt es jedoch in den meisten Fällen keine Rolle, ob ein Name authentisch als nicht existent signalisiert wurde oder die Antworten einfach unterdrückt wurden.

DNSSEC vereinfacht Amplification Attacks.

In Bezug auf die Verfügbarkeit hat die Einführung von DNSSEC zu massiven Bedenken geführt, die sich zum großen Teil als berechtigt erwiesen haben. Durch die meist sehr langen Signaturen in DNS-Antworten können Amplification-Angriffe (siehe Abschnitt 18.1.2) viel besser ausgeführt werden. Diese können letztlich nur durch Monitoring und reaktives, selektives Filtern effektiv eingedämmt werden. Eine weitere Möglichkeit, zumindest die Auswirkungen zu reduzieren, ist der Einsatz von ECDSA-basierten Signaturen, die bei gleicher Sicherheit sehr viel kürzer sind und somit weniger verstärken.

Mangelnde Verbreitung von DNSSEC

Aktuell scheint sich DNSSEC als Standardmittel langsam durchzusetzen. So sind laut ICANN[1] im Frühjahr 2014 298 der 494 TLDs mit einer gültigen DNSSEC-Signatur ausgestattet. Allerdings weist beispielsweise StatDNS[2] gleichzeitig nur 322.055 der 112.606.960 `.com`-Domains als DNSSEC-gesichert aus. Das

1 `http://stats.research.icann.org/dns/tld_report`
2 `http://www.statdns.com`

sind nur etwa 0,29%, sodass zurzeit keine Möglichkeit besteht, eine DNSSEC-Sicherung durchzusetzen.

20.4.3 DNSCurve*

Das vom bekannten Kryptologen Daniel J. Bernstein als Alternative zu DNSSEC entwickelte DNSCurve [Ber09b, Dem10] hat zu einigen kontroversen Debatten geführt.

DNSCurve sichert im Gegensatz zu DNSSEC die Verbindungen zwischen DNS-Teilnehmern.

Funktionsweise von DNSCurve

Im Gegensatz zu DNSSEC werden hier die Records nicht offline signiert, sondern es findet – ähnlich wie bei TLS – eine Sicherung der Kommunikation zwischen DNS-Servern statt. Da TLS und vergleichbare Protokolle jedoch zu langsam für DNSSEC sind, setzt DNSCurve eine Eigenentwicklung ein. Eine Anfrage $Request$ wird vom Client C verschlüsselt zum Server S gesendet und dieser sendet anschließend den $Reply$:

$$C \rightarrow S\colon \big(+K_C, r_C, B[r_C, -K_C, +K_S, \mathit{Request}]\big)$$
$$S \rightarrow C\colon \big(r_C, r_S, B[r_C \| r_S, -K_S, +K_C, \mathit{Reply}]\big)$$

Die Funktion $B[n, -K_1, +K_2, m]$ bezieht sich auf eine von Bernstein als *Box* bezeichnete kryptografische Operation [Ber09a], die eine Nachricht m zunächst mit einem symmetrischen Verfahren sichert. Der dabei verwendete zufällige Schlüssel K_r wird gemeinsam mit einer Nonce n und der verschlüsselten Nachricht zu einem authentisierten Hashwert a verarbeitet. Es gilt:

$$B[n, -K_1, +K_2, m] := \{K_r\}_{+K_2}, a, \{m\}_{f(K_r, n)}$$
$$a := H(\{m\}_{f(K_r, n)})$$

Für DNSCurve sind die Parameter der Box-Funktion fest definiert. Für asymmetrische Ver- und Entschlüsselung beziehungsweise Signaturoperationen kommt ein als *Curve25519* bezeichnetes Kryptosystem zum Einsatz. Hierbei handelt es sich um die elliptische Kurve $y^2 = x^3 + 486662x^2 + x$ über $\mathbb{Z}_{2^{255}-19}$ mit anderen dazu gehörigen Parametern. Diese bietet nach bisherigem Erkenntnisstand die gleiche Sicherheit wie andere 256-bit-ECC-Systeme, ist aber vergleichsweise schnell zu berechnen und resistent gegen Seitenkanalangriffe zu implementieren. Die symmetrische Ver- und Entschlüsselung erfolgt in DNSCurve mit *Salsa*, einer schnellen Stromchiffre, und die benötigte Hashfunktion baut auf *Poly1305*

Die kryptografischen Operationen sind für DNSCurve fest definiert.

auf, die sich ebenfalls durch eine hohe Geschwindigkeit auszeichnet. Die im DNSCurve-Protokoll versendeten Nonce-Werte r_C und r_S gehen durch die Box-Funktion ebenfalls in den Schlüsseltest ein. Durch zwei Salsa20-Aufrufe, die jeweils die ersten 20 Byte des Schlüsselstroms einer Salsa-Chiffre bestimmen, werden sie mit K_r zur Erzeugung des eigentlichen Schlüssels für die Salsa-Chiffre verwendet (in den Formeln mit $f(k, n)$ bezeichnet).

DNSCurve kann über herkömmliche DNS-Anfragen getunnelt werden.

Da es sich bei DNSCurve um ein eigenes Sicherheitsprotokoll handelt, würde eine direkte Einführung eine signifikante Umstellung der DNS-Infrastruktur bedingen – insbesondere wenn Loadbalancer, Firewalls und ähnliche Zwischensysteme, die in das DNS-System eingreifen, weiter funktionieren sollen. Daher schlägt Bernstein vor, das DNSCurve-Protokoll über DNS zu tunneln. Anfragen und Antworten werden dazu in dynamischen `TXT`-Records codiert, die ursprünglich spezifiziert wurden, um zusätzlich Daten über die DNS-Infrastruktur bereitstellen zu können.

DNSCurve publiziert öffentliche Schlüssel über den Hostnamen.

Das Realisieren der Schlüsselhierarchie kann bei DNSCurve ähnlich wie bei DNSSEC erfolgen. Allerdings wird anstelle des Verweises mittels `DS`-Records ein einfacherer Weg gewählt: Der öffentliche Schlüssel eines DNSCurve-Servers kann durch seine kurze Länge direkt im Hostnamen verankert werden. Anstelle also auf den DNS-Server `ns.example.org` in einer Unterzone zu verweisen, könnte der Server `uz5xgm1kx1zj8xsh51zp315k0rw23c-sgyabh2sl7g8tjg25ltcvhyw.example.org` heißen. Die ersten drei Zeichen `uz5` markieren, dass es sich um einen DNSCurve-Namen handelt. Die restlichen Zeichen codieren den öffentlichen Schlüssel. Dieser Hostname wird ausschließlich für Verweise innerhalb des DNS verwendet und der Nutzer muss von diesem »Trick« keine Kenntnis erlangen. Im Gegensatz zu DNSSEC muss der Nutzer durch dieses Vorgehen aber nicht völlig auf einen sicheren Betrieb der Root Zone und TLD-Zonen vertrauen. Werden etwa Links auf Webseiten verbreitet, deren Hostnamen DNSCurve-Schlüssel enthalten, kann völlig unabhängig von der Root Zone verifiziert werden, dass der verantwortliche DNS-Server immer derselbe ist.

Diskussion der Sicherheit & Funktionalität

DNSCurve adressiert zusätzliche Sicherheitsziele.

In Bezug auf die Sicherheit leidet DNSCurve nicht unter einigen Limitationen von DNSSEC. So ist der Übertragungsaufwand für kryptografische Operationen in Anfragen und Antworten im vorgeschlagenen Protokoll in etwa gleich groß, wodurch DNS-Reflection-Angriffe nicht zu einer höheren Angriffseffizienz führen. Darüber hinaus werden Anfragen und Antworten vertraulich übertragen. Auch Negativ-Antworten, wenn ein Host nicht existiert, werden authentisiert, ohne dass dadurch Zone Walking ermöglicht wird. Durch die Möglichkeit, sichere Hostnamen zu verwenden, muss den übergeordneten Zonen nicht vollständig vertraut werden.

Die verwendeten kryptografischen Primitive sind fester Bestandteil von DNSCurve.

In Bezug auf die verwendeten kryptografischen Operationen ist anzumerken, dass diese fest in das DNSCurve-Protokoll integriert sind. Dadurch sind zwar Fehlkonfigurationen ausgeschlossen, wie sie bei DNSSEC häufiger auftreten, allerdings können beim Bekanntwerden von Sicherheitslücken die Verfahren nicht einfach getauscht werden. Hinzu kommt, dass es sich bei allen drei Operationen um Eigenentwicklungen von Bernstein handelt. Diese sind zwar entweder relativ gut untersucht (Curve25519 und Salsa20) oder es existiert ein Sicherheitsbeweis für die Äquivalenz zur Sicherheit von AES (Poly1305), die Entwicklungen der Vergangenheit haben jedoch gezeigt, dass Chiffren immer wieder gebrochen werden. Für eine so wichtige Infrastruktur wie das DNS-System ist eine feste Vorgabe von kryptografischen Primitiven daher kein sinnvolles Vorgehen.

Kompromittierte Geräte stellen ein signifikantes Sicherheitsrisiko dar.

Im Gegensatz zu DNSSEC bietet DNSCurve keine Ende-zu-Ende-Sicherheit, das bedeutet, dass kompromittierte Caching-Server in der Lage sind, Clients beliebige Records zuzuspielen. Außerdem signiert und entschlüsselt DNSCurve online, sodass die privaten Schlüssel sich im Server befinden müssen. Insbesondere in Root- und TLD-Zonen ist dies ein signifikanter Nachteil, da durch den Anycast-Ansatz sehr viele DNS-Server existieren und das Kompromittieren eines dieser Server genügt, um alle durch DNSCurve implementierten Sicherheitsdienste auszuhebeln. Dies hat auch Auswirkungen auf die Vertraulichkeit vergangener Anfragen, da DNSCurve keine Perfect Forward Secrecy bieten kann.

Bezüglich der Funktionalität werden oft weitere Nachteile aufgeführt: So sollen Anfragen schlecht zu cachen sein und sich die Verzögerung stark erhöhen. Diese Einwände sind nur zum Teil zutreffend beziehungsweise berechtigt, da Caching-Server beispielsweise weiterhin intern Zuordnungen zwischenspeichern können. Darüber hinaus ist beim Einsatz von DNSSEC mit ähnlichen Verzögerungszeiten durch die Signaturprüfungen zu rechnen.

Insgesamt ist DNSCurve als ein interessantes Gedankenkonstrukt zu bewerten und beispielsweise gut zum Schutz der Kommunikation zwischen Client und Caching-Server zu verwenden. Einen vollwertigen Ersatz für DNSSEC stellt es nicht dar. Der Vollständigkeit halber sei angemerkt, dass DNSSEC in einem ähnlichen Modus wie DNSCurve betrieben werden kann. So kann ein Reverse-

Proxyserver mit Zugriff auf den ZSK eingesetzt werden, um die Zonen herkömmlicher DNS-Server ad hoc transparent zu signieren und `NSEC3`-Records nach Bedarf auszustellen. Wird zusätzlich ECDSA eingesetzt und für ZSK und KSK der gleiche Schlüssel verwendet, kann auch die Größe der Antwortpakete reduziert werden. Die Authentisierung von DNS-Servern über den Hostnamen kann ebenfalls ergänzt werden [Kam10].

20.4.4 Verteilte Namensauflösung*

Verteilte Ansätze zur Namensauflösung könnten bessere Sabotageresistenz bieten.

Die bisher vorgestellten Protokolle zur Namenszuordnung basieren auf DNS und sind damit direkt abhängig von der Verfügbarkeit zentraler Komponenten – etwa der Root-Server. Diese sind zwar redundant ausgelegt, sie bilden aber zumindest logisch und organisatorisch einen exponierten Ausfallpunkt. Vollständig verteilte Systeme bieten im Prinzip eine bessere Verfügbarkeit und oft auch schlechtere Möglichkeiten der kontrollierten Einflussnahme, sind allerdings oft auch schwerer zu beherrschen. Im Folgenden werden mit dem Peer-Name-Resolution-Protokoll (PNRP) und dem GNU Name System (GNS) zwei Alternativen zu DNS vorgestellt werden, die das Ziel verfolgen, hoch verfügbare Dienste zu konstruieren.

Peer-Name-Resolution-Protokoll

Beim Peer-Name-Resolution-Protokoll (PNRP) [Mic13] handelt es sich um eine Entwicklung von Microsoft, die seit einigen Jahren sogar Einzug in deren Betriebssysteme gehalten hat. Da es standardmäßig deaktiviert ist und IP Version 6 voraussetzt, spielt es außer für spezielle Anwendungen bisher kaum eine Rolle. Technisch basiert PNRP auf dem strukturierten Peer-to-Peer-Netzwerk *Pastry*, in dem alle Teilnehmer eine logarithmische Anzahl von Verbindungen zu anderen aufbauen, die wiederum sicherstellen, dass beliebige Wert-Schlüssel-Paare in logarithmischer Zeit gefunden werden können [RD01]. In allen teilnehmenden Systemen läuft dabei der identische Algorithmus und jeder Teilnehmer speichert einen Teil des Gesamtnamensraumes ab. Für welche Namenszuordnungen ein Teilnehmer verantwortlich ist, hängt von seiner Identität, der 256 bit umfassenden *PRNP ID*, ab. In diese geht unter anderem ein Hashwert seines Namens und Teile seiner IPv6-Adresse ein. Ein umfangreiches Caching-Konzept soll die Überlastung einzelner Teilnehmer verhindern und Knotenausfälle kompensieren.

Da in PRNP keine hierarchische Vergabe von Namen erfolgt, sind auch die Namen innerhalb des Systems »flach«. Alle registrierten Namen werden transparent vom Betriebssystem unter `name.pnrp.net` virtuell in die DNS-Struktur eingebunden. Durch den flachen Namensraum ist jedoch auch die weltweite Eindeutigkeit der Namen nicht zwangsläufig gegeben. Insbesondere können auch Angreifer einfach Namen registrieren und so möglicherweise ebenfalls aufgelöst werden. Aus diesem Grund bietet PRNP auch die Möglichkeit, *sichere Namen* zu registrieren. Diese können von Menschen jedoch nicht mehr einfach reproduziert werden und haben die folgende Struktur `pnamep-authority.pnrp.net`. Der Term `authority` bezieht sich hierbei auf die hexadezimale Darstellung eines SHA-1-Hashwertes über den Namen und den öffentlichen Schlüssel der registrierenden Instanz. Ähnlich wie beim DNSCurve-Protokoll kann damit der Name selbst als Vertrauensanker verwendet werden.

PRNP unterstützt die Verwendung unsicherer, einprägsamer und sicherer Namen mit hoher Entropie.

Neben einem globalen Namensraum kann PNRP auch mit lokalen Namensräumen umgehen, diese werden von Microsoft *Clouds* genannt. Standardmäßig wird in Global, Site und Local Cloud unterschieden. Die Eingrenzung bezieht sich auf die verwendeten IPv6-Präfixe und die Clouds können unabhängig durchsucht werden. Daneben existiert auch die Möglichkeit, eigene, private Clouds zu konstruieren, etwa für alle Rechner in einer Firma. In Bezug auf die Sicherheit bietet diese Unterscheidung nur Vorteile, wenn die Integrität aller teilnehmenden Rechner sichergestellt werden kann.

Der Namensraum kann in »Clouds« strukturiert werden.

Insgesamt ist die Bewertung der Sicherheit von PNRP relativ komplex. Von der Verwendung unsicherer Namen sollte außerhalb lokaler Netze vollständig Abstand genommen werden. In Bezug auf die Vertraulichkeit von Anfragen und Antworten bietet PNRP keinerlei Schutzmechanismen, sodass Angreifer möglicherweise umfangreiche Informationen bereits durch passives Mitlesen erlangen können. Da die Identitäten der Teilnehmer nicht kryptografisch attestiert sind, können Angreifer außerdem versuchen, PRNP IDs in der Nähe eines Opfers zu registrieren, um einen höheren Einfluss zu erlangen. Bezüglich der Verfügbarkeit ist PNRP nicht abhängig von einzelnen Teilsystemen. Insbesondere können Local und Site Clouds ohne eine Global Cloud weiter operieren. Allerdings kann das Peer-to-Peer-Protokoll möglicherweise selbst angegriffen werden, um bestimmte Teilnehmer als nicht verfügbar zu markieren. Der Standard bietet einige Gegenmaßnahmen von sich aus, etwa eine Überprüfung der Adresse des Quellknotens bei Übernahme der Informationen in den lokalen Cache. Eine umfassende, mög-

Unsichere Namen sollten nicht verwendet werden.

licherweise sogar formale Analyse des Systems ist jedoch nicht verfügbar, zumal Microsoft die Caching-Strategien nur teilweise veröffentlicht hat.

GNU Name System

Das GNU Name System (GNS) ist Teil der GNUnet-Initiative, die auf Basis von Peer-to-Peer-Technologien ein umfassendes Framework zur serverlosen, sicheren Verwendung des Internets bereitstellen will. Wie auch PNRP verwendet GNS ein strukturiertes Peer-to-Peer-Netz, um Daten verteilt vorzuhalten. Im Vergleich zu PRNP wurden jedoch mehr Maßnahmen für die Verfügbarkeit implementiert [EG11]. Das Protokoll ist außerdem durch kryptografische Maßnahmen vor Angriffen durch Externe gesichert.

Die These von Zookos Dreieck besagt, dass Namensdienste nicht verteilt und sicher sein können, wenn sie leicht zu merkende Namen erlauben.

Das vermutlich Interessanteste an GNS ist der Umgang mit *Zookos Dreieck*, einer These, die dem Sicherheitsforscher Zooko Wilcox-O'Hearn zugesprochen wird. Danach sollte die Auflösung von Namen

1. sicher und
2. verteilt erfolgen sowie
3. Namen erlauben, die von Menschen leicht zu merken sind.

Von diesen drei Eigenschaften können jedoch lediglich zwei gleichzeitig erreicht werden können. Bei DNSSEC werden die Eigenschaften (1) und (3) erreicht. DNSCurve kann je nach Namensschema (1) und (3) beziehungsweise (1) und (2) erfüllen. Die unsicheren Namen in PNRP erfüllen die Eigenschaften (2) und (3); die sicheren Namen (1) und (2).

GNS umgeht dieses Problem, indem es zwar kryptografische Namen verwendet, aber ein System für sichere Aliasnamen bietet. Die kryptografischen Namen selbst sind Hashwerte öffentlicher Schlüssel und damit global praktisch eindeutig. Sie werden ähnlich wie bei PRNP in Form von `hash.zkey` in den »normalen« DNS-Namensraum abgebildet. Um es den Nutzern zu ermöglichen, sich diese Namen zu merken, können lokale Aliase vergeben werden. Im Englischen werden sie auch als *Pet Names* bezeichnet und in der Form `alias.gnu` ebenfalls in den DNS-Namenraum eingebunden. Der Vorteil von GNS ist ein rekursives Verwenden dieser Aliase, so würde `bob.alice.gnu` auf das System abgebildet, welches `alice` lokal als `bob` bezeichnet. Auf diese Weise entsteht eine Graphstruktur, die das Vertrauen in die Namensgebung widerspiegelt. Nachteilig ist, dass die Namen nicht mehr global eindeutig sein müssen. In global zugänglichen URLs müssten daher weiterhin für Menschen unlesbare Namen verwendet werden.

20.5 Zusammenfassung

Die sichere Namenszuordnung ist insbesondere beim Einsatz von ungesicherten Protokollen wichtig.

Ähnlich wie bei einem Telefonbuch müssen auch im Internet für den Menschen interpretierbare Namen in netzspezifische Adressen umgewandelt werden. Dieser im Allgemeinen durch die DNS-Infrastruktur realisierte Dienst ist gerade beim Einsatz ungesicherter Kommunikationsprotokolle von extrem großer Wichtigkeit für einen sicheren Netzbetrieb, da Nutzer und Systeme über die Namen Annahmen darüber treffen, wer ihr jeweiliger Kommunikationspartner ist.

Das Anfang der achtziger Jahre entwickelte DNS bietet dabei kaum adäquate Schutzmaßnahmen und liefert eine Vielzahl von Angriffspunkten [AA04]. Insbesondere gegen Cache-Poisoning-Angriffe mussten mehrfach komplexe Gegenmaßnahmen entwickelt werden.

DNSSEC adressiert die zwei wichtigsten Sicherheitsziele: Authentizität und Integrität der zugeordneten Namen.

Abhilfe soll in Zukunft DNSSEC schaffen, welches auf der bestehenden DNS-Infrastruktur aufsetzt und eine hierarchische Zertifizierung von öffentlichen Schlüsseln bietet. DNSSEC ist vergleichsweise komplex bezüglich Implementierung und Betrieb, bietet jedoch eine Ende-zu-Ende-Sicherung der Namenszuordnungen in puncto Authentizität und Integrität. Die Vertraulichkeit und Verfügbarkeit der Daten wird durch DNSSEC hingegen verschlechtert.

DNSCurve ist ein zu DNSSEC komplementäres Sicherheitsprotokoll.

Das DNSCurve-Protokoll ist ein zu DNSSEC komplementäres Protokoll, welches Pakete durch Sitzungsschlüssel schützt und nicht offline signiert. Durch dieses Vorgehen kann die Vertraulichkeit im Prinzip verbessert werden, allerdings verbleiben offene Fragen in Bezug auf die Wartbarkeit – etwa wenn kryptografische Verfahren durch neue sicherere Verfahren ersetzt werden müssen.

Die verteilte Zuordnung von Namen bietet den theoretisch immensen Vorteil, dass die Systeme robuster gegen Ausfälle sein können und die Beobachtung von Teilnehmern stark eingeschränkt werden kann. Inwieweit sich diese Verfahren, wie das vorgestellte PRNP oder GNS, durchsetzen können, bleibt abzuwarten; insbesondere da sie eine hohe Verzögerung mit sich bringen, und das DNS sich trotz der hierarchischen Struktur bisher vergleichsweise resistent gegen Ausfälle gezeigt hat.

20.6 Weiterführende Literatur

[AAL+05a] ARENDS, R.; AUSTEIN, R.; LARSON, M.; MASSEY, D.; ROSE, S.: *DNS Security Introduction and Requirements*. 2005. – RFC 4033, IETF, Status: Proposed Standard, https://tools.ietf.org/html/rfc4033

[AAL+05b] ARENDS, R.; AUSTEIN, R.; LARSON, M.; MASSEY, D.; ROSE, S.: *Resource Records for the DNS Security Extensions*. 2005. – RFC 4034, IETF, Status: Proposed Standard, https://tools.ietf.org/html/rfc4034

[DAV+08] DAGON, D.; ANTONAKAKIS, M.; VIXIE, P.; JINMEI, T.; LEE, W.: Increased DNS forgery resistance through 0x20-bit encoding: security via leet queries. In: *Proceedings of the 15th ACM conference on Computer and Communications Security*, 2008, S. 211–222

[HM09] HUBERT, A.; MOOK, R. van: *Measures for Making DNS More Resilient against Forged Answers*. 2009. – RFC 5452, IETF, Status: Proposed Standard, https://tools.ietf.org/html/rfc5452

[HS13a] HERZBERG, A.; SHULMAN, H.: DNSSEC: Security and availability challenges. In: *IEEE Conference on Communications and Network Security (CNS)*, 2013, S. 365–366

[HS13b] HERZBERG, A.; SHULMAN, H.: Fragmentation Considered Poisonous, or: One-domain-to-rule-them-all.org. In: *IEEE Conference on Communications and Network Security (CNS)*, 2013, S. 224–232

[KMG12] KOLKMAN, O.; MEKKING, W.; GIEBEN, R.: *DNSSEC Operational Practices, Version 2*. 2012. – RFC 6781, IETF, Status: Proposed Standard, https://tools.ietf.org/html/rfc6781

[WB13] WEILER, S.; BLACKA, D.: *Clarifications and Implementation Notes for DNS Security (DNSSEC)*. 2013. – RFC 6840, IETF, Status: Proposed Standard, https://tools.ietf.org/html/rfc6840

20.7 Übungen

1. Warum sind Cache-Poisoning-Angriffe die signifikanteste Bedrohung in traditionellen DNS-Infrastrukturen?
2. Begünstigen lange oder kurze Time-To-Live-Felder in DNS-Einträgen Cache Poisoning?
3. In vielen privaten Haushalten kommt häufig NAT zum Einsatz. Ist es in solchen Szenarien günstiger, dem DNS-Caching-Server des NAT-Routers zu trauen oder auf den Clients selbst einen Caching-Server zu betreiben? Gehen Sie bei der Argumentation darauf ein, dass NAT Quellports modifiziert.
4. Warum begünstigen DNSSEC-Records unter Umständen das beschriebene Cache Poisoning durch fragmentierte Antworten?
5. Warum wird kein Drei-Wege-Handshake eingesetzt, um Amplification-Angriffe im DNS-Protokoll zu verhindern?
6. Begründen Sie die Notwendigkeit synchroner Uhren beim Einsatz von DNSSEC. Was bedeutet dies für den Einsatz des Network Time Protocol (NTP)?
7. Warum wird bei NSEC3 nicht eine extrem hohe Anzahl an Iterationen verwendet (zum Beispiel 10.000), um dem Angreifer das Durchprobieren zu erschweren?
8. Finden Sie heraus, wie der Salt-Wert lautet, der aktuell bei dem Schutz der `NSEC3`-Records der `.de`-Zone zum Einsatz kommt.
9. In welcher Größenordnung sind die Latenzen von einem System zur verteilten Namensauflösung zu erwarten?
10. Mit Transaktionen können Mehrheitsabstimmungen zwischen Teilnehmern eines verteilten Systems realisiert werden. Eine Transaktion gelte dabei als abgeschlossen, sobald die Mehrheit der Teilnehmer den Inhalt bestätigt hat. Erläutern Sie, wie die Registrierung leicht zu merkender Namen mit Transaktionen sicher und verteilt ablaufen kann – trotz der These von Zookos Dreieck. Warum wird ein solches System bei der Namensauflösung nicht angewendet?

21 Internet-Firewalls

Während in den vorhergehenden Kapiteln dieses Buches hauptsächlich die Sicherung von Systemen und Paketen vor Angriffen im Vordergrund stand, ist das vorliegende Kapitel der Aufgabe gewidmet, bestimmte Teile eines Netzes vor dem Eindringen »unerwünschter« Dateneinheiten zu schützen.

Begriff in Analogie zu Brandwänden aus dem Bereich der Gebäudekonstruktion

Im Bereich der Gebäudekonstruktion hat sich für den Schutz bestimmter Gebäudeteile vor dem Ausbreiten eines Brandes der Begriff der *Brandwand* (engl. *firewall*) etabliert. In Anlehnung an diesen Begriff werden die Komponenten zum Schutz bestimmter Subnetze vor potenziellen Angriffen aus anderen Netzteilen sowohl im englischen wie auch im deutschen Sprachgebrauch als *Internet-Firewalls* bezeichnet. Wenngleich dieser Begriff aus technischer Sicht nicht ganz korrekt ist, da eine Internet-Firewall im Gegensatz zu einer Brandwand nicht vollständig undurchlässig sein soll (hierfür würde das Trennen der physikalischen Netzverbindung ausreichen), so vermittelt er doch ein intuitives Verständnis der in diesem Zusammenhang zu erbringenden Aufgabe.

21.1 Aufgaben und Grundprinzipien einer Firewall

Kontrollierter Durchlass von Paketen

Aufgrund der Tatsache, dass eine Internet-Firewall nicht vollständig undurchlässig sein soll, kann sie besser mit der Zugbrücke einer mittelalterlichen Burg verglichen werden [ZCC00], welche üblicherweise die folgenden Aufgaben erfüllt:

- Sie zwingt Personen dazu, die Burg an einer bestimmten, sorgfältig kontrollierbaren Stelle zu betreten.
- Sie verhindert, dass Angreifer sich den anderen Verteidigungskomponenten der Burg nähern können.
- Sie zwingt Personen dazu, die Burg an einer bestimmten Stelle zu verlassen.

Internet-Firewalls realisieren Zugriffskontrolle auf Subnetzebene.

Aus naheliegenden Gründen wird eine Internet-Firewall üblicherweise an dem Netzübergang zwischen einem zu schützenden, vertrauenswürdigen Subnetz und einem nicht vertrauenswürdigen Netz installiert, damit sie den eingehenden und ausgehenden Datenverkehr überwachen kann. Als ein Beispiel hierfür kann der Anschlusspunkt eines Unternehmensnetzes an das globale Internet herangezogen werden (vergleiche hierzu Abbildung 21.1). Üblicherweise werden hierbei alle Systeme des zu schützenden Subnetzes auf gleiche Weise – das bedeutet vor den gleichen unerwünschten Datenpaketen – geschützt, sodass durch eine Internet-Firewall Zugriffskontrolle auf Subnetzebene realisiert wird.

Abbildung 21.1
Platzierung einer Firewall zwischen einem zu schützenden Netz und dem Internet

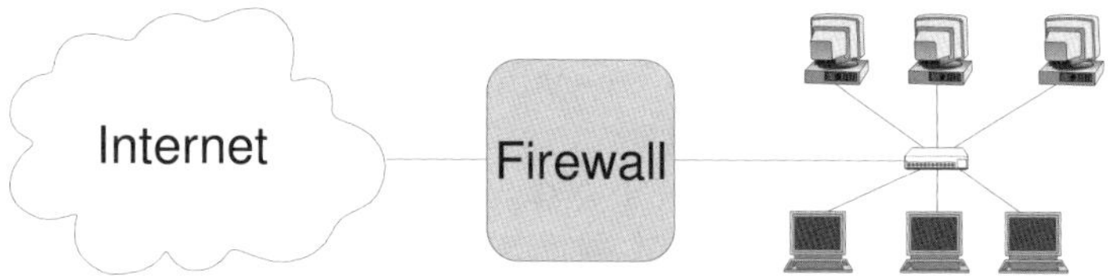

Fähigkeiten einer Internet-Firewall

Eine Internet-Firewall stellt somit einen zentralen Punkt dar, an dem Zugriffskontrollentscheidungen getroffen und durchgesetzt werden [Sem96]. Weiterhin kann sie die Internetaktivitäten eines Subnetzes effektiv überwachen und die Ausbreitung bestimmter Sicherheitsprobleme aus einem Netzbereich in einen anderen verhindern.

Grenzen des mit Internet-Firewalls erzielbaren Schutzes

Firewalls können jedoch allenfalls eingeschränkt vor böswilligen Insidern schützen, welche gezielt die Sicherheitsstrategie eines Subnetzes zu unterlaufen versuchen. Insbesondere können sie keinerlei Einfluss auf Datenverkehr nehmen, der nicht durch sie durchgeleitet wird. Diese selbstverständliche Tatsache wird oft übersehen. Ein Beispiel dafür ist ein offener WLAN-Zugang, der auf einem hinter der Unternehmens-Firewall platzierten System eingerichtet wird. Weiterhin kann eine Firewall nicht vor vollständig neuen Angriffsmustern schützen und auch nur einen sehr eingeschränkten Schutz vor dem Eindringen von Softwareviren bieten.

In Bezug auf die grundsätzliche mit einer Firewall zu realisierende Sicherheitsstrategie können die beiden folgenden entgegengesetzten Ansätze unterschieden werden [WC95, SH09]:

Default Deny Strategy

- Die sogenannte *Default Deny Strategy* folgt dem Leitsatz, dass »alles das, was nicht explizit erlaubt wird, verboten ist«. Hierbei wird zunächst analysiert, welche Netzdienste von den Benutzern des zu schützenden Subnetzes benötigt werden und wie diese auf sichere Weise angeboten werden können. Im zweiten Schritt werden genau die Dienste zugelassen, für die eine legitime Notwendigkeit besteht und die auf sichere Weise vermittelt werden können. Alle anderen Dienste werden technisch unterbunden. Ein Beispiel für diesen Ansatz wäre die Gestattung von HTTP-Verkehr zu beliebigen Systemen und von SMTP-Verkehr zu einem E-Mail-Gateway. Jeglicher anderer Datenverkehr würde von der Firewall unterbunden. Vorteilhaft an dieser Strategie ist aus der Perspektive der Sicherheit die Tatsache, dass so auch ein eingeschränkter Schutz vor unbekannten Gefahren realisiert werden kann.

Default Permit Strategy

- Die *Default Permit Strategy* verfolgt die entgegengerichtete Strategie, dass »alles das, was nicht explizit verboten wird, erlaubt ist«. Hierbei werden explizit die Dienste durch geeignete Maßnahmen in der Firewall unterbunden, die als risikoreich beziehungsweise der lokalen Sicherheitsstrategie zuwiderlaufend eingestuft werden. Alle anderen Dienste gelten als zulässig und werden nicht durch die Firewall behindert. Eine solche Strategie könnte beispielsweise so aussehen, dass der Verkehr des *Server Message Block (SMB) Protocol* und des *Simple Mail Transfer Protocol (SMTP)* grundsätzlich unterbunden wird, um das Ausspähen von Windows-Rechnern und das Versenden von unerwünschten E-Mails zu unterbinden. Zusätzlich könnten SSH-Verbindungen nur zu einigen bestimmten Rechnern zugelassen werden, von denen bekannt ist, dass sich nur Administratoren mit ausreichend komplexen Passwörtern einloggen können. Dieser Ansatz wird von den Anwendern zumeist favorisiert, da er ihnen in der Regel mehr Freiräume lässt. Er kann prinzipbedingt jedoch nur einen Schutz vor bekannten Bedrohungen bieten.

Wie bei der Erläuterung dieser beiden Ansätze deutlich wird, sind die von der Firewall zu unterbindenden beziehungsweise zu erlaubenden Internetdienste jeweils spezifisch zu untersuchen. Im folgenden Abschnitt wird daher einer kurzer Überblick über gebräuchliche Internetdienste und ihr Transport im Rahmen der TCP/IP-Protokollfamilie gegeben.

21.2 Firewall-relevante Internetdienste und Protokolle

Internetdienste

Im Zusammenhang mit Internet-Firewalls spielen in der Praxis insbesondere die folgenden Internetdienste eine wichtige Rolle:

- Der *Dateiaustausch* geschieht häufig auf der Grundlage des *Server Message Block (SMB) Protocol*, des *File Transfer Protocol (FTP)* und *Web-based Distributed Authoring and Versioning (WebDAV)*. In geschlossenen UNIX-Umgebungen kommt teilweise auch das *Network File System (NFS)* zum Einsatz.
- Der *Abruf von Webseiten* erfolgt auf der Grundlage des *Hypertext Transfer Protocol (HTTP)* beziehungsweise der gesicherten Version *HTTPS*.
- *E-Mails* werden üblicherweise mit dem *Simple Mail Transfer Protocol (SMTP)* versandt und mithilfe des *Post Office Protocol (POP)* oder des *Internet Message Access Protocol (IMAP)* empfangen.

Daneben existiert eine Vielzahl weiterer verbreiteter Anwendungen und Protokolle:

- *Chatanwendungen*, wie beispielsweise *ICQ* oder *Jabber-basierten Verfahren* wie *Google-Talk*,
- *realzeitfähige Konferenzsysteme*, wie beispielsweise *Skype* oder *Adobe Connect*,
- *Namensdienste*, die im Internet mit dem *Domain Name System (DNS)* erbracht werden,
- *Netzmanagement* auf der Grundlage des *Simple Network Management Protocol (SNMP)*,
- *Uhrensynchronisierung* mithilfe des *Network Time Protocol (NTP)*,
- *entfernter Terminalzugang* und *entfernte Kommandoausführung* mithilfe der *Secure Shell (SSH)*,
- *Terminal Services*, deren verbreitetste Vertreter die *Independent Computing Architecture (ICA)* und das *Remote Desktop Protocol (RDP)* sind,
- *Druckdienste*, beispielsweise auf der Grundlage des *Internet Printing Protocol (IPP)*, sowie
- *Voice-over-IP- (VoIP-)*Systeme, die in der Regel das *Session Initiation Protocol (SIP)* und das *Realtime Transport Protocol (RTP)* verwenden.

Diese Dienste werden häufig durch Client- und Serverprogramme realisiert. In einigen Fällen kommen auch Peer-to-Peer-Konzepte zum Einsatz, etwa bei Skype oder bei direkt kommunizierenden VoIP-Teilnehmern. Bei beiden Konzepten kommunizieren Programme mithilfe von Anwendungsprotokollen und tauschen entweder sogenannte Segmente (engl. *segments*) über eine TCP-Verbindung oder Datagramme mithilfe des UDP-Protokolls aus. Die TCP-Segmente und UDP-Datagramme werden in IP-Paketen transportiert, welche wiederum in Protokolldateneinheiten der auf den einzelnen Verbindungsstrecken zwischen Quell- und Zielrechner verwendeten Link-Layer-Protokolle weitergeleitet werden (beispielsweise Ethernet).

Adressierung von Anwendungsprozessen

Die Adressierung einzelner Anwendungsprozesse wird durch die beiden Tupel *(Quell-IP-Adresse, Quellport)* und *(Ziel-IP-Adresse, Zielport)* vorgenommen, wobei ein sogenannter *Port* eine zwei Oktette umfassende Zahl darstellt, die einen Dienstzugangspunkt (Service Access Point, SAP) eines Anwendungsprozesses eindeutig innerhalb eines Endsystems identifiziert.

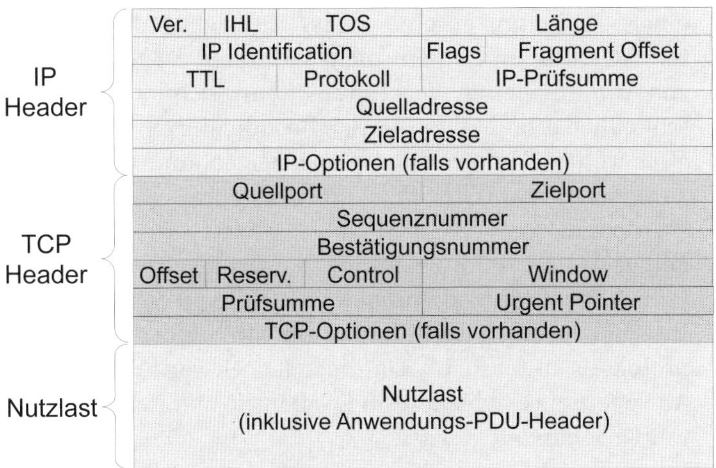

Abbildung 21.2
Rahmenformat eines IPv4-Pakets mit einem TCP-Segment

Firewall-relevante Protokollfelder

Abbildung 21.2 zeigt das Rahmenformat eines IPv4-Pakets, das ein TCP-Segment transportiert. Im Hinblick auf Internet-Firewalls sind insbesondere die folgenden Protokollfelder von Interesse:

- Felder des Zugangsprotokolls (»Link-Layer-Protokoll«, nicht dargestellt): Hiervon interessieren insbesondere die Felder, die das enthaltene Protokoll der Netzwerkschicht (in der Regel IP Version 4 oder Version 6) identifizieren, sowie die Quell- und Zieladressen des Zugangsprotokolls (zum Beispiel Ethernet-MAC-Adresse).

- Felder des IP-Protokolls (hier in der Version 4): Von besonderem Interesse sind hier die Quell- und die Zieladresse, das Feld Flags, das beispielsweise ein Bit zur Anzeige von IP-Fragmenten enthält, die Protokollidentifikation der enthaltenen Nutzdaten (zum Beispiel TCP, UDP) sowie eventuell enthaltene Optionen wie etwa die Bestimmung des Vermittlungsweges durch die Quelle, wobei IP-Optionen zumindest in der Version 4 in der Praxis eher selten für andere Dinge als Angriffe eingesetzt werden.
- Felder des TCP-Protokolls: Insbesondere interessieren der Quell- und der Zielport, die in eingeschränktem Maße eine Bestimmung der sendenden und empfangenden Anwendung ermöglichen, da viele verbreitete Internetdienste wohldefinierte Portnummern verwenden. Weiterhin ermöglichen einzelne Bits des Control-Feldes eine Einflussnahme auf die Verbindungskontrolle. Das ACK-Bit wird in allen PDUs außer der ersten Verbindungsaufbau-PDU gesetzt, sodass ein nicht gesetztes ACK-Bit eine Connect-PDU identifiziert. Das SYN-Bit wird in allen PDUs außer den ersten beiden PDUs einer Verbindung gesetzt, sodass ein Paket mit einem gesetzten ACK-Bit und einem nicht gesetzten SYN-Bit die PDU zur Annahme einer Verbindung kennzeichnet. Das RST-Bit schließlich erlaubt die sofortige Beendigung einer Verbindung, ohne weitere Fehlermeldung anzuzeigen, und kann somit dazu verwendet werden, eine Verbindung ohne weitere Angaben abzubrechen.
- Felder des Anwendungsprotokolls: In einzelnen Fällen kann es erforderlich beziehungsweise sinnvoll sein, dass eine Internet-Firewall auch die Protokollfelder des Anwendungsprotokolls untersucht. Da diese jedoch von Anwendung zu Anwendung verschieden sind, sollen sie an dieser Stelle nicht weiter behandelt werden.

21.3 Terminologie und Grundbausteine

Internet-Firewalls werden in der Regel aus bestimmten Grundbausteinen aufgebaut, die jeweils spezifische Aufgaben erfüllen und bestimmte Eigenschaften aufweisen. In diesem Abschnitt soll daher kurz die hierfür übliche Terminologie eingeführt werden.

Internet-Firewall

Eine *Internet-Firewall* (im Folgenden auch kurz Firewall genannt) bezeichnet eine Komponente oder eine Menge von Komponenten, die den Zugriff zwischen einem zu schützenden Netz und dem Internet beziehungsweise einem anderen nicht vertrauenswürdigen Teilnetz beschränken. Zugriff meint in diesem Zusammenhang den Austausch von Datenpaketen; wenngleich dieser Begriff zunächst unüblich erscheinen mag, so soll er doch darauf hinweisen, dass durch eine Firewall aus Sicht der Sicherheit Zugriffskontrollentscheidungen getroffen und durchgesetzt werden.

Paketfilterung

Mit *Paketfilterung* werden die Aktionen bezeichnet, die ein bestimmtes System vornimmt, um den Fluss von Datenpaketen von und zu einem bestimmten Teilnetz selektiv zu kontrollieren. Die Paketfilterung stellt eine wichtige Basistechnik für die Realisierung der Zugriffskontrolle auf Subnetzebene in paketorientierten Netzen wie dem Internet dar. Im englischen Sprachgebrauch wird der Prozess der Paketfilterung auch als *Screening* bezeichnet.

Bastion Host

Ein *Bastion Host* ist ein Computer, der auf besondere Art geschützt werden muss, da er aus Gründen der Netzkonfiguration anfälliger für bestimmte Angriffe ist als die anderen Computer eines Subnetzes. Ein Bastion Host mit direktem Anschluss an eine Firewall stellt oft den hauptsächlichen Kontaktpunkt zwischen den Anwendungsprozessen innerhalb des zu schützenden Netzes mit den Prozessen externer Computer dar.

Dual-Homed Host

Mit *Dual-Homed Host* wird ein Computer bezeichnet, der über mindestens zwei Netzwerkschnittstellen verfügt und somit zwei Teilnetzen zugehörig ist.

Proxy

Ein *Proxy* ist ein Programm, das stellvertretend für Clientprozesse des zu schützenden Subnetzes mit externen Serverprogrammen kommuniziert. Proxys vermitteln die zu erlaubenden Anfragen von internen Clients zu den tatsächlichen Servern und leiten auf dem Rückweg die Antworten der Server zu den internen Clients weiter.

Perimeter Network, De-militarized Zone (DMZ)

Der Begriff *Perimeter Network* kennzeichnet ein Subnetz, das zwischen einem externen und einem internen Netz eingefügt wird, um eine zusätzliche Sicherheitszone zu errichten. Synonym werden Perimeter Networks oft auch als *entmilitarisierte Zonen (Demilitarized Zone, DMZ)* bezeichnet.

Network Address Translation (NAT)

Mit *Network Address Translation (NAT)* wird die in vorhergehenden Kapiteln bereits mehrfach angesprochene Technik bezeichnet, bei der ein Zwischensystem die Adressfelder in Datenpaketen modifiziert, um eine Adressumsetzung zwischen internen und externen Adressen zu realisieren. Diese Technik erlaubt es beispielsweise, eine Vielzahl von Systemen unter Verwendung von wenigen extern (das heißt im gesamten Internet) gültigen Adressen an das Internet anzubinden. Obwohl es sich bei NAT nicht um eine

Abbildung 21.3
Architektur einer Paketfilter-Firewall

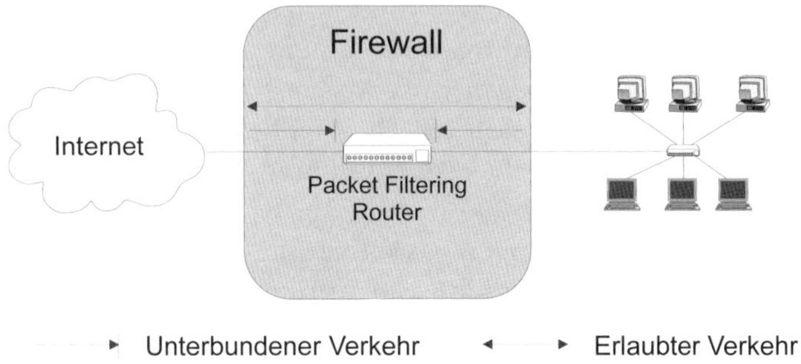

Sicherheitstechnik im eigentlichen Sinne handelt, so ergibt sich hieraus dennoch auch aus der Sicherheitsperspektive der Vorteil, dass externen Angreifern die internen Adressen nicht bekannt werden und es schwieriger wird, einzelne interne Systeme gezielt von außen zu adressieren. Die »Initiative« für bestimmte Datenströme geht bei Verwendung von NAT in den meisten Fällen von internen Systemen aus und Anwendungsprozesse interner Systeme sind andernfalls von außen nicht sichtbar.

21.4 Firewall-Architekturen

Eine Internet-Firewall kann – wie bereits im vorigen Abschnitt beschrieben – aus einer einzelnen oder einer Menge von Komponenten aufgebaut werden. Diesbezüglich haben sich im Laufe der Jahre einige Firewall-Architekturen etabliert, deren Struktur in diesem Abschnitt anhand der in der Praxis am häufigsten eingesetzten Architekturen erläutert werden soll.

Schutz auf Grundlage einfacher Paketfilterung

Die einfachste dieser Architekturen besteht lediglich aus einem Paketfilter und ist in Abbildung 21.3 dargestellt. Sie kann entweder mit einem handelsüblichen Server, der über zwei Netzwerkschnittstellen verfügt, oder einem dedizierten Router, in dem auch grundlegende Paketfilterfunktionen realisiert sind, aufgebaut werden. Die Schutzfunktion dieser Architektur beruht lediglich auf der Filterung unerwünschter Datenpakete zwischen dem zu schützenden Netz und dem Internet (beziehungsweise einem anderen nicht vertrauenswürdigen Subnetz). In Abbildung 21.3 (sowie in den folgenden Abbildungen dieses Abschnitts) ist der »erlaubte« Datenverkehr durch einen durchgezogenen Pfeil und der »unterbundene« Verkehr durch eine gestrichelte Linie dargestellt.

Abbildung 21.4 zeigt die geringfügig komplexere *Dual-Homed-Host-Architektur*. Wenngleich sich die Hardwarekonfiguration einer

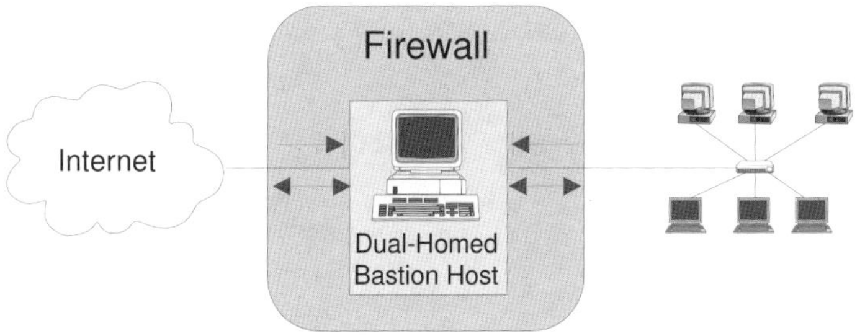

Abbildung 21.4
Die Dual-Homed-Host-Architektur

solchen Architektur gegebenenfalls gar nicht von einer Paketfilter-Firewall unterscheidet (sofern der Paketfilter auf einem Arbeitsplatzrechner realisiert wird), so stellt doch die Software auf dem Dual-Homed Host weiter gehende Sicherheitsfunktionen zur Verfügung, da ihre Aufgabe nicht auf eine reine Paketfilterung beschränkt ist.

Der Dual-Homed Host realisiert Proxy-Dienste.

Der Dual-Homed Host stellt für interne und externe Clients Proxy-Dienste zur Verfügung, sodass aus Gründen der Sicherheit im besten Fall auf eine direkte Weiterleitung von IP-Paketen (Routing) in und aus dem zu schützenden Subnetz verzichtet werden kann. Das zu schützende Netz ist in diesem Fall nur durch überwachte Proxy-Dienste an das Internet angebunden. Gegebenenfalls kann der Dual-Homed Host auch Routing-Funktionen für IP-Pakete übernehmen. Dabei sollte jedoch auch entsprechende Paketfilterfunktionalität auf ihm realisiert werden, um ein Umgehen der Schutzwirkung der Firewall zu verhindern.

Der Dual-Homed Host sollte als Bastion Host gesichert werden.

Der Dual-Homed Host ist bei dieser Architektur der zentrale Angriffspunkt für potenzielle Angreifer. Daher ist er als Bastion Host zu betrachten und entsprechend zu sichern (vergleiche hierzu Abschnitt 21.6).

Nachteilig an dieser Architektur ist, dass sich der Dual-Homed Host je nach Größe des zu schützenden Subnetzes und der Bandbreite der Internetanbindung zu einem Leistungsengpass entwickeln kann.

Screened-Host-Architektur

Abbildung 21.5 zeigt die *Screened-Host-Architektur*, welche die Funktionalität des Paketfilters und des Proxyservers auf zwei Komponenten verteilt. Der Paketfilter lässt den zulässigen Verkehr zwischen dem Internet und dem internen Bastion Host passieren und blockt jeglichen direkten Verkehr zwischen anderen internen Rechnern und dem Internet. Gegebenenfalls können auch bestimmte Verkehrsströme direkt zwischen den internen Rechnern und dem Internet zugelassen werden, jedoch können hierdurch potenzielle Schwachstellen eingeführt werden. Der Bastion Host stellt wieder-

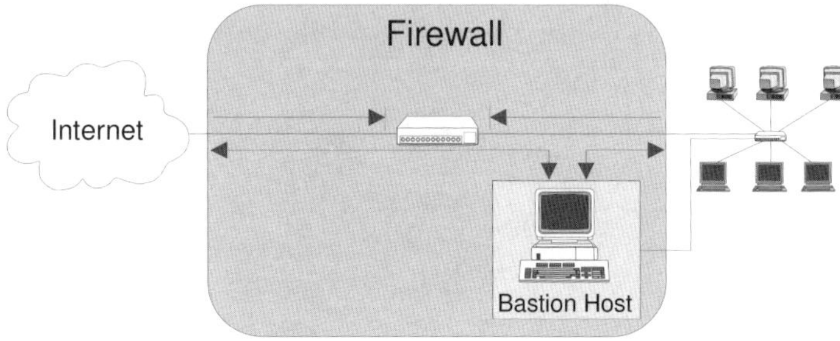

Abbildung 21.5 Die Screened-Host-Architektur

um Proxy-Dienste für die Kommunikation der internen Rechner mit dem Internet zur Verfügung.

Vorteile der Trennung von Paketfilterung und Proxy-Diensten

Aus der getrennten Realisierung der Paketfilterfunktionalität und der Proxy-Dienste in zwei hintereinander geschalteten Geräten ergeben sich vorrangig zwei Vorteile:

- In Bezug auf die Sicherheit wird der Bastion Host besser vor Angriffen auf eventuell vorhandene Dienste geschützt, die nicht von außen zugänglich sein sollen. Die Erbringung der Paketfilterfunktionalität kann darüber hinaus durch eine – im Vergleich zu Proxy-Diensten – relativ einfache Software realisiert werden, sodass auf dem entsprechenden System eine relativ kompakte Softwareinstallation eingerichtet werden kann. Das ist insbesondere deshalb ein Vorteil, da Komplexität ein »prinzipielles Hindernis« bei der Konstruktion sicherer Systeme ist.
- Darüber hinaus kann sich aus dieser Architektur auch ein Leistungsvorteil ergeben. Sollen nämlich bestimmte Datenströme (zum Beispiel Internettelefonie) direkt in das interne Netz geleitet werden, so müssen diese nicht den gleichen Rechner »durchqueren«, der auch die Proxy-Dienste erbringen muss.

Physikalische Struktur der Vernetzung

In Bezug auf die physikalische Struktur der Vernetzung ist zu bemerken, dass der Bastion Host gegebenenfalls auch an das gleiche interne Subnetz angeschlossen sein kann, für das er Schutzdienste erbringt. Seine Zugehörigkeit zur Firewall ist in diesem Fall eher logischer Natur, da sie lediglich durch die Paketfilterregeln bedingt ist. Hierbei sollte jedoch darauf geachtet werden, dass ein Bastion Host grundsätzlich besonders zu schützen ist und daher auch physisch schwerer zugänglich sein sollte als die von ihm geschützten Systeme (vergleiche hierzu auch Abschnitt 21.6). Aber auch bei räumlich abgeschlossener Aufstellung des Bastion Host hat eine solche Vernetzung einen Nachteil bezüglich der Sicherheit: Gelingt es einem Angreifer, den Bastion Host zu kompromittieren, so kann er je nach eingesetzter Netztechnik anschließend den Verkehr im internen Netz unmittelbar abhören oder modifizieren.

Gefahr des Abhörens bei Kompromittierung des Bastion Host!

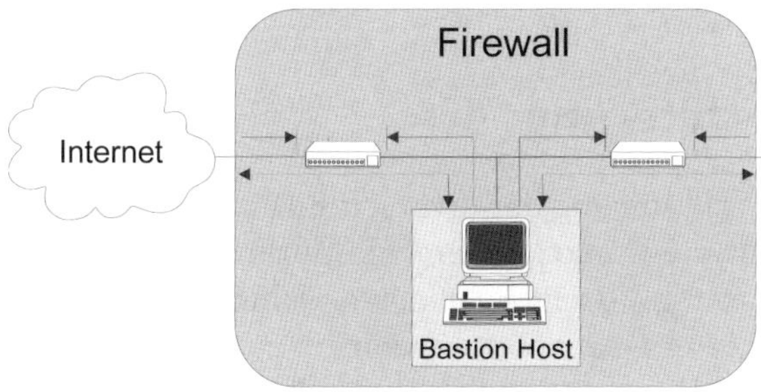

Abbildung 21.6
Die Screened-Subnet-Architektur

Insbesondere dem letztgenannten Risiko, einer potenziellen Kompromittierung des Bastion Host, begegnet die in Abbildung 21.6 dargestellte *Screened-Subnet-Architektur* durch Errichtung einer sogenannten *entmilitarisierten Zone*, auch *Perimeter Network* genannt. Diese Zone wird durch den Einsatz zweier Paketfilter geschaffen, zwischen denen ein oder mehrere Bastion Hosts für die Realisierung von Proxy-Diensten angesiedelt werden. Des Weiteren bietet sich diese Zone auch für den Anschluss der Server an, die Dienste für externe Rechner zur Verfügung stellen, wie zum Beispiel Web- oder E-Mail-Dienste. Dem zweiten Paketfilter kommt hierbei hauptsächlich die Aufgabe zu, das interne Netz vor der Gefahr eines eventuell kompromittierten Bastion Host zu schützen.

Perimeter Network

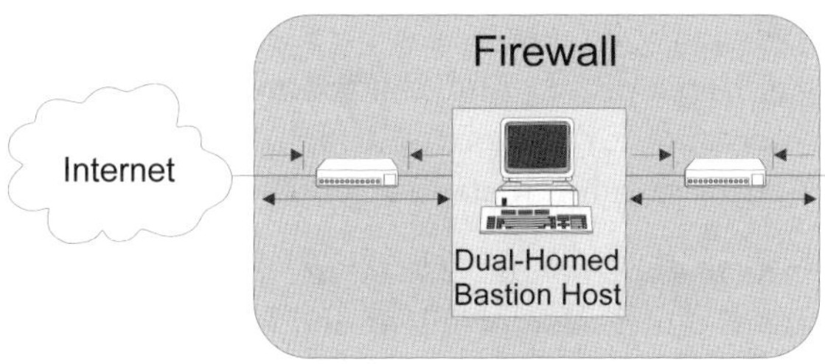

Abbildung 21.7
Die Split-Screened-Subnet-Architektur

Eine aus Sicht der Sicherheit noch ausgereiftere Architektur ist die in Abbildung 21.7 gezeigte *Split-Screened-Subnet-Architektur*. Hierin teilt ein Dual-Homed Bastion Host die entmilitarisierte Zone in zwei getrennte Subnetze. Auf der Grundlage von Proxy-Diensten kann der Bastion Host eine feingranularere Kontrolle auf die Datenströme ausüben als ein einfacher Paketfilter. Weiterhin wird der Bastion Host durch einen äußeren Paketfilter vor externen Angreifern geschützt und der interne Paketfilter schützt das interne

Split-Screened-Subnet-Architektur

Subnetz vor dem Bastion Host im Fall seiner Kompromittierung.

»Verteidigung in der Tiefe«

Auf diese Weise wird durch die Architektur eine »Verteidigung in der Tiefe«, vergleichbar mit der einer Ritterburg, realisiert, bei der von einem Angreifer in der Regel auch mehrere Schutzwälle überwunden werden müssen, um in ihr Inneres vorzudringen.

21.5 Paketfilterung

Wie sich bei der Erläuterung der diversen Firewall-Architekturen gezeigt hat, spielt die Funktion der Paketfilterung eine zentrale Rolle bei der Sicherung einzelner Subnetze. Daher soll sie in diesem Abschnitt detaillierter betrachtet werden.

Hierbei stellt sich zunächst die Frage, welche Schutzfunktionen im Hinblick auf die Zugriffskontrolle mit der Filterung von IP-Paketen überhaupt erbracht werden können?

Realisierung per Proxy-Dienst oder Paketfilterung?

Theoretisch betrachtet sind hier beliebig komplexe Schutzmaßnahmen denkbar, da letztendlich alle zwischen zwei oder mehreren Instanzen im Internet ausgetauschten Daten in IP-Paketen transportiert werden. In der Praxis erweisen sich jedoch die folgenden beiden Grundüberlegungen als nützliche Entscheidungshilfen bei dem Entwurf spezifischer Schutzmaßnahmen:

1. Selektionsoperationen, die ein detailliertes Wissen über die Funktionsweise von Protokollen höherer Kommunikationsschichten oder eine umfassende Auswertung der in vorherigen IP-Paketen übertragenen Protokolldateneinheiten erfordern, können einfacher und sicherer als spezifische Proxy-Dienste realisiert werden.
2. Einfache Selektionsoperationen, die schnell ausgeführt werden müssen und die jeweils einzelne IP-Pakete auswerten, können effizienter durch Paketfilter realisiert werden.

Grundlegende Paketfilterung

Eine in diesem Sinne *grundlegende Paketfilterung* trifft ihre Selektionsentscheidung auf der Basis der folgenden Informationen:

- der Quell-IP-Adresse,
- der Ziel-IP-Adresse,
- dem Transportprotokoll,
- dem Quellport,
- dem Zielport,
- gegebenenfalls spezifischen Protokollfeldern (zum Beispiel TCPs ACK-Bit und SYN-Bit) sowie
- der eingehenden Netzwerkschnittstelle.

Zustandsbasierte Paketfilterung

Über diese Grundfunktionen hinaus ist auch die *zustandsbasierte Paketfilterung* gebräuchlich. Diese gelegentlich auch als *dynamische Paketfilterung* bezeichnete Variante ermöglicht es beispielsweise, eingehende UDP- oder ICMP-Pakete nur dann passieren zu lassen, wenn sie eine Antwort auf zuvor beobachtete ausgehende Pakete sind. Ein weiteres Beispiel für zustandsbasierte Filterung ist eine Ratenlimitierung bestimmter Pakettypen.

Grundlegende Protokollüberprüfung

Schließlich kann ein Paketfilter gegebenenfalls auch noch eine grundlegende *Protokollüberprüfung* vornehmen. Ein Beispiel hierfür ist die Überprüfung von IP-Paketen, die an den DNS-Port gerichtet sind, auf eine korrekte Formatierung gemäß dem DNS-Protokoll. Weiterhin ist es in diesem Zusammenhang beispielsweise denkbar, Pakete, die eine HTTP-PDU in ihrem Datenteil enthalten, grundsätzlich nicht an bestimmte IP-Adressen weiterzuleiten.

Steigende Komplexität bedingt steigenden Ressourcenbedarf!

Bei dem Entwurf von Paketfilterfunktionen ist jedoch zu beachten, dass diese mit zunehmender Komplexität auch einen größeren Ressourcenbedarf im Zuge ihrer Ausführung implizieren, sodass hier stets eine Abwägung erfolgen sollte, ob nicht mit einem zweistufigen Ansatz aus einfachem Paketfilter und anwendungsspezifischen Proxy-Diensten eine effizientere Überprüfung realisiert werden kann.

Aktionen eines Paketfilters

Auf der Grundlage der in einem Paketfilter konfigurierten Filterregeln entscheidet dieser, wie mit jedem von ihm betrachteten Paket zu verfahren ist. Hierfür kommen die folgenden Aktionen infrage:

- Weiterleitung des Pakets,
- Verwerfen des Pakets,
- Modifikation des Pakets (zum Beispiel durch Entfernen von IP-Optionen),
- gegebenenfalls komplette oder teilweise Aufzeichnung des Pakets und
- eventuell Senden einer Fehlermeldung an den Sender, wobei hierbei zu bedenken ist, dass Fehlermeldungen einem Angreifer möglicherweise bei der Vorbereitung weiterer Angriffe behilflich sein können.

Spezifikation grundlegender Filterregeln

Da ein Paketfilter in der Regel ein zu schützendes Subnetz von einem weniger vertrauenswürdigen Netzbereich abzugrenzen versucht, wird bei der Spezifikation von Filterregeln ein implizites Verständnis der Verkehrsrichtung vorausgesetzt. Hierbei werden IP-Pakete, die von einer Netzschnittstelle empfangen werden, welche sich außerhalb des zu schützenden Netzbereiches befindet, als *eingehender Verkehr (»inbound«)* betrachtet. Entsprechend werden Pakete, die von einer Netzschnittstelle des zu schützenden Subnetzes empfangen werden, als *ausgehender Verkehr (»outbound«)* interpretiert. Bei der Spezifikation von Paketfilterregeln wird die Information, von welcher Netzschnittstelle ein IP-Paket empfangen wurde, in der Regel durch eine der drei Alternativen *»inbound«*, *»outbound«* oder *»either«* angegeben.

Verwendung von Subnetzmasken

Bei der Angabe von Quell- und Ziel-IP-Adressen können Subnetzmasken verwendet werden: »192.0.2.0/24« beispielsweise bezeichnet alle IP-Adressen, die mit dem Präfix »192.0.2« beginnen.

In den im Folgenden betrachteten Beispielen werden IP-Adressen oft einfach als *»intern«* oder *»extern«* angegeben, um die Diskussion unabhängig von einer konkreten Netztopologie zu halten. Bei der Angabe von Quell- und Zielports werden oft ganze Bereiche spezifiziert, etwa »>1023« für alle Portnummern, die echt größer als 1023 sind.

Auswertungsreihenfolge von Paketfilterregeln

Grundsätzlich wird davon ausgegangen, dass Paketfilterregeln in der Reihenfolge ihrer Angabe ausgewertet werden und dass die erste auf ein Paket zutreffende Regel die auszuführende Aktion bestimmt. Im Laufe der Jahre hat sich erwiesen, dass diese Methode für Systemadministratoren am einfachsten nachvollziehbar ist und dass damit Fehler bei der Spezifikation von Regeln am ehesten minimiert werden können.

Beispiel einer Paketfilterspezifikation

Zur Illustration der bisher beschriebenen Konzepte wird im Folgenden ein Satz von Paketfilterregeln schrittweise entwickelt, der das Ziel verfolgt, dass lediglich E-Mail-Kommunikation zwischen dem schützenden Subnetz und dem Internet erfolgen kann (nach [ZCC00]).

Internet-E-Mail wird zwischen zwei SMTP-Servern in TCP-Verbindungen ausgetauscht. Hierbei geht die Initiative von dem Server aus, der die E-Mails abzuliefern hat. Ein solcher Server baut dafür eine TCP-Verbindung zum Zielport 25 des empfangenden SMTP-Servers auf, wobei er als Quellport eine Nummer echt größer als 1023 wählt. Da sowohl eingehende als auch ausgehende E-Mails zugelassen werden sollen, sind für beide Richtungen entsprechende Paketfilterregeln zu entwerfen.

Erster Ansatz

Tabelle 21.1 zeigt den ersten Ansatz hierfür. Die beiden Regeln A und B dienen der Durchleitung eingehender E-Mails und die Regeln C und D erfüllen die äquivalente Aufgabe für ausgehende E-Mails. Die abschließende Regel E soll jeglichen anderen Datenverkehr unterbinden (»Default-Deny-Strategie«).

Regel A erlaubt eingehende IP-Pakete, die an den Zielport 25 gerichtet sind und als Nutzlast TCP-Segmente transportieren. Zum

Rule	Direction	Src. Addr.	Dest. Addr.	Protocol	Src. Port	Dest. Port	ACK	Action
A	Inbound	External	Internal	TCP		25		Permit
B	Outbound	Internal	External	TCP		>1023		Permit
C	Outbound	Internal	External	TCP		25		Permit
D	Inbound	External	Internal	TCP		>1023		Permit
E	Either	Any	Any	Any		Any		Deny

Tabelle 21.1 *Beispiel einer Paketfilterspezifikation*

Aufbau und zur Aufrechterhaltung der TCP-Verbindung zwischen beiden SMTP-Servern ist es jedoch auch erforderlich, die entsprechenden Antwortpakete des die Post entgegennehmenden Servers nach außen passieren zu lassen. Regel B erlaubt daher ausgehende IP-Pakete an Portnummern, die größer als 1023 sind.

Schutzfunktion des ersten Ansatzes

Um die Schutzfunktion dieser Regeln zu verdeutlichen, betrachten wir die folgenden Beispiele:

- Angenommen, es wird ein IP-Paket mit einer gefälschten Quelladresse des zu schützenden Subnetzes von außen an dieses gesendet: Da eingehende Pakete nur dann weitergeleitet werden, wenn sie externe Quelladressen und interne Zieladressen tragen (Regeln A und D), wird ein solcher Angriff erfolgreich abgewehrt. Das Gleiche gilt für ausgehend gerichtete Angriffe aus dem eigenen Netz (Regeln B und C).
- Weiterhin unterbindet diese Filterspezifikation wirkungsvoll eingehenden SSH-Verkehr, da SSH-Server üblicherweise auf dem Port 22 auf eingehende Verbindungen warten und eingehender Verkehr von dem Paketfilter nur dann durchgelassen wird, wenn er entweder an den Port 25 oder einen Port größer als 1023 gerichtet ist (Regeln A und D). Für ausgehenden SSH-Verkehr gilt aufgrund der beiden Regeln B und C das Gleiche.

Defizit des ersten Ansatzes

Diese Regelmenge erfüllt ihre Aufgabenstellung dennoch nicht vollständig, da sie beispielsweise sowohl eingehenden als auch ausgehenden Verkehr von RDP-Sitzungen nicht blockiert. Ein Terminal-Server mit RDP-Funktionalität wartet üblicherweise auf Port 3389 auf eingehende Verbindungen und die entsprechenden Clients nutzen Zielports aus dem Nummernraum oberhalb von 1023. Somit können eingehende RDP-PDUs den Paketfilter aufgrund von Regel B passieren und auch ausgehende RDP-PDUs werden aufgrund von Regel D nicht unterbunden. Hierdurch wird potenziellen Angreifern eine möglicherweise gefährliche Lücke geöffnet, da das

RDP-Protokoll nach Eingabe eines Passworts eine Reihe von Angriffen ermöglicht, wie zum Beispiel die Weiterleitung der Bildschirmanzeige sowie von Tastatureingaben.

Tabelle 21.2 Ergänzung der Paketfilterspezifikation um den Quellport

Rule	Direction	Src. Addr.	Dest. Addr.	Protocol	Src. Port	Dest. Port	ACK	Action
A	Inbound	External	Internal	TCP	>1023	25		Permit
B	Outbound	Internal	External	TCP	25	>1023		Permit
C	Outbound	Internal	External	TCP	>1023	25		Permit
D	Inbound	External	Internal	TCP	25	>1023		Permit
E	Either	Any	Any	Any	Any	Any		Deny

Zweiter Ansatz: Einbeziehung des Quellports

Dieser Schwachstelle kann durch die Einbeziehung der Quellports in die Filterspezifikation begegnet werden. Tabelle 21.2 zeigt die resultierenden Filterregeln. Da mit dieser Regelmenge ausgehende Pakete an Ports größer als 1023 nur dann zulässig sind, wenn sie von dem Quellport 25 stammen (Regel B), werden PDUs von internen RDP-Clients oder -Serverprogrammen unterbunden. Auf analoge Weise unterbindet Regel D eingehenden Verkehr zu RDP-Clients- beziehungsweise -Serverprogrammen.

Defizit des zweiten Ansatzes

In der Praxis kann jedoch nicht davon ausgegangen werden, dass ein Angreifer nicht den Port 25 als Quellport für einen angreifenden RDP-Client verwendet. In diesem Fall würde der Paketfilter den Verkehr passieren lassen.

Tabelle 21.3 Ergänzung der Paketfilterspezifikation um das ACK-Bit

Rule	Direction	Src. Addr.	Dest. Addr.	Protocol	Src. Port	Dest. Port	ACK	Action
A	Inbound	External	Internal	TCP	>1023	25	Any	Permit
B	Outbound	Internal	External	TCP	25	>1023	Yes	Permit
C	Outbound	Internal	External	TCP	>1023	25	Any	Permit
D	Inbound	External	Internal	TCP	25	>1023	Yes	Permit
E	Either	Any	Any	Any	Any	Any	Any	Deny

Dritter Ansatz: Einbeziehung des TCP-ACK-Bits

Tabelle 21.3 zeigt daher eine verbesserte Version der Filterspezifikation, die auch das ACK-Bit des TCP-Protokollkopfes in die Regeln B und D mit einbezieht. Da das ACK-Bit nun in Regel B als gesetzt vorausgesetzt wird, kann diese Regel nicht mehr für die Öffnung einer ausgehenden Verbindung verwendet werden (das Connect-Request von TCP ist ja durch ein nicht gesetztes ACK-Bit gekennzeichnet). Auf analoge Weise verhindert das Vorschreiben eines gesetzten ACK-Bits in Regel D die Öffnung eingehender TCP-Verbindungen, die an Ports größer als 1023 gerichtet sind.

Als grundlegende Richtlinie kann festgehalten werden, dass jede Paketfilterregel, welche eingehende TCP-PDUs für ausgehende Verbindungen erlauben soll (beziehungsweise auch umgekehrt), ein gesetztes ACK-Bit verlangen sollte.

Vierter Ansatz: Einbeziehung der Adresse des SMTP-Servers

Enthält die Firewall einen Bastion Host, so sollte der SMTP-Server am besten auf diesem System laufen (beziehungsweise der SMTP-Rechner als Bastion Host betrachtet werden). Mit der Einbeziehung der IP-Adresse des Bastion Host in die Paketfilterspezifikation kann die Sicherheit des zu schützenden Subnetzes weiter gesteigert werden, da Angriffe auf das SMTP-Serverprogramm in diesem Fall nur noch auf den Bastion Host wirken können. Tabelle 21.4 zeigt die resultierende Paketfilterspezifikation.

Tabelle 21.4 *Ergänzung der Paketfilterspezifikation um den Bastion Host*

Rule	Direction	Src. Addr.	Dest. Addr.	Protocol	Src. Port	Dest. Port	ACK	Action
A	Inbound	External	Bastion	TCP	>1023	25	Any	Permit
B	Outbound	Bastion	External	TCP	25	>1023	Yes	Permit
C	Outbound	Bastion	External	TCP	>1023	25	Any	Permit
D	Inbound	External	Bastion	TCP	25	>1023	Yes	Permit
E	Either	Any	Any	Any	Any	Any	Any	Deny

Im Fall einer Screened-Subnet-Firewall müssen zwei Paketfilter mit entsprechenden Regelmengen ausgestattet werden: einer für den Verkehr zwischen dem Internet und dem Bastion Host und einer für den Verkehr zwischen dem Bastion Host und dem internen Subnetz.

21.6 Bastion Hosts und Proxyserver

Kontaktpunkt zwischen internen und externen Systemen

Wie bereits in Abschnitt 21.3 eingeführt wurde, stellt ein Bastion Host den hauptsächlichen Kontaktpunkt zwischen den Anwendungsprozessen innerhalb des zu schützenden Netzes mit den Prozessen externer Systeme dar. Je nach Firewall-Architektur übernimmt er die Aufgabe der Paketfilterung und/oder die Bereitstellung dedizierter Proxy-Dienste für bestimmte Anwendungen. Als prinzipieller Kontaktpunkt des zu schützenden Netzes für externe Systeme ist er verglichen mit den Systemen, für die er Schutzfunktionen erbringt, erheblich höheren Risiken ausgesetzt.

Wenngleich sich mithilfe eines vorgeschalteten Paketfilters diese Risiken reduzieren lassen, so gilt auch für einen reinen Proxyserver, dass er durch besondere Maßnahmen zu sichern ist. In diesem Abschnitt werden zunächst allgemeine Hinweise für die Sicherung von Bastion Hosts gegeben, bevor im Abschluss noch kurz auf die Realisierung von Proxy-Diensten eingegangen wird.

Konfiguration eines Bastion Host

Die Prinzipien für den Aufbau eines »sicheren« Bastion Host sind im Grunde lediglich Erweiterungen der Strategien, mit denen ein beliebiges für ein Netzwerk wichtiges System zu sichern ist. Als zentrale Grundregel ist hier vor allem zu nennen, dass die Systemkonfiguration eines Bastion Host *so einfach wie möglich* gehalten werden sollte. Alle Dienste, die auf dem Bastion Host nicht angeboten werden müssen, sollten auch nicht auf ihm installiert sein.

Potenzielle Kompromittierung des Bastion Host

Weiterhin sollte man grundsätzlich damit rechnen, dass der Bastion Host kompromittiert wird. Die internen Systeme sollten ihm daher nicht mehr Vertrauen entgegenbringen als unbedingt notwendig. So sollten beispielsweise keine Dateisysteme an den Bastion Host exportiert werden und kein Login von dem Bastion Host aus auf interne Systeme ermöglicht werden. Wenn möglich, sollte der Bastion Host so in die Netzinfrastruktur eingebunden werden, dass er den Datenverkehr im internen Subnetz nicht abhören kann (zum Beispiel durch Abgrenzen mit einem weiteren Paketfilter oder auch durch MAC-Adressfilter im vorgelagerten Switch).

Ereignisaufzeichnung für Zwecke der Angriffserkennung

Darüber hinaus sollte auf dem Bastion Host eine umfangreiche Ereignisaufzeichnung vorgenommen werden, um eine frühzeitige Erkennung erfolgter Angriffe oder der erfolgreichen Kompromittierung des Bastion Host zu ermöglichen. Hierbei ist zu beachten, dass die Ereignisaufzeichnung von einem erfolgreichen Angreifer nicht nachträglich manipuliert werden kann. Eine Implementierungsmöglichkeit hierfür ist das Übertragen der Ereigniseinträge über die dedizierte Schnittstelle an einen separaten Log-Rechner, der selbst über keine Netzschnittstelle verfügt.

Unattraktives Angriffsziel

Sofern keine wichtigen Gründe dagegen sprechen, sollte der Bastion Host ein möglichst »unattraktives« Ziel für Angreifer darstellen. So sollten etwa nur die Softwarewerkzeuge auf ihm installiert werden, die unbedingt für seinen Betrieb benötigt werden. Vor allem sollten keine Benutzerkonten auf dem Bastion Host verfügbar sein, die auch im restlichen Netz verwendet werden, um ein Ausspähen von Daten sowie die Durchführung von Passwort-Attacken zu vermeiden.

Aufstellung an sicherem Ort

Schließlich sollte ein Bastion Host grundsätzlich an einem physisch nicht allgemein zugänglichen Ort aufgestellt werden, um die Gefahr von Manipulationen möglichst gering zu halten. Seine Systemkonfiguration sollte in regelmäßigen Abständen gesichert werden. Eine routinemäßige Neuinstallation des Systems von einer

Sicherheitskopie kann gegebenenfalls auch erwogen werden, um eventuell erfolgte Manipulationen zu korrigieren. Hierbei sollte man sich jedoch darüber bewusst sein, dass eine eventuell vorhandene und bereits einmal ausgenutzte Schwäche der Systemkonfiguration von einem Angreifer erneut zum Eindringen in ein System missbraucht werden kann, sodass sich mit dieser Maßnahme das Risiko der Kompromittierung des Systems nicht signifikant reduzieren lässt.

Proxy-Dienste

Mit der Erbringung von Proxy-Diensten auf einem Bastion Host kann erreicht werden, dass für Benutzer des zu schützenden Subnetzes die Illusion entsteht, dass alle Systeme dieses Netzes auf Internetdienste zugreifen können, obwohl tatsächlich nur der Bastion Host dazu in der Lage ist. Der Server hat gleichzeitig die Illusion, dass er die Daten mit dem Bastion Host austauscht.

Es gibt zwei prinzipielle Varianten von Proxy-Diensten:

Application Level Proxy

- Wenn ein Proxyserver die Kommandos des Anwendungsprotokolls auswertet und ihre Semantik interpretiert, wird er als *Application Level Proxy* bezeichnet.

Circuit Level Proxy

- Beschränkt sich der Proxyserver hingegen auf eine Weiterleitung der Anwendungs-PDUs zwischen dem Client und dem Server, wird er *Circuit Level Proxy* genannt.

Ein typisches Beispiel für einen Application Level Proxy ist ein Webproxy, der gleichzeitig Werbung und Viren filtert. Andere mögliche Protokolle sind unter anderem DNS und SMTP. Ein Beispiel für Circuit Level Proxies sind SOCKS-Proxies, über die etwa Spiele oder andere (meist interaktive) Spezialanwendungen kommunizieren können, für die kein Application Level Proxy existiert. Circuit Level Proxies haben in den letzten Jahren immer mehr an Bedeutung verloren, da sie im Vergleich zu NAT kaum einen Sicherheitsgewinn bringen. Einziger signifikanter Vorteil ist die mögliche Authentisierung interner Nutzer.

Realisierungsvarianten von Proxy-Diensten

Bei der Benutzung eines Proxy-Dienstes müssen die anwendungsspezifischen Datenströme zu dem Proxyserver umgeleitet werden und es muss dem Proxyserver mitgeteilt werden, mit welchem Anwendungsserver er sich jeweils verbinden soll. Hierfür existieren die folgenden vier Realisierungsmöglichkeiten:

User Procedures

- *Proxy-aware User Procedures:* Ein Beispiel für diese Vorgehensweise ist die Verwendung eines SSH-Proxy, bei dem sich der Benutzer zunächst auf dem Bastion Host anmeldet, um von dort aus eine SSH-Sitzung zu dem tatsächlich gewünschten Server aufzubauen.

Clientsoftware

- *Proxy-aware Client Software:* Hierbei übernimmt die Clientsoftware die Übergabe der entsprechenden Daten an den Proxyserver. Dieser Ansatz wird beispielsweise bei Proxyfähigen Webbrowsern verwendet, bei denen der Clientsoftware nur einmal der Name beziehungsweise die Adresse des Webproxys mitgeteilt werden muss.

Betriebssystem

- *Proxy-aware Operating System:* Bei dieser Variante übernimmt das Betriebssystem (mithilfe entsprechender Konfigurationsdaten) die Umleitung auf und die Übergabe der benötigten Parameter an den Proxyserver. Die Konfigurationsdaten können dabei etwa über DHCP in Kombination mit dem Web Proxy Autodiscovery Protocol (WPAD) automatisch verteilt werden, sodass keine Nutzeraktion erforderlich ist.

Router

- *Proxy-aware Router:* Diese Variante lagert die Aufgabe der Ansteuerung des Proxys auf ein Zwischensystem aus, welches die von den internen Clientrechnern initiierten Verbindungen auf den Proxyrechner transparent umleitet sowie diesem die nötigen Adressdaten mitteilt. Da keinerlei Unterstützung des Nutzers oder Endgerätes notwendig ist, wird dieses Verfahren in der Regel als *Transparenter Proxy* bezeichnet.

21.7 Weitere Aspekte moderner Firewall-Systeme

Die bisher vorgestellten Mechanismen und Eigenschaften von Internet-Firewalls sind von sehr grundlegender Natur. Moderne Firewalls bieten eine Reihe weiterer technischer Kniffe, welche die Sicherheit erhöhen sollen. Beispiele für solche Mechanismen und Konzepte sind:

Datendioden

- *Datendioden* oder *One-Way-Gateways* dienen der Trennung von hoch sicheren Bereichen vom Internet. Dabei handelt es sich um Firewall-Systeme, die durch physische Maßnahmen Daten nachweislich nur in eine Richtung transportieren, beispielsweise indem ein Glasfaserkabel mit nur einer Ader verwendet wird. Solche Systeme können zum einen eingesetzt werden, um sehr vertrauliche Daten in einen sicheren Bereich zu übermitteln. Zum anderen können aber auch Monitoring-Daten aus Bereichen gewonnen werden, die eine hohe Integrität erfordern, etwa zur Überwachung von Kraftwerken.

Remote-Controlled Browsers System

- Das Konzept des *Remote-Controlled Browsers System (ReCoBS)* zielt auf ähnlich hoch sicheren Umgebungen ab: Hierbei läuft auf dem Bastion Host eines Screened-Subnet ein speziell gehärteter Terminal-Server und innerhalb dieses Servers können die Clients im lokalen Netz einen Webbrowser nutzen. Die Firewall zum lokalen Netz inspiziert zusätzlich den genauen Protokollablauf des Terminal-Service-Protokolls. Für ReCoBS existiert ein Common-Criteria-Schutzprofil des Bundesamtes für Sicherheit in der Informationstechnik [BSI08].

- *Deep Packet Inspection* Gleichzeitig finden sich in Firewalls immer mehr Techniken zur *Deep Packet Inspection*, also der detaillierten Prüfung von Protokollabläufen und übertragenen Nutzdaten. Problematisch für diese Ansätze ist die zunehmende Verbreitung von verschlüsselten Verbindungen. Viele kommerzielle Firewalls bieten daher die Möglichkeit, SSL/TLS- beziehungsweise SSH-Verbindungen »aufzubrechen«. Diese *SSL Inspection* beziehungsweise *SSH Inspection* genannte Technik führt *Aufbrechen kryptografischer Verbindungen* im Wesentlichen einen automatisierten Man-in-the-Middle-Angriff durch. In den Systemen des lokalen Netzes wird dazu das Zertifikat der Firewall als gültige Zertifizierungsinstanz konfiguriert, um diesen die Legitimität des Vorgehens zu suggerieren.
- *Integrierte Lösungen* Ein weiterer anhaltender Trend ist die Integration von Firewalls in umfassende Netzwerksicherheitslösungen inklusive Anbindung an die Nutzerverwaltung, Virenscanner und VPN-Zugänge, um so die Wartbarkeit zu erhöhen und gleichzeitig Korrelationen zu ermöglichen. So können Netzwerkzugriffe etwa gesperrt werden, wenn in einem System kein Nutzer eingeloggt ist oder wenn ein System über ein nicht ausreichend aktuelles Betriebssystem verfügt. Diese Bestrebungen werden aktuell unter einer ganzen Reihe von Schlagworten diskutiert. Am gebräuchlichsten ist vermutlich *Network Access Control (NAC)* [Ser10] oder *Unified Threat Management (UTM)*, wenn die Sicherungssysteme auf einem physischen System vereint sind.

21.8 Zusammenfassung

Zugriffskontrolle auf Subnetzebene

Internet-Firewalls realisieren eine Zugriffskontrolle auf Subnetzebene. Diesem Zweck entsprechend werden sie in der Regel zwischen einem zu schützenden Subnetz und einem weniger vertrauenswürdigen Netzbereich wie etwa dem öffentlichen Internet installiert.

Hierbei ist zu bedenken, dass eine Internet-Firewall nur die Datenströme überwachen kann, die durch sie hindurch geleitet werden, und dass sie grundsätzlich keinen Schutz vor internen Angreifern bieten kann.

Firewall-Architekturen

Eine Internet-Firewall kann je nach zu erzielendem Sicherheitsgrad und den zur Verfügung stehenden Mitteln durch eine einzelne oder auch eine Menge von Komponenten aufgebaut werden. Im Laufe der Zeit hat sich in dieser Hinsicht eine Reihe von Architekturen herausgebildet, mit denen jeweils spezifische Sicherheitseigenschaften erzielt werden können. In der Praxis werden von diesen Architekturen am häufigsten die *Paketfilter-*, die *Dual-Homed-Host-*, die *Screened-Host-*, die *Screened-Subnet-* und die *Split-Screened-Subnet-Architektur* eingesetzt.

Zentrale Elemente sind Paketfilter und Proxyserver.

Alle diese Architekturen verwenden als zentrale Elemente *Paketfilter*, die für jedes durch sie hindurch laufende IP-Paket Zugriffsentscheidungen treffen, und *Proxyserver*, die eine anwendungsspezifische Überwachung von Datenströmen ermöglichen. Die in einer Firewall mit spezifischen Funktionen (zum Beispiel Proxy-Diensten) installierten Rechensysteme werden als *Bastion Hosts* bezeichnet. Aufgrund ihrer erhöhten Exponiertheit gegenüber Angreifern müssen Bastion Hosts mit besonderer Sorgfalt installiert und kontinuierlich überwacht werden.

Bastion Hosts

21.9 Weiterführende Literatur

[BSI08] BSI (Bundesamt für Sicherheit in der Informationstechnik): *Common Criteria Protection Profile for Remote-Controlled Browsers Systems (ReCoBS).* BSI PP BSI-PP-0040. Version: 2008

[Sem96] Semeria, C.: *Internet Firewalls and Security.* 1996. – 3Com Technical Paper

[SH09] Scarfone, K.; Hoffman, P.: *Guidelines on Firewalls and Firewall Policy.* NIST Special Publication 800-41. Version: 2009

[ZCC00] Zwicky, E.; Cooper, S.; Chapman, B.: *Building Internet Firewalls.* Second Edition, O'Reilly, 2000
Ein anerkanntes Standardwerk auf diesem Gebiet, das nicht nur die prinzipielle Funktionsweise von Firewall-Komponenten umfangreich erläutert, sondern auch praktische Hinweise zur Paketfilterung und Sicherung gibt. Es ist leider etwas in die Jahre gekommen.

21.10 Übungen

1. Welche grundsätzlichen Informationen gehen üblicherweise in die Zugriffskontrollentscheidung darüber ein, ob ein IP-Paket weitergeleitet werden soll oder nicht?
2. Welche weiter gehenden Prüfungen können realisiert und welche Art von Komponente sollte hierfür eingesetzt werden?
3. Muss ein Bastion Host grundsätzlich ein Dual-Homed Host sein? Ist der umgekehrte Schluss richtig?
4. Warum sollte bei der Erstellung von Paketfilterregeln mit einbezogen werden, von welcher Netzschnittstellenkarte ein Paket empfangen wurde?
5. Einsatz von Paketfilterung zur Zugriffskontrolle:
   - Welche prinzipielle Annahme liegt dem Einsatz der Paketfilterung für die Zugriffskontrolle zugrunde?
   - Können hieraus potenzielle Sicherheitsrisiken entstehen?
   - Wenn ja, wie können Sie diesen Risiken begegnen?
   - Können Sie Gründe dafür angeben, warum der Einsatz von Paketfiltern dennoch sinnvoll ist?
6. Warum sollten Paketfilterregeln grundsätzlich in der Reihenfolge ihrer Spezifikation angewendet werden?
7. Recherchieren Sie (zum Beispiel unter Zuhilfenahme des entsprechenden Internet-RFC) die für die Paketfilterung des SNMPv3-Protokolls benötigten Informationen und stellen Sie Paketfilterregeln für die Blockierung von SNMPv3-Datenströmen auf.
8. Welche Einschränkung können Sie durch Auswertung des ACK-Bits von TCP bei der Paketfilterung realisieren?
9. Warum müssen Sie bei TCP-basierten Diensten grundsätzlich zwei Verkehrsrichtungen zulassen?
10. Gibt es einen funktionalen Unterschied zwischen Firewalls, die einen TCP-Verbindungszustand speichern, und solchen, welche die Richtung von TCP-Verbindungen mithilfe von SYN-Flags überwachen?
11. Wie können Sie Ihr Netz davor schützen, dass ein eventuell kompromittierter Bastion Host für das Abhören Ihres internen Verkehrs missbraucht wird?
12. Microsofts Secure Socket Tunneling Protocol (SSTP) [Mic14] baut PPP-basierte VPN-Verbindungen über HTTPS auf. Warum wird an dieser Stelle HTTPS und nicht direkt TLS verwendet? Was sagt dies über die erreichbaren Sicherheitseigenschaften aus?

22 Automatisierte Angriffserkennung und -reaktion

Die in den bisherigen Kapiteln vorgestellten Sicherheitsmaßnahmen zielen vor allem auf die Prävention von Sicherheitsvorfällen und die damit verbundene Reduktion des Risikos von Vorfällen ab. Durch kryptografische Techniken etwa soll ein Angreifer an der Ausführung eines Angriffs vollständig gehindert werden. Wie bereits in Abschnitt 17.1 erwähnt, ist dieses Vorgehen allerdings aus mehreren Gründen nicht immer ausreichend oder sinnvoll:

Präventive Maßnahmen sind oft zu teuer, inflexibel, fehlgeplant oder aus regulatorischen Gründen nicht durchführbar.

- **Kosten:** Ein System gegen alle möglichen Angriffe proaktiv abzusichern kann extrem hohe Kosten und großen technischen Aufwand erzeugen, obwohl viele der Bedrohungen nie relevant werden.
- **Geringe Flexibilität:** Restriktive Zugriffsregeln in Firewalls und Proxys, erzwungene komplexe Passwörter und ähnliche Maßnahmen erhöhen die Sicherheit von Netzen nur theoretisch. Bei einem zu hohen Aufwand aufseiten der Nutzer werden diese die Sicherheitsrichtlinien umgehen. Ein verbreitetes Beispiel sind komplexe Passwörter, die aufgeschrieben am Monitor oder unter dem Keyboard kleben.
- **Fehleinschätzung:** Selbst wenn eine systematische Bedrohungsanalyse gewissenhaft durchgeführt und ein akzeptables Risiko festgestellt wurde, können einige Bedrohungen schlicht unterschätzt worden sein. Insbesondere wenn neue Angriffstechniken eingesetzt werden oder wenn bestimmte Angreifertypen – beispielsweise politisch motivierte – vormals nicht ernst genommen wurden, kann sich die Risikobewertung stark ändern.
- **Regeltreue (Compliance):** Teilweise haben einzelne Personen oder Unternehmen keine Möglichkeit, bestimmte Sicherheitsprobleme direkt zu beseitigen, etwa weil ausschließlich zertifizierte Geräte einzusetzen sind oder bestimmte Standards eingehalten werden müssen.

Abbildung 22.1
PDRR-Prozess: Der Erfolg präventiver Maßnahmen wird durch Angriffserkennung verifiziert; es erfolgt gegebenenfalls eine Adaption durch kurz- und langfristige Maßnahmen.

Daher bietet es sich an, in gefährdeten Infrastrukturen neben einer reinen Angriffsprävention auch eine Angriffserkennung und -reaktion durchzuführen. Das Sicherheitsrisiko wird in diesem Fall durch einen fortlaufenden Prozess bewertet und adaptiert. Ein Beispiel für ein solches Vorgehen ist der in Abbildung 22.1 gezeigte PDRR-Prozess. Präventive Maßnahmen (Protection) werden hierbei durch eine Angriffserkennung (Detection) überwacht. Wird ein erfolgreicher Angriff detektiert, werden zunächst kurzfristig Maßnahmen gegen den Angriff eingeleitet (Response), wie etwa das Sperren relevanter IP-Adressen in der Firewall oder das Einschalten von Polizei und Staatsanwaltschaft. Anschließend wird die Sicherheit der Infrastruktur wiederhergestellt (Recovery). Längerfristig erfolgt eine Adaption der präventiven Maßnahmen, um erneute Angriffe auszuschließen.

22.1 Arbeitsweise und Ziele von Intrusion-Detection-Systemen

Die Detektion von Angreifern ist nur sinnvoll, wenn dadurch das IT-Sicherheitsrisiko verringert wird.

Das Ziel von *Intrusion-Detection-Systemen* (IDS) ist somit die Überwachung von elektronischen Geräten und der Kommunikationsinfrastruktur, um relevante Angriffe zu erkennen. Relevant sind Angriffe in der Regel nur, wenn sie nicht durch präventive Standardmechanismen ohnehin verhindert werden (betrifft insbesondere ungezielte, automatisierte Angriffe) und:

- sie zu einer Identifikation des Angreifers führen und somit weitere Angreifer abschrecken,
- sie Rückschlüsse auf bisher unbekannte Bedrohungen und Angriffstechniken zulassen oder
- sie zur Vermeidung eines größeren Schadens beitragen.

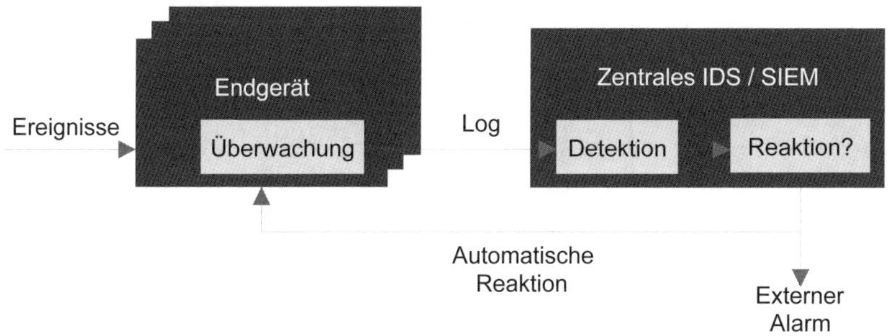

Abbildung 22.2 *Funktionsblöcke in IDS*

Ihre Wirkung kann eine Angriffserkennung also immer dann entfalten, wenn durch Response- und Recovery-Mechanismen im Anschluss an eine Angriffsdetektion Schaden abgewendet werden kann. Ohne einen entsprechenden Zyklus ist eine Angriffsdetektion wenig sinnvoll. In jedem Fall ist es dabei nicht entscheidend, ob Angriffe einen internen oder externen Ursprung haben.

Abbildung 22.2 zeigt den prinzipiellen Ablauf eines jeden IDS: Zunächst werden verschiedenste Ereignisse in den beteiligten Systemen aufgenommen und lokal bewertet. Wird bei der Prüfung eine verdächtige Aktion vermutet, wird die Information an eine zentrale Komponente übermittelt. Diese wird in einigen Konfigurationen auch *Security Information & Event Management (SIEM)* genannt. Nach einer erneuten Prüfung und gegebenenfalls Korrelation mit anderen Ereignissen erfolgt eine externe Alarmierung. Bei *Intrusion-Prevention-Systemen* (IPS) kann auch eine automatische Unterbindung von Kommunikationsbeziehungen eingeleitet werden.

Ziele und Anforderungen

Die eingesetzten IDS sollten dabei die folgenden Eigenschaften aufweisen:

- **Hohe Genauigkeit:** Ein Alarm eines IDS sollte genau dann eintreten, wenn ein relevanter Angriff vorliegt. Hinter dieser zunächst einfachen Forderung verbirgt sich eine komplexe Aufgabe: Wie in Abbildung 22.3 dargestellt, dient ein IDS dazu, Ereignisse in verdächtige und unverdächtige zu kategorisieren. Jeder Fehler resultiert entweder in einem Fehlalarm (*False Positive*) oder einem unerkannten Angriff, einem sogenannten *False Negative*. Auch Fehlalarme sind dabei ein Problem, das signifikante Folgen haben kann, etwa wenn automatisch Gegenmaßnahmen eingeleitet werden. Erschwerend kommt hinzu, dass den Administrator normalerweise nur »ernst zu nehmende« Angriffe interessieren und die Bearbeitung von Fehlalarmen wertvolle Zeit in Anspruch nimmt.

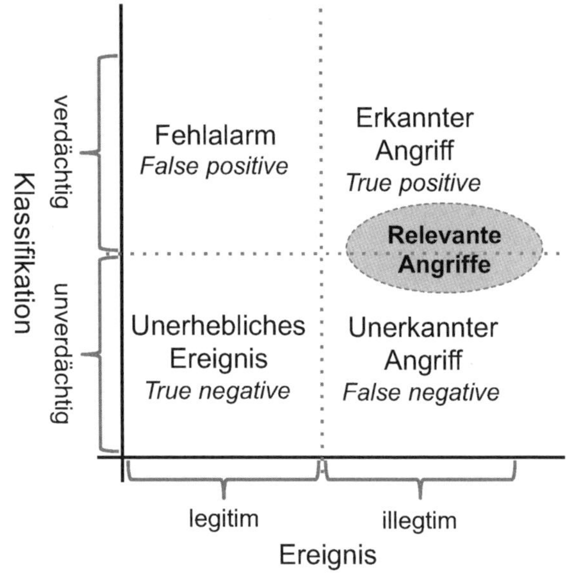

Abbildung 22.3 *Möglichkeiten der Klassifikation von Ereignissen*

- **Einfache Integration:** IDS müssen einfach in eine bestehende IT-Systemlandschaft zu integrieren sein, um die Komplexität nicht weiter ansteigen zu lassen und um bei einer Nachrüstung bereits im Netz vorhandene Angreifer durch die Umorganisation nicht zu warnen.
- **Einfache Konfiguration und Verwaltung:** Zur Vermeidung von Konfigurationsfehlern und für eine Akzeptanz von IDS ist eine einfache Bedienung solcher Systeme Voraussetzung.

Angriffe müssen auch bei Ausfällen erkannt werden.

- **Autonomer und fehlertoleranter Betrieb:** Ausfälle in Netzen können zum einen gezielt durch Angreifer hervorgerufen werden und zum anderen können Angreifer warten, bis ein echter Störfall vorliegt, um in ein System einzudringen. Daher ist es wichtig, dass IDS auch ohne Anbindung zu zentralen Komponenten autonom arbeiten und etwaige Angriffe nach Beseitigung der Störung aufgeklärt werden.
- **Niedriger Ressourcenverbrauch:** Wenn IDS nicht auf dedizierten Systemen arbeiten, ist ein geringer Ressourcenverbrauch eine Prämisse, um andere Anwendungen nicht zu stören. Aber auch auf dedizierten Systemen, die meist zentral arbeiten, ist es wichtig, extrem viele Ereignisse verarbeiten zu können. Andernfalls kann ein Angriff beispielsweise in einer Flut legitimer Ereignisse getarnt werden.

- **Selbstschutz:** Angreifern darf es nicht einfach gelingen, ein IDS selbst anzugreifen und so einer Aufzeichnung der ausgelösten Ereignisse zu entgehen. In der Vergangenheit wiesen IDS auch immer wieder selbst Sicherheitslücken auf, durch die ein Eindringen erst ermöglicht wurde. Solche Probleme sind offensichtlich inakzeptabel.

IDS dienen immer wieder als Angriffsvektor.

IDS können in zwei prinzipielle Kategorien unterteilt werden: Bei *host-basierten IDS (HIDS)* wird eine Software auf den Endsystemen installiert, die entweder kontinuierlich oder zumindest periodisch prüft, ob verdächtige Aktionen ausgeführt werden. Im Gegensatz dazu arbeiten *netzwerkbasierte IDS (NIDS)* auf dedizierten Systemen an exponierten Stellen im Netz und beobachten den Verkehr. Beide Varianten sind komplementär und können auch miteinander kombiniert werden. Man spricht in diesem Fall von *hybriden IDS*.

Bei IDS werden host- und netzwerkbasierte IDS unterschieden.

HIDS verarbeiten dabei verschiedenste Informationen, die sie in den Systemen vorfinden, beispielsweise durch:

- Analyse von Logdaten des Betriebssystems und von Anwendungsprozessen,
- Prüfung der Systemdateien auf unerlaubte Modifikation,
- Protokollieren von Zugriffsfehlern,
- Aufzeichnen der Login-Zeiten und Eingaben ungültiger Nutzernamen oder Passwörter,
- statistische Bewertung der Ressourcennutzung,
- Suche nach Viren, trojanischen Pferden und Rootkits sowie
- Prüfung der Vertraulichkeitsanforderungen von Dateien, die auf externe Datenträger geschrieben werden.

NIDS hingegen können ausschließlich Netzwerkverkehr beobachten und konzentrieren sich daher auf:

- die Erkennung charakteristischer Pakete bestimmter Angriffsmuster,
- die Analyse des Auf- und Abbauverhaltens von Verbindungen,
- das Auftreten von Fehlernachrichten, etwa von ICMP-Destination-Unreachable-Nachrichten,
- die Detektion von Abweichungen in Protokollabläufen und
- die Erfassung übertragener Volumina, verwendeter Dienste sowie involvierter Hosts.

Aus den Einsatzszenarien und zu erfassenden Ereignissen ergeben sich direkt auch die spezifischen Vor- und Nachteile von HIDS und NIDS. Naturgemäß können nur HIDS Angriffe erfassen, die nicht durch das Netzwerk erfolgen, etwa indem Daten unerlaubt

Vor- und Nachteile von NIDS beziehungsweise HIDS

auf einen USB-Stick kopiert werden. Dafür muss ein HIDS allerdings auf jedem Endpunkt eines Netzes installiert werden, um alle relevanten Ereignisse auch sicher zu erkennen. NIDS arbeiten hingegen nur auf einigen wenigen Systemen. Dem entsprechend geringer fällt der Installations- und Wartungsaufwand aus. Außerdem können NIDS dadurch auch nicht kooperative Systeme überwachen, etwa weil sie unter Kontrolle des Angreifers stehen oder weil sie – wie Router oder Drucker – schlicht keine Anwendungssoftware ausführen können. Gleichzeitig sind NIDS auch besser zu schützen, da bei HIDS die Gefahr besteht, dass diese nach einem erfolgreichen Angriff oder durch physischen Zugang deaktiviert werden.

Durch die Beobachtung von Netzwerkströmen können NIDS darüber hinaus auch netzwerkspezifische Angriffe detektieren, die auf den einzelnen Hosts nicht zu messen sind, zum Beispiel ein systematisches Durchprobieren von Portnummern – sogenanntes *Port-Scanning* –, DoS-auslösende Pakete oder die Verwendung falscher IP-Adressen. Dabei fällt es in NIDS oft leichter, bestimmte Ereignisse zu korrelieren, da diese bereits häufig an einem Ort gesammelt werden. Für HIDS wird für solche Korrelationen zwangsläufig ein zusätzliches SIEM-System benötigt, welches ein zentrales Archiv für IDS-Daten bereitstellt.

Im Folgenden wird ausschließlich auf NIDS eingegangen.

Da zur Überwachung der Kommunikationsinfrastruktur zwangsläufig eine NIDS-Komponente eingesetzt werden muss, wird im Folgenden ausschließlich auf diese eingegangen. Für detaillierte Informationen über HIDS sei beispielsweise auf [BC08] verwiesen, eine Beschreibung des populären HIDS *OSSEC*.

22.2 Aufbau und Funktionsweise netzwerkbasierter IDS

NIDS arbeiten – wie bereits angesprochen – in der Regel auf dedizierten Systemen und beobachten zunächst passiv den Netzwerkverkehr. Wie in Abbildung 22.4 gezeigt, können diese Systeme an verschiedenen Positionen im Netzwerk aufgestellt werden:

1. Vor der Firewall einer Organisation im offenen Internet
2. In der demilitarisierten Zone
3. In den Netzen der Arbeitsplatzrechner

Je nach Standort können verschiedene Dinge gemessen werden, so eignen sich NIDS in der DMZ naturgemäß besonders, um Server

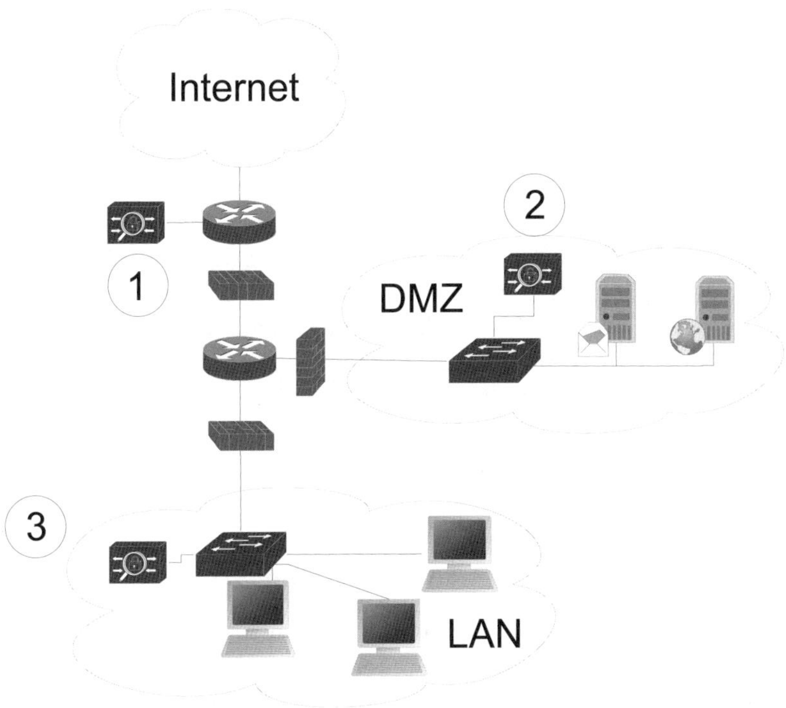

Abbildung 22.4
Mögliche Positionierung eines NIDS: im offenen Internet, in der DMZ oder in internen Netzen

zu überwachen. NIDS vor der Firewall hingegen werden auch viele ungerichtete Angriffe beobachten, die oft für den Nutzer nicht relevant sind. Sie bieten aber bessere Möglichkeiten, vormals unbekannte Angriffe zu beobachten. Insbesondere zwischen den Arbeitsplatzrechnern sollte der Netzwerkverkehr hingegen weniger vielgestaltig sein. Hier können NIDS beispielsweise überwachen, dass keine außer den vom Administrator genehmigten Geräten betrieben werden. Damit wird zwar nicht das gleiche Sicherheitsniveau wie bei einer 802.1X-Authentisierung (siehe Abschnitt 11.2) erreicht, jedoch eine Grundsicherung ermöglicht.

In großen Netzen werden oft an verschiedenen Stellen Systeme aufgestellt, sogenannte *Probes*, die jeweils ein Teilnetz überwachen und Ereignisse an eine zentrale Stelle zur Korrelation melden. Dabei ist selbstverständlich darauf zu achten, dass IDS nicht umgangen werden können, etwa indem nicht alle Internet-Uplinks überwacht werden.

In realen Netzen ist der Betrieb physisch getrennt-vernetzter Probes sinnvoll.

Da NIDS von Zeit zu Zeit auch selbst Sicherheitslücken haben, empfiehlt es sich, die Probes an einen Monitor-Port im vorgelagerten Switch anzuschließen und einen Informationsfluss nur in eine Richtung zuzulassen. Die Kommunikation zum zentralen Management sollte über ein virtuell oder besser noch physisch getrenntes Netz erfolgen. Viele IDS beherrschen den Im- und Export von Nachrichten im XML-basierten Intrusion Detection Message Exchange Format (IDMEF) [DCF07], sodass die Aggregation der Daten in zentralen Systemen kein signifikantes Problem mehr darstellt.

Wie die einzelnen Probes Angreifer erkennen, kann dabei sehr unterschiedlich sein. Im Wesentlichen existieren drei Kategorien: signatur- und verhaltensbasierte Verfahren sowie Verfahren, die auf Basis selbstlernender Verfahren anormale Verkehrsflüsse identifizieren. Diese werden in den folgenden Abschnitten genauer vorgestellt.

22.2.1 Signaturbasierte Erkennung

Vergleichsweise einfach ist die Idee, die hinter der signaturbasierten Erkennung von Angreifern steckt. Im NIDS werden einfach Paketmuster hinterlegt, von denen bekannt ist, dass sie in Angriffe involviert sind. Entspricht ein Paket dem Muster, wird ein Ereignis generiert.

Beispiel einer einfachen Angriffssignatur

Ein Beispiel für ein solches Muster für das weitverbreitete signaturbasierte NIDS *Snort* ist die folgende Regel:

```
alert icmp $EXTERNAL_NET any -> $HOME_NET any
  (msg: "Ping-of-Death detected";
   dsize: > 10000;
   sid: 3737844653)
```

Sie besagt, dass alle ICMP-Datagramme, die von einer externen IP-Adresse an eine interne IP-Adresse gerichtet sind, auf ihre Größe untersucht werden sollen. Überschreitet diese 10.000 Bytes, wird ein Alarm generiert, da möglicherweise ein Ping-of-Death-Paket vorliegt (Details finden sich in Abschnitt 18.1.1). Das Schlüsselwort `sid` gibt dem Ereignis eine eindeutige Identifikationsnummer, um eine Korrelation und Aggregation von Ereignissen vornehmen zu können.

Signaturbasierte NIDS erfordern die robuste Rekonstruktion von IP-Paketen und TCP-Strömen.

Bereits bei diesem kleinen Beispiel wird eine grundlegende Problematik des Ansatzes klar: Datagramme mit einer Größe von mehr als 10.000 Bytes werden normalerweise nicht direkt über das Internet übertragen. Da die maximale Übertragungsgröße (Maximum Transmission Unit, MTU) in der Regel 1.500 Byte beträgt, wird das Datagramm in mindestens 7 Pakete zerteilt, die nun nicht nur im Endsystem, sondern auch im NIDS zusammengesetzt werden müssen, um den Angriff zu erkennen.

Neben der Defragmentierung von IP-Paketen müssen auch TCP-Datenströme wieder zusammengesetzt werden und gegebenenfalls Normalisierungen auf Applikationsebene vorgenommen werden. Ist dies alles erfolgreich, können mit solchen Regeln allerdings auch relativ komplexe Sachverhalte erfasst werden. Das folgende Beispiel ist dem offiziellen Snort-Regelsatz entnommen und versucht, Buffer-Overflow-Angriffe auf SMTP-Server zu detektieren:

```
alert tcp $EXTERNAL_NET any -> $SMTP_SERVERS 25
  (msg:"SERVER-MAIL RCPT TO overflow";
   flow:to_server,established;
   content:"rcpt to|3A|";
   nocase;
   isdataat:256,relative;
   pcre:"/^RCPT TO\x3a\s*\x3c?[^\n\x3e]{256}/im";
   classtype:attempted-admin;
   sid:654;
   rev:23;)
```

Hierin werden TCP-Flüsse von externen an interne Systeme auf Port 25 betrachtet. Außerdem werden durch zusätzliche Regeln die Flüsse weiter eingeschränkt, sodass nur die Flussrichtung zu einem internen Server näher untersucht wird und nur die Flüsse, die das Schlüsselwort »rcpt to:« enthalten. Dabei ist es aufgrund der Spezifikation von SMTP unerheblich, ob das Schlüsselwort klein oder groß geschrieben wird. Erst nachdem diese Regeln erfüllt sind und mindestens weitere 256 Bytes im Datenstrom vorhanden sind, beginnt die eigentliche Verifikation auf den Buffer-Overflow durch den regulären Ausdruck `/^RCPT TO\x3a\s*\x3c?[^\n\x3e]{256}/im`. Dieser löst ein Ereignis aus, wenn ein Nutzer einen Empfänger angibt, der länger als 255 Zeichen ist. Die Staffelung der Regeln soll dabei die Effizienz steigern, da die Auswertung von regulären Ausdrücken vergleichsweise aufwendig ist.

Alarme signaturbasierter NIDS sind oft gut nachvollziehbar.

Anhand der zwei Beispiele lassen sich bereits die Vor- und Nachteile signaturbasierter NIDS ablesen. Durch die spezifischen Regeln kann die Bedeutung ausgelöster Alarme durch einen Administrator leicht interpretiert werden. Außerdem können auch Fehlalarme im Regelbetrieb prinzipiell gut unterdrückt werden, indem die Regeln an das jeweilige Netz angepasst werden. Nachteilig sind aber folgende Punkte:

- **Fehlalarme:** Bereits die einfache Beispielregel für den potenziellen Buffer-Overflow-Angriff kann zu Fehlalarmen führen, indem eine entsprechende Zeile einfach in eine E-Mail geschrieben wird, da das NIDS nicht zwischen SMTP-Befehlen und transportierten Mails unterscheidet. Auf diese Weise kann etwa der eigentliche Angriff in einer Vielzahl von Fehlalarmen getarnt werden. Auch durch sorgfältiges Erstellen von Regeln werden diese sich nicht völlig ausschließen lassen.
- **Umfangreiche Regelmengen:** Da für jedes potenzielle Sicherheitsproblem eine oder mehrere spezielle NIDS-Regeln erstellt werden müssen, ergibt sich eine Menge von Regeln, die in Anzahl und Komplexität nicht zu unterschätzen ist. Dadurch entsteht ein signifikanter Wartungs- und Administrationsaufwand.
- **Vielzahl von Spezial-Plug-ins:** Viele Angriffe und Bedrohungen lassen sich nur extrem schlecht durch einfache Regeln erfassen. Aus diesem Grund existieren in den NIDS Plug-ins, die spezielle Angriffe und Bedrohungen detektieren, etwa für das Erkennen von Port-Scans.
- **Ressourcenaufwand:** Das Zusammensetzen von IP-Paketen und TCP-Strömen führt zu einem nicht unerheblichen Aufwand in Bezug auf Speicher- und Rechenlast. Dies ist insofern erheblich, als Angreifer zunächst sehr viel legitimen Verkehr erzeugen könnten, um die Chancen zu erhöhen, dass ihr eigentlicher Angriff aufgrund eines Ressourcenengpasses nicht mehr erfasst werden kann.
- **Umgehbarkeit:** Die komplexen Regelwerke bieten dem Angreifer oft Möglichkeiten, seinen Angriffsverkehr so zu codieren, dass das NIDS diesen nicht mehr durch Signaturen abdeckt. Dieses Problem ist vergleichbar mit dem der Antiviren-Hersteller, die sich immer wieder leicht modifizierten Viren gegenüber sehen. Details zu solchen Techniken werden in Abschnitt 22.4 vorgestellt. Bei signaturbasierten NIDS besteht zusätzlich das Problem, dass die komplexen Regelsätze oft aus zentralen Datenbanken stammen. Angreifer können also ihr

Vorgehen im Vorhinein testen, ob dieses erkannt wird. Darüber hinaus kann ein signaturbasiertes NIDS naturgemäß Datenströme nur inspizieren, wenn diese unverschlüsselt vorliegen. Häufig kann Verschlüsselung auf Anwendungsebene genutzt werden, um Angriffe zu tarnen.

- **Keine Erkennung unbekannter Angriffe:** Neuartige Angriffe können durch signaturbasierte Verfahren gar nicht detektiert werden. In der Praxis behilft man sich oft durch das Abonnement von Regelsätzen bei kommerziellen Anbietern, die sich auf die Pflege von NIDS-Regelsätzen spezialisiert haben und Angriffe bei Bekanntwerden schnell einpflegen. Gegen gezielte Angriffe auf unbekannte Lücken – sogenannte *Zero-Day-Exploits* – hilft dieses Vorgehen jedoch nicht.

22.2.2 Erkennung der Abweichungen von statischen Verhaltensmodellen

Begründet durch das NetSTAT-Projekt [VK98] hat sich ein weiteres Verfahren zur Erkennung von Angriffen etabliert, auch wenn es in seiner ursprünglichen Form nicht direkt eingesetzt wird. Hierbei werden alle erlaubten Flüsse an einzelnen Stellen eines Netzwerks modelliert. Abweichungen von diesem Verhalten werden durch Probes detektiert und als Angriff gewertet. Dabei wird zwischen einer statischen Menge an Regeln, die ein Administrator vorgibt, und einem dynamischen Zustand unterschieden, für den der Administrator allerdings Zustandsübergänge definieren kann.

Verhalten von Netzwerkflüssen

Ein aktuell kommerziell vertriebenes System, das ähnlich vorgeht, ist Lancope StealthWatch [Cha12, FN09]. Hierbei werden im Gegensatz zu anderen NIDS nicht ausschließlich Probes zur Detektion von Angreifern verwendet, sondern zusätzlich auch Flussinformationen aus Netzwerk-Switches importiert. Auf diese Weise können Flüsse vollständig im Netzwerk nachvollzogen und mit Sicherheitsrichtlinien abgeglichen werden. StealthWatch zeichnet sich zusätzlich durch eine Integration mit Nutzerdatenbanken aus, sodass das erwartete Verhalten sich ändern kann, wenn unterschiedliche Nutzer an den Rechnern angemeldet sind. Vor allem kann das System so Verkehr erkennen, der von keinem lokalen Nutzer ausgeht.

Verhalten von Protokollen

Ein weiteres, komplementäres Beispiel für die Modellierung von Netzwerkfunktionalität ist das seit nun mehr 15 Jahren aktiv betriebene Projekt des *Bro Security Monitor* [Pax99]. Hierbei wird der Fokus auf eine möglichst detaillierte Analyse des Verkehrs an einer oder einigen wenigen Stellen des Netzwerks gelegt. Über eine Skriptsprache kann das Verhalten jedes einzelnen Nachrichtenstroms exakt modelliert werden. Dabei werden insbesondere alle Zustände des Protokollautomaten nachvollzogen.

Verhaltensmodelle erzeugen einen signifikanten Administrationsaufwand.

Trotz des sehr unterschiedlichen Vorgehens haben die NIDS, welche das Normalverhalten durch Administratoren nachmodellieren lassen, ähnliche Eigenschaften. Sie können sehr gut an die Netzgegebenheiten angepasst werden und so wenig Fehlalarme produzieren. Da sie Verhaltensweisen, die außerhalb der Modellierung liegen, detektieren, ist eine Umgehung durch leichte Abwandlungen von Angriffsmustern nicht möglich. Je nach Detailgrad der Modellierung ist der Verarbeitungsaufwand jedoch extrem hoch oder die Genauigkeit der Angriffsdetektion sinkt signifikant; bei Beobachtung von Flüssen können etwa Buffer-Overflows gar nicht detektiert werden. In jedem Fall erfordert die Erstellung und ständige Pflege der Modelle einen signifikanten administrativen Aufwand, der in der Praxis nicht häufig betrieben wird.

Wird der Aufwand nicht gescheut, stellt sich außerdem die Frage, ob das Modell nicht gleich verbindlich durchgesetzt wird. Hier ist zumindest in der Forschung eine Konvergenz zwischen Firewall-Systemen und NIDS zu beobachten. Am bekanntesten in diesem Zusammenhang ist vermutlich Ethane [CFP^{+}07], ein System, welches Sicherheitsrichtlinien auf Basis von Netzwerkflüssen in der Datensicherungsschicht verbindlich durchsetzt.

Auf Honeypot-Systeme greifen normale Nutzer überhaupt nicht zu.

In einigen Spezialfällen bietet sich eine Angriffsdetektion auf Basis von Verhaltensmodellen dennoch an: So sind etwa *Honeypot-Systeme* oder ganze *Honey-Netze* einfach nur Kommunikationssysteme, auf die legitime Nutzer gar nicht zugreifen. Von Verkehr, der dorthin gelangt, kann angenommen werden, dass er direkt oder über Reflektionen von Angreifern verursacht wird. Verschiedene Konzepte sind an dieser Stelle denkbar. So können etwa spezialisierte Softwaresysteme eingesetzt werden, die ihrerseits Standardsoftware emulieren, oder es können herkömmliche virtuelle Maschinen mit Standardsoftware ausgestattet und durch ein externes Monitoring-System überwacht werden. Je nach Aufwand, den der Administrator betreibt, können Honeypots das Verhalten echter Komponenten sehr realistisch nachmodellieren. In jedem Fall ist jedoch darauf zu achten, dass Angreifer die Honeypots nicht verwenden können, um diese zu kompromittieren und für weiter gehende Angriffe zu missbrauchen.

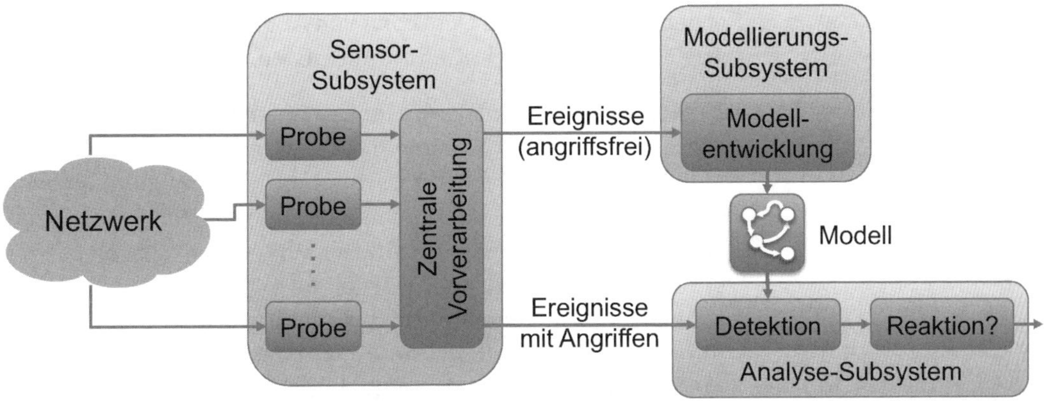

Abbildung 22.5 Struktur von NIDS mit automatischer Anomalieerkennung nach [EGD04]

22.2.3 Selbstlernende Systeme zur Anomalieerkennung

Eine naheliegende Idee ist es, den Aufwand der manuellen Modellierung zu umgehen, indem diese Modellierung durch einen automatischen Prozess erfolgt. Unter der Annahme, dass kein Angreifer zurzeit im Netzwerk aktiv ist, wird das »Normalverhalten« durch teilweise sehr komplexe Methoden »erlernt« und später Abweichungen von dem erstellten Verhaltensmuster als Angriff gewertet. Es ergibt sich eine NIDS-Struktur wie sie in Abbildung 22.5 dargestellt ist.

Durch automatisches Lernen können sehr komplexe Sachverhalte erfasst werden.

Der Vorteil dieses Vorgehens ist, dass selbst sehr komplexe Sachverhalte ausgewertet werden können, die durch manuelles Vorgehen aufgrund der hohen Komplexität nicht realistisch zu erfassen sind. Ein offensichtlicher Nachteil ist die Prämisse, dass keine Angreifer während der Lernphase im System sind. Dies mag bei einer initialen Inbetriebnahme durch manuelle Audits zu verifizieren sein. Da sich Netze in der Praxis aber zum Teil stark ändern, müssen Modelle regelmäßig oder gar kontinuierlich angepasst werden. Da ein ständiges manuelles Audit nicht realistisch ist, besteht bei vollständig automatisch lernenden NIDS immer die inhärente Gefahr, dass auch Angriffsverkehr mit der Zeit als normal betrachtet wird. Zusätzlich muss in der Lernphase jedes mögliche Normalverhalten erfasst werden, um nicht als Angriff klassifiziert werden. Wird etwa einmal im Monat ein vollständiges Backup aller Geräte gemacht, muss das NIDS die Möglichkeit haben, diesen Umstand gegebenenfalls sogar durch mehrfache Beobachtung zu erfassen.

Drei prinzipielle Anomaliekategorien

Bei der automatischen Detektion von Anomalien können je nach Struktur der Daten drei Fälle unterschieden werden [CBK09]:

- **Punktanomalien:** Werden die zu einer Entität gehörenden Messwerte in einen mehrdimensionalen Raum eingebettet, so können im Regelfall verschiedene Cluster gebildet werden, die Entitäten mit gleichen Eigenschaften gruppieren. Können einige, einzelne Punkte nicht ohne größeren Fehler einer Gruppe zugeordnet werden oder sind einzelne Cluster sehr klein, kann davon ausgegangen werden, dass es sich um Anomalien handelt. Die Anzahl der überprüften Zusammenhänge sollte dabei nicht allzu hoch sein, da sonst die Datenpunkte schlecht vergleichbar werden. Man spricht an dieser Stelle vom *Fluch der Dimensionalität.*
- **Kontextuelle Anomalien:** (engl. *contextual anomalies*) Das Verhalten von Kommunikationsflüssen ist stark abhängig vom betrachteten Szenario. So ist es etwa für Server völlig normal, dass sie große Datenmengen versenden. Von Arbeitsplatzrechnern ist so ein Verhalten im Allgemeinen nicht zu erwarten. Der Kontext kann dabei auch zeitlicher Natur sein: So lässt etwa ein plötzliches Einbrechen der Datenrate zur Hauptgeschäftszeit auf eine Anomalie schlussfolgern, während eine niedrige Datenrate nachts normal ist.
- **Mengen betreffende Anomalien:** (engl. *collective anomalies*) Einige Anomalien betreffen plötzlich auftauchende Elemente einer Menge oder Reihe beziehungsweise das Auftauchen in unbekannter Reihenfolge. Beispiele im NIDS-Kontext sind etwa das Laden von Dateien ohne vorherigen Login oder die Nutzung neuer IP-Adressen in einem Netzwerksegment.

Für die Anomalieerkennung existieren eine Vielzahl verschiedenster Algorithmen.

In Bezug auf mögliche Algorithmen für die Detektion der drei Anomaliekategorien wurde eine Vielzahl völlig unterschiedlicher Methodiken vorgeschlagen:

- **Statistische Profilbildung:** Abweichungen vom normalen Verhalten können durch verschiedene statistische Tests erfasst werden, etwa indem Verteilungen des Normalverhaltens durch Maximum-Likelihood-Schätzungen parametrisiert werden und signifikant abweichende Parameter als Fehler interpretiert werden. Eine andere Möglichkeit ist die Bestimmung von Regressionsfunktionen. Hierbei stellen stark von der Funktion abweichende Werte anormales Verhalten dar. Im einfachsten Fall wird die Häufigkeit von Ereignissen gezählt und signifikante Änderungen lösen einen Alarm aus.

- **Neuronale Netze:** Alle drei eingeführten Anomaliekategorien können durch Methoden der Neuroinformatik entdeckt werden. Je nach konkreter Aufgabe können dabei wieder verschiedene Netztypen zum Einsatz kommen, zum Beispiel Self-Organizing Maps (SOM), um Punktanomalien zu detektieren.
- **Bayes'sche Netze:** Mithilfe dieser Methode aus der künstlichen Intelligenz können Wahrscheinlichkeiten für Kausalketten ermittelt werden, um anschließend aus der Auftrittshäufigkeit von Ereignissen Schlussfolgerungen zu ziehen.
- **Support Vector Machines:** Datenpunkte, deren Entitäten unterschiedlichen Kategorien zugeordnet sind, können häufig durch Funktionen separiert werden. Im einfachsten Fall kann eine Geradengleichung angegeben werden, sodass die Datenpunkte zweier Kategorien in den beiden Halbräumen liegen. Wenn von einigen Systemen beispielsweise bekannt ist, dass sie kompromittiert wurden, können durch die Geradenbestimmung später ebenfalls kompromittierte Systeme gefunden werden, wenn deren Messpunkte im gleichen Halbraum liegen.
- **Regelbasiertes Lernen:** Durch die Analyse von Ereignissen können möglicherweise Regeln gelernt werden, die Normalverhalten von Anomalien unterscheiden. Ein Beispiel für ein solches Vorgehen sind Entscheidungsbäume.
- **Clustering:** Wie bereits bei den Punktanomalien angesprochen, ist eine Methode, diese auszumachen, die Bildung von Daten-Clustern. Die grundlegende Annahme ist dabei, dass Angriffe viel seltener als legitimes Verhalten sind und somit kleinere Cluster bilden. Ein typischer Algorithmus, der hier zum Einsatz kommt, ist *K-means Clustering*.
- **Berechnung von Nachbarn:** Eine einfache, schnelle Methode, Punktanomalien zu detektieren, ist die Bestimmung der Distanzen von jedem Punkt zu seinen k nächsten Nachbarn. Sind diese Distanzen viel größer als bei anderen Punkten, wird auf eine Anomalie geschlossen, da der Punkt einzeln liegt.
- **Spektralanalyse:** Unter dem Begriff der Spektralanalyse werden in der Anomaliedetektion je nach Kontext zwei völlig unterschiedliche Verfahren verstanden. Zum einen ist dies – in der Regel bei zeitbezogenen Daten – die Transformation von Datenserien in den Frequenzbereich, um dort wiederkehrende Muster zu bewerten, damit etwa der Transfer großer Datenmengen zu ungewöhnlichen Zeiten auffällt. Zum ande-

ren bezeichnet Spektralanalyse die Reduktion der Dimensionalität großer Matrizen, etwa durch Eigenwertanalysen.

- **Informationstheoretische Betrachtung:** In einigen Fällen wird bei Anomalieuntersuchungen davon ausgegangen, dass durch den Angriff die »Komplexität« der Kommunikationsmuster und Ereignisse zunimmt. Hinter dem Begriff »Komplexität« verbergen sich unterschiedliche Maße wie die Kolmogorov-Komplexität oder die Entropie.

Fehlende Akzeptanz

Die unterschiedlichen Verfahren haben jeweils unterschiedliche Vor- und Nachteile bezüglich der mit ihnen zu analysierenden Daten, ihrer Berechnungskomplexität und ihrer Robustheit gegenüber Ausreißern. Details finden sich etwa in [CBK09]. Durch ihre Verwendung können im Prinzip auch völlig unbekannte Angriffe und Innentäter detektiert werden. Allerdings zeichnen sich alle bisherigen NIDS-basierten Ansätze, die auf einen unüberwachten Lernprozess setzen, durch eine so hohe Fehlalarmrate aus, dass sie keinen Eingang in kommerzielle Produkte gefunden haben. Problematisch ist vor allem, dass in »normalen« Kommunikationsnetzen zu viele Spezialfälle auftreten, die über eine Lernphase nicht ausreichend abgebildet werden können. Ferner ist nicht bei allen Lernprozessen klar, welche Kommunikationsflüsse genau zur Auslösung eines Alarms geführt haben, etwa beim Einsatz von neuronalen Netzen. Dies senkt die Akzeptanz weiter.

Selbstlernende Anomalieerkennungssysteme können zur Lagebilderkennung verwendet werden.

Ein aktuell im Rahmen von Forschungsprojekten eingesetztes Anomalieerkennungssystem ist das Internet-Analyse-System (IAS) des Bundesamtes für Sicherheit in der Informationstechnik (BSI) [Wai09]. Aufbauend auf den Ideen von PHAD [MC01], werden hier an verschiedenen Stellen in deutschen Regierungsnetzen die Header von Paketen analysiert. Da der Fokus des Projektes auf der Frühwarnung vor völlig neuartigen Angriffen liegt und die zugrunde liegende Infrastruktur extrem komplex ist, können an dieser Stelle nur selbstlernende Algorithmen zum Einsatz kommen. Dokumentiert ist die Detektion von Anomalien, bei denen die Datenpunkte den mit der Tschebyscheff-Ungleichung bestimmten Normalbereich überschreiten. Dabei kommt ein einfacher Schwellenwert zum Einsatz, der sich aus der Summe des Mittelwerts der Messungen über die letzten vier Wochen und der auf die gleiche Weise bestimmten empirischen Standardabweichung multipliziert mit einem konstanten Abgleichsfaktor ergibt. Angewendet wird das Verfahren auf eine Vielzahl möglicher Header-Werte, etwa Zielportnummern des TCP. Dadurch können beispielsweise großflächige Port-Scans durch Würmer detektiert werden. Vor gezielten oder zeitlich sehr genau abgestimmten Angriffen kann das Verfahren nicht warnen. Außerdem erfordert die Selektion und Interpretation der Daten im Allgemeinen gut geschultes Personal.

22.3 Reaktion auf Angriffe und automatische Unterbindung

Automatisierte Angriffe machen auch eine automatische Reaktion erforderlich.

Unabhängig davon, wie Angriffe erkannt werden, wird durch aktuelle IDS auch eine automatische Reaktion ausgelöst. Im einfachsten Fall werden Ereignisse zentral gesammelt, ausgewertet und gegebenenfalls ein Administrator beispielsweise per SMS von dem Vorfall informiert. Dabei stellt sich die Frage, ob die Alarmierung und das manuelle Eingreifen eines Administrators in jedem Fall sinnvoll ist. Primär sprechen zwei Gründe gegen ein manuelles Eingreifen:

- **Menge der Ereignisse:** Viele Angriffe werden heute automatisch und ungezielt ausgelöst, etwa durch Würmer oder systematisches Durchprobieren von Passwörtern. Dadurch ergeben sich eine Vielzahl von Angriffsereignissen und ein manuelles Eingreifen erzeugt einen zu hohen administrativen Aufwand.
- **Geschwindigkeit:** Durch den hohen Automationsgrad von Angriffen kann der Schaden schlicht schon eingetreten sein, bevor der Administrator eine Chance hatte, zu reagieren.

Nahezu alle aktuellen NIDS besitzen automatisierte Möglichkeiten der Abwehr

Aus diesen Gründen sind automatische Reaktionssysteme entwickelt worden, die in der Regel als *Intrusion-Prevention-Systeme (IPS)* bezeichnet werden. Die Unterscheidung zwischen IDS und IPS ist aber heutzutage primär ein Marketinginstrument, da alle bekannteren IDS auch über eine Abwehrkomponente verfügen.

Die Unterdrückung illegitimer Eindringversuche kann durch verschiedene technische Maßnahmen erreicht werden:

- **Unterdrücken im IDS:** Wird der Verkehr durch das IDS selbst durchgeleitet (»Inline Operation«), kann der entsprechende Fluss dort einfach unterdrückt werden. Einige Systeme filtern sogar nur gezielt bösartige Inhalte in HTTP-Strömen oder in E-Mails. Vorteilhaft an diesem Verfahren ist die einfache Implementierung durch den IDS-Hersteller und die hohe Sicherheit, da für jedes weitergeleitete Paket gewährleistet wird, dass das IDS keinen Angriff detektiert hat. Problematisch ist teilweise die Robustheit, da die Verfügbarkeit des Gesamtnetzes davon abhängt, dass das IDS korrekt arbeitet und nicht etwa ein Hardwaredefekt vorliegt. In einigen Szenarien ist auch das Einbringen der IDS-Komponenten in bestehende Netze nicht erwünscht, da die Ausfallzeit bei Einrichtung und Wartung nicht akzeptabel ist.

- **Firewall-Rekonfiguration:** Besser zu warten sind IDS, die sonst unabhängig arbeitende, zentrale Firewalls so rekonfigurieren, dass der Angriffsstrom nicht weitergeleitet wird. Eine selektive Filterung von Inhalten lässt sich so allerdings nicht gewährleisten. Darüber hinaus werden die ersten Pakete des Angriffs in den meisten Fällen die Firewall bereits passiert haben und der Angriff zumindest teilweise Erfolg haben. Ein echtes Problem wird dies, wenn für den Angriff ein einziges Paket genügt, wie etwa im Fall des *SQL Slammer Wurms* [CR04].
- **Senden von TCP-Reset-Paketen:** Wenn das IDS ohne jegliche Interaktion mit bestehenden Netzinfrastrukturkomponenten arbeiten soll, besteht die Möglichkeit, TCP-Flüsse durch gezieltes Senden von TCP-Reset-Paketen zu unterbrechen. Andere Transportprotokolle wären in diesem Fall nicht automatisch zu schützen.
- **Isolation des angreifenden Endsystems (Quarantäne):** Liegt der Ursprung eines Angriffs im internen Netz, gibt es zusätzlich die Möglichkeit, den Host im Netz auf der Datensicherungsschicht zu isolieren und so weitere Angriffe vollständig zu unterbinden. Dies bietet sich beispielsweise an, wenn auf einem Rechner vom IDS Bot-Netz-Aktivitäten festgestellt wurden.

Angreifer können auf ein Honeypot-System umgeleitet werden.

Neben dem Unterbinden eines weiteren Paketflusses vom Angreifer können unter Umständen weitere Gegenmaßnahmen eingeleitet werden, die weitere Angriffe verhindern oder zumindest erschweren können. So ist es beispielsweise denkbar, den Verkehr des Angreifers transparent auf ein nicht produktives System umzuleiten. Dieses *Deflection* genannte Verfahren dient zum einen dazu, den Angreifer ohne Störung des Produktivsystems zu beschäftigen, und zum anderen etwas über sein Vorgehen oder seine Ziele zu lernen.

Ein ähnliches Verfahren, welches weniger administrativen Aufwand erzeugt, aber nur automatisierte Angriffe verlangsamt, wird mit dem Namen *Tarpits* bezeichnet. Dabei werden die TCP-Verbindungen zum Angreifer stark verlangsamt, etwa indem durch die TCP-Flusskontrolle keine weiteren Datenpakete erlaubt werden oder nach dem SYN-ACK alle weiteren Pakete unterdrückt werden. Im Allgemeinen wird das Verfahren eingesetzt, um Wurmausbreitungen oder den Versand von Spam zu verlangsamen.

Einige Betreiber diskutieren das »Zurück-Hacken« als mögliche Reaktion.

Active Defense oder *Hack-back* sind nur zwei Bezeichnungen für eine sehr extreme Gegenmaßnahme: Das manuelle oder automatisierte »Zurückschlagen« gegen den Angreifer, indem der Verteidiger das Endsystem angreift, von dem der ursprüngliche Angriff zu kommen scheint. Ethisch und gesetzlich mag dies für die meisten Administratoren glücklicherweise keine Option sein, dennoch werden solche Ideen immer wieder diskutiert und auch ausgeführt. Bereits Mitte der neunziger Jahre hat beispielsweise die US Air Force solche Methoden angewandt, um Angreifer über mehre »Stepping Stones« hinweg zurückzuverfolgen [SH95]. Unter dem Begriff Stepping Stones werden hier Systeme verstanden, die unter Kontrolle des Angreifers stehen und als Proxyserver für die Verschleierung seiner Identität dienen.

Der Einsatz von IPS bedarf einer umfassenden Risikoabschätzung.

Dass aktive Maßnahmen zu Problemen führen können, sollte offensichtlich sein. Aber auch wenn Fehlalarme nicht gleich zu einem Angriff führen, können sie durch das Unterbinden von Kommunikationsvorgängen zu Schäden führen. Damit wird die Frage, ob automatische Gegenmaßnahmen eingesetzt werden sollen, zu einer reinen Risikoabwägung: Werden durch das Unterdrücken von Angriffen mehr Schäden verhindert, als durch Fehlalarme entstehen? Bei solchen Abschätzungen muss aber in jedem Fall berücksichtigt werden, dass Angreifer Gegenmaßnahmen willentlich auslösen könnten, etwa indem sie Angriffspakete von gefälschten IP-Adressen senden, um so die Kommunikation zu einem legitimen System zu unterdrücken.

22.4 Techniken zur Umgehung von NIDS

Neben speziell angepassten existieren auch generische Techniken zur Umgehung von IDS.

Wie bereits in mehreren Abschnitten angedeutet, können Angreifer durch unterschiedliche Techniken versuchen, NIDS zu umgehen. Im Englischen wird von *IDS Evasion* gesprochen. Bei anomaliebasierten Verfahren gelingt dies vor allem durch ein langsames Vorgehen zu Zeiten, in denen im Netzwerk ohnehin eine hohe Last ist. Bei signaturbasierten IDS kann häufig durch speziell angepasste Exploits eine Umgehung erfolgen.

Es existieren allerdings auch eine Reihe generischer Methoden, um NIDS durch geschickte Ausnutzung von Protokollen auf Netzwerk- oder Transportschicht zu umgehen [SP03]. Diese sind insbesondere deshalb gefährlich, da sie ein (teil-)automatisiertes Vorgehen durch den Angreifer ermöglichen.

Unterschiedlich arbeitende IP-Reassembly-Algorithmen führen zu verschiedenen Zuständen in IDS und Zielsystem.

Das bekannteste Beispiel für die Umgehung von IDS auf der Netzwerkschicht ist die Verwendung von IP-Fragmenten. Wie bereits in Abschnitt 22.2.1 festgestellt, müssen diese vom IDS zusammengesetzt werden, um Angriffe sicher zu erkennen. Allerdings ist nicht klar geregelt, wie mit Fragmenten umgegangen wird, wenn diese sich überlappen. Die verschiedenen Betriebssysteme verhalten sich daher unterschiedlich, wenn sich in den überlappenden Teilen widersprüchliche Daten befinden. Das IDS sollte idealerweise genau das Verhalten nachbilden, welches das jeweilige Endsystem hat, um auszuschließen, dass der Angriff nur im Endsystem als solcher zu erkennen ist. Auch wenn sich die Betriebssystemerkennung teilweise automatisieren lässt, steigt der Administrationsaufwand und das Fehlerpotenzial dadurch stark an. Eine Möglichkeit, diesen Fehler prinzipiell zu vermeiden, ist das Verwerfen überlappender Fragmente, da diese im normalen Datenverkehr nicht vorkommen sollten.

Abschätzen von TTL-Timeouts in das Zielnetz

Bei anderen Techniken funktioniert eine solche Vermeidungsstrategie jedoch nicht. Der Angreifer kann seine Pakete etwa mit unterschiedlichen TTL-Werten versehen; befinden sich zwischen NIDS und Ziel weitere Router, so kann das NIDS ohne weitere Informationen nicht einfach feststellen, welche der Pakete das Ziel überhaupt erreichen und welche von Zwischensystemen verworfen werden. Ergo kann das NIDS in diesem Fall den Datenstrom nicht korrekt rekonstruieren. Das Durchsetzen einer bestimmten Mindest-TTL wäre eine offensichtliche Lösung des Problems, allerdings würden dann etwa Traceroutes nicht mehr funktionieren.

In der Netzinfrastruktur müssen homogene MTU-Größen vorhanden sein.

Ähnlich verhält es sich, wenn im angegriffenen Netz unterschiedliche MTU zum Einsatz kommen. Verbietet der Angreifer eine Fragmentierung seiner Pakete mithilfe des DF-Feldes, so erreichen einige, große Pakete das Ziel nicht, ohne dass dies durch das IDS einfach festzustellen ist.

Noch komplexer ist das richtige Schätzen möglicher Zeitüberschreitungen in den Zielsystemen durch das IDS. Wie in Abbildung 22.6 am Beispiel der IP-Fragmentierung illustriert ist, können sich durch falsche Schätzungen andere Semantiken ergeben und Angriffe unentdeckt bleiben.

Auf der Transportschicht bestehen ähnliche Umgehungsstrategien wie auf der Netzwerkschicht.

Auf der Transportschicht kommen ähnlich gelagerte Möglichkeiten hinzu, mit denen Angriffe verschleiert werden können. So interpretieren verschiedene Betriebssysteme TCP-RST-Pakete unterschiedlich, sodass IDS nicht ohne Weiteres unterscheiden können, ob ein TCP-Strom unterbrochen wurde oder nicht. Ähnlich wie beim Zusammensetzen von IP-Fragmenten können auch TCP-

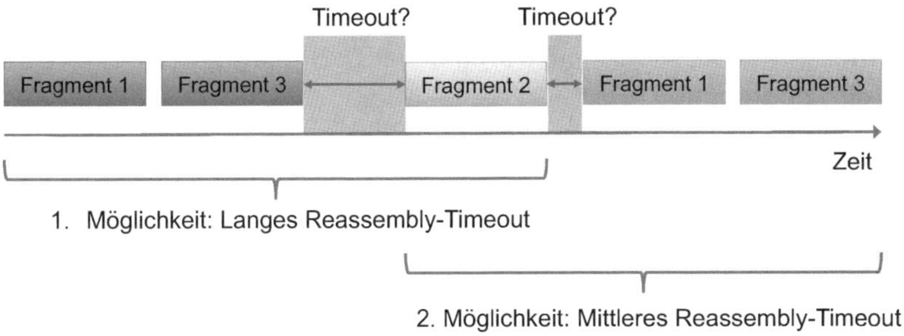

Abbildung 22.6
Je nach eingestellter maximaler Zeit für das Zusammensetzen ergeben (1) die ersten drei Fragmente ein Paket, (2) die letzten drei Fragmente ein Paket oder (3) es werden alle Fragmente verworfen.

Segmente überlappen und je nach IDS und Betriebssystem des Zielsystems inkonsistentes Verhalten provozieren.

Aber selbst wenn es gelingen würde, TCP-Ströme vollständig zu rekonstruieren, können Angriffe immer noch auf Anwendungsebene verschleiert werden. Beliebte Beispiele zur Umgehung von signaturbasierten NIDS sind das Recodieren von Exploits und URLs im HTTP [CLL+12].

Umcodieren von Exploit-Code

Bei ersterem ist der Hintergrund, dass viele signaturbasierte IDS Exploits an charakteristischen Bytemustern erkennen. So kann beispielsweise eine Folge von `0x90`-Werten ein Zeichen für ein NOP-Slide sein (Details finden sich in Abschnitt 17.2.1). Die Idee der Angriffsumgehung beseht nun darin, statt des NOP-Befehls andere Befehle zu verwenden, die für den Ablauf des Exploits ebenfalls keine Bedeutung haben. Ein Beispiel wäre eine Folge von `0x0c0c`-Befehlen, die auf x86-Systemen den Wert 12 mit dem Wert des Registers `AH` ODER-verknüpfen. Durch die Vielzahl an Möglichkeiten wird eine Detektion solcher Angriffe stark erschwert.

Recodieren von URLs

Ähnlich ist das Vorgehen beim Recodieren von URLs, wenn in diesen Schadcode transportiert werden soll. Der Standard erlaubt es, viele ASCII-Zeichen direkt in eine URL einzusetzen, es dürfen jedoch alle auch in Hex-Schreibweise codiert werden. So kann der Buchstabe `a` auch als `%61` übertragen werden. Einige Anwendungen erlauben zusätzlich noch die Übertragung als UTF-16-Zeichen in der Form `%u0061`. Durch ständiges Wechseln des Codierverfahrens können Angriffe nahezu beliebig in ihrer Gestalt variiert werden und so die Signaturen in IDS umgangen werden, wenn diese keine expliziten Normalisierungen vorsehen.

Auf Anwendungsebene gibt es teilweise auch eine weitere Möglichkeit, der Detektion durch ein NIDS zu entgehen. Da diese oft weniger Ressourcen zur Verfügung haben als die tatsächlichen Anwendungsserver, sind die entsprechenden Protokolle in IDS-Systemen teilweise nicht vollständig implementiert oder können aus Mangel an Ressourcen nicht vollständig analysiert werden.

Eine solche Möglichkeit ist etwa das Komprimieren stark redundanter Inhalte, sodass sie durch das NIDS nicht zur weiteren Inspektion dekomprimiert werden können.

22.5 Zusammenfassung

IDS sollen Kosten senken und Erkenntnisse zu Angriffstechniken bringen.

Intrusion-Detection-Systeme sollen als Ergänzung zu proaktiven Schutzmaßnahmen dazu dienen, auch reaktiv auf Angriffe reagieren zu können. Dadurch sollen letztlich die Kosten für IT-Sicherheitsmaßnahmen gesenkt und Wissen über Angreifer gewonnen werden. Prinzipiell unterscheidet man dabei host- und netzwerkbasierte IDS, wobei sich dieses Kapitel auf letztere konzentriert hat, da hiermit auch Komponenten des Netzes selbst überwacht werden können.

NIDS erkennen Angriffssignaturen oder Verhaltensauffälligkeiten.

NIDS können in *signatur-* und *anomaliebasierte* Verfahren differenziert werden, wobei bei letzteren ein großer konzeptioneller Unterschied zwischen Systemen besteht, die auf einer manuell konfigurierten Wissensbasis aufbauen, und solchen, die eigenständig normales Verhalten lernen sollen. Problematisch an NIDS ist, dass sie entweder nur ohnehin bekannte Angriffe erkennen können oder eine hohe Rate von Fehlalarmen aufweisen.

Intrusion-Prevention-Systeme

Durch die Zunahme an automatisierten Angriffen liegt die Idee nahe, IDS an Komponenten zur automatischen Sanktionierung zu koppeln. Wie in Abschnitt 22.3 hervorgehoben wurde, ist beim Einsatz von IPS allerdings immer auf die Verhältnismäßigkeit zu achten, da das Risiko von Fehlentscheidungen teilweise signifikant ist. In jedem Fall stellen IPS keine Schutzmaßnahme dar, die allein ausreichend ist, um IT-Kommunikationsinfrastrukuren adäquat zu sichern, insbesondere da es eine Vielzahl von Möglichkeiten gibt, solche Systeme zu umgehen. Gerade das sichere Schätzen von Timeouts stellt ein signifikantes Problem für IDS dar, wird aber für eine korrekte Angriffserkennung benötigt.

Probleme beim Einsatz in der Praxis

Bei einem praktischen Einsatz von IDS können sich darüber hinaus noch weitere Probleme ergeben, welche nicht direkt die Sicherheit betreffen und daher nicht im Rahmen dieses Buches behandelt werden konnten. Beispielsweise ist es schwierig, die IDS verschiedener Hersteller zu vergleichen, da keine standardisierten Benchmarks existieren. Es gibt zwar einige Netzwerkmitschnitte, mit denen Forscher ihre Systeme validieren, aber diese sind relativ alt und eignen sich nur bedingt zur Einschätzung aktueller Systeme. Ein weiteres Problem ist gerade im kommerziellen Umfeld der Datenschutz. Die Frage, welches Nutzerverhalten wie aufgezeichnet werden darf, ist im Allgemeinen kaum zu beantworten.

Wenn man sich den »Erfolg« von IDS nach über 20 Jahren Forschung auf diesem Gebiet vor Augen führen will, ist das Ergebnis im besten Fall ernüchternd. Abbildung 22.7 zeigt verschiedene Quellen für die Entdeckung von Angreifern aus einer Studie des Verizon Security Teams. Von 221 entdeckten Angriffen wurden nur 7 durch ein Intrusion-Detection-System gefunden. Ein Großteil der Angriffe (171) wurde sogar nicht von den Betreibern eines Dienstes, sondern von Externen gemeldet.

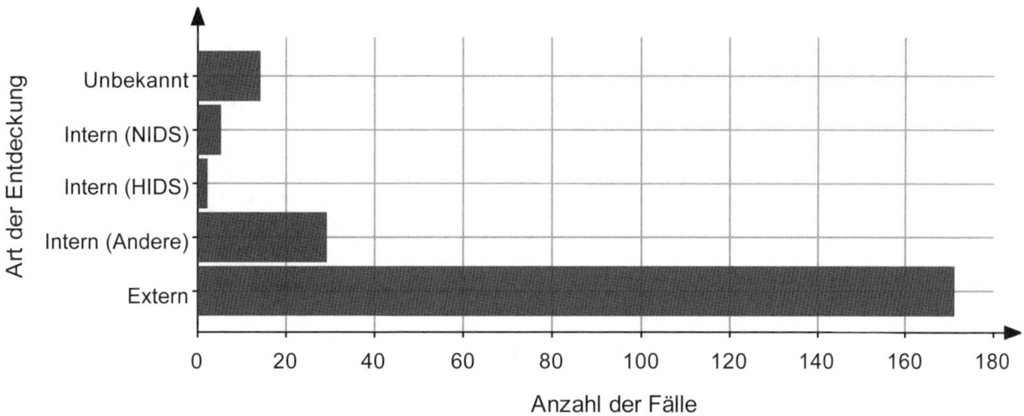

Abbildung 22.7
Verhältnis der Entdeckung von Angreifern durch externe oder interne Maßnahmen nach [Ver13]

In der Realität haben IDS laut diesen Daten kaum eine Wirkung entfalten können. Über die Gründe kann man an dieser Stelle nur spekulieren. Das grundlegende Problem ist aber, dass gezielte Angriffe kaum erkannt werden und durch die hohe Anzahl an Fehlalarmen die Administratoren desensibilisiert werden. Dennoch kann es in sehr kontrollierten Umgebungen mit einem signifikanten Anteil an Kommunikationsvorgängen zwischen Maschinen sinnvoll sein, IDS einzusetzen, wie etwa im industriellen Umfeld oder beispielsweise im fixen Netzbereich von Mobilfunknetzen.

22.6 Weiterführende Literatur

[BC08] BRAY, R.; CID, D.: *OSSEC Host-Based Intrusion Detection Guide*. Syngress Media, 2008

[CBK09] CHANDOLA, Varun; BANERJEE, Arindam; KUMAR, Vipin: Anomaly Detection: A survey. In: *ACM Computing Surveys (CSUR)* 41 (2009), Nr. 3, S. 15

Sehr umfangreicher und lesenswerter Übersichtsartikel zur Erkennung von Anomalien.

[CLL+12] CHENG, Tsung-Huan; LIN, Ying-Dar; LAI, Yuan-Cheng; LIN, Po-Ching: Evasion Techniques: Sneaking through Your Intrusion Detection/Prevention Systems. In: *IEEE Communications Surveys & Tutorials* 14 (2012), Nr. 4, S. 1011–1020

[EGD04] ESTEVEZ-TAPIADOR, Juan M.; GARCIA-TEODORO, Pedro; DIAZ-VERDEJO, Jesus E.: Anomaly detection methods in wired networks: a survey and taxonomy. In: *Computer Communications* 27 (2004), Nr. 16, S. 1569–1584

[FN09] FRY, C.; NYSTORM, M.: *Security Monitoring: Proven Methods for Incident Detection on Enterprise Networks.* O'Reilly Media, 2009

[SP03] SHANKAR, U.; PAXSON, V.: Active Mapping: Resisting NIDS Evasion Without Altering Traffic. In: *Symposium on Security and Privacy*, 2003, S. 44–61

22.7 Übungen

1. Warum führt eine hohe Rate von Fehlalarmen in der Praxis zu einer niedrigeren Erkennungsrate bei echten Angriffen?
2. Warum können unbekannte Angriffsmethoden nur mit sehr viel administrativem Aufwand gefunden werden?
3. Entwickeln Sie eine Snort-Regel, mit der Smurf-Angriffe auf ein Netzwerk detektiert werden. Details zu Smurf-Angriffen finden sich in Abschnitt 18.1.2 beziehungsweise auf einschlägigen Webseiten. Warum können Sie keine generische Regel angeben, die in jedem Netz funktioniert?
4. Beschreiben Sie die erlaubten Kommunikationsflüsse innerhalb Ihres Heimnetzwerks oder des LAN eines kleinen Unternehmens.
5. Welche Probleme für NIDS entstehen durch Peer-to-Peer-Anwendungen, wie Skype? Gehen Sie auf die Reservierung von Portnummern und die IP-Adressen der Endpunkte ein.

23 Verwaltung komplexer Kommunikationsinfrastrukturen*

Die skalierbare und sichere Konfiguration von Sicherheitsdiensten ist ein signifikantes Problem in großen Netzen.

Die bisher betrachteten Verfahren und Sicherheitsprotokolle eignen sich sehr gut zur Absicherung einzelner Endsysteme beziehungsweise kleiner Netze. Bei sehr großen Infrastrukturen sind bei manueller Konfiguration allerdings durch die schiere Menge an Systemen zum einen Skalierbarkeitsprobleme zu erwarten, da die Administratoren nicht nur mehr Systeme, sondern im schlechtesten Fall auch quadratisch viele Kommunikationsbeziehungen einrichten, überwachen und warten müssen. Zum anderen erhöht sich durch den manuellen Aufwand auch die Gefahr von sicherheitskritischen Konfigurationsfehlern und die größere Menge an Teilnehmern führt zu einem größeren Risiko von internen Angreifern.

Aus diesem Grund ist es häufig erforderlich, die Managementprozesse für Netzsicherheitsdienste zu automatisieren und dies auf eine sichere sowie skalierbare Art und Weise zu tun. Stellvertretend für viele weitere Aufgabenstellungen werden in diesem Kapitel Verfahren zur

- automatischen Verwaltung von Zertifikaten und
- Konfiguration großer VPN

näher betrachtet.

23.1 Automatisches Zertifikatsmanagement

Ein signifikantes Problem beim Betrieb großer Kommunikationsinfrastrukturen ist der Betrieb der PKI. Abbildung 23.1 zeigt einen Überblick über verschiedene Komponenten und die äußeren Schnittstellen einer typischen PKI. PKI bestehen im Wesentlichen aus der eigentlichen *Certificate Authority* (CA), einer *Registration*

Abbildung 23.1 *Schnittstellen und Komponenten einer PKI*

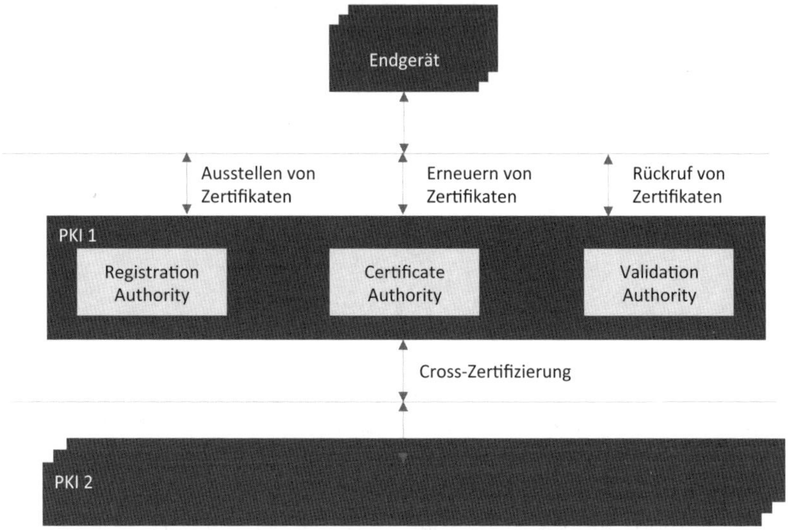

Authority (RA) und einer *Validation Authority* (VA). Die unterschiedlichen Komponenten erlauben eine funktionale Trennung und so zumindest im Prinzip das Erreichen eines hohen Sicherheitsniveaus. Die CA stellt somit lediglich einen Signaturdienst für RA und VA bereit, die wiederum Schnittstellen zu den Nutzern beinhalten.

Die VA stellt Dienste zur Gültigkeitsprüfung von Zertifikaten bereit.

Die VA stellt einen öffentlichen Dienst zur Verfügung, mit dem nicht authentisierte Instanzen überprüfen können, welche Zertifikate gültig sind. Wie unter anderem in Kapitel 19 bereits hervorgehoben wurde, ist dieser Dienst von essenzieller Natur durch die langen Gültigkeitsdauern von Zertifikaten. Im einfachsten Fall geschieht die Gültigkeitsüberprüfung durch die Verteilung signierter CRLs, sodass für die VA vergleichsweise einfach zu realisierende Anforderungen bezüglich Vertraulichkeit, Integrität und Authentizität gelten.

Mithilfe der RA kann die CA veranlasst werden, Zertifikate auszustellen.

Darüber hinaus müssen in großen Infrastrukturen auch alle Teilnehmer – etwa zur Nutzung von VPN oder VoIP-Diensten – durch einen standardisierten und zumindest teilautomatisierten Prozess mit neuen Zertifikaten ausgestattet und diese in regelmäßigen Abständen auch erneuert werden. Die RA nimmt dabei *Certificate Signing Requests* (CSR) der Nutzer entgegen und überprüft Angaben wie Namen und Adressen. Die überprüften CSRs werden anschließend von der CA signiert und das Zertifikat an den Nutzer weitergegeben.

Gegebenenfalls existiert noch eine weitere Schnittstelle zur Umwelt, wenn in regelmäßigen Abständen auch eine Cross-Zertifizierung mit anderen PKI durchgeführt werden muss.

Im Folgenden werden eine Reihe von Protokollen vorgestellt, welche diese Schnittstellen und Protokolle realisieren.

23.1.1 Spiegelung von Certificate Revocation Lists (CRLs)

Im einfachsten Fall werden in einer kleinen PKI Zertifikate in einem manuellen Prozess generiert und offline an Nutzer und Endgeräte verteilt. Bereits in einem solchen Fall sollte für einen sicheren Betrieb jedoch sichergestellt werden können, dass der Rückruf von Zertifikaten im Ernstfall automatisiert erfolgen kann.

Automatisches Laden und Überprüfen von Rückruflisten

Wenn nicht sehr viele Zertifikate zurückgerufen werden, bietet es sich an, eine vollständige Liste von ungültigen Zertifikaten, die bereits in Abschnitt 7.5 eingeführte CRL, zu publizieren. Weitestgehend durchgesetzt hat sich dabei das Vermerken von ein oder mehrere Uniform Resource Identifiers (URI) von *CRL Distribution Points* als X.509-Erweiterung in allen von der PKI ausgestellten Zertifikaten [CSF+08]. Bei der Verifikation eines Zertifikats kann die CRL jeweils automatisch von dem darin angegebenen Ort geladen und überprüft werden. Das Schema ist dabei unabhängig von Transportprotokollen definiert; typischerweise wird in offenen Netzen jedoch einfach HTTP zur Übertragung verwendet, aber es ist auch eine Publikation auf einem LDAP-Server denkbar.

Nachteilig an diesem Vorgehen ist vor allem der entstehende Kommunikationsaufwand, da in den CRLs die Seriennummern aller zurückgerufenen Zertifikate, der Grund für den Rückruf und der Zeitpunkt des Rückrufs aufgeführt werden. Trotz der platzsparenden ASN.1-Codierung können CRLs schnell mehrere 100 Kilobytes umfassen, da alle Zertifikate bis zu ihrem Ablauf aufgelistet sein müssen.

Delta-CRLs erlauben ein Reduzieren des Übertragungsaufwands.

Zur Reduktion des Übertragungsaufwands sieht der Standard daher vor, sogenannte *Delta-CRLs* verteilen zu können. Hierbei werden nur Veränderungen übertragen, die jeweils einzeln signiert sind. Verifizierende Instanzen können diese Delta-CRL einzeln zwischenspeichern, wobei sie sicherstellen müssen, dass bei jeder Verifikation die jeweils aktuelle Gesamtliste verfügbar ist. Eine Besonderheit ergibt sich bei der Rücknahme des Zurückziehens eines Zertifikats, etwa weil ein Nutzer seine Smartcard wiedergefunden hat: In diesem Fall werden in der Delta-CRL als Grund für den

Rückruf `removeFromCRL` vermerkt und die Seriennummer aus der Gesamtdatenbasis entfernt.

Die Verwaltung von CRL erzeugt hohen Aufwand.

Trotz Mechanismen zur Übertragung von Delta-CRL müssen Endgeräte zur Verifikation von Zertifikaten immer die gesamte CRL vorhalten und überprüfen. Insbesondere wenn vielen PKI vertraut wird – wie es heute auf den meisten Consumer-Geräten üblich ist –, kann auch die Übertragung zu einer signifikanten Kommunikationslast führen, zumal die meisten Rückrufinformationen nie benötigt werden.

23.1.2 Online Certificate Status Protocol (OCSP)

OCSP lagert die Überprüfung auf Rückrufe an einen Server aus.

Das *Online Certificate Status Protocol* (OCSP) [SMA+13] verfolgt daher einen etwas anderen Ansatz: Hier nimmt die Prüfung der Aktualität eines Zertifikats ein *OCSP Responder* genannter Server vor. OCSP soll so den CRL-Mechanismus ersetzen oder zumindest ergänzen, wenn eine CRL nicht laufend aktualisiert wird.

Wie auch der CRL-Abgleich tauscht OCSP ASN.1-codierte Nachrichten aus und ist unabhängig vom Transportprotokoll definiert, wird aber häufig über HTTP eingesetzt, um Firewalls und Proxyserver passieren zu können. Die entsprechende Bezugs-URL wird der verifizierenden Instanz auch hier über eine X.509-Zertifikatserweiterung übergeben.

Ablauf von OCSP-Dialogen

Das Protokoll selbst verwendet ein einfaches Request-Response-Schema: Die verifizierende Instanz fragt an, ob eine Menge von Zertifikaten gültig ist, die anhand von Hashwerten über den Namen und den öffentlichen Schlüssel des Ausstellers sowie die Seriennummer identifiziert werden. Optional kann diese Anfrage auch zur Authentifizierung gegenüber dem Server signiert werden, wobei allerdings üblicherweise darauf verzichtet wird. Wird OCSP über HTTP eingesetzt, kann eine Anfrage sowohl über `GET`- als auch `POST`-Methoden versendet werden. In ersterem Fall wird sie einfach in hexadezimaler Codierung an die URL angehängt. Bei der Verwendung von POST wird die OCSP-Anfrage binär im Body der HTTP-Anfrage übertragen. Der Server antwortet mit einem Statuscode, beispielsweise »successful« oder »tryLater«, und im Erfolgsfall mit dem signierten Status der angefragten Einzelzertifikate. Diese können als »good«, »revoked« und »unknown« klassifiziert werden. Jegliche Antworten, die nicht erfolgreich sind (etwa »tryLater«), müssen dabei immer als Fehler der Zertifikatsverifikation interpretiert werden. Andernfalls können sie in einem Man-in-the-Middle-Angriff provoziert werden, um ein zurückgerufenes Zertifikat valide erscheinen zu lassen [Mar09].

Nachteilig an OCSP ist, dass ein ständiger Zugriff auf die OCSP-Server der PKI erforderlich ist. Dadurch geht im Prinzip der gesamte Vorteil asymmetrischer Kryptografie gegenüber der direkten Aushandlung von symmetrischen Authentisierungsschlüsseln mithilfe einer TTP verloren. Es sinkt nicht nur die Robustheit und Verfügbarkeit der Kommunikation; sie wird zusätzlich auch beobachtbar, da die OCSP-Server jeweils nachverfolgen können, welche Partner miteinander kommunizieren.

OCSP reduziert die Verfügbarkeit und macht Kommunikationsbeziehungen beobachtbar.

23.1.3 Server-based Certificate Validation Protocol (SCVP)

Zentralisiertes Zertifikatsmanagement

Das *Server-based Certificate Validation Protocol* (SCVP) [FHM^{+}07] führt die Idee der Auslagerung von Verifikationsaufgaben an einen Server konsequent weiter. Clients delegieren die gesamte Aufgabe der Verifikation durch ein Request-Reply-Protokoll an einen vertrauenswürdigen Server, der seinerseits CRL vorhält und OCSP-Anfragen stellen kann. SCVP basiert ebenfalls auf ASN.1-codierten Nachrichten, die über ein zuverlässiges Transport- oder Anwendungsprotokoll, typischerweise HTTP, ausgetauscht werden. Im Gegensatz zu OCSP werden alle Nachrichten durch Nutzung der *Cryptographic Message Syntax* (CMS) [Hou09] gekapselt und so durch asymmetrische Signaturen vor unerkannter Manipulation geschützt.

SCVP tauscht CMS-gesicherte Request-Reply-Nachrichten aus.

Das Protokoll definiert zwei Nachrichtendialoge: Einer dient der Abfrage der lokalen Verifikationsrichtlinien des Servers, wie etwa erlaubter Signaturalgorithmen. Der andere Dialog dient der vollständigen Verifikation von Zertifikaten im Server. Dazu werden die fraglichen Zertifikate per Referenz oder direkt in der Anfrage codiert und dem Server mit einer clientseitigen Verifikationsrichtlinie übergeben, also ob etwa Rückrufinformationen zu überprüfen sind und wie mit Wildcards in Domain-Namen umgegangen werden soll. Die Antwort enthält unter anderem einen Statuscode, ob die Anfrage beantwortet werden konnte, und gegebenenfalls das Ergebnis der Verifikation. Wenn dies in der Anfrage gewünscht wurde, können darüber hinaus Rückrufinformationen und die vom Server gefundene Vertrauenskette an den Client zurückgegeben werden.

Delegation der Verifikationsoperation an den Server

Den SCVP-Servern wird durch dieses Vorgehen in einem wesentlich höheren Maße vertraut, als dies bei OCSP-Servern der Fall ist. Auch hier ist insbesondere die Verfügbarkeit problematisch. Allerdings können diese Nachteile bei der Nutzung von SCVP-Servern innerhalb einer Organisation gut gehandhabt werden und SCVP bietet in diesem Fall umfassende Möglichkeiten, Zertifikatsüberprüfungen zentral zu steuern. So kann beispielsweise eine gewisse Mindestschlüssellänge für alle Dienste durchgesetzt werden.

23.1.4 Simple Certificate Enrollment Protocol (SCEP)

Das *Simple Certificate Enrollment Protocol* (SCEP) [PNV11] verfolgt primär eine etwas anders geartete Aufgabe: das erstmalige Ausstellen beziehungsweise die Erneuerung von Zertifikaten. Es kann aber auch benutzt werden, um Rückrufinformationen einzuholen. SCEP ist von den Firmen Cisco und VeriSign entwickelt worden und ist in der Praxis relativ weit verbreitet. In den Normierungsgremien der IETF hat es aus verschiedenen Gründen keine Zustimmung gefunden; diese favorisieren Protokolle, die erst in den folgenden Abschnitten beschrieben werden.

SCEP tauscht Nachrichten über HTTP mit PKCS #7 gesichert aus.

SCEP verwendet ebenfalls einen einfachen Request-Response-Mechanismus und HTTP als Kommunikationsprotokoll hierfür. Die Requests werden dabei in `GET`-Operationen in der Form `/pkiclient.exe?operation=OPERATION&message=MESSAGE` gestellt, wobei die binären Zeichenketten durch base64 codiert werden. Die Response-Nachrichten befinden sich im Body der HTTP-Antwort.

Operationen

Als Operationen kommen die Zeichenketten `GetCACert`, `PKIOperation` oder `GetNextCACert` infrage. Das Kommando `GetCACert` dient dabei dem Abfragen des aktuellen CA-Zertifikats und `GetNextCACert` eines zukünftigen CA-Zertifikats. Die Verifikation der Authentizität des aktuellen CA-Zertifikats wird dabei nicht als Teil des Protokolls gesehen und muss »out-of-band« erfolgen. Ein neues CA-Zertifikat wird zumindest mit dem alten Zertifikat authentisiert, wobei der Fall einer kompromittierten CA nicht abgedeckt wird.

Die Authentizität übertragener CA-Zertifikate muss extern geprüft werden.

Wie bereits eingangs erwähnt, stellt das Ausstellen eines initialen Zertifikats den Hauptanwendungszweck für SCEP dar. Zur Sicherung der Nachrichten kommt in diesem Fall der Standard PKCS #7 [Kal98] zum Einsatz, welcher im Wesentlichen einen Vorgänger zu der bei SCVP verwendeten CMS darstellt und es erlaubt, Daten durch den Einsatz von asymmetrischer Kryptografie zu verschlüsseln und zu signieren. Im Unterschied zu den Prämissen des Standards wird es Clients jedoch erlaubt, selbstsignierte Zertifikate zu nutzen, bis sie von der CA ein global gültiges erhalten haben. Um das Ausstellen eines Zertifikats zu initiieren, generiert der Client zunächst ein Schlüsselpaar und startet eine `PKIOperation`, bei der ein aus dem öffentlichen Schlüssel generierter CSR im PKCS #10-Format zum SCEP-Server gesendet wird. Der Server antwortet mit dem Status `SUCCESS` sowie einem Zertifikat, wenn die Operation erfolgreich abgelaufen ist, und mit `FAILURE` bei einer Zurückweisung des Clients. Zusätzlich ist es möglich, einen Client durch das Senden des `PENDING`-Codes zu einer späteren Neuanfrage zu bringen. Dies ist insbesondere sinnvoll, wenn das Ausstellen des Zertifikats auf Serverseite manuell bestätigt werden muss.

Nutzerauthentisierung kann nur auf Basis von Passwörtern erfolgen.

Kernproblem von SCEP ist, dass Nutzer des Dienstes nicht direkt in Bezug auf die von ihnen angegebenen Werte im CSR authentisiert werden können. PKCS #10 bietet lediglich die Möglichkeit, den CSR durch ein Challenge-Passwort zu schützen, womit der CA-Server indirekt prüfen kann, ob die vom Nutzer angegebene Identität stimmt. Dieses Vorgehen setzt allerdings voraus, dass Administratoren ein ausreichend langes Passwort für jeden Nutzer separat vergeben. Aus Sicherheitsgründen sollte dieses Passwort nur einmalig zu verwenden sein, damit ein Angreifer nach dem Kompromittieren eines Clients nicht beliebig viele neue Zertifikate generieren lassen kann.

Insgesamt ist SCEP als relativ problematisch zu bewerten, da es entweder in einer sicheren Umgebung eingesetzt werden muss oder Administratoren das CA-Zertifikat sicher auf den Endgeräten installieren und zusätzlich ausreichend lange Einmalpasswörter an die Nutzer ausgeben müssen. Wenn solch ein Aufwand betrieben wird, verbleibt die Frage, warum die Zertifikate nicht gleich manuell ausgegeben werden.

23.1.5 Certificate Management over CMS (CMC)

Beim *Certificate Management over CMS* (CMC) [SM11, Sch11] stehen ähnliche Ziele im Vordergrund wie bei SCEP, insbesondere das erstmalige Ausstellen von Zertifikaten. Wie die anderen vorgestellten Protokolle ist es ein einfaches Request-Response-Protokoll und kann beispielsweise auf HTTP oder TCP direkt aufsetzen [SM08]. Es wird unter anderem in Microsoft-Produkten eingesetzt.

CMC bietet einen einfachen, unauthentisierten Betriebsmodus.

CMC unterscheidet zwei Arbeitsweisen: Beim »Simple PKI Request« sendet ein Client einfach einen CSR mit seinem Namen und öffentlichen Schlüssel im PKCS #10-Format an den Server. Der Request ist durch den privaten Schlüssel des Nutzers unterschrieben, allerdings nützt dies insofern nichts, als der Server dem öffentlichen Schlüssel nicht vertrauen und somit diese Signatur nicht zur Authentifizierung verwenden kann. Antworten kann der Server mit einer in CMS gekapselten »Simple PKI Response«, die ein *SignedData*-Objekt enthält, in dem das ausgestellte Zertifikat sowie alle benötigten Zwischenzertifikate aufgeführt werden. Optional können auch CRL-Informationen mittransportiert werden. Die Antwort wird nicht durch eine Signatur gesichert, sodass der Standard explizit vorschreibt, dass übermittelten selbst-signierten CA-Zertifikaten in diesem Fall nicht implizit vertraut werden darf. Somit sind sowohl CSR und Antwort jeweils manuell in Client und Server zu überprüfen. Daher ist eine automatisierte, sichere Nutzung des Verfahrens nur in ohnehin vertrauenswürdigen Umgebungen zu erwarten.

Komplexere Methoden werden in CRMF-Nachrichten gekapselt.

Komplexere Anfragen werden »Full PKI Request« genannt und können ebenfalls CSR- oder CMS-gekapselte Daten enthalten. Clients können in diesem Schema auch CSR in anderen Formaten übermitteln, wie in dem ebenfalls von der IETF standardisierten CRMF-Format [Sch05]. Weitere Funktionalitäten umfassen etwa das Abrufen von Rückrufinformationen oder das automatisierte Sperren von Zertifikaten. Im Gegensatz zum einfachen Schema muss der Server »Full PKI Requests« in jedem Fall zumindest mit einem Fehlercode beantworten und die Antwort muss von einer CA oder RA signiert sein. Aber auch wenn das komplexere Schema verwendet wird, werden initiale Ausstellungen von Zertifikaten allerdings nicht ausreichend authentisiert, sodass manuelle Eingriffe erforderlich werden.

23.1.6 Enrollment over Secure Transport (EST)

EST basiert auf CMC und setzt eine authentisierte HTTPS-Kommunikation voraus.

Das neueste Protokoll der IETF zum sicheren Ausrollen von Zertifikaten ist das *Enrollment over Secure Transport* (EST) [PYH13]. Im Wesentlichen stellt es die Nutzung von CMC mit einigen Erweiterungen zum serverseitigen Erzeugen von Schlüsselmaterial dar, wobei mit HTTPS ein gesichertes Transportprotokoll zum Einsatz kommt. Der Zweck dieses Vorgehens ist eine signifikante Vereinfachung des CMC-Protokolls und initialen Ausrollens von Zertifikaten: So brauchen in EST »Full PKI Requests« und Responses nur optional implementiert werden, während ein vereinfachter Dialog ohne Authentisierung durch das CMC-Protokoll das Standardvorgehen ist. Die gegenseitige Autorisierung von Client und Server erfolgt einfach anhand der HTTPS-Zertifikate beziehungsweise -Passwörter. Gerade seine Einfachheit und die Nutzung von kryptografischen Standardmechanismen machen das Protokoll interessant. Aufgrund der Neuheit der Entwicklung bleibt allerdings noch abzuwarten, inwieweit sich das Protokoll in den nächsten Jahren durchsetzen kann. Es ist allerdings zu erwarten, dass es sich als Alternative zu SCEP durchsetzt, insbesondere falls es mit TLS-SRP eingesetzt wird, da sich Client und Server in diesem Fall durch das gemeinsame Geheimnis sicher und ohne Vorwissen gegenseitig authentisieren können.

23.1.7 Certificate Management Protocol (CMP)

CMP ist ein vollumfängliches Protokoll zum Betrieb von PKI, allerdings sehr komplex zu implementieren.

Das *Certificate Management Protocol* (CMP) [AFK+05] ist das vermutlich umfangreichste standardisierte PKI-Protokoll. Es kann nahezu alle Aspekte des Betriebs einer PKI berücksichtigen und ist, wie alle vorgestellten Protokolle der Public-Key-Infrastructure-Arbeitsgruppe der IETF, völlig unabhängig vom Transportprotokoll definiert. Wie bei CMC kann wieder TCP direkt zum Einsatz kommen; gebräuchlich ist vor allem die Weiterleitung über HTTP [KP12]. Technisch ist es ebenfalls als Request-Response-Protokoll mit ASN.1-Codierung realisiert und es wird auch das CMS-basierte CRMF eingesetzt. CMP-fähige Software wird vor allem von Herstellern vertrieben, die nicht auf eine Microsoft-Umgebung setzen.

Im Vergleich zu CMC sind die funktionalen und technischen Unterschiede relativ gering. Ein Unterschied besteht im Vertrauensmodell beim initialen Ausstellen von Zertifikaten: Hier ist bei CMP eine explizite Authentisierung von Client und Server vorgesehen. Dazu wird ein extern übergebener, gemeinsamer Schlüssel verwendet. Eine unsichere Übertragung ist nicht vorgesehen. Darüber hinaus bietet CMP im Vergleich zu CMC noch weiterführende Mechanismen, wie etwa Cross-Zertifizierungen. Hauptnachteil an CMP ist die hohe Komplexität, sodass das Protokoll bisher keine sehr weite Verbreitung erfahren hat.

23.2 Automatische VPN-Konfiguration

Die im vorherigen Abschnitt vorgestellten Ansätze zur teilautomatisierten Abwicklung von PKI-Aufgaben zeigen, dass zwar eine Beherrschbarkeit großer IT-Sicherheitsinfrastrukturen zu erreichen ist, diese jedoch eine nicht zu unterschätzende Komplexität mit sich bringt. Der Betrieb großer VPN ist ein ähnlich gelagertes Problem: Auch hier sind grundlegende Mechanismen zur sicheren Kommunikation zwar in verschiedenen Standards (wie IPsec, siehe Kapitel 12) geregelt, allerdings entsteht bei großen VPN ein erheblicher Aufwand, diese zu verwalten. Dies schließt PKI-Operationen ein, erfordert jedoch zusätzlich die Konfiguration von erlaubten Verbindungen und IP-Adressen der jeweiligen Gegenstellen, wel-

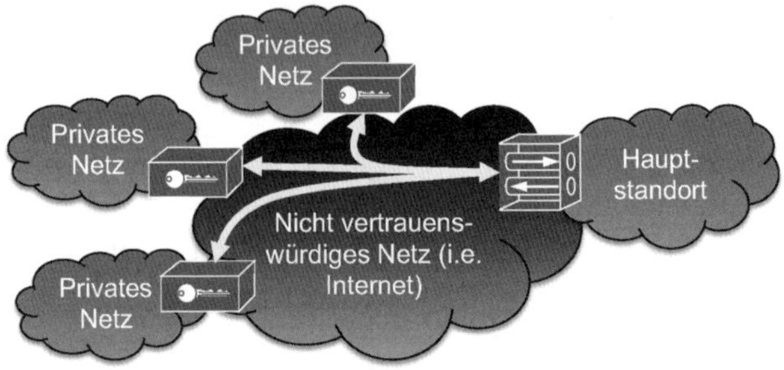

Abbildung 23.2 *Hub-and-Spoke-Architektur: Die Teilnehmer verbinden sich zu einem zentralen Koordinator.*

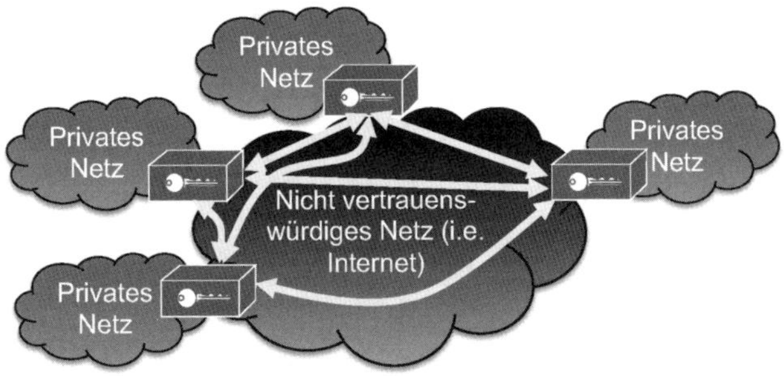

Abbildung 23.3 *Vollvermaschtes VPN: Alle Teilnehmer sind jeweils untereinander verbunden*

che ebenfalls am besten durch ein automatisiertes Verfahren zu erledigen ist.

VPN sind heute in der Regel vollvermascht oder bilden eine Hub-and-Spoke-Topologie aus.

Im Wesentlichen haben sich heute bei VPN zwei verschiedene Architekturen durchgesetzt [RS11], um vertrauenswürdige Netze, sogenannte *rote Netze*, und Endpunkte über nicht vertrauenswürdige Netze, sogenannte *schwarze Netze*, zu verbinden. Die weitaus meisten VPN verwenden die in Abbildung 23.2 gezeigten *Hub-and-Spoke-Topologien*. Hierbei verbinden sich alle VPN-Teilnehmer – seien es Gateways für ganze vertrauenswürdige Netze oder einzelne Endpunkte – zu einem zentralen *VPN-Konzentrator*, der Pakete zwischen den Systemen weiterleitet. Der Name für die Topologie liegt in einer Analogie zu Rädern begründet: Der Konzentrator stellt die Nabe (engl. *hub*) des gedachten Rades dar, während die Teilnehmer mit Speichen (engl. *spokes*) verglichen werden. Daneben existieren auch viele *vollvermaschte VPN*. Wie in Abbildung 23.3 illustriert ist, verbinden sich hier die VPN-Teilnehmer jeweils direkt zu allen anderen. Weiterhin sind hybride Topologien möglich.

Einige Vor- und Nachteile dieser beiden Hauptansätze sind evident: In Hub-and-Spoke-VPN stellt der Konzentrator einen potenziellen Flaschenhals und einen Single-Point-of-Failure dar. Darüber hinaus ist die Latenz höher, als wenn die VPN-Teilnehmer direkt miteinander kommunizieren können. Bezüglich der Sicherheit ist anzumerken, dass in der Regel keine Ende-zu-Ende-Sicherung gewährleistet wird, sodass ein kompromittierter Konzentrator sämtlichen Verkehr mitlesen und manipulieren kann. Vollvermaschte VPN-Topologien haben diese Nachteile nicht. Allerdings existieren hier andere Nachteile: So müssen bei n Teilnehmern statt n Sicherheitsbeziehungen (wie bei Hub-and-Spoke-Topologien) $n(n-1)/2$ Sicherheitsbeziehungen eingerichtet werden. Dies führt bei manuellen Ansätzen zu einer erhöhten Gefahr durch Fehlkonfigurationen (Zahlendreher etc.) und zu einem Agilitätsproblem, da es nicht einfach möglich ist, die IP-Adressen der Knoten im schwarzen Netz zu ändern.

Zusätzlich zur Topologie können VPN auch in Bezug auf die Netzwerkschicht unterschieden werden, in der sie realisiert sind:

- **VPN auf Datensicherungsschicht** (siehe Abschnitt 11.6) bieten per Definition eine hohe Flexibilität, da sie für die höheren Schichten transparent sind. Die Skalierbarkeitseigenschaften in Bezug auf die Teilnehmeranzahl sind jedoch in der Regel wegen ihrer Sicherheitseigenschaften gering. Kernproblem ist, dass der verwendete Adressraum »flach« ist, das heißt, es ist in einer Sicherheitsrichtlinie nicht erfassbar, welche Adressen eine Gegenstelle verwenden darf. Somit stellt ein einzelnes kompromittiertes Gerät in einem Teilnetz ein Risiko für das Gesamtsystem dar.
- **VPN auf Netzwerkschicht** sind im Allgemeinen mit IPsec (Kapitel 12) realisiert und zeichnen sich durch eine hohe Flexibilität und Sicherheit aus. Nachteilig ist vor allem die hohe Komplexität der Verwaltung.
- **VPN auf Transportschicht** werden oft durch Protokolle der SSL- und TLS-Familie (Details finden sich in Abschnitt 13.1 und folgende) umgesetzt. Sie sollen sich im Vergleich zu IPsec-VPN vor allem durch eine bessere Beherrschbarkeit auszeichnen. Dafür können viele SSL-VPN etwa keine Gateways, sondern nur Endpunkte einbinden. Allerdings ist hier eine gewisse Konvergenz zu beobachten, so können IPsec-VPN inzwischen beispielsweise auch NAT-Geräte passieren und SSL-VPN sind durch DTLS leistungsfähiger geworden, da die Nachteile der TCP-Staukontrolle bei eigentlich verbindungslosen Diensten durch Einsatz von DTLS vermieden werden.

Im Folgenden werden hauptsächlich IPsec-basierte VPN behandelt, da diese sehr weit verbreitet sind und gleichzeitig bereits durch den IPsec-Standard eine hohe Flexibilität bieten, wie etwa den Tunnel-Modus und verschachtelte Tunnel. Die häufig bemängelte Komplexität von IPsec sollte durch den Einsatz von Automatisierungstechniken vor dem Administrator und Endanwender verborgen werden.

Anforderungen an die VPN-Autokonfiguration

Die IETF selbst hat das Bedürfnis für autokonfigurierte VPN erkannt und eine Liste mit Anforderungen zusammengestellt [MH13]. Mit den Anforderungen aus [RS11] ergeben sich die folgenden wesentlichen Punkte:

- **Einfache Beherrschbarkeit:** VPN sollten ohne umfangreiche Vorkonfiguration funktionieren. Insbesondere sollten nicht alle möglichen Kommunikationspartner in jedem Endpunkt zu hinterlegen sein.
- **Abdeckung aller manuell zu konfigurierenden Szenarien:** Autokonfigurationsmechanismen für VPN sollten Gateways und Endpunkte konfigurieren können sowie Tunnel-in-Tunnel-Szenarien, NAT-T und QoS unterstützen. Innerhalb der roten Netze sollten private IP-Adressbereiche verwendet werden können. Dabei sollte keine besondere Transportnetzunterstützung erforderlich werden, wie eine native Multicast-Unterstützung, Routing privater Adressen oder Ähnliches.
- **Robustheit:** Die Autokonfiguration sollte keinen Single-Point-of-Failure bedingen und auch bei partiellen Transportnetzausfällen, etwa bei Netzpartitionierungen, im Rahmen der physischen Möglichkeiten weiter funktionieren.
- **Skalierbarkeit:** Große VPN können mehrere Tausend Endpunkte und Gateways umfassen, auch solche VPN sollten mit vertretbarem administrativem und Kommunikationsaufwand betrieben werden können.
- **Schnelle Adaption:** VPN können sich aufgrund von Mobilität, Knoten- und Link-Ausfällen oder Sabotageangriffen sehr schnell verändern. Der Autokonfigurationsansatz sollte die Topologie und die Routing-Informationen schnell an die neuen Gegebenheiten anpassen, aber ohne dass dazu etwa Nachrichten geflutet werden müssten.
- **Sicherheit:** Autokonfigurierte VPN sollen nicht unsicherer sein als manuell konfigurierte. Das bedeutet insbesondere, dass das Kompromittieren eines Gerätes nicht zum Verlust der Sicherheitseigenschaften an anderen Stellen führt (Grace-

ful Degradation). Außerdem müssen Mechanismen vorgesehen werden, um

- Ende-zu-Ende-Sicherung,
- Perfect Forward Secrecy,
- Resistenz gegen verdeckte Kanäle,
- Authentizität der roten Adressen und die
- Verfügbarkeit des Systems zu gewährleisten.

Innerhalb der IETF werden immer wieder Versuche unternommen, Autokonfigurationssysteme für VPN auf Netzwerkschicht zu standardisieren [SC02, SHM$^+$13]. Diese Bemühungen sind bisher jedoch noch nicht erfolgreich gewesen, sodass eine Vielzahl von proprietären Ansätzen entstanden ist. Von diesen werden im Folgenden einige mit ihren Vor- und Nachteilen vorgestellt.

23.2.1 Zentralisierte Verteilung von VPN-Richtlinien

Im einfachsten Fall können IPsec-Politiken an zentraler Stelle erstellt und verwaltet werden. Tritt ein Teilnehmer dem VPN bei, verbindet er sich zunächst zu einem zentralen Server und lädt seine entsprechende Konfiguration. Die genaue Realisierung ist relativ unerheblich für die Eigenschaften solcher Ansätze, der Server könnte aber beispielsweise ein LDAP-System sein, oder es erfolgt eine Zuweisung über Windows-Gruppenrichtlinien.

Zentrale Ansätze sind einfach zu realisieren, besitzen aber funktionale Defizite.

Der Ansatz zeichnet sich vor allem durch seine Einfachheit aus und bietet eine sehr gute Möglichkeit der zentralen Kontrolle, was vermutlich auch seine Dominanz im militärischen Sektor erklärt. Er hat aber eine ganze Reihe offensichtlicher Nachteile: Tunnel-in-Tunnel-Konfigurationen sind nicht möglich, da in solchen Fällen möglicherweise initial nicht auf den zentralen Server zugegriffen werden kann, und die Robustheit, Skalierbarkeit und Verfügbarkeit sind fragwürdig. Eine schnelle Adaption der VPN-Topologie erfordert einen Push-Mechanismus vom Server zu allen Teilnehmern. Dieser würde aber zu hoher Last führen, wenn ein hoher Grad an Mobilität vorliegt.

23.2.2 Group Encrypted Transport VPN (GET-VPN)

Cisco vermarktet unter dem Namen *Group Encrypted Transport VPN* (GET-VPN) [Cis07, Bha08] ein System, welches auf der IKE-Variante *Group Domain of Interpretation (GDOI)* [WRH11] aufsetzt. Dabei bauen alle VPN-Teilnehmer initial eine Sicherheitsbeziehung

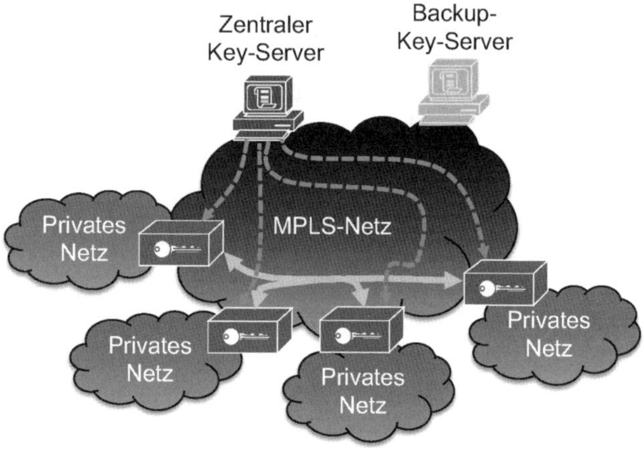

Abbildung 23.4 *Topologie eines Group Encrypted Transport VPN*

zu einem zentralen Schlüsselserver auf beziehungsweise zu einem von bis zu sieben fest konfigurierten Backup-Servern.

GET handelt mit GDOI zwei symmetrische Schlüssel aus.

Über die Sicherheitsbeziehung werden dem Teilnehmer anschließend zwei symmetrische Schlüssel mitgeteilt: ein Traffic Encryption Key (TEK) und ein Key Encryption Key (KEK). Ersterer wird verwendet, um sämtlichen Verkehr innerhalb des VPN zu verschlüsseln beziehungsweise mit einem MAC zu versehen. Der KEK wird vom Schlüsselserver genutzt, um periodische Nachrichten zur Erneuerung von TEK und KEK zu verschlüsseln. Da alle VPN-Teilnehmer die gleichen Schlüssel besitzen, können sie transparent miteinander Daten austauschen. Es ergeben sich Szenarien, wie sie beispielhaft in Abbildung 23.4 illustriert sind.

Die »tunnellose« Verschlüsselung

Neben der Schlüsselkonfiguration vereinfacht GET auch die Einrichtung der Verbindungskonfiguration erheblich. Dazu wird vom GET-Server mit TEK und KEK eine Sicherheitsrichtlinie gesendet, in der enthalten ist, welcher Verkehr mit welchem Algorithmus zu verschlüsseln ist. Der eigentliche Schutz der Nutzdaten erfolgt durch den ESP-Tunnelmodus, wobei Cisco von der standardisierten Bearbeitungsvorschrift abweicht. Im GET-Jargon wird dieses Vorgehen etwas irreführend als »Tunnel-less Encryption« bezeichnet, da der äußere Tunnel-Header nach wie vor vorhanden ist. Wie in Abbildung 23.5 illustriert ist, werden zur Bildung des äußeren IP-Headers Teile des inneren Headers wiederverwendet. Im Einzelnen sind dies das TOS-Feld, das IP-Identification-Feld, die Quell- und Zieladresse sowie aus dem Fragmentierungsteil das DF- und das reservierte Bit. Durch dieses Kopieren muss keine Tunnelkonfiguration mehr angelegt werden; die Entscheidung, wel-

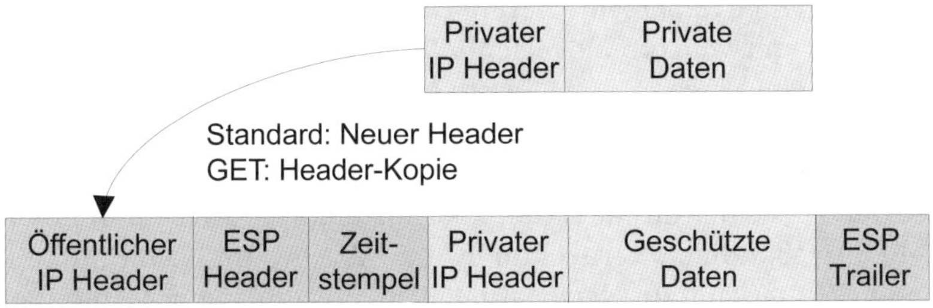

Abbildung 23.5 *Tunnel-less Encryption: GET kopiert Teile des inneren IP-Headers in den äußeren.*

ches Paket an welches Gateway zugestellt wird, obliegt allein dem Routing-Prozess des Transportnetzes.

Zeitbasierter Schutz vor Wiedereinspielen

Ein weiteres Abweichen vom IPsec-Standard erfolgt bezüglich des Schutzes vor Wiedereinspielen. Durch die Verwendung einer SA pro Gruppe, funktioniert das Window-basierte Verfahren nicht mehr, da die Sender die Sequenznummern nicht abstimmen können. Daher wird in GET ein anderer Ansatz gewählt: In den IPsec-Header wird ein weiteres proprietäres Protokoll gekapselt, welches pro Paket 12 Byte zusätzliche Daten erzeugt und unter anderem einen Zeitstempel enthält. Dieser Zeitstempel kann verwendet werden, um einen zeitbasierten Schutz zu realisieren, indem Pakete mit einem zu alten Zeitstempel verworfen werden. Da die Systeme nicht vollständig synchron arbeiten und die maximale Latenz von einem Sender zu einem Empfänger berücksichtigt werden muss, beträgt die minimale Fenstergröße eine Sekunde. Innerhalb des Fensters können Pakete beliebig wieder eingespielt werden.

GET vereinfacht die VPN-Verwaltung.

Durch die Veränderungen an der Funktionsweise von IPsec hat das Verfahren einige signifikante administrative Vorteile. So skaliert es hervorragend in Bezug auf die Anzahl der Teilnehmer, es ist vergleichsweise einfach zu konfigurieren und kann sogar Multicast-Verkehr weiterleiten.

GET schwächt die Sicherheit von IPsec erheblich.

Nachteilig sind vor allem die vollständig veränderten Sicherheitseigenschaften [RS09]: Hervorzuheben ist das Problem, dass jeglicher Verkehr im Netz lediglich durch einen einzigen Schlüssel geschützt wird. Wird ein einziges Gerät kompromittiert, kann sogar ein passiver Angreifer den vollständigen Verkehr im VPN entschlüsseln, insbesondere auch den Unicast-Verkehr zwischen völlig anderen Teilnehmern. Da die Erneuerung der Schlüssel über ein symmetrisches Verfahren erfolgt, kann der Angreifer diese ebenfalls mitlesen und entschlüsseln. Damit ist er auch nicht mehr aus dem System auszuschließen, selbst wenn das initial kompromittierte Gerät aus dem VPN entfernt wird. Aktive Angreifer können durch den Gruppenschlüsselansatz sogar beliebige Teilnehmer unbegrenzt lange impersonifizieren. Das Ziel der Graceful Degradation wird somit vollständig verfehlt.

Mangelnde Resistenz gegen verdeckte Kanäle

Aber selbst wenn nur Clients kompromittiert wurden, ist eine Resistenz gegen verdeckte Kanäle nicht gegeben. Clients können zu beliebigen äußeren Adressen Pakete senden und durch IP-Header-Felder direkt Daten übermitteln. Dadurch entsteht ein sehr breitbandiger, verdeckter Kanal. Auch eine Kommunikation in GET-geschützte Netze ist möglich, etwa indem der Angreifer Pakete mit gefälschten Adressen sendet, die in einem anderen VPN-Gateway eine ICMP-Fehlernachricht auslösen. Durch das Fälschen der Adresse wird diese ICMP-Nachricht, welche die Originalnachricht enthält, verschlüsselt und an den Client zugestellt. Das Ziel der Zwangsverschlüsselung und Resistenz gegen verdeckte Kanäle wird somit ebenfalls nicht erreicht.

Auswirkungen des schwächeren Wiedereinspielschutzes?

Daneben existieren noch weitere »Unschönheiten«: Durch den zeitbasierten Wiedereinspielschutz können innerhalb des Fensters beliebige Pakete wieder eingespielt werden. Dies hat auf die meisten Anwendungen keinen signifikanten Einfluss, allerdings kann beispielsweise bei WEP auf diese Weise zusätzlicher Verkehr erzeugt werden, der das Brechen der Kryptografie erheblich beschleunigen kann. Die Auswirkungen eines schlechteren Schutzes sind also nicht pauschal abzusehen. NAT-T, Path MTU Discovery und die Verwendung von Adressen, die im nicht vertrauenswürdigen Teil des Netzes nicht weitergeleitet werden, sind nicht möglich. Darüber hinaus stellen beispielsweise die Schlüsselserver ein gutes Ziel für Sabotageangriffe dar. Das Verfahren ist also ausschließlich in sehr kontrollierten Umgebungen einzusetzen.

23.2.3 DNSSEC-basiertes VPN

Publikation von IPsec-Schlüsseln in der DNS-Hierarchie

Eine Variante, VPN dezentral aufzubauen, die ohne eine Veränderung der IPsec-Mechanismen auskommt, wurde unter anderem in [RR05, MGM$^+$06] vorgeschlagen: Die Grundidee ist hierbei, eine existierende DNSSEC-Infrastruktur auszunutzen, indem Teilnehmer vor dem Aufbau von Sicherheitsbeziehungen zunächst einen DNS-Lookup mit dem Hostnamen des Gegenübers beziehungsweise einen Reverse-DNS-Lookup mit dessen IP-Adresse durchführen. Für den Namen kann ein DNSKEY-Record hinterlegt werden, der von anderen Teilnehmern als öffentlicher Schlüssel für die Aushandlung von IPsec-Beziehungen verwendet werden kann. Durch eine DNSSEC-Zertifizierung ist es Angreifern nicht einfach möglich, die Schlüssel zu verändern, und sie können zur Authentisierung verwendet werden.

Das Verfahren hat allerdings einige signifikante funktionale Nachteile: Es funktioniert nicht, wenn NAT involviert ist, und kann vor allem keine Tunnel etablieren, sodass es nur in »flachen« Szenarien einzusetzen ist, bei denen alle Teilnehmer direkt mit dem nicht vertrauenswürdigen Netz verbunden sind. In Bezug auf die Sicherheit ist es per se nur möglich, VPN aufzubauen, die das gleiche Sicherheitslevel wie die DNSSEC-Infrastruktur haben. Dies bedeutet in den meisten Fällen, dass unter anderem der Firma Verisign (Details finden sich in Abschnitt 20.4.2) vertraut werden muss und dem eigenen ISP, da dieser die Reverse-DNS-Records publiziert. Der Aufbau eines sicherheitstechnisch unabhängigen VPN ist nicht möglich. Darüber hinaus muss die Verfügbarkeit mindestens eines DNS-Servers von der Root-Zone bis zu den Zonen der authentisierenden Teilnehmer gewährleistet werden. Im Vergleich zu zentralisierten Verfahren wie GET-VPN ist es aber an dieser Stelle vergleichsweise einfach möglich, die Verzeichnisdaten sicher und flexibel zu replizieren.

Das einfache Verfahren hat vor allem funktionale Nachteile.

23.2.4 Dynamic Multipoint VPN (DMVPN) und FlexVPN

Verwendung eines herkömmlichen Routing-Protokolls auf IPsec-Tunneln

Unter dem Namen *Dynamic Multipoint VPN (DMVPN)* [Cis08, Flu07] vermarktet die Firma Cisco ein weiteres Autokonfigurationssystem für IKEv1-basierte IPsec-VPN. Viele der Ideen und Protokolle von DMVPN finden sich auch in leicht veränderter Form in dem Ansatz *FlexVPN* [Cis13] wieder, dem »IKEv2-Framework« der Firma Cisco und designierten Nachfolger von DMVPN. Abbildung 23.6 zeigt eine DMVPN-Beispieltopologie: Sie zeichnet sich durch eine vergleichsweise statische Hub-Struktur aus, welche im Wesentlichen die Router der Hauptstandorte einer Institution darstellen. Diese sind über manuell konfigurierte IPsec-Beziehungen verbunden und leiten untereinander Daten weiter, wobei die Entscheidung, welche Pfade zu benutzen sind, von einem herkömmlichen Routing-Protokoll getroffen werden. Vorgesehen sind etwa BGP oder OSPF. Die dynamischen Knoten verbinden sich zu einem oder mehreren Hubs und leiten zunächst nur über diese(n) Verkehr in das VPN. Zusätzlich gibt es die Möglichkeit, über das *Next Hop Resolution Protocol (NHRP)* [LKP+98] dynamisch sogenannte *Spoke-to-Spoke*-Tunnel zwischen Teilnehmern mit dynamischen Adressen im nicht vertrauenswürdigen Netz aufzubauen.

NHRP zum Aufbau dynamischer Verbindungen

DMVPN ist ein sehr komplexes, aber auch leistungsfähiges Rahmenwerk, um IPsec-VPN einzurichten. Im Gegensatz zu den bisher vorgestellten Systemen ist es in der Lage, im Inneren des

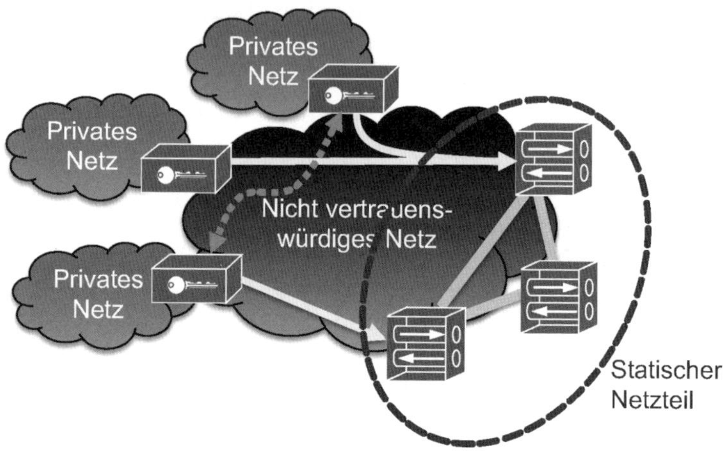

Abbildung 23.6
DMVPN: Aufbau einer statischen Hub-Struktur und flexiblen Spoke-Verbindungen

Netzes Verkehr umzuleiten und so zum einen Adressen zu erlauben, die im nicht vertrauenswürdigen Bereich des Netzes nicht weitergeleitet werden, und zum anderen mit Ausfällen relativ gut umgehen zu können. Je nach konfigurierter Topologie skaliert DMVPN gut und kann schnell auf veränderte Gegebenheiten reagieren. Bezüglich der Sicherheit werden keine so starken Kompromisse wie bei GET eingegangen. Die DMVPN- beziehungsweise FlexVPN-Teilnehmer verwenden jeweils paarweise standardkonforme IPsec-Verbindungen. Als problematisch erweist sich aber auch in diesem Fall die Graceful-Degradation-Eigenschaft: Wird ein Teilnehmer kompromittiert, kann er am internen Routing teilnehmen und dieses – sei es über das NHRP, OSPF-Protokoll oder BGP – beeinflussen. Im Wesentlichen sind in diesem Fall alle in Kapitel 19 aufgeführten Bedrohungen relevant. Als Folge können Angreifer in dynamischen Szenarien auch für andere Teilnehmer vergebene Adressen annektieren, da diese nicht authentisiert werden. Eine Ende-zu-Ende-Sicherung des Verkehrs erfolgt nicht, sodass die übertragenen Nutzdaten von möglicherweise kompromittierten Zwischensystemen im VPN eingesehen werden können.

Fehlende Adressauthentisierung und Ende-zu-Ende-Sicherung

23.2.5 Tunnel Endpoint Discovery (TED)

Das *Tunnel Endpoint Discovery (TED)* genannte Verfahren [Flu00] wurde ebenfalls von der Firma Cisco entwickelt und vermarktet. Im Gegensatz zu den bisher vorgestellten Ansätzen arbeitet es vollständig verteilt, das heißt, es kommen weder dedizierte Server noch Hubs zum Einsatz. TED arbeitet, wie in Abbildung 23.7 dargestellt, in vier Phasen:

Abbildung 23.7
TED: Durch Clientverkehr initiierter Aufbau von IPsec-Beziehungen zwischen Gateways

1. Ein Client (Alice) sendet Verkehr zu einem anderen Client (Bob) über sein Sicherheits-Gateway.
2. Das Sicherheits-Gateway prüft, ob eine gültige Sicherheitsbeziehung vorhanden ist. Ist dies nicht der Fall, verwirft das Gateway das Paket.
3. Im Gegensatz zum Standard-IPsec sendet das Gateway zum Ziel des Pakets (Bob) ein Paket für einen IKE-Verbindungsaufbau.
4. Das Ziel-Gateway fängt das IKE-Paket ab und baut eine Beziehung auf. Weitere Pakete und insbesondere Neuübertragungen des Originalpakets können anschließend das Ziel durch den Tunnel erreichen.

Der zugrunde liegende Mechanismus von TED ist damit denkbar einfach. Allerdings werden einige Randbedingungen an das Szenario gestellt: So ist die Unterstützung verschachtelter Szenarien, von NAT und von Adressen, die im nicht vertrauenswürdigen Bereich nicht weitergeleitet werden, prinzipbedingt nicht möglich. Auch sicherheitstechnisch sind einige kleinere Abstriche im Vergleich zu manuell konfigurierten VPN zu machen. So nimmt letztlich das Routing des Transportnetzes die Zuordnung von Clientadressen und Gateways vor. Damit können kompromittierte Gateways für beliebige Adressbereiche innerhalb des VPN auftreten, wenn der jeweilige Verkehr nicht zu ihnen weitergeleitet wird, können sie möglicherweise nur die Antworten nicht mitlesen. Außerdem können Clients verdeckte Kanäle zu Angreifern aufbauen, die sich nicht auf einem vom VPN genutzten Pfad befinden. Dazu senden sie Pakete an die IP-Adresse des Angreifers und lösen dadurch das Senden von IKE-Paketen zum Angreifer aus. Auf diese Weise lassen sich Daten langsam heraus »morsen«.

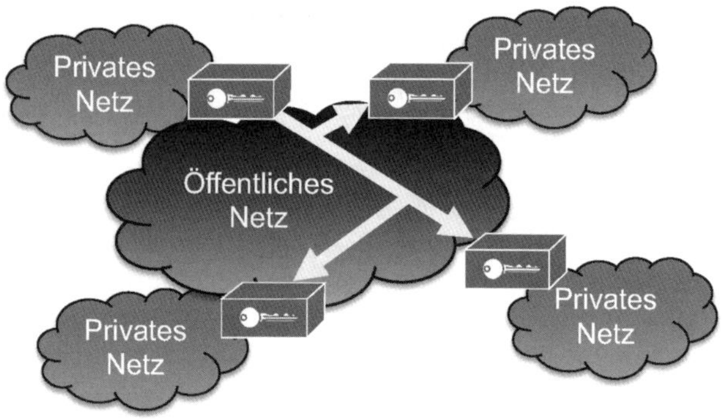

Abbildung 23.8 *Bei PMIDP annoncieren Gateways ihre Anwesenheit über regelmäßige Multicast-Nachrichten.*

23.2.6 Proactive Multicast-Based IPSEC Discovery Protocol (PMIDP)

PMIDP ist ein einfaches Annoncierungsverfahren für militärische Netze.

Mit dem *Proactive Multicast-Based IPSEC Discovery Protocol* (PMIDP) [Tra06, AGM+08] soll hier auch kurz ein Vorschlag aus dem militärischen Sektor behandelt werden. Bei vielen militärischen Netzen ist es möglich, auch in nicht vertrauenswürdigen Bereichen nativen IP-Multicast zu verwenden, etwa um Video- und Audiokonferenzdaten zu übermitteln. Wie in Abbildung 23.8 illustriert, nutzt PMIDP diese Technik, um IPsec-Gateways regelmäßig seine Anwesenheit zu annoncieren. Wird ein neues Gateway detektiert, richten die anderen Gateways eine statische SA mit einem fest konfigurierten Passwort ein, um die vertrauenswürdigen Netzbereiche des Gateways abzufragen. Anschließend können nach Bedarf dynamische Sicherheitsbeziehungen mithilfe eines Schlüsselaushandlungsprotokolls etabliert werden. Werden einige der periodischen Multicast-Nachrichten nicht mehr empfangen, wird das Gateway automatisch als ausgefallen detektiert und alle Sicherheitsbeziehungen zu diesem werden wieder gelöscht.

Die erreichbaren Skalierbarkeits- und Sicherheitseigenschaften sind fraglich.

PMIDP stellt damit eine sehr pragmatische Lösung für die speziellen Anforderungen des Militärs dar. Allerdings ergeben sich einige Nachteile: Das Verfahren ist naturgemäß auf einen funktionierenden Multicast-Dienst im zugrunde liegenden Transportnetz angewiesen und funktioniert beispielsweise nicht, wenn NAT involviert ist. Die Skalierbarkeit ist für die Senderseite durch den Multicast gegeben, allerdings müssen weiterhin Nachrichten von jedem anderen Teilnehmer in jeder Periode empfangen werden. Ebenso verhält es sich, wenn die Anfrage der roten Netzbereiche per Unicast erfolgt. In Bezug auf die Sicherheit sind vor allem Verfügbarkeitseigenschaften nicht weiter berücksichtigt. So können durch den fehlenden Schutz vor Wiedereinspielungen bei statischen

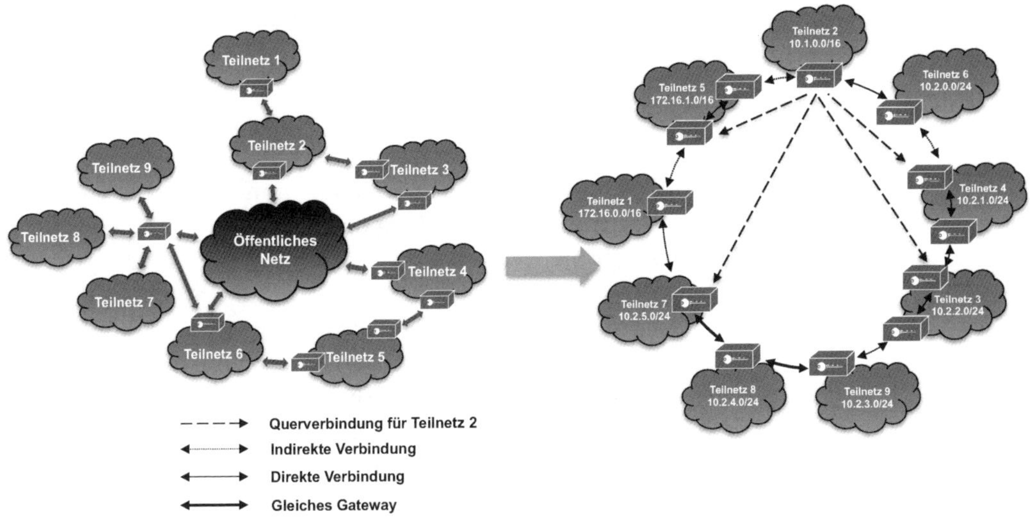

Abbildung 23.9
SOLID bildet komplexe Transportnetz in eine Ringstruktur ab.

Sicherheitsbeziehungen nicht nur alte Announcements, sondern auch alte Netzzuordnungen gesendet werden. Dadurch kann der Konfigurationsmechanismus nicht mehr korrekt arbeiten. Darüber hinaus ist Multicast per se relativ anfällig gegen Sabotageangriffe, da das Fluten auf die Multicast-Adresse potenziell alle Teilnehmer überlastet. In Bezug auf die Graceful-Degradation-Eigenschaft ist nicht geklärt, wie die angegebenen Adressen für die vertrauenswürdigen Adressbereiche authentisiert werden. Der Schutz durch einen statischen, symmetrischen Gruppenschlüssel reicht hierfür nicht aus.

23.2.7 Secure Overlay for IPsec Discovery (SOLID)

Im Gegensatz zu den bisher vorgestellten Ansätzen verwendet das *Secure Overlay for IPsec Discovery (SOLID)* [RSS10] einen vollständig verteilten Konfigurationsmechanismus mit expliziten Mechanismen für Gateway-Discovery, Routing und insbesondere Topologiekontrolle. Aus Skalierbarkeitsgründen und um eine schnelle Adaption zu gewährleisten, baut letztere nur einige wenige Sicherheitsbeziehungen proaktiv auf. Um trotz dieser Einschränkung innerhalb des VPN effizient nach Teilnehmern suchen zu können, wird in SOLID das inzwischen etablierte Konzept von Peer-to-Peer-Overlays [SMK+01, For03] innerhalb von IPsec-Infrastrukturen eingesetzt (vergleiche auch Abschnitt 20.4.4).

Grundprinzip: Proaktiver Aufbau von geordneten Ringstrukturen

SOLIDs Topologiekontrolle baut dazu zunächst lediglich zwei IPsec-Beziehungen pro VPN-Teilnehmer proaktiv auf, sodass eine geordnete Ringstruktur entsteht (siehe Abbildung 23.9). Da die Teilnehmer innerhalb dieser Struktur nach den IP-Adressbereichen ihrer privaten Teilnetze angeordnet sind, kann der verantwortliche Zielteilnehmer für ein Datenpaket immer gefunden werden, indem eine Suchnachricht entlang des Ringes gesendet wird. VPN-Teilnehmer mit mehreren Netzbereichen fügen sich entsprechend mehrfach in den Ring ein. Diese Suche terminiert immer, benötigt damit aber bei n Teilnetzen $\mathcal{O}(n)$ Overlay-Schritte. Daher werden nach dem Aufbau des Ringes zusätzlich pro Teilnehmer logarithmisch viele Querverbindungen durch den Ring aufgebaut, welche die Suche auf ebenfalls logarithmisch viele Schritte reduziert. Außer in den Sicherheitseigenschaften unterscheidet sich diese Grundstruktur zunächst nur bedingt von Chord oder I3 [SAZ$^+$04]. Allerdings werden VPN-Teilnehmer in SOLID-VPN nicht nach zufälligen oder durch Hashing ermittelten Identifikationen angeordnet, da dies keine Subnetzmasken variabler Länge für die Teilnetze des VPN erlauben würde. Für die optimale Wahl der Querverbindungen werden deshalb Stichproben über den Adressraum der Teilnetze gesammelt. Mit deren Hilfe können die Querverbindungen so geplant werden, dass in jedem Hop durch das VPN der Suchraum halbiert wird.

Aufbau komplexer Topologien

Das in Chord vorgestellte Prinzip ist jedoch für komplexe Topologien mit VPN-Teilnehmern, die sich hinter anderen Teilnehmern befinden, oder bei lokalen Ausfällen im Transportnetz nicht anzuwenden, da nicht alle Teilnehmer mit allen anderen direkt kommunizieren können. Aus diesem Grund baut der SOLID-Mechanismus zwischen Teilnehmern ohne direkte Kommunikationsmöglichkeit indirekte Verbindungen auf, welche über virtuelle Pfade durch das VPN selbst geschaltet werden. Im Gegensatz zu normalen Routing-Mechanismen werden dabei keine Broadcast-Informationen verwendet, sondern die Pfade anhand der Overlay-Metrik iterativ aufgebaut. Soll eine neue Verbindung im VPN aufgebaut werden, wird

Aufbau indirekter Pfade und sukzessive Optimierung

zunächst eine Suche innerhalb des VPN gestartet. Falls ein Ziel zwar gefunden wird, aber keine direkte Kommunikation möglich ist, wird zunächst der gefundene indirekte Overlay-Pfad verwendet. Da dieser aber unter Umständen mit $\mathcal{O}(\log n)$ Schritten zu lang ist, werden Optimierungsmaßnahmen durchgeführt, welche in gebräuchlichen VPN-Topologien zu beweisbar effizienten Ergebnissen führen: Die optimierten Pfade sind in Bezug auf die Anzahl der Overlay-Schritte minimiert, da durch die dort vorgenommenen Umverschlüsselungen in der Regel sowohl Verzögerung als auch

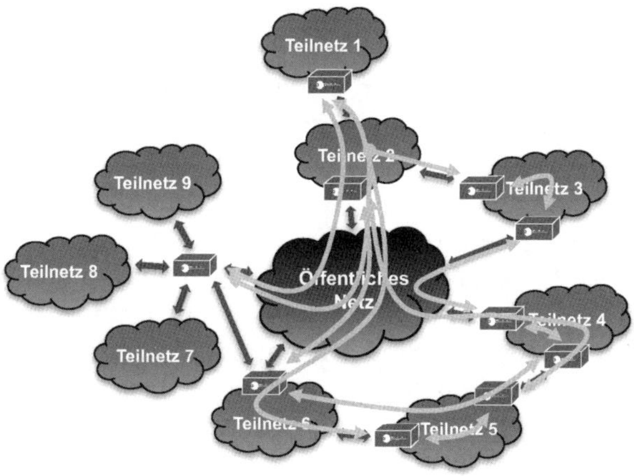

Abbildung 23.10 Beispiel der geschalteten Pfade für die SOLID-Ringtopologie

Bandbreite dominiert werden. Auf diese Weise ist es SOLID möglich, auch komplexe Topologien in einem logischen Ring abzubilden und somit zu konfigurieren (siehe Abbildung 23.10).

SOLID erfüllt umfangreiche funktionale und nichtfunktionale Anforderungen.

Bezüglich der Funktionalität des Autokonfigurationsverfahrens ist hervorzuheben, dass es keine besonderen Anforderungen an das Transportnetz stellt und beispielsweise auch in Szenarien mit NAT funktioniert. Als einziges der hier vorgestellten Verfahren ist es in der Lage, Tunnel-in-Tunnel-Konfigurationen einzurichten. Auch die eingangs eingeführten nichtfunktionalen Eigenschaften sind durch die verteilte Konstruktion und den Verzicht auf globales Wissen gut zu realisieren. So skaliert das System für mehrere Tausend Teilnehmer und verkraftet auch die Ausfälle großer VPN-Teile, ohne dass das verbleibende VPN signifikant beeinflusst wird. Sich häufig verändernde Sicherheitsbeziehungen, etwa solche, die durch einen »Wackelkontakt« immer wieder aktiviert und deaktiviert werden, verursachen keine Routenänderungen, die durch das gesamte VPN propagiert werden müssten. Partielle Transportnetzausfälle können durch indirekte Pfade umgangen werden, und bei etwaigen Netzpartitionierungen können die von SOLID konfigurierten VPN-Teile autonom weiter arbeiten.

Umgang mit der Komplexität des Ansatzes

Verteilte Ansätze bergen inhärent durch die komplexen Aufgaben und Anforderungen die Gefahr, dass die mit VPN prinzipiell erreichbare Sicherheit durch die für die Konfiguration erforderliche aufwendige Software leidet. SOLID begegnet dieser Gefahr auf verschiedenen Ebenen:

- **Steuerung unmodifizierter IPsec-Komponenten:** Sowohl an der IPsec-Verarbeitung als auch am IKE-Daemon müssen keine signifikanten Änderungen vorgenommen werden. Der IKE-Daemon wird lediglich angewiesen, welche Beziehungen zu etablieren sind.

- **Ende-zu-Ende-Sicherung:** Alle Nutzdaten werden immer Ende-zu-Ende gesichert, das heißt, selbst kompromittierte VPN-Teilnehmer können weitergeleiteten Verkehr nicht einsehen oder unerkannt modifizieren.
- **Adressattestierung:** Die VPN-Teilnehmer können innerhalb des VPN nur für Adressen auftreten, die in ihrem Zertifikat genannt sind. Zusammen mit der Ende-zu-Ende-Sicherung wird so die Graceful-Degradation-Eigenschaft erreicht, da selbst kompromittierte Teilnehmer nur Verkehr lesen und erzeugen können, bei dem sie Ziel beziehungsweise Quelle sind.
- **IPsec-Schutz für Konfigurationsnachrichten:** Selbst die von SOLID ausgetauschten Konfigurationsnachrichten werden bereits durch IPsec gesichert, sodass externe Angreifer auch diese nicht unerkannt verändern können. Dadurch beschränken sich auch Bedrohungen auf die Wegewahl auf interne Angreifer, die wiederum nur mit authentischen Adressen auftreten können.

Resistenz gegen Sabotageangriffe

Die vollständig verteilte Konfiguration und Wegewahl innerhalb von VPN ermöglicht weiterhin eine Erhöhung der Sabotageresistenz, da der Ausfall von Teilen des VPN toleriert beziehungsweise auf ihn reagiert werden kann. Ferner ist es Administratoren möglich, die aufgebauten VPN-Topologien so zu beeinflussen, dass wichtige Bereiche eines VPN von weniger wichtigen getrennt werden, wenn von diesen Sabotageangriffe durchgeführt werden [BRS09].

23.3 Zusammenfassung

In großen IT-Infrastrukturen können Sicherheitsprotokolle nicht mehr manuell konfiguriert werden.

Ziel dieses Kapitels war das Aufzeigen von Problemen, die sich beim Betreiben von Sicherheitsprotokollen in großen IT-Infrastrukturen ergeben, sowie die Diskussion einiger Lösungsansätze für Fälle, in denen manuelle Konfigurationsmethoden nicht mehr praktikabel sind. Exemplarisch wurde dazu zunächst das initiale »Ausrollen« und das Aktualisieren von Zertifikaten betrachtet, welches die Grundlage für die meisten kryptografischen Verfahren bildet. Im zweiten Teil des Kapitels wurde auf große IPsec-VPN eingegangen.

In Bezug auf das Management von Zertifikaten wurden zunächst die wesentlichen Komponenten einer PKI erläutert: Das sind neben der *Certificate Authority (CA)* die *Registration Authority (RA)* und die *Validation Authority (VA)*. Gerade letztere stellt mit dem Rückruf von Zertifikaten einen grundlegenden Dienst bereit, der weite Verbreitung gefunden hat. Neben den *Certificate Revocation Lists (CRL)* hat sich mit dem *Online Certificate Status Protocol (OCSP)* auch ein Verfahren zur expliziten Prüfung eines bestimmten Zertifikats durchgesetzt. Nachteilig daran ist, dass die VA verfügbar sein muss und sie die Nutzung von Zertifikaten relativ gut beobachten kann. Mit dem *Server-based Certificate Validation Protocol (SCVP)* können außerdem ressourcenarme Geräte die Prüfung von Zertifikaten inklusive des Abgleichs gegen CRL an einen vertrauenswürdigen Server delegieren. Dieser eignet sich auch, um institutionsweite Anforderungen an Zertifikate durchzusetzen.

Validierung der Aktualität von Zertifikaten

Weitere PKI-Protokolle existieren, um Zertifikate initial auszustellen und zu erneuern sowie gegebenenfalls Cross-Zertifizierungen durchzuführen. Die weiteste Verbreitung hat dabei das *Simple Certificate Enrollment Protocol (SCEP)* gefunden, welches aber ausschließlich in sicheren Umgebungen einzusetzen ist. Das *Certificate Management over CMS (CMC)* ist im Prinzip besser geeignet, weist aber bereits eine relativ hohe Komplexität auf. Mit *Enrollment over Secure Transport (EST)* wurde eine vereinfachte Variante von CMC standardisiert, die innerhalb von HTTPS gekapselt wird und das initiale Ausstellen von Zertifikaten für geschlossene Systeme wie Router vereinfachen soll. Das letzte vorgestellte Protokoll ist das *Certificate Management Protocol (CMP)*, welches einen Rahmen für alle wesentlichen Aufgaben innerhalb einer PKI bildet. CMP ist sehr komplex zu implementieren und hat zu gewissen Teilen Überschneidungen mit CMC. Auch hier wird die Frage, wie initiales Vertrauen zwischen Client und PKI herzustellen ist, in externe Prozesse verlagert, sodass bei großen IT-Infrastrukturen in jedem Fall signifikante personelle Ressourcen für das Ausstellen und Erneuern von Zertifikaten vorzuhalten sind.

Eine Reihe von Protokollen kann einen PKI-Betrieb unterstützen.

Für den Betrieb von PKI sind signifikante personelle Ressourcen vorzusehen.

Im zweiten Beispielszenario wurde die automatische Konfiguration von IPsec-VPN betrachtet, die vor allem erforderlich wird, wenn herkömmliche Hub-and-Spoke-Architekturen aufgrund von Skalierbarkeits- und Robustheitseigenschaften nicht mehr zu vertreten sind. Hier hat die Abwesenheit von anerkannten Standards in den letzten Jahren zu einer Fülle von Ansätzen geführt. In diesem Buch wurden einige zentralisierte, dezentrale und vollständig verteilte Ansätze vorgestellt. Die meisten dieser Verfahren zeichnen sich bisher durch geringe Funktionalität, schlechte Sicher-

Die meisten VPN-Konfigurationssysteme haben Defizite in Bezug auf Funktionsumfang, Sicherheit und/oder Komplexität.

heitseigenschaften und/oder eine hohe Komplexität aus. So bietet beispielsweise das einfache *Group Encrypted Transport VPN (GET-VPN)* eine transparente Multicast-Unterstützung und skaliert außerordentlich gut. Durch den Gruppenschlüsselansatz wird das Sicherheitsniveau gegenüber herkömmlichen IPsec-VPN jedoch extrem gesenkt. Insbesondere die Graceful-Degradation-Eigenschaft ist in großen Infrastrukturen von elementarer Wichtigkeit, da hier immer wieder von kompromittierten Einzelgeräten auszugehen ist. Die Attestierung von Adressen und eine erzwungene Ende-zu-Ende-Sicherung macht dies aber auch in komplexen Verfahren möglich. Mit dem vollständig verteilten Ansatz SOLID wurde ein komplexer Ansatz vorgestellt, der auf die Verteilung der Aufgaben auf gleichberechtigt agierende VPN-Systeme setzt und bei dessen Entwurf großer Wert darauf gelegt wurde, dass die grundsätzlich mit einem IPsec-VPN erreichbaren Sicherheitseigenschaften nicht durch das Autokonfigurationsverfahren reduziert werden.

23.4 Weiterführende Literatur

[CSF+08] Cooper, D.; Santesson, S.; Farrell, S.; Boeyen, S.; Housley, R.; Polk, W.: *Internet X.509 Public Key Infrastructure Certificate and Certificate Revocation List (CRL) Profile*. May 2008. – RFC 5280, IETF, Status: Proposed Standard, `https://tools.ietf.org/html/rfc5280`

[FHM+07] Freeman, T.; Housley, R.; Malpani, A.; Cooper, D.; Polk, W.: *Server-Based Certificate Validation Protocol (SCVP)*. December 2007. – RFC 5055, IETF, Status: Proposed Standard, `https://tools.ietf.org/html/rfc5055`

[MGM+06] Muñoz Merino, P. J.; García-Martínez, A.; Muñoz Organero, M.; Delgado Kloos, C.: *Enabling Practical IPsec Authentication for the Internet*. In: *On the Move to Meaningful Internet Systems 2006: OTM 2006 Workshops*, 2006, S. 392–403

[MH13] Manral, V.; Hanna, S.: *Auto-Discovery VPN Problem Statement and Requirements*. September 2013. – RFC 7018, IETF, Status: Informational, `https://tools.ietf.org/html/rfc7018`

[PNV11] Pritikin, M.; Nourse, A.; Vilhuber, J.: *Simple Certificate Enrollment Protocol*. , 2011, September. – Expired Draft, IETF, Intended Status: Historic, https://tools.ietf.org/html/draft-nourse-scep-23

[PYH13] PRITIKIN, M.; YEE, P.; HARKINS, D.: *Enrollment over Secure Transport*. October 2013. – RFC 7030, IETF, Status: Proposed Standard, https://tools.ietf.org/html/rfc7030

[RR05] RICHARDSON, M.; REDELMEIER, D. H.: *Opportunistic Encryption using the Internet Key Exchange (IKE)*. RFC 4322, IETF, Status: Informational, https://tools.ietf.org/html/rfc4322, 2005

[RS11] ROSSBERG, Michael; SCHAEFER, Guenter: *A Survey on Automatic Configuration of Virtual Private Networks*. In: *Computer Networks Journal* 55, 2011, S. 1684–1699

[RSS10] ROSSBERG, Michael; SCHAEFER, Guenter; STRUFE, Thorsten: *Distributed Automatic Configuration of Complex IPsec-Infrastructures*. In: *Journal of Network and Systems Management* 18, 2010, Nr. 3, S. 300–326

[Sch05] SCHAAD, J.: *Internet X.509 Public Key Infrastructure Certificate Request Message Format (CRMF)*. September 2005. – RFC 4211, IETF, Status: Proposed Standard, https://tools.ietf.org/html/rfc4211

[SHM+13] SATHYANARAYAN, P.; HANNA, S.; MELAM, S.; NIR, Y.; MIGAULT, D.; PENTIKOUSIS, K.: *Auto Discovery VPN Protocol*. October 2013. – Expired Internet Draft, https://tools.ietf.org/html/draft-sathyanarayan-ipsecme-advpn-03

[SM11] SCHAAD, J.; MYERS, M.: *Certificate Management over CMS (CMC)*. June 2011. – RFC 5272, IETF, Status: Proposed Standard, https://tools.ietf.org/html/rfc5272

[SMA+13] SANTESSON, S.; MYERS, M.; ANKNEY, R.; MALPANI, A.; GALPERIN, S.; ADAMS, C.: *X.509 Internet Public Key Infrastructure Online Certificate Status Protocol - OCSP*. June 2013. – RFC 6960, IETF, Status: Proposed Standard, https://tools.ietf.org/html/rfc6960

[Tra06] TRAN, T.: *Proactive Multicast-Based IPSEC Discovery Protocol and Multicast Extension*. In: *Proceedings of the IEEE Military Communications Conference (MILCOM)*, 2006

23.5 Übungen

1. Aus welchem Grund werden PKI komponentenweise zerlegt?
2. Welchen Vorteil bieten Request-Reply-Mechanismen?
3. Warum wird in den meisten PKI-Protokollen eine ASN.1-Codierung verwendet?
4. Sollte das Neuausstellen von Zertifikaten durch bereits vorhandene Zertifikate gesichert werden?
5. Wann muss für die sichere, initiale Konfiguration von Schlüsseln und Zertifikaten zwangsläufig die Vertraulichkeit der Übertragung gewährleistet werden? In welchem Gerät werden in diesem Fall die Schlüssel generiert? Ist Perfect Forward Secrecy in diesem Fall sinnvoll?
6. Welchen Vorteil bietet eine Hub-and-Spoke-Architektur bei der Einbindung mobiler Teilnehmer?
7. Aus welchem Grund funktioniert der für IPsec standardisierte Replay-Fenster-Mechanismus nicht bei Gruppenbeziehungen?
8. Verwenden Sie einen IKE-Daemon (etwa strongSwan), um einen IPsec-Tunnel zwischen zwei Knoten einzurichten. Nutzen Sie hierzu Zertifikate einer von Ihnen kontrollierten Zertifizierungsinstanz. Erläutern Sie vor diesem Hintergrund die Schwierigkeit, ein VPN mit 100 Knoten zu warten. Welche Konfigurationsteile müssen regelmäßig geändert werden?
9. Welche Sicherheitsprobleme können auftreten, wenn das Routing von VPN-Daten auf Transportnetzmechanismen zurückgreift, wie bei TED und GET?
10. Ist der internetweite Einsatz von PMIDP sinnvoll zu bewerkstelligen?
11. Vergleichen Sie die Sicherheitseigenschaften von PMIDP mit einem Ansatz, bei dem IKE-Daemons über Zeroconf beziehungsweise mDNS ihre Anwesenheit annoncieren.
12. Was impliziert der Einsatz strukturierter Peer-to-Peer-Techniken für das Routing in Bezug auf Sinkhole-Angriffe?
13. Würden Sie eher Angriffe auf das Routing im Transportnetz oder im VPN erwarten? Was sind jeweils die Auswirkungen – etwa beim Einsatz von DMVPN?

Literaturverzeichnis

[3GP12a] 3GPP: *3G Security; Network Domain Security (NDS); IP network layer security (Release 12)*. 3rd Generation Partnership Project, Technical Specification Group Services and System Aspects, 3GPP TS 33.210, V12.2.0, December 2012

[3GP12b] 3GPP: *3G Security: Security Architecture (Release 11)*. 3rd Generation Partnership Project, Technical Specification Group Services and System Aspects, 3GPP TS 33.102, V11.5.0, December 2012

[3GP12c] 3GPP: *3GPP System Architecture Evolution (SAE); Security Architecture (Release 12)*. 3rd Generation Partnership Project, Technical Specification Group Services and System Aspects, 3GPP TS 33.401, V12.6.0, December 2012

[3GP12d] 3GPP: *3GPP System Architecture Evolution (SAE); Security aspects of non-3GPP accesses (Release 11)*. 3rd Generation Partnership Project, Technical Specification Group Services and System Aspects, 3GPP TS 33.402, V11.4.0, June 2012

[3GP12e] 3GPP: *Access to the 3GPP Evolved Packet Core (EPC) via non-3GPP access networks; Stage 3 (Release 11)*. 3rd Generation Partnership Project, Technical Specification Group Services and System Aspects, 3GPP TS 24.302, V11.5.0, December 2012

[3GP12f] 3GPP: *Generic Authentication Architecture (GAA); Generic Bootstrapping Architecture (GBA) (Release 11)*. 3rd Generation Partnership Project, Technical Specification Group Services and System Aspects, 3GPP TS 33.220, V11.4.0, September 2012

[3GP12g] 3GPP: *Network Domain Security (NDS); Authentication Framework (AF) (Release 11)*. 3rd Generation Partnership Project, Technical Specification Group Services and System Aspects, 3GPP TS 33.310, V11.2.0, December 2012

[AA04] ATKINS, D.; AUSTEIN, R.: *Threat Analysis of the Domain Name System (DNS)*. August 2004. – RFC 3833, IETF, Status: Informational, https://tools.ietf.org/html/rfc3833

[AAL+05a] ARENDS, R.; AUSTEIN, R.; LARSON, M.; MASSEY, D.; ROSE, S.: *DNS Security Introduction and Requirements*. March 2005. – RFC 4033, IETF, Status: Proposed Standard, https://tools.ietf.org/html/rfc4033

[AAL+05b] ARENDS, R.; AUSTEIN, R.; LARSON, M.; MASSEY, D.; ROSE, S.: *Resource Records for the DNS Security Extensions*. March 2005. – RFC 4034, IETF, Status: Proposed Standard, https://tools.ietf.org/html/rfc4034

[ABB+08] ALONSO, J.M.; BORDON, R.; BELTRAN, M.; GUZMAN, A.: LDAP Injection Techniques. In: *11th IEEE Singapore International Conference on Communication Systems*. 2008, S. 980–986

[ABV+04] ABOBA, B.; BLUNK, L.; VOLLBRECHT, J.; CARLSON, J.; LEVKOWETZ, H.: *Extensible Authentication Protocol (EAP)*. June 2004. – RFC 3748, IETF, Status: Proposed Standard, https://tools.ietf.org/html/rfc3748

[AFK+05] ADAMS, C.; FARRELL, S.; KAUSE, T.; MONONEN, T.: *Internet X.509 Public Key Infrastructure Certificate Management Protocol (CMP)*. September 2005. – RFC 4210, IETF, Status: Proposed Standard, https://tools.ietf.org/html/rfc4210

[AGM+08] AURISCH, T.; GINZLER, T.; MARTINI, P.; OGDEN, R.; TRAN, T.; SEIFERT, H.: Automatic multicast IPsec by using a proactive IPsec discovery protocol and a group key management. In: *Journal of Telecommunications & Information Technology* (2008), Nr. 2

[AGM+09] AOKI, K.; GUO, J.; MATUSIEWICZ, K.; SASAKI, V.; WANG, L.: Preimages for Step-Reduced SHA-2. In: *Advances in Cryptology – ASIACRYPT'09*. 2009, S. 578–597

[Agn88] AGNEW, G. B.: Random Sources for Cryptographic Systems. In: *Advances in Cryptology — Eurocrypt '87 Proceedings*. Springer-Verlag, 1988, S. 77–81

[AH06] ARKKO, J.; HAVERINEN, H.: *Extensible Authentication Protocol Method for 3rd Generation Authentication and Key Agreement (EAP-AKA)*. January 2006. – RFC 4187, IETF, Status: Informational, https://tools.ietf.org/html/rfc4187

[ALE09] ARKKO, J.; LEHTOVIRTA, V.; ERONEN, P.: *Improved Extensible Authentication Protocol Method for 3rd Generation Authentication and Key Agreement (EAP-AKA')*. May 2009. – RFC 5448, IETF, Status: Informational, https://tools.ietf.org/html/rfc5448

[Amo94] AMOROSO, Edward G.: *Fundamentals of Computer Security Technology*. Prentice Hall, 1994

[AN97] AURA, Tuomas; NIKANDER, Pekka: Stateless connections. In: *Information and Communications Security* (1997), S. 87–97

[ANL01] AURA, Tuomas; NIKANDER, Pekka; LEIWO, Jussipekka: DOS-resistant Authentication with Client Puzzles. In: *Security Protocols*, Springer-Verlag, 2001, S. 170–177

[AP13] ALFARDAN, N. J.; PATERSON, K. G.: *Lucky Thirteen: Breaking the TLS and DTLS Record Protocols*. 2013

[AT&86] AT&T: *T7001 Random Number Generator*. Data Sheet, August 1986

[ATM97a] ATM Forum Technical Committee: *BTD-SIG-SEC-01.00: UNI 4.0 Security Addendum*. Februar 1997. – ATM Forum/97-0019

[ATM97b] ATM Forum: *Phase I ATM Security Specification*. April 1997. – (Draft Version 1.02)

[ATM99] ATM Forum: *ATM Security Specification Version 1.0*. Februar 1999. – AF-SEC- 0100.000

[AVG+99] Alaettinoglu, C.; Villamizar, C.; Gerich, E.; Kessens, D.; Meyer, D.; Bates, T.; Karrenberg, D.; Terpstra, M.: *Routing Policy Specification Language (RPSL)*. 1999. – RFC 2622, IETF, Status: Proposed Standard, https://tools.ietf.org/html/rfc2622

[BA13] Bush, R.; Austein, R.: *The Resource Public Key Infrastructure (RPKI) to Router Protocol*. 2013. – RFC 6810, IETF, Status: Proposed Standard, https://tools.ietf.org/html/rfc6810

[BAN90] Burrows, M.; Abadi, M.; Needham, R.: A Logic of Authentication. In: *ACM Transactions on Computer Systems* 8 (1990), Februar, Nr. 1, S. 18–36

[Bar06] Bard, G. V.: A challenging but feasible blockwise-adaptive chosen-plaintext attack on SSL. In: *SECRYPT* (2006), S. 7–10

[BB12] Bider, D.; Baushke, M.: *SHA-2 Data Integrity Verification for the Secure Shell (SSH) Transport Layer Protocol*. July 2012. – RFC 6668, IETF, Status: Proposed Standard, https://tools.ietf.org/html/rfc6668

[BBH+09] Beverly, Robert; Berger, Arthur; Hyun, Young; Claffy, kc: Understanding the efficacy of deployed internet source address validation filtering. In: *Proceedings of the 9th ACM SIGCOMM conference on Internet measurement conference*. 2009 (IMC '09), S. 356–369

[BBK08] Barkan, E.; Biham, E.; Keller, N.: Instant Ciphertext-Only Cryptanalysis of GSM Encrypted Communication. In: *Journal of Cryptology* 21 (2008), März, Nr. 3, S. 392–429

[BBM09] Brecher, T.; Bresson, E.; Manulis, M.: Fully Robust Tree-Diffie-Hellman Group Key Exchange. In: *Cryptology and Network Security* Bd. 5888. 2009, S. 478–497

[BBP+12] Brumley, B. B.; Barbosa, M.; Page, D.; Vercauteren, F.: Practical realisation and elimination of an ECC-related software bug attack. In: *Proceedings of CT-RSA*. 2012, S. 171–186

[BC00] Burch, Hal; Cheswick, Bill: Tracing Anonymous Packets to Their Approximate Source. In: *Proceedings of the 14th Conference on Large Installation System Administration Conference (LISA)*. 2000, S. 319–327

[BC08] Bray, R.; Cid, D.: *OSSEC Host-Based Intrusion Detection Guide*. Syngress Media, 2008

[BDK05] Biham, E.; Dunkelman, O.; Keller, N.: A Related-Key Rectangle Attack on the Full KASUMI. In: *Advances in Cryptology – ASIACRYPT'05*. Springer-Verlag, 2005, S. 443–461

[BDP+05] BLUNK, L.; DAMAS, J.; PARENT, F.; ROBACHEVSKY, A.: *Routing Policy Specification Language next generation (RPSLng)*. 2005. – RFC 4012, IETF, Status: Proposed Standard, https://tools.ietf.org/html/rfc4012

[BDP+11a] BERTONI, G.; DAEMEN, J.; PEETERS, M.; ASSCHE, G. V.: *Cryptographic sponge functions*. Research report. Version 0.1, 2011

[BDP+11b] BERTONI, G.; DAEMEN, J.; PEETERS, M.; ASSCHE, G. V.: *The Keccak reference*. Research report. Version 3.0, 2011

[Ber09a] BERNSTEIN, D. J.: Cryptography in NaCl. In: *Networking and Cryptography library* (2009)

[Ber09b] BERNSTEIN, D. J.: *DNSCurve: Usable security for DNS*. http://dnscurve.org. Version: 2009

[BF03] BONEH, D.; FRANKLIN, M.: Identity-Based Encryption from the Weil Pairing. In: *SIAM Journal of Computing* 32 (2003), S. 586–615

[BFM+10] BUTLER, K.; FARLEY, T. R.; MCDANIEL, P.; REXFORD, J.: A Survey of BGP Security Issues and Solutions. In: *Proceedings of the IEEE* 98 (2010), Nr. 1, S. 100–122

[BGW01] BORISOV, N.; GOLDBERG, I.; WAGNER, D.: Intercepting Mobile Communications: The Insecurity of 802.11. In: *Proceedings of ACM MobiCom*. 2001. – http://www.cs.berkeley.edu/~daw/papers/wep-mob01.ps

[Bha08] BHAIJI, Y.: *Network Security Technologies and Solutions*. 1st. Cisco Press, 2008. – ISBN 978–1–58705–246–0

[Bie90] BIEBER, P.: A Logic of Communication in a Hostile Environment. In: *Proceedings of the Computer Security Foundations Workshop III*. IEEE Computer Society Press, Juni 1990, S. 14–22

[BJA+11] BRUMLEY, D.; JAGER, I.; AVGERINOS, T.; SCHWARTZ, E. J.: BAP: A Binary Analysis Platform. In: *Computer Aided Verification* Bd. 6806. 2011, S. 463–469

[BK12] BARKER, E.; KELSEY, J.: *Recommendation for Random Number Generation Using Deterministic Random Bit Generators*. NIST Special Publication 800-90A, 2012

[BK14] BARKER, E.; KELSEY, J.: *Recommendation for Random Number Generation Using Deterministic Random Bit Generators*. DRAFT NIST Special Publication 800-90A, Rev. 1, 2014

[BKR11] BOGDANOV, A.; KHOVRATOVICH, D.; RECHBERGER, C.: Biclique cryptanalysis of the full AES. In: *Proceedings of the 17th international conference on The Theory and Application of Cryptology and Information Security*. Springer-Verlag, 2011, S. 344–371

[BKS98] BLEICHENBACHER, D.; KALISKI, B.; STADDON, J.: *Recent Results on PKCS #1: RSA Encryption Standard*. 1998. – RSA Laboratories' Bulletin 7

[BKY93] BETH, T.; KLEIN, B.; YAHALOM, R.: Trust Relationships in Secure Systems: A Distributed Authentication Perspective. In: *Proceedings of the 1993*

Symposium on Security and Privacy. IEEE Computer Society Press, Mai 1993, S. 150–164

[BLR08] BERNSTEIN, D.; LANGE, T.; REZAEIAN FARASHAHI, R.: Binary Edwards Curves. In: *Cryptographic Hardware and Embedded Systems (CHES)* Bd. 5154. Springer-Verlag, 2008, S. 244–265

[BLT03] BELLOVIN, S.; LEECH, M.; TAYLOR, T.: *ICMP Traceback Messages*. 2003. – IETF, Status: Expired Internet-Draft, https://tools.ietf.org/html/draft-ietf-itrace-04

[BM92] BELLOVIN, S.; MERRITT, M.: Encrypted Key Exchange: Password-Based Protocols Secure Against Dictionary Attacks. In: *IEEE Computer Society Symposium on Research in Security and Privacy*. 1992, S. 72–84

[BM93] BELLOVIN, S.; MERRITT, M.: *Cryptographic protocol for secure communications*. 1993. – US Patent 5,241,599

[BMY06] BARBIR, A.; MURPHY, S.; YANG, Y.: *Generic Threats to Routing Protocols*. 2006. – RFC 4593, IETF, Status: Standard, https://tools.ietf.org/html/rfc4593

[Bre89] BRESSOUD, D. M.: *Factorization and Primality Testing*. Springer-Verlag, 1989

[BRS09] BRINKMEIER, M.; ROSSBERG, M.; SCHAEFER, G.: Towards a Denial-of-Service Resilient Design of Complex IPsec Overlays. In: *Proceedings of International Conference on Communications (ICC)*. 2009

[Bry88] BRYANT, R.: *Designing an Authentication System: A Dialogue in Four Scenes*. 1988. – Project Athena, Massachusetts Institute of Technology, Cambridge, USA

[BS90] BIHAM, E.; SHAMIR, A.: Differential Cryptanalysis of DES-like Cryptosystems. In: *Journal of Cryptology* 4 (1990), Nr. 1, S. 3–72

[BS93] BIHAM, Eli; SHAMIR, Adi: *Differential Cryptanalysis of the Data Encryption Standard*. Springer-Verlag, 1993

[BS96] BERNSTEIN, Daniel J.; SCHENK, Eric: *TCP SYN cookies*. http://cr.yp.to/syncookies.html. Version: 1996

[BSI08] BSI (BUNDESAMT FÜR SICHERHEIT IN DER INFORMATIONSTECHNIK): *Common Criteria Protection Profile for Remote-Controlled Browsers Systems (ReCoBS)*. BSI PP BSI-PP-0040. https://www.bsi.bund.de/SharedDocs/Downloads/DE/BSI/Zertifizierung/ReportePP/pp0040b_pdf.pdf?__blob=publicationFile. Version: 2008

[BSI12] BSI (BUNDESAMT FÜR SICHERHEIT IN DER INFORMATIONSTECHNIK): *Elliptic Curve Cryptography*. 2012. – Technical Guideline TR-03111

[BSW10] BEUTELSPACHER, A.; SCHWENK, J.; WOLFENSTETTER, K.-D.: *Moderne Verfahren der Kryptographie: Von RSA zu Zero-Knowledge*. Vieweg+Teubner Verlag, 2010

[BT00] BARLOW, Jason; THROWER, Woody: *TFN2K – an analysis (Revision: 1.3)*. http://securityresponse.symantec.com/avcenter/security/Content/2000_02_10_a.html. Version: 2000

[BT11] BRUMLEY, B. B.; TUVERI, N.: Remote timing attacks are still practical. In: *Proceedings of the 16th European conference on Research in computer security (ESORICS'11)*. 2011, S. 355–371

[CBK09] CHANDOLA, Varun; BANERJEE, Arindam; KUMAR, Vipin: Anomaly Detection: A survey. In: *ACM Computing Surveys (CSUR)* 41 (2009), Nr. 3, S. 15

[CC89] CHIOU, G.; CHEN, W.: Secure Broadcasting Using the Secure Lock. In: *IEEE Transactions on Software Engineering* 15 (1989), S. 929–934

[CCF04] CONVERY, S.; COOK, D.; FRANZ, M.: *An Attack Tree for the Border Gateway Protocol*. 2004. – IETF, Status: Expired Internet-Draft, `https://tools.ietf.org/html/draft-ietf-rpsec-bgpattack-00`

[CER09] CERT-FI VULNERABILITY COORDINATION: *CERT-FI Advisory on the Outpost24 TCP Issues*. September 2009. – Information on CVE-2008-4609, `https://www.cert.fi/haavoittuvuudet/2008/tcp-vulnerabilities.html`

[CFP+96] COPPERSMITH, D.; FRANKLIN, M. K.; PATARIN, J.; REITER, M. K.: Low Exponent RSA with Related Messages. In: MAURER, U. (Hrsg.): *In Advances in Cryptology – Eurocrypt'96 Proceedings*. Springer-Verlag, 1996. – Vol. 1070 of Lectures Notes in Computer Science

[CFP+07] CASADO, Martin; FREEDMAN, Michael J.; PETTIT, Justin; LUO, Jianying; MCKEOWN, Nick; SHENKER, Scott: Ethane: Taking control of the enterprise. In: *ACM SIGCOMM Computer Communication Review* 37 (2007), Nr. 4

[CGI+99] CANETTI, R.; GARAYT, J.; ITKID, G.; MICCIANCIOSAND, D.; NAORE, M.; PINKASLL, B.: Multicast Security: A Taxonomy and Some Efficient Constructions. In: *IEEE Infocom*. 1999

[CH13] CLARKE, D.; HAO, F.: *Cryptanalysis of the Dragonfly Key Exchange Protocol*. 2013. – Forschungsbericht

[Cha98] CHANDRASEKARAN, Rajiv: False Requests Flood, Shut BLS Web Site. In: *Washington Post* (1998), January. `http://www.washingtonpost.com/wp-srv/national/longterm/fedguide/stories/fig010998.htm`

[Cha12] CHAPPLE, M.: *NetFlow Security Monitoring For Dummies, Lancope Special Edition*. John Wiley & Sons, 2012

[Cis07] CISCO SYSTEMS, INC.: *Cisco Group Encrypted Transport VPN*. Cisco Feature Guide. `http://www.cisco.com/en/US/docs/ios/12_4t/12_4t11/htgetvpn.pdf`. Version: 2007

[Cis08] CISCO SYSTEMS, INC.: *Cisco IOS DMVPN Overview*. `http://www.cisco.com/c/dam/en/us/products/collateral/security/dynamic-multipoint-vpn-dmvpn/DMVPN_Overview.pdf`. Version: 2008

[Cis13] CISCO SYSTEMS, INC.: *FlexVPN and Internet Key Exchange Version 2 Configuration Guide, Cisco IOS XE Release 3S*.

http://www.cisco.com/c/en/us/td/docs/ios-xml/ios/sec_conn_ike2vpn/configuration/xe-3s/sec-flex-vpn-xe-3s-book.pdf. Version: 2013

[CJR+10] CHAUM, D.; JAKOBSSON, M.; RIVEST, R. L.; RYAN, P. Y. A.; BENALOH, J.; KUTYLOWSKI, M.; ADIDA, B.: *Towards Trustworthy Elections*. Springer-Verlag, 2010

[CKV11] CAVEDON, L.; KRUEGEL, C.; VIGNA, G.: Are BGP Routers Open to Attack? An Experiment. In: *Open Research Problems in Network Security* Bd. 6555. Springer-Verlag, 2011, S. 88–103

[CLL+12] CHENG, Tsung-Huan; LIN, Ying-Dar; LAI, Yuan-Cheng; LIN, Po-Ching: Evasion Techniques: Sneaking through Your Intrusion Detection/Prevention Systems. In: *IEEE Communications Surveys & Tutorials* 14 (2012), Nr. 4, S. 1011–1020

[CLR01] CORMEN, T. H.; LEISERSON, C. E.; RIVEST, R. L.: *Introduction to Algorithms*. B&T, 2001

[Cow13] COWIE, J.: *The New Threat: Targeted Internet Traffic Misdirection*. http://www.renesys.com/2013/11/mitm-internet-hijacking. Version: 2013

[CP05] CRANDALL, R.; POMERANCE, C.: *Prime numbers: A computational perspective*. Springer-Verlag, 2005

[CPS03] CHAN, H.; PERRIG, A.; SONG, D.: Random Key Predistribution Schemes for Sensor Networks. In: *Proceedings of Symposium on Security and Privacy*. 2003, S. 197–213

[CR04] CHEN, T. M.; ROBERT, J.-M.: Worm Epidemics in High-Speed Networks. In: *Computer* 37 (2004), June, Nr. 6, S. 48–53

[CSF+08] COOPER, D.; SANTESSON, S.; FARRELL, S.; BOEYEN, S.; HOUSLEY, R.; POLK, W.: *Internet X.509 Public Key Infrastructure Certificate and Certificate Revocation List (CRL) Profile*. May 2008. – RFC 5280, IETF, Status: Proposed Standard, https://tools.ietf.org/html/rfc5280

[CU98] CRELL, B.; UHLMANN, A.: *Einführung in Grundlagen und Protokolle der Quanteninformatik*. 1998. – NTZ Preprint 33/1998, Universität Leipzig, http://www.uni-leipzig.de/~ntz/abs/abs3398.htm

[DA99] DIERKS, T.; ALLEN, C.: *The TLS Protocol Version 1.0*. Januar 1999. – RFC 2246, IETF, https://tools.ietf.org/html/rfc2246

[DAV+08] DAGON, D.; ANTONAKAKIS, M.; VIXIE, P.; JINMEI, T.; LEE, W.: Increased DNS forgery resistance through 0x20-bit encoding: security via leet queries. In: *Proceedings of the 15th ACM conference on Computer and Communications Security*. 2008, S. 211–222

[DCF07] DEBAR, H.; CURRY, D. A.; FEINSTEIN, B. S.: *The Intrusion Detection Message Exchange Format (IDMEF)*. March 2007. – RFC 4765, IETF, Status: Experimental, https://tools.ietf.org/html/rfc4765

[Dem93] DEMYTKO, N.: A New Elliptic Curve Based Analogue of RSA. In: *Advances in Cryptology – EUROCRYPT '93* Bd. 765. 1993, S. 40–49

[Dem10] DEMPSKY, M.: *DNSCurve: Link-Level Security for the Domain Name System*. February 2010. – Expired RFC-Draft, Intended Status: Proposed Standard, `https://tools.ietf.org/html/draft-dempsky-dnscurve-01`

[Den76] DENNING, D. E.: A Lattice Model of Secure Information Flow. In: *Communications of the ACM* 19 (1976), Nr. 5, S. 236–243

[DH76] DIFFIE, W.; HELLMAN, M. E.: New Directions in Cryptography. In: *Trans. IEEE Inform. Theory, IT-22* (1976), S. 644–654

[DKB+11] DESHPANDE, T.; KATSAROS, P.; BASAGIANNIS, S.; SMOLKA, S. A.: Formal Analysis of the DNS Bandwidth Amplification Attack and Its Countermeasures Using Probabilistic Model Checking. In: *International Symposium on High-Assurance Systems Engineering (HASE)*. 2011, S. 360–367

[DKS10] DUNKELMAN, O.; KELLER, N.; SHAMIR, A.: A Practical-Time Related-Key Attack on the KASUMI Cryptosystem Used in GSM and 3G Telephony. In: *Advances in Cryptology - CRYPTO 2010* Bd. 6223, Springer-Verlag, 2010, S. 393–410

[DP89] DAVIES, D. W.; PRICE, W. L.: *Security for Computer Networks*. John Wiley & Sons, 1989

[DP10] DEGABRIELE, J. P.; PATERSON, K. G.: On the (in)security of IPsec in MAC-then-encrypt configurations. In: *Proceedings of the 17th ACM conference on Computer and communications security*. 2010 (CCS '10), S. 493–504

[DR08] DIERKS, T.; RESCORLA, E.: *The Transport Layer Security (TLS) Protocol Version 1.2*. August 2008. – RFC 5246, IETF, Status: Proposed Standard, `https://tools.ietf.org/html/rfc5246`

[DR11] DUONG, T.; RIZZO, J.: *Here Come The ⊕ Ninjas*. Unpublished Manuscript, 2011

[DR12] DUONG, T.; RIZZO, J.: *The CRIME attack*. Presentation at Ekoparty, 2012

[DS81] DENNING, D. E.; SACCO, G. M.: Timestamps in Key Distribution Protocols. In: *Communications of the ACM* 24 (1981), Nr. 8, S. 198–208

[Dwo05] DWORKIN, M.: *Recommendation for Block Cipher Modes of Operation: The CMAC Mode for Authentication*. NIST Special Publication 800-38B, 2005

[Dwo07] DWORKIN, M.: *Recommendation for Block Cipher Modes of Operation: Galois/Counter Mode (GCM) and GMAC*. NIST Special Publication 800-38D, 2007

[Eas00] EASTLAKE 3RD, D.: *Secret Key Establishment for DNS (TKEY RR)*. September 2000. – RFC 2930, IETF, Status: Proposed Standard, `https://tools.ietf.org/html/rfc2930`

[Eas06] EASTLAKE 3RD, D.: *HMAC SHA TSIG Algorithm Identifiers*. August 2006. – RFC 4635, IETF, Status: Proposed Standard, `https://tools.ietf.org/html/rfc4635`

[EG11] EVANS, N. S.; GROTHOFF, C.: R5N : Randomized Recursive Routing for Restricted-Route Networks. In: *Network and System Security (NSS)*. 2011, S. 316–321

[EGD04] ESTEVEZ-TAPIADOR, Juan M.; GARCIA-TEODORO, Pedro; DIAZ-VERDEJO, Jesus E.: Anomaly detection methods in wired networks: a survey and taxonomy. In: *Computer Communications* 27 (2004), Nr. 16, S. 1569–1584

[ElG85] ELGAMAL, T.: A Public Key Cryptosystem and a Signature Scheme based on Discrete Logarithms. In: *IEEE Transactions on Information Theory* 31 (1985), Juli, Nr. 4, S. 469–472

[ERG+07] EDGE, K.; RAINES, R.; GRIMAILA, M.; BALDWIN, R.; BENNINGTON, R.; REUTER, C.: The Use of Attack and Protection Trees to Analyze Security for an Online Banking System. In: *40th Annual Hawaii International Conference on System Sciences (HICSS)*. 2007

[Ero09] ERONEN, P.: *DES and IDEA Cipher Suites for Transport Layer Security (TLS)*. February 2009. – RFC 5469, IETF, Status: Proposed Standard, `https://tools.ietf.org/html/rfc5469`

[ESC05] EASTLAKE 3RD, D.; SCHILLER, J.; CROCKER, S.: *Randomness Requirements for Security*. 2005. – RFC 4086, IETF, Status: Best Current Practice, `https://tools.ietf.org/html/rfc4086`

[ESS+98] ELSTNER, J.; SCHÄFER, G.; SCHILLER, J.; SEITZ, J.: A Comparison of Current Approaches to Securing ATM Networks. In: *Proceedings of the 6th International Conference on Telecommunication Systems*. 1998, S. 407–415. – Nashville, TN, USA

[ESZ08] EMBLETON, Shawn; SPARKS, Sherri; ZOU, Cliff: SMM Rootkits: A New Breed of OS Independent Malware. In: *SecureComm*. 2008

[ETS06] ETSI TISPAN: *Methods and protocols; Part 1: Method and proforma for Threat, Risk, Vulnerability Analysis*. European Telecommunications Standards Institute (ETSI), Technical Specification 102 165-1 Version 4.2.1, Dec 2006

[ETS10] ERONEN, P.; TSCHOFENIG, H.; SHEFFER, Y.: *An Extension for EAP-Only Authentication in IKEv2*. September 2010. – RFC 5998, IETF, Status: Proposed Standard, `https://tools.ietf.org/html/rfc5998`

[ETS12a] ETSI/SAGE: *Specification of the 3GPP Confidentiality and Integrity Algorithms; Document 2: Kasumi specification*. 3GPP Release 11., 2012

[ETS12b] ETSI/SAGE: *Specification of the 3GPP Confidentiality and Integrity Algorithms UEA2 & UIA2*. 3GPP Release 11., 2012

[FB08] FUNK, P.; BLAKE-WILSON, S.: *Extensible Authentication Protocol Tunneled Transport Layer Security Authenticated Protocol Version 0 (EAP-TTLSv0)*. August 2008. – RFC 5281, IETF, Status: Informational, `https://tools.ietf.org/html/rfc5281`

[Fer02] FERGUSON, N.: *Michael: an improved MIC for 802.11 WEP*. February 2002. – IEEE 802.11 doc 02-020r0

[Fer05] Ferguson, N.: *Authentication weaknesses in GCM.* Comments submitted to NIST Modes of Operation Process, 2005

[FGK03] Frankel, S.; Glenn, R.; Kelly, S.: *The AES-CBC Cipher Algorithm and Its Use with IPsec.* September 2003. – RFC 3566, IETF, Status: Proposed Standard, `https://tools.ietf.org/html/rfc3602`

[FH98] Ferguson, P.; Huston, G.: *What is a VPN?* 1998. – The Internet Protocol Journal, volume 1, no. 1&2, Cisco Systems

[FH03] Frankel, S.; Herbert, H.: *The AES-XCBC-MAC-96 Algorithm and Its Use With IPsec.* September 2003. – RFC 3566, IETF, Status: Proposed Standard, `https://tools.ietf.org/html/rfc3566`

[FHM+07] Freeman, T.; Housley, R.; Malpani, A.; Cooper, D.; Polk, W.: *Server-Based Certificate Validation Protocol (SCVP).* December 2007. – RFC 5055, IETF, Status: Proposed Standard, `https://tools.ietf.org/html/rfc5055`

[FKK96] Freier, A. O.; Karlton, P.; Kocher, P. C.: *The SSL Protocol Version 3.0.* 1996. – Netscape Communications Corporation

[Flu00] Fluhrer, S.: *Tunnel Endpoint Discovery.* Expired Internet Draft, 2000. – Expired Internet Draft, `https://tools.ietf.org/html/draft-fluhrer-ted-00`

[Flu07] Fluhrer, S.: *System and method for protected spoke to spoke communication using an unprotected computer network.* United States Patent US 2007/0271451 A1, 2007

[FMS01] Fluhrer, S.; Mantin, I.; Shamir, A.: Weaknesses in the Key Scheduling Algorithm of RC4. In: *Selected Areas in Cryptography, Lecture Notes in Computer Science* Bd. 2259, Springer-Verlag, 2001, S. 1–24

[FN09] Fry, C.; Nystorm, M.: *Security Monitoring: Proven Methods for Incident Detection on Enterprise Networks.* O'Reilly Media, 2009

[For94] Ford, Warwick: *Computer Communications Security – Principles, Standard Protocols and Techniques.* Prentice Hall, 1994

[For03] Ford, B.: Unmanaged Internet Protocol: Taming the Edge Network Management Crisis. In: *Second Workshop on Hot Topics in Networks.* 2003

[For09] Forrester Consulting: *The Trends And Changing Landscape Of DDoS Threats And Protection.* `https://www.verisign.com/ddos-protection/resources/whitepaper-ddos-threats-protection-forrester.pdf`. Version: July 2009

[FS00] Ferguson, Paul; Senie, Daniel: *Network Ingress Filtering: Defeating Denial of Service Attacks which employ IP Source Address Spoofing.* Mai 2000. – RFC 2827, IETF, Status: Best Practice, `https://tools.ietf.org/html/rfc2827`

[FS03] Ferguson, N.; Schneier, B.: *A Cryptographic Evaluation of IPsec.* December 2003

[GAG+03] GOODELL, G.; AIELLO, W.; GRIFFIN, T.; IOANNIDIS, J.; MCDANIEL, P. D.; RUBIN, A. D.: Working around BGP: An Incremental Approach to Improving Security and Accuracy in Interdomain Routing. In: *NDSS*. 2003

[GH04] GILBERT, H.; HANDSCHUH, H.: Security Analysis of SHA-256 and Sisters. In: *Lecture Notes in Computer Science* Bd. 3006/2004. 2004, S. 175–193

[GHM03] GILL, V.; HEASLEY, J.; MEYER, D.: *The BGP TTL Security Hack (BTSH)*. 2003. – IETF, Status: Expired Internet-Draft, `https://tools.ietf.org/html/draft-gill-btsh-02`

[GHM+07] GILL, V.; HEASLEY, J.; MEYER, D.; SAVOLA, P.; PIGNATARO, C.: *The Generalized TTL Security Mechanism (GTSM)*. 2007. – RFC 5082, IETF, Status: Standard, `https://tools.ietf.org/html/rfc5082`

[GNY90] GONG, L.; NEEDHAM, R. M.; YAHALOM, R.: Reasoning about Belief in Cryptographic Protocols. In: *Symposium on Research in Security and Privacy*, IEEE Computer Society, IEEE Computer Society Press, May 1990, S. 234–248

[GS91] GAARDNER, K.; SNEKKENES, E.: Applying a Formal Analysis Technique to the CCITT X.509 Strong Two-Way Authentication Protocol. In: *Journal of Cryptology* 3 (1991), Nr. 2, S. 81–98

[Gud85] GUDE, M.: Concept for a High Performance Random Number Generator Based on Physical Random Phenomena. In: *Frequenz* 39 (1985), S. 187–190

[Gud87] GUDE, M.: *Ein quasi-idealer Gleichverteilungsgenerator basierend auf physikalischen Zufallsphänomenen*. Dissertation, Universität Aachen, 1987

[Har08] HARKINS, D.: Simultaneous Authentication of Equals: A Secure, Password-Based Key Exchange for Mesh Networks. In: *Second International Conference on Sensor Technologies and Applications (SENSORCOMM)*. 2008, S. 839–844

[Har12] HARKINS, D.: *Secure Pre-Shared Key (PSK) Authentication for the Internet Key Exchange Protocol (IKE)*. June 2012. – RFC 6617, IETF, Status: Experimental, `https://tools.ietf.org/html/rfc6617`

[HC98] HARKINS, D.; CARREL, D.: *The Internet Key Exchange (IKE)*. November 1998. – RFC 2409, IETF, Status: Proposed Standard, `https://tools.ietf.org/html/rfc2409`

[HD03] HARDJONO, T.; DONDETI, L. R.: *Multicast and Group Security*. Artech House, 2003

[HDW+12] HENINGER, N.; DURUMERIC, Z.; WUSTROW, E.; HALDERMAN, J. A.: Mining Your Ps and Qs: Detection of Widespread Weak Keys in Network Devices. In: *Proceedings of 21st USENIX Security Symposium*. 2012

[Hef98] HEFFERNAN, A.: *Protection of BGP Sessions via the TCP MD5 Signature Option*. 1998. – RFC 2385, IETF, Status: Standard, `https://tools.ietf.org/html/rfc2385`

[HH99] HARNEY, H.; HARDER, E.: *Logical Key Hierarchy Protocol*. 1999. – IETF, Status: Expired Internet-Draft, `https://tools.ietf.org/html/draft-harney-sparta-lkhp-sec-00`

[HM97a] HARNE, H.; MUCKENHIRN, C.: *Group Key Management Protocol (GKMP) Architecture*. 1997. – RFC 2094, IETF, Status: Standard, https://tools.ietf.org/html/rfc2094

[HM97b] HARNE, H.; MUCKENHIRN, C.: *Group Key Management Protocol (GKMP) Specification*. 1997. – RFC 2093, IETF, Status: Standard, https://tools.ietf.org/html/rfc2093

[HM09] HUBERT, A.; MOOK, R. van: *Measures for Making DNS More Resilient against Forged Answers*. January 2009. – RFC 5452, IETF, Status: Proposed Standard, https://tools.ietf.org/html/rfc5452

[HMN+98] HALLER, N.; METZ, C.; NESSER, P.; STRAW, M.: *A One-Time Password System*. Februar 1998. – RFC 2289, IETF, Status: Draft Standard, https://tools.ietf.org/html/rfc2289

[Hou05] HOUSLEY, R.: *Using Advanced Encryption Standard (AES) CCM Mode with IPsec Encapsulating Security Payload (ESP)*. December 2005. – RFC 4309, IETF, Status: Proposed Standard, https://tools.ietf.org/html/rfc4309

[Hou09] HOUSLEY, R.: *Cryptographic Message Syntax (CMS)*. September 2009. – RFC 5652, IETF, Status: Proposed Standard, https://tools.ietf.org/html/rfc5652

[HPV+99] HAMZEH, K.; PALL, G.; VERTHEIN, W.; TAARUD, J.; LITTLE, W.; ZORN, G.: *Point-to-Point Tunneling Protocol*. Juli 1999. – RFC 2637, IETF, Status: Informational, https://tools.ietf.org/html/rfc2637

[HR06] HANDLEY, M.; RESCORLA, E.: *Internet Denial-of-Service Considerations*. November 2006. – RFC 4732, IETF, Status: Informational, https://tools.ietf.org/html/rfc4732

[HS13a] HERZBERG, A.; SHULMAN, H.: DNSSEC: Security and availability challenges. In: *IEEE Conference on Communications and Network Security (CNS)*. 2013, S. 365–366

[HS13b] HERZBERG, A.; SHULMAN, H.: Fragmentation Considered Poisonous, or: One-domain-to-rule-them-all.org. In: *IEEE Conference on Communications and Network Security (CNS)*. 2013, S. 224–232

[HSV+05] HUTTUNEN, A.; SWANDER, B.; VOLPE, V.; DIBURRO, L.; STENBERG, M.: *UDP Encapsulation of IPsec ESP Packets*. January 2005. – RFC 3948, IETF, Status: Proposed Standard, https://tools.ietf.org/html/rfc3948

[ICA10] ICANN: *Trusted Community Representatives – Proposed Approach to Root Key Management*. 2010. – Provisional TCR Proposal, http://www.root-dnssec.org/wp-content/uploads/2010/04/ICANN-TCR-Proposal-20100408.pdf

[IEE00] IEEE P1363 WORKING GROUP: *IEEE Standard Specifications for Public-Key Cryptography*. IEEE Std 1363-2000, 2000

[IEE06] IEEE (INSTITUTE OF ELECTRICAL AND ELECTRONICS ENGINEERS): *Standards for Local and Metropolitan Area Networks – Security*. The

Institute of Electrical and Electronics Engineers (IEEE), IEEE Std 802.1AE-2006, 2006

[IEE10] IEEE (Institute of Electrical and Electronics Engineers): *Standards for Local and Metropolitan Area Networks – Port Based Network Access Control*. The Institute of Electrical and Electronics Engineers (IEEE), IEEE Std 802.1X-2010, 2010

[IEE11a] IEEE (Institute of Electrical and Electronics Engineers): *IEEE Standard for Local and metropolitan area networks – Media Access Control (MAC) Bridges and Virtual Bridged Local Area Networks*. The Institute of Electrical and Electronics Engineers (IEEE), IEEE Std 802.1Q-2011, 2011

[IEE11b] IEEE (Institute of Electrical and Electronics Engineers): *Standards for Local and Metropolitan Area Networks – Security Amendment 1: Galois Counter Mode – Advanced Encryption Standard-256 (GCM-AES-256) Cipher Suite*. The Institute of Electrical and Electronics Engineers (IEEE), IEEE Std 802.1AEbn-2011, 2011

[IEE12] IEEE Institute of Electrical and Electronics Engineers: *Wireless LAN Medium Access Control (MAC) and Physical Layer (PHY) Specifications*. The Institute of Electrical and Electronics Engineers (IEEE), IEEE Std 802.11-2012, 2012

[Inf81] Information Sciences Institute, University of Southern California: *Internet Protocol*. September 1981. – RFC 791, IETF, Status: Proposed Standard, https://tools.ietf.org/html/rfc791

[IS09] Igoe, K.; Solinas, J.: *AES Galois Counter Mode for the Secure Shell Transport Layer Protocol*. August 2009. – RFC 5647, IETF, Status: Informational, https://tools.ietf.org/html/rfc5647

[ISO13] ISO (International Organization for Standardization): *ISO/IEC 27001:2013 Information technology – Security techniques – Information security management systems – Requirements*. 2013

[IT87] ITU-T: *Draft Recommendation X.509: The Directory Authentication Framework, Version 7*. November 1987

[IT93] ITU-T: *X.509: Information Technology – Open Systems Interconnection – The Directory: Authentication Framework (4)*. 1993

[JB99] Juels, Ari; Brainard, John G.: Client Puzzles: A Cryptographic Countermeasure Against Connection Depletion Attacks. In: *NDSS* Bd. 99, 1999, S. 151–165

[JMI06] Junaid, M.; Mufti, M.; Ilyas, M. U.: Vulnerabilities of IEEE 802.11i wireless LAN CCMP protocol. In: *Transactions on Engineering, Computing and Technology* 11 (2006)

[Jou06] Joux, A.: Multicollisions in Iterated Hash Functions. Application to Cascaded Constructions. In: *Advances in Cryptology – CRYPTO 2004* Bd. 3152. 2006, S. 306–316

[KAF+10] KLEINJUNG, T.; AOKI, K.; FRANKE, J.; LENSTRA, A.; THOMÉ, E.; BOS, J.; GAUDRY, P.; KRUPPA, A.; MONTGOMERY, P.; OSVIK, D.; TE RIELE, H.; TIMOFEEV, A.; ZIMMERMANN, P.: Factorization of a 768-bit RSA modulus. In: *Proceedings of the 30th annual conference on Advances in cryptology*. Springer-Verlag, 2010 (CRYPTO'10), S. 333–350

[Kal98] KALISKI, B.: *PKCS #7: Cryptographic Message Syntax*. March 1998. – RFC 2315, IETF, Status: Proposed Standard, `https://tools.ietf.org/html/rfc2315`

[Kal00] KALISKI, B.: *PKCS #5: Password-Based Cryptography Specification Version 2.0*. September 2000. – RFC 2898, IETF, Status: Informational, `https://tools.ietf.org/html/rfc2898`

[Kam08] KAMINSKY, D.: Black ops 2008: It's the end of the cache as we know it. In: *Black Hat USA* (2008)

[Kam10] KAMINSKY, D.: *Phreebird Suite 1.0: Introducing the Domain Key Infrastructure*. `http://www.slideshare.net/dakami/phreebird-suite-10-introducing-the-domain-key-infrastructure`. Version: 2010

[KBC97] KRAWCZYK, H.; BELLARE, M.; CANETTI, R.: *HMAC: Keyed-Hashing for Message Authentication*. February 1997. – RFC 2104, IETF, Status: Informational, `https://tools.ietf.org/html/rfc2104`

[Kem89] KEMMERER, R. A.: Analyzing Encryption Protocols using Formal Description Techniques. In: *IEEE Journal on Selected Areas in Communications* 7 (1989), May, Nr. 4, S. 488–457

[Ken05a] KENT, S.: *IP Authentication Header*. December 2005. – RFC 4302, IETF, Status: Proposed Standard, `https://tools.ietf.org/html/rfc4302`

[Ken05b] KENT, S.: *IP Encapsulating Security Payload (ESP)*. December 2005. – RFC 4303, IETF, Status: Proposed Standard, `https://tools.ietf.org/html/rfc4303`

[Ker83] KERCKHOFF, A.: La Cryptographie Militaire. In: *Journal des Sciences Militaires* (1883), Januar

[KF07] KELLY, S.; FRANKEL, S.: *Using HMAC-SHA-256, HMAC-SHA-384, and HMAC-SHA-512 with IPsec*. May 2007. – RFC 4868, IETF, Status: Proposed Standard, `https://tools.ietf.org/html/rfc4868`

[KHN+10] KAUFMAN, C.; HOFFMAN, P.; NIR, Y.; ERONEN, P.: *Internet Key Exchange Protocol Version 2 (IKEv2)*. September 2010. – RFC 5996, IETF, Status: Proposed Standard, `https://tools.ietf.org/html/rfc5996`

[Kiv11] KIVINEN, T.: *Secure Password Framework for Internet Key Exchange Version 2 (IKEv2)*. December 2011. – RFC 6467, IETF, Status: Informational, `https://tools.ietf.org/html/rfc6467`

[KK03] KUZMANOVIC, Aleksandar; KNIGHTLY, Edward W.: Low-rate TCP-targeted Denial of Service Attacks: The Shrew vs. The Mice and Elephants. In: *Proceedings of the Conference on Applications, Technologies, Architectures, and Protocols for Computer Communications (SIGCOMM)*. 2003, S. 75–86

[KK06] KELSEY, J.; KOHNO, T.: Herding Hash Functions and the Nostradamus Attack. In: *Advances in Cryptology – EUROCRYPT'06*. 2006

[KK08] KASTENBERG, Joshua E.; KORNS, Stephen W.: Georgia's Cyber Left Hook. In: *Parameters* 38 (2008), Nr. 4, S. 60–76

[KKK10] KATO, A.; KANDA, M.; KANNO, S.: *Camellia Cipher Suites for TLS*. June 2010. – RFC 5932, IETF, Status: Proposed Standard, `https://tools.ietf.org/html/rfc5932`

[Kle03] KLEIN, Tobias: *Buffer Overflows und Format-String-Schwachstellen: Funktionsweisen, Exploits und Gegenmaßnahmen*. dpunkt.verlag, 2003

[Kle08] KLEIN, A.: Attacks on the RC4 stream cipher. In: *Designs, Codes and Cryptography* 48 (2008), September, Nr. 3, S. 269–286

[Kli06] KLIMA, V.: Tunnels in Hash Functions: MD5 Collisions Within a Minute (extended abstract). In: *Cryptology ePrint Archive: Report 2006/105*. 2006

[KLP+11] KIM, W.; LEE, J.; PARK, J.; KWON, D.: *Addition of the ARIA Cipher Suites to Transport Layer Security (TLS)*. April 2011. – RFC 6209, IETF, Status: Proposed Standard, `https://tools.ietf.org/html/rfc6209`

[KMG12] KOLKMAN, O.; MEKKING, W.; GIEBEN, R.: *DNSSEC Operational Practices, Version 2*. December 2012. – RFC 6781, IETF, Status: Proposed Standard, `https://tools.ietf.org/html/rfc6781`

[KMK05] KATO, A.; MORIAI, S.; KANDA, M.: *The Camellia Cipher Algorithm and Its Use With IPsec*. December 2005. – RFC 4312, IETF, Status: Proposed Standard, `https://tools.ietf.org/html/rfc4312`

[KMR+03] KRUEGEL, C.; MUTZ, D.; ROBERTSON, W.; VALEUR, F.: Topology-based detection of anomalous BGP messages. In: *Recent Advances in Intrusion Detection (RAID)*. 2003, S. 17–35

[KNT94] KOHL, J.; NEUMAN, B.; TS'O, T.: The Evolution of the Kerberos Authentication Service. In: BRAZIER, F. (Hrsg.); JOHANSEN, D. (Hrsg.): *Distributed Open Systems*. IEEE Computer Society Press, 1994

[Kob87a] KOBLITZ, N.: *A Course in Number Theory and Cryptography*. Springer-Verlag, 1987

[Kob87b] KOBLITZ, N.: Elliptic Curve Cryptosystems. In: *Mathematics of Computation* 48 (1987), S. 203–209

[Koh89] KOHL, J.: The Use of Encryption in Kerberos for Network Authentication. In: *Proceedings of Crypto'89*. Springer-Verlag, 1989

[KP00] KEROMYTIS, A.; PROVOS, N.: *The Use of HMAC-RIPEMD-160-96 within ESP and AH*. Juni 2000. – RFC 2857, IETF, Status: Proposed Standard, `https://tools.ietf.org/html/rfc2857`

[KP12] KAUSE, T.; PEYLO, M.: *Internet X.509 Public Key Infrastructure – HTTP Transfer for the Certificate Management Protocol (CMP)*. September 2012. – RFC 6712, IETF, Status: Proposed Standard, `https://tools.ietf.org/html/rfc6712`

[KPT04] KIM, Y.; PERRIG, A.; TSUDIK, G.: Tree-based Group Key Agreement. In: *ACM Transactions on Information and System Security (TISSEC)* 7 (2004), Nr. 1, S. 60–96

[KS05] KENT, S.; SEO, K.: *Security Architecture for the Internet Protocol.* December 2005. – RFC 4301, IETF, Status: Proposed Standard, https://tools.ietf.org/html/rfc4301

[KS12] KUEGLER, D.; SHEFFER, Y.: *Password Authenticated Connection Establishment with the Internet Key Exchange Protocol version 2 (IKEv2).* June 2012. – RFC 6631, IETF, Status: Experimental, https://tools.ietf.org/html/rfc6631

[Kum98] KUMMERT, H.: *The PPP Triple-DES Encryption Protocol (3DESE).* September 1998. – RFC 2420, IETF, Status: Proposed Standard, https://tools.ietf.org/html/rfc2420

[Kus13] KUSHNER, D.: The real story of stuxnet. In: *Spectrum, IEEE* 50 (2013), March, Nr. 3, S. 48–53

[KW94] KESSLER, V.; WEDEL, G: AUTOLOG – An Advanced Logic of Authentication. In: *Proceedings of the Computer Security Foundations Workshop VII*. IEEE Computer Society Press, 1994, S. 90–99

[KY11] KIRCANSKI, A.; YOUSSEF, A. M.: On the sliding property of SNOW 3G and SNOW 2.0. In: *IET Information Security* 5 (2011), Nr. 4, S. 199–206

[Küh01] KÜHN, U.: Cryptanalysis of Reduced-Round MISTY. In: *Advances in Cryptology - CRYPTO 2001*. Springer-Verlag, 2001 (Lecture Notes in Computer Science), S. 325–339

[LC05] LHEE, K.; CHAPIN, S.: Detection of File-Based Race Conditions. In: *International Journal of Information Security* 4 (2005), Nr. 1–2, S. 105–119

[LD05] LUCKS, S.; DAUM, M.: The Story of Alice and her Boss. In: *Rump session of EUROCRYPT'05*. 2005

[Lep13] LEPINSKI, M.: *BGPSEC Protocol Specification*. 2013. – IETF, Status: Internet-Draft, https://tools.ietf.org/html/draft-ietf-sidr-bgpsec-protocol-08

[Les02] LESCUYER, P.: *UMTS – Grundlagen, Architektur und Standard.* dpunkt.verlag, 2002

[Les07] LESK, Michael: The New Front Line: Estonia under Cyberassault. In: *IEEE Security & Privacy* 5 (2007), Nr. 4, S. 76–79

[LK12] LEPINSKI, M.; KENT, S.: *An Infrastructure to Support Secure Internet Routing*. 2012. – RFC 6480, IETF, Status: Proposed Standard, https://tools.ietf.org/html/rfc6480

[LKP+98] LUCIANI, J.; KATZ, D.; PISCITELLO, D.; COLE, B.; DORASWAMY, N.: *NBMA Next Hop Resolution Protocol (NHRP).* RFC 2332, IETF, Status: Proposed Standard, https://tools.ietf.org/html/rfc2332, 1998

[LKS04] LYNN, C.; KENT, S.; SEO, K.: *X.509 Extensions for IP Addresses and AS Identifiers*. 2004. – RFC 3779, IETF, Status: Proposed Standard, https://tools.ietf.org/html/rfc3779

[LM10] LOCHTER, M.; MERKLE, J.: *Elliptic Curve Cryptography (ECC) Brainpool Standard Curves and Curve Generation*. 2010. – RFC 5639, IETF, Status: Standard, `https://tools.ietf.org/html/rfc5639`

[LMS03] LYNN, C.; MIKKELSON, J.; SEO, K.: *Secure BGP (S-BGP)*. 2003. – IETF, Status: Expired Internet-Draft, `https://tools.ietf.org/html/draft-clynn-s-bgp-protocol-01`

[LR92] LONGLEY, D.; RIGBY, S.: An Automatic Search for Security Flaws in Key Management Schemes. In: *Computers & Security* 11 (1992), Nr. 1, S. 75–89

[LRS+00] LAU, Felix; RUBIN, Stuart H.; SMITH, Michael H.; TRAJKOVIC, Ljiljana: Distributed denial of service attacks. In: *IEEE International Conference on Systems, Man, and Cybernetics* Bd. 3, 2000, S. 2275–2280

[LS92] LLOYD, B.; SIMPSON, W.: *PPP Authentication Protocols*. Oktober 1992. – RFC 1334, IETF, Status: Obsoleted by RFC1994, `https://tools.ietf.org/html/rfc1334`

[LSA+08] LAURIE, B.; SISSON, G.; ARENDS, R.; BLACKA, D.: *DNS Security (DNSSEC) Hashed Authenticated Denial of Existence*. March 2008. – RFC 5155, IETF, Status: Proposed Standard, `https://tools.ietf.org/html/rfc5155`

[LT13] LEPINSKI, M.; TURNER, S.: *An Overview of BGPSEC*. 2013. – IETF, Status: Internet-Draft, `https://tools.ietf.org/html/draft-ietf-sidr-bgpsec-overview-04`

[LTG05] LAU, J.; TOWNSLEY, M.; GOYRET, I.: *Layer Two Tunneling Protocol – Version 3 (L2TPv3)*. March 2005. – RFC 3931, IETF, Status: Proposed Standard, `https://tools.ietf.org/html/rfc3931`

[LWW05] LENSTRA, A.; WANG, X.; WEGER, B. de: Colliding X.509 Certificates. In: *Cryptology ePrint Archive: Report 2005/067*. 2005

[Man11] MANUEL, M.: Classification and Generation of Disturbance Vectors for Collision Attacks against SHA-1. In: *Designs, Codes and Cryptography* 59 (2011), S. 247–263

[Mar09] MARLINSPIKE, M.: *Defeating OCSP With The Character '3'*. `http://www.thoughtcrime.org/papers/ocsp-attack.pdf`. Version: 2009

[Mat94] MATSUI, M.: Linear Cryptanalysis Method for DES Cipher. In: *Advances in Cryptology – EUROCRYPT'93*. Springer-Verlag, 1994, S. 386–397

[MB93] MAO, W.; BOYD, C.: Towards Formal Analysis of Security Protocols. In: *Proceedings of the Computer Security Foundations Workshop VI*. IEEE Computer Society Press, 1993, S. 147–158

[MC01] MAHONEY, Matthew V.; CHAN, Philip K.: *PHAD: Packet Header Anomaly Detection for Identifying Hostile Network Traffic*. 2001 (Technical Report CS-2001-04). – Forschungsbericht

[MCF87] MILLEN, J. K.; CLARK, S. C.; FREEDMAN, S. B.: The Interrogator: Protocol Security Analysis. In: *IEEE Transactions on Software Engineering* 13 (1987), Februar, Nr. 2, S. 274–288

[MD98] MADSON, C.; DORASWAMY, N.: *The ESP DES-CBC Cipher Algorithm With Explicit IV*. November 1998. – RFC 2405, IETF, Status: Proposed Standard, https://tools.ietf.org/html/rfc2405

[Mea92] MEADOWS, C.: Applying Formal Methods to the Analysis of a Key Management Protocol. In: *Journal of Computer Security* 1 (1992), Nr. 1, S. 5–35

[Mea95] MEADOWS, C.: Formal Verification of Cryptographic Protocols: A Survey. In: *Advances in Cryptology – ACRYPT'94*. Springer-Verlag, 1995 (Lecture Notes in Computer Science 917), S. 133–150

[Men93] MENEZES, A. J.: *Elliptic Curve Public Key Cryptosystems*. Kluwer Academic Publishers, 1993

[Mer83] MERRIT, M.: *Cryptographic Protocols*. Ph.D Thesis, Georgia Institute of Technology, GIT-ICS-83, 1983

[Mer89] MERKLE, R.: One Way Hash Functions and DES. In: *Proceedings of Crypto '89*. Springer-Verlag, 1989

[Mey96] MEYER, G.: *The PPP Encryption Control Protocol (ECP)*. Juni 1996. – RFC 1968 , IETF, Status: Proposed Standard, https://tools.ietf.org/html/rfc1968

[MG98a] MADSON, C.; GLENN, R.: *The Use of HMAC-MD5-96 within ESP and AH*. November 1998. – RFC 2403, IETF, Status: Proposed Standard, https://tools.ietf.org/html/rfc2403

[MG98b] MADSON, C.; GLENN, R.: *The Use of HMAC-SHA-1-96 within ESP and AH*. November 1998. – RFC 2404, IETF, Status: Proposed Standard, https://tools.ietf.org/html/rfc2404

[MGM+06] MUÑOZ MERINO, P. J.; GARCÍA-MARTÍNEZ, A.; MUÑOZ ORGANERO, M.; DELGADO KLOOS, C.: Enabling Practical IPsec Authentication for the Internet. In: *On the Move to Meaningful Internet Systems 2006: OTM 2006 Workshops*. 2006, S. 392–403

[MH13] MANRAL, V.; HANNA, S.: *Auto-Discovery VPN Problem Statement and Requirements*. September 2013. – RFC 7018, IETF, Status: Informational, https://tools.ietf.org/html/rfc7018

[MHR12] MARLINSPIKE, M.; HULTON, D.; RAY, M.: *Defeating PPTP VPNs and WPA2 Enterprise with MS-CHAPv2*. Talk at Defcon 20, 2012

[Mic12] MICROSOFT: *Unencapsulated MS-CHAP v2 Authentication Could Allow Information Disclosure*. Microsoft Security Advisory (2743314). http://technet.microsoft.com/en-us/security/advisory/2743314. Version: 2012

[Mic13] MICROSOFT: *Peer Name Resolution Protocol (PNRP) Version 4.0*. http://download.microsoft.com/download/9/5/E/95EF66AF-9026-4BB0-A41D-A4F81802D92C/[MS-PNRP].pdf. Version: 2013. – Technical Document, Version 14

[Mic14] MICROSOFT: *[MS-SSTP]: Secure Socket Tunneling Protocol (SSTP)*. Open Specifications Documentation. Version 14.0.

http://download.microsoft.com/download/9/5/E/95EF66AF-9026-4BB0-A41D-A4F81802D92C/[MS-SSTP].pdf. Version: 2014

[Mil03] MILLER, Michael: *Symmetrische Verschlüsselungsverfahren: Design, Entwicklung und Kryptoanalyse klassischer und moderner Chiffren*. Teubner, 2003

[Mir02] MIRONOV, I.: (Not So) Random Shuffles of RC4. In: *Proceedings of the 22nd Annual International Cryptology Conference on Advances in Cryptology*. Springer-Verlag, 2002, S. 304–319

[Mit97] MITTRA, S.: Iolus: a framework for scalable secure multicasting. In: *ACM SIGCOMM Computer Communication Review* 27 (1997), Oktober, Nr. 4, S. 277–288

[MLE+99] MAMAKOS, L.; LIDL, K.; EVARTS, J.; CARREL, D.; SIMONE, D.; WHEELER, R.: *A Method for Transmitting PPP Over Ethernet (PPPoE)*. February 1999. – RFC 2516, IETF, Status: Informational, https://tools.ietf.org/html/rfc2516

[MM78] MATYAS, S. M.; MEYER, C. H.: Generation, Distribution and Installation of Cryptographic Keys. In: *IBM Systems Journal* 17 (1978), Mai, Nr. 2, S. 126–137

[Mos89] MOSER, L.: A Logic of Knowledge and Belief for Reasoning about Computer Security. In: *Proceedings of the Computer Security Foundations Workshop II*. IEEE Computer Society Press, Juni 1989, S. 57–63

[MOV97] MENEZES, A.; OORSCHOT, P. van; VANSTONE, S.: *Handbook of Applied Cryptography*. CRC Press LLC, 1997

[MR99] MÜLLER, G. (Hrsg.); RANNENBERG, K. (Hrsg.): *Multilateral Security in Communications*. Addison-Wesley-Longman, 1999

[MSS+98] MAUGHAN, D.; SCHERTLER, M.; SCHNEIDER, M.; TURNER, J.: *Internet Security Association and Key Management Protocol (ISAKMP)*. November 1998. – RFC 2408, IETF, Status: Proposed Standard, https://tools.ietf.org/html/rfc2408

[MV06] MCGREW, D.; VIEGA, J.: *The Use of Galois Message Authentication Code (GMAC) in IPsec ESP and AH*. May 2006. – RFC 4543, IETF, Status: Proposed Standard, https://tools.ietf.org/html/rfc4543

[Ng04] NG, J.: *Extensions to BGP to Support Secure Origin BGP (soBGP)*. 2004. – IETF, Status: Expired Internet-Draft, https://tools.ietf.org/html/draft-ng-sobgp-bgp-extensions-02

[NIS77] NIST (NATIONAL INSTITUTE OF STANDARDS AND TECHNOLOGY): *FIPS (Federal Information Processing Standard) Publication 46: Data Encryption Standard*. 1977

[NIS88] NIST (NATIONAL INSTITUTE OF STANDARDS AND TECHNOLOGY): *FIPS (Federal Information Processing Standard) Publication 46-1: Data Encryption Standard*. 1988. – Aktualisiert FIPS Publication 46

[NIS01] NIST (NATIONAL INSTITUTE OF STANDARDS AND TECHNOLOGY): *FIPS (Federal Information Processing Standard) Publication 197: Specification for the Advanced Encryption Standard (AES)*. 2001

[NIS02] NIST (NATIONAL INSTITUTE OF STANDARDS AND TECHNOLOGY): *Secure Hash Standard*. FIPS (Federal Information Processing Standard) Publication 180-2, 2002

[NIS12] NIST (NATIONAL INSTITUTE OF STANDARDS AND TECHNOLOGY): *Recommendation for Key Management: Part 1: General (Revision 3)*. 2012. – NIST Special Publication 800-57

[NIS13] NIST (NATIONAL INSTITUTE OF STANDARDS AND TECHNOLOGY): *Digital Signature Standard (DSS)*. 2013. – FIPS PUB 186-4 - Federal Information Processing Standards Publication

[NM08] NIKANDER, P.; MELEN, J.: *A Bound End-to-End Tunnel (BEET) mode for ESP*. August 2008. – IETF, Status: Expired Internet-Draft, `https://tools.ietf.org/search/draft-nikander-esp-beet-mode-09`

[NS78] NEEDHAM, R. M.; SCHROEDER, M. D.: Using Encryption for Authentication in Large Networks of Computers. In: *Communications of the ACM* 21 (1978), Dezember, Nr. 12, S. 993–999

[NS87] NEEDHAM, R.; SCHROEDER, M.: Authentication Revisited. In: *Operating Systems Review* 21 (1987), Nr. 1

[NSZ03] NICOL, D. M.; SMITH, S. W.; ZHAO, M.: *Efficient Security for BGP Route Announcements* / Dartmouth College, Computer Science. 2003 (TR2003-440). – Forschungsbericht

[NYH+05] NEUMAN, C.; YU, T.; HARTMAN, S.; RAEBURN, K.: *The Kerberos Network Authentication Service (V5)*. 2005. – RFC 4120, IETF, Status: Standard, `https://tools.ietf.org/html/rfc4120`

[NZ80] NIVEN, I.; ZUCKERMAN, H.: *An Introduction to the Theory of Numbers*. John Wiley & Sons, 1980. – 4th edition

[Oeh05] OEHLERT, P.: Violating Assumptions with Fuzzing. In: *IEEE Security Privacy* 3 (2005), Nr. 2, S. 58–62

[OM09] OHIGASHI, T.; MORII, M.: A Practical Message Falsification Attack on WPA. In: *Procedings of Joint Workshop on Information Security, Cryptography and Information Security Conference System*. 2009

[Oor93] OORSCHOT, P. van: Extending Cryptographic Logics of Belief to Key Agreement Protocols. In: ASHBY, V. (Hrsg.): *1st ACM Conference on Computer and Communications Security*. 1993, S. 232–243

[OR87] OTWAY, D.; REES, O.: Efficient and Timely Mutual Authentication. In: *Operating Systems Review* 21 (1987), Nr. 1

[PA98] PEREIRA, R.; ADAMS, R.: *The ESP CBC-Mode Cipher Algorithms*. November 1998. – RFC 2451, IETF, Status: Proposed Standard, `https://tools.ietf.org/html/rfc2451`

[Pat97] PATEL, S.: Number Theoretic Attacks On Secure Password Schemes. In: *IEEE Symposium on Security and Privacy*. 1997, S. 236–247

[Pax99] PAXSON, Vern: Bro: a System for Detecting Network Intruders in Real-Time. In: *Computer Networks* 31 (1999), Nr. 23-24, S. 2435–2463

[PD00] PETERSON, L.; DAVIE, B.: *Computernetze – Ein modernes Lehrbuch*. dpunkt.verlag, 2000

[PD11] PARKS, R. C.; DUGGAN, D. P.: Principles of Cyberwarfare. In: *IEEE Security Privacy* 9 (2011), Nr. 5, S. 30–35

[Pip98] PIPER, D.: *The Internet IP Security Domain of Interpretation for ISAKMP*. November 1998. – RFC 2407, IETF, Status: Proposed Standard, https://tools.ietf.org/html/rfc2407

[PM03] PANNETRAT, A.; MOLVA, R.: Efficient Multicast Packet Authentication. In: *Network and Distributed System Security Symposium (NDSS)*. 2003

[PNV11] PRITIKIN, M.; NOURSE, A.; VILHUBER, J.: Simple Certificate Enrollment Protocol. (2011), September. – Expired Draft, IETF, Intended Status: Historic, https://tools.ietf.org/html/draft-nourse-scep-23

[PO95] PRENEEL, B.; OORSCHOT, P. van: MDx-MAC and building fast MACs from hash functions. In: *Advances in Cryptology – CRYPTO'95*. 1995

[Pos83] POSTEL, J.: *Echo Protocol*. Mai 1983. – RFC 862, IETF, https://tools.ietf.org/html/rfc862

[Pri13] PRINCE, Matthew: *The DDoS That Almost Broke the Internet*. http://blog.cloudflare.com/the-ddos-that-almost-broke-the-internet. Version: 2013

[PSC⁺05] PERRIG, A.; SONG, D.; CANETTI, R.; TYGAR, J. D.; BRISCOE, B.: *Timed Efficient Stream Loss-Tolerant Authentication (TESLA): Multicast Source Authentication Transform Introduction*. 2005. – RFC 4082, IETF, Status: Standard, https://tools.ietf.org/html/rfc4082

[PSS82] PURDY, G. B.; SIMMONS, G. J.; STUDIER, J. A.: A Software Protection Scheme. In: *Proceedings of the 1982 Symposium on Security and Privacy*. IEEE Computer Society Press, April 1982, S. 99–103

[PST⁺02] PERRIG, A.; SZEWCZYK, R.; TYGAR, J. D.; WEN, V.; CULLER, D. E.: SPINS: Security Protocols for Sensor Networks. In: *Wireless Networks* 8 (2002), Nr. 5, S. 521–534

[PY06] PATERSON, Kenneth G.; YAU, Arnold K.: Cryptography in Theory and Practice: The Case of Encryption in IPsec. In: *Advances in Cryptology - EUROCRYPT 2006* Bd. 4004. Springer-Verlag, 2006, S. 12–29

[PYH13] PRITIKIN, M.; YEE, P.; HARKINS, D.: *Enrollment over Secure Transport*. October 2013. – RFC 7030, IETF, Status: Proposed Standard, https://tools.ietf.org/html/rfc7030

[PZ01] PALL, G.; ZORN, G.: *Microsoft Point-To-Point Encryption (MPPE) Protocol*. März 2001. – RFC 3078, IETF, Status: Informational, https://tools.ietf.org/html/rfc3078

[QGR⁺07] QIU, J.; GAO, L.; RANJAN, S.; NUCCI, A.: Detecting bogus BGP route information: Going beyond prefix hijacking. In: *SecureComm 2007*. 2007, S. 381–390

[Rae05] RAEBURN, K.: *Advanced Encryption Standard (AES) Encryption for Kerberos 5*. 2005. – RFC 3962, IETF, Status: Standard, `https://tools.ietf.org/html/rfc3962`

[Ran88] RANGAN, P. V.: An axiomatic Basis of Trust in Distributed Systems. In: *Proceedings of the 1988 Symposium on Security and Privacy*. IEEE Computer Society Press, April 1988, S. 204–211

[RAW+13] ROSSOW, Christian; ANDRIESSE, Dennis; WERNER, Tillmann; STONE-GROSS, Brett; PLOHMANN, Daniel; DIETRICH, Christian J.; BOS, Herbert: SoK: P2PWNED – Modeling and Evaluating the Resilience of Peer-to-Peer Botnets. In: *IEEE Symposium on Security and Privacy (SP)*. 2013, S. 97–111

[RD01] ROWSTRON, Antony; DRUSCHEL, Peter: Pastry: Scalable, decentralized object location, and routing for large-scale peer-to-peer systems. In: *Middleware 2001*. 2001, S. 329–350

[RE08] RANKL, W.; EFFING, W.: *Handbuch der Chipkarten*. Hanser, 2008

[RH03] RAFAELI, S.; HUTCHISON, D.: A Survey of Key Management for Secure Group Communication. In: *ACM Computing Surveys* 35 (2003), Nr. 3, S. 309–329

[Ric92] RICHTER, M.: *Ein Rauschgenerator zur Gewinnung von quasi-idealen Zufallszahlen für die stochastische Simulation*. Dissertation, Universität Aachen, 1992

[Riv90] RIVEST, R.: Cryptography. In: VAN LEEUWEN, J. (Hrsg.): *Handbook of Theoretical Computer Science* Bd. 1, Elsevier, 1990, S. 717–755

[Riv91] RIVEST, R. L.: The MD4 Message Digest Algorithm. In: *Advances in Cryptology — Crypto '90 Proceedings*. Springer-Verlag, 1991, S. 303–311

[Riv92] RIVEST, R. L.: *The MD5 Message Digest Algorithm*, April 1992. – RFC 1321

[Riv01] RIVEST, R.: *RSA Security Response to Weaknesses in Key Scheduling Algorithm of RC4*. 2001. – `http://www.rsa.com/rsalabs/technotes/wep.html`

[RM12] RESCORLA, E.; MODADUGU, N.: *Datagram Transport Layer Security Version 1.2*. January 2012. – RFC 6347, IETF, Status: Proposed Standard, `https://tools.ietf.org/html/rfc6347`

[Ros13] ROSE, S.: *Applicability Statement: DNS Security (DNSSEC) DNSKEY Algorithm Implementation Status*. April 2013. – RFC 6944, IETF, Status: Proposed Standard, `https://tools.ietf.org/html/rfc6944`

[RR05] RICHARDSON, M.; REDELMEIER, D. H.: *Opportunistic Encryption using the Internet Key Exchange (IKE)*. RFC 4322, IETF, Status: Informational, `https://tools.ietf.org/html/rfc4322`, 2005

[RRD+10] RESCORLA, E.; RAY, M.; DISPENSA, S.; OSKOV, N.: *Transport Layer Security (TLS) Renegotiation Indication Extension*. February 2010. – RFC 5746, IETF, Status: Proposed Standard, `https://tools.ietf.org/html/rfc5746`

[RS09] ROSSBERG, Michael; SCHAEFER, Guenter: Ciscos Group Encrypted Transport VPN – Eine kritische Analyse. In: *Proceedings of D-A-CH security, German*. 2009, S. 351–360

[RS11] ROSSBERG, Michael; SCHAEFER, Guenter: A Survey on Automatic Configuration of Virtual Private Networks. In: *Computer Networks Journal* 55 (2011), S. 1684–1699

[RSA78] RIVEST, R.; SHAMIR, A.; ADLEMAN, L.: A Method for Obtaining Digital Signatures and Public Key Cryptosystems. In: *Communications of the ACM* (1978), Februar

[RSS10] ROSSBERG, Michael; SCHAEFER, Guenter; STRUFE, Thorsten: Distributed Automatic Configuration of Complex IPsec-Infrastructures. In: *Journal of Network and Systems Management* 18 (2010), Nr. 3, S. 300–326

[Rut06] RUTKOWSKA, Joanna: Subverting Vista™ Kernel For Fun And Profit. In: *Black Hat Briefings* (2006)

[RWR+00] RIGNEY, C.; WILLENS, S.; RUBENS, A.; SIMPSON, W.: *Remote Authentication Dial In User Service (RADIUS)*. Juni 2000. – RFC 2865, IETF, Status: Draft Standard, `https://tools.ietf.org/html/rfc2865`

[SA09] SASAKI, Y.; AOKI, K.: Finding Preimages in Full MD5 Faster Than Exhaustive Search. In: *Advances in Cryptology – EUROCRYPT'09*. 2009

[Saa11] SAARINEN, M.: GCM, GHASH and Weak Keys. In: *Proceedings of ECRYPT II Hash Workshop*. 2011

[SAH08] SIMON, D.; ABOBA, B.; HURST, R.: *PPP EAP TLS Authentication Protocol*. March 2008. – RFC 5216, IETF, Status: Proposed Standard, `https://tools.ietf.org/html/rfc5216`

[Sar10] SARAGIOTIS, P.: *Good Practices Guide for Deploying DNSSEC*. 2010. – ENISA Good practices guide, `http://www.enisa.europa.eu/activities/Resilience-and-CIIP/networks-and-services-resilience/dnssec/gpgdnssec/at_download/fullReport`

[SAZ+04] STOICA, I.; ADKINS, D.; ZHUANG, S.; SHENKER, S.; SURANA, S.: Internet indirection infrastructure. In: *IEEE/ACM Transactions on Networking (TON)* 12 (2004), Nr. 2, S. 205–218

[SBY+08] SONG, Dawn; BRUMLEY, David; YIN, Heng; CABALLERO, Juan; JAGER, Ivan; KANG, MinGyung; LIANG, Zhenkai; NEWSOME, James; POOSANKAM, Pongsin ; SAXENA, Prateek: BitBlaze: A New Approach to Computer Security via Binary Analysis. In: *Information Systems Security* Bd. 5352. 2008

[SC01] SAMARATI, P; CAPITANI DI VIMERCATI, S. de: Access Control: Policies, Models, and Mechanisms. In: FOCARDI, R. (Hrsg.); GORRIERI, R. (Hrsg.): *Foundations of Security Analysis and Design; Lecture Notes in Computer Science* Bd. 2171, Springer-Verlag, 2001, S. 137–196

[SC02] SANCHEZ, L. A.; CONDELL, M. N.: *Security Policy Protocol*. January 2002. – Expired Internet Draft, https://tools.ietf.org/html/draft-ietf-ipsp-spp-01

[SCF+96] SANDHU, R.; COYNE, E.; FEINSTEIN, H.; YOUMAN, C.: Role-Based Access Control Models. In: *IEEE Computer* 29 (1996), Februar, Nr. 2, S. 38–47

[Sch85] SCHOOF, R.: Elliptic Curves Over Finite Fields and the Computation of Square Roots $\bmod p$. In: *Mathematics of Computation* 44 (1985), S. 483–494

[Sch96] SCHNEIER, B.: *Applied Cryptography Second Edition: Protocols, Algorithms and Source Code in C*. John Wiley & Sons, 1996

[Sch98] SCHÄFER, G.: *Effiziente Authentisierung und Schlüsselverwaltung in Hochleistungsnetzen*. Oktober 1998. – Dissertation an der Fakultät für Informatik, Universität Karlsruhe (TH)

[Sch03] SCHILLER, J.: *Mobilkommunikation*. Addison-Wesley, 2003

[Sch05] SCHAAD, J.: *Internet X.509 Public Key Infrastructure Certificate Request Message Format (CRMF)*. September 2005. – RFC 4211, IETF, Status: Proposed Standard, https://tools.ietf.org/html/rfc4211

[Sch11] SCHAAD, J.: *Certificate Management over CMS (CMC) Updates*. November 2011. – RFC 6402, IETF, Status: Proposed Standard, https://tools.ietf.org/html/rfc6402

[Sem96] SEMERIA, C.: *Internet Firewalls and Security*. 1996. – 3Com Technical Paper

[Ser10] SERRAO, G.: Network access control (NAC): An open source analysis of architectures and requirements. In: *IEEE International Carnahan Conference on Security Technology (ICCST)*. 2010, S. 94–102

[SF07] SHUMOW, D.; FERGUSON, N.: *On the Possibility of a Back Door in the NIST SP800-90 Dual Ec Prng*. CRYPTO 2007 rump session, 2007

[SG09] STEBILA, D.; GREEN, J.: *Elliptic Curve Algorithm Integration in the Secure Shell Transport Layer*. December 2009. – RFC 5656, IETF, Status: Proposed Standard, https://tools.ietf.org/html/rfc5656

[SH95] STANIFORD-CHEN, S.; HEBERLEIN, L. T.: Holding intruders accountable on the Internet. In: *Proceedings of the IEEE Symposium on Security and Privacy*. 1995, S. 39–49

[SH02] SCHAAD, J.; HOUSLEY, R.: *Advanced Encryption Standard (AES) Key Wrap Algorithm*. September 2002. – RFC 3394, IETF, Status: Informational, https://tools.ietf.org/html/rfc3394

[SH09] SCARFONE, K.; HOFFMAN, P.: *Guidelines on Firewalls and Firewall Policy*. NIST Special Publication 800-41. http://csrc.nist.gov/publications/nistpubs/800-41-Rev1/sp800-41-rev1.pdf. Version: 2009

[SHB95] STEVENSON, D.; HILLERY, N.; BYRD, G.: Secure Communications in ATM Networks. In: *Communications of the ACM* 38 (1995), Februar, S. 45–52

[SHM+13] SATHYANARAYAN, P.; HANNA, S.; MELAM, S.; NIR, Y.; MIGAULT, D.; PENTIKOUSIS, K.: *Auto Discovery VPN Protocol*. October 2013. – Expired

Internet Draft, https://tools.ietf.org/html/draft-sathyanarayan-ipsecme-advpn-03

[Sid86] SIDHU, D. P.: Authentication Protocols for Computer Networks: I. In: *Computer Networks and ISDN Systems* 11 (1986), Nr. 4, S. 297–310

[Sim85] SIMMONS, G. J.: How to (Selectively) Broadcast a Secret. In: *Proceedings of the 1985 Symposium on Security and Privacy*. IEEE Computer Society Press, April 1985, S. 108–113

[Sim94a] SIMMONS, G. J.: Cryptology. In: *Encyclopaedia Britannica*. Britannica, 1994

[Sim94b] SIMPSON, W.: *The Point-to-Point Protocol (PPP)*. Juli 1994. – RFC 1661, IETF, Status: Standard, https://tools.ietf.org/html/rfc1661

[Sim94c] SIMPSON, W.: *PPP in HDLC-like Framing*. Juli 1994. – RFC 1662, IETF, Status: Standard, https://tools.ietf.org/html/rfc1662

[Sim96] SIMPSON, W.: *PPP Challenge Handshake Authentication Protocol (CHAP)*. August 1996. – RFC 1994, IETF, Status: Draft Standard, https://tools.ietf.org/html/rfc1994

[SK12] SHIN, S.; KOBARA, K.: *Efficient Augmented Password-Only Authentication and Key Exchange for IKEv2*. June 2012. – RFC 6628, IETF, Status: Experimental, https://tools.ietf.org/html/rfc6628

[SM98a] SCHNEIER, B.; MUDGE: Cryptanalysis of Microsoft's Point-to-Point Tunneling Protocol (PPTP). In: *ACM Conference on Computer and Communications Security*. 1998, 132-141

[SM98b] SKLOWER, K.; MEYER, G.: *The PPP DES Encryption Protocol, Version 2 (DESE-bis)*. September 1998. – RFC 2419, IETF, Status: Proposed Standard, https://tools.ietf.org/html/rfc2419

[SM08] SCHAAD, J.; MYERS, M.: *Certificate Management over CMS (CMC): Transport Protocols*. June 2008. – RFC 5273, IETF, Status: Proposed Standard, https://tools.ietf.org/html/rfc5273

[SM09] SORNIOTTI, A.; MOLVA, R.: A provably secure secret handshake with dynamic controlled matching. In: *Computers & Security* (2009)

[SM11] SCHAAD, J.; MYERS, M.: *Certificate Management over CMS (CMC)*. June 2011. – RFC 5272, IETF, Status: Proposed Standard, https://tools.ietf.org/html/rfc5272

[SMA+13] SANTESSON, S.; MYERS, M.; ANKNEY, R.; MALPANI, A.; GALPERIN, S.; ADAMS, C.: *X.509 Internet Public Key Infrastructure Online Certificate Status Protocol - OCSP*. June 2013. – RFC 6960, IETF, Status: Proposed Standard, https://tools.ietf.org/html/rfc6960

[SMK+01] STOICA, I.; MORRIS, R.; KARGER, D.; KAASHOEK, F.; BALAKRISHNAN, H.: Chord: A scalable peer-to-peer lookup service for internet applications. In: *ACM SIGCOMM Computer Communication Review* 31 (2001), Nr. 4, S. 149–160

[SMP+01] SHACHAM, A.; MONSOUR, B.; PEREIRA, R.; THOMAS, M.: *IP Payload Compression Protocol (IPComp)*. September 2001. – RFC 3173, IETF, Status: Proposed Standard, `https://tools.ietf.org/html/rfc3173`

[SMW99] SCHNEIER, B.; MUDGE; WAGNER, D.: Cryptanalysis of Microsoft's PPTP Authentication Extensions (MS-CHAPv2). In: *International Exhibition and Congress on Secure Networking – CQRE [Secure]*. 1999

[Sne91] SNEKKENES, E.: Exploring the BAN Approach to Protocol Analysis. In: *1991 IEEE Computer Society Symposium on Research in Security and Privacy*. 1991, S. 171–181

[SO94] SYVERSON, P.; OORSCHOT, P. C.: On Unifying Some Cryptographic Protocol Logics. In: *1994 IEEE Computer Society Symposium on Research in Security and Privacy*. 1994, S. 14–28

[SP03] SHANKAR, U.; PAXSON, V.: Active Mapping: Resisting NIDS Evasion Without Altering Traffic. In: *Symposium on Security and Privacy*. 2003, S. 44–61

[SPL06] SONG, J. H.; POOVENDRAN, R.; LEE, J.: *The AES-CMAC-96 Algorithm and Its Use with IPsec*. June 2006. – RFC 4494, IETF, Status: Proposed Standard, `https://tools.ietf.org/html/rfc4494`

[SPS+02] SNOEREN, A. C.; PARTRIDGE, C.; SANCHEZ, L. A.; JONES, C. E.; TCHAKOUNTIO, F.; SCHWARTZ, B.; KENT, S. T.; STRAYER, W. T.: Single-Packet IP Traceback. In: *IEEE/ACM Transactions on Networking* 10 (2002), Nr. 6, S. 721–734

[SPT06] SARAT, Sandeep; PAPPAS, Vasileios; TERZIS, Andreas: On the Use of Anycast in DNS. In: *15th International Conference on Computer Communications and Networks (ICCCN)*. 2006, S. 71–78

[SR97] SEXTON, M.; REID, A.: *Broadband Networking – ATM, SDH and SONET*. Artech House Publishers, 1997

[SRS+04] SUBRAMANIAN, L.; ROTH, V.; STOICA, I.; SHENKER, S.; KATZ, R.: Listen and Whisper: Security Mechanisms for BGP. In: *Symposium on Networked Systems Design and Implementation (NSDI)*. 2004

[Sta95] STALLINGS, W.: *ISDN and Broadband ISDN with Frame Relay and ATM*. Prentice Hall, 1995. – Third Edition

[Sta98] STALLINGS, W.: *High-Speed Networks – TCP/IP and ATM Design Principles*. Prentice Hall, 1998

[Sti06] STINSON, D. R.: *Cryptography: Theory and Practice (Discrete Mathematics and Its Applications)*. CRC Press, 2006

[Sto00] STONE, Robert: Centertrack: An IP Overlay Network for Tracking DoS Floods. In: *Proceedings of the 9th USENIX Security Symposium*. 2000

[STW00] STEINER, M.; TSUDIK, G.; WAIDNER, M.: Key Agreement in Dynamic Peer Groups. In: *IEEE Transactions on Parallel and Distributed Systems* 11 (2000), S. 769–780

[STW12] SEGGELMANN, R.; TUEXEN, M.; WILLIAMS, M.: *Transport Layer Security (TLS) and Datagram Transport Layer Security (DTLS) Heartbeat*

Extension. February 2012. – RFC 6520, IETF, Status: Proposed Standard, https://tools.ietf.org/html/rfc6520

[SWK+01] SAVAGE, Stefan; WETHERALL, David; KARLIN, Anna; ANDERSON, Tom: Network Support for IP Traceback. In: *IEEE/ACM Transactions on Networking* 9 (2001), Nr. 3, S. 226–237

[Syv90] SYVERSON, P.: Formal Semantics for Logics of Cryptographic Protocols. In: *Proceedings of the Computer Security Foundations Workshop III*. IEEE Computer Society Press, Juni 1990, S. 32–41

[Syv91] SYVERSON, P.: The Use of Logic in the Analysis of Cryptographic Protocols. In: *1991 IEEE Computer Society Symposium on Research in Security and Privacy*. 1991, S. 156–170

[Syv93a] SYVERSON, P.: Adding Time to a Logic of Authentication. In: *1st ACM Conference on Computer and Communications Security*. 1993, S. 97–101

[Syv93b] SYVERSON, P.: On Key Distribution Protocols for Repeated Authentication. In: *ACM Operating System Review* 4 (1993), October, S. 24–30

[SZT+11] SHEFFER, Y.; ZORN, G.; TSCHOFENIG, H.; FLUHRER, S.: *An EAP Authentication Method Based on the Encrypted Key Exchange (EKE) Protocol*. February 2011. – RFC 6124, IETF, Status: Informational, https://tools.ietf.org/html/rfc6124

[TB09] TEWS, E.; BECK, M.: Practical attacks against WEP and WPA. In: *Proceedings of the second ACM conference on Wireless network security*. 2009, S. 79–86

[TFr97] TFREAK: *smurf.c*. http://www.phreak.org/archives/exploits/denial/smurf.c. Version: 1997

[TG93] TC-GSM, ETSI: *GSM Security Aspects (GSM 02.09)*. European Telecommunications Standards Institute (ETSI), Recommendation GSM 02.09, Version 3.1.0, June 1993

[The11] THE HACKER'S CHOICE: *THC SSL DOS*. http://thehackerschoice.wordpress.com/2011/10/24/thc-ssl-dos/. Version: 2011

[Tho84] THOMPSON, Ken: Reflections on Trusting Trust. In: *Communications of the ACM* 27 (1984), Nr. 8, S. 761–763

[TMB10] TOUCH, J.; MANKIN, A.; BONICA, R.: *The TCP Authentication Option*. 2010. – RFC 5925, IETF, Status: Standard, https://tools.ietf.org/html/rfc5925

[Tou91] TOUSSAINT, M.-J.: *Verification of Cryptographic Protocols*. Ph.D Thesis, Université der Liège (Belgium), 1991

[Tou92a] TOUSSAINT, M.-J.: Deriving the Complete Knowledge of Participants in Cryptographic Protocols. In: *Advances in Cryptology — CRYPTO '91 Proceedings*. Springer-Verlag, 1992, S. 24–43

[Tou92b] TOUSSAINT, M.-J.: Seperating the Specification and Implementation Phases in Cryptology. In: *ESORICS '92 — Proceedings of the Second*

European Symposium on Research in Computer Security. Springer-Verlag, 1992, S. 77–101

[Tra06] TRAN, T.: Proactive Multicast-Based IPSEC Discovery Protocol and Multicast Extension. In: *Proceedings of the IEEE Military Communications Conference (MILCOM)*. 2006

[TS94] TC-SMG, ETSI: *European Digital Cellular Telecommunications System (Phase 2): Security Related Network Functions (GSM 03.20)*. European Telecommunications Standards Institute (ETSI), ETS 300 534, September 1994

[TVR+99] TOWNSLEY, W.; VALENCIA, A.; RUBENS, A.; PALL, G.; ZORN, G.; PALTER, B.: *Layer Two Tunneling Protocol (L2TP)*. August 1999. – RFC 2661, IETF, Status: Draft Standard, https://tools.ietf.org/html/rfc2661

[TW09] TERESHKIN, Alexander; WOJTCZUK, Rafal: Introducing Ring -3 Rootkits. In: *Black Hat USA* (2009)

[TWM+07] TAYLOR, D.; WU, T.; MAVROGIANNOPOULOS, N.; PERRIN, T.: *Using the Secure Remote Password (SRP) Protocol for TLS Authentication*. November 2007. – RFC 5054, IETF, Status: Informational, https://tools.ietf.org/html/rfc5054

[TWP07] TEWS, E.; WEINMANN, R. P.; PYSHKIN, A.: Breaking 104 bit WEP in less than 60 seconds. In: *Information Security Applications* (2007), S. 188–202

[Var89] VARADHARAJAN, V.: Verification of Network Security Protocols. In: *Computers & Security* 8 (1989), August, Nr. 8, S. 693–708

[Var90] VARADHARAJAN, V.: Use of Formal Description Technique in the Specification of Authentication Protocols. In: *Computer Standards & Interfaces* 9 (1990), S. 203–215

[Ver13] VERIZON: *2013 Data Breach Investigations Report*. http://www.verizonenterprise.com/DBIR/2013/. Version: 2013

[VGE+00] VIXIE, P.; GUDMUNDSSON, O.; EASTLAKE 3RD, D.; WELLINGTON, B.: *Secret Key Transaction Authentication for DNS (TSIG)*. May 2000. – RFC 2845, IETF, Status: Proposed Standard, https://tools.ietf.org/html/rfc2845

[VK98] VIGNA, Giovanni; KEMMERER, Richard A.: NetSTAT: A Network-based Intrusion Detection Approach. In: *Proceedings of the 14th Annual Computer Security Applications Conference*. 1998, S. 25–34

[VLK98] VALENCIA, A.; LITTLEWOOD, M.; KOLAR, T.: *Cisco Layer Two Forwarding (L2F) Protocol*. Mai 1998. – RFC 2341, IETF, Status: Historic, https://tools.ietf.org/html/rfc2341

[VM05] VIEGA, J.; MCGREW, D.: *The Use of Galois / Counter Mode (GCM) in IPsec Encapsulating Security Payload (ESP)*. June 2005. – RFC 4106, IETF, Status: Proposed Standard, https://tools.ietf.org/html/rfc4106

[Wai09] WAIBEL, Frank: Das Internet-Analyse-System (IAS) als Komponente einer IT-Sicherheitsarchitektur. In: *11. Deutscher Sicherheitskongress*. 2009, S. 281–296

[WB13] WEILER, S.; BLACKA, D.: *Clarifications and Implementation Notes for DNS Security (DNSSEC).* February 2013. – RFC 6840, IETF, Status: Proposed Standard, https://tools.ietf.org/html/rfc6840

[WC95] WACK, J. P.; CARNAHAN, L. J.: *Keeping Your Site Comfortably Secure: An Introduction to Internet Firewalls.* 1995. – NIST Special Publication 800-10

[WFL+04] WANG, X.; FENG, D.; LAI, X.; YU, H.: Collisions for Hash Functions MD4, MD5, HAVAL-128 and RIPEMD. In: *IACR Eprint archive.* 2004

[WHA99] WALLNER, D.; HARDER, E.; AGEE, R.: *Key Management for Multicast: Issues and Architectures.* 1999. – RFC 2627, IETF, Status: Standard, https://tools.ietf.org/html/rfc2627

[WHF03] WHITING, D.; HOUSLEY, R.; FERGUSON, N.: *Counter with CBC-MAC (CCM).* September 2003. – RFC 3610, IETF, Status: Informational, https://tools.ietf.org/html/rfc3610

[Whi06a] WHITE, R.: *Architecture and Deployment Considerations for Secure Origin BGP (soBGP).* 2006. – IETF, Status: Expired Internet-Draft, https://tools.ietf.org/html/draft-white-sobgp-architecture-02

[Whi06b] WHITE, R.: *Secure Origin BGP (soBGP) Certificates.* 2006. – IETF, Status: Expired Internet-Draft, https://tools.ietf.org/html/draft-weis-sobgp-certificates-04

[WI06] WEILER, S.; IHREN, J.: *Minimally Covering NSEC Records and DNSSEC On-line Signing.* April 2006. – RFC 4470, IETF, Status: Proposed Standard, https://tools.ietf.org/html/rfc4470

[WL93] WOO, T. Y. C.; LAM, S. S.: A Semantic Model for Authentication Protocols. In: *1993 IEEE Computer Society Symposium on Research in Security and Privacy.* 1993, S. 178–194

[WRH11] WEIS, B.; ROWLES, S.; HARDJONO, T.: *The Group Domain of Interpretation.* October 2011. – RFC 6407, IETF, Status: Proposed Standard, https://tools.ietf.org/html/rfc6407

[Wu00] WU, T.: *The SRP Authentication and Key Exchange System.* 2000. – RFC 2945, IETF, Status: Standard, https://tools.ietf.org/html/rfc2945

[Wu02] WU, Thomas J.: *SRP-6: Improvements and Refinements to the Secure Remote Password Protocol.* http://srp.stanford.edu/srp6.ps. Version: 2002

[WYY05] WANG, X.; YIN, Y. L.; YU, Hongbo: Finding collisions in the full SHA-1. In: *Advances in Cryptology – CRYPTO'05.* 2005, S. 18–36

[YL06a] YLONEN, T.; LONVICK, C.: *The Secure Shell (SSH) Authentication Protocol.* 2006. – RFC 4252, IETF, Status: Proposed Standard, https://tools.ietf.org/html/rfc4252

[YL06b] YLONEN, T.; LONVICK, C.: *The Secure Shell (SSH) Connection Protocol.* 2006. – RFC 4254, IETF, Status: Proposed Standard, https://tools.ietf.org/html/rfc4254

[YL06c] YLONEN, T.; LONVICK, C.: *The Secure Shell (SSH) Protocol Architecture.* 2006. – RFC 4251, IETF, Status: Proposed Standard, https://tools.ietf.org/html/rfc4251

[YL06d] YLONEN, T.; LONVICK, C.: *The Secure Shell (SSH) Transport Layer Protocol.* 2006. – RFC 4253, IETF, Status: Proposed Standard, https://tools.ietf.org/html/rfc4253

[Yuv79] YUVAL, G.: How to Swindle Rabin. In: *Cryptologia* (1979), Juli

[ZC98] ZORN, G.; COBB, S.: *Microsoft PPP CHAP Extensions.* Oktober 1998. – RFC 2433, IETF, Status: Informational, https://tools.ietf.org/html/rfc2433

[ZCC00] ZWICKY, E.; COOPER, S.; CHAPMAN, B.: *Building Internet Firewalls.* O'Reilly, 2000. – Second Edition

[Zol11] ZOLLER, T.: *TLS & SSLv3 renegotiation vulnerability.* 2011

[ZRM05] ZOU, X.; RAMAMURTHY, B.; MAGLIVERAS, S.: *Secure Group Communications Over Data Networks.* Springer-Verlag, 2005

Abkürzungsverzeichnis

3GPP	3rd Generation Partnership Project
AAA	Authentication, Authorization & Accounting
ACL	Access Control List
AEAD	Authenticated Encryption with Associated Data
AES	Advanced Encryption Standard
AH	Authentication Header
AK	Anonymity Key
AKA	Authentication and Key Agreement
AMF	Authentication Management Field
ANSI	American National Standards Institute
AP	Access Point
ARP	Address Resolution Protocol
ARPA	Advanced Research Project Agency
AS	Autonomous System
ASLR	Address Space Layout Randomization
ASN.1	Abstract Syntax Notation 1
AuC	Authentication Center
AUTN	Authentication Token
AV	Authentication Vector
BEAST	Browser Exploit Against SSL/TLS
BGP	Border Gateway Protocol
BSC	Base Station Controller
BSS	Base Station Sub-System (bei GSM)
BSS	Basic Service Set (bei WLANs)
BTS	Base Tranceiver Station
BU	Binding Update

CA	Certification Authority
CBC	Cipher Block Chaining
CCM	Counter with CBC-MAC
CCMP	CTR with CBC-MAC Protocol
CFB	Ciphertext Feedback
CHAP	Challenge Handshake Authentication Protocol
CK	Confidentiality Key
CMAC	Cipher-based MAC
CMC	Certificate Management over CMS
CMP	Certificate Management Protocol
CMS	Cryptographic Message Syntax
CN	Corresponding Node
CRC	Cyclic Redundancy Check
CRIME	Compression Ratio Info-leak Made Easy
CRL	Certificate Revocation List
CRMF	Certificate Request Message Format
CSPRBG	Cryptographically Secure Pseudo Random Bit Generator
CSPRNG	Cryptographically Secure Pseudo Random Number Generator
CSR	Certificate Signing Requests
CTR	Counter (in der Regel bezogen auf den Counter-Blockmodus)
CV	Chaining Value
DDoS	Distributed Denial-of-Service
DES	Data Encryption Standard
DGA	Data Generation Agents
DHCP	Dynamic Host Configuration Protocol
DMZ	De-militarized Zone
DOI	Domain of Interpretation
DNS	Domain Name System
DNSSEC	Domain Name System Security Extensions
DOD	Department of Defense
DSA	Digital Signature Algorithm
DSS	Digital Signature Standard
DSSS	Direct Sequence Spread Spectrum

DTLS	Datagram Transport Layer Security
EAP	Extensible Authentication Protocol
EAPOL	EAP over LANs
ECB	Electronic Code Book
ECC	Elliptic Curve Cryptography
ECDSA	Elliptic Curve Digital Signature Algorithm
ECDH	Elliptic Curve Diffie Hellman
ECGDSA	Elliptic Curve based German Digital Signature Algorithm
ECN	Explicit Congestion Notification
ECP	Encryption Control Protocol
EIR	Equipment Identity Register
EKE	Encrypted Key Exchange
EPC	Evolved Packet Core
ePDG	Evolved Packet Data Gateway
ESP	Encapsulating Security Payload
ESS	Extended Service Set
EST	Enrollment over Secure Transport
FCS	Frame Check Sequence
FHSS	Frequency Hop Spread Spectrum
FTP	File Transfer Protocol
FTP-S	File Transfer Protocol over SSL/TLS
GC	Group Controller
GCM	Galois/Counter Mode
GDH	Group Diffie Hellman
GDOI	Group Domain of Interpretation
GGSN	Gateway GPRS Support Node
GGT	Größter gemeinsamer Teiler
GKM	Group Key Management
GKMP	Group Key Management Protocol
GMAC	Galois Message Authentication Code
GMSC	Gateway Mobile Switching Center
GPRS	General Packet Radio Service
GRE	Generic Routing Encapsulation
GSA	Group Security Agent
GSC	Group Security Controller

GSI	Group Security Intermediaries
GSM	Global System for Mobile Communication
GTK	Group Temporal Key
HDLC	High-Level Data Link Control
HE	Home Environment
HIDS	Host-based IDS
HLR	Home Location Register
HSS	Home Subscriber Server
HMAC	Hashed Message Authentication Code
HTTP	Hypertext Transfer Protocol
HTTPS	Hypertext Transfer Protocol Secure
IANA	Inernet Assigned Numbers Authority
ICMP	Internet Control Message Protocol
ICV	Integrity Check Value
IDEA	International Data Encryption Algorithm
IDS	Intrusion Detection System
IEEE	Institute of Electrical and Electronics Engineers
IETF	Internet Engineering Task Force
IGRP	Interior Gateway Routing Protocol
IHL	IP Header Length
IK	Integrity Key
IKE	Internet Key Exchange
IMS	IP Multimedia Sub-System
IMSI	International Mobile Subscriber Identity
IMT	International Mobile Telecommunications
IP	Internet Protocol
IPComp	IP Payload Compression Protocol
IPS	Intrusion Prevention System
IPsec	IP security Architecture
IPv4	Internet Protocol Version 4
IRV	Internet Route Validation
ISAKMP	Internet Security Association and Key Management Protocol
ISDN	Integrated Services Digital Network
ISO	International Organization for Standardization
ISP	Internet Service Provider

ITU	International Telecommunications Union
IV	Initialisierungsvektor
IWF	Interworking Function
KCK	Key Confirmation Key
KDF	Key Derivation Function
KEK	Key Encryption Key
KSK	Key Signing Key
L2F	Layer 2 Forwarding Protocol
L2TP	Layer 2 Tunneling Protocol
LACNIC	Latin America and Caribbean Network Information Centre
LAI	Location Area Identifier
LAN	Local Area Network
LCP	Link Control Protocol
LEAP	Lightweight Extensible Authentication Protocol
LKH	Logical Key Hierarchy
LTE	Long Term Evolution
MAC	Medium Access Control (in LANs & WLANs)
MAC	Message Authentication Code (bei kryptografischen Protokollen)
MAN	Metropolitan Area Network
MD	Message Digest
MDC	Modification Detection Code
MIB	Management Information Base
MIC	Message Integrity Code
MIPS	Million Instructions Per Second
MME	Mobility Management Entity
MPLS	Multi-Protocol Label Switching
MPOA	Multi-Protocol over ATM
MPPE	Microsoft Point-to-Point Encryption Protocol
MRAI	Minimum Route Advertisment Interval
MS	Mobile Station
MSC	Mobile Switching Center
MSISDN	Mobile Subscriber International ISDN Number
MSK	Master Session Key
MTU	Maximum Transmission Unit

NAI	Network Access Identifier
NAT	Network Address Translation
NAT-T	NAT-Traversal
NCP	Network Control Protocol
NFS	Network File System
NHRP	Next-Hop Resolution Protocol
NIDS	Network-based IDS
NIST	National Institute of Standards and Technology
NLRI	Network Layer Reachability Information
NSA	National Security Agency
NSS	Network Sub-System
NTP	Network Time Protocol
OAEP	Optimal Asymmetric Encryption Padding
OCB	Offset Codebook Mode
OCSP	Online Certificate Status Protocol
OFB	Output Feedback
OFDM	Orthogonal Frequency Division Multiplexing
OMC	Operation and Management Center
OSI	Open Systems Interconnection
OSPF	Open Shortest Path First
OSS	Operation Sub-System
OTP	One Time Password
OUI	Organizational Unit Identifier
PAE	Port Access Entities
PAKE	Password-authenticated Key Exchange
PBKDF2	Password-Based Key Derivation Function 2
PAP	Password Authentication Protocol
PCBC	Propagating Cipher Block Chaining
PCT	Private Communication Technology
PDN	Packet Data Network
PDU	Protocol Data Unit
PGW	Packet Data Network Gateway
PHAD	Packet Header Anomaly Detection
PKCS	Public Key Cryptography Standards
PKI	Public Key Infrastructure
PMK	Pairwise Master Key

PMIDP	Proactive Multicast-Based IPSEC Discovery Protocol
PNRP	Peer Name Resolution Protocol
POP	Point of Presence
PPP	Point-to-Point Protocol
PPTP	Point-to-Point Tunneling Protocol
PRBG	Pseudo Random Bit Generator
PRF	Pseudo Random Function
PRNG	Pseudo Random Number Generator
PSTN	Public Switched Telecommunication Network
PTK	Pairwise Transient Key
RA	Registration Authority
RADIUS	Remote Authentication Dial In User Service
RAND	Random Challenge
RAS	Remote Access Server
RBG	Random Bit Generator
RC4	Rivest Cipher 4
RDP	Remote Desktop Protocol
RFC	Request for Comments
RIP	Routing Information Protocol
RIPE NCC	Réseaux IP Européens Network Coordination Centre
RNC	Radio Network Controller
ROP	Return Oriented Programming
RPKI	Resource Public Key Infrastructure
RPSL	Routeing Policy Specification Language
RSA	Rivest, Shamir & Adleman
RSN	Robust Secure Network (WLAN)
RSS	Radio Sub-System
SA	Security Association
SADB	Security Association Database
SAE	Simultaneous Authentication of Equals
SAP	Service Access Point
S-BGP	Secure BGP
SCAR	SPIE Collection & Reduction Agents
SCEP	Simple Certificate Enrollment Protocol

SCVP	Server-based Certificate Validation Protocol
SDU	Service Data Unit
SGSN	Serving GPRS Support Node
SGT	Service Granting Ticket
SHA	Secure Hash Algorithm
SIM	Subscriber Identity Module
SLIP	Serial Line IP
SMB	Server Message Block (Protokoll)
SMTP	Simple Mail Transfer Protocol
SMTPS	Simple Mail Transfer Protocol over SSL/TLS
SN	Serving Network
SNMP	Simple Network Management Protocol
SOA	Secure Origin Authentication
soBGP	Secure Origin Border Gateway Protocol
SOLID	Secure Overlay for IPsec Discovery
SPD	Security Policy Database
SPI	Security Parameter Index
SPIE	Secure Path Identification Engine
SQN	Sequence Number
SRP	Secure Remote Password
SSH	Secure Shell
SSID	Service Set Identifier
SSL	Secure Socket Layer
STSL	Station-To-Station Link
TCP	Transport Control Protocol
TED	Tunnel Endpoint Discovery
TEK	Traffic Encryption Key
TESLA	Timed Efficient Stream Loss-tolerant Authentication
TGDH	Tree-Based Group Diffie-Hellman
TGS	Ticket Granting Server
TGT	Ticket Granting Ticket
TLD	Top Level Domain
TK	Temporal Key
TKIP	Temporal Key Integrity Protocol
TLS	Transport Layer Security

TMSI	Temporary Mobile Subscriber Identity
ToS	Type of Service
TSIG	Secret Key Transaction Authentication for DNS, Transaction Signature
TTAK	TTAK TKIP Mixed Address and Key
TTL	Time To Live
TTP	Trusted Third Party
TVRA	Threat Vulnerability Risk Analysis
UDP	User Datagram Protocol
UE	User Equipment
UMTS	Universal Mobile Telecommunications System
URI	Uniform Resource Identifier
USIM	Universal Subscriber Identity Module
UTRAN	UMTS Terrestrial Radio Access Network
VA	Validation Authority
VLAN	Virtual Local Area Network
VLR	Visitor Location Register
VPN	Virtual Private Network
WDS	Wireless Distribution System
WEP	Wired Equivalent Privacy
WIMAX	Worldwide Interoperability for Microwave Access
WLAN	Wireless Local Area Network
WPA	Wi-Fi Protected Access
WPAD	Web Proxy Autodiscovery Protocol
XCBC	eXtended Cipher Block Chaining
XOR	Exklusiv-Oder
XRES	Expected Response
ZSK	Zone Signing Key

Index

Symbole
Öffentlicher Schlüssel 64

A
Abelsche Gruppe 79
Abhören 9
Access Control 16, 223
  List 230
  Mechanism 228
Access Point 390
Accountability 8
Active Defense 583
Address Space Layout Randomization 451
Advanced Encryption Standard 49–53, 437
AEAD-Verfahren 130
Aktive Angriffe 11
Amplification Attack 469
Angriffe auf Nachrichtenebene 10
ANSI X9.17 145
Anwendungsebene 237
Anwendungsschicht 12
Application Level Proxy 559
Arbitrated Authentication 159
Arcfour .... *siehe* RC4
Authentication 16
  Center 421
  Header 289, 307–312
Authentication Server 253
Authenticator 168, 253
Authentisierung 16
Authentisierungsbeziehungen 245
Autokorrelationstest 143
Autorisierungsverletzung 9
Availability 8

B
Backdoor 456
Backward Secrecy 204, 208
BAN-Logik 188
Base Station Controller 419
Base Transceiver Station 419
Basic Service Set 390
Basisstation 390, 419
Bastion Host 547, 557
BEAST-Angriff 357–359
Bedrohung 6
Belief 189
Berechtigung 230
BGP 493–508
BGPSEC .... *siehe* RPKI
Birthday Phenomenon 111
Birthday-Attacke 113, 127, 130
Bitübertragungsschicht 11
Blackhole-Angriff 491
Bleichenbacher-Angriff ... 352–355
Blockchiffren 29
Blum-Blum-Shub-Generator 147
Border Gateway Protocol 490
Bot-Netz 457, 471, 582
Bro Security Monitor 575
Broadcast 382
Brute-Force Attack 21
Buffer Overflow . *siehe* Pufferüberlauf

C
Cache Poisoning 518–521
Canary-Werte 451
Capabilities 230
CBC-MAC 126–127
CCM-Modus 131, 409–410
Certificate Authority 589
Certificate Management over CMS 595–596
Certificate Management Protocol 597
Certificate Revocation List 178, 591–592
Certificate Signing Request 590
Chaining Value 115
Chinesischer Restsatz 73

Chosen Target Forced Prefix Preimage Resistance . 124
Cipher Block Chaining Mode 37
Cipher-based MAC 128–129, 286, 406
Ciphertext Feedback Mode 38
Circuit Level Proxy 559
Client-Puzzle 476–477
Confidentiality 8, 16
Controlled Access 8
Cookie 314, 333, 473–475
Counter Mode 410
Covert Channel ..... *siehe* Verdeckter Kanal
Credentials 253
CRIME-Angriff 361
Cross-Site-Scripting 455
Cross-Zertifizierungen 178
Cryptographic Message Syntax .. 593
CTR with CBC-MAC Protocol .. 391, 409–411
Cyclic Redundancy Check .. 107, 391, 397–398

D

Data Encryption Standard 42
Data Integrity 8, 16, 156
Data Origin Authentication 156
Datagram Transport Layer Security 363–364
Datendiode 560
Datenintegrität 8, 16
Datensicherungsschicht 11
De-militarized Zone 547, 551
Deep Packet Inspection 561
Default
  Deny Strategy 542
  Permit Strategy 543
Denial-of-Service
  Angriff 9, 315, 463–473
  Distributed 471–473
Differenzielle Kryptanalyse 23, 46
Diffie-Hellman
  Problem 84, 97, 181
  Schlüsselaustausch . 65, 83, 210
  Zertifizierte Parameter 350
Diskreter Logarithmus 66, 79, 82
Distributivgesetz 80
DNS 513–537
DNS-Amplification-Angriff .. 470, 530
DNSCurve 531–534
DNSSEC 524–531
Dominates-Relation 227
Dragonfly 394
Dual Elliptic Curve Deterministic Random Bit Generator 147–148
Dual-Homed Host 547

E

EAP-TTLS 264
EAPOL 254, 405
Electronic Code Book Mode 36
ElGamal-Algorithmus 85
Encapsulating Security Payload 300–307
Ende-zu-Ende-Sicherung 601
Endliche Gruppe 79
Endlicher Körper 80
Endsystemebene 238
Enrollment over Secure Transport 596–597
Entity Authentication 157
Erasure Code 215
Error Propagation 27
Erzeugendes Element 80
Ethernet 250
Euklidischer Algorithmus 69
Euler'sche Φ-Funktion 72
Explizite Adressen 383
Extended Service Set 390
Extensible Authentication Protocol 254, 260, 332, 405

F

Faktorisierungsproblem 66, 77
Fehleraufweitung 27, 38, 40
Fehlerprüfwert 107
Feistel-Netzwerk 46
Firewall 334
Format-String-Angriffe 452–453
Fortezza 349, 355
Forward Secrecy 204, 208
Frequency Hopping 242
Fuzzing 452

G

Galois Counter Mode .. 131–133, 255, 313
Geburtstagsphänomen 111
Generator 80
Generic Routing Encapsulation .. 267
Generic Token Card 263

Global System for Mobile Communication . 417–425
GMAC 286
GNU Name System 536–537
GNY-Logik 189
Größter gemeinsamer Teiler 68
Graceful Degradation 205, 601
Greyhole-Angriff 492
Gruppenschlüsselverwaltung 204

H
Handover 380
Handshake Protocol 344
Hashed MAC 130
Hashfunktion 109
Home Location Register 419
Honeypot 576
Hub-and-Spoke-Topologie 598

I
IEEE 802.11 . . . . . *siehe* Wireless LAN
IEEE 802.1AE 255–256
IEEE 802.1Q 250–252
IEEE 802.1X 252–254, 405
Implizite Adressen 383
Initialisierungsvektor . . . 37, 115, 302, 313, 330, 393, 398
Instanzenauthentisierung 157
Interdomain Route Validation . . . 501
Interior Gateway Routing Protocol 489
Internet Key Exchange
  Version 1 321–329
  Version 2 329–333
Internet-Firewall 542
Intranet-Szenario 294
Intrusion-Detection-System 334, 565–581
  hostbasiertes 569
  netzwerkbasiertes 569
Intrusion-Prevention-System 581–583
IP-Traceback 478–485
IPsec . . . 273, 279–337, 363, 494–495, 599
ISAKMP 288, 313–321

J
Jellyfish-Angriff 492

K
KASUMI 57–59, 425
Kerberos 159, 165, 524
Key Derivation Function . . . 182, 395, 404, 436
Key Encryption Key 205, 602
Key Escrow 155
Key Wrap Mode 406
Keystream 54
Knowledge 189
Kollisionsfreiheit 110
Kommunikations-Mix 383, 385
Kommunikationsendpunkt 293
Kommunikationssicherheit 15
Kommutativgesetz 79
Kompression 125
Kongruenz modulo einer Zahl 67
Kontrollierter Zugang 8, 204
Kryptanalyse 20
Kryptografie 19
Kryptografisch
  Algorithmus 16
  Endpunkt 293
  Hashfunktion 110
  Prüfwert 107, 108
  Protokoll 16, 153
Kryptologie 19
Kryptologische Analyse 20

L
Lauflängen-Test 143
Layer 2
  Forwarding Protocol 271
  Tunneling Protocol 271
Lineare Kryptanalyse 23
Linkebene 238
Local Area Network 250
Location Area Identifier 422
Location Privacy 381
Long Term Evolution 433–437
Low-rate-DoS-Angriff 471

M
MACsec . . . . *siehe* IEEE 802.1AE
Malware 455
Man-in-the-Middle-Angriff . . 84, 181, 182, 413, 493
Maskerade 9
Maurers universeller Test 143
Medium Access Control 12, 249
Meet-in-the-Middle-Angriff 47

Mehrfachverschlüsselung 47
Merkle Hash Tree 500
Message Authentication Code ... 125
Message Digest 116
Message Integrity Code 407
Metropolitan Area Network 250
Michael (Algorithmus) 408
MIPS-Jahr 88
Mix-Netzwerk 383, 385
Mobile Switching Center 419
Modifikationserkennungswert 108
Modulare Arithmetik 68
Monobit-Test 142

N
Nachrichten-
    authentisierung 156
    authentisierungswert .. 108, 125
    integrität 156
NAT-Traversal 335
Needham-Schroeder-
    Protokoll ... 159, 161, 187, 195
Network Address Translation 334, 547
Netzsicherheit 15
Netzwerkschicht 12
Next-Bit-Test 142
Non-Repudiation 16
NOP-Slide 450, 585

O
Off-Path-Angreifer 474
Offset Codebook Mode 409
One Time Password 262
One-Way-Gateway 560
Online Certificate Status Protocol
    592–593
Open Shortest Path First Protocol
    489
Open System Authentication 405
Optimal Asymmetric Encryption
    Padding 354
Oracle Attack 353
Ordnung
    einer Gruppe 81
    eines Elements 81
Otway-Rees Protocol 164
Output Feedback Mode 40

P
Padding 35
Paketfilterung 547, 552
Passive Angriffe 11
Password-Authenticated Key
    Exchange .. 182–187, 394
Password-Based Key Derivation
    Function 404
PDRR-Prozess 566
Peer-Name-Resolution-Protokoll
    534–536
Perfect Forward Secrecy ... 181, 204,
    394, 601
Perimeter Network 547, 551
Ping-of-Death 465, 572
PKCS #1 352
Plaintext Aware 354
Point of Presence 267
Point-to-Point
    Protocol 257
    Tunneling Protocol 266
Poker-Test 143
Port Access Entities 254
Port-Scanning 570
Portbasierte Zugriffskontrolle 252
Potenzmenge 226
Power-Analyse 50, 101
Primfaktor 71
Primfaktorzerlegung 66
Primzahl 67
Privater Schlüssel 64
Probe
    IDS 571, 575
Propagating CBC 171
Protection-Suite 319
Proxy
    Dienst 547, 559
    Server 557
Pseudozufalls-
    Bitfolge 140
    Bitgenerator 140, 142, 398
    Zahl 145
Pufferüberlauf 449–452, 573

R
Random Bit Generator 139
RC4 .... 54–57, 356, 365, 398
Realm 169
Record Protocol 344
Referenzmonitor 224
Registration Authority 590

Related-Key-Angriff 23, 56, 403
Remote Access Server 267
Rest bei Division 67
Restklassen 68
Return Oriented Programming .. 451
Road Warrior Szenario 295
Roaming 417
Robust Secure Networks 404–411
Rootkit 456
Routing Information Protocol ... 489
RPKI 502–503
RSA
  Algorithmus 76
  Generator 146
Rucksack-Problem 66
Runs-Test 143

S
S-BGP 496–500, 509
Sabotage 9, 332, 363, 364
Salt-Wert 185, 528
Schlüssel
  Generierung 29
  Hierarchie 30, 392, 436
  Invalidierung 31
  Speicherung 30
  Verteilung 30
  Verwaltung 29
  Wiederherstellung 30
  Zerstörung 31
Schwammfunktion, kryptografische 122, 130, 133
Screened-Host-Architektur 549
Screened-Subnet-Architektur 551
Screening 547
Secret
  Sharing 154, 526
  Splitting 154
Secure Hash Algorithm 118
Secure Remote Password Protocol 185–187
Secure Shell 364–374
Secure Socket Layer 342–355
Security
  Association 286
  Association Database 287
  Category 226
  Label 226, 230
  Level 226
  Parameter Index 286, 308
  Policy 223, 224
  Policy Database 287, 297
Security Information & Event Management 567
Security Parameter Index 301
Seed 140
Serial-Test 142
Seriennummer 158
Server-based Certificate Validation Protocol 593–594
Sicherheit
  Analyse 10
  Beziehung 286
  Dienst 15
  Kategorie 226
  Label 226
  Richtlinie 223, 224
  Ziel 7
Sicherheitsrichtlinie 240
Simple Certificate Enrollment Protocol 594–595
Simultane Kongruenzen 74
Simultaneous Authentication of Equals 394–397
Sinkhole-Angriff 492
Smurf-Angriff 469
SNOW-3G-Chiffre 59, 437
soBGP 500–501
Social Engineering 15
SpongeWrap 133–134
Spread Spectrum 242
SQL-Injection 455
SSL Inspection 561
Stepping Stone 583
Stromchiffren 28
Stub-AS 503
Subnetzebene 238
Subscriber Identity Module 422
Substitution 28
Substitutionsbox 44
Supplicant 253
Synchronisation 28, 38, 40
Systemsicherheit 14

T
Tarpit 582
TCP-Authentication-Option 494
TCP-MD5-Signatur-Option 494
TCP-SYN-Flooding 467, 473
Technische Bedrohungen 8
Temporäres Pseudonym 383, 384

Temporal Key Integrity Protocol 391, 406–409
Threat Vulnerability Risk Analysis 447
Ticket 166
Timing-Analyse 50, 101
Traffic Encryption Key 205, 602
Transmission Control Protocol 280
Transparenter Proxy 560
Transport Layer Security 342, 355–362
Transport Mode 287
Transportschicht 12, 239
Transposition 28
Triple-DES 48
Trojanisches Pferd 456
Trusted Third Party 159, 161
TSIG 524
TTL Security Hack 493
Tunnel Mode 287
Tunnel-less Encryption 602
Two-Bit-Test 142

U

Universal Mobile Telecommunications System 425–433
Untergruppe 81
Urbild 110
Urhebernachweis 16
User Datagram Protocol 280, 363

V

Validation Authority 590
Verdeckter Kanal 292, 601
Verfügbarkeit 8, 205, 208
Verkehrsflussanalyse 242, 284
Vertraulichkeit 8, 16
Virtual Private Network 272, 292
    Autokonfiguration 597–612
    Konzentrator 598
Virus 456
Visited Location Register 419
VLAN 250
Vollvermaschte VPN-Topologie 598

W

Web of Trust 500
Wi-Fi Protected Access .... *siehe* Temporal Key Integrity Protocol
Wi-Fi Protected Access 2 . *siehe* CTR with CBC-MAC Protocol
WIMAX 250
Wired Equivalent Privacy 391, 397–404, 406
Wireless LAN 250, 389–414
Wormhole-Angriff 492
Wurm 456
    SQL Slammer 582

X

X.509 175
X11 Tunneling 372

Z

Zeitstempel 158
Zero Knowledge
    Proof 155
    Protokoll 182
Zero-Day-Exploit 448, 575
Zertifikat 176
Zertifizierung
    Hierarchie 177
    Instanz 176
Zone Walking 528
Zookos Dreieck 536
Zufall
    Bitgenerator 139, 143
    Zahl 158
Zugriff
    Kontrolle 16, 223
    Kontrolle, Portbasiert 252
    Kontrollliste 230
    Kontrollmechanismus 228
    Kontrollrichtlinie 224
    Matrix 229
Zurechenbarkeit 8, 204
Zyklische Gruppe 80